DAS BILD DER MENSCHEN RECHTE

HERAUSGEGEBEN VON
WALTER KÄLIN
LARS MÜLLER
JUDITH WYTTENBACH

LARS MÜLLER PUBLISHERS

NICARAGUA, 2002.
David Alan Harvey/Magnum Photos

KAMBODSCHA, 2004
John Vink/Magnum Photos

DAS BILD DER MENSCHENRECHTE

8 **Vorwort**

14 **Was sind Menschenrechte?**
Walter Kälin

Menschliche Existenz
38 **RECHT AUF LEBEN**

Menschliche Identität
98 **DISKRIMINIERUNGSVERBOT**

154 **Acht Kugeln, Zeugnis einer ungerechten Erschiessung**
Alexander Kluge

156 **Inside Death Row, Huntsville, Texas**
Margrit Sprecher

159 **Brüderlichkeit und Einheit**
Slavenka Drakulić

167 **König der Könige I**
Ryszard Kapuściński

169 **Perspektiven der Gesundheitsfürsorge für Frauen in Afghanistan**
Sima Samar

Angemessener Lebensstandard
174 **RECHT AUF NAHRUNG**
218 **RECHT AUF GESUNDHEIT**
254 **RECHT AUF WOHNUNG**

Privatsphäre
290 **RECHT AUF PRIVATLEBEN**

336 **Menschen für Menschenrechte
17 Porträts**

Denken und Spiritualität
358 **GEWISSENS- UND RELIGIONSFREIHEIT**
402 **RECHT AUF BILDUNG**

Wirtschaftliche Tätigkeit
438 **RECHT AUF ARBEIT**
482 **SCHUTZ DES EIGENTUMS**

512 **Galilei, der Ketzer**
Alexander Kluge

513 **König der Könige II**
Ryszard Kapuściński

514 **Freiheit**
Carlos Fuentes

517 **Das erste Exil**
Wole Soyinka

524 **Das Leiden anderer betrachten**
Susan Sontag

In den Händen des Staates
526 **RECHT AUF FAIRES VERFAHREN UND FOLTERVERBOT**

Politische Mitwirkung
570 **RECHT AUF FREIE MEINUNGSÄUSSERUNG UND POLITISCHE RECHTE**

Vertreibung, Flucht und Exil
614 **RECHTE VON FLÜCHTLINGEN UND BINNENVERTRIEBENEN**

662 **Index**

DEUTSCHLAND, München, 1989
Thomas Höpker/Magnum Photos

FACETTEN DES MENSCHLICHEN LEBENS UND SCHUTZ DER MENSCHENRECHTE

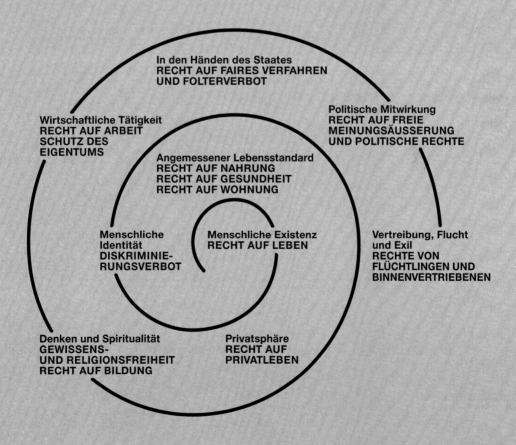

VORWORT

Die Menschenrechte sind, so heisst es, jedem Menschen eigen, da alle Menschen frei und gleich geboren werden. Als juristische Normen bezeichnen sie jedoch nicht das, was ist, sondern das, was sein soll. Sie stellen keine Tatsachenbeschreibungen dar, sondern geben uns als normative Werte einen Massstab für die Bewertung der Realität an die Hand.

Menschen, deren Leben und Freiheit nicht bedroht ist, die sich ihres Familienlebens erfreuen dürfen, die sich frei äussern können, deren Überzeugungen respektiert werden und die einen den menschlichen Bedürfnissen entsprechenden Lebensstandard haben, leben ein «gutes Leben», das heisst ein Leben in Freiheit und Würde. Diese Dimension der Menschenrechte gibt den Menschen Hoffnung, und das erklärt, weshalb so viele unterdrückte Menschen in aller Welt sich unter der Flagge der Menschenrechte sammeln, wenn sie sich gegen ihre Unterdrücker erheben.

Für die Menschen, die sie uneingeschränkt geniessen, scheinen die Menschenrechte dagegen kaum eine Rolle zu spielen. Wenn Sie dieses Buch lesen, mag es für Sie erfreulich sein, zu wissen, dass das Verbot der Folter auch Sie schützt, doch für Sie bleibt dieses Wissen wohl belanglos, da Sie kaum Gefahr laufen, verhaftet und in eine Folterkammer gezerrt zu werden. Nie sind die Menschenrechte von grösserer Bedeutung als im Moment ihrer Verletzung. Einem gefolterten Menschen bleibt in seinem Elend und seiner Qual zumindest die Gewissheit, dass Recht und Moral auf seiner Seite stehen und dass der Folterer gegen jedes Recht und jede Moral verstösst. Man stelle sich eine Welt ohne Menschenrechte vor, in der die Folter erlaubt wäre und die Opfer ihr Leid als rechtmässig und gerechtfertigt hinnehmen müssten …!

Aufgeschreckt werden wir, wenn wir mit schweren Menschenrechtsverletzungen konfrontiert werden. Die einen reagieren traurig, die anderen zornig, und wieder andere können einfach nicht hinsehen. Einige resignieren angesichts der zahlreichen und gravierenden Menschenrechtsverletzungen in aller Welt, andere fühlen sich aufgerufen, aktiv gegen solches Unrecht zu kämpfen oder den Opfern beizustehen. Wie immer wir auch reagieren, uns allen wird in solchen Momenten die Bedeutung der Menschenrechte instinktiv bewusst: Sie rechtfertigen unseren Zorn über und unseren Protest gegen die Ungerechtigkeiten dieser Welt und geben uns die Hoffnung, dass eine bessere Welt möglich ist.

Dieses Buch ist der Versuch, alle diese Dimensionen der Menschenrechte in Wort und Bild vor Augen zu führen. Einerseits zeigen die Fotografien mit Beispielen aus vielen verschiedenen Kulturen, was es bedeutet, wenn die Menschenrechte voll realisiert sind und Menschen in Freiheit und Würde leben. Die Begleittexte dokumentieren und erläutern die Menschenrechtsstandards, wie sie im Völkerrecht festgelegt sind und in der Praxis angewandt werden. Andererseits möchten wir auch die Verletzung der Menschenrechte illustrieren und dokumentieren. Die Beispiele aus allen Teilen der Welt verdeutlichen, dass kein Staat und keine Gesellschaft völlig immun gegen die Versuchung ist, die Rechte anderer zu missachten, wenn es den eigenen Zielen dient. Und schliesslich möchten wir zeigen, was die internationale Gemeinschaft und internationale oder nationale Nichtregierungsorganisationen tun, um Menschenrechtsverletzungen zu verhindern, zu sanktionieren und zu sühnen.

Es ist im Rahmen dieses Buches unmöglich, alle relevanten Probleme in allen Ländern gleichermassen zu berücksichtigen. Die Texte und Fotografien wurden nach ihrer repräsentativen Aussagekraft ausgewählt. Dass eine bestimmte Menschenrechtsbestimmung, ein spezifischer Fall, ein bestimmtes Verfahren, eine Organisation oder eine Person in die Auswahl aufgenommen wurde oder nicht, ist keine implizite Aussage der Herausgeber über die Relevanz oder Irrelevanz eines Sachverhalts. Wenn nur eine der Parteien in einem bewaffneten Konflikt genannt wird, kann daraus ebenso wenig geschlossen werden, dass nur der einen Seite Menschenrechtsverletzungen angelastet werden.

Die Darstellung der Menschenrechte lenkt den Blick auf die Menschen, die sich mit aller Kraft für ihren Schutz engagieren. Die Porträts in diesem Buch sind Beispiele dafür, was einzelne Menschen tun können, um Menschenrechtsverletzungen entgegenzutreten. Den vielen tausend Aktivistinnen und Aktivisten überall auf der Welt gehört unser Respekt. Ihnen und ihren Organisationen ist dieses Buch gewidmet.

Die Herausgeber

USA, 1988
Burt Glinn/Magnum Photos

MAURITIUS, 1989
Ferdinando Scianna

Was sind Menschenrechte?

Walter Kälin

Die Frage: «Was ist der Mensch und was steht ihm zu?» stellt sich jeder Gesellschaft seit Jahrhunderten, auf internationaler Ebene wird sie aber erst seit der Zeit nach dem Zweiten Weltkrieg ernsthaft erörtert. Die am 10. Dezember 1948 von der UNO-Generalversammlung feierlich als «das von allen Völkern und Nationen zu erreichende gemeinsame Ideal» verkündete Allgemeine Erklärung der Menschenrechte gibt eine klare Antwort: «Alle Menschen sind frei und gleich an Würde und Rechten geboren. Sie sind mit Vernunft und Gewissen begabt und sollen einander im Geiste der Brüderlichkeit begegnen.» (Art. 1) Deshalb hat jeder Mensch «Anspruch auf die in dieser Erklärung verkündeten Rechte und Freiheiten, ohne irgendeine Unterscheidung, wie etwa nach Rasse, Farbe, Geschlecht, Sprache, Religion, politischer und sonstiger Überzeugung, nationaler oder sozialer Herkunft, nach Eigentum, Geburt oder sonstigen Umständen» (Art. 2). Die Liste der aufgezählten Menschenrechte enthält Garantien zum Schutz der menschlichen Person (u.a. Recht auf Leben, Sklavereiverbot, Verbot der Folter, Verbot willkürlicher Festnahme und Haft), Verfahrensrechte (Anspruch auf einen wirksamen Rechtsbehelf, Verteidigungsrechte im Strafverfahren etc.), Freiheitsrechte wie die Meinungs-, Versammlungs-, Religions- oder die Ehefreiheit und schliesslich einen Katalog von wirtschaftlichen, sozialen und kulturellen Rechten, darunter das Recht auf soziale Sicherheit, das Recht auf Arbeit, das Recht auf Nahrung und Gesundheit oder das Recht auf Bildung. Mit diesem Katalog definierten die Staaten erstmals in der Weltgeschichte in einem internationalen Dokument, welches die zentralen Garantien sind, die allen Menschen um ihrer Würde willen zukommen. Die Allgemeine Erklärung der Menschenrechte war zwar nicht ein rechtlich bindendes Dokument, sondern bloss der Plan für das «Projekt Menschenrechte». Sie wurde damit aber zum Ausgangspunkt des modernen Menschenrechtsschutzes, wie er heute in einer Vielzahl verbindlicher Vertragswerke verankert ist.

Angesichts von Völkermord, weltweiter Folter oder der Unterdrückung von Minderheiten stellt sich anfangs des 21. Jahrhunderts allerdings die Frage, ob sich die internationalen Bemühungen zum Schutz der Menschenrechte nicht als wirkungslos erwiesen haben. Tatsächlich ist das Ausmass von Verstössen gegen fundamentale Garantien auf allen Kontinenten schockierend. Die Rechtsgeschichte lehrt uns, dass neue Rechtskonzepte eher Jahrhunderte als Jahrzehnte brauchen, um sich wirklich durchzusetzen. In diesem Sinn steckt der internationale Menschenrechtsschutz noch in den Kinderschuhen. Aus der Rechtssoziologie wissen wir, dass Normbruch jeder Rechtsordnung inhärent ist und es weder Gesetze noch Gerichte braucht, wo sich alle an die Regeln halten. Schliesslich darf nicht unterschätzt werden, was bereits erreicht worden ist: Bis gegen Mitte des 20. Jahrhunderts erlaubte das Völkerrecht den Staaten ausdrücklich, im Namen der Souveränität selbst zu entscheiden, ob sie ihren Bürgerinnen und Bürgern Rechte gewähren oder verweigern wollten; heute existieren demgegenüber verlässliche Massstäbe, um Menschenrechtsverletzungen nicht nur moralisch, sondern auch rechtlich zu verurteilen, ohne dass die betroffenen Staaten sich dagegen wirksam mit dem Argument der Einmischung in ihre inneren Verhältnisse zur Wehr setzen können. Der internationale Siegeszug der Menschenrechte hat wesentlich dazu beigetragen, die Militärdiktaturen der Siebzigerjahre in Lateinamerika und 1989 die totalitären Regimes in Zentral- und Osteuropa zu überwinden. Unterdrückte Menschen in aller Welt berufen sich deshalb ungeachtet der Kulturen und des ökonomischen Entwicklungsstandes auf die internationalen Menschenrechtsgarantien, um ihre Begehren zu rechtfertigen. Das Völkerrecht erlaubt heute individuellen Opfern von Menschenrechtsverletzungen in vielfältiger Weise, sich an internationale Gerichte und gerichtsähnliche Organe zu wenden. Schliesslich sind die Menschenrechte heute immer mehr ein Kriterium für die Gestaltung der aussenpolitischen Beziehungen der Staaten in so unterschiedlichen Bereichen wie Auslieferungsrecht, Entwicklungszusammenarbeit oder internationalen Handelsbeziehungen.

DIE NATIONALE HERKUNFT DER MENSCHENRECHTE
Was ist der Mensch und was steht ihm zu? In der europäisch-amerikanischen Tradition wird diese Kernfrage seit der Aufklärung mit dem Hinweis auf die natürliche Freiheit und die angeborenen Rechte jedes Individuums beantwortet.

Die Virginia Bill of Rights von 1776 betonte: «Alle Menschen sind von Natur aus in gleicher Weise frei und unabhängig und besitzen bestimmte angeborene Rechte ...». Andere amerikanische Grundrechtserklärungen des 18. Jahrhunderts verwenden eine ähnliche Sprache. Allerdings meinte der Begriff «alle Menschen» in diesen Dokumenten nicht jedes Individuum ungeachtet von Herkunft, Rasse und Geschlecht: Schwarze Sklaven, indianische Völker und Frauen konnten von den Grundfreiheiten nicht profitieren. Mit anderen Worten: Frei und gleich waren jene weissen Männer, die sich von Untertanen der britischen Krone zu freien Bürgern emanzipierten und im Akt der Unabhängigkeitserklärung die Vereinigten Staaten Amerikas gründeten.

Diese nationale Dimension der Menschenrechte kam auch in der französischen Erklärung der Rechte des Menschen und des Bürgers von 1789 zum Ausdruck. Sie nahm zwar die Idee der angeborenen Freiheit und Rechte der Menschen auf, verband sie aber mit dem Konzept der staatlichen Souveränität, die ihren Ursprung beim Volk haben soll. Mit anderen Worten: Menschenrechte besass, wer zum Staatsvolk gehörte; deshalb waren die Menschenrechte ungeachtet ihrer universalistischen Rhetorik im Kern Bürgerrechte. Diese Idee fand Eingang in die Verfassungen der liberalen, von den Ideen der Französischen Revolution geprägten Nationalstaaten des 19. und frühen 20. Jahrhunderts. In diesem Sinn hiess es z.B. in der schweizerischen Bundesverfassung von 1874 in Art. 4 nicht zufällig, dass «alle Schweizer ... vor dem Gesetze gleich» sind.

Im zwischenstaatlichen Verhältnis spielten Menschenrechte im 18. und 19. Jahrhundert kaum eine Rolle. Im Völkerrecht galt der Grundsatz der absoluten Souveränität der Staaten. Sie waren völkerrechtlich nicht nur befugt, nach freiem Ermessen Krieg zu führen (das sog. ius ad bellum), sondern hatten auch völlig freie Hand, wie sie ihre eigenen Staatsangehörigen behandeln wollten. Kritik an Menschenrechtsverletzungen stellte deshalb auch juristisch eine verbotene Einmischung in innere Angelegenheiten dar, und ein Schutz der Menschenrechte durch internationale Garantien war nur schwer denkbar.

VORLÄUFER DES INTERNATIONALEN MENSCHENRECHTSSCHUTZES
Obwohl im 19. Jahrhundert die Menschenrechte in den Grundrechtskatalogen nationaler Verfassungen verankert waren, mussten die Staaten erkennen, dass massive Menschenrechtsverletzungen die internationalen Beziehungen negativ belasten konnten: Schon der Wiener Kongress schrieb 1815 verschiedenen Staaten (z.B. Holland) vor, den gleichmässigen Schutz aller Konfessionen und die Nichtdiskriminierung der Gläubigen beim Zugang zu öffentlichen Ämtern zu garantieren. Der Wiener Kongress verabschiedete am 8. Februar 1815 zudem eine Deklaration zum Sklavenhandel, die 1842 zum sog. Quintuple-Vertrag führte, welcher viele europäische und lateinamerikanische Staaten an das Verbot der Sklaverei band.

Ein problematisches, für die Geschichte des internationalen Menschenrechtsschutzes gleichwohl wichtiges Kapitel stellten die sog. humanitären Interventionen der europäischen Grossmächte in Gebieten des Osmanischen Reichs zugunsten verfolgter Christen dar. Sie waren zwar oft machtpolitisch motiviert und wurden mit militärischen Mitteln durchgesetzt, vermochten aber zum Teil die Situation Verfolgter zu verbessern. Jedenfalls schärften sie das Verständnis dafür, dass es zumindest im Fall sehr schwerwiegender Menschenrechtsverletzungen der Staatengemeinschaft nicht gleichgültig sein kann, wie eine Regierung ihre Untertanen behandelt. Deshalb legte der Vertrag von Versailles vom 26. Februar 1871 über die Unabhängigkeit von Bulgarien, Rumänien, Serbien und Montenegro die Anerkennung religiöser Rechte von Minderheiten fest.

Nach dem Ersten Weltkrieg gelang es dem Völkerbund, ein System völkerrechtlichen Minderheitenschutzes einzurichten. Verschiedene Staaten in Mittel- und Osteuropa, auf dem Balkan und die Türkei wurden verpflichtet, Garantien zugunsten bestimmter Minderheiten zu akzeptieren und ihnen freie Religionsausübung, Nichtdiskriminierung und den freien Gebrauch ihrer Sprache zuzuerkennen. Um eigentliche Menschenrechtsgarantien handelte es sich allerdings nicht, weil nur Kollektive und nicht Individuen berechtigt wurden. Wer nicht einer ausdrücklich geschützten Minderheit angehörte, blieb zudem ganz ohne Schutz. So musste der Völkerbund beispielsweise in der Affäre Franz Bernheim das Argument des Deutschen Reiches akzeptieren, die Anwendung der deutschen Rassengesetze gegenüber Juden in Oberschlesien falle in den Bereich der jeder internationalen Kritik entzogenen «inneren Angelegenheiten». Schliesslich waren diese Verpflichtungen nicht universell, sondern sie banden nur die betroffenen Staaten, galten aber nicht für die Siegermächte des Ersten Weltkrieges und ihre Minderheiten.

DIE INTERNATIONALISIERUNG DER MENSCHENRECHTE
Der nationalsozialistische Terror und die Schrecken des Zweiten Weltkrieges brachten die Wende. 1945 gelang es, den Gedanken der Menschenrechte für alle in der Charta der Vereinten Nationen zu verankern: Eine «internationale Zusammenarbeit herbeizuführen, um internationale Probleme wirtschaftlicher, sozialer, kultureller und humanitärer Art zu lösen und die Achtung vor den Menschenrechten und Grundfreiheiten für alle ohne Unterschied der Rasse, des Geschlechts, der Sprache oder der Religion zu fördern und zu festigen» (Art. 1), gehört zu den Hauptzielen der UNO und zu den Grundpflichten ihrer Mitgliedstaaten. Die Menschenrechte erscheinen deshalb so prominent im Zielkatalog der Charta, weil ihren Schöpfern nach der Katastrophe des Zweiten Weltkrieges klar war, dass Friede ohne Menschenrechte nicht dauerhaft sein kann.

Die Allgemeine Menschenrechtserklärung
Allerdings liess die Charta, abgesehen vom Hinweis auf das Diskriminierungsverbot, offen, welches der Inhalt dieser Menschenrechte sei. Eine erste inhaltliche Klärung gelang 1948 in der Allgemeinen Menschenrechtserklärung. Die Menschenrechte werden in der Präambel «als das von allen Völkern und Nationen zu erreichende gemeinsame Ideal» und damit zur internationalen Angelegenheit erklärt. Schliesslich betont sie, dass diese Rechte für alle Menschen ungeachtet ihrer Rasse, ihres Geschlechts oder ihrer Nationalität gelten sollen. Endlich meint der Satz: «Alle Menschen sind frei geboren und haben ein gleiches Recht auf Freiheit», was er aussagt: Die Bürgerrechte, deren Existenz bisher allein vom Willen und der Grosszügigkeit des Verfassungsgebers abhängig waren, wurden damit zu echten, allen Personen zustehenden Menschenrechten.

WAS SIND MENSCHENRECHTE?
Internationale Menschenrechte sind die durch das internationale Recht garantierten Rechtsansprüche von Personen gegen den Staat oder staatsähnliche Gebilde, die dem Schutz grundlegender Aspekte der menschlichen Person und ihrer Würde in Friedenszeiten und im Krieg dienen.

Die Erarbeitung der Menschenrechtskonventionen
Trotz ihrer Bedeutung war die Allgemeine Menschenrechtserklärung juristisch nicht verbindlich. Wie ihre Präambel zeigt, waren die Staaten bloss bereit, im Bereich der Menschenrechte eine Art Programm zu verabschieden, welches schrittweise in völkerrechtliche Verträge umgesetzt werden sollte. Kurz vor der Verabschiedung der Allgemeinen Menschenrechtserklärung war am 9. November 1948 die Konvention über die Verhütung und Bestrafung des Völkermordes als erstes menschenrechtliches Instrument der UNO angenommen worden, und in Westeuropa konnte 1950 die Europäische Menschenrechtskonvention (EMRK) verabschiedet werden. Im Übrigen erschwerte der inzwischen ausgebrochene Kalte Krieg die Konsensfindung zwischen den Staaten stark. Eine Einigung über den Internationalen Pakt

DIE NEUN WICHTIGSTEN UNO-MENSCHENRECHTSABKOMMEN

- Übereinkommen zur Beseitigung jeder Form von Rassendiskriminierung vom 21. Dezember 1965 (Rassendiskriminierungskonvention)
- Internationaler Pakt über wirtschaftliche, soziale und kulturelle Rechte vom 16. Dezember 1966 (Pakt I)
- Internationaler Pakt über bürgerliche und politische Rechte vom 16. Dezember 1966 (Pakt II)
- Übereinkommen zur Beseitigung jeder Form von Diskriminierung der Frau vom 18. Dezember 1979 (Frauendiskriminierungskonvention)
- Übereinkommen gegen Folter und andere grausame, unmenschliche oder erniedrigende Behandlung oder Strafe vom 10. Dezember 1984 (Folterkonvention)
- Übereinkommen über die Rechte des Kindes vom 20. November 1989 (Kinderrechtskonvention)
- Übereinkommen zum Schutz der Rechte aller Wanderarbeitnehmer und ihrer Familienangehörigen vom 18. Dezember 1990 (Wanderarbeiterkonvention)
- Konvention über die Rechte von Menschen mit Behinderungen vom 13. Dezember 2006 (Behindertenkonvention)
- Konvention zum Schutz aller Menschen vor dem Verschwindenlassen vom 20. Dezember 2006

DIE DREI WICHTIGSTEN REGIONALEN MENSCHENRECHTSKONVENTIONEN

- Europäische Konvention zum Schutze der Menschenrechte und Grundfreiheiten vom 4. November 1950 (EMRK))
- Amerikanische Menschenrechtskonvention vom 22. November 1969 (AMRK)
- Afrikanische Charta der Menschenrechte und Rechte der Völker vom 27. Juni 1981 (Afrikanische Menschenrechtscharta)

über wirtschaftliche, soziale und kulturelle Rechte und den Pakt über bürgerliche und politische Rechte wurde erst 1966 möglich. Es dauerte weitere zehn Jahre, bis die nötigen 35 Vertragsbeitritte zusammengekommen waren, damit die Pakte 1976 endlich in Kraft treten konnten. Noch 1990 hatten erst etwas mehr als 90 Staaten, d.h. die Hälfte aller Länder, die Pakte ratifiziert.

Der juristische Durchbruch der Menschenrechtsverträge gelang im letzten Jahrzehnt des 20. Jahrhunderts. Heute haben praktisch alle Staaten der Welt eine oder mehrere Menschenrechtskonventionen ratifiziert, und die Menschenrechte als juristisch verbindliche Konzepte sind damit wirklich universell geworden. Die beiden Menschenrechtspakte von 1966 hatten im Juni 2004 rund 150 Vertragsparteien. Das Rassendiskriminierungsübereinkommen von 1965 war für 169 und das Übereinkommen zur Beseitigung jeder Form von Diskriminierung der Frau von 1979 für 177 Länder verbindlich. Der Kinderrechtskonvention von 1989 sind schliesslich mit 192 Vertragsparteien praktisch alle Länder der Welt mit Ausnahme der USA und von Somalia beigetreten.

Bedeutsam sind überdies die regionalen Menschenrechtskonventionen: Die Ratifikation der Europäischen Menschenrechtskonvention von 1950 ist für die Mitglieder des Europarates obligatorisch. Die Amerikanische Menschenrechtskonvention von 1969 gilt für die meisten Länder Lateinamerikas, und in Afrika sind fast alle Staaten der Afrikanischen Charta der Rechte der Menschen und Völker von 1981 beigetreten. Auf regionaler Ebene werden zudem einzelne Menschenrechte durch spezielle Konventionen geschützt. Das Europäische Übereinkommen zur Verhütung von Folter und unmenschlicher oder erniedrigender Behandlung oder Strafe vom 26. November 1987 und die Inter-Amerikanische Konvention zur Verhütung und Bestrafung von Folter vom 9. Dezember 1985 dienen der Verstärkung des Schutzes gegen die Folter. Wichtig ist auch die Inter-Amerikanische Konvention über das zwangsweise Verschwindenlassen von Personen vom 9. Juni 1994, welche die Staaten verpflichtet, die Praxis des Verschwindenlassens von Personen zu unterbinden und die Täter zu bestrafen. Mit der Konvention über regionale Massnahmen zur Förderung der Kinderfürsorge in Südasien vom 5. Januar 2002 der SAARC (South Asian Association for Regional Cooperation) haben menschenrechtliche Anliegen erstmals Eingang in ein Vertragswerk asiatischer Staaten gefunden.

DIE RELATIVIERUNG DER STAATLICHEN SOUVERÄNITÄT
Die Tatsache, dass Menschenrechte Teil des Völkerrechts geworden sind, hat trotz weltweiter Verletzungen weitreichende Konsequenzen für die Stellung der Staaten und ihre Beziehungen untereinander.

Die Verankerung der Menschenrechte bedeutet zunächst, dass der Staat sein traditionelles Recht verloren hat, eigene Staatsangehörige nach Gutdünken zu behandeln. Druck von Vertragsparteien oder von Vertragsorganen gegen einen Staat, der seine menschenrecht-

BÜRGERLICHE UND POLITISCHE RECHTE

Schutz der körperlichen Unversehrtheit
Recht auf Leben
Verbot der Folter und der unmenschlichen oder erniedrigenden Behandlung oder Strafe
Genozidverbot
Verbot des erzwungenen Verschwindens von Personen

Diskriminierungsverbot
Verbot der Rassendiskriminierung und der Apartheid
Verbot der Diskriminierung von Frauen
Verbot der Diskriminierung von Menschen mit Behinderungen
Rechtsgleichheit und Verbot der Diskriminierung aufgrund der Rasse, des Geschlechts, der Sprache, der Religion, der politischen oder anderen Überzeugung, der nationalen oder sozialen Herkunft, des Vermögens, der Geburt oder aufgrund eines anderen Status

Persönliche Freiheit
Sklavereiverbot, Verbot der Knechtschaft und der Zwangsarbeit
Verbot der willkürlichen Verhaftung und Inhaftierung
Schutz der Menschenwürde von Inhaftierten
Verbot des Schuldverhafts

Prozessrechte
Zugang zu einem unabhängigen Gericht in straf- und zivilrechtlichen Angelegenheiten
Recht auf ein faires Verfahren inkl. Verteidigungsrechte
Verbot der Rückwirkung von Strafgesetzen
Recht auf wirksame Beschwerde gegen Menschenrechtsverletzungen
Prozessrechtlicher Schutz gegen Ausweisungen

Freiheiten
Bewegungsfreiheit
Verbot willkürlicher oder rechtswidriger Eingriffe in das Privatleben, die Familie, die Wohnung oder die Korrespondenz
Ehefreiheit
Gedanken-, Gewissens- und Religionsfreiheit
Meinungsfreiheit
Freiheit, sich friedlich zu versammeln
Vereinigungsfreiheit

Politische Rechte
Recht auf Mitgestaltung der öffentlichen Angelegenheiten
Recht, zu wählen und gewählt zu werden
Rechtsgleicher Zugang zu den öffentlichen Ämtern des Landes

lichen Verpflichtungen missachtet, stellt im Prinzip nicht mehr eine Einmischung in innere Verhältnisse dar. Regierungen dürfen deshalb eine aktive Menschenrechtspolitik führen und in anderen Ländern z.B. zugunsten von politischen Gefangenen intervenieren oder gar politische und wirtschaftliche Sanktionen gegen Regimes ergreifen, welche Menschenrechte schwer und systematisch verletzen.

Die staatliche Souveränität wird aber nicht nur von oben, sondern gewissermassen auch von unten her beschränkt: Die Beschränkung staatlicher Souveränität wird überall da aktuell, wo Opfer von Menschenrechtsverletzungen oder ihre Angehörigen ihr Schicksal in die eigenen Hände nehmen und mittels Beschwerde an internationale Menschenrechtsorgane auf ihre Situation aufmerksam machen. Damit ist es für Menschen wenigstens im Prinzip möglich geworden, sich ihrem Staat entgegenzustellen, wenn dessen Behörden ihre Rechte missachten.

DER INHALT DER MENSCHENRECHTE
Menschenrechte schützen nicht alle Aspekte des menschlichen Lebens, sondern nur jene, die für den Schutz der menschlichen Würde und die Entfaltung der menschlichen Person besonders wichtig sind. Was zu diesen fundamentalen Rechten gehört, steht nicht ein für alle Mal fest. Vielmehr sind die Menschenrechte das Produkt einer historischen Entwicklung, welche auch heute noch nicht abgeschlossen ist. Die meisten Garantien wurden im Laufe ihrer Geschichte entweder als Reaktion auf besonders gravierende Unrechtserfahrungen (wie z.B. die Verbote von Folter und Genozid nach dem Zweiten Weltkrieg) oder aber als Resultat emanzipatorischer Kämpfe (wie die Gewerkschafts- und Streikrechte oder die Verbote der Diskriminierung der Frauen) anerkannt.

Die Geschichte der Menschenrechte spiegelt sich in ihrer Struktur wider. Die Garantien, welche in die Allgemeine Menschenrechtserklärung und die Menschenrechtskonventionen Eingang gefunden haben, lassen sich im Lichte ihrer Entstehungszeit in verschiedene Generationen einteilen.

Die erste Generation: Bürgerliche und politische Rechte
Die bürgerlichen und politischen Rechte bilden die Rechte der ersten Generation. Sie gehen auf die amerikanischen und französischen Menschenrechtserklärungen des späten 18. Jahrhunderts zurück und sind primär als Rechte zur Abwehr staatlicher Übergriffe konzipiert. Die völkerrechtlich anerkannte Liste der bürgerlichen und politischen Rechte umfasst Garantien zum Schutz von Leib und Leben und der Sicherheit der menschlichen Person, verbietet Diskriminierung, stellt sicher, dass in Prozessen vor Gericht grundlegende Regeln der Verfahrensfairness eingehalten werden, schützt Freiheiten wie die Meinungs- und Versammlungsfreiheit oder die Religionsfreiheit und garantiert schliesslich politische Rechte wie das Recht, zu wählen und gewählt zu werden.

WIRTSCHAFTLICHE, SOZIALE UND KULTURELLE RECHTE

Wirtschaftliche Rechte
Recht auf Arbeit
Recht auf gerechte und günstige Arbeitsbedingungen
Recht, Gewerkschaften zu gründen und beizutreten; Streikrecht
Schutz des Eigentums

Soziale Rechte
Recht auf soziale Sicherheit
Rechte von Familien, von Müttern vor und nach der Geburt
Recht von Kindern auf besonderen Beistand und Schutz
Recht auf einen angemessenen Lebensstandard, inkl. Recht auf
angemessene Nahrung, Kleidung und Wohnung
Recht auf Gesundheit

Kulturelle Rechte
Recht auf Bildung
Recht auf Teilnahme am kulturellen Leben und auf Genuss des wissenschaftlichen
Fortschritts und seiner Errungenschaften

RECHTE DER DRITTEN GENERATION IN DER AFRIKANISCHEN CHARTA ÜBER DIE RECHTE DER MENSCHEN UND VÖLKER VON 1981

Artikel 22
1. Alle Völker haben ein Recht auf eigene wirtschaftliche, soziale und kulturelle Entwicklung unter angemessener Berücksichtigung ihrer Freiheit und Identität sowie auf gleiche Beteiligung am gemeinsamen Erbe der Menschheit.
2. Die Staaten sind, einzeln oder gemeinsam, verpflichtet, die Ausübung des Rechts auf Entwicklung sicherzustellen.

Artikel 23
1. Alle Völker haben ein Recht auf nationalen und internationalen Frieden. Die Beziehungen zwischen den Staaten werden beherrscht durch die Prinzipien der Solidarität und der Freundschaft, die implizit in der Charta der Vereinten Nationen anerkannt und durch die Charta der OAU (Organization of African Unity) bekräftigt worden sind. ...

Artikel 24
Alle Völker haben das Recht auf eine Umwelt, die insgesamt zufriedenstellend und für ihre Entwicklung günstig ist.

Die zweite Generation: Wirtschaftliche, soziale und kulturelle Rechte
Die sog. wirtschaftlichen, sozialen und kulturellen Rechte als zweite Generation der Menschenrechte sind eine Folge der Reaktionen des 19. Jahrhunderts auf die Verarmung weiter Teile der Bevölkerung im Gefolge der Industrialisierung in Europa und die daraus resultierenden Klassenkämpfe. Zu ihnen gehören neben Rechten zur Existenzsicherung (z.B. Recht auf Nahrung) auch Garantien im Arbeitsbereich (Recht auf angemessene Arbeitsbedingungen, Gewerkschaftsrechte), Rechte im Bereich der sozialen Sicherheit oder das Recht auf Bildung.

Sind wirtschaftliche, soziale und kulturelle Rechte wirklich Menschenrechte, die sich durchsetzen lassen? Ist es nicht zu idealistisch, von den Staaten zu erwarten, dass sie alle Menschen mit Nahrung, Obdach und Arbeit versorgen und den Leuten eine gute Gesundheit garantieren? Dies ist natürlich nicht die wahre Absicht dieser Rechte. Sie garantieren vielmehr zunächst den diskriminierungsfreien Zugang zu bzw. den ungestörten Genuss vorhandener Nahrung, Arbeit, Bildung und medizinischer Versorgung. So würde die Wegweisung einer Familie aus ihrer Unterkunft ohne ein rechtliches Verfahren oder die entschädigungslose Enteignung von Häusern das Recht auf Wohnung im Sinne des Rechts auf Gebrauch der eigenen Unterkunft verletzen. Dann verpflichten diese Rechte den Staat dazu, die Menschen zu schützen, wenn sie durch Dritte an der Nutzung von vorhandenen Gütern und Einrichtungen gehindert werden. Recht auf staatlichen Schutz hätten beispielsweise die Angehörigen einer ethnischen oder religiösen Minderheit, wenn ihre Häuser durch andere Bevölkerungsgruppen zerstört würden. Schliesslich verpflichten die Rechte der zweiten Generation die Staaten dazu, konkrete Massnahmen zu ergreifen, um im Bereich der Arbeitslosigkeit, der Nahrungsmittelsicherheit, der Gesundheitsversorgung oder der Bildung nach und nach einen Standard zu erreichen, der allen Menschen den vollen Genuss der Rechte ermöglicht. Der Staat hat z.B. aufgrund des Rechts auf Wohnung eine Politik zu verfolgen, die längerfristig die Bedürfnisse aller Menschen auf angemessene Unterkunft befriedigt. Nur diese letzte Dimension der wirtschaftlichen, sozialen und kulturellen Rechte ist nicht direkt rechtlich durchsetzbar, d.h. weitgehend programmatisch.

Die dritte Generation: Kollektive Rechte
Die dritte Generation der Menschenrechte bilden die sog. kollektiven Rechte oder Solidaritätsrechte, zu welchen die Rechte auf Entwicklung, auf Frieden und auf eine saubere und gesunde Umwelt zählen. Sie wurden in der 2. Hälfte des 20. Jahrhunderts als Kollektivrechte konzipiert, sind aber, mit Ausnahme der Afrikanischen Menschenrechtscharta von 1981, noch nicht Teil der Menschenrechtsverträge geworden. Der Grund dafür liegt darin, dass ihr juristischer Gehalt (Wer ist berechtigt? Wer ist durch sie verpflichtet? Und wie setzt man sie durch?) bisher nicht geklärt werden konnte und ihnen vor allem vonseiten der Industriestaaten Opposition erwächst.

**BEISPIELE: VERPFLICHTUNGEN AUS DEM RECHT AUF LEBEN
UND DEM RECHT AUF BILDUNG**

Das Recht auf Leben beinhaltet auf der ersten Stufe ein Verbot staatlicher Tötungen. Auf der zweiten Stufe verlangt es die Ergreifung zumutbarer staatlicher Vorsorgemassnahmen zum Schutz des Lebens von Individuen im Falle einer Bedrohung durch Dritte, z.B. Massnahmen zum Schutz eines Politikers gegen Mordversuche seiner politischen Gegner. Schliesslich verpflichtet das Recht auf Leben den Staat auf der letzten Stufe zur Ergreifung von Massnahmen zur Eindämmung lebensbedrohender Gefahren (z.B. der Ausbreitung von Infektionskrankheiten).

Die Pflicht zur Achtung des Rechts auf Bildung bedeutet z.B., dass der Staat keine Schülerinnen und Schüler von der Grundschule ausschliessen darf. Der Schutz dieses Rechtes kann es unter Umständen nötig machen, gegen Eltern vorzugehen, welche ihren Kindern jegliche Ausbildung verweigern, obwohl diese bildungsfähig sind und staatliche Ausbildungsinstitutionen sie aufnehmen würden. Leistungspflichten bestehen insofern, als der Staat dafür sorgen muss, dass alle Kinder unentgeltlich die Primarschule besuchen können.

MENSCHENRECHTSVERPFLICHTUNGEN DER STAATEN

In modernen Ländern besitzt der Staat das Gewaltmonopol. Die rechtliche Durchsetzungsgewalt liegt allein beim Staat mit seiner Gerichtsbarkeit und Polizei. Private dürfen ihr Recht nicht selbst mit Gewalt durchsetzen. Dieses Gewaltmonopol des Staates ist durchaus ambivalent: Einerseits verhindert es Anarchie und ist Voraussetzung dafür, dass wir in Sicherheit und Freiheit leben können und nicht der Gefahr willkürlicher oder gar anarchischer Übergriffe der gesellschaftlich Mächtigen ausgesetzt sind. Anderseits besteht immer die Gefahr, dass der Staat sein Gewaltmonopol zum Nachteil der Bürgerinnen und Bürger missbraucht. Die Menschenrechte sind dazu da, dem Gewaltmonopol des Staates Schranken zu setzen und damit die Gefahren zu verringern, welche den Menschen vonseiten der souveränen Staatsmacht potenziell drohen.

Menschenrechte richten sich deshalb primär gegen den Staat. Verstösse gegen die Menschenrechte stellen einen Missbrauch der Macht dar, die dem Staat anvertraut worden ist. Es handelt sich daher um besonders ernsthafte Rechtsverletzungen, die sich grundlegend von Verletzungen des Straf- und Zivilrechts durch Private unterscheiden, obwohl auch solche Akte menschenrechtlich relevante Interessen der Opfer schwer beeinträchtigen können. Aus diesen Gründen sind es die Staaten und ihre Organe, welche die Vertragspflichten aus Menschenrechtskonventionen erfüllen müssen.

Zu was die Staaten konkret verpflichtet sind, ergibt sich aus den einzelnen Menschenrechten, an die sie gebunden sind. Verallgemeinernd lässt sich aber festhalten, dass sowohl die bürgerlichen und politischen als auch die wirtschaftlichen, sozialen und kulturellen Rechte die Staaten auf drei Stufen verpflichten:

Auf einer ersten Stufe besteht die staatliche Pflicht, die Rechte und Freiheiten der Menschen nicht zu verletzen. Es besteht eine Pflicht zur Achtung der Menschenrechte, indem der Staat sich passiv verhalten und Eingriffe unterlassen muss. Das Folterverbot wird beispielsweise automatisch respektiert, wenn die Polizei auf Verhörmethoden verzichtet, die bei den Verhafteten schweres Leiden verursachen, und die Presse ist frei, wenn der Staat die Druckerzeugnisse nicht zensiert.

Die Erfahrung zeigt, dass die Menschenrechte nicht nur durch staatliche Eingriffe, sondern auch durch Handlungen von dominanten Privaten gefährdet sein können. Häusliche Gewalt, rassistische Übergriffe oder Feindseligkeiten gegenüber friedlichen Versammlungen von Minderheiten sind nur einige Beispiele solcher Verletzungen. Auf einer zweiten Stufe werden die Staaten aus den Menschenrechten daher verpflichtet, diese Rechte auch gegen Übergriffe Dritter zu schützen, insbesondere durch gesetzlichen Schutz oder die notwendige Polizeiintervention.

DER GLOBALE PAKT

Der von UNO-Generalsekretär Kofi Annan 1999 angeregte Globale Pakt («Global Compact») hat zum Ziel, möglichst viele Unternehmen zu bewegen, sich mit UNO-Organisationen, Gewerkschaften und der Zivilgesellschaft zusammenzutun, um freiwillig zehn zentrale Prinzipien im Bereich der Menschenrechte, der Arbeitsbeziehungen und des Umweltschutzes anzunehmen, zu unterstützen und im eigenen Tätigkeitsbereich umzusetzen. Für den Menschenrechtsschutz besonders wichtig sind Prinzipien 1–6:
(1.) Die Wirtschaft soll die international verkündeten Menschenrechte in ihrem Einflussbereich unterstützen und achten und (2.) sicherstellen, dass sie nicht zum Komplizen von Menschenrechtsverletzungen wird. Die Wirtschaft soll (3.) die Vereinigungsfreiheit wahren und die wirksame Anerkennung des Rechts auf Tarifverhandlungen gewährleisten sowie ferner auf (4.) die Beseitigung aller Formen der Zwangs- oder Pflichtarbeit, (5.) die tatsächliche Abschaffung der Kinderarbeit und (6.) die Beseitigung von Diskriminierung in Beschäftigung und Beruf hinwirken.
www.unglobalcompact.org

Auf einer dritten Stufe haben die Staaten die Menschenrechte zu gewährleisten, d.h. sicherzustellen, dass die Berechtigten in möglichst umfassender Weise in den Genuss ihrer Menschenrechte kommen. Um das Recht von Inhaftierten auf menschliche Behandlung umzusetzen, kann es beispielsweise notwendig sein, das Gefängnispersonal entsprechend zu schulen und die Gefängnisse baulich zu verbessern. Oder: Das Recht auf Grundschulbildung ist dann nicht umfassend gewährleistet, wenn einzelne Regionen eines Landes weder über Schulhäuser noch über Lehrerinnen und Lehrer verfügen.

Auf allen diesen Ebenen muss der Staat dafür sorgen, dass bei der Achtung und Umsetzung der Menschenrechte das Verbot der Diskriminierung wegen der Rasse, des Geschlechts, der Sprache, der Religion, der politischen oder sonstigen Anschauung, der nationalen oder sozialen Herkunft, des Vermögens, der Geburt und ähnlicher Merkmale beachtet wird. So wäre es z. B. unzulässig, Angehörige von religiösen Mehrheiten in einem Staat polizeilich gegen private Übergriffe zu schützen, den Angehörigen von Minderheiten diesen Schutz aber zu verweigern.

BINDEN MENSCHENRECHTE AUCH INDIVIDUEN UND PRIVATE AKTEURE?
Bis gegen Ende des 20. Jahrhunderts waren Diktaturen und totalitäre Regime, d.h. übermässig autoritäre Staaten, die Hauptquelle von Menschenrechtsverletzungen. Seit den Achtzigerjahren hat sich dies geändert: Zunehmend werden Menschenrechte auf massivste Weise in Ländern verletzt, in welchen die Regierungen zu schwach sind, um Aufständische, die Kriegsverbrechen begehen, Gruppierungen, die unter der Flagge von religiösem oder ethnischem Hass Minderheiten massakrieren, oder mafiösen Gruppierungen, die Frauen und Kinder in die Prostitution verkaufen, in Schranken zu weisen. In sog. «failed states», in welchen die Regierungsmacht weitgehend oder gar völlig zerfällt, ist es um die Menschenrechte regelmässig besonders schlecht bestellt, weil niemand da ist, der gegen Verletzungen wirksam einschreiten könnte. Die Frage nach der Bindung nichtstaatlicher Akteure an die Menschenrechte stellt sich aber auch in weniger dramatischen Situationen immer dringlicher. Dabei stehen so unterschiedliche Themen wie die Bindung multinationaler Unternehmungen an die Menschenrechte, die Problematik der menschenrechtlichen Beurteilung häuslicher Gewalt oder die Frage nach der Geltung der Menschenrechte bei Tätigkeiten, die der Staat Privaten überträgt (bis hin zum Führen von Gefängnissen), im Vordergrund der Diskussion.

Heute ist zwar anerkannt, dass Private direkt an die Menschenrechte gebunden sind, wenn sie (z. B. als Betreiber von Gefängnissen) für den Staat handeln oder in Situationen des Zusammenbruchs staatlicher Macht de facto Regierungsgewalt ausüben. Sonst aber gilt noch immer, dass private Akteure durch die Menschenrechte grundsätzlich nicht verpflichtet werden.

DIE KERNVERBRECHEN DES VÖLKERRECHTS

Kriegsverbrechen sind speziell definierte Verbrechen gegen das Leben, die körperliche Integrität oder das Eigentum der Zivilbevölkerung, der Kriegsgefangenen oder der verwundeten und kranken Soldaten, die während bewaffneter Konflikte verübt werden. Zu den Kriegsverbrechen gehören z. B. folgende Handlungen: absichtliche Angriffe auf die Zivilbevölkerung, die Tötung oder Verwundung eines die Waffen streckenden oder wehrlosen Soldaten, der sich ergeben hat; Folter von Kriegsgefangenen oder Angehörigen der Zivilbevölkerung, die Plünderung einer Stadt oder eines Dorfes, die Verwendung von Giftgas, Geiselnahmen oder das Aushungern der Zivilbevölkerung als Kriegstaktik. Verbrechen gegen die Menschlichkeit sind Straftaten wie Mord, Ausrottung, zwangsweises Verschwindenlassen von Menschen, Folter, Vergewaltigung, Deportationen oder Verfolgungen, sofern sie im Rahmen eines ausgedehnten oder systematischen Angriffs gegen die Zivilbevölkerung begangen werden, um damit die Politik eines Staates oder einer Organisation umzusetzen oder zu unterstützen. Völkermord ist jede der folgenden Handlungen, die in der Absicht begangen wird, eine nationale, ethnische, rassische oder religiöse Gruppe als solche ganz oder teilweise zu vernichten: a) Tötung von Mitgliedern der Gruppe; b) Verursachung von schwerem körperlichem oder seelischem Schaden an solchen Menschen; c) vorsätzliche Auferlegung von Lebensbedingungen für die Gruppe, die geeignet sind, ihre Vernichtung ganz oder teilweise herbeizuführen; d) Verhängung von Massnahmen, die der Geburtenverhinderung innerhalb der Gruppe dienen; e) gewaltsame Überführung von Kindern in eine andere Gruppe.

DIE WICHTIGSTEN ABKOMMEN DES HUMANITÄREN VÖLKERRECHTS

– Abkommen vom 12. August 1949 zur Verbesserung des Loses der Verwundeten und Kranken der bewaffneten Kräfte im Feld (1. Genfer Konvention)
– Genfer Abkommen vom 12. August 1949 zur Verbesserung des Loses der Verwundeten, Kranken und Schiffbrüchigen der bewaffneten Kräfte zur See (2. Genfer Konvention)
– Genfer Abkommen vom 12. August 1949 über die Behandlung der Kriegsgefangenen (3. Genfer Konvention)
– Genfer Abkommen vom 12. August 1949 über den Schutz von Zivilpersonen in Kriegszeiten (4. Genfer Konvention)
– Zusatzprotokoll vom 8. Juni 1977 zu den Genfer Abkommen vom 12. August 1949 über den Schutz der Opfer internationaler bewaffneter Konflikte (Protokoll I)
– Zusatzprotokoll vom 8. Juni 1977 zu den Genfer Abkommen vom 12. August 1949 über den Schutz der Opfer nicht internationaler bewaffneter Konflikte (Protokoll II)

Das bedeutet allerdings nicht, dass es Privaten, sei es als Individuen oder Gruppierungen, erlaubt ist, menschenrechtlich geschützte Interessen anderer Privater zu missachten und zu verletzen. Wie erwähnt, sind die Staaten hier verpflichtet, den Opfern Schutz zu gewähren und mit den Mitteln des Straf- und Privatrechts bzw. mit Polizeigewalt gegen private Übergriffe vorzugehen. Trotzdem zeigt sich in verschiedenen Konstellationen, dass die traditionellen Instrumente nicht genügen, um der Bedrohung der Menschenrechte durch private Übergriffe Herr zu werden.

Hier setzt das internationale Strafrecht ein, das in den letzten Jahren eine Renaissance erlebt hat. Wer Völkermord verübt oder Kriegsverbrechen oder Verbrechen gegen die Menschlichkeit und somit besonders schwere Menschenrechtsverletzungen begangen hat, kann heute dafür vor nationalen oder sogar internationalen Gerichten angeklagt und verurteilt werden. Das gilt nicht nur für Regierungsmitglieder oder Armeeangehörige, die beispielsweise für Genozid verantwortlich sind, sondern auch für Aufständische, die Massaker verüben, Organisationen, die Selbstmordattentäter einsetzen, oder die Verantwortlichen der Terrorakte vom 11. September 2001.

Schliesslich ist es denkbar, dass ein Land sein privatrechtliches Haftpflichtrecht und seine Gerichte zur Verfügung stellt, um private Täter zur Leistung von Schadenersatz an die Opfer gewisser Menschenrechtsverletzungen zu zwingen. In den USA z.B. ist es für Opfer von Folter und ähnlichen schweren Menschenrechtsverletzungen möglich, gestützt auf den Aliens Tort Act von 1789 Schadenersatzklagen gegen die Täter einzureichen, selbst wenn diese nicht amerikanische Staatsangehörige sind und in einem anderen Land gehandelt haben. In diesem Sinn wurden etwa der Führer der bosnischen Serben im Bosnienkrieg, Radovan Karadzic, oder der für Verbrechen gegen die Menschlichkeit in Osttimor verantwortliche indonesische General Panjaitan zu hohen Schadenersatzsummen verurteilt. Zugelassen wurde etwa auch eine Klage von Opfern von Zwangsarbeit in Myanmar (früher Burma) gegen die Firma Unocal, weil sich ihre Manager im Zusammenhang mit der Errichtung einer Pipeline der Beihilfe zur Anordnung von Zwangsarbeit durch das burmesische Militärregime schuldig gemacht haben sollen.

DER SCHUTZ DES MENSCHEN IM KRIEG
In Zeiten bewaffneter Konflikte sind Menschenrechte besonders gefährdet, da im Krieg das Töten des Feindes und die Zerstörung seines Eigentums grundsätzlich erlaubt sind. Prinzipiell gelten die Menschenrechtsgarantien auch während bewaffneter Konflikte, allerdings können sie in solchen Situationen besonders stark eingeschränkt oder unter gewissen Voraussetzungen gar suspendiert werden.

Spezifische Regeln zum Schutz des Menschen im Krieg stellt das sog. humanitäre Völkerrecht auf. Es sucht zwischen dem, was zur Erreichung des Kriegsziels notwendig erscheint, und den Geboten der Humanität einen Ausgleich zu finden, um unnötiges Leiden zu verhindern. Zu diesem Zweck stellt es einerseits detaillierte Regeln für die humane Behandlung von Personen auf, die (wie die Zivilbevölkerung) nicht oder (wie verwundete und kranke Soldaten und Kriegsgefangene) nicht mehr am Kampf beteiligt sind. Anderseits beschränkt es die Mittel der Kriegsführung durch das Verbot von besonders grausamen Waffen und Kampftaktiken: Untersagt sind z.B. der Einsatz chemischer und biologischer Waffen, militärische Angriffe auf zivile Objekte oder sog. unterschiedslose Angriffe, die militärische und zivile Ziele ohne Differenzierung treffen.

SCHUTZ FÜR PERSONEN MIT SPEZIELLEN BEDÜRFNISSEN
Im Laufe der Zeit hat sich immer deutlicher gezeigt, dass nicht alle Personen in gleicher Weise von den Menschenrechten profitieren können, weil einige Menschen besondere Bedürfnisse haben, die vom allgemeinen Menschenrechtsschutz nur ungenügend abgedeckt werden. In Gesellschaften mit tief verankerten Traditionen, die Frauen benachteiligen, muss z.B. zuerst die systematische Geschlechterdiskriminierung beseitigt und faktische Gleichstellung erreicht werden, bevor alle Frauen die ihnen zustehenden Rechte geniessen

können. Deshalb war es nötig, das bereits erwähnte Übereinkommen zur Beseitigung jeder Form von Diskriminierung der Frau vom 18. Dezember 1979 zu verabschieden. Weil die meisten Menschenrechte vom Bild autonomer Individuen ausgehen, Kinder und Jugendliche aber in vielfältigen Abhängigkeitsverhältnissen stehen und je nach Alter und Entwicklungsgrad nicht in der Lage sind, ihre Bedürfnisse selbst zu verteidigen, wurde 1989 das Übereinkommen über die Rechte des Kindes geschaffen. Gemäss der Präambel des Übereinkommens wurde das Vertragswerk erlassen, weil «das Kind wegen seiner mangelnden körperlichen und geistigen Reife besonderen Schutzes und besonderer Fürsorge, insbesondere eines angemessenen rechtlichen Schutzes vor und nach der Geburt, bedarf». Besondere Schutzbedürfnisse haben auch Flüchtlinge, weil sie den Schutz ihres Heimatstaates, der sie verfolgt, verloren haben und als unerwünschte Personen im Ausland der Willkür der Zufluchtsstaaten ausgesetzt sind, solange das Völkerrecht für sie nicht ersatzweisen internationalen Schutz schafft. Dies ist das Ziel des Abkommens über die Rechtsstellung der Flüchtlinge vom 28. Juli 1951. Behinderte Menschen sind eine weitere Kategorie von Personen, die ein besonderes Bedürfnis nach menschenrechtlichem Schutz haben. Für sie fehlten bisher spezielle Schutznormen, am 13. Dezember 2006 verabschiedete die Generalversammlung der UNO jedoch die Konvention zum Schutz von Menschen mit Behinderungen, die seit Ende März 2007 zur Ratifikation durch die Staaten ausliegt.

Besondere Bedürfnisse haben zudem indigene Völker, die nach ihren Sitten und Traditionen leben wollen. Zu diesem Zweck möchten sie die natürliche Umwelt auf herkömmliche Weise nutzen und das Land dort besiedeln, wo ihre Vorfahren seit Jahrhunderten oder Jahrtausenden gelebt haben. Eine umfassende Menschenrechtskonvention zum Schutz der Rechte indigener Völker fehlt bis heute, aber seit einiger Zeit wird in der UNO an einer Erklärung über die Rechte der eingeborenen Völker gearbeitet.

DURCHSETZUNG DER MENSCHENRECHTE
Es ist typisch für die internationalen Menschenrechte, dass sie den Individuen Rechtsansprüche gegenüber den Staaten verschaffen. In ihrem Anspruchscharakter unterscheiden sie sich von traditionellen Konzepten moralischer Pflichten des Herrschers gegenüber den Untertanen. Die völkerrechtliche Verankerung von Menschenrechtsgarantien würde allerdings nicht viel nützen, wenn diese Garantien nicht durchgesetzt werden könnten. Primär verantwortlich für die Durchsetzung der Menschenrechte sind die Staaten und ihre Gerichte, die bei Menschenrechtsverletzungen angerufen werden können. In diesem Sinn sind die Staaten verpflichtet, Opfern von Menschenrechtsverletzungen wirksame Beschwerdemöglichkeiten zur Verfügung zu stellen. Viele Staaten haben heute zudem nationale Menschenrechtskommissionen eingesetzt, welche auf innerstaatlicher Ebene über die Einhaltung der Menschenrechte wachen sollen.

Die Erfahrung zeigt allerdings, dass nationale Mechanismen Menschenrechtsverletzungen oft nicht zu verhindern vermögen. Deshalb hat das Völkerrecht eine Vielzahl internationaler Überwachungsmechanismen geschaffen. Heute besonders bedeutsam sind die Aktivitäten der UNO-Menschenrechtskommission, der internationalen Strafgerichte und der Vertragsorgane der Menschenrechtskonventionen.

Überwachungsorgane (Vertragsorgane)
Jede der verschiedenen UN-Menschenrechtskonventionen wird von einem eigenen Ausschuss überwacht. Diese Überwachungsorgane (treaty bodies) setzen sich aus unabhängigen Experten zusammen, die von den Vertragsstaaten gewählt werden, aber nicht ihr Land vertreten, sondern frei von Instruktionen nach bestem Wissen und Gewissen handeln. Das Überwachungsorgan des Internationalen Paktes über die bürgerlichen und politischen Rechte heisst Menschenrechtsausschuss. Er besitzt 18 Mitglieder und ist dreimal pro Jahr für je drei Wochen in Session. Die übrigen Komitees sind nach dem jeweiligen Vertrag benannt (z.B. Ausschuss gegen Rassendiskriminierung, Folterausschuss, Kinderrechtsausschuss) und haben zwischen zehn und 23 Mitglieder.

Alle UN-Menschenrechtskonventionen verpflichten die Vertragsstaaten, dem jeweiligen Ausschuss in regelmässigen Abständen (meist alle fünf Jahre) einen Bericht zu unterbreiten, in welchem sie über die getroffenen Massnahmen zur Umsetzung der Rechte des jeweiligen Vertrages, über die erzielten Fortschritte oder Hindernisse Bericht erstatten. Diese Berichte werden von den Ausschüssen kritisch geprüft, mit Berichten von Nichtregierungsorganisationen verglichen und schliesslich mit einer Delegation des betroffenen Staates in öffentlichen Sitzungen diskutiert. Dieser Dialog endet mit sog. abschliessenden Bemerkungen des Ausschusses, in welchen die wichtigsten positiven und negativen Entwicklungen und konkrete Empfehlungen für Verbesserungen und Reformen festgehalten werden. Das Berichtssystem ist kein gerichtliches Verfahren: Es dient dazu, die Staaten zu zwingen, in Menschenrechtsfragen Rechenschaft abzulegen und sich auf einen (oft sehr kritischen) Dialog mit dem Vertragsorgan einzulassen. Die Erfahrung zeigt, dass die meisten Staaten wenigstens einen Teil der Empfehlungen akzeptieren und umsetzen. Bedeutsam sind die abschliessenden Bemerkungen aber auch, weil sie den nichtstaatlichen Organisationen im betreffenden Land den Rücken stärken und ihre Arbeit erleichtern.

Mit Ausnahme des Paktes über die wirtschaftlichen, sozialen und kulturellen Rechte und dem Übereinkommen über die Rechte des Kindes erlauben es die UN-Menschenrechtskonventionen darüber hinaus Personen, die behaupten, Opfer von Menschenrechtsverletzungen zu sein, dem betreffenden Ausschuss Beschwerden zu unterbreiten. Diese werden in einem gerichtsähnlichen Verfahren geprüft. Das Verfahren endet mit einem Entscheid des Ausschusses darüber, ob ein Menschenrecht missachtet worden ist. Die Entscheide des Ausschusses sind für den betroffenen Staat rechtlich nicht voll verbindlich, stellen aber eine autoritative Feststellung eines internationalen Organs über das Vorliegen einer Menschenrechtsverletzung dar. Eine Schwäche des Beschwerdeverfahrens liegt darin, dass es nicht obligatorisch, sondern nur gegenüber jenen Staaten gilt, welche es ausdrücklich vertraglich akzeptiert haben. Im Fall des Paktes über die bürgerlichen und politischen Rechte sind dies immerhin 104 von insgesamt 151 Vertragsstaaten. In historischer Perspektive erscheinen diese Verfahren trotz gewisser Schwächen als revolutionär, da es lange als undenkbar galt, Bürgerinnen und Bürgern eines Landes zu erlauben, ihre eigene Regierung auf internationaler Ebene anzuklagen.

Echte Menschenrechtsgerichtshöfe existieren auf regionaler Ebene in Europa und Amerika, teilweise nun auch in Afrika. Der Europäische Gerichtshof für Menschenrechte und der Inter-Amerikanische Gerichtshof für Menschenrechte können Urteile mit bindender Wirkung erlassen. Besonders erfolgreich (besser: einflussreich) ist der Europäische Gerichtshof für Menschenrechte, welcher Tausende von Urteilen gefällt hat.

Der UN-Menschenrechtsrat
Ausserhalb dieser förmlichen Verfahren existiert eine Vielzahl von Durchsetzungsmechanismen mit eher politischem Charakter. Das wichtigste Organ auf der Ebene der UNO ist der Menschenrechtsrat, welcher 2006 die frühere Menschenrechtskommission ersetzte und im Gegensatz zu ihr sich nicht nur einmal im Jahr, sondern regelmässig versammelt. Er besteht aus 47 Mitgliedstaaten, die von der UNO-Generalversammlung mit absolutem Mehr gewählt werden und alle geografischen Regionen der Welt repräsentieren. Neben Grundlagenarbeit (z.B. der Erarbeitung neuer internationaler Instrumente) und der Förderung der Menschenrechte (z.B. durch Forschung, Seminare und die Beratung von Regierungen) überwacht der Rat die Einhaltung der Menschenrechte in den Ländern.

Zur Erfüllung dieser Aufgabe kann er sich verschiedener Methoden bedienen: Das System der sog. Spezialverfahren, welche die Menschenrechtskommission entwickelt hat, wird weitergeführt. Unabhängige Expertinnen und Experten mit spezifischen Mandaten zu bestimmten Themen (z.B. Folterverbot, Recht auf Nahrung, Menschenrechte von Minderheiten) oder Ländern (z.B. Somalia, Nordkorea) untersuchen die konkrete Menschenrechtssituation vor Ort und berichten dem Rat über ihre Missionen in öffentlich diskutierten Berichten, versuchen, die betroffenen Regierungen zu Verbesserungen der Menschenrechtssituationen zu bewegen, geben öffentliche Erklärungen ab oder intervenieren je nach Mandat auch in Einzelfällen.

Falls die Menschenrechtssituation in einem bestimmten Land besonders schwerwiegend ist, kann der Menschenrechtsrat darüber eine Sondersession einberufen und konkrete Massnahmen wie etwa die Einsetzung einer Untersuchungskommission (2006 für Libanon), beschliessen und mittels Resolutionen die betreffende Regierung kritisieren und aufrufen, Verletzungen einzustellen.

Das System der Spezialverfahren und der Sondersessionen ist nicht völlig gegen die Gefahr der Selektivität gefeit, d.h., es sind oft eher politische Überlegungen als das Ausmass der Menschenrechtsverletzungen, welche bestimmen, ob eine bestimmte Situation untersucht und diskutiert wird. Deshalb wird der Menschenrechtsrat als wohl weitreichendste Neuerung ab 2007 im Rahmen der sog. periodischen universellen Überprüfung in einem Zyklus von ca. fünf Jahren alle Staaten der Welt einer Untersuchung unterziehen, welche das betreffende Land mit Informationen der Vertragsorgane, Spezialverfahren und aus anderen Quellen konfrontiert.

Internationale Strafgerichtshöfe
Das Projekt der Schaffung einer internationalen Strafjustiz zur Ahndung schwerster Menschenrechtsverletzungen beschäftigte die UNO seit Beginn ihrer Existenz: Die Generalversammlung ersuchte bereits 1948 die sog. Völkerrechtskommission der UNO (ILC), die Möglichkeit der Errichtung eines internationalen Strafgerichts abzuklären. Der Kalte Krieg verhinderte allerdings, dass diese Arbeiten erfolgreich abgeschlossen werden konnten. Erst die Gräueltaten der Kriege auf dem Territorium des früheren Jugoslawien und der Genozid in Ruanda veranlassten den Sicherheitsrat 1992 und 1994, für diese beiden Gebiete Ad-hoc-Tribunale zu schaffen. Das Internationale Tribunal für das frühere Jugoslawien mit Sitz in Den Haag (ICTY) und das Internationale Tribunal für Ruanda mit Sitz in Arusha (ICTR) sind zuständig, Personen zu bestrafen, welche sich des Genozids, der Kriegsverbrechen oder Verbrechen gegen die Menschlichkeit schuldig gemacht haben.

Trotz grossen anfänglichen Schwierigkeiten in finanzieller und organisatorischer Hinsicht und im Falle Jugoslawiens der anfänglichen Weigerung der betroffenen Staaten (und auch der internationalen Blauhelmtruppen), Angeklagte festzunehmen und an diese Gerichte auszuliefern, gelang es diesen Gerichten schliesslich, die meisten Hauptverantwortlichen anzuklagen und zu verurteilen. Problematisch blieb allerdings, dass die internationale Gemeinschaft in manchen Fällen massivster Menschenrechtsverletzungen darauf verzichtete, die Verantwortlichen strafrechtlich zur Rechenschaft zu ziehen.

Diese Defizite konnten durch die Erarbeitung des sog. Römer Statuts vom 17. Juli 1998 für einen ständigen Internationalen Strafgerichtshof (ICC) wenigstens teilweise beseitigt werden. Dieses Gericht hat seinen Sitz in Den Haag und konnte seine Arbeit im Jahr 2003 aufnehmen. Die 18 hauptamtlichen Richterinnen und Richter sind trotz der universellen Ausrichtung des Gerichtshofes nicht befugt, jede Verletzung des internationalen Strafrechts zu ahnden, sondern sie besitzen diese Kompetenz nur, wenn der Täter oder die Täterin entweder die Nationalität eines Vertragsstaates besitzt oder das Verbrechen auf dem Territorium eines Vertragsstaates begangen wurde und dieser Staat nicht willens oder nicht fähig ist, selbst ein Strafverfahren durchzuführen. Wie erfolgreich der Internationale Strafgerichtshof sein wird, ist noch offen. Obwohl das Römer Statut gegenwärtig 104 Vertragspar-

1. IST DAS KONZEPT DER MENSCHENRECHTE EIN UNIVERSELLES KONZEPT?
Die Antwort ist ein klares Nein. …
Kein Konzept ist universell. Jedes Konzept gilt in erster Linie dort, wo es erdacht worden ist. Wenn wir seinen Geltungsbereich über seinen direkten Kontext hinaus ausdehnen wollen, müssen wir diese Extrapolation rechtfertigen. … Zu akzeptieren, dass das Konzept der Menschenrechte nicht universell ist, bedeutet jedoch nicht, dass es nicht universell werden sollte. Nun, damit ein Konzept universell gültig ist, muss es mindestens zwei Voraussetzungen erfüllen. … [Es] muss zum universellen Bezugspunkt für alle Aspekte der menschlichen Würde werden. Mit anderen Worten sollte es alle anderen homöomorphen Äquivalente ersetzen und zum entscheidenden Bezugspunkt einer gerechten Gesellschaftsordnung werden. Anders ausgedrückt soll die Kultur, in welcher das Konzept der Menschenrechte geboren wurde, zur universellen Kultur werden. Dies dürfte einer der Gründe für ein gewisses Unbehagen sein, das man bei den nichtwestlichen Denkern spürt, die sich mit der Frage der Menschenrechte befassen. Sie fürchten um die Identität ihrer eigenen Kultur. …

2. INTERKULTURELLE KRITIK
… Nichts kann wichtiger sein, als die Würde der menschlichen Person zu betonen und zu verteidigen. Aber die Person sollte vom Individuum unterschieden werden. Das Individuum ist nur eine Abstraktion, d.h. eine Auswahl einzelner Aspekte der Person für praktische Zwecke. Meine Person ist demgegenüber auch in «meinen» Eltern, Kindern, Freunden, Feinden, Vorfahren und Nachfahren enthalten. «Meine» Person ist zudem in «meinen» Ideen und Gefühlen und in «meinen» Besitztümern vorhanden. Verletzt Du «mich», schädigst Du ebenso den ganzen Clan und möglicherweise auch Dich selbst. Rechte können nicht auf diese Weise individualisiert werden. Geht es um das Recht der Mutter oder das Recht des Kindes im Fall einer Abtreibung? Oder vielleicht auch um das Recht des Vaters und der Verwandten? Rechte können nicht von Pflichten abstrahiert werden; beide bedingen einander. Die Würde der menschlichen Person kann durch Deine Worte ebenso verletzt werden wie durch die Entweihung eines Ortes, der für mich heilig ist, obwohl er mir nicht auf eine Art «gehört», wie ich Privateigentum besitze. Du hast ihn vielleicht für Geld «gekauft», obwohl er aufgrund einer anderen Ordnung ganz und gar mir gehört. Ein Individuum ist ein isolierter Knoten; eine Person ist das ganze Gewebe um den Knoten herum, gewoben aus dem Stoff der Realität. Die Grenze einer Person ist nicht fest, sie hängt vollständig von ihrer Persönlichkeit ab. Zweifellos würde das Netz ohne die Knoten einreissen; aber ohne das Netz würden die Knoten nicht einmal existieren.

Pannikar, Is the Notion of Human Rights a Western Concept?, 120 Diogenes 75/1982

teien kennt, fehlen wichtige Staaten wie die USA, Russland, China sowie Länder, die in traditionellen Konfliktregionen liegen. Die USA leisten zudem aktiven Widerstand gegen diese neue strafrechtliche Institution.

Den neusten Typus internationaler Strafgerichtsbarkeit bilden sog. hybride Gerichte, die gleichzeitig eine landesrechtliche und eine internationale Rechtsgrundlage besitzen und aus nationalen und internationalen Richterinnen und Richtern zusammengesetzt sind. Zu dieser Kategorie gehören die Spezialgerichtshöfe für Sierra Leone und für Kambodscha sowie die Spezialkammern in Osttimor. Es wird erwartet, dass diese gemischten Gerichte billiger und effizienter als die internationalen Tribunale arbeiten können.

DIE ROLLE NICHTSTAATLICHER ORGANISATIONEN

Die Kapazität der internationalen Mechanismen zur Überwachung der Situation der Menschenrechte wird immer begrenzt bleiben. Ohne die Tätigkeit nichtstaatlicher Organisationen (NGOs) auf internationaler und auf lokaler Ebene wäre der Fortschritt, der auf dem Gebiet der Menschenrechte, trotz aller Verletzungen, weltweit erzielt worden ist, nicht möglich gewesen. Diese nichtstaatlichen Organisationen erfüllen für die Verwirklichung der Menschenrechte essenzielle Funktionen: Sie berichten über die Situation der Menschenrechte im Allgemeinen, untersuchen behauptete Verletzungen in konkreten Fällen, stehen Opfern bei und intervenieren zu ihren Gunsten bei den zuständigen Behörden, mobilisieren die öffentliche Meinung gegen Regierungen, welche Menschenrechte systematisch und schwer verletzen, versorgen die Organe der UNO mit den nötigen Informationen und betreiben erfolgreich Lobbyarbeit für neue Menschenrechtsverträge.

Bei diesen Tätigkeiten können sie sich auf die Allgemeine Menschenrechtserklärung berufen, die u.a. verkündet wurde, «damit jeder Einzelne und alle Organe der Gesellschaft sich diese Erklärung stets gegenwärtig halten und sich bemühen, ... die Achtung dieser Rechte und Freiheiten zu fördern und durch fortschreitende Massnahmen im nationalen und internationalen Bereich ihre allgemeine und tatsächliche Anerkennung und Verwirklichung» zu gewährleisten. Die Rolle, welche die Allgemeine Menschenrechtserklärung privaten Akteuren zuschreibt, bringt zum Ausdruck, dass das Weltsystem mehr ist als die Selbstregierung souveräner Staaten. Auch die internationale Gemeinschaft der Länder und Nationen ist auf eine Zivilgesellschaft angewiesen: Die Staatengemeinschaft erstarrt und verliert ihre Legitimität, wenn sich nicht private Gruppen für Grundwerte, wie sie in den Menschenrechten zum Ausdruck kommen, engagieren, dafür Verantwortung übernehmen und für sie tätig werden.

DIE FRAGE DER UNIVERSALITÄT

Eine Frage bleibt: Gelten die internationalen Menschenrechte tatsächlich universell? Daran möchte man angesichts weltweiter, massiver Menschenrechtsverletzungen zweifeln. Die Frage nach der Universalität der Menschenrechte betrifft allerdings nicht das Sein, sondern das Sollen, nicht die faktische Einhaltung, sondern den normativen Geltungsanspruch dieser Garantien.

Die naturrechtliche Begründung, dass die Menschenrechte universell gelten, weil sie dem Menschen angeboren seien, wirft vielfältige Probleme auf: Wie die Geschichte bis in jüngste Zeit zeigt, ist es nicht selbstverständlich, dass die Menschenrechte wirklich für alle Menschen gelten sollen, d.h. auch für Frauen oder ausländische Personen, für Angehörige ethnischer Minderheiten und auch für Kriminelle oder Terroristen. Die verschiedenen Kulturen haben überdies unterschiedliche Auffassungen darüber, was die Würde eines Menschen ausmacht. In manchen Kulturen und Gesellschaften steht z.B. die Gruppe über dem Individuum; es wird betont, dass Menschen in erster Linie Mitglieder ihrer Familie, ihres Clans oder ihrer Ethnie sind und als solche primär Pflichten gegenüber dem Kollektiv haben. Andere Gesellschaften stellen demgegenüber die Autonomie und die Rechte des Individuums in den Vordergrund. Angesichts der kulturellen Prägung allen menschlichen Erkennens ist es kaum möglich, von einem überkulturellen Standpunkt aus zu entscheiden, welches Verständnis das richtige ist. Zudem lässt sich nicht bestreiten, dass das Konzept der Menschenrechte im europäisch-amerikanischen Westen entstanden und damit historisch mit einer bestimmten Kultur verbunden ist, eine Tatsache, die für viele den universellen Charakter der Menschenrechte infrage stellt.

Kann aus diesen Überlegungen gefolgert werden, Menschenrechte seien etwas, was nur Menschen aus Europa zustehen kann, und dass gegenüber willkürlicher Staatsmacht keinerlei Ansprüche auf Schutz vor Folter, Respektierung des eigenen Glaubens oder Nichtdiskriminierung erheben kann, wer mit dunkler Haut geboren wurde? Die Antwort ist natürlich Nein. Die sog. «relativistische» Kritik an den Menschenrechten legt jedoch nahe, die Universalität der Menschenrechte nicht voreilig als gegeben zu erachten. Die universelle Gültigkeit der Menschenrechtsstandards hängt zu einem grossen Teil von einem weltweiten Konsens darüber ab, dass die Menschenrechte notwendig sind, um die Würde der menschlichen Person zu schützen. Dass es möglich war, über den Inhalt verschiedener internationaler Konventionen einen universellen Konsens zu erzielen und viele Staaten zu überzeugen, die Abkommen zu ratifizieren, zeigt, dass diese Hoffnung nicht nur idealistisch ist. Tatsächlich besitzt die menschliche Würde in allen Kulturen einen hohen Stellenwert, und keine Kultur erachtet willkürliche Hinrichtungen, Genozid oder brutale Folter als verteidigungswürdige Werte. Unabhängig vom kulturellen Hintergrund erleben Opfer Ungerechtigkeit auf sehr ähnliche Weise. Diese Gemeinsamkeiten sowie das langfristige Interesse der Staaten und der Staatengemeinschaft an der Vermeidung von schweren Menschenrechtsverletzungen, die Instabilität verursachen und ausländische Investitionen, den internationalen Handel oder sogar den internationalen Frieden bedrohen, erleichtern die Erarbeitung eines wachsenden internationalen Konsenses über Menschenrechtsfragen. In diesem Zusammenhang ist es wichtig zu betonen, dass Gesellschaften und ihre Kulturen nicht statische Grössen sind; sie wandeln sich vielmehr ständig, und sie beeinflussen sich gegenseitig. Der Versuch eines interkulturellen Dialogs ist deshalb nicht sinnlos. Verständigung in Menschenrechtsfragen über kulturelle Grenzen hinweg ist angesichts einer Welt, die immer vernetzter und damit kleiner wird, letztlich überlebensnotwendig.

Bedeutsam ist auch die Überlegung, dass die Idee der Menschenrechte eng mit jener des Nationalstaats zusammenhängt: Charakteristisch für diesen Staatstyp ist, wie bereits erwähnt, das Verbot der gewaltsamen Selbsthilfe Privater und die Monopolisierung des Gewalteinsatzes auf staatlicher Ebene durch die Polizei und den Gerichtszwang, in Notsituationen selbst durch die Armee. Menschenrechte erscheinen in dieser Sicht als notwendiges Gegenstück zum Gewaltmonopol des Staates. Menschenrechte können heute universelle Geltung beanspruchen, weil sich der Typus des Nationalstaates weltweit verbreitet hat. Eine Regierung, welche sich auf einen modernen Staatsapparat mit Sicherheitskräften aller Art stützt, kann nicht glaubwürdig das – in seinen Ursprüngen westliche – Konzept eines starken Nationalstaates vertreten und gleichzeitig aus kulturellen Gründen die Menschenrechte völlig ablehnen.

Trotz unterschiedlicher politischer Systeme und kultureller Hintergründe können immer mehr Staaten der Idee der Menschenrechte und ihrem konkreten Inhalt zustimmen. Die zunehmende Akzeptanz der Menschenrechtsidee in allen Teilen der Welt zeigt sich nicht nur im Bekenntnis der Staaten zur Universalität der Menschenrechte in der Erklärung der Wiener Weltkonferenz von 1993 über die Menschenrechte, sondern auch in der Tatsache, dass seit dem Ende des Kalten Krieges praktisch alle Staaten der Welt wenigstens einige der Menschenrechtskonventionen ratifiziert haben und Menschenrechte auch in ihren innerstaatlichen Verfassungen garantieren.

SCHLUSS

Mit der juristischen Verankerung der Menschenrechte in den Konventionen der UNO und der regionalen Organisationen hat die Staatengemeinschaft einen grossen Schritt vorwärts gemacht. Dank dieser Vertragswerke besitzt die Menschheit heute verbindliche Massstäbe, an welchen sich die Staaten messen lassen müssen. Keine Regierung der Welt kann heute noch behaupten, es sei ihre rein interne Angelegenheit, wie sie Individuen und religiöse, ethnische oder sprachliche Minderheiten behandle. Trotz der Schwierigkeiten, sich in historisch und kulturell sensiblen Bereichen auf universelle Standards zu einigen, ist der Kernbereich des Menschenrechtsschutzes heute unbestritten. Meinungsverschiedenheiten oder gar Konflikte im Bereich der Menschenrechte können überwunden werden: Kulturen sind nicht statische Grössen, sondern lernfähig. Dass sie sich wandeln und gegenseitig beeinflussen, gehört gar zu den Grundkonstanten der Menschheitsgeschichte, und alles weist darauf hin, dass die Menschenrechte in diesem Prozess, trotz ihres westlichen Ursprungs, von den Menschen zunehmend als universeller Massstab für ein «gutes» Leben in Würde anerkannt werden.

Notwendig bleibt allerdings der Wille der Staaten und der internationalen Organisationen, diese Grundsätze auch wirklich durchzusetzen und gegen Verletzer unabhängig von Erwägungen politischer oder wirtschaftlicher Opportunität vorzugehen. Wir alle sollten uns wieder vermehrt bewusst werden, dass sich die Menschenrechte nicht automatisch verwirklichen. Ob nun Menschen frei und gleich geboren werden oder nicht, in jedem Fall hängt ihre Freiheit und Gleichheit konkret davon ab, in welchem Ausmass Behörden und Private die Botschaft der Menschenrechte ernst nehmen. Menschenrechte sind mit anderen Worten nicht einfach vorgegeben, sondern sie müssen erarbeitet werden. Ohne den Einsatz von Menschen für ihre Mitmenschen, ohne das Mitgefühl für ihre Leiden und Solidarität mit den Opfern, ohne den Aufschrei des Protestes gegen Unterdrückung und Missachtung der Menschenwürde und ohne den beharrlichen Ruf nach mehr Gerechtigkeit lässt sich unsere Welt letztlich nicht befrieden.

In den Händen des Staates
RECHT AUF FAIRES VERFAHREN UND FOLTERVERBOT

Wirtschaftliche Tätigkeit
**RECHT AUF ARBEIT
SCHUTZ DES EIGENTUMS**

Politische Mitwirkung
RECHT AUF FREIE MEINUNGSÄUSSERUNG UND POLITISCHE RECHTE

Angemessener Lebensstandard
**RECHT AUF NAHRUNG
RECHT AUF GESUNDHEIT
RECHT AUF WOHNUNG**

Menschliche Identität
DISKRIMINIE-RUNGSVERBOT

Menschliche Existenz
RECHT AUF LEBEN

Vertreibung, Flucht und Exil
RECHTE VON FLÜCHTLINGEN UND BINNENVERTRIEBENEN

Denken und Spiritualität
**GEWISSENS- UND RELIGIONSFREIHEIT
RECHT AUF BILDUNG**

Privatsphäre
RECHT AUF PRIVATLEBEN

FRANKREICH, Ivry-sur-Seine, 1975
Altenheim
Martine Franck/Magnum Photos

Darf der Staat töten?

BOSNIEN-HERZEGOWINA, Llijas, 1996   Serben haben ihre Toten ausgegraben, um sie auf serbisches Territorium zu überführen. Gilles Peress/Magnum Photos

EL SALVADOR, San José las Flores, 1995 «Hauptstadt der Guerilla» im zwölfjährigen Bürgerkrieg (1980–1992). Larry Towell/Magnum Photos

RECHT AUF LEBEN

USA, Texas, Huntsville, 1992 Lethal Injection Chamber (Hinrichtungskammer), Texas State Prison.
«The Omega Suites», Lucinda Devlin

Irak, Bagdad, 2003 Seile für die Hinrichtung politischer Gefangener im Todestrakt des berüchtigten Gefängnisses Abu Ghraib. Abbas/Magnum Photos

CHILE, Santiago, 1998 Während Pinochets Staatsstreich (1973) wurden Tausende im Nationalstadion gefangengehalten und viele von ihnen hingerichtet.
Patrick Zachmann/Magnum Photos

WIE VIELE MENSCHEN SIND GETÖTET WORDEN?

Im Laufe der Jahrhunderte hat der Krieg immer mehr Menschenleben gefordert:

18. Jahrhundert:	5,5 Millionen
19. Jahrhundert:	16 Millionen
Erster Weltkrieg:	38 Millionen
Zweiter Weltkrieg:	60 Millionen
1949–1995:	24 Millionen

IKRK, Respect for International Humanitarian Law, Interparliamentary Union Meeting, 1993

... in Ruanda?

Laut einem Experten der Vereinten Nationen, der den Bevölkerungsrückgang in Ruanda untersuchte, sind zwischen April und Juni 1994 schätzungsweise 800 000 Ruander und Ruanderinnen gestorben. Diese Zahl schliesst allerdings auch jene mit ein, deren Tod auf andere Ursachen als auf den Völkermord zurückzuführen ist. Der Demograf William Seltzer schätzt die Zahl der Todesopfer des Völkermords auf mindestens eine halbe Million. Professor Gérard Prunier geht davon aus, dass im Juli noch 130 000 Tutsi lebten. Dazu kommen zusätzlich rund 20 000 Tutsi in Zaire und Tansania. Zieht man diese 150 000 Überlebenden von der ursprünglich auf 657 000 geschätzten Tutsi-Bevölkerung ab, dann wurden demzufolge 507 000 Tutsi getötet. Diese Zahl entspricht in etwa Seltzers Schätzung und bedeutet, dass ungefähr 77 Prozent der als Tutsi registrierten Bevölkerung ausgelöscht worden sind.

Human Rights Watch, Report Rwanda 1999

... im ehemaligen Jugoslawien?

Das Dokumentationszentrum für Kriegsopfer in Sarajevo hat nach langer Arbeit seine Erkenntnisse über die Zahl der Toten und Vermissten im Bosnienkrieg veröffentlicht. ... Die Studie kommt nach Angaben bosnischer Zeitungen zum Schluss, dass in der Zeit des Krieges in Bosnien-Herzegowina insgesamt 97 207 Personen getötet wurden oder als verschwunden gelten; der Anteil der Verschollenen liegt bei 16 662. Von den Getöteten sind 57 523 Armeeangehörige sowie 39 684 Zivilisten, 65 Prozent der getöteten Soldaten und 83 Prozent der getöteten Zivilisten sind Bosniaken. Als alarmierend bezeichnet die Studie die Tatsache, dass über 20 Prozent der umgekommenen Zivilisten Frauen und fast 3,5 Prozent Kinder sind. In der Studie sind nur jene Fälle berücksichtigt, die eindeutig belegt werden konnten. Im Dokumentationszentrum geht man davon aus, dass die Anzahl der Todesopfer bei über 100 000 liegt. Am meisten Opfer hatten die Bosniaken zu beklagen, nämlich 64 036, vor den bosnischen Serben mit 24 905 und den bosnischen Kroaten mit 7788 Toten.

NZZ, Samstag/Sonntag, 23./24. Juni 2007

... durch den Vollzug der Todesstrafe?

2006 wurden in 25 Ländern mindestens 1591 Gefangene hingerichtet und in 55 Ländern mindestens 3861 Menschen zum Tode verurteilt. Diese Zahlen geben nur jene Fälle wieder, die Amnesty International bekannt sind; die tatsächlichen Zahlen liegen mit Sicherheit höher.

2006 wurden 91 Prozent aller Exekutionen in China, Iran, Irak, Pakistan, Sudan und den Vereinigten Staaten durchgeführt. In China sind gemäss beschränkten und unvollständigen Berichten mindestens 1010 Menschen hingerichtet worden, wobei die korrekten Zahlen einiges höher liegen dürften: Verlässliche Quellen schätzen, dass im Jahr 2006 zwischen 7500 und 8000 Personen hingerichtet worden sind. Die offiziellen Statistiken bleiben ein Staatsgeheimnis. Im Iran sind 177 Menschen hingerichtet worden, in Pakistan 82 sowie im Irak und im Sudan je mindestens 65. In 12 Bundesstaaten der USA sind 53 Menschen hingerichtet worden. Weltweit sitzen schätzungsweise zwischen 19 185 und 24 646 zum Tode verurteilte Menschen im Gefängnis.

Amnesty International, Facts and Figures on the Death Penalty, 17. Mai 2007

Wo ist die Todesstrafe bereits abgeschafft worden?

Todesstrafe für alle Delikte gesetzlich abgeschafft:
Albanien, Andorra, Angola, Armenien, Australien, Aserbaidschan, Belgien, Bhutan, Bosnien-Herzegowina, Bulgariien, Costa Rica, Dänemark, Deutschland, Djibouti, Dominikanische Republik, Ecuador, Elfenbeinküste, Estland, Finnland, Frankreich, Georgien, Griechenland, Grossbritannien, Guinea-Bissau, Haiti, Honduras, Irland, Island, Italien, Kambodscha, Kanada, Kap Verde, Kiribati, Kolumbien, Kroatien, Liberia, Liechtenstein, Litauen, Luxemburg, Mazedonien, Malta, Marshall Islands, Mauritius, Mexiko, Mikronesien, Moldawien, Monaco, Montenegro, Mosambik, Namibia, Nepal, Neuseeland, Nicaragua, Niederlande, Niue, Norwegen, Österreich, Palau, Panama, Paraguay, Philippinen, Polen, Portugal, Rumänien, Salomon-inseln, Samoa, San Marino, São Tomé und Príncipe, Schweden, Schweiz, Senegal, Serbien, Seychellen, Slowakei, Slowenien, Spanien, Südafrika, Timor-Leste, Tschechische Republik, Türkei, Turkmenistan, Tuvalu, Ukraine, Ungarn, Uruguay, Vanuatu, Staat Vatikanstadt, Venezuela, Zypern

Todesstrafe nur für spezielle Verbrechen (Militärrecht, Ausnahmezustand) gesetzlich vorgesehen: Argentinien, Bolivien, Brasilien, Chile, Cook Islands, El Salvador, Fidschi, Israel, Lettland, Peru

Todesstrafe wird nicht praktiziert:
Algerien, Benin, Brunei Darussalam, Burkina Faso, Gabun, Gambia, Ghana, Grenada, Kenia, Kirgisien, Kongo (Republik), Madagaskar, Malawi, Malediven, Mali, Marokko, Mauretanien, Myanmar, Nauru, Niger, Papua-Neuguinea, Russische Föderation, Sambia, Sri Lanka, Suriname, Swasiland, Togo, Tonga, Tunesien, Zentralafrikanische Republik

Todesstrafe wird praktiziert:
Afghanistan, Ägypten, Antigua und Barbuda, Äquatorialguinea, Äthiopien, Bahamas, Bahrain, Bangladesch, Barbados, Belarus, Belize, Botswana, Burundi, China, Dominica, Eritrea, Guatemala, Guinea, Guyana, Indien, Indonesien, Irak, Iran, Jamaica, Japan, Jemen, Jordanien, Kamerun, Kasachstan, Katar, Komoren, Kongo, Korea (Nord), Korea (Süd), Kuba, Kuwait, Laos, Lesotho, Libanon, Libyen, Malaysia, Mongolei, Nigeria, Oman, Pakistan, Palestinensische Autonomiegebiete, Ruanda, Saint Christopher & Nevis, Saint Lucia, Saint Vincent & Grenadines, Saudiarabien, Sierra Leone, Simbabwe, Singapur, Somalia, Sudan, Syrien, Tadschikistan, Taiwan, Tansania, Thailand, Trinidad und Tobago, Tschad, Uganda, USA, Usbekistan, Vereinigte Arabische Emirate, Vietnam

http://web.amnesty.org/web/web.nsf/print/714BB3479E3E999980256D51005D69BE

OSTTIMOR, 26. August 1999 Vier Tage, bevor Osttimor für die Unabhängigkeit von Indonesien stimmte, wurde Bernardino Guterres von indonesischen Streitkräften getötet.
John Stanmeyer/VII

Recht auf Leben

Das Recht auf Leben ist das primäre und wichtigste aller Menschenrechte, ohne das die anderen Menschenrechte keinen Sinn machen. Das Völkerrecht schützt das Recht auf Leben in verschiedener Hinsicht:

Das **Verbot willkürlicher Tötungen** schützt den Menschen vor Tötungen durch übermässige Polizeigewalt, vor Tod in staatlichem Gewahrsam und vor aussergerichtlichen Exekutionen durch paramilitärische Gruppen oder private Milizen, die mit dem Staat kooperieren oder von ihm toleriert werden. Das Verbot schützt überdies vor der völkerrechtswidrigen Verhängung und dem rechtswidrigen Vollzug der Todesstrafe, vor Massenhinrichtungen, vor Verletzungen des Rechts auf Leben in bewaffneten Konflikten und vor Genozid. Schliesslich schützt es Menschen vor Ausweisung, Ausschaffung oder Deportation in Länder, in welchen ihr Leben in Gefahr wäre.

Ist das Recht auf Leben absolut geschützt? Die Antwort auf diese Frage ist: Nein, nicht alle Tötungen sind verboten. Soldaten dürfen im Krieg gegnerische Kämpfer töten. Auch die Polizei verletzt das Recht auf Leben nicht, wenn sie Menschen tötet, falls dies unvermeidbar ist, um beispielsweise das Leben einer Geisel zu retten oder einen unmittelbar drohenden Mord zu verhindern. Staaten, die die Todesstrafe nicht abgeschafft haben, sind berechtigt, Todesurteile zu vollstrecken, sofern gewisse Bedingungen erfüllt sind. Das Völkerrecht sieht somit verschiedene Ausnahmen vom Tötungsverbot vor. Die Konventionen verbieten deshalb nur «willkürliche» Tötungen, also jene, die nicht in eine dieser Kategorien fallen. Dennoch gibt es auch Fälle, in welchen das Recht auf Leben absolut geschützt ist und Tötungen immer verboten sind, selbst im Krieg und in extremen Notsituatio-nen. So können Genozid, Kriegsverbrechen und Verbrechen gegen die Menschlichkeit niemals gerechtfertigt werden.

Ein völkerrechtliches **Verbot der Todesstrafe** gilt nur für jene Länder, die das Zweite Zusatzprotokoll zum UN-Pakt über bürgerliche und politische Rechte von 1989 oder vergleichbare regionale europäische oder amerikanische Menschenrechtsinstrumente ratifiziert haben. Andere Staaten sind grundsätzlich berechtigt, die Todesstrafe zu verhängen und zu vollstrecken, sofern sie gewisse restriktive Vorgaben des Völkerrechts beachten. Der internationale Menschenrechtsschutz verlangt, dass die Todesstrafe nur für schwerste Verbrechen verhängt werden darf, für die zum Zeitpunkt der Tat bereits gesetzlich die Todesstrafe angedroht wurde. Täterinnen und

Täter, die zum Zeitpunkt der Straftat weniger als 18 Jahre alt waren oder geisteskrank oder geistig zurückgeblieben sind, dürfen nicht zum Tod verurteilt werden. Die Strafe darf nur vollstreckt werden, nachdem in einem rechtsstaatlichen Verfahren vor einem zuständigen Gericht endgültig über die Schuld entschieden worden ist und die verurteilte Person Gelegenheit bekam, um Begnadigung zu ersuchen oder die Umwandlung der Strafe zu erbitten. Die Vollstreckung der Todesstrafe an schwangeren Frauen ist unzulässig. Schliesslich darf die Art der Exekution nicht grausam oder unmenschlich sein, d.h., sie darf kein zusätzliches, unnötiges Leiden verursachen, und sie darf die verurteilte Person nicht erniedrigen (beispielsweise durch eine öffentliche Hinrichtung).

Der **Schutz des Lebens in bewaffneten Konflikten** ist im humanitären Völkerrecht geregelt. Es verbietet die Tötung von Personen, die (wie Zivilpersonen) nicht an Kampfhandlungen teilnehmen oder (wie kranke und verwundete oder gefangene Soldaten) nicht mehr kämpfen. Ebenso verboten sind Angriffe auf zivile Ziele oder Zivilpersonen sowie sog. unterschiedslose Angriffe, die (wie das Bombardieren eines ganzen Dorfes, eines ganzen Stadtteils bzw. einer ganzen Stadt) nicht zwischen spezifischen militärischen und zivilen Zielen unterscheiden, oder die Anwendung von Strategien und Waffen, die militärische und zivile Objekte ohne Unterschied treffen (etwa der Gebrauch nuklearer oder chemischer Waffen in einem von Zivilpersonen bewohnten Gebiet). Überdies sind Angriffe auf militärische Ziele verboten, bei welchen mit einem unverhältnismässigen, d.h. in keiner Relation zum konkreten und direkten militärischen Vorteil stehenden Verlust an Zivilpersonen gerechnet werden muss. Schliesslich dürfen keine Waffen verwendet werden, die beim Gegner unnötiges Leiden verursachen. Personen, die gegen diese Vorschriften verstossen, können wegen Kriegsverbrechen bestraft werden.

Das **Genozidverbot** bezieht sich auf besonders schwerwiegende Verletzungen des Rechts auf Leben. Genozid bedeutet, Angehörige einer bestimmten nationalen, ethnischen, rassischen oder religiösen Gruppe zu töten oder schwer zu schädigen, in der Absicht, diese Gruppe teilweise oder ganz zu vernichten. Genozid ist absolut verboten, und die Staaten sind verpflichtet, entsprechende Verbrechen zu bestrafen.

CHILE, Horcones, 1957
Sergio Larraín/Magnum Photos

SUDAN, Khartum, 1972
Abbas/Magnum Photos

INDIEN, Mahabalipuram, 1987
John Vink/Magnum Photos

BANGLADESCH, Dhaka, 1971
Ferdinando Scianna/Magnum Photos

FRANKREICH, Paris, 2000 Madeleine Magrou, 105 Jahre alt.
Martine Franck/Magnum Photos

NEPAL, Bodnath, 1996 Kloster Shechen. Tulku Khentrul Lodro Rabsel (12 Jahre alt) mit seinem Lehrer Lhagyel. Martine Franck/Magnum Photos

BEGINN UND ENDE DES LEBENS:
DIE GRENZEN DER MENSCHENRECHTLICHEN DEBATTE

Schutz des ungeborenen Lebens?
Die grosse Mehrheit der internationalen Menschenrechtsverträge erkennt das Recht auf Leben klar und deutlich an, schweigt sich aber darüber aus, ob einige oder alle der Schutzbestimmungen auch auf das ungeborene Leben anzuwenden sind. ... Oft wird behauptet, dass das ungeborene Leben nur wirksam geschützt werden kann, wenn man das Recht auf Leben bereits ab dem Zeitpunkt der Empfängnis oder der Befruchtung anerkennt. ... Es steht eine ganze Reihe von Massnahmen zur Verfügung, um das Interesse des ungeborenen Kindes zu vertreten und zu schützen, ohne dass man so weit gehen müsste, das Recht auf Leben ab der Empfängnis oder der Befruchtung anzuerkennen. ... Bei der Ausarbeitung des UN-Übereinkommens [über die Rechte des Kindes] wurde vorgeschlagen, bereits ab dem Zeitpunkt der Empfängnis das «menschliche Leben absolut zu schützen und zu achten». Die Folgerung, dass das ungeborene Kind ein absolutes Recht auf Leben haben muss, ist jedoch ein Irrtum. Alle Menschenrechte müssen gegen die Rechte Dritter abgewogen werden. Die Rechte der Frau auf Leben, körperliche und geistige Gesundheit und auf Privatleben müssten sorgfältig berücksichtigt werden, wenn in einer strittigen Situation zu entscheiden ist, welchem Recht der Vorrang eingeräumt werden soll.
Philip Alston, Human Rights Quarterly 12 (1990)

Dürfen wir über die Geburt entscheiden?
OBERSTER GERICHTSHOF DER VEREINIGTEN STAATEN, 1972 Der Schutz des Privatlebens ... ist weit gefasst und schützt auch die Entscheidung einer Frau, ob sie eine Schwangerschaft beenden möchte oder nicht. Es ist offensichtlich, dass der Staat einer Schwangeren Schaden zufügen würde, wenn er ihr diese Freiheit verweigern würde. ... Es ist jedoch keine absolute Freiheit. ... [E]s ist vernünftig und angemessen, wenn der Staat entscheidet, dass ab einem bestimmten Zeitpunkt das eine oder andere Interesse – die Gesundheit der Mutter oder der Schutz des ungeborenen Lebens – eine entscheidende Rolle spielen kann. Das Recht auf Privatleben einer Frau ist dann nicht mehr absolut, und jede Entscheidung muss einer entsprechenden Interessenabwägung standhalten. ... Wir sind daher der Ansicht, dass Texas nicht befugt war, unter Berufung auf eine der Theorien über den Beginn des Lebens die betroffenen Rechte der schwangeren Frau ausser Kraft zu setzen. Wir betonen, dass der Staat ein wichtiges und legitimes Interesse daran hat, die Gesundheit der Frau zu schützen und zu erhalten ..., und dass er aber ebenso ein wichtiges und legitimes Interesse daran hat, das werdende Leben zu schützen. Diese Interessen stehen sich gegenüber. Beide Interessen gewinnen mit Heranrücken des Geburtstermines an Gewicht, und je nach Stadium der Schwangerschaft können sie beide zu «zwingenden» Argumenten werden.
Supreme Court of the United States, Roe v. Wade, 410 U.S. 113 (1972)

Dürfen wir über den Tod entscheiden?
Die Beschwerdeführerin ist eine 43-jährige Frau. Sie ... leidet an amyotrophischer Lateralsklerose (ALS), einer fortschreitenden unheilbaren Erkrankung des zentralen Nervensystems. Diese führt zu einer zunehmenden Schwächung der Arm-, Bein- und Atemmuskulatur. ... Die Schwächung der Atemmuskulatur führt in Verbindung mit einer Schwächung der Sprech- und Schluckmuskulatur in der Regel zum Tod durch Lungenentzündung und Atemstillstand. Es gibt keine Behandlung, die das Fortschreiten dieser Krankheit verhindern kann. ... Das Endstadium der Krankheit ist ausserordentlich qualvoll und entwürdigend. Aus Angst vor dem Leiden und der Entwürdigung, die sie bei einem weiteren Verlauf der Krankheit ertragen müsste, möchte die Beschwerdeführerin selbst bestimmen, wann und auf welche Art sie aus dem Leben scheidet. Selbsttötung ist nach englischem Recht keine Straftat, allerdings ist die Beschwerdeführerin aufgrund ihrer Krankheit nicht in der Lage, sich ohne Hilfe das Leben zu nehmen. Beihilfe zum Selbstmord ist jedoch als Verbrechen unter Strafe gestellt (Paragraf 2 (1) des britischen Gesetzes über Selbsttötung von 1961). ...
Der laufende Fortschritt in der Medizin bewirkt eine höhere Lebenserwartung, was wiederum dazu führt, dass viele Menschen Angst davor haben, im Alter oder in einem Stadium fortgeschrittener körperlicher oder geistiger Schwäche gegen ihren Willen am Leben erhalten zu werden, was ihrem Selbstbild und ihren Vorstellungen über ihre Identität zuwiderlaufen würde. ... Im vorliegenden Fall hindert das Gesetz die Beschwerdeführerin daran, durch ihre eigene Entscheidung ein unwürdiges und qualvolles Lebensende zu vermeiden. Der Gerichtshof kann nicht ausschliessen, dass dies einen Eingriff in das durch Artikel 8 (1) EMRK gewährleistete Recht auf Achtung des Privatlebens darstellt. ... Dennoch vertritt der Gerichtshof die Auffassung ... dass es den Staaten freisteht, durch das allgemeine Strafrecht die

Der Kampf um die Abtreibung

Der Kampf scheint so unlösbar, so vergiftet und voller Hass zu sein, weil wir wegen Missverständnissen, zu denen man uns verleitet hat oder denen wir selbst verfallen sind, nicht mehr wissen, worum es eigentlich geht. Man hat uns davon überzeugt, dass im Zentrum der Debatte eine metaphysische Frage steht – ob ein Fötus eine menschliche Person ist oder nicht –, auf die es keine endgültige Antwort gibt und in der kein Kompromiss akzeptiert werden kann, weil es für die einen um die Frage geht, ob Säuglinge umgebracht werden sollen, und für die anderen, ob Frauen zu Opfern religiösen Aberglaubens gemacht werden dürfen. Wenn man aber näher untersucht, wie die meisten Menschen tatsächlich zur Frage der Abtreibung stehen, dann lassen sich diese irreführenden Annahmen leicht zurückweisen. Es gibt kaum Abtreibungsgegnerinnen und -gegner, die wirklich der Überzeugung sind, dass der Fötus direkt nach der Befruchtung eine volle menschliche Person ist, und so gut wie keine der Befürwortenden ist wirklich der Auffassung, dass Argumente gegen Abtreibung nur auf Aberglauben beruhen. Die Auseinandersetzung dreht sich um etwas ganz anderes: Unsere Meinungen gehen deshalb so weit auseinander, weil wir alle den Wert, der uns als menschliche Wesen vereint – nämlich die Unantastbarkeit und Unverletzlichkeit jeder Phase jedes menschlichen Lebens –, so ernst nehmen. Dass die Auffassungen so sehr differieren, ist als ein Zeichen der Komplexität dieser Frage zu deuten und auf die unterschiedlichen Interpretationsansätze innerhalb verschiedener Kulturen, Gruppen und Menschen, die sich diesem Wert ebenfalls verpflichtet fühlen, zurückzuführen.
Ronald Dworkin, Life's Dominion. An Argument about Abortion and Euthanasia, London 1993.

Straffolgen für Handlungen zu regeln, die für das Leben und die Sicherheit von Dritten gefährlich sind. ... Die gesetzliche Bestimmung im vorliegenden Fall – Paragraf 2 des Gesetzes über die Selbsttötung von 1961 – ist zum Schutz des Lebens erlassen worden und soll schwache und schutzbedürftige Menschen und insbesondere jene Personen schützen, die nicht in der Lage sind, gestützt auf umfassende Informationen eine Entscheidung gegen lebensbeendende oder lebensverkürzende Massnahmen zu treffen. Zweifelsohne können sich die konkreten Situationen von unheilbar kranken Personen unterscheiden. Viele von ihnen bedürfen jedoch gesetzlichen Schutzes, und genau bei der Schutzbedürftigkeit dieser Gruppe liegt der Grund für dieses Gesetz. In erster Linie sind die Staaten dafür zuständig, das Risiko und die Wahrscheinlichkeit von Missbräuchen im Falle einer Lockerung des Verbots der Beihilfe zur Selbsttötung oder der Zulassung von Ausnahmen zu beurteilen. Dass eine klare Gefahr von Missbrauch besteht, ist offensichtlich, den Argumenten über mögliche Sicherheitsmassnahmen und Schutzmechanismen zum Trotz.
EGMR, Pretty v. UK, 29. April 2002

Wir behaupten, dass die Stunde des Todes nicht vorhergesagt werden kann, aber wenn wir das behaupten, stellen wir uns vor, dass diese Stunde in dunkler, weit entfernter Zukunft liegt. Es kommt uns nie in den Sinn, dass es einen Zusammenhang mit dem bereits angebrochenen Tag geben oder dass der Tod noch am gleichen Nachmittag eintreten könnte, diesem Nachmittag, der so sicher ist und dessen Stunden alle schon im Voraus ausgefüllt sind.
Marcel Proust

USA, San Diego, 1996
Abbas/Magnum Photos
Demonstration für das Recht auf Abtreibung.

AUSSERGERICHTLICHE, SUMMARISCHE ODER WILLKÜRLICHE HINRICHTUNGEN

Unter dem Begriff der «aussergerichtlichen, summarischen oder willkürlichen Hinrichtungen» versteht man die Tötung und Hinrichtung politischer Oppositioneller oder verdächtiger Straftäter durch Streitkräfte, Strafverfolgungsbehörden, andere Regierungsorgane oder durch paramilitärische oder politische Gruppen, wenn dies stillschweigend vom Staat toleriert oder von staatlichen Behörden unterstützt wird.

UN-Hochkommissariat für Menschenrechte, Factsheet no. 11, Extrajudicial, Summary or Arbitrary Executions

Verletzung durch staatliche Sicherheitskräfte

In zunehmendem Masse Anlass zu erheblichen Bedenken ... geben die aussergerichtlichen Hinrichtungen, die durch die Polizei, durch Streitkräfte oder andere staatliche Angestellte im Dienst verübt werden, sofern die Gewaltanwendungen nicht mit den Kriterien der zwingenden Notwendigkeit und der Verhältnismässigkeit gerechtfertigt werden können. ... Derartige Vorfälle sind nicht unüblich in Staaten mit einer langen Geschichte von Militärherrschaft oder in Ländern, in welchen die Streitkräfte über weitreichende Befugnisse im Bereich der Strafverfolgung verfügen, wie z.B. in der Türkei, in Mexiko, Honduras, Myanmar und Indonesien.

... Schwere Menschenrechtsverletzungen durch Ordnungseinsätze der Polizei oder der Armee im Zusammenhang mit Demonstrationen sind vor allem auch in Ländern mit inneren Unruhen und Konflikten weit verbreitet. In der Berichtsperiode drängte die Sonderberichterstatterin die Regierungen mehrerer Staaten – darunter Indonesien, Indien, Jamaika und Pakistan –, aus welchen ihr von aussergerichtlichen Hinrichtungen durch Streitkräfte berichtet worden war, unverzüglich Massnahmen zu ergreifen, um das Recht auf Leben der Demonstranten zu gewährleisten, sowie die Polizei entsprechend auszubilden und auszustatten, damit Demonstrationen ohne tödliche Zwischenfälle unter Kontrolle gehalten werden können.

Asma Jahangir, UN-Sonderberichterstatterin über aussergerichtliche, summarische oder willkürliche Hinrichtungen, 2. Juli 2002, UN Doc A/57/138

Verletzungen des Rechts auf Leben

KOLUMBIEN, 1979 – Der vorliegende Fall betrifft eine Polizeirazzia in einem Haus, in welchem Entführer vermutet wurden. Der UN-Menschenrechtsausschuss hielt dazu fest:

«Die Tatsache, dass bei der geplanten Aktion sieben Personen ums Leben kamen, beweist, dass es sich bei den Tötungen um vorsätzliche Taten handelt. Die Polizeiaktion erfolgte zudem ohne jegliche Vorwarnung und ohne dass die Opfer die Möglichkeit gehabt hätten, sich der Polizei zu ergeben oder ihre Anwesenheit oder ihre Absichten zu erklären. Es liegen keine Beweise dafür vor, dass die Polizeiaktion aus Notwehr erfolgte oder zum Schutz Dritter erforderlich war oder dass das Vorgehen notwendig war, um die Betroffenen festnehmen zu können oder sie an der Flucht zu hindern. Bei den Opfern handelte es sich überdies um Personen, die lediglich verdächtigt wurden, einige Tage zuvor an einer Entführung beteiligt gewesen zu sein. Die Tötung durch Polizeibeamte beraubte sie aller Schutzgarantien eines ordentlichen Verfahrens, wie sie vom Pakt gewährt werden.»

UN-Menschenrechtsausschuss, Suarez de Guerrero v. Colombia, Comm. No. 45/1979

Verletzung der Rechte von Kindern

Die UN-Sonderberichterstatterin wurde auf Berichte aussergerichtlicher Tötungen von Kindern in Honduras, Guatemala und Nicaragua aufmerksam gemacht. Viele dieser Fälle stehen im Zusammenhang mit «sozialer Säuberung»; Strassenkinder werden umgebracht oder «verschwinden», wobei die Täter ungestraft davonkommen. ... Die Mehrzahl solcher Vorfälle wird Sicherheitsbeamten, privaten Sicherheitsdiensten oder ausserdienstlichen Aktivitäten polizeilicher und militärischer Gruppierungen zugeschrieben und später von den Behörden vertuscht. Die Morde sind symptomatisch für tief verwurzelte und komplexe soziale, wirtschaftliche und politische Probleme, die – gekoppelt mit einer akut ansteigenden Kriminalitätsrate – die Menschenrechtssituation in diesen Ländern nach wie vor schwer belasten. Viele dieser Kinder, die einen grossen Teil der Weltbevölkerung ausmachen, wurden durch Bürgerkriege oder zivile Unruhen zu Waisen oder sind von ihren verarmten Familien missbraucht und verstossen worden.

Asma Jahangir, UN-Sonderberichterstatterin über aussergerichtliche, summarische oder willkürliche Hinrichtungen, 2. Juli 2002, UN Doc A/57/138

UN-Pakt über bürgerliche und politische Rechte, 1966

Artikel 6
1. Jeder Mensch hat ein angeborenes Recht auf Leben. Dieses Recht ist gesetzlich zu schützen. Niemand darf willkürlich seines Lebens beraubt werden.

Banjul-Charta der Menschenrechte und Rechte der Völker, 1981

Artikel 4
Jeder Mensch ist unverletzlich. Jedermann hat Anspruch darauf, dass sein Leben und seine körperliche Unversehrtheit geachtet werden. Niemand darf willkürlich dieses Rechts beraubt werden.

Europäische Menschenrechtskonvention, 1950

Artikel 2
1. Das Recht jedes Menschen auf Leben wird gesetzlich geschützt. Niemand darf absichtlich getötet werden, ausser durch Vollstreckung eines Todesurteils, das ein Gericht wegen eines Verbrechens verhängt hat, für das die Todesstrafe gesetzlich vorgesehen ist.
2. Eine Tötung wird nicht als Verletzung dieses Artikels betrachtet, wenn sie durch eine Gewaltanwendung verursacht wird, die unbedingt erforderlich ist, um: a) jemanden gegen rechtswidrige Gewalt zu verteidigen; b) jemanden rechtmässig festzunehmen oder jemanden, dem die Freiheit rechtmässig entzogen ist, an der Flucht zu hindern; c) einen Aufruhr oder Aufstand rechtmässig niederzuschlagen.

UN-Grundprinzipien für die Anwendung von Gewalt und den Gebrauch von Schusswaffen durch Beamte mit Polizeibefugnissen, 1990

5. Wenn der rechtmässige Einsatz von Gewalt oder Schusswaffen unabwendbar ist, haben Beamte mit Polizeibefugnissen; (a) Zurückhaltung bei dem Einsatz zu üben und die Verhältnismässigkeit gegenüber der Schwere der Straftat und dem legitimen Handlungsziel zu wahren; (b) den Schaden und die Verletzungen auf ein Mindestmass zu beschränken und das menschliche Leben zu achten und zu wahren; (c) sicherzustellen, dass jeder verletzten oder sonst beeinträchtigten Person zum frühestmöglichen Zeitpunkt Hilfe und ärztliche Versorgung zuteil wird; (d) sicherzustellen, dass Verwandte oder nahe Bekannte der verletzten oder sonst beeinträchtigten Person zum frühestmöglichen Zeitpunkt benachrichtigt werden.
9. Beamte mit Polizeibefugnissen dürfen gegen Personen nicht von der Schusswaffe Gebrauch machen, es sei denn zur Selbstverteidigung oder zur Verteidigung anderer gegen eine gegenwärtige Gefahr für das Leben oder eine gegenwärtige Gefahr schwerer Körperverletzung, zur Verhütung der Begehung eines besonders schwerwiegenden Verbrechens, das eine ernstliche Gefahr für menschliches Leben bedeutet, zur Festnahme einer eine solche Gefahr verkörpernden und sich ihrer Amtsgewalt widersetzenden Person oder zur Verhinderung von deren Flucht, und nur dann, wenn diese Zwecke durch mildere Mittel nicht erreicht werden können. Ein gezielter tödlicher Schusswaffengebrauch ist allenfalls dann zulässig, wenn er zum Schutze menschlichen Lebens absolut unvermeidbar ist.

Deutscher Übersetzungsdienst, Vereinte Nationen, New York

INDONESIEN, Jakarta, 13. November 1998 Ein Student der Universität Atma Jaya wird während einer Demonstration im Zentrum Jakartas von der Polizei erschossen. An diesem Tag, der als der «Schwarze Freitag» bekannt geworden ist, wurden 14 Menschen von der Polizei getötet. John Stanmeyer/VII

BRASILIEN, Rio de Janeiro, 23. Juli 1993 Die Leiche eines der acht Kinder, die getötet wurden, als die Polizei wahllos auf Strassenkinder schoss, die auf dem Platz vor der Candelária-Kirche schliefen. Moraldo Arayjo/AP

TOD IN STAATLICHEM GEWAHRSAM

GUYANA, 2000   Im September 2000 starb Mohammed Shafeek im Alter von 47 Jahren in Haft auf der Polizeistation Brickdam in der Hauptstadt Georgetown. Berichten zufolge hatten ihn zwei Polizisten an Armen und Beinen festgehalten, ihn gegen eine Betonwand geschleudert und ihm danach medizinische Hilfe verweigert. Als die Mitgefangenen ihn fanden, versuchten sie ihn zu reanimieren. Bei der Autopsie wurden Brüche an Schädel, Halswirbel, Wirbelsäule und Handgelenken sowie weitere Verletzungen festgestellt. Zunächst weigerte sich die Polizei zwei Tage lang, der Familie die Verhaftung oder den Tod von Shafeek zu bestätigen, später erlaubten sie ihr nicht, der Autopsie beizuwohnen. Schliesslich behauptete die Polizei, er sei von Seeleuten aus Venezuela umgebracht worden, die danach das Land verlassen hätten ... Der Oberstaatsanwalt wurde angeblich zwar eingeschaltet, aber es wurde anscheinend kein Disziplinar- oder Strafverfahren eröffnet. Eine Untersuchung der Todesursache ist mehrfach verschoben worden ... .
Amnesty International, Report and Open Letter Guyana, Dezember 2001

TÖTUNG DURCH PRIVATE

Versäumnisse bei der Aufklärung von Morden an Frauen
MEXICO, 1993–2003   Zehn Jahre lang wurde es versäumt, Morde an Frauen und Entführungen von Frauen im Bundesstaat Chihuahua aufzuklären. Es bestehen berechtigte Zweifel, ob die Regierung Mexikos tatsächlich in der Lage ist, ihre Versprechen im Bereich des Menschenrechtsschutzes in die Tat umzusetzen. Die Bundesbehörden müssen wirksam eingreifen, um diese brutale Gewalt gegen Frauen in Ciudad Juárez und Chihuahua zu untersuchen und die Verantwortlichen vor Gericht zu bringen. Amtlichen Angaben zufolge werden immer noch 70 Frauen in Ciudad Juárez vermisst, zuletzt auch in der Stadt Chihuahua. Anderen Quellen zufolge werden seit 1993 400 Frauen vermisst. Die Familien der Opfer befürchten das Schlimmste, zumal eine alarmierend grosse Zahl vermisster Frauen Tage oder sogar Jahre nach ihrem Verschwinden ermordet aufgefunden worden ist. Nachforschungen von Amnesty International haben ergeben, dass in den letzten zehn Jahren etwa 370 Frauen ermordet wurden, mindestens 137 von ihnen wurden vor ihrem Tod sexuell missbraucht.
Amnesty International, Mexico, Intolerable Killings: Ten years of abductions and murders of women in Ciudad Juárez and Chihuahua must end now, 11. August 2003

Am 18. Oktober 2003 ernannte die mexikanische Regierung einen Sonderbeauftragten für Menschenrechte, um die Morde in Ciudad Juárez zu untersuchen.

Ehrenmorde
In letzter Zeit haben Ehrenmorde in Pakistan, ursprünglich ein Brauch der balochischen und pasthunischen Stämme, die internationale Aufmerksamkeit erregt. ... Auch aus der Türkei, Jordanien, Syrien, Ägypten, dem Libanon, Iran, Jemen, Marokko und anderen Mittelmeerländern und Golfstaaten wird von Ehrentötungen berichtet. Zudem sind auch Fälle aus Immigrantenkreisen in Staaten wie Deutschland, Frankreich und Grossbritannien bekannt. Die Frauen werden von Ehemännern, Vätern, Brüdern oder Onkeln umgebracht, manchmal im Auftrag von Ratsversammlungen der Stämme. Die Morde werden oft durch minderjährige männliche Familienmitglieder verübt, weil diese aufgrund ihres Alters mit Strafmilderung rechnen können. Sie werden anschliessend als Helden gefeiert. Wird der jugendliche Täter verhaftet, waschen die Mitgefangenen ihm die Füsse und bejubeln ihn als «vollwertigen Mann». Ein solcher Ehrenmord gilt als Übergangsritual ins Mannesalter. ... Jedes Jahr werden allein in Pakistan mehr als 1000 Frauen im Namen der Ehre getötet. ... Dass der Staat sich weigert, Ehrenverbrechen zu verfolgen, bleibt für alle, die sich mit Fragen im Zusammenhang mit Gewalt gegen Frauen beschäftigen, ein zentrales Problem.
Radhika Coomaraswamy, UN-Sonderberichterstatterin über Gewalt gegen Frauen, deren Ursachen und Folgen, E/CN.4/2002/83, 31. Januar 2002, § 21–22, 37

Pflicht zur Entschädigung

Das Recht auf Leben macht den Staat im Fall von widerrechtlichen Tötungen entschädigungspflichtig, wobei die Entschädigung der Opfer von Menschenrechtsverletzungen nicht nur eine finanzielle Angelegenheit ist. Das Zahlen einer Entschädigung bedeutet gleichzeitig auch Anerkennung des Schadens und der Ungerechtigkeit, die die Opfer von Gewaltverbrechen und Machtmissbrauch erlitten haben. Entschädigung bedeutet auch, dass die Wahrheit ans Licht kommt und die Verantwortlichen zur Rechenschaft gezogen werden. Die Entschädigung ist wesentlicher Bestandteil umfassenderer Strategien der politischen und der sozialen Gerechtigkeit und der Strafjustiz. Diese widersetzen sich der Straflosigkeit und fordern – wie auch internationale Menschenrechtsorgane mehrfach betont haben –, dass die Vorfälle untersucht und Personen, die sich eines Verbrechens schuldig gemacht haben, vor Gericht gestellt werden.
Theo Van Boven, Compensation for Victims of Gross Violations of Human Rights, in: Gudmundur Alfredsson/Peter Macalister-Smith, The Living Law of Nations, Kehl 1996

Die Pflicht zur Prävention

Der Staat ist rechtlich dazu verpflichtet, angemessene Massnahmen zu ergreifen, um die Verletzung von Menschenrechten zu verhindern, und alle ihm zur Verfügung stehenden Mittel zu nutzen, um Menschenrechtsverletzungen auf seinem Hoheitsgebiet einzudämmen zu können. Er soll die Verantwortlichen identifizieren, sie angemessen bestrafen und für eine entsprechende Entschädigung der Opfer sorgen. ... Jemanden an Sicherheitskräfte zu übergeben, die ungestraft foltern und morden dürfen, stellt in sich eine Verletzung der staatlichen Pflicht dar, das Recht auf Leben und körperliche Unversehrtheit der Person präventiv vor Verletzungen zu schützen. Dies gilt selbst dann, wenn in einem konkreten Fall die betroffene Person nicht gefoltert oder ermordet wird oder wenn Folter und Mord nicht nachgewiesen werden können. Der Staat ist verpflichtet, jeden Vorfall zu untersuchen, bei dem gegen die von der Konvention festgelegten Rechte verstossen wird.
Interamerikanischer Gerichtshof für Menschenrechte, Velasquez Rodriguez v. Honduras, 29. Juli 1988

Die Pflicht, Infantizide zu verhindern

Indien ist weltweit das einzige Land, in dem sich im Laufe der Jahre das Geschlechterverhältnis immer mehr zugunsten der Männer verändert hat. ... Innerhalb der letzten zehn Jahre wurden – grob geschätzt – 6000 neugeborene Mädchen im Bezirk U.t. vergiftet. Nur wenige dieser Todesfälle sind erfasst. Lediglich die Geburten in Krankenhäusern werden amtlich registriert. Verdächtige Todesfälle bei Neugeborenen müssten laut Gesetz den Verwaltungsbehörden im Dorf und den örtlichen Panchayats gemeldet werden. In den meisten Fällen können die Familien die Informationen aber vor den Behörden geheim halten, obwohl alle im Dorf wissen, was geschehen ist.
S.H. Venkatramani, Female Infanticide: Born to Die, in: Jill Radford/Diana E.H. Russell (eds.), Femicide. The Politics of Women Killing, Buckingham 1992

CHINA, Huanggang, 18. Dezember 2003 Der Vater des Studenten Sun Zigang auf der Beerdigung seines Sohnes. Sun Zigang war verhaftet worden, weil er keinen gültigen Personalausweis vorweisen konnte, und wurde in Polizeigewahrsam zu Tode geprügelt. Reuters/China Photo

PAKISTAN, Lahore, 7. April 1999 Frauen protestieren gegen den «Ehrenmord» an einer Frau, die sich gegen den Willen ihrer Eltern hatte scheiden lassen wollen. Sie wurde am 6. April 1999 im Büro ihrer Anwältin in Lahore erschossen. Mohsin Raza/Reuters

CHINA, Provinz Fukien, 1992   Dieses Bild stammt aus einem Video, das von dem chinesischen Menschenrechtler Harry Wu zur Verfügung gestellt wurde, der 19 Jahre in chinesischen Gefängnissen verbrachte. Es zeigt chinesische Bürger, die für die öffentliche Hinrichtung vorbereitet werden. AP

DIE TODESSTRAFE

... zulässig nur für die schwersten Verbrechen

IRAN, 1993 Der UN-Menschenrechtsausschuss missbilligt die ausserordentlich grosse Zahl von Todesurteilen, die in der Islamischen Republik Iran im Berichtszeitraum verhängt und vollstreckt worden sind. Viele der Urteile wurden in Prozessen gefällt, in welchen das Recht auf ein faires Gerichtsverfahren nicht ausreichend berücksichtigt worden ist. Artikel 6 des UN-Paktes [über bürgerliche und politische Rechte] fordert alle Staaten, die die Todesstrafe noch nicht abgeschafft haben, dazu auf, diese nur für schwerste Verbrechen zu verhängen. Im Lichte dieser Bestimmung vertritt der Ausschuss die Auffassung, dass die Todesstrafe für Vermögensdelikte, Korruption, Ehebruch oder für Verbrechen, die nicht zum Tod eines anderen Menschen geführt haben, die Bestimmungen des Paktes verletzt.

UN-Menschenrechtsausschuss, Abschliessende Bemerkungen zur Islamischen Republik Iran, 3. August 1993. UN Doc. CCPR/C/79/Add.25

... nur unter Einhaltung anderer Menschenrechtsgarantien

Die Hinrichtung durch Giftgas stellt eine unmenschliche und grausame Strafe dar, weil sie das Leiden und den Todeskampf verlängern kann: ... Der UN-Menschenrechtsausschuss ist sich darüber im Klaren, dass jeder Vollzug der Todesstrafe als grausam und unmenschlich im Sinne von Artikel 7 des UN-Paktes bezeichnet werden könnte. Andererseits ist es den Staaten aufgrund von Artikel 6 Abs. 2 gestattet, die Todesstrafe für die schwersten Verbrechen zu verhängen. Dennoch bekräftigt der Ausschuss ..., dass bei einer Todesstrafe die Vollstreckung «... in einer Weise ausgeführt werden muss, welche die kleinstmöglichen körperlichen und seelischen Leiden verursacht». ... Im vorliegenden Fall kommt der Ausschuss aufgrund der vorhandenen Informationen zum Schluss, dass eine Hinrichtung durch Giftgas das Kriterium des «kleinstmöglichen körperlichen und seelischen Leidens» nicht erfüllt und daher in Verletzung von Artikel 7 des Paktes eine grausame und unmenschliche Behandlung darstellt.

UN-Menschenrechtsausschuss, Charles Chitat Ng v. Canada, Comm no. 469/1991 [Auslieferung eines Häftlings an die USA]

... nicht für strafbare Handlungen, die von Jugendlichen unter 18 Jahren begangen worden sind

Obwohl die Verhängung der Todesstrafe gegen jugendliche Straftäterinnen und Straftäter, d. h. gegen Personen, die zur Tatzeit unter 18 Jahre alt waren, ein Verstoss gegen internationale Menschenrechtsabkommen darstellt, hält eine Handvoll Staaten an der Hinrichtung von Jugendlichen fest. Seit Januar 1990 hat Amnesty International 34 Hinrichtungen von Jugendlichen in acht Ländern dokumentiert: in der Demokratischen Republik Kongo, in Iran, Nigeria, Pakistan, Saudiarabien, den USA, in China und Jemen. Die USA haben 19 Exekutionen ausgeführt – mehr als alle anderen Länder zusammen. Im gleichen Zeitraum haben verschiedene Staaten in Übereinstimmung mit dem internationalen Recht das Mindestalter für die Verhängung der Todesstrafe auf 18 Jahre angehoben. Jemen und Simbabwe haben 1994 das Alter auf 18 Jahre erhöht, China 1997 und Pakistan im Jahr 2000. Vergleichbare Bemühungen werden aus dem Iran gemeldet.

Amnesty International, Executions of Child Offenders, August 2004, www.amnesty.org

... nicht für Straftaten, die von geistig kranken oder zurückgebliebenen Menschen verübt wurden

Die UN-Sonderberichterstatterin zu aussergerichtlichen, summarischen oder willkürlichen Hinrichtungen hat wiederholt die Verhängung der Todesstrafe für geistig zurückgebliebene Straftäterinnen und Straftäter kritisiert. 1998 bezeichnete sie die Hinrichtung geistig zurückgebliebener Menschen als Verstoss gegen geltende internationale Standards: «Gerade wegen ihrer geistigen Behinderung sind mental Zurückgebliebene während Verhaftung und Verhör und bei einem Geständnis wesentlich anfälliger für Manipulation. Zudem scheint die geistige Behinderung nicht mit dem Prinzip der vollen Zurechnungsfähigkeit im Zeitpunkt der Straftat vereinbar zu sein.»

Asma Jahangir, UN-Sonderberichterstatterin über aussergerichtliche, summarische oder willkürliche Hinrichtungen, Report, 22. Januar 1998, UN Doc. E/CN.4/1998/68/Add.3

UN-Pakt über bürgerliche und politische Rechte, 1966

Artikel 6
1. Jeder Mensch hat ein angeborenes Recht auf Leben. Dieses Recht ist gesetzlich zu schützen. Niemand darf willkürlich seines Lebens beraubt werden.
2. In Staaten, in denen die Todesstrafe nicht abgeschafft worden ist, darf ein Todesurteil nur für schwerste Verbrechen aufgrund von Gesetzen verhängt werden, die zur Zeit der Begehung der Tat in Kraft waren und die den Bestimmungen dieses Paktes und der Konvention über die Verhütung und Bestrafung des Völkermordes nicht widersprechen. Diese Strafe darf nur aufgrund eines von einem zuständigen Gericht erlassenen rechtskräftigen Urteils vollstreckt werden.
3. Jeder zum Tode Verurteilte hat das Recht, um Begnadigung oder Umwandlung der Strafe zu bitten. Amnestie, Begnadigung oder Umwandlung der Todesstrafe kann in allen Fällen gewährt werden.
4. Die Todesstrafe darf für strafbare Handlungen, die von Jugendlichen unter 18 Jahren begangen worden sind, nicht verhängt und an schwangeren Frauen nicht vollstreckt werden.

Und es fiel ein Wort aus Stein

UND es fiel ein Wort aus Stein
Auf die Brust, in der noch Leben ist.
Doch was solls: ich war dafür bereit.
Damit werd ich fertig, irgendwie.

Ich bin heute sehr beschäftigt, denn
Es ist nötig, die Erinnerung zu töten,
Es ist nötig, dass die Seele Stein wird
und
Dass ich wieder neu das Leben lerne.

Sonst ... das heisse Rascheln dieses
Sommers
Ist vor meinem Fenster wie ein Fest.
Schon seit Langem ahnt ich diesen
Klaren Tag und das so öde Haus.
Anna Achmatowa (1939)

Genfer Abkommen über den Schutz von Zivilpersonen in Kriegszeiten, 1949

Artikel 68
...
Keinesfalls kann die Todesstrafe gegen eine geschützte Person ausgesprochen werden, die zur Zeit der Begehung der strafbaren Handlung noch nicht achtzehn Jahre alt war.

Zusatzprotokoll zu den Genfer Abkommen vom 12. August 1949 über den Schutz der Opfer internationaler bewaffneter Konflikte, 1977

Artikel 77
5. Ein Todesurteil, das wegen einer im Zusammenhang mit dem bewaffneten Konflikt begangenen Straftat verhängt wurde, darf an Personen, die zum Zeitpunkt der Straftat noch nicht das achtzehnte Lebensjahr vollendet hatten, nicht vollstreckt werden.

*Ein Richter, ein Kommissar, ein Beamter, ich weiss nicht welcher Art, erscheint.
Ich bat flehend um Gnade, wobei ich meine beiden Hände faltete und mich in die Knie warf.
Verlegen lächelnd fragte er mich, ob dies alles sei, was ich zu sagen hätte.
«Gnade! Gnade!», wiederholte ich, «oder, aus Mitleid, noch fünf Minuten! Wer weiss?
Vielleicht kommt die Begnadigung! Es ist so entsetzlich, so zu sterben, in meinem Alter!
Begnadigungen treffen oft in der letzten Sekunde ein, man hat das häufig gesehen. Und wen
könnte man begnadigen, mein Herr, wenn nicht mich?» Dieser widerwärtige Scharfrichter!
Er nähert sich dem Richter, um ihm zu sagen, dass die Hinrichtung zu einer bestimmten
Stunde stattfinden muss, dass diese Stunde da ist, dass er die Verantwortung trägt, dass es
übrigens regnet und dass «Es» rostig zu werden droht.
«O habt Mitleid, nur eine Minute, um meine Begnadigung abzuwarten!»*
Victor Hugo, Der letzte Tag eines Verurteilten

AFGHANISTAN, Kabul, Juni 2002   Fussballfans bei einer zeitversetzten Übertragung des Weltmeisterschaftsspiels zwischen Mexiko und Italien im Stadion von Kabul. Noch vor wenigen Monaten diente dieses Stadion dem Taliban-Regime als Hinrichtungsstätte. Beawiharta/Reuters

DIE TODESSTRAFE ALS EXTREMSTE FORM DER STRAFE

VERFASSUNGSGERICHT SÜDAFRIKAS   Der Tod ist die extremste Form der Strafe, die gegen einen verurteilten Straftäter verhängt werden kann. Die Vollstreckung ist endgültig und unwiderruflich. Sie zerstört nicht nur das Recht auf Leben an sich, sondern auch alle anderen Rechte einer Person. ... Sie hinterlässt nichts als die Erinnerung der anderen und das Eigentum, das an die Erben des Verstorbenen übergeht. Die Todesstrafe ist im wahrsten Sinne des Wortes eine grausame Bestrafung. Nach seiner Verurteilung wartet der Gefangene im Todestrakt zusammen mit anderen zum Tode Verurteilten auf das Ende der Berufungs- und Begnadigungsverfahren. Während dieser Zeit im Todestrakt blicken die Gefangenen unsicher ihrem Schicksal entgegen, ohne zu wissen, ob sie letztlich begnadigt oder zum Galgen geführt werden. Der Tod ist eine grausame Strafe, und die Gerichtsverfahren, während deren man voller Unsicherheit auf die Vollstreckung oder Aussetzung des Urteils wartet, verstärken diese Grausamkeit. Der Tod ist auch eine unmenschliche Strafe, denn «... es liegt in seiner Natur, den Hingerichteten jede Menschlichkeit abzuerkennen». Er ist erniedrigend, denn er beraubt den Verurteilten jeglicher Würde und behandelt ihn oder sie wie einen Gegenstand, der vom Staat beseitigt werden muss.
The Constitutional Court of South Africa, The State v. T. Makwanyane and M. Mchunu, 6. Juni 1995

Die Abschaffung der Todesstrafe

Mehr als die Hälfte aller Länder haben die Todesstrafe gesetzlich abgeschafft oder wenden sie nicht mehr an. Nach den jüngsten Berichten von Amnesty International haben 80 Staaten die Todesstrafe für alle Verbrechen abgeschafft, zehn weitere Staaten sehen sie nur noch für aussergewöhnliche Verbrechen wie z.B. Kriegsverbrechen vor. 30 Staaten wenden sie nicht mehr an: Obwohl die Todesstrafe in diesen Staaten gesetzlich immer noch vorgesehen ist, sind in den letzten zehn oder mehr Jahren keine Todesurteile mehr vollstreckt worden. Man kann bei diesen Staaten davon ausgehen, dass sie die Politik oder Praxis verfolgen, keine Hinrichtungen mehr durchzuführen. Insgesamt ergibt dies 129 Länder, die die Todesstrafe gesetzlich oder in der Praxis abgeschafft haben. 68 Länder und Gebiete halten an der Todesstrafe nach wie vor fest und wenden sie an; die Zahl der Länder, die tatsächlich jedes Jahr Gefangene hinrichten, ist jedoch viel kleiner.
Amnesty International, Facts and Figures on the Death Penalty, 15. Mai 2007

Auf internationaler Ebene verpflichtet das Zweite Fakultativprotokoll zum UN-Pakt über bürgerliche und politische Rechte von 1989 die Vertragsstaaten zur Abschaffung der Todesstrafe. Bis zum August 2007 sind dem Abkommen 60 Staaten beigetreten. Auch auf regionaler Ebene existieren Bemühungen, die Todesstrafe abzuschaffen: In Europa verpflichten die Fakultativprotokolle Nr. 6 und 13 zur Europäischen Menschenrechtskonvention aus den Jahren 1983 und 2002 die Vertragsstaaten zur Abschaffung der Todesstrafe in Friedens- und in Kriegszeiten. Das Zusatzprotokoll zur amerikanischen Menschenrechtskonvention von 1990 verbietet den Vertragsstaaten, die Todesstrafe gegen Menschen in ihrem Hoheitsgebiet zu verhängen.

Zweites Fakultativprotokoll zum UN-Pakt über bürgerliche und politische Rechte zur Abschaffung der Todesstrafe, 1989

Artikel 1
1. Niemand, der der Hoheitsgewalt eines Vertragsstaats dieses Fakultativprotokolls untersteht, darf hingerichtet werden.
2. Jeder Vertragsstaat ergreift alle erforderlichen Massnahmen, um die Todesstrafe in seinem Hoheitsbereich abzuschaffen.

Und wenn sie unschuldig sind?

Seit 1973 sind 123 Strafgefangene aus dem Todestrakt der amerikanischen Gefängnisse entlassen worden. Anhand von neuem Beweismaterial konnte nachgewiesen werden, dass sie die Verbrechen, für die man sie zum Tode verurteilt hatte, gar nicht begangen hatten. In vielen Fällen standen die Betroffenen kurz vor der Hinrichtung, nachdem sie jahrelang mit dem Todesurteil leben mussten. Zum üblichen Muster in diesen Fällen gehören Fehler bei der Strafverfolgungs- oder der Polizeiarbeit, die Verwendung von unglaubwürdigen Zeugenaussagen, Beweismitteln oder Geständnissen und eine unzureichende Strafverteidigung. Andere Gefangene in den USA sind trotz erheblicher Zweifel an ihrer Schuld hingerichtet worden.
Amnesty International, Facts and Figures on the Death Penalty, 15. Mai 2007

Damit die Todesstrafe äquivalent wäre, müsste sie gegen einen Kriminellen verhängt werden, der seinem Opfer mitgeteilt hat, zu welchem Zeitpunkt er beabsichtigt, ihm einen grausamen Tod zu bereiten, und der sein Opfer von diesem Augenblick an monatelang in seiner Gewalt hält. Ein solches Monstrum findet man ausserhalb des Staates nicht.

Albert Camus, Réflexions sur la Guillotine, in: Essais, éd. Gallimard 1965

USA, Jarratt, Virginia, 1991 «Final Holding Cell» (Zelle, in der die Häftlinge auf ihre Hinrichtung warten) in der Strafanstalt Greensville. «The Omega Suites», Lucinda Devlin

BUNDESREPUBLIK JUGOSLAWIEN, Kosovo, Mitrovica, März 1999   Mehrere Zivilisten wurden getötet, als auf dem Markt eine Bombe explodierte. Thomas Dworzak/Magnum Photos

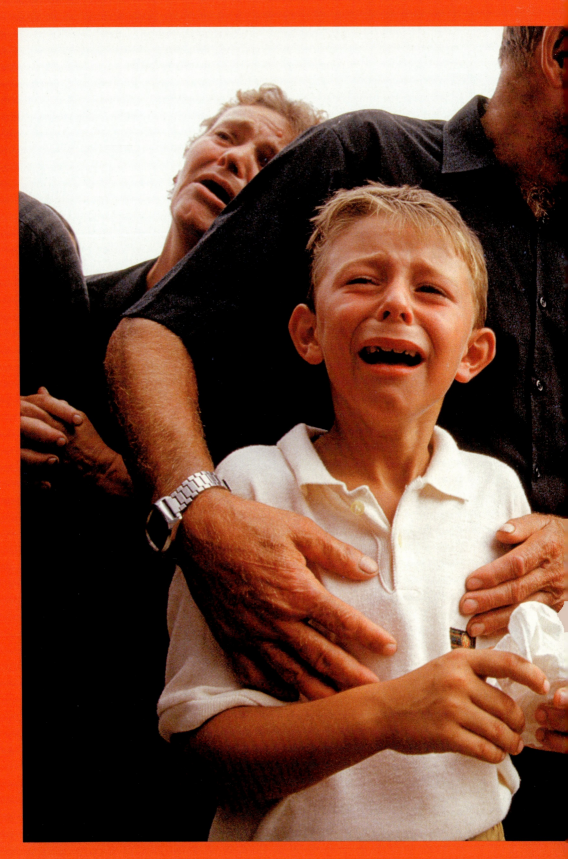

EHEMALIGES JUGOSLAWIEN, Kroatien, Slawonien, August 1991 Ein kroatisches Kind weint auf dem Begräbnis seines Vaters. Der Vater war ein Polizist, der zu Beginn des kroatischen Unabhängigkeitskriegs aus dem Hinterhalt von Serben getötet wurde. Ron Haviv/VII

DAS RECHT AUF LEBEN IM KRIEG

Krieg als moralischer und rechtlicher Ausnahmezustand?
Für die meisten Menschen ist Krieg der Ausnahmezustand schlechthin. Im Allgemeinen wird anerkannt, dass die vorsätzliche Tötung eines anderen Menschen, mehr als jede andere Tat, absolutes Unrecht darstellt. Wenn es überhaupt einen moralischen Konsens in unserer Kultur und über unsere Kultur hinaus gibt, dann ist es die feste Überzeugung, dass es unrecht ist, einen anderen Menschen umzubringen. Werden hingegen Tausende, sogar Millionen von Menschen im Krieg getötet, gilt dies generell als notwendiger und unvermeidlicher Bestandteil unseres Lebens.
Richard Norman, Ethics, Killing and War, Cambridge 1995

Das Recht auf Leben ist das ursprünglichste aller Rechte und geniesst allen anderen Rechten gegenüber den Vorrang. Dennoch ist es kein absolutes Recht. Unter gewissen Umständen kann die Tötung eines Menschen in bewaffneten Konflikten rechtlich zulässig sein. Beispiele hierfür sind das Recht auf Selbstverteidigung gemäss Artikel 51 der Charta der Vereinten Nationen oder die Durchführung von Zwangsmassnahmen gemäss Artikel 42 der Charta.
B.G. Ramcharan, The Concept and Dimension of the Right to Life, in: B.G. Ramcharan (ed.), The Right to Life in International Law, Dordrecht 1985

Kriegsverbrechen
Bereits seit dem Mittelalter sind Kriegsverbrechen von nationalen Gerichten als Straftaten verurteilt worden. Die erste umfassende Kodifikation von Kriegsverbrechen findet sich im Lieber's Code, den Präsident Lincoln 1863 während des amerikanischen Bürgerkrieges erstellen liess. Seither sind auf dem Gebiet des humanitären Völkerrechts zahlreiche internationale Abkommen geschlossen worden, einschliesslich des 4. Haager Abkommens aus dem Jahr 1907 mit seinen Ausführungsbestimmungen und der vier Genfer Abkommen von 1949 und deren Protokolle von 1977. Laut Artikel 8 des Römer Statuts des Internationalen Strafgerichtshofs ist der Internationale Strafgerichtshof für die Beurteilung von einer Reihe von Kriegsverbrechen in internationalen bewaffneten Konflikten zuständig, die in den erwähnten Abkommen und durch das Völkergewohnheitsrecht anerkannt werden. Auch bestätigt dieser Artikel jüngste Entwicklungen im Völkerrecht, indem er dem Internationalen Strafgerichtshof die Berechtigung einräumt, Kriegsverbrechen zu ahnden, die in bewaffneten Konflikten ohne internationalen Bezug verübt wurden, also z.B. in Bürgerkriegen, der heutzutage häufigsten Form von Auseinandersetzungen.
Amnesty International, Factsheet no. 5, The ICC, Prosecuting war crimes, 1. August 2000

IRAK, HALABJA, 1988   Am Nachmittag, etwa gegen 15.00 Uhr, bemerkten diejenigen, die in den Schutzräumen geblieben waren, einen ungewöhnlichen Geruch. Genau wie die Dorfbewohner im Balisan-Tal im Frühjahr zuvor verglichen die meisten diesen Geruch mit demjenigen süsser Äpfel, einer Gurke oder eines Parfums, ein Mann sagte jedoch, es habe «sehr schlecht gerochen, nach Schlangengift». Niemandem musste man erklären, was das für ein Geruch war. Der Angriff schien sich auf den nördlichen Teil der Stadt zu konzentrieren, in gebührendem Abstand von den Militärstützpunkten – die zu dem Zeitpunkt aber ohnehin schon verlassen worden waren. In den Schutzräumen breiteten sich sofort Panik und Klaustrophobie aus. Einige versuchten, die Risse um den Eingang mit feuchten Handtüchern zu stopfen, hielten sich feuchte Tücher vors Gesicht oder entfachten Feuer. Schliesslich blieb ihnen nichts anderes übrig, als hinauf auf die Strassen zu gehen. Es wurde schon dunkel, und es gab keine Strassenbeleuchtung; die Stromversorgung war am Vortag durch Artilleriebeschuss unterbrochen worden. In der Dämmerung sahen die Menschen in Halabja albtraumhafte Szenen: Leichen – von Menschen und Tieren – lagen verstreut auf den Strassen, kauerten in Hauseingängen, hingen über den Lenkrädern ihrer Autos. Überlebende torkelten durch die Gegend und lachten hysterisch, bevor sie zusammenbrachen. Iranische Soldaten huschten in Schutzkleidung durch die verdunkelten Strassen, Gasmasken verbargen ihre Gesichter. Die Flüchtenden konnten kaum etwas erkennen; sie fühlten etwas wie «Nadelstiche in

---

Gemeinsamer Artikel 3 der vier Genfer Abkommen zum humanitären Völkerrecht, 1949

Artikel 3
1. Personen, die nicht direkt an den Feindseligkeiten teilnehmen, einschliesslich der Mitglieder der bewaffneten Streitkräfte, welche die Waffen gestreckt haben, und der Personen, die infolge Krankheit, Verwundung, Gefangennahme oder irgendeiner anderen Ursache ausser Kampf gesetzt wurden, sollen unter allen Umständen mit Menschlichkeit behandelt werden, ohne jede Benachteiligung aus Gründen der Rasse, der Farbe, der Religion oder des Glaubens, des Geschlechts, der Geburt oder des Vermögens oder aus irgendeinem ähnlichen Grunde. Zu diesem Zwecke sind und bleiben in Bezug auf die oben erwähnten Personen jederzeit und jedenorts verboten: a) Angriffe auf Leib und Leben, namentlich Mord jeglicher Art, Verstümmelung, grausame Behandlung und Folterung; b) Gefangennahme von Geiseln; c) Beeinträchtigung der persönlichen Würde, namentlich erniedrigende und entwürdigende Behandlung; d) Verurteilungen und Hinrichtungen ohne vorhergehendes Urteil eines ordnungsmässig bestellten Gerichtes, das die von den zivilisierten Völkern als unerlässlich anerkannten Rechtsgarantien bietet.

Anhalten alle Uhren

Anhalten alle Uhren, Telefon abstellen,
der Hund mit seinem leckeren Knochen soll nicht bellen;
keine Klaviere jetzt, lasst dumpf die Trommel rühren,
den Sarg herauszubegleiten,
die Trauergäste zu führen.

Über unseren Köpfen sollen Flugzeuge kreisen und klagen
Und in den Himmel die Botschaft eintragen: Er ist tot.
Den städtischen Tauben legt einen Flor um die weissen Kragen,
die Verkehrspolizisten lasst schwarze Handschuhe tragen.

Er war mein Norden, mein Süden, mein Ost und mein West,
meine Arbeitswoche, mein Sonntagsfest,
mein Mittag, meine Mitternacht, mein Gespräch, mein Gesang;
ich meinte, die Liebe daure ein Leben lang; das war falsch.

Die Sterne braucht es jetzt nicht; löscht das Licht ihnen allen;
Den Mond packt ein und die Sonne lasst fallen;
Giesst den Ozean aus und den Wald reisst ein:
Von jetzt an kann nichts mehr von Gutem sein.
W.H. Auden

den Augen». Sie hatten Blutspuren im Urin. Wer kräftig genug war, floh in Richtung der iranischen Grenze. Eiskalter Regen hatte den Boden aufgeweicht, und viele der Flüchtlinge wateten barfuss durch den Schlamm. Wer direkt dem Gas ausgesetzt gewesen war, merkte, dass die Symptome sich im Laufe der Nacht verschlimmerten. Viele Kinder starben auf dem Weg und wurden dort liegen gelassen, wo sie zusammenbrachen.
Human Rights Watch, Report on First Anfal – The Siege of Sergalou and Bergalou (February to March, 1988), 1993.

Gezielte Tötung von Frauen
Idealvorstellungen über Ritterlichkeit verleiten oft zur Annahme, dass Frauen und Kinder in einer Konfliktsituation nicht direkt angegriffen werden. In manchen Fällen fallen mehr Männer als Frauen bewaffneten Konflikten zum Opfer, aber nicht immer. Völkermorde, wie die «Endlösung» der Nazis in Europa während des Zweiten Weltkriegs, zielen gleichermassen auf Männer, Frauen, Kinder und ältere Menschen ab. In der Tat zählen Frauen oft zu den ersten Todesopfern, wenn gezielte Massnahmen zur Vernichtung bestimmter Bevölkerungsgruppen umgesetzt werden. Schwangere Frauen wurden von den Nazis zur Tötung ausgesondert, da sie die nächste Generation von Juden in sich trugen. Doch nicht nur im Holocaust waren Frauen Opfer gezielter Angriffe. Aus vielen Konflikten wird von Massakern berichtet, die vor allem Frauen getroffen haben. Insbesondere während Bürgerkriegen werden Frauen aufgrund ihrer Stellung in der Gesellschaft oder ihrer spezifischen Fähigkeiten gezielt angegriffen. Amnesty International hat dokumentiert, wie Frauen aus den unterschiedlichsten Berufsgruppen – Ärztinnen, Lehrerinnen, Journalistinnen, Juristinnen, Justizbeamtinnen und politische Reformkräfte – in Konflikten auf der ganzen Welt zum Angriffsziel wurden.
Judith G. Gardam/Michelle J. Jarvis, Women, Armed Conflict and International Law, Den Haag 2001

TÖTUNG DURCH TERRORISTEN

Es ist unsere unerlässliche Pflicht, die internationalen Menschenrechtsstandards rigoros aufrechtzuerhalten, indem wir uns darüber bewusst werden, dass auch sie Zielscheibe der Terroristen sind. Die Sprache spielt bei unserer Reaktion auf ein einschneidendes Ereignis eine entscheidende Rolle. Die Wörter, mit denen wir ein Ereignis charakterisieren, können die Art der Reaktion stark beeinflussen.
Die Anschläge vom 11. September zielten in erster Linie auf die Zivilbevölkerung. Sie waren skrupellos geplant, und der Zeitpunkt der Ausführung war auf den grösstmöglichen Verlust an Menschenleben ausgerichtet. Ihr Ausmass und die systematische Vorgehensweise machen sie im Sinne der geltenden internationalen Rechtsprechung zu Verbrechen gegen die Menschlichkeit. Alle Staaten haben die Pflicht, die Personen, die solche Verbrechen planen und begünstigen, ausfindig zu machen und zu bestrafen.
Mit Inkrafttreten des Römer Statuts des Internationalen Strafgerichtshofs, des ersten Rechtsinstruments, das die Elemente von Verbrechen gegen die Menschlichkeit kodifiziert, wurde die individuelle Verantwortlichkeit [der Täter] für solche Vergehen eingeführt, gleichgültig ob sie mit der Genehmigung eines Staates oder von privaten Gruppen begangen werden. ...
Die unmittelbare Herausforderung für die Menschenrechtsbewegung liegt heute darin, die uneingeschränkte Gültigkeit der internationalen Menschenrechte und humanitären Rechtsnormen vor dem Hintergrund einer angespannten Sicherheitslage zu bewahren. Es gibt aber auch eine langfristige Aufgabe. Wir müssen eine Welt wirklicher menschlicher Sicherheit aufbauen. Es ist wichtig, dass der Zusammenhang zwischen Entwicklung, Menschenrechten und Demokratie und deren wichtige Bedeutung für die Sicherheit aller Menschen noch deutlicher anerkannt wird.
Mary Robinson (ehemalige UN-Hochkommissarin für Menschenrechte), Human Rights are as Important as Ever, International Herald Tribune, 21. Juni 2002

Zusatzprotokoll zu den Genfer Abkommen vom 12. August 1949 über den Schutz der Opfer internationaler bewaffneter Konflikte, 1977

Artikel 51
2. Weder die Zivilbevölkerung als solche noch einzelne Zivilpersonen dürfen das Ziel von Angriffen sein. Die Anwendung oder Androhung von Gewalt mit dem hauptsächlichen Ziel, Schrecken unter der Zivilbevölkerung zu verbreiten, ist verboten. ...
4. Unterschiedslose Angriffe sind verboten. Unterschiedslose Angriffe sind
a. Angriffe, die nicht gegen ein bestimmtes militärisches Ziel gerichtet werden,
b. Angriffe, bei denen Kampfmethoden oder -mittel angewendet werden, die nicht gegen ein bestimmtes militärisches Ziel gerichtet werden können, oder
c. Angriffe, bei denen Kampfmethoden oder -mittel angewendet werden, deren Wirkungen nicht entsprechend den Vorschriften dieses Protokolls begrenzt werden können und die daher in jedem dieser Fälle militärische Ziele und Zivilpersonen oder zivile Objekte unterschiedslos treffen können.

Es sollte uns allen klar sein, dass wirksame Massnahmen gegen den Terrorismus nicht zulasten des Schutzes der Menschenrechte gehen dürfen. Ich bin mir im Gegenteil sicher, dass sich die Menschenrechte zusammen mit der Demokratie und der sozialen Gerechtigkeit auf lange Sicht als eine der besten prophylaktischen Massnahmen gegen den Terrorismus erweisen werden. Sicherlich müssen wir wachsam sein, um terroristische Akte zu verhindern, und wir müssen sie mit aller Entschiedenheit verurteilen und bestrafen, doch würden wir uns selbst grossen Schaden zufügen, wenn wir in diesem Prozess andere wichtige Prioritäten, wie etwa die Menschenrechte, preisgeben würden.
UN-Generalsekretär Kofi Annan, 2002

KINDER ALS KRIEGSOPFER

Allein in den letzten zehn Jahren kamen schätzungsweise zwei Millionen Kinder bei bewaffneten Konflikten ums Leben. Dreimal so viele wurden schwer verwundet oder leiden unter lebenslangen Behinderungen. Unzählige andere wiederum wurden gezwungen, entsetzliche Gräueltaten mitzuerleben oder sogar selbst daran teilzunehmen. Diese Statistiken sind an sich schon erschreckend genug, die Schlussfolgerungen aber sind noch erdrückender: Ein immer grösserer Teil der Welt verschwindet im Sog eines moralischen Vakuums. In diesem Zustand gelten die grundlegendsten menschlichen Werte nicht mehr. Kinder werden abgeschlachtet, vergewaltigt und verstümmelt, als Soldaten missbraucht, ausgehungert und extremster Grausamkeit ausgesetzt.
UNICEF, Graça Machel, Impact of Armed Conflict on Children, 1996

Aufgrund ihrer emotionalen und körperlichen Unreife sind Kinder leicht für militärische Zwecke anzuwerben. Sie sind einfach zu beeinflussen und geraten schnell in einen Sog der Gewalt, dem sie sich aufgrund ihres Alters nicht widersetzen und den sie nicht verstehen können. Technischer Fortschritt in der Waffenentwicklung und die Verbreitung kleiner Handfeuerwaffen haben zum vermehrten Einsatz von Kindersoldaten beigetragen. Leichte Maschinengewehre sind einfach zu benutzen, häufig leicht zugänglich, und sie können von Kindern genauso verwendet werden wie von Erwachsenen. Viele Kinder schliessen sich aus wirtschaftlichen oder sozialen Gründen den bewaffneten Gruppen an oder weil sie glauben, die Gruppe versorge sie mit Lebensmitteln oder gewähre ihnen Schutz. Andere werden zwangsrekrutiert, von Gangs unter Druck gesetzt oder von bewaffneten Gruppen gewaltsam entführt. Nach ihrer Rekrutierung werden Kindersoldaten als Träger, Köchinnen, Wachposten, Botinnen oder Spione eingesetzt. Viele werden zum Kampf gedrängt und oft auch gezwungen, an der Front zu kämpfen, oder in Minenfelder geschickt, bevor die Truppen älterer Soldaten nachfolgen. Kinder sind auch schon für Selbstmordattentate auserwählt worden. Manchmal werden Kinder sogar genötigt, Gräueltaten gegen die eigene Familie oder Nachbarn zu verüben. Solche Handlungen «stigmatisieren» die Kinder und verunmöglichen ihnen eine Rückkehr in die eigene Gemeinschaft.
Human Rights Watch, Facts about Child Soldiers, 2003

Traumatisierte Kinder

Im Alter von zehn Jahren musste ein afrikanisches Mädchen der Vergewaltigung und Ermordung seiner Mutter zusehen. Es selbst wurde zwei Jahre lang von rebellierenden Soldaten sexuell missbraucht. Nachdem ihm schliesslich die Flucht gelang, liess es sich im Provinzkrankenhaus behandeln. Einer Krankenschwester fiel auf, dass irgendetwas mit dem Mädchen nicht stimmte. Es war mit einer Geschlechtskrankheit angesteckt worden und wirkte zudem sehr zurückgezogen und traurig. Ermutigt durch die sanfte und umsichtige Pflege durch die Krankenschwester, erzählte das Mädchen seine Geschichte. Später berichtete es auch einer Sozialarbeiterin davon und wurde in einer Pflegefamilie untergebracht, wo es eine enge Beziehung zu seiner Pflegemutter aufbauen konnte. Auf Wunsch des Mädchens wurde eine traditionelle Reinigungszeremonie durchgeführt, um es von allem Schlechten zu befreien, von dem es befallen worden war.
UNICEF, Graça Machel, Impact of Armed Conflict on Children, 1996

UN-Übereinkommen über die Rechte des Kindes, 1989

Artikel 38
1. Die Vertragsstaaten verpflichten sich, die für sie verbindlichen Regeln des in bewaffneten Konflikten anwendbaren humanitären Völkerrechts, die für das Kind Bedeutung haben, zu beachten und für deren Beachtung zu sorgen.
2. Die Vertragsstaaten treffen alle durchführbaren Massnahmen, um sicherzustellen, dass Personen, die das 15. Lebensjahr noch nicht vollendet haben, nicht unmittelbar an Feindseligkeiten teilnehmen.
3. Die Vertragsstaaten nehmen davon Abstand, Personen, die das 15. Lebensjahr noch nicht vollendet haben, zu ihren Streitkräften einzuziehen. Werden Personen zu den Streitkräften eingezogen, die zwar das 15., nicht aber das 18. Lebensjahr vollendet haben, so bemühen sich die Vertragsstaaten, vorrangig die jeweils ältesten einzuziehen. ...

Fakultativprotokoll zum Übereinkommen über die Rechte des Kindes betreffend die Beteiligung von Kindern an bewaffneten Konflikten, 2000

Artikel 1
Die Vertragsstaaten treffen alle durchführbaren Massnahmen, um sicherzustellen, dass Angehörige ihrer Streitkräfte, die das 18. Lebensjahr noch nicht vollendet haben, nicht unmittelbar an Feindseligkeiten teilnehmen.

Artikel 2
Die Vertragsstaaten stellen sicher, dass Personen, die das 18. Lebensjahr noch nicht vollendet haben, nicht obligatorisch zu ihren Streitkräften eingezogen werden.

Artikel 3
1. Die Vertragsstaaten heben das Mindestalter für die Einziehung von Freiwilligen zu ihren nationalen Streitkräften in Lebensjahren an; sie ... anerkennen, dass nach dem Übereinkommen Personen unter 18 Jahren Anspruch auf besonderen Schutz haben.

Im August 2007 hatten 114 Länder das Fakultativprotokoll ratifiziert.

Das Römer Statut des Internationalen Strafgerichtshof hat die Rekrutierung von Kindern unter 15 Jahren zu einem Kriegsverbrechen erklärt.

AFGHANISTAN, Kabul, 1993
Steve McCurry/Magnum Photos

TOD DURCH LANDMINEN

Die Antipersonenmine kennt keinen Frieden

Antipersonenminen unterscheiden sich in einem wesentlichen Punkt von anderen Waffen: Ist die Mine einmal vergraben und haben die Soldaten die Gegend verlassen, unterscheidet die Antipersonenmine nicht zwischen Soldaten und Zivilbevölkerung. Sie kann dann auch Frauen, Kinder auf dem Weg zur Schule oder beim Spielen im Wald oder eine Grossmutter, die Feuerholz zum Kochen sammelt, treffen. Die Folgen eines Minenunfalls beschränken sich nicht auf die Amputation eines oder zweier Gliedmassen. Ein Minenunfall hat Auswirkungen auf die ganze Familie des Opfers. Oft müssen sämtliche menschlichen und materiellen Ressourcen der Familie aufgebraucht werden, um das Opfer mit der erforderlichen Hilfe und Pflege zu unterstützen und den Einkommensverlust auszugleichen. Auch wenn einige Leute Antipersonenminen militärisch für gerechtfertigt halten mögen, ändert dies nichts am Kern des Problems, dass nämlich die Antipersonenmine auch nach der Unterzeichnung eines Friedensvertrages den Frieden nie anerkennen wird.

Stanislas Brabant, International Campaign to Ban Landmines (ICBL), 2002

– Die Internationale Kampagne für das Verbot von Landminen schätzt, dass jährlich 15 000 bis 20 000 Menschen durch Landminen verstümmelt oder getötet werden und dass Millionen unter den landwirtschaftlichen, wirtschaftlichen und psychologischen Auswirkungen von Minen leiden.
– Die Internationale Kampagne für das Verbot von Landminen schätzt, dass in 78 Staaten der Welt zig Millionen Landminen vergraben sind.
– UNICEF schätzt, dass 30–40 Prozent der Minenopfer Kinder unter 15 Jahren sind.
– Die Herstellung einer Landmine kostet nur gerade drei US-Dollar, die Räumung einer einzigen Mine verursacht hingegen Kosten von 1000 Dollar.
– Das amerikanische Aussenministerium schätzt, dass weniger als ein Viertel der Menschen, die Gliedmassen durch Landminen verloren haben, eine passende Prothese tragen.

www.banminesusa.org

In den Neunzigerjahren ergriffen das Internationale Rote Kreuz und der Rote Halbmond, internationale Organisationen und ein Zusammenschluss von Nichtregierungsorganisationen die Initiative, um die Staatengemeinschaft zu einem Landminenverbot zu bewegen. Die Initiative war erfolgreich, und 1997 wurde das UN-Übereinkommen über das Verbot des Einsatzes, der Lagerung, der Herstellung und der Weitergabe von Antipersonenminen und über deren Vernichtung angenommen. Es trat am 1. März 1999 in Kraft. Bis zum August 2007 haben 155 Staaten das Protokoll unterzeichnet, 153 Länder haben es ratifiziert.

BOSNIEN, 1996
Überbleibsel des Krieges
Wolfgang Bellwinkel/Ostkreuz

Es kostet zwischen drei und 30 US-Dollar, eine Antipersonenmine zu kaufen. Die Beseitigung einer einzigen Mine kann bis zu 1000 US-Dollar kosten.

www.clearlandmines.org

Die Geschichte der Anti-Landminen-Bewegung

Im Jahr 1991 begannen gleichzeitig mehrere Nichtregierungsorganisationen und Einzelpersonen über die Notwendigkeit einer Koordination der Initiativen für ein Verbot von Antipersonenminen zu diskutieren. Die International Campaign to Ban Landmines (ICBL) hat sich von Anfang an als flexibles Netzwerk von Organisationen verstanden, die gemeinsame Ziele verfolgen. Die Kampagne fordert ein internationales Verbot des Einsatzes, der Herstellung, Lagerung und Weitergabe von Antipersonenminen, mehr internationale Gelder für humanitäre Minenräumung und ein Hilfsprogramm für die Minenopfer. Das Leitgremium der Kampagne, das ursprünglich aus den sechs Gründungsorganisationen bestand, wurde 1993 formell eingesetzt und die Koordinatorin bestätigt. Als Dutzende nationaler Aktionen entstanden und sich Hunderte von Organisationen der Bewegung angeschlossen hatten, wurde das Gremium 1996 und 1997 erweitert, um Wachstum und Vielschichtigkeit der Kampagne widerzuspiegeln. Heute vertritt das Netzwerk mehr als 1400 Gruppierungen in über 90 Ländern, die auf den Gebieten Menschenrechte, Minenräumung, humanitäre Hilfe, Kinder, Veteranen, Medizin, Entwicklung, Waffenkontrolle, Religion, Umwelt und Frauen aktiv sind. Alle arbeiten auf lokaler, nationaler, regionaler und internationaler Ebene für ein Verbot der Antipersonenminen. 1997 erhielten ICBL und die Koordinatorin der Organisation, Jody Williams, den Friedensnobelpreis.
ICBL, History, www.icbl.org

Andere internationale Abkommen über Verbote bestimmter Waffen

– Protokoll über das Verbot der Verwendung von erstickenden, giftigen oder ähnlichen Gasen sowie von bakteriologischen Mitteln im Kriege, 1925
– Übereinkommen über das Verbot der Entwicklung, Herstellung und Lagerung bakteriologischer (biologischer) Waffen und von Toxinwaffen sowie über die Vernichtung solcher Waffen, 1972
– Übereinkommen über das Verbot oder die Beschränkung des Einsatzes bestimmter konventioneller Waffen, die übermässige Leiden verursachen oder unterschiedslos wirken können, 1980 (Protokoll I: Nicht entdeckbare Splitter, Protokoll II: Minen und Sprengfallen, Protokoll III: Brandwaffen, Protokoll IV: Blindmachende Laserwaffen)
– Übereinkommen über das Verbot der Entwicklung, Herstellung, Lagerung und des Einsatzes chemischer Waffen und über die Vernichtung solcher Waffen, 1993

ANGOLA, Cuito, Juni 1997: In einer Einrichtung des Internationalen Komitees vom Roten Kreuz (IKRK) probieren Minenopfer neue Prothesen aus. Cuito wurde im Bürgerkrieg schwer zerstört, und die Umgebung der Stadt ist vermint. John Vink/Magnum Photos

ZAIRE, Goma, 1994   An der Grenze zu Ruanda.
Gilles Peress/Magnum Photos

EIN VERBRECHEN OHNE NAMEN Raphael Lemkin (1946)

Der letzte Krieg hat unsere Aufmerksamkeit auf das Phänomen der vollständigen biologischen und kulturellen Zerstörung ganzer Bevölkerungsgruppen wegen ihrer Nationalität, Rasse oder Religion gelenkt. Das Vorgehen der Deutschen, insbesondere in den besetzten Gebieten, ist nur allzu bekannt. Ihr allgemeiner Plan war es, trotz einer allfälligen Niederlage im Krieg den Frieden zu gewinnen und zu diesem Zweck die politischen und demografischen Verhältnisse und Beziehungen in Europa zugunsten Deutschlands erfolgreich zu verändern. Die Bevölkerungsgruppen, die nicht eliminiert worden waren, sollten in die deutsche Kultur, Politik und Wirtschaft integriert werden. Auf diese Weise wurde die Massenvernichtung der Nationen im gesamten besetzten Europa geplant. Die Führer der Nazis sprachen ihre Absicht, die Polen und Russen auszulöschen, ganz offen aus; Gleiches sollte auch die demografisch und kulturell einflussreichen Franzosen in Elsass-Lothringen und die Slawen in Krain und Kärnten treffen. Beinahe hätten sie ihr Ziel erreicht, die Juden und Fahrenden in Europa auszurotten. Die Vorgehensweise der Deutschen hinterlässt ganz offensichtlich den nachhaltigsten Eindruck, und sie war besonders gezielt und nachhaltig, aber in der Geschichte gibt es weitere Beispiele für die Zerstörung ganzer Nationen, ethnischer und religiöser Gruppen. Man denke an die Zerstörung von Karthago, an die Kriege religiöser Gruppen im Namen des Islam und an die Kreuzzüge, an die Massaker der Albigenser und Waldenser und – in neuerer Zeit – an das Massaker an den Armeniern. Bislang hat die Gesellschaft nur versucht, die Menschen vor Einzelverbrechen oder besser gesagt vor Verbrechen, die sich gegen Individuen richteten, zu schützen. Bis heute gab es aber keine ernsthaften Bemühungen, die Ermordung und Zerstörung von Millionen zu verhindern und zu bestrafen. Offensichtlich hat man nicht einmal einen Namen für derartige Ereignisse. In seiner Radioansprache im August 1941 sagte Winston Churchill über die Massenmorde der Nazis: «Wir sind Zeugen eines Verbrechens ohne Namen.»

Der Begriff «Genozid»
Wäre «Massenmord» eine angemessene Bezeichnung für dieses Phänomen? Vermutlich nicht, denn «Massenmord» gibt keinen Hinweis auf das Motiv des Verbrechens und schon gar nicht auf rassenbedingte, nationale oder religiöse Beweggründe. Der Versuch, eine Nation zu zerstören und ihre kulturelle Identität auszulöschen, fiel bislang unter den Begriff der «Denationalisierung». Dieser Begriff scheint unzureichend, da er nicht die biologische Zerstörung impliziert. Meist wird er verwendet, um den Entzug der Staatsbürgerschaft zu vermitteln oder zu definieren. Anstatt eine umfassende Definition zu verwenden, greifen viele Autoren auf Bezeichnungen zurück, die nur einzelne Aspekte des Oberbegriffs der Zerstörung von Nationen und Rassen beschreiben. So werden die Begriffe «Germanisierung», «Italienisierung», «Magyarisierung» oft verwendet, um eine Situation zu beschreiben, in der die stärkere Nation (Deutschland, Italien, Ungarn) einer von ihr beherrschten Gruppe die eigenen nationalen Muster aufzwingt. Diese Termini sind aber unzulänglich, da sie begrifflich nicht die physische Zerstörung umfassen und somit nicht als Oberbegriffe verwendet werden können. Im Falle Deutschlands wäre es euphemistisch, von der Germanisierung der Juden oder Polen in Westpolen zu sprechen, da die Deutschen die Absicht hatten, diese Gruppen völlig auszurotten. Hitler hat vielfach erklärt, dass nur der Boden, nicht aber die Menschen germanisiert werden können. Diese Betrachtungen haben den Verfasser des vorliegenden Artikels dazu veranlasst, einen neuen Begriff für dieses Phänomen zu entwickeln: «Genozid». Das Wort ist aus dem Altgriechischen «genos» (Rasse, Clan) und dem lateinischen Suffix «cide» (Töten) abgeleitet. In der Wortbildung würde Völkermord also Worten wie Tyrannenmord, Menschenmord, Vatermord entsprechen.

Ein internationales Verbrechen
Genozid ist das Verbrechen der Zerstörung nationaler, religiöser oder ethnischer Gruppen. Es stellt sich die Frage, ob es sich dabei lediglich um ein Verbrechen von nationaler Bedeutung handelt oder ob sich auch die internationale Gemeinschaft als Ganzes für dieses Verbrechen interessieren sollte. Vieles spricht für die zweite Alternative. Es wäre inadäquat, Genozid als ein nationales Verbrechen zu behandeln, da es gerade zum Wesen des Genozids gehört, dass er vom Staat oder von mächtigen, staatlich unterstützten Gruppen verübt wird. Ein Staat würde niemals ein Verbrechen verfolgen, zu dem er selbst angestiftet oder das er selbst unterstützt hat. Aufgrund seiner rechtlichen, moralischen und menschenbezogenen Natur muss Genozid als internationales Verbrechen betrachtet werden. Das Gewissen der ganzen Menschheit ist durch diese Art von Massenbarbareien erschüttert worden. In vielen Fällen haben Staaten ihre Besorgnis darüber bekundet, wie andere Staaten mit ihren Bürgern umgehen. Auf der Grundlage dieser Ausführungen schlägt der Autor vor, dass die Vereinten Nationen in ihrer gegenwärtigen Zusammensetzung gemeinsam mit anderen Staaten ein internationales Abkommen schliessen, welches Genozid zu einem internationalen Verbrechen erklärt und die Verhinderung und Bestrafung von Völkermord in Friedens- wie in Kriegszeiten regelt.

American Scholar 15, 1946

VÖLKERMORD

Völkermord: ein internationales Verbrechen

Die ursprüngliche Fassung des UN-Übereinkommens [über die Verhütung und Bestrafung des Völkermordes von 1948] bezeugt die Absicht der Vereinten Nationen, Völkermord als «ein internationales Verbrechen» zu verurteilen und zu bestrafen. Indem der Völkermord ganzen Menschengruppen die Existenzberechtigung verweigert, erschüttert er das Gewissen der Menschheit, führt der Menschlichkeit grosse Verluste zu, verstösst gegen jegliche moralischen Gesetze und gegen Geist und Zielsetzung der Vereinten Nationen. ... Als erste Konsequenz ergibt sich aus dieser Konzeption, dass die dem Übereinkommen zugrunde liegenden Prinzipien von allen zivilisierten Nationen als rechtlich bindend anerkannt werden, selbst wenn sie keine vertragliche Verpflichtung auf sich genommen haben. Die zweite Konsequenz ist die universelle Natur sowohl der weltweiten Verurteilung des Völkermords als auch der erforderlichen Zusammenarbeit, «um die Menschheit von einer derart abscheulichen Plage zu befreien».

Internationaler Gerichtshof, Bosnien-Herzegowina gg. Jugoslawien, Verfügung vom 11. Juli 1996 über die Zuständigkeit des Gerichtshofes

Zeuginnen und Zeugen dürfen nicht überleben

RUANDA, 1994   Während der ersten Tage des Völkermordes suchten sich die Angreifer in Kigali ihre Opfer gezielt aus und ermordeten sie. In einigen Stadtteilen gingen sie systematisch von Haus zu Haus und brachten Tutsi sowie Hutus um, die sich gegen Präsident Habyarimana auflehnten. Verwaltungsbeamte, wie der Präfekt der Stadt Kigali, befahlen den Einheimischen, Barrieren zu errichten, um flüchtende Tutsi zu ergreifen, und Suchpatrouillen aufzustellen, um Tutsi in ihren Verstecken aufzuspüren. In der Mitte der ersten Woche des Genozids gingen die Organisatoren zu einer anderen Strategie über: Sie jagten die Tutsi aus ihren Häusern und trieben sie in Regierungsgebäude, Kirchen, Schulen oder andere öffentliche Gebäude, wo sie in Grosseinsätzen abgeschlachtet wurden. Ende April riefen die Behörden eine «Befriedungs»-Kampagne aus, was nicht etwa ein Ende des Massakers bedeutete, sondern eine bessere Kontrolle der Massenmorde. Damit reagierten die Behörden auf die – wenn auch sehr spärliche – Kritik aus dem Ausland und beendeten die Massentötungen. Sie versuchten, Angreifer zu zügeln, die ihre Lizenz zum Töten missbrauchten, indem sie z.B. Hutus umbrachten, mit denen sie in Streit geraten waren, oder die Tutsi gegen Bezahlung, sexuelle Begünstigung oder andere Vorteile entkommen liessen. Statt Verdächtige an Ort und Stelle umzubringen, befahlen sie nun der Miliz und anderen Bürgern, Verdächtige den Behörden zur Befragung und anschliessenden Ermordung auszuliefern. Die Behörden bedienten sich der «Befriedung» auch als Taktik, um die Tutsi aus ihren Verstecken zu locken und sie dann zu ermorden. Mitte Mai gaben die Behörden den Befehl für die Schlussphase, in der die letzten noch überlebenden Tutsi aufgespürt werden sollten. Sie wollten nun sowohl diejenigen eliminieren, die sich erfolgreich versteckt gehalten hatten, als auch Menschen, die man bislang verschont hatte, z.B. Frauen und Kinder, und Personen, die aufgrund ihrer gesellschaftlichen Stellung, wie Priester und medizinisches Personal, unter Schutz gestanden hatten. Je weiter die Patriotische Front ins Land vordrang, desto eifriger beseitigten die Angreifer alle möglichen Zeugen der Massaker. Während der gesamten Dauer des Völkermords wurden Tutsi-Frauen vor ihrem Tod oft vergewaltigt, gefoltert und verstümmelt.

Human Rights Watch, Leave no one to Tell the Story, Genocide in Rwanda (1994), März 1999

Die acht Phasen des Völkermords

- Klassifizierung («wir und sie»)
- Symbolisierung (Symbole des Hasses)
- Entmenschlichung («sie» sind keine menschlichen Wesen mehr)
- Organisation (Staat, Milizen und/oder private Banden)
- Polarisierung (Spaltung der Bevölkerung durch Propaganda und Gesetz)
- Vorbereitung (Todeslisten etc.)
- Völkermord («Ausrottung»)
- Verleugnung («das ist nie passiert»)

Gregory H. Stanton, The Eight Stages of Genocide, presented at the Yale University Center for International and Area Studies, 1998

UN-Übereinkommen über die Verhütung und Bestrafung des Völkermordes, 1948

Artikel 1
Die Vertragsparteien bestätigen, dass Völkermord, ob im Frieden oder im Krieg begangen, ein Verbrechen gemäss internationalem Recht ist, zu dessen Verhütung und Bestrafung sie sich verpflichten.

Artikel 2
In dieser Konvention bedeutet Völkermord eine der folgenden Handlungen, die in der Absicht begangen wird, eine nationale, ethnische, rassische oder religiöse Gruppe als solche ganz oder teilweise zu zerstören: a) Tötung von Mitgliedern der Gruppe; b) Verursachung von schwerem körperlichem oder seelischem Schaden an Mitgliedern der Gruppe; c) vorsätzliche Auferlegung von Lebensbedingungen für die Gruppe, die geeignet sind, ihre körperliche Zerstörung ganz oder teilweise herbeizuführen; d) Verhängung von Massnahmen, die auf die Geburtenverhinderung innerhalb der Gruppe gerichtet sind; e) gewaltsame Überführung von Kindern der Gruppe in eine andere Gruppe. Unterdrückung von bestimmten Verbrechen und Vergehen.

Artikel 3
Die folgenden Handlungen sind zu bestrafen: a) Völkermord, b) Verschwörung zur Begehung von Völkermord, c) unmittelbare und öffentliche Anreizung zur Begehung von Völkermord, d) Versuch, Völkermord zu begehen, e) Teilnahme am Völkermord.

Das radikal Böse ist das, was nicht hätte passieren dürfen, d.h. das, womit man sich nicht versöhnen kann, was man als Schickung unter keinen Umständen akzeptieren kann, und das, woran man auch nicht schweigend vorübergehen darf. Es ist das, wofür man die Verantwortung nicht übernehmen kann, weil seine Folgerungen unabsehbar sind und weil es unter diesen Folgerungen keine Strafe gibt, die adäquat wäre. Das heisst nicht, dass jedes Böse bestraft werden muss; aber es muss, soll man sich versöhnen oder von ihm abwenden können, bestrafbar sein.

Hannah Arendt, Denktagebuch, Heft 1, Juni 1950, zitiert nach Zeitschrift «du», Oktober 2000, Heft Nr. 710, S. 52

KAMBODSCHA, Anlong Veng, 1998   Die letzte grosse Gruppe von Überläufern der Roten Khmer wird in die Königlichen kambodschanischen Streitkräfte «reintegriert».
Gilles Peress/Magnum Photos

BOSNIEN-HERZEGOWINA, Tuzla, 1999   Mehr als 4000 noch nicht identifizierte Leichen im Leichenschauhaus. Gary Knight/VII

DIE ROLLE DER INTERNATIONALEN GEMEINSCHAFT

Der Internationale Strafgerichtshof (International Criminal Court, ICC)

Im Anschluss an die Nürnberger und Tokioer Prozesse erkannte die UN-Generalversammlung 1948 erstmals die Notwendigkeit eines ständigen internationalen Gerichtshofes an, der für die Verfolgung von schwersten Verbrechen, wie sie im Zweiten Weltkrieg begangen wurden, zuständig wäre. Seither ist bei den Vereinten Nationen die Schaffung eines solchen Gerichtshofes immer wieder diskutiert worden. Reichweite, Ausmass und Verwerflichkeit der Schreckenstaten, die in den letzten 20 Jahren in vielen Teilen der Welt verübt worden sind, gaben der Schaffung einer permanenten Kontrollinstanz erneut Auftrieb, um jene Menschen vor Gericht zu stellen, die Verbrechen wie Völkermord, ethnische Säuberung, sexuelle Sklaverei und Verstümmelung, einschliesslich der Amputation von Körperteilen von nicht am Konflikt beteiligten Personen, begangen haben, und um der Straffreiheit ein Ende zu setzen, die Personen in Machtpositionen so oft geniessen.

Als Reaktion auf die Ereignisse in Ruanda und Ex-Jugoslawien beschloss der UN-Sicherheitsrat die Schaffung von Tribunalen, um einzelne Täter vor Gericht zu stellen. Es ist jedoch ein typisches Wesensmerkmal von Tribunalen, die erst nach dem Ereignis geschaffen werden, dass ihr Mandat zeitlich und örtlich begrenzt ist. Die Schaffung solcher Tribunale ist aufwendig und kostet viel Zeit und Geld. Ein ständiger Gerichtshof wird Personen, die sich der schwersten Verbrechen der Welt, Gräueltaten und Massenmorde schuldig gemacht haben, wirkungsvoller und effizienter verfolgen können. Er wird schneller eingreifen und möglicherweise das Ausmass oder die Dauer von Gewalthandlungen begrenzen können; seine Existenz an sich wird eine abschreckende Wirkung haben. ...

Der Gerichtshof verfolgt Individuen, nicht Staaten, und zieht sie für die Begehung jener Delikte zur Rechenschaft, die nach Auffassung der internationalen Gemeinschaft am schlimmsten sind: Genozid, Kriegsverbrechen und Verbrechen gegen die Menschlichkeit sowie – schlussendlich – das Verbrechen der Aggression. Ein häufiges Missverständnis besteht darin, dass angenommen wird, der Gerichtshof könne Menschen aburteilen, die in der Vergangenheit Verbrechen begangen haben. Dies ist jedoch nicht der Fall. Der Gerichtshof wird nur Taten beurteilen können, die nach dem Inkrafttreten des Römer Statuts am 1. Juli 2002 verübt worden sind. ...

Das ganze Konzept des Gerichtshofes basiert auf dem Prinzip der Komplementarität, was bedeutet, dass das Gericht nur zuständig ist, wenn staatliche Gerichte nicht willens oder in der Lage sind, selbst zu handeln. Die erste Priorität liegt bei den staatlichen Gerichten. Der Internationale Strafgerichtshof soll in keiner Weise die Autorität der nationalen Gerichte ersetzen. Es gibt jedoch Zeiten, in welchen das Gerichtssystem eines Staates zusammenbricht und nicht mehr funktioniert. Zudem ist es denkbar, dass Regierungen Gräueltaten selber billigen oder ausführen lassen oder dass Behörden Hemmungen haben, mächtige und hochrangige Persönlichkeiten vor Gericht zu stellen.

International Criminal Court, Porträt, www.un.org

Das Internationale Kriegsverbrechertribunal für Ruanda

In Anerkennung der schweren Verstösse gegen das humanitäre Völkerrecht in Ruanda schuf der UN-Sicherheitsrat gestützt auf Kapitel VII der Charta der Vereinten Nationen mit der Resolution 955 vom 8. November 1994 das Internationale Kriegsverbrechertribunal für Ruanda (ICTR). Diese Massnahme hatte zum Ziel, zur nationalen Versöhnung in Ruanda und zur Wahrung des Friedens in der Region beizutragen. Mit Resolution 977 vom 22. Februar 1995 richtete der Sicherheitsrat den Sitz des Gerichtshof in der Stadt Arusha in der Vereinigten Republik Tansania ein. Das Internationale Kriegsverbrechertribunal für Ruanda wurde errichtet, um die Verantwortlichen für Völkermord und für andere schwere Verstösse gegen das humanitäre Völkerrecht im Hoheitsgebiet Ruandas zwischen dem 1. Januar und dem 31. Dezember 1994 zur Rechenschaft zu ziehen. Das Tribunal kann auch ruandische Staatsangehörige verfolgen, die im Hoheitsgebiet von Nachbarstaaten im gleichen Zeitraum Delikte wie Völkermord und andere Verstösse gegen das Völkerrecht verübt haben.

Selbstporträt, www.ictr.org

Der Sonderberichterstatter bzw. die Sonderberichterstatterin der UN-Menschenrechtskommission zu aussergerichtlichen, summarischen oder willkürlichen Hinrichtungen

[Asma Jahangir (1998–2004); Philip Alston (seit 2004)] wird in den folgenden Fällen aktiv:

(a) Verletzungen des Rechts auf Leben im Zusammenhang mit der Todesstrafe. Der Sonderberichterstatter greift ein, wenn die Todesstrafe durch ein unfaires Gerichtsverfahren verhängt wird, im Fall der Verletzung des Rechts auf Berufung oder des Rechts auf Stellung eines Gesuches um Begnadigung oder um Strafumwandlung. Er greift auch ein, wenn der oder die Verurteilte minderjährig, geistig zurückgeblieben oder unzurechnungsfähig ist oder wenn es sich um eine Schwangere oder eine Frau kurz nach der Geburt handelt;

(b) Morddrohungen und Angst vor drohenden aussergerichtlichen Hinrichtungen durch Staatsbeamte, paramilitärische Gruppen, Einzelpersonen oder Gruppen, die mit der Regierung zusammenarbeiten oder von dieser geduldet werden, sowie von nicht näher identifizierten Personen, die mit den oben erwähnten Gruppen in Verbindung stehen;

(c) Todesfälle in staatlichem Gewahrsam als Folge von Folter, Nachlässigkeit oder Gewaltanwendung sowie lebensbedrohliche Haftbedingungen;

(d) Todesfälle durch Gewaltanwendung von Beamten mit Polizeibefugnissen oder Personen, die direkt oder indirekt mit staatlicher Einwilligung handeln, wenn die Gewaltanwendung nicht den Kriterien der absoluten Notwendigkeit und der Verhältnismässigkeit entspricht;

(e) Todesfälle durch Übergriffe der staatlichen Sicherheitskräfte, paramilitärischer Gruppen, von Todesschwadronen oder anderen privaten Einheiten, die mit der Regierung zusammenarbeiten oder von ihr geduldet werden;

(f) Verletzungen des Rechts auf Leben, namentlich der Zivilbevölkerung, in bewaffneten Auseinandersetzungen, sofern die Grundsätze des humanitären Völkerrechts nicht beachtet werden;

(g) Ausweisung oder Abschiebung in ein Land, in dem das Leben der Betroffenen in Gefahr ist;

(h) Völkermord.

Porträt auf www.unhchr.ch

DER BEITRAG DER ZIVILGESELLSCHAFT

Das Internationale Komitee vom Roten Kreuz

GENF, 2005 Wie in den vorangegangenen Jahren war das IKRK in Konfliktgebieten rund um den Globus präsent. Seine 80 Delegationen und mehr als 160 Unterdelegationen und Büros waren mit 11 000 Mitarbeitern besetzt, die von etwa 800 Mitarbeitern der Hauptquartiere unterstützt wurden. Diese breite Präsenz versetzte die Organisation in die Lage, direkten Kontakt mit den meisten Parteien, die in Feindseligkeiten involviert waren, zu halten oder herzustellen und die Opfer zu erreichen, obwohl in einigen Fällen der Zugang durch Sicherheitserwägungen verhindert wurde. Im Juni beendete das IKRK die Revision seiner Field Security Guidelines. Obwohl alle Anstrengungen unternommen wurden, um die Sicherheit der Mitarbeiter zu gewährleisten, wurden 2005 zwei Mitarbeiter des IKRK getötet, einer in Haiti und einer im Irak. 2005 besuchte das IKRK 528 000 Menschen, die in 2600 Orten in 76 Ländern gefangen gehalten wurden. In Zusammenarbeit mit den nationalen Komitees half das Rote Kreuz beim Austausch von 959 000 Botschaften zwischen Familienangehörigen, die durch Feindseligkeiten getrennt waren. Es dokumentierte zahllose Schilderungen von Verletzungen der Genfer Konventionen und erörterte sie mit zivilen oder militärischen Autoritäten, mit Regierungsstellen oder Rebellen. Geschätzte 2 365 000 Menschen profitierten von Gesundheitseinrichtungen, die das IKRK unterstützte. 76 800 chirurgische Eingriffe wurden in vom IKRK unterstützten Krankenhäusern ausgeführt, und 128 000 behinderte Menschen erhielten Pflege in vom IKRK unterstützten Rehabilitationseinrichtungen. Das IKRK verteilte Verpflegung an mehr als 1 Million Menschen und Notfallausrüstung wie Zelte, Decken, Suppen oder Kochsets für beinahe 3 Millionen. Das IKRK lieferte darüber hinaus Wasser, sanitäre Einrichtungen und Baumaterialien für die Bedürfnisse von mehr als 11 Millionen Menschen. Jederzeit achtete das IKRK besonders auf die Bedürfnisse und die Verwundbarkeit von Frauen und Kindern.
Auszug aus dem Jahresbericht des IKRK, 2005.

Eine Person läuft eher Gefahr, für den Mord an einem einzigen Menschen verfolgt und bestraft zu werden als für den Mord an 100 000 Menschen.
José Ayala Lasso, ehemaliger UN-Hochkommissar für Menschenrechte

Human Rights Watch

Human Rights Watch wurde 1978 unter dem Namen «Helsinki Watch» gegründet, um die Einhaltung der Menschenrechte – die in der berühmten Schlussakte von Helsinki festgehalten worden waren – durch die Ostblockländer zu überwachen. In den Achtzigerjahren wurde «Americas Watch» ins Leben gerufen, um der Auffassung entgegenzutreten, wonach die Menschenrechtsverletzungen einer Kriegspartei in Zentralamerika eher zu tolerieren seien als diejenigen der anderen Konfliktbeteiligten. Nachdem die Organisation ihre Tätigkeiten immer mehr ausgeweitet hatte, schlossen sich im Jahre 1988 sämtliche «Watch»-Komitees zu «Human Rights Watch» zusammen. ... Jede Konfliktpartei wird von Human Rights Watch genau gleich kritisch unter die Lupe genommen. Wir haben Menschenrechtsverletzungen sowohl von Regierungen als auch von Rebellen aufgedeckt; von Hutus und Tutsi, von Serben, Kroaten, bosnischen Moslems und Kosovo-Albanern; von Israelis und Palästinensern, von Christen und Moslems auf den Inseln Indonesiens und in den Wüsten des Sudans. Mitarbeiter von Human Rights Watch untersuchen Menschenrechtsverletzungen durch Regierungen oder nichtstaatliche Akteure in allen Teilen der Welt. Wir besuchen die Schauplätze von Menschenrechtsverletzungen, um Opfer, Zeugen und weitere Personen zu befragen. Unsere Ergebnisse publizieren wir jedes Jahr in zahlreichen Büchern und Berichten und bewirken damit eine ausführliche Berichterstattung in lokalen und internationalen Medien. In Krisenzeiten versuchen wir über die aktuellsten Entwicklungen zu berichten, um unserer Arbeit grösstmöglichen Nachdruck zu verleihen. Wir bringen Menschenrechtsverletzungen an die Öffentlichkeit; diese Publizität setzt die Täter unter Druck, ihr Verhalten zu ändern. Human Rights Watch sucht den Dialog mit menschenrechtsverletzenden Regierungen, um sie zu ermutigen, ihre Politik und missbräuchliche Gesetze zu ändern.
Selbstporträt, www.hrw.org

Peace Brigades International (PBI)

PBI verfügt über Pioniererfahrung bei der Begleitung von Menschen, die von politisch motivierter Gewalt bedroht sind. Unsere Teams haben zunächst in Guatemala und El Salvador, später in Sri Lanka, Kolumbien, Indonesien und Mexiko Geistliche, Gewerkschafterinnen und Gewerkschafter, Bauernführer, Menschenrechtsaktivistinnen und Personen, die aus dem Exil zurückgekehrt sind (wie die Nobelpreisträgerin Rigoberta Menchù), begleitet. Wir haben dabei gelernt, wie politische Gewalt in den verschiedensten Zusammenhängen funktioniert und wie wir unseren internationalen Einfluss am besten nutzen können, um Gewalt zu verhindern. In den meisten Fällen wollen Todesschwadronen und andere Menschenrechtsverletzer nicht, dass die Öffentlichkeit von ihren Aktionen erfährt. Somit verhindert die blosse Anwesenheit eines PBI-Freiwilligen, hinter dem ein Netzwerk von Hilfskräften für den Notfall steht, Gewalt gegen Aktivistinnen und Aktivisten vor Ort.
Selbstporträt, www.peacebrigades.org

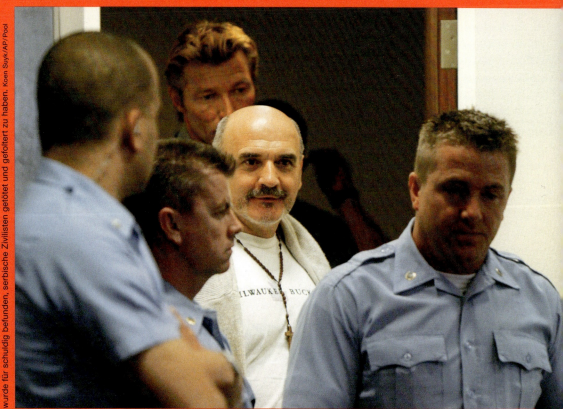

NIEDERLANDE, Den Haag, 8. April 2003 Der Kommandeur des Gefangenenlagers Celibici, Zdravko Mucic, ein bosnischer Kroate, betritt den Gerichtssaal des Kriegsverbrechertribunals. Er wurde für schuldig befunden, serbische Zivilisten getötet und gefoltert zu haben. Koen Suyk/AP/Pool

NIEDERLANDE, Den Haag, 22. Februar 2001 Der bosnische Serbe Dragoljub Kunarac berät sich mit seinen Anwälten im UN-Kriegsverbrechertribunal. Er wurde schuldig gesprochen, in bosnischen Vergewaltigungslagern muslimische Frauen vergewaltigt und gefoltert zu haben. Serge Ligtenberg/AP

TANSANIA, Arusha, 4. April 2002 Der ruandische Sänger Simon Bikindi im Internationalen Strafgerichtshof für Ruanda. Er wird beschuldigt, während des Genozids 1994 mit seinen Liedern die Bevölkerungsmehrheit angestachelt zu haben, die Minderheit der Tutsi zu töten. Karel Prinsloo/AP

TANSANIA, Arusha, 22. Februar 2000 Jean-Bosco Barayagwiza, einer der Hauptangeklagten im Prozess um den Genozid von 1994, betritt den Gerichtssaal des Internationalen Strafgerichtshofs für Ruanda. Er ist der Verbrechen gegen die Menschlichkeit angeklagt. Jean-Marc Bouju/AP

DAS HOCHKOMMISSARIAT FÜR MENSCHENRECHTE DER VEREINTEN NATIONEN (UNHCHR)

José Ayala-Lasso (1994–1997), Mary Robinson (1997–2002), Sergio Vieira de Mello (2002–2003), Bertrand Ramcharan (2003–2004 als Ad-hoc-Hochkommissar), Louise Arbour (seit 2004)

Die Hochkommissarin für Menschenrechte ist die wichtigste Repräsentantin der Vereinten Nationen in Menschenrechtsfragen. Sie ist dem Generalsekretär gegenüber rechenschaftspflichtig. Das Büro der Hochkommissarin wurde 1993 eingerichtet. Als moralische Autorität und Stimme der Opfer verfolgt die Hochkommissarin das Ziel, die internationale Menschenrechtsbewegung anzuführen. Mit den vielen öffentlichen Äusserungen und Menschenrechtsappellen und den Reisen in alle Welt verschafft die Hochkommissarin den Menschenrechten in allen Teilen der Erde Gehör. Gleichzeitig setzt die Hochkommissarin auf Dialog und konstruktive Zusammenarbeit mit den Regierungen, um den nationalen Menschenrechtsschutz zu stärken. Das Büro bemüht sich um die Kooperation mit einer möglichst grossen Bandbreite von Partnern, darunter NGOs, akademische Institutionen und private Organisationen, um das Engagement für die Menschenrechte in alle gesellschaftlichen Bereiche hineinzutragen. Es fördert Bildungsmassnahmen im Bereich der Menschenrechte und gibt Denkanstösse zur Prävention und zu neuen Herausforderungen wie Menschenhandel, HIV/AIDS, Biotechnologie und den Auswirkungen der Globalisierung.

Das Büro des Hochkommissariats der Vereinten Nationen für Menschenrechte:
(a) fördert die weltweite Durchsetzung aller Menschenrechte, indem es den Willen der Vereinten Nationen und die Entschlossenheit der Weltgemeinschaft in die Tat umsetzt;
(b) ist der wichtigste Ansprechpartner in Menschenrechtsfragen und hebt die Bedeutung der Menschenrechte auf internationaler und nationaler Ebene hervor;
(c) fördert die internationale Zusammenarbeit im Bereich der Menschenrechte;
(d) initiiert und koordiniert Menschenrechtsaktionen innerhalb des gesamten Systems der Vereinten Nationen;
(e) setzt sich für die weltweite Ratifizierung und Umsetzung internationaler Standards ein;
(f) fördert die Entwicklung neuer Normen;
(g) unterstützt Menschenrechts- und Kontrollorgane;
(h) reagiert auf schwere Menschenrechtsverletzungen;
(i) führt präventive Menschenrechtsaktionen durch;
(j) fördert den Aufbau nationaler Infrastrukturen zum Menschenrechtsschutz;
(k) führt im Bereich der Menschenrechte praktische Einsätze und Forschung vor Ort durch;
(l) stellt Ausbildungsprogramme, Informationsdienste und technische Hilfsmittel im Bereich der Menschenrechte zur Verfügung.

UNHCHR und die Entwicklungspolitik
Das Hochkommissariat spielt ausserdem eine wichtige Rolle in der Verwirklichung des Rechts auf wirtschaftliche und gesellschaftliche Entwicklung. In den entsprechenden Zuständigkeitsbereich der Hochkommissarin fallen Förderung, Schutz und Umsetzung des Rechts auf Entwicklung und der Ausbau der entsprechenden Unterstützung dieses Ziels durch die relevanten Institutionen der Vereinten Nationen.

Das Recht auf Entwicklung geniesst unter den Aufgabenbereichen der Hochkommissarin eine hohe Priorität und stellt eine zentrale Komponente vieler Strategien, Pläne, politischer Entscheidungen und Aktivitäten ihres Büros dar.

Angesichts der engen Beziehung zwischen der Förderung und dem Schutz des Rechts auf Entwicklung und allen anderen bürgerlichen, kulturellen, wirtschaftlichen, politischen und gesellschaftlichen Rechten können viele Aktivitäten des Büros als Bestandteil einer auf die Verwirklichung des Rechts auf Entwicklung zielenden Gesamtstrategie betrachtet werden.

www.unhchr.ch

DIE ALLGEMEINGÜLTIGKEIT DER MENSCHENWÜRDE Sergio Vieira de Mello

Nach wie vor werden Länder in allen Teilen der Welt von internen bewaffneten Konflikten heimgesucht. Wir sind leicht versucht, verzweifelt das Handtuch zu werfen, wenn von der Demokratischen Republik Kongo oder von Kolumbien die Rede ist, doch das ist falsch. Zwar ist die Zahl internationaler Kriege zurückgegangen, doch im letzten Jahrzehnt haben interne Konflikte ungefähr 3,6 Millionen Menschen getötet. Besonders besorgniserregend ist der steigende Anteil der zivilen Opfer: Mehr als 90 Prozent der Menschen, die in Konflikten nach dem Ende des Kalten Krieges verwundet oder getötet worden sind, waren Zivilisten, die Hälfte davon Kinder. Die Zahl der Flüchtlinge und der intern Vertriebenen ist stark angestiegen, ein Anzeichen für die gesteigerte Intensität – damit meine ich die Geringschätzung für jene Menschen, die nicht an Kampfhandlungen beteiligt sind – der heutigen Konflikte.

Scheinbar unlösbare globale Probleme wie Armut, HIV/AIDS, Rassismus und Geschlechterdiskriminierung sind nach wie vor der Grund für weit verbreitetes menschliches Elend. Diese Gegebenheiten tragen zur zunehmenden Marginalisierung von Personen und Bevölkerungsgruppen bei. Wo sie nicht aktiv angegangen werden, führen sie zu Spannungen, gefährden die menschliche Entwicklung und bedrohen die Sicherheit. Jede einzelne dieser Tatsachen stellt eine Antithese zur Zivilisation dar.

Diese Probleme sind nicht unbedingt neu. Seit Jahrhunderten leben die Menschen mit Krieg, Krankheit und Ungleichheit. Das Neue an der heutigen Lage ist, dass wir uns nicht damit entschuldigen können, von der Kluft zwischen den Reichen und den Armen dieser Welt, den Mächtigen und den Machtlosen, den Einbezogenen und den Ausgeschlossenen nichts zu wissen. Es ist heutzutage nicht mehr zu rechtfertigen, einerseits die Augen vor den Belastungen zu verschliessen, die diese Kluft den Armen und Besitzlosen auferlegt, und andererseits im gleichen Atemzug zu behaupten, wir befänden uns in einer zivilisierten Welt. Und dennoch scheinen wir angesichts globaler Herausforderungen allzu oft zu kapitulieren.

Es gibt, so hat es zumindest den Anschein, einen offensichtlichen Mangel an Einfühlungsvermögen den Betroffenen gegenüber: ein Abstumpfen der kritischen Analyse von politischen Entscheidungen, die sich auf Gemeinschaften und Gesellschaften ausserhalb unserer eigenen auswirken. Noch schlimmer, ich vermute, dass unsere Fähigkeit verkümmert, einzuschätzen, was diese Auswirkungen tatsächlich bedeuten, und zwar für die betroffenen Menschen. Dass wir, die sogenannte internationale Gemeinschaft, uns selber für «zivilisiert» halten, führt zur Gefahr einer kollektiven Apathie, an die wir uns gewöhnt haben.

Das kann so nicht weitergehen. Wir können nicht länger so tun, als ob nur das zählt, was in unserer nächsten Umgebung geschieht, als schuldeten wir nur denen Solidarität, die in unserer Nachbarschaft, unserer Stadt, unserem Land leben. Wir sollten uns bewusst machen, dass wir Teil einer umfassenden Menschheit sind. Wir sollten uns deutlicher vor Augen führen, wie wir alle von Zusammenarbeit und Solidarität über die Trennlinien von Nationalität, Geschlecht, Rasse oder ökonomischem Status hinaus profitieren können. Wir sollten uns das Potenzial der Globalisierung als einer vereinigenden und alles einbeziehenden Kraft zunutze machen: einer Globalisierung, die die Förderung und den Schutz der Menschenrechte zum Kernanliegen ihrer Ziele und Strategien macht.

Die Menschenrechte müssen heute in der Tat eine entscheidende Rolle spielen. Die Unteilbarkeit und Allgemeingültigkeit der Menschenrechte sind möglicherweise Konzepte, die am ehesten als Fundamente einer zivilisierten Welt – die etwas anderes ist als eine einheitliche Weltzivilisation – dienen können. Die Grundsätze der sozialen, politischen und ökonomischen Integration beruhen im Wesentlichen auf Rechten und Pflichten.

Diejenigen, die Machtpositionen und Privilegien innehaben, betrachten Rechte und Pflichten jedoch allzu oft als eine Bedrohung ihrer eigenen Interessen. Als global anerkannte Werte, Prinzipien und Normen, die gleichermassen für alle Menschen überall auf der Welt gelten, sollten die Menschenrechte jedoch als Werkzeuge betrachtet werden, mit deren Hilfe stabile und erfolgreiche Gemeinschaften aufgebaut werden können.

Sergio Vieira de Mello, Auszug aus einem Vortrag vom 11. November 2002. Der vollständige Text (engl.) findet sich unter
http://www.opendemocracy.net

GUATEMALA, San Andrés Sajcabajá, 1997 Eine Zeremonie für die Kriegstoten in der Ruine der Kirche San Andrés. Thomas Höpker/Magnum Photos

RUSSLAND, Inguschetien, Flüchtlingslager Sputnik, Februar 2002 Seit dem Beginn des zweiten Tschetschenienkrieges, 1999, flohen zwischen 200 000 und 400 000 Tschetschenen in die Nachbarrepublik Inguschetien. Thomas Dworzak/Magnum Photos

Es hat historische Epochen gegeben, in denen schreckliche Gewalttaten begangen wurden, für die das Wort «Gewalt» jedoch nie verwendet wurde. ... Gewalt wird in rechtfertigende Mythen gehüllt, die ihr eine moralische Legitimität verleihen; diese Mythen haben dazu geführt, dass die Menschen die Gewalt als solche meist nicht erkannten. Den Menschen, die Hexen auf

dem Scheiterhaufen verbrannten, kam gar nie der Gedanke, ihre Handlungen für Gewalt zu halten; sie hielten sie vielmehr für einen gottgewollten Akt der Gerechtigkeit. Dasselbe lässt sich über die meisten Gewalttätigkeiten sagen, die wir Menschen je begangen haben.
Gil Bailie, American Violence Unveiled, Crossroad Publishing Company

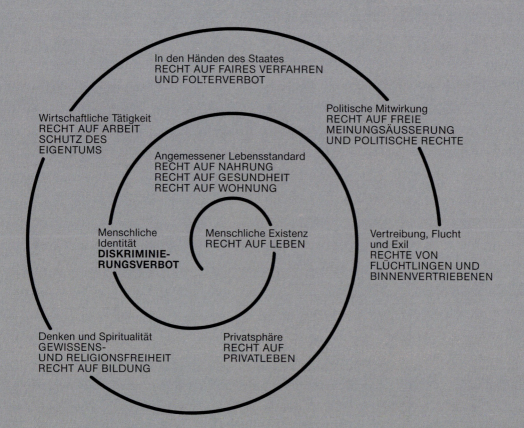

In den Händen des Staates
RECHT AUF FAIRES VERFAHREN
UND FOLTERVERBOT

Wirtschaftliche Tätigkeit
RECHT AUF ARBEIT
SCHUTZ DES
EIGENTUMS

Politische Mitwirkung
RECHT AUF FREIE
MEINUNGSÄUSSERUNG
UND POLITISCHE RECHTE

Angemessener Lebensstandard
RECHT AUF NAHRUNG
RECHT AUF GESUNDHEIT
RECHT AUF WOHNUNG

Menschliche
Identität
DISKRIMINIE-
RUNGSVERBOT

Menschliche Existenz
RECHT AUF LEBEN

Vertreibung, Flucht
und Exil
RECHTE VON
FLÜCHTLINGEN UND
BINNENVERTRIEBENEN

Denken und Spiritualität
GEWISSENS-
UND RELIGIONSFREIHEIT
RECHT AUF BILDUNG

Privatsphäre
RECHT AUF
PRIVATLEBEN

SIMBABWE, Harare, 1995   Royal Harare Golf Club
Martin Parr/Magnum Photos

Ist meine Hautfarbe Grund genug, mich abzulehnen?

GROSSBRITANNIEN, Margate, 2002
Peter Marlow/Magnum Photos

FRANKREICH, Le Gaou, 1985
Martine Franck/Magnum Photos

DISKRIMINIERUNGSVERBOT

RUANDA, 1994   Die in diesem Haus wohnenden Hutu haben ihre ethnische Zugehörigkeit auf die Wand gekritzelt, um sich vor Plünderern zu schützen. Gilles Peress/Magnum Photos

GROSSBRITANNIEN, Margate, 2002   Traditionelles englisches Seebad.
Peter Marlow/Magnum Photos

TSCHECHISCHE REPUBLIK, Brünn, 1992
Olivia Heussler

FRANKREICH, April 1981   Antisemitische Graffiti im jüdischen Teil des Friedhofs von Bagneux.
Patrick Zachmann/Magnum Photos

USA, Tennessee, Pulaski, 1989 Skinheads marschieren gemeinsam mit dem Ku-Klux-Klan und Neonazis. Leonard Freed/Magnum Photos

Kollektive Angst fördert den Herdentrieb und neigt dazu, Bösartigkeiten denen gegenüber zu verursachen, die nicht als Mitglieder der Herde angesehen werden.
Bertrand Russell

DISKRIMINIERUNG IN DER VERGANGENHEIT UND DER GEGENWART

Einige marginalisierte Gruppen sind nicht im Besitz von Bürgerrechten oder sind auf andere Weise rechtlich schlechter gestellt. In Japan besitzen Personen koreanischer Abstammung kein volles Bürgerrecht. Selbst wenn ihre Familien schon seit Generationen in Japan leben, haben sie keinen Anspruch auf die japanische Staatsbürgerschaft. Wer schon lange in Japan lebt, kann die japanische Staatsbürgerschaft zwar beantragen und gemäss den Bestimmungen des Staatsbürgerschaftsgesetzes von 1950 eingebürgert werden, muss aber zuvor einen «Assimilationsbeweis» erbringen. Der Lebensstandard der Palästinenser hat sich aufgrund der anhaltenden und systematischen Diskriminierung und ihres ungleichen Status unter der israelischen Besetzung dramatisch verschlechtert. ...
In zahlreichen Ländern der Welt war die Benachteiligung von gesellschaftlichen Gruppen bis vor Kurzem die Regel. Bis in die Neunzigerjahre durften Menschen afrikanischer Abstammung in Südafrika nicht für ein politisches Amt kandidieren, sie waren nicht wahlberechtigt, durften nicht den Partner ihrer Wahl heiraten und hatten keinen Zugang zu einer guten Ausbildung oder einer fachlich qualifizierten Arbeit. In vielen Staaten der USA wurde Afroamerikanern bis in die Sechzigerjahre unter anderem gesetzlich der gleichberechtigte Zugang zu öffentlichen Dienstleistungen und Einrichtungen verwehrt.
Knapp eineinhalb Jahrhunderte nach Abschaffung der Sklaverei ist in den Vereinigten Staaten die Unterteilung in rassisch geprägte Gesellschaftsschichten immer noch stark spürbar. So existieren erhebliche Unterschiede zwischen Schwarzen und Weissen, was die Höhe der Gehälter, Arbeitslosenzahlen, Einkommen und Wohlstand, Ergebnisse bei Eignungstests, Gefangenenrate, Opferzahlen, Gesundheitsstatistiken und Sterblichkeitsraten anbelangt. In Indien stieg die Zahl der Dalits, die unterhalb der Armutsgrenze leben, zwischen 1987 und 1993 um fünf Prozent an. Insgesamt lebte 1993 die Hälfte der Dalit-Bevölkerung unter dem Existenzminimum, während der entsprechende Prozentsatz der Gesamtbevölkerung bei 30 Prozent liegt. Seit 1993 wird der Unterschied zwischen Arm und Reich immer grösser, gleichzeitig hat der Staat es unterlassen, die Mittel gerecht zuzuweisen und zu verteilen. In Brasilien finden wir anhaltende und dramatische Unterschiede zwischen der schwarzen und der weissen Bevölkerung hinsichtlich der Kinder- und Müttersterblichkeit und der Zahl der unnatürlichen Todesfälle.

International Council on Human Rights Policy, Racial and Economic Exclusion, Policy Implications, Versoix/Schweiz 2001

...unsere Identität [wird] teilweise von der Anerkennung oder Nicht-Anerkennung, oft auch von der Verkennung durch die anderen geprägt, so dass ein Mensch oder eine Gruppe von Menschen wirklichen Schaden nehmen, eine wirkliche Deformation erleiden kann, wenn die Umgebung oder die Gesellschaft ein einschränkendes, herabwürdigendes oder verächtliches Bild ihrer selbst zurückspiegelt. Nichtanerkennung oder Verkennung kann Leiden verursachen, kann eine Form von Unterdrückung sein, kann den anderen in ein falsches, deformiertes Dasein einschliessen.

Charles Taylor, Die Politik der Anerkennung, in: Ders., Multikulturalismus und die Politik der Anerkennung, Frankfurt am Main 1993, S. 13f.

Frauen und Mädchen erhalten eine schlechtere Ausbildung, sind Opfer geschlechtsspezifischer Gewalt, arbeiten hart, verdienen aber wenig, werden in vielen Ländern im Familien- und Erbrecht diskriminiert und sind nach wie vor politisch untervertreten.

Weltweit leisten Frauen zwei Drittel aller Arbeitsstunden und produzieren die Hälfte der Lebensmittel. Trotzdem verdienen sie nur zehn Prozent des Einkommens und besitzen weniger als ein Prozent des weltweiten Vermögens. Kein politisches System hat den Frauen neben dem umfassenden, gleichen <u>Recht auf Partizipation</u> auch den tatsächlichen, vollständigen Genuss dieses Rechts ermöglicht. Während sich die Mitwirkungsmöglichkeiten der Frauen in demokratischen Systemen zwar verbessert haben, erschweren nach wie vor viele wirtschaftliche, soziale und kulturelle Hürden die Beteiligung der Frauen massgeblich.

In manchen Ländern ist das Recht der Frau, <u>einen Prozess zu führen</u>, gesetzlich beschränkt oder faktisch beeinträchtigt, weil sie keinen Zugang zu Rechtsberatung findet oder nicht weiss, wie man an ein Gericht gelangt. In gewissen Ländern wird sie als Zeugin nicht mit demselben Respekt behandelt wie ein Mann, oder ihre Zeugenaussage besitzt weniger Gewicht. Derartige Gesetze oder Bräuche verhindern, dass Frauen ihre Rechte tatsächlich wahrnehmen und z. B. ihre Eigentumsrechte durchsetzen können; sie schmälern zudem ihren Status als unabhängige, verantwortungsvolle und geachtete Mitglieder ihrer Gemeinschaft.

<u>Häusliche Gewalt</u> ist die am weitesten verbreitete Form der Misshandlung von Frauen. Zwischen einem Viertel und der Hälfte aller Frauen sind von ihrem Partner schon einmal misshandelt worden. Auf der ganzen Welt schützen nur 44 Staaten Frauen explizit vor häuslicher Gewalt. Frauen werden zudem oft Opfer von <u>sexuellem Missbrauch.</u> In Bosnien und Ruanda wurden systematische Vergewaltigungen als Kriegstaktik eingesetzt. Man schätzt, dass ein Fünftel aller Frauen einmal in ihrem Leben vergewaltigt wird; in vielen Fällen stammen die Täter aus dem Bekanntenkreis. 40–60 Prozent aller sexuellen Übergriffe gelten Mädchen unter 16 Jahren.

Die meisten Opfer des <u>Menschenhandels</u> sind Frauen, vor allem in der Sexindustrie. Frauen werden in diesem Bereich leicht zu Opfern, da sie häufig über wenig persönliche Sicherheit, wirtschaftliche Mittel oder Eigentum verfügen.

Schätzungsweise leben weltweit 1,3 Milliarden Menschen in <u>absoluter Armut</u> und haben weniger als einen Dollar pro Tag zur Verfügung, 70 Prozent davon sind Frauen.

In manchen Gesellschaften führt die <u>Bevorzugung von Knaben</u> dazu, dass weibliche Föten mit pränataler Diagnostik und Abtreibung «wegselektioniert» und neugeborene Mädchen getötet werden. In Indien leben z. B. pro 1000 Männer nur 933 Frauen, was zur Folge hat, dass 40 Millionen Frauen «fehlen». Weltweit sind 130 Millionen Mädchen und Frauen beschnitten; jedes Jahr kommen zwei weitere Millionen hinzu.

Mehr als 110 Millionen Kinder <u>besuchen keine Schule</u>, zwei Drittel davon sind Mädchen. Von den weltweit 875 Millionen erwachsenen Analphabeten sind zwei Drittel Frauen.

UNDP (World Development Indicators); UN-Frauenrechtsausschuss, Allgemeine Empfehlung Nr. 23, 1997 (13), Nr. 21, 1994 (8); UNHCR, Newsletter 16, 2002; UNICEF, Facts and Figures, Gender Equality

IRAN, Teheran, Juli 2002 Studentinnen und Studenten nehmen ihr Mittagessen in getrennten Bereichen der Cafeteria einer Universität ein. Unverheiratete Männer und Frauen dürfen nicht beieinander sitzen. Eric Grigorian/Polaris

KENIA, Nairobi, 1988 Jockey Club
Stuart Franklin/Magnum Photos

BESETZTE PALÄSTINENSISCHE GEBIETE, Abu Dis, Januar 2004   Ein palästinensischer Knabe wird. Die Mauer ist ein Bestandteil der Grenzbefestigung, mit deren Hilfe Israel sich vor zwischen Bauteilen der Betonmauer, die in dem Dorf Abu Dis am Stadtrand von Jerusalem errichtet Selbstmordattentätern schützen will. Oded Balilty/AP

Diskriminierungsverbot

Das Prinzip der Gleichbehandlung aller Menschen ist ein zentrales Element jeder gerechten staatlichen Ordnung. Wie Aristoteles betont hat, enthalten die beiden Maximen der Gerechtigkeit («*Jedem Mensch das Seine*» und «*Jedem Mensch das Gleiche*») den Kern des Gerechtigkeitsgedankens. **Ungleiche Behandlung** von Menschen, die sich in der gleichen Situation befinden, oder die ungleiche Anwendung von Gesetzen auf gleiche Sachverhalte ohne vernünftige, sachliche Gründe verletzt daher die Menschenrechte. Eine Verletzung liegt auch vor, wenn Menschen gleich behandelt werden, obwohl sie sich in unterschiedlichen Situationen befinden, die eine unterschiedliche Behandlung rechtfertigen würden.

Als **Diskriminierung** bezeichnet der internationale Menschenrechtsschutz Fälle von Ungleichbehandlung, die besonders gravierend sind, weil die Ungleichbehandlung wegen der Rasse, der ethnischen Herkunft, des Geschlechts, der Religion oder aus anderen besonders persönlichkeitsnahen Merkmalen der Menschen erfolgt. Eine Benachteiligung wegen solcher Merkmale enthält immer eine negative Aussage über Eigenschaften eines Menschen, die er entweder nicht (z.B. die Hautfarbe) oder nur unter Preisgabe seiner Würde ändern kann (z.B. die Religion). Wer wir sind, hängt massgeblich von unserem Geschlecht, unserer Herkunft, unserer religiösen Überzeugung oder unserer Muttersprache ab. Werden wir wegen dieser unveränderlichen Merkmale schlechter behandelt als andere, verletzt dies unsere Würde.

Die Schlechterbehandlung von Menschen wegen ihres «Andersseins» ist vermutlich so alt wie die Geschichte der Menschheit: In allen Kulturen sind Menschen und Gruppen wegen ihrer Religion, ihrer ethnischen Herkunft und Ähnlichem ausgeschlossen, unterdrückt und sogar verfolgt worden. Dass die vom Staat garantierten Rechte allen Menschen gleichermassen zustehen müssen, ist ein immer wieder von Neuem zu erkämpfender und zu verteidigender Grundsatz. Das Diskriminierungsverbot ist daher eines der wichtigsten Elemente des internationalen Menschenrechtsschutzes.

Die Charta der Vereinten Nationen von 1945 und die beiden UNO-Menschenrechtspakte von 1966 enthalten den Grundsatz, dass alle Personen in den Genuss der Menschenrechte kommen müssen, ohne Unterschiede hinsichtlich ihrer Rasse, ihrer Hautfarbe, des Geschlechts, der Sprache, der Religion, der politischen oder anderen Überzeugung, der nationalen oder sozialen Herkunft, des Eigentums, der Geburt oder eines anderen Status.

Darüber hinaus garantiert der UNO-Pakt über die bürgerlichen und politischen Rechte ein allgemeines Diskriminierungsverbot, das sich nicht nur auf die in den Menschenrechtsabkommen verankerten Garantien, sondern auf jedes staatliche Handeln bezieht. Verschiedene Übereinkommen haben spezifische Erscheinungsformen von Diskriminierung zum Gegenstand, so beispielsweise das Übereinkommen zur Beseitigung jeder Form von Rassendiskriminierung von 1965. Es verbietet jede «auf der Rasse, der Hautfarbe, der Abstammung, dem nationalen Ursprung oder dem Volkstum beruhende Unterscheidung, Ausschliessung, Beschränkung oder Bevorzugung, die zum Ziel oder zur Folge hat, dass dadurch ein gleichberechtigtes Anerkennen, Geniessen oder Ausüben von Menschenrechten und Grundfreiheiten im politischen, wirtschaftlichen, sozialen, kulturellen oder jedem sonstigen Bereich des öffentlichen Lebens vereitelt oder beeinträchtigt wird». In ähnlicher Weise verbietet das UNO-Übereinkommen zur Beseitigung jeder Form von Diskriminierung der Frau von 1997 die Schlechterstellung von Frauen durch ungleiche Behandlung.

Eine **direkte Verletzung** des Diskriminierungsverbotes liegt vor, wenn die Schlechterstellung einer Person wegen eines dieser «verpönten» Merkmale erfolgt und diese Ungleichbehandlung nicht durch sachliche und vernünftige Gründe gerechtfertigt werden kann. Ein Beispiel dafür wäre der Ausschluss von Frauen von bestimmten politischen Ämtern. Eine **indirekte Diskriminierung** ist hingegen dann gegeben, wenn eine scheinbar neutrale staatliche Massnahme Menschen mit einem dieser Merkmale besonders negativ trifft, ohne dass dafür eine Rechtfertigung vorliegt. Wenn z.B. nur Personen, die den Militärdienst geleistet haben, in ein bestimmtes Amt gewählt werden können, so trifft dies Menschen mit Behinderungen besonders negativ. Können die Behörden ihr Verhalten hingegen mit vernünftigen und sachlichen Gründen darlegen, liegt keine unzulässige Diskriminierung aufgrund eines verpönten Merkmals vor.

Der internationale Menschenrechtsschutz erkennt folgende **verpönte Merkmale** an: Rasse, Hautfarbe, Nationalität, ethnische Zugehörigkeit, Geschlecht, Religion, Sprache, Zugehörigkeit zu einer bestimmten sozialen Gruppe (durch Geburt oder Zugehörigkeit zu einer gesellschaftlichen Klasse) und politische Überzeugung. Differenzierungen aufgrund weiterer persönlichkeitsnaher Merkmale einer Person, wie beispielsweise das Alter, die Gesundheit, Behinderungen oder sexuelle Orientierung, können ebenfalls Diskriminierung darstellen.

SÜDAFRIKA, 1994 Weisse und Schwarze stehen gemeinsam Schlange, um an den ersten freien Wahlen für alle Bevölkerungsgruppen in der Geschichte Südafrikas teilzunehmen. Nelson Mandela und der ANC gingen als Wahlsieger hervor. James Nachtwey/VII

Vorurteile sterben nur sehr langsam, und man kann nie ganz sicher sein, dass sie auch wirklich tot sind.
Jules Romains (1885–1972)

USA, New York City, 2003. Propalästinensische und Anti-Irakkrieg-Demonstranten versammeln sich auf dem Union Square. Thomas Hoepker/Magnum Photos

MEHRFACHE DISKRIMINIERUNG

Frauen, Behinderte, ältere Menschen und Kinder werden unter gewissen Umständen doppelt (oder sogar dreifach) diskriminiert. Bei Konflikten, z. B. im ehemaligen Jugoslawien, wurden Frauen, die während der ethnischen Säuberung vertrieben worden waren, von ihren Vertreibern auch noch vergewaltigt oder getötet. In Indien werden Dalit-Frauen von Grundbesitzern oder der Polizei sexuell missbraucht, um ihre Gemeinschaft einzuschüchtern und jede Opposition im Keim zu ersticken. Arme Frauen und Kinder, die einer stigmatisierten Minderheit angehören, werden oft gezielt sexuell ausgebeutet. Verhältnismässig viele Strassenkinder, z.B. in den Staaten Lateinamerikas, sind Angehörige einer Minderheit; sie werden aufgrund ihrer Rasse diskriminiert und sind gleichzeitig auch Opfer von sexuellem Missbrauch, von Gewalt und weiteren Übergriffen der Polizei. Generell gilt, dass besonders verletzliche Menschen innerhalb einer Gruppe, die unter Rassismus leidet, unverhältnismässig stark diskriminiert werden.
International Council on Human Rights Policy, The Persistence and Mutation of Racism, Versoix/Schweiz 2000

VERNÜNFTIGE UND OBJEKTIVE KRITERIEN

Gestützt auf seine Pensionierungspolitik, die eine altersbezogene obligatorische Pensionierung vorsah, entliess das damals (1990) noch staatliche Unternehmen Australian Airlines vier erfahrene Piloten im Alter von 60 Jahren aus dem Dienst. Nach Auffassung der Piloten verletzte Australien damit das Diskriminierungsverbot aus Art. 26 des UN-Paktes über bürgerliche und politische Rechte, weil die Beschwerdeführer einzig wegen ihres Alters entlassen worden seien. Der UN-Menschenrechtsausschuss führte dazu aus:
Der Ausschuss ruft seine frühere Rechtsprechung in Erinnerung, wonach nicht jede Unterscheidung eine verbotene Diskriminierung im Sinne von Art. 26 des UN-Paktes darstellt, sofern die Unterscheidung durch vernünftige und objektive Gründe gerechtfertigt und der Zweck der unterschiedlichen Behandlung mit dem UN-Pakt vereinbar ist. Das Alter als solches ist zwar nicht als eines der verbotenen Unterscheidungsmerkmale im zweiten Satz von Art. 26 aufgeführt, der Ausschuss ist aber der Auffassung, dass eine Unterscheidung aufgrund des Alters, die sich nicht auf vernünftige und objektive Kriterien stützt, eine Diskriminierung aufgrund des im zweiten Satz erwähnten «anderen Status» darstellen oder aber eine Verletzung des im ersten Satz verankerten Anspruchs auf gleichen Schutz durch das Gesetz bedeuten kann. ... Im vorliegenden Fall war, wie die staatliche Partei ausführt, die Sicherheitsmaximierung für die Passagiere, die Crew und andere durch den Flugverkehr betroffene Personen ein mit dem UN-Pakt vereinbares, legitimes Ziel. Was die Frage betrifft, ob eine Unterscheidung aufgrund des Alters vernünftig und objektiv sei, berücksichtigt der Ausschuss die Tatsache, dass es zur Zeit der Entlassung der Piloten der weit verbreiteten nationalen und internationalen Praxis entsprach, für Piloten die obligatorische Pensionierung mit 60 Jahren vorzuschreiben. ... Unter diesen Umständen kann der Ausschuss nicht folgern, dass die Unterscheidung zur Zeit der Entlassung von Mr. Love nicht gestützt auf objektive und sachliche Gründe erfolgt ist. Folglich ist der Ausschuss der Ansicht, dass sich eine Verletzung von Artikel 26 nicht nachweisen lässt.
Love et al. v. Australia, Mitteilung Nr. 983/2001

FÖRDERUNGSMASSNAHMEN ZUGUNSTEN BENACHTEILIGTER GRUPPEN

Der Ausschuss weist zudem darauf hin, dass die Anwendung des Gleichheitsprinzips bisweilen vonseiten des Vertragsstaates die Annahme von Massnahmen zugunsten benachteiligter Gruppen verlangt, die eine Milderung oder Beseitigung der Bedingungen bezwecken, welche die vom Pakt [über bürgerliche und politische Rechte] untersagte Diskriminierung begründen oder zu deren Fortbestand beitragen. In Staaten beispielsweise, in welchen die allgemeine Lage einzelner Bevölkerungsgruppen deren Genuss der Menschenrechte verhindert oder beeinträchtigt, muss der Staat besondere Massnahmen treffen, um diese Lage zu verbessern. Solche Massnahmen dürfen in bestimmten Bereichen den betreffenden Gruppen im Vergleich zur übrigen Bevölkerung vorübergehend eine Vorzugsbehandlung zukommen lassen. Solange solche Massnahmen nötig sind, um eine faktische Diskriminierung zu beheben, handelt es sich dabei nämlich um eine im Hinblick auf den Pakt rechtmässige Ungleichbehandlung.
UN-Menschenrechtsausschuss, Allgemeine Bemerkung Nr. 18, UN Doc. HRI/GEN/1/Rev. 6

Allgemeine Erklärung der Menschenrechte, 1948

Artikel 2
Jeder hat Anspruch auf die in dieser Erklärung verkündeten Rechte und Freiheiten ohne irgendeinen Unterschied, etwa nach Rasse, Hautfarbe, Geschlecht, Sprache, Religion, politischer oder sonstiger Überzeugung, nationaler oder sozialer Herkunft, Vermögen, Geburt oder sonstigem Stand.

UN-Pakt über bürgerliche und politische Rechte, 1966

Artikel 2
1. Jeder Vertragsstaat verpflichtet sich, die in diesem Pakt anerkannten Rechte zu achten und sie allen in seinem Gebiet befindlichen und seiner Herrschaftsgewalt unterstehenden Personen ohne Unterschied wie insbesondere der Rasse, der Hautfarbe, des Geschlechts, der Sprache, der Religion, der politischen oder sonstigen Anschauung, der nationalen oder sozialen Herkunft, des Vermögens, der Geburt oder des sonstigen Status zu gewährleisten.

Artikel 26
Alle Menschen sind vor dem Gesetz gleich und haben ohne Diskriminierung Anspruch auf gleichen Schutz durch das Gesetz. In dieser Hinsicht hat das Gesetz jede Diskriminierung zu verbieten und allen Menschen gegen jede Diskriminierung, wie insbesondere wegen der Rasse, der Hautfarbe, des Geschlechts, der Sprache, der Religion, der politischen oder sonstigen Anschauung, der nationalen oder sozialen Herkunft, des Vermögens, der Geburt oder des sonstigen Status, gleichen und wirksamen Schutz zu gewährleisten.

FRANKREICH, Paris, 1. Mai 2002   Kundgebung für den Front National in Paris. Auf einem Plakat steht: «Ich bin stolz, Franzose zu sein». Richard Kalvar/Magnum Photos

Ich habe einen Traum, dass eines Tages diese Nation sich erheben wird und der wahren Bedeutung ihres Credos gemäss leben wird: «Wir halten diese Wahrheit für selbstverständlich: dass alle Menschen gleich erschaffen sind.» Ich habe einen Traum, dass eines Tages auf den roten Hügeln von Georgia die Söhne früherer Sklaven und die Söhne früherer Sklavenhalter miteinander am Tisch sitzen können. Ich habe einen Traum, dass sich eines Tages selbst der Staat Mississippi, ein Staat, der in der Hitze der Ungerechtigkeit und Unterdrückung verschmachtet, in eine Oase der Freiheit und Gerechtigkeit verwandelt. Ich habe einen Traum, dass meine vier kleinen Kinder eines Tages in einer Nation leben werden, in der man sie nicht nach ihrer Hautfarbe, sondern nach ihrem Charakter beurteilen wird. Ich habe einen Traum … Ich habe einen Traum, dass eines Tages in Alabama, mit seinen bösartigen Rassisten, mit einem Gouverneur, von dessen Lippen Worte wie «Intervention» und «Annullierung der Rassenintegration» triefen …, dass eines Tages genau dort in Alabama kleine schwarze Jungen und Mädchen die Hände schütteln mit kleinen weissen Jungen und Mädchen als Brüder und Schwestern.

Ich habe einen Traum: Martin Luther King, 28. August 1963

USA, Mississippi, Philadelphia, 20. Juni 1999 Während auf einer improvisierten Gedenkfeier für drei Bürgerrechtsaktivisten, die 1964 in Neshoba County, Mississippi, ermordet wurden, Gebete gesprochen werden, halten sich zwei «Freedom Riders 1999» an der Hand. Rogelio Solis/AP

KEINE PERSON DARF AUFGRUND IHRER RASSE, HAUTFARBE, NATIONALITÄT ODER ETHNISCHEN HERKUNFT DISKRIMINIERT WERDEN

Rassistische Philosophie

Der Mensch definiert sich normalerweise über die Zugehörigkeit zu einer Gruppe. Er identifiziert sich über seine Familie und das «Wir»-Gefühl und lernt, andere als Ausländer, Fremde, Gäste oder Feinde zu betrachten. Zwischen dem Stolz über das, was «unser» Land, «unsere» Familie oder «unsere» Fussballmannschaft erreicht hat, und der Tendenz, andere als Gegner zu betrachten, liegt nur ein kleiner Schritt. Und es fehlt dann wiederum nicht viel, um andere Gruppen und deren Angehörige als weniger verdienstvoll, minderwertig, weniger menschlich oder nicht wirklich als Menschen einzustufen. Führt die Projektion des natürlichen Identitätsgefühls dazu, dass man andere ausschliesst und ihnen ihre Menschlichkeit abspricht, hat sie ein pathologisches Ausmass erreicht. Diverse religiöse und akademische Theorien sind entwickelt worden, um ein rassistisches Weltbild zu unterstützen. Rassistische Philosophien waren die Grundlage von Sklaverei und Kolonialismus. Der Gedanke der *mission civilisatrice* rechtfertigte religiöse und kulturelle Unterdrückung. Sowohl im Nationalsozialismus wie auch in der Apartheid wurde der gesamte Staat rund um eine rassistische Ideologie aufgebaut. Auf eine recht ähnliche Weise liess auch der antikolonialistische Nationalismus vielerorts Rassendiskriminierung entstehen und fortbestehen. Rassistische Theorien sind nach wie vor weit verbreitet. Auf legale und illegale Weise verbreiten insbesondere in den Vereinigten Staaten, aber auch in Europa, viele rassistische Internetseiten weltweit und billig ihre Propaganda. Die meisten Verfechter derartiger Theorien – seien es weisse Suprematisten in den Vereinigten Staaten, konservative Hindus in Indien, extremistische Hutu in Ruanda, Tutsi-Extremisten in Burundi oder Verfechter der Diskriminierung von Roma in Ungarn oder von Haitianern in der Dominikanischen Republik – neigen dazu, eine pseudowissenschaftliche Lesart der Geschichte zu konstruieren, die ihren Überlegenheitsanspruch rechtfertigt. Sie alle sprechen den in ihren Augen minderwertigen Individuen ihre Menschlichkeit ab.

International Council on Human Rights Policy, The Persistence and Mutation of Racism, Versoix/Schweiz 2000

Die Menschen sind weniger gleich, als sie sagen, und mehr, als sie denken.

Nicolás Gómez Dávila

Rassistische Politik

Die Berichte und Anschuldigungen, die dem UN-Sonderberichterstatter zugetragen worden sind, deuten darauf hin, dass in verschiedenen Teilen der Welt Rassismus, Rassendiskriminierung und Fremdenfeindlichkeit wieder aufleben und insbesondere Einwanderer und Flüchtlinge davon betroffen sind. Dieses Phänomen scheint auf die Wahlerfolge der nationalistischen und extrem rechtsgerichteten Parteien in einer Reihe von Staaten zurückzuführen zu sein, und es beeinflusst die Massnahmen im Bereich der Immigration, insbesondere zwischen den Staaten des Südens und des Nordens. Möglicherweise ist es auch eine Folgeerscheinung der Terroranschläge vom 11. September 2001, die zu einer Stigmatisierung von Muslimen und Arabern als mutmasslichen Verbündeten von Terroristen geführt haben. In diesem Zusammenhang ist auch die Tendenz zu beobachten, dass hierarchisierend über Kulturen gesprochen wird, wobei einige Kulturen als «überlegen» bezeichnet werden. Dies führt zwangsläufig dazu, dass Einzelpersonen und Gemeinschaften gegeneinander aufgebracht werden und der Rassismus gestärkt wird. Zahlreiche Beschwerden beziehen sich auf die rigorose Behandlung von Reisenden aus dem Süden in den Konsulaten der Länder des Nordens, die extreme Selektivität bei der Erteilung von Visa und die übermässig häufigen Identitätskontrollen von Menschen einer bestimmten Rasse an den Flughäfen (sog. *racial profiling*). Kombiniert mit den Sicherheitsmassnahmen zur Terrorismusbekämpfung vermitteln die Massnahmen gegen die Immigration den Eindruck, dass sich ein Eiserner Vorhang zwischen die Staaten des Nordens und des Südens schiebt.

Maurice Glélé-Ahanhanzo, UN-Sonderberichterstatter über zeitgenössische Formen des Rassismus, rassistische Diskriminierung, Fremdenfeindlichkeit und der damit verbundenen Intoleranz, Report, 11. Juli 2002, UN Doc. A/57/204

UN-Übereinkommen zur Beseitigung jeder Form von Rassendiskriminierung, 1965

Artikel 1
1. In diesem Übereinkommen bezeichnet der Ausdruck «Rassendiskriminierung» jede auf der Rasse, der Hautfarbe, der Abstammung, dem nationalen Ursprung oder dem Volkstum beruhende Unterscheidung, Ausschliessung, Beschränkung oder Bevorzugung, die zum Ziel oder zur Folge hat, dass dadurch ein gleichberechtigtes Anerkennen, Geniessen oder Ausüben von Menschenrechten und Grundfreiheiten im politischen, wirtschaftlichen, sozialen, kulturellen oder jedem sonstigen Bereich des öffentlichen Lebens vereitelt oder beeinträchtigt wird. ...

Artikel 2
1. Die Vertragsstaaten verurteilen die Rassendiskriminierung und verpflichten sich, mit allen geeigneten Mitteln unverzüglich eine Politik der Beseitigung der Rassendiskriminierung in jeder Form und der Förderung des Verständnisses unter allen Rassen zu verfolgen; zu diesem Zweck a) verpflichtet sich jeder Vertragsstaat, Handlungen oder Praktiken der Rassendiskriminierung gegenüber Personen, Personengruppen oder Einrichtungen zu unterlassen und dafür zu sorgen, dass alle staatlichen und örtlichen Behörden und öffentlichen Einrichtungen in Einklang mit dieser Verpflichtung handeln, b) verpflichtet sich jeder Vertragsstaat, eine Rassendiskriminierung durch Personen oder Organisationen weder zu fördern noch zu schützen noch zu unterstützen, c) trifft jeder Vertragsstaat wirksame Massnahmen, um das Vorgehen seiner staatlichen und örtlichen Behörden zu überprüfen und alle Gesetze und sonstigen Vorschriften zu ändern, aufzuheben oder für nichtig zu erklären, die eine Rassendiskriminierung – oder dort, wo eine solche bereits besteht, ihre Fortsetzung – bewirken, d) verbietet und beendigt jeder Vertragsstaat jede durch Personen, Gruppen oder Organisationen ausgeübte Rassendiskriminierung mit allen geeigneten Mitteln einschliesslich der durch die Umstände erforderlichen Rechtsvorschriften. ...

DISKRIMINIERUNG VON MINDERHEITEN

Benachteiligt auf allen Ebenen

SLOWAKEI, 2001   Der Ausschuss [zur Beseitigung jeder Form von Rassendiskriminierung] ist sehr besorgt über die Tatsache, dass zwei Gemeinden Erlasse verabschiedet haben, mit welchen Roma aus den jeweiligen Gemeinden verbannt werden sollen, und dass sich die Verfahren zur Aufhebung dieser Erlasse als langwierig erweisen. ... Der Ausschuss ist beunruhigt über die anhaltende Gewalt verschiedener Gruppen – insbesondere der «Skinheads» – gegen Roma und andere ethnische Minderheiten. ... Der Ausschuss ist besorgt darüber, dass trotz obligatorischer Schulpflicht unverhältnismässig viele Romakinder in keiner Schule angemeldet sind, ihre Schulausbildung oder eine höhere Ausbildung abbrechen oder ausgegrenzt und in Schulen für geistig Behinderte untergebracht werden. ... Die Roma gehören aufgrund mangelnder Kenntnisse und ihres niedrigen Ausbildungsstandes zu den Bevölkerungsgruppen mit den höchsten Arbeitslosenzahlen. Der Ausschuss empfiehlt daher dem Vertragsstaat, entsprechende berufsfördernde Initiativen in den nationalen Beschäftigungsplan zu integrieren und Förderungsmassnahmen zu ergreifen, um die Beschäftigungslage der Roma zu verbessern. ... Sorge bereitet dem Ausschuss auch, dass die Sterblichkeitsrate bei den Roma höher liegt, dass sie sich schlechter ernähren als die Durchschnittsbevölkerung und nur unzulängliche Kenntnisse über die Gesundheit von Mutter und Kind haben. Darüber hinaus ist der Ausschuss beunruhigt über den schlechten Zugang zu sauberem Trinkwasser, über die unzureichenden sanitären Einrichtungen und die Umweltverschmutzung in den Siedlungen der Roma.

UN-Ausschuss gegen Rassismus, Abschliessende Bemerkungen zur Slowakei, 1. Mai 2001, UN Doc. CERD/C/304/Add.110

Ein positives Beispiel: Das Recht der Samen auf Gebrauch ihrer eigenen Sprache

In Schweden leben etwa 17 000 Samen, in Finnland ungefähr 5700. Davon leben 3858 in einer Region von Lappland, die traditionellerweise von Samen bewohnt ist. ... Dass die eigene Sprache für Ureinwohner das wichtigste Merkmal der eigenen Identität ist, wird allgemein anerkannt. Die Sprache ist einerseits ganz wesentlich für den Zusammenhalt eingeborener Völker, andererseits sorgt sie für die Abgrenzung von anderen Ethnien. Früher besass das Samische in Finnland keinen eigenen rechtlichen Status; das Land erkannte jedoch zwei offizielle Landessprachen an, Finnisch und Schwedisch. Die finnische Regierung unterbreitete dem Parlament 1990 einen Antrag, wonach der Status des Samischen aufgewertet werden sollte. In ihrem Antrag gestand die Regierung ein, dass die Sprache dieser Minderheit ohne entsprechenden Schutz innerhalb weniger Generationen verloren gehen könnte, was die Kultur der Samen insgesamt bedrohen würde. ... Gleichzeitig würde eine Aufwertung den Samen – die beide Amtssprachen nur unzureichend beherrschen – im Alltag und insbesondere beim Umgang mit Behörden sehr entgegenkommen. Ohne einen derartigen Schutz bestehe die ernsthafte Gefahr von Missverständnissen zwischen Samen und Behörden, was dazu führen könne, dass die Samen weniger wirtschaftliche und soziale Hilfe erhielten. Diese Gefahr sei für die Minderheit der Samen weitaus grösser als für andere finnische Bürger, die zumindest eine der beiden Amtssprachen sprechen. Es wurde zudem betont, dass vor allem ältere Samen davon profitieren würden, wenn sie vor Gericht oder bei den Behörden in ihrer eigenen Sprache über soziale Angelegenheiten oder über spezifische Fragen ihres Lebensunterhaltes kommunizieren könnten. ... Das Gesetz wurde am 8. März 1991 verabschiedet und trat am 1. Januar 1992 in Kraft.

Bengt Broms, Recent Sami Language Legislation in Finland, in: Gudmundur Alfredsson/Peter Macalister-Smith: The Living Law of Nations, Kehl/Strasbourg/Arlington 1996

BERUFUNGSGERICHT NEUSEELAND
Eine Gruppe kann aufgrund ihrer ethnischen Herkunft definiert werden, wenn sie einen Teil der Bevölkerung darstellt, der sich von anderen durch eine ausreichende Kombination von Brauchtum, Glauben, Traditionen und Merkmalen unterscheidet, die auf eine gemeinsame oder vermutlich gemeinsame Geschichte zurückgeführt werden können – selbst wenn diese nicht das Resultat einer gemeinsamen Rassenabstammung im biologischen Sinne sind. Es ist diese Kombination, die den Angehörigen dieser Gruppe in ihren eigenen Augen wie auch in den Augen von Aussenstehenden eine historisch bedingte soziale Identität gibt. Diese ausgeprägte soziale Identität basiert nicht nur auf dem Zusammengehörigkeitsgefühl und der Solidarität, sondern auch auf den Vorstellungen der Angehörigen dieser Gruppe über ihre historischen Vorfahren.
New Zealand Court of Appeal, King-Ansell v. Police [1979] 2 NZLR, Richardson J., at 531

Zur Schule gehen mit Turban und langem Haar

GROSSBRITANNIEN, 1983   Der Rektor einer Privatschule verweigerte einem orthodoxen Sikh-Knaben, der unter seinem Turban langes Haar trug, die Aufnahme in die Schule, es sei denn, der Knabe lege den Turban ab und schneide sein Haar kurz. Das Tragen des Turbans sei ein Zeichen der ethnischen Herkunft des Jungen, so die Begründung des Schulleiters für seine Ablehnung. Damit würden religiöse und soziale Unterschiede in der Schule hervorgehoben, was er in der auf christlichem Glauben basierenden Schule, in der viele Ethnien vertreten seien, möglichst vermeiden wolle. ...
Die beklagte Partei ist nur dann bereit, den Beschwerdeführer Gurinder Singh an der Park Grove School aufzunehmen, wenn Letzterer sich an die Schulordnung hält. Punkt 22 der Schulordnung lautet: «Das Haar der Jungen muss so geschnitten sein, dass es den Kragen nicht berührt ...»
Da Gurinder Singh ein orthodoxer Sikh ist, muss er sein Haar ungeschnitten wachsen lassen. Punkt 20 der Schulordnung besagt, dass die Jungen die Schuluniform tragen müssen. Orthodoxe Sikhs halten ihr ungeschnittenes Haar unter einem Turban zusammen, eine Schulmütze ist zu diesem Zweck nicht geeignet. Gurinder Singh macht geltend, dass es ihm nicht möglich sei, die Punkte 22 oder 20 der Schulordnung einzuhalten, da er ein Sikh sei. ... Die Sikhs stellen durchaus eine durch ihre ethnische Herkunft definierte Gruppe dar, da sie aufgrund ihrer rassischen Merkmale eine eigenständige Gemeinschaft bilden, die sich von anderen Bevölkerungsgruppen unterscheidet. ...
Verlangt man also von Gurinder Singh die Einhaltung der Schulordnung, wird er ein Opfer von Diskriminierung. Die Diskriminierung kann nicht dadurch gerechtfertigt werden, dass die Schule eine bessere Erziehung bieten könnte, wenn sie diskriminieren dürfte.
House of Lords (Oberhaus), Mandla and another v. Dowell Lee and another, 24. März 1983

TSCHECHISCHE REPUBLIK, Velke Hamry, Oktober 2001 Ein junges Romamädchen späht durch einen Metallzaun vor dem Haus seiner Familie. Radek Petrasek/AP

ITALIEN, Mailand, September 1997 Kinder plaudern miteinander vor einer Schule. Die Zahl italienischer Schulkinder ist seit 1990 ständig gesunken, doch auf vielen der frei gewordenen Plätze sitzen jetzt Kinder von Einwanderern. Luca Bruno/AP

USA, Montana, Indianerreservat der Crow, 1999 Kinder der Crow spielen vor einem Wohnwagen. Oft teilen sich drei oder vier Familien die überfüllten und ärmlichen Unterkünfte. Wohnungsnot und Arbeitslosigkeit sind nach wie vor die dringlichsten Probleme der Crow. Larry Towell/Magnum Photos

NIEMAND DARF AUFGRUND DER GEBURT ODER DES STATUS DISKRIMINIERT WERDEN

Durch Geburt einer Kaste zugeordnet

INDIEN UND NEPAL, 2001 Das indische Kastensystem ist möglicherweise das sich am längsten haltende soziale Hierarchie der Welt. Das Kastensystem ist ein charakteristisches Merkmal des Hinduismus. Die Einteilung in Kasten basiert auf einer komplexen Rangordnung sozialer Gruppen auf der Grundlage ritueller Reinheit. Man wird in eine Kaste hineingeboren und bleibt bis zum Tod Mitglied dieser Kaste; die konkrete Rangordnung einer Kaste kann jedoch regional variieren und sich im Laufe der Zeit verändern. Der unterschiedliche Status der Kasten wird traditionell mit der religiösen Lehre des Karmas erklärt: Der Status eines Menschen im jetzigen Leben wird durch sein Verhalten in früheren Leben bestimmt. Die Überlieferung leitet dieses mehr als 2000 Jahre alte System aus den vier wichtigsten «Varnas» oder grossen Kastenkategorien ab. Die Rangordnung unterscheidet zwischen Brahmanen (Priestern und Lehrern), Kshatriyas (Adel und Kriegern), Vaisyas (Kaufleuten und Händlern) und Shudras (Arbeitern und Handwerkern). Eine fünfte Kategorie fällt aus dem Varna-System und umfasst die «Unberührbaren» oder Dalits. Oft müssen sie Aufgaben verrichten, die als zu unrein gelten, um einen Platz im traditionellen Varnasystem zu finden. Auch in Nepal findet man fast identische Strukturen.

Obwohl durch die Verfassung 1950 abgeschafft, besteht die Praxis der «Unberührbarkeit» – die soziale Benachteiligung von Menschen aufgrund ihrer Geburt in eine bestimmte Kaste – insbesondere auf dem Land nach wie vor. Dalits, die mehr als ein Sechstel der indischen Bevölkerung – oder ca. 160 Millionen Menschen – ausmachen, erleiden nahezu vollständige soziale Ächtung. Die «Unberührbaren» dürfen die Trennlinie zwischen ihrem Areal im Dorf und dem der höheren Kasten nicht überschreiten. Sie dürfen nicht die gleichen Brunnen nutzen, nicht die gleichen Tempel besuchen und an den Teeständen nicht aus den gleichen Tassen trinken. Dalit-Kindern werden in den Klassenräumen regelmässig die hintersten Plätze zugewiesen. Das Kastensystem, Indiens «verborgene Apartheid», trennt in vielen indischen Bundesstaaten nach wie vor ganze Dorfteile voneinander. Die «Unberührbarkeit» wird durch die Verteilung staatlicher Ressourcen und Einrichtungen noch verstärkt; häufig werden für jedes von einer bestimmten Kaste bewohnte Quartier gesonderte Einrichtungen zur Verfügung gestellt. Wenn überhaupt, erhalten die Dalits nur Zutritt zu den schlechteren Anlagen. Die staatliche Verwaltung schliesst in vielen Dörfern die von den oberen Kasten bewohnten Viertel ans Elektrizitätsnetz an, sorgt für sanitäre Einrichtungen und Wasserpumpen, unterlässt es aber, dieselben Leistungen in den angrenzenden, abgesonderten Dalit-Gebieten zu erbringen. Auch elementare Infrastruktur wie Wasserleitungen und Brunnen werden nach Kasten getrennt angelegt. ...

Human Rights Watch, Report to the United Nations Conference Against Racism, Racial Discrimination, Xenophobia and Related Intolerance, Durban, South Africa, September 2001

Uneheliche Kinder

Eine der nachhaltigsten Formen ungleicher Behandlung ist die Diskriminierung zwischen ehelich und unehelich geborenen Kindern, die weder physiologisch noch psychologisch gerechtfertigt werden kann. ... Artikel 25 (2) der Allgemeinen Menschenrechtserklärung weist im letzten Satz darauf hin, dass «alle Kinder, eheliche und uneheliche, ... den gleichen sozialen Schutz geniessen». Dieser Satz wurde auf Vorschlag Jugoslawiens und Norwegens hinzugefügt, die darauf aufmerksam machten, dass die Diskriminierung unehelich geborener Kinder zu einer ernsten Verletzung ihrer Rechte führe. Der Geltungsbereich von Artikel 25 (2) der Allgemeinen Menschenrechtserklärung ... ist jedoch begrenzt, da ein Unterschied zwischen sozialem und rechtlichem Schutz gemacht wird und der gewährleistete soziale Schutz nicht unbedingt rechtlichen Schutz mit einschliesst. Rechtlicher Schutz würde die Anerkennung von Vater- und Mutterschaft und des Erbrechts mit umfassen, aber die Allgemeine Menschenrechtserklärung lässt diesen wichtigen und schützenswerten Aspekt aus. ... Glücklicherweise weicht der UN-Menschenrechtsausschuss neuerdings von dieser Argumentation ab. Der Ausschuss hält fest, dass die Staaten in ihren Berichten an den Ausschuss genaue Angaben darüber machen sollen, wie in Gesetzgebung und Praxis sichergestellt wird, dass Massnahmen zur Beseitigung der Diskriminierung umgesetzt werden. Dies gelte für «alle Bereiche», einschliesslich des Erbrechts, und auch für Kinder mit und ohne Bürgerrecht sowie für uneheliche und eheliche Kinder.

Geraldine Van Bueren, The International Law on the Rights of the Child, The Hague/Boston/London 1998

Stellungnahme des UN-Menschenrechtsausschusses zum Kastensystem

Der Ausschuss nimmt mit Sorge zur Kenntnis, dass trotz der Massnahmen der Regierung die Angehörigen bestimmter Kasten und Stämme wie auch die sogenannten rückständigen Klassen und ethnische wie nationale Minderheiten weiterhin in erheblichem Umfang sozial diskriminiert werden. Ihre vom UN-Pakt gewährten Rechte werden unverhältnismässig oft verletzt, unter anderem durch Gewalt zwischen Angehörigen verschiedener Kasten, Schuldknechtschaft und Diskriminierungen unterschiedlichster Art. Der Ausschuss stellt mit Bedauern fest, dass die faktische Weitergeltung des Kastensystems soziale Unterschiede festigt und zu Menschenrechtsverletzungen beiträgt. Der Ausschuss nimmt die Bemühungen des Staates zur Kenntnis, Diskriminierungen zu beseitigen. Er empfiehlt jedoch weitere Massnahmen, einschliesslich Bildungsprogrammen auf nationaler und bundesstaatlicher Ebene, um alle Formen der Diskriminierung dieser marginalisierten Gruppen zu bekämpfen ....

UN-Menschenrechtsausschuss, Abschliessende Bemerkungen zu Indien, 4. August 1997, UN Doc. CCPR/C/79/Add. 81

Übereinkommen über die Rechte des Kindes, 1989

Artikel 2
1. Die Vertragsstaaten achten die in diesem Übereinkommen festgelegten Rechte und gewährleisten sie jedem ihrer Hoheitsgewalt unterstehenden Kind ohne jede Diskriminierung, unabhängig von der Rasse, der Hautfarbe, dem Geschlecht, der Sprache, der Religion, der politischen oder sonstigen Anschauung, der nationalen, ethnischen oder sozialen Herkunft, des Vermögens, einer Behinderung, der Geburt oder des sonstigen Status des Kindes, seiner Eltern oder seines Vormunds.
2. Die Vertragsstaaten treffen alle geeigneten Massnahmen, um sicherzustellen, dass das Kind vor allen Formen der Diskriminierung oder Bestrafung wegen des Status, der Tätigkeiten, der Meinungsäusserungen oder der Weltanschauung seiner Eltern, seines Vormunds oder seiner Familienangehörigen geschützt wird.

INDIEN, Bellaur, Februar 1998   Sarju Devi, eine «Dalit» («Unberührbare»), bereitet vor ihrer Hütte das Essen für ihre Familie vor. Die Aufschrift ruft alle Dalits zum Kampf gegen die Ranvir Sena auf, eine Privatarmee der hohen Kasten, der die Tötung vieler Dalits zur Last gelegt wird. Saurabh Das/AP

Aber trotzdem bin ich unsichtbar – weil man mich einfach nicht sehen will. Wie die körperlosen Köpfe, die man manchmal auf Jahrmärkten sieht, als wäre ich von erbarmungslosen Zerrspiegeln umgeben. Wer sich mir nähert, sieht nur meine Umgebung, sich selbst oder die Produkte seiner Fantasie – ja, alles sieht er, alles, nur mich nicht.

Ralph Ellison: Der unsichtbare Mann

MENSCHEN DÜRFEN NICHT AUFGRUND IHRER BEHINDERUNG ODER IHRES GESUNDHEITSZUSTANDES DISKRIMINIERT WERDEN

Behinderte
KOSOVO, 2002   In allen stationären Abteilungen, die wir besucht haben, sind die Bedingungen schlecht und rufen schwerwiegende menschenrechtliche Bedenken hervor. In Shtime (Kosovo) ist die Situation jedoch mit Abstand am schlimmsten. Dies ist teilweise darauf zurückzuführen, dass eine Aufnahme in Shtime normalerweise mit der völligen Isolation von der Gesellschaft und lebenslanger Verwahrung verbunden ist. Das Leben in Shtime bringt gewaltige Entbehrungen mit sich, denen die meisten Patienten oft jahrelang ausgesetzt sind. Die Leute verbringen dort die Tage in Untätigkeit und im Schmutz, ohne das kleinste bisschen Privatleben. In einem Zimmer stehen bis zu acht Betten. Die Zimmer sind kahl, Betten und verschlossene Schränke sind die einzigen Gegenstände.
Mental Disability Rights International, Not on the Agenda: Human Rights of People with Mental Disabilities in Kosovo, 2002

Menschen mit HIV/AIDS
CHINA, 2003   In China werden AIDS-Patienten regelmässig von den Spitälern abgewiesen, aus Angst des Pflegepersonals, sich selbst zu infizieren und zahlende Patienten zu verlieren. Vermutlich wartet in China mindestens eine Million Menschen, wenn nicht sogar viele mehr, auf den Tod, ohne je medizinisch versorgt worden zu sein. Die offizielle Politik Chinas missbilligt die Diskriminierung HIV/AIDS-infizierter Patientinnen und Patienten. Doch im Alltag werden infizierte Menschen häufig aus ihren Häusern verjagt, verlieren ihre Arbeit und erhalten keine medizinische Hilfe, ohne sich gegen diese Behandlung rechtlich zur Wehr setzen zu können. In chinesischen Krankenhäusern gehört der HIV/AIDS-Test zu den Routineuntersuchungen, über die Patientinnen und Patienten gar nicht erst informiert werden. Ein Spitalangestellter hat Human Rights Watch gegenüber zugegeben, dass die Krankenhäuser Arbeitgeber oder Familienangehörige anrufen und ihnen mitteilen, dass jemand in ihrem Umfeld HIV-positiv ist. Die AIDS-Abteilungen in den Krankenhäusern könnten kaum unfreundlicher sein, als es momentan der Fall ist. In einem Krankenhaus in Yunnan – einer Gegend, in der HIV weit verbreitet ist – hat Human Rights Watch festgestellt, dass die AIDS-Abteilung als geschlossene Abteilung eingerichtet war und man die Türen mit einer Fahrradkette und einem Vorhängeschloss verriegelt hatte. Der 19-jährige Ji, den wir in Kunming – der Hauptstadt Yunnans – interviewten, erzählte, dass er vor einem Jahr mit gesundheitlichen Problemen in das örtliche Krankenhaus kam, aber nicht wusste, dass er HIV-positiv war. Ihm wurde mitgeteilt, dass er operiert werden müsse. Spät nachts, er lag auf einem Feldbett, teilte sein Arzt ihm ohne weitere Erklärung harsch mit: «Wir können Sie hier nicht behandeln.» Später suchte Ji das örtliche Ärztezentrum auf, wo er über seinen Zustand informiert wurde. Heute leben Ji und andere HIV-Infizierte ohne jegliche ärztliche Versorgung oder Unterstützung praktisch im Untergrund. Sie verheimlichen ihren Familien ihre Erkrankung. Einige tragen Schal und Hut, um sich so vor den Nachbarn zu verstecken, und flüchten von einer Wohngegend in die nächste, sobald die Nachbarschaft oder Vermieter von ihrer HIV-Infizierung erfahren. Dann verkriechen sie sich mit ihren Feldbetten in den Hinterhöfen der Seitengassen. Niemand versorgt sie mit Lebensmitteln, wechselt ihr Bettzeug oder zeigt ihnen menschliches Mitgefühl. Und so warten sie auf ihr Ende.
Brad Adams, Waiting for Death in China, The Asian Wall Street Journal, 3. September 2003

UN-Konvention zum Schutz der Rechte von Menschen mit Behinderungen, 2006

Am 13. Dezember 2006 hat die UNO-Generalversammlung die neue Konvention zum Schutz der Rechte von Menschen mit Behinderungen verabschiedet. Die Konvention wird durch ein Fakultativprotokoll ergänzt, welches ein Individualbeschwerdeverfahren an den Überwachungsausschuss vorsieht. Bis Mai 2007 haben 96 Staaten die Konvention und 52 Staaten das Fakultativprotokoll unterzeichnet. Die Konvention tritt in Kraft, wenn sie von 20 Staaten ratifiziert worden ist (vermutlich 2008).

Die Konvention verankert
acht Leitprinzipien:
– Respekt für die Würde, Freiheit, Autonomie und Unabhängigkeit der Menschen;
– Nichtdiskriminierung;
– umfassende und effektive Partizipation und Einbezug in die Gesellschaft;
– Achtung der Verschiedenartigkeit und Akzeptanz von Personen mit Behinderungen als Teil der Vielfalt der menschlichen Gemeinschaft;
– Chancengleichheit;
– Zugänglichkeit;
– Gleichstellung von Frau und Mann;
– Achtung der Rechte von Kindern mit Behinderungen auf Erhalt ihrer Identität.

Artikel 5

Gleichberechtigung und Nichtdiskriminierung
2. Die Vertragsstaaten verbieten jede Diskriminierung aufgrund einer Behinderung und garantieren Menschen mit Behinderungen gleichen und wirksamen rechtlichen Schutz vor Diskriminierung, gleichviel aus welchen Gründen.
3. Zur Förderung der Gleichberechtigung und zur Beseitigung von Diskriminierung unternehmen die Vertragsstaaten alle geeigneten Schritte, um die Bereitstellung angemessener Vorkehrungen zu gewährleisten.
4. Besondere Maßnahmen, die zur Beschleunigung oder Herbeiführung der De-facto-Gleichberechtigung von Menschen mit Behinderungen erforderlich sind, gelten nicht als Diskriminierung im Sinne dieses Übereinkommens.

INDIEN, Delhi, 7. März 2000   Behinderte Menschen nehmen in der Nähe des indischen Parlaments an einer Protestkundgebung teil. Ausgelöst wurden die Proteste durch die Entscheidung der Regierung, behinderte Menschen nicht in der Volkszählung zu berücksichtigen. Kamal Kishore/Reuters

NIEMAND DARF AUFGRUND DER SEXUELLEN NEIGUNG DISKRIMINIERT WERDEN

Verbot der Benachteiligung aufgrund der sexuellen Neigung

AUSTRALIEN, 2000 Der UN-Menschenrechtsausschuss erinnert an seine bisherige Rechtsprechung, wonach das Diskriminierungsverbot gemäss Artikel 26 des UN-Paktes über bürgerliche und politische Rechte auch die Diskriminierung aufgrund der sexuellen Neigung umfasst. In früheren Mitteilungen hat der Ausschuss befunden, dass die finanzielle Besserstellung verheirateter Paare gegenüber heterosexuellen, unverheirateten Paaren angemessen und sachlich gerechtfertigt sei, da es den betroffenen Paaren möglich gewesen wäre zu heiraten, mit allen sich daraus ergebenden Konsequenzen. Aus den angefochtenen Teilen des [australischen] Gesetzes geht hervor, dass Personen, die in einer Ehe oder im Konkubinat leben (und beweisen können, dass es sich dabei um eine «eheähnliche» Beziehung handelt), der Definition des «Bestandteils eines Paares» entsprechen und damit auch im Sinne der Pensionskassengesetzgebung als «unterstützungspflichtige Angehörige» gelten. Im vorliegenden Fall hatte der Antragsteller aufgrund seiner Homosexualität ganz offensichtlich nicht die Möglichkeit zu heiraten. Zudem wurde er wegen seines Geschlechts oder seiner sexuellen Neigung durch die Pensionskassengesetzgebung nicht als rentenberechtigter Konkubinatspartner von Herrn C. anerkannt. Der Ausschuss erinnert an seine konstante Rechtsprechung, wonach nicht jede Ungleichbehandlung einer verbotenen Diskriminierung im Sinne des Paktes gleichkommt, sofern sie durch angemessene und objektive Gründe gerechtfertigt werden kann. Der Vertragsstaat liefert keine angemessenen und sachlich begründbaren Argumente oder Beweise dafür, warum diese Unterscheidung zwischen gleichgeschlechtlichen Partnern, die gesetzlich vom Bezug von Pensionsgeldern ausgeschlossen sind, und unverheirateten, heterosexuellen Partnern, die sehr wohl Pensionsansprüche geltend machen können, angemessen und sachlich gerechtfertigt sein soll, und es wurden keine Beweise vorgelegt, welche auf die Existenz von Faktoren hinweisen, die den Unterschied rechtfertigen könnten. Unter diesen Umständen ist der Ausschuss der Auffassung, dass der Vertragsstaat Artikel 26 des Paktes verletzt hat, als er dem Antragsteller aufgrund seiner sexuellen Neigung die Rentenzahlungen verweigerte.

UN-Menschenrechtsausschuss, Young v. Australia, Mitteilung Nr. 941/2000

Mehrfache Diskriminierung

Wie andere gefürchtete Krankheiten auch, führt HIV/AIDS zu weit verbreiteter Stigmatisierung und Diskriminierung. Die Vorurteile im Zusammenhang mit HIV/AIDS kommen jedoch nicht aus heiterem Himmel und sind keine zufälligen Randerscheinungen. Normalerweise basieren sie auf bereits bestehenden Ängsten und verstärken Vorurteile über Armut, Geschlecht, Sex und Sexualität und über Rassen. Oft führen diese Ängste und Vorurteile dann zu Intoleranz, sexistischer und rassistischer Diskriminierung. In vielen Ländern herrscht die allgemeine Überzeugung, dass HIV/AIDS-kranke Männer Geschlechtsverkehr mit Sexarbeitern oder Prostituierten hatten und Frauen sich beim häufigen Partnerwechsel mit HIV infiziert haben. In vielen Regionen der Welt wird die HIV-Infektion, wie auch viele andere sexuell übertragbare Krankheiten, als «Frauenkrankheit» bezeichnet. Anderswo gelten HIV-Infektion und AIDS als Krankheit der Drogenabhängigen oder als «Schwulenplage». Weltweit wird HIV/AIDS mit Menschen schwarzer Hautfarbe und Afrika assoziiert. Die Stigmatisierung zieht häufig Diskriminierung nach sich, d. h., eine Person wird aufgrund ihrer tatsächlichen oder vermeintlichen Zugehörigkeit zu einer bestimmten Gruppe von Menschen ungerecht und ungleich behandelt. ... Diskriminierung von HIV-Infizierten oder Aidskranken, aus welchem Grund auch immer, ist ein klarer Verstoss gegen die Menschenrechte.

WHO/UNAIDS, Fighting HIV-Related Intolerance: Exposing the Links between Racism, Stigma and Discrimination, 2002

Wer würde Liebenden ein Gesetz geben? Die Liebe ist sich selbst ein höheres Gesetz.

Boethius

Weit verbreitete Homophobie

SÜDAFRIKA, 2003 Human Rights Watch (HRW) und die International Gay and Lesbian Human Rights Commission (IGLHRC) haben einen 298 Seiten langen Bericht über Belästigungen von und Gewalt gegen sexuelle Minderheiten in Botswana, Namibia, Südafrika, Sambia und Simbabwe veröffentlicht. ... Er dokumentiert verbale Angriffe, Belästigungen durch die Polizei, Razzien und gewaltsame Übergriffe gegen Lesben und Schwule. Laut diesem Bericht werden die Opfer angegriffen, verhaftet, von der Schule verwiesen und entlassen; es wird ihnen die medizinische Versorgung verweigert, sie werden aus ihren Häusern und Wohnungen verjagt und ins Exil oder in einigen Fällen sogar in den Selbstmord getrieben. In einer der veröffentlichten Aussagen beschreibt Joyce, eine HIV-positive, lesbische Frau aus Südafrika, die Misshandlungen, die sie als Strafe für ihre Offenheit bezüglich ihrer Sexualität und ihrer HIV-Infektion erdulden musste. «Meine Tochter wurde vergewaltigt, als sie sechs Jahre alt war, weil ich mich öffentlich als Lesbe geoutet und über meine HIV-Infektion gesprochen habe. Sie wollten mich zum Schweigen bringen. Ich liess mich aber nicht aufhalten. Ich war nur froh, dass sie nicht infiziert wurde, obwohl sie noch so jung war. Es macht mich wütend, aber ich arbeite daran. ... Wenn man in Soweto sein Coming-out hat und sagt: ‹Hey, ich bin eine Lesbe ›, ... dann fragen die Leute immer: ‹Wo kommen die denn her? Die sind nicht von hier, hier gibt es keine solchen Leute.› Und dann stellt sich heraus, dass die Frauen nur wegen ihrer sexuellen Neigung vergewaltigt werden.»

UN Integrated Regional Information Network (IRIN), UN-Büro für die Koordination humanitärer Angelegenheiten (UN Office for the Coordination of Humanitarian Affairs; OCHA), 14. Mai 2003, www.irinnews.org

USA, Dallas, 1996   Nach ihrer «heiligen Vereinigung», einer staatlich nicht anerkannten Eheschliessung, in der Cathedral of Hope einer christlichen Gemeinde der Gemeinschaft der Schwulen und Lesben, schneiden Magic (links) und Ingrid ihre Hochzeitstorte an. Abbas/Magnum Photos

USA, New York City, 2001   Gay Parade
Ferdinando Scianna/Magnum Photos

SCHWEDEN, Stockholm, 21. Oktober 2002 Die Mitglieder des schwedischen Kabinetts.
Henrik Montgomery/AP/Pressens Bild

GLEICHE MENSCHENRECHTE FÜR FRAUEN UND MÄNNER, MÄDCHEN UND KNABEN

Die Menschenrechte der Frau im 21. Jahrhundert

Eine der Herausforderungen der heutigen Menschenrechtspolitik besteht darin, die Allgemeingültigkeit der Menschenrechte jeder Person zu verteidigen und gleichzeitig die reiche multikulturelle Vielfalt der modernen Gesellschaft zu respektieren. In der Menschenrechtspraxis kann und wird es immer Unterschiede geben, aber unter keinen Umständen dürfen die Menschenrechte einer Person im Namen der Kultur oder der kulturellen Vielfalt geopfert werden. Was wir unter grundlegenden Menschenrechten verstehen, unterliegt einem ständigen Wandel und hängt notwendigerweise von den sich permanent verändernden Bedürfnissen der Menschen und ihrem Verständnis der Menschenwürde ab. Diese Tatsache erfordert eine Entwicklung, die das Menschenrechtskonzept ausdehnt und umfassender macht und gleichzeitig gewährleistet, dass nicht die Ausübung der Menschenrechte einer Gruppe das Recht gibt, andere Menschen zu unterdrücken. Mit der Behauptung, dass Frauenrechte Menschenrechte seien, soll verdeutlicht werden, wie stark Menschenrechtsverletzungen geschlechtsspezifisch gefärbt sind. Dies bedeutet, dass die Art, wie Menschenrechtsverletzungen erlebt werden, stark dadurch geprägt wird, ob es sich beim Opfer um einen Mann oder eine Frau handelt – neben anderen Faktoren wie Klasse, Rasse, sexueller Neigung, Alter und Kultur. Werden Menschenrechte der Männer verletzt, wird dies oftmals ernster genommen, als wenn gegen Menschenrechte der Frauen verstossen wird. Indem wir den Einbezug von Frauen in den Rahmen des Menschenrechtsschutzes fordern, wollen wir auch das Konzept des vollwertigen Menschen und des rechtmässigen «Bürgers» auf die Frauen ausdehnen. Die Weltkonferenzen der Vereinten Nationen Ende des 20. Jahrhunderts (u.a. in Nairobi, Rio, Wien, Kairo, Kopenhagen, Peking und Istanbul) dienten als internationale Foren, die den Frauen Gelegenheit gaben, diese Ideen und Strategien über die Grenzen der Kulturen und Staaten hinweg zu diskutieren.

Charlotte Bunch, Toward 2001: Human Rights Depend on Women's Rights, Newsletter Fund For Women, Februar 2000

Menschenrechte von Frauen in der privaten Sphäre?

Auf internationaler wie nationaler Ebene wird der Schutz der Privatsphäre als Argument verwendet, um die Beziehungen zwischen Mann und Frau insbesondere in der Familie einer rechtlichen Regelung zu entziehen. Die Unterscheidung in Öffentlichkeit und Privatsphäre erweist sich allerdings bei näherer Betrachtung als willkürlich. ... Aus der Sicht der Frau ist der Schutz der Privatsphäre ideologisch begründet und problematisch. Er verhinderte lange Zeit, dass Gewalt- und Abhängigkeitsverhältnisse von Frauen in Ehe und Familie, aber auch im Erwerbsbereich zu einem Thema der Menschenrechte wurden.

Christina Hausammann, Menschenrechte: Impulse für die Gleichstellung von Frau und Mann und der Schweiz, Basel/Genf/München 2002

Weltweite Benachteiligungen für Frauen: nur langsame Verbesserungen

Es sind verschiedene Gründe dafür vorgebracht worden, weshalb die internationale Menschenrechtsbewegung nur zögerlich auf die weltweite Benachteiligung der Frau reagiert hat. Die Wurzel des Problems liegt in der Tatsache, dass Frauen vom öffentlichen Leben weitgehend ausgeschlossen sind. Der moderne Menschenrechtsschutz ist zu einem grossen Teil das Verdienst von nationalen Bewegungen Ende des 18. und Anfang des 19. Jahrhunderts, die mehr bürgerliche und politische Rechte forderten. Während die Frauen damals für ihren Zugang zum öffentlichen Leben kämpften, setzten sich die Männer vor allem für politische Rechte ein. Die Betonung der bürgerlichen und politischen Rechte spiegelt das Bedürfnis der Männer wider, ihr Verhältnis zum Staat neu zu regeln und gleichzeitig den staatlichen Eingriffen in ihr Leben Grenzen zu setzen. Die Hegemonie der Männer im öffentlichen Leben und in den staatlichen Einrichtungen hatte zur Folge, dass die Rechte selber von Männern definiert wurden. Die Hierarchie des heutigen Menschenrechtsschutzes – bürgerlichen und politischen Rechten wird mehr Aufmerksamkeit gewidmet als wirtschaftlichen, sozialen und kulturellen Rechten – kann als Ausdruck der anhaltenden männlichen Dominanz bei der Definition des Inhalts der Menschenrechte gewertet werden. ...

Nur in internationalen Foren, die sich ausdrücklich mit Frauenfragen beschäftigen, wird den Frauen Gehör gewährt, nicht aber in Foren, in denen über allgemeine gesellschaftliche Interessen diskutiert wird. Dies hat zum Vorwurf geführt, dass die Anliegen der Frauen innerhalb der Vereinten Nationen «gettoisiert» werden – ein Vorwurf, der durch den Umstand genährt wird, dass den internationalen Organen, die für Frauenthemen verantwortlich sind, im Vergleich zu den allgemeinen Menschenrechtsgremien weniger finanzielle Mittel und schwächere Durchsetzungsverfahren zur Verfügung stehen.

Ursula A. O'Hare: Realizing Human Rights for Women, Human Rights Quarterly 21 (1999)

Toleriert mich nicht als anders.
Akzeptiert mich als Teil des normalen Spektrums.

Ann Northrop

GUATEMALA, 1985 Eine Aktion der Frauengruppe «Grupo de Apoyo Mutuo» (Gruppe gegenseitiger Unterstützung). Olivia Heussler

HONDURAS, Tegucigalpa, April 1984 Eine Zusammenkunft von Generälen der honduranischen Armee. Olivia Heussler

SCHWEIZ, Bern, 1972   Die Schweizer Regierung (der Bundesrat), 1971 erhielten die Schweizer Frauen das Wahlrecht. Das Foto zeigt die sieben Mitglieder des Bundesrats und zwei unbekannte Personen (links und rechts), KEYSTONE/Photopress-Archiv

SCHWEIZ, Bern, 2004   Die sieben Mitglieder der Regierung der Schweiz (des Bundesrats) mit der Bundeskanzlerin (Zweite von rechts, sitzend), Quelle: www.admin.ch

LETTLAND, Riga, 1991 Bei der Abstimmung zum Unabhängigkeitsreferendum. Chris Steele-Perkins/Magnum Photos

SÜDAFRIKA, Oranje-Freistaat, 1994 Wahlinformation vor der Stimmabgabe zu den Präsidentschaftswahlen. Ian Berry/Magnum Photos

«ERKLÄRUNG DER RECHTE DER FRAU UND BÜRGERIN» VON OLYMPE DE GOUGES, 1791

Artikel 1
Die Frau ist frei geboren und bleibt dem Manne gleich in allen Rechten. Die sozialen Unterschiede können nur im allgemeinen Nutzen begründet sein.

Artikel 3
Das Prinzip jeder Herrschaft ruht wesentlich in der Nation, die nichts anderes darstellt als eine Vereinigung von Frauen und Männern. Keine Körperschaft und keine einzelne Person kann Macht ausüben, die nicht ausdrücklich daraus hervorgeht.

Artikel 4
Freiheit und Gerechtigkeit besteht darin, den anderen zurückzugeben, was ihnen zusteht. So wird die Frau in der Ausübung ihrer natürlichen Rechte nur durch die fortdauernde Tyrannei, die der Mann ihr entgegensetzt, gehindert. Diese Schranken müssen durch Gesetze der Natur und der Vernunft revidiert werden.

Artikel 6
Das Gesetz sollte Ausdruck des allgemeinen Willens sein. Alle Bürgerinnen und Bürger sollen persönlich oder durch ihre Vertreter auf seine Gestaltung einwirken. Es muss für alle das gleiche sein. Alle Bürgerinnen und Bürger, die gleich sind vor den Augen des Gesetzes, müssen gleichermassen nach ihren Fähigkeiten, ohne andere Unterschiede als die ihrer Tugenden und Talente, zu allen Würden, Ämtern und Stellungen im öffentlichen Leben zugelassen werden.

Artikel 10
Niemand darf wegen seiner Meinung, auch wenn sie grundsätzlicher Art ist, verfolgt werden. Die Frau hat das Recht, das Schafott zu besteigen. Sie muss gleichermassen das Recht haben, die Tribüne zu besteigen, vorausgesetzt, dass ihre Handlungen und Äusserungen die vom Gesetz gewahrte öffentliche Ordnung nicht stören.

Artikel 13
Für den Unterhalt der Polizei und für die Verwaltungskosten werden von der Frau wie vom Manne gleiche Beträge gefordert. Hat die Frau teil an allen Pflichten und Lasten, dann muss sie ebenso teilhaben an der Verteilung der Posten und Arbeiten, in niederen und hohen Ämtern und im Gewerbe.

Artikel 17
Das Eigentum gehört beiden Geschlechtern vereint oder einzeln. Jede Person hat darauf ein unverletzliches und heiliges Anrecht. Niemandem darf es als wahres Erbteil der Nation vorenthalten werden, es sei denn, eine öffentliche Notwendigkeit, die gesetzlich festgelegt ist, machte es augenscheinlich erforderlich, jedoch unter der Voraussetzung einer gerechten und vorher festgesetzten Entschädigung.

Olympe de Gouges wurde 1793 öffentlich guillotiniert, weil sie sich für die Rechte des Königs eingesetzt hatte.

UN-Übereinkommen zur Beseitigung jeder Form von Diskriminierung der Frau, 1979

Artikel 2
Die Vertragsstaaten verurteilen jede Form von Diskriminierung der Frau; sie kommen überein, mit allen geeigneten Mitteln unverzüglich eine Politik zur Beseitigung der Diskriminierung der Frau zu verfolgen, und verpflichten sich zu diesem Zweck, a) den Grundsatz der Gleichberechtigung von Mann und Frau in ihre Staatsverfassung oder in andere geeignete Rechtsvorschriften aufzunehmen, sofern sie dies noch nicht getan haben, und durch gesetzgeberische und sonstige Massnahmen für die tatsächliche Verwirklichung dieses Grundsatzes zu sorgen; b) durch geeignete gesetzgeberische und sonstige Massnahmen, gegebenenfalls auch Sanktionen, jede Diskriminierung der Frau zu verbieten; c) den gesetzlichen Schutz der Rechte der Frau auf der Grundlage der Gleichberechtigung mit dem Mann zu gewährleisten und die Frau durch die zuständigen nationalen Gerichte und sonstigen öffentlichen Einrichtungen wirksam vor jeder diskriminierenden Handlung zu schützen; d) Handlungen oder Praktiken zu unterlassen, welche die Frau diskriminieren, und dafür zu sorgen, dass alle staatlichen Behörden und öffentlichen Einrichtungen im Einklang mit dieser Verpflichtung handeln; e) alle geeigneten Massnahmen zur Beseitigung der Diskriminierung der Frau durch Personen, Organisationen oder Unternehmen zu ergreifen; f) alle geeigneten Massnahmen einschliesslich gesetzgeberischer Massnahmen zur Änderung oder Aufhebung aller bestehenden Gesetze, Verordnungen, Gepflogenheiten und Praktiken zu treffen, die eine Diskriminierung der Frau darstellen; g) alle innerstaatlichen strafrechtlichen Vorschriften aufzuheben, die eine Diskriminierung der Frau darstellen.

Artikel 3
Die Vertragsstaaten treffen auf allen Gebieten, insbesondere auf politischem, sozialem, wirtschaftlichem und kulturellem Gebiet, alle geeigneten Massnahmen einschliesslich gesetzgeberischer Massnahmen zur Sicherung der vollen Entfaltung und Förderung der Frau, damit gewährleistet wird, dass sie die Menschenrechte und Grundfreiheiten gleichberechtigt mit dem Mann ausüben und geniessen kann.

Der Mann hat seine eigenen Gesetze; er hat sie für sich selbst gemacht; die Frau hat keine anderen Gesetze als diejenigen der Männer. Die Frau ist rechtlich betrachtet minderwertig und moralisch gesehen eine Sklavin. ... Eine Reform ist notwendig.
Victor Hugo, Actes et paroles, 1875

MYANMAR, Yangon (Rangun), 12. Februar 2003   Die demokratische Oppositionsführerin Aung San Suu Kyi spricht anlässlich des 56. Union Day. Am 12. Februar 1947 unterzeichnete ihr Vater, General Aung, das «Panglong Agreement», das die Minderheitenrechte garantierte. AP

AFGHANISTAN, Kabul, 17. Dezember 2003   Malalai Joya, eine von ungefähr 100 weiblichen Delegierten der «Loya Jirga», der Versammlung, die dem Land eine neue Verfassung geben soll, greift in der Versammlung die Führer der mächtigen bewaffneten Splitterparteien scharf an. AP/APTN

DIE FRAUENRECHTSKONVENTION

Im Jahr 1979 verabschiedete die UN-Generalversammlung das Übereinkommen zur Beseitigung jeder Form von Diskriminierung der Frau (CEDAW), das oft als internationale «Bill of Rights» für die Rechte der Frau bezeichnet wird. In seiner Präambel und in den 30 Artikeln definiert das Übereinkommen den Begriff der Frauendiskriminierung und umreisst einen Massnahmenkatalog für die Beendigung der Frauendiskriminierung auf nationaler Ebene. Das Übereinkommen definiert die Diskriminierung der Frau als «... jede mit dem Geschlecht begründete Unterscheidung, Ausschliessung oder Beschränkung, die zur Folge oder zum Ziel hat, dass die auf die Gleichberechtigung von Mann und Frau gegründete Anerkennung, Inanspruchnahme oder Ausübung der Menschenrechte und Grundfreiheiten durch die Frau – ungeachtet ihres Zivilstands – im politischen, wirtschaftlichen, sozialen, kulturellen, staatsbürgerlichen oder jedem sonstigen Bereich beeinträchtigt oder vereitelt wird».

Mit der Ratifizierung des Übereinkommens verpflichten sich die Staaten zu einer Reihe von Massnahmen zur Beseitigung jeder Form von Diskriminierung der Frau, namentlich

– den Grundsatz der Gleichstellung von Mann und Frau in der nationalen Rechtsordnung zu verankern, diskriminierende Gesetze aufzuheben und geeignete Gesetze zum Schutz der Frauen vor Diskriminierung zu verabschieden;
– durch die Einrichtung nationaler Gerichte und weiterer öffentlicher Institutionen Frauen wirksamen Schutz vor Diskriminierung zu gewähren;
– alle geeigneten Massnahmen zu ergreifen, um die Diskriminierung der Frau durch Privatpersonen, Organisationen oder Unternehmen zu beseitigen.

Das Übereinkommen schafft eine Grundlage für die Herstellung der Gleichberechtigung von Mann und Frau, indem Frauen im Bereich des politischen – einschliesslich des aktiven und passiven Wahlrechts – wie des öffentlichen Lebens, der Ausbildung, der Gesundheitsversorgung und des Arbeitsmarkts ein gleichberechtigter Zugang zu allen Institutionen und Chancengleichheit zugesichert wird. Die Vertragsstaaten verpflichten sich, alle erforderlichen Massnahmen zu ergreifen, einschliesslich gesetzgeberischer und temporärer Spezialmassnahmen, um die Achtung der Menschenrechte und Grundfreiheiten der Frauen zu gewährleisten. Das Übereinkommen ist der einzige Menschenrechtsvertrag, in dem die Fortpflanzungsrechte der Frau anerkannt und Kultur und Tradition als einflussreiche Faktoren für die Rollenverteilung und die Familienbeziehungen ins Visier genommen werden. Es erkennt die Rechte der Frauen an, für sich selbst und für ihre Kinder eine Staatsbürgerschaft zu erwerben, zu wechseln oder zu behalten. Die Vertragsstaaten verpflichten sich zudem, alle notwendigen Massnahmen zu ergreifen, um Frauenhandel und die Ausbeutung der Frauen zu unterbinden.

Staaten, die das Übereinkommen ratifiziert haben oder ihm beigetreten sind, sind rechtlich zur Umsetzung der Bestimmungen verpflichtet. Sie sind zudem gehalten, mindestens alle vier Jahre in ihren Staatenberichten über die Massnahmen, die sie auf nationaler Ebene zur Erfüllung ihrer Verpflichtungen ergriffen haben, Rechenschaft abzulegen.

www.un.org/womenwatch/daw/cedaw/

Rein formelle Gleichberechtigung ist unzureichend

Erstens haben die Vertragsstaaten sicherzustellen, dass Frauen gesetzlich weder direkt noch indirekt diskriminiert werden und dass sie durch die zuständigen Gerichte, durch Sanktionen und andere Massnahmen gegen Diskriminierung sowohl im öffentlichen wie auch im privaten Bereich – sei es durch die Behörden, die Justiz, Organisationen, Unternehmen oder Privatpersonen – geschützt werden. Zweitens haben die Vertragsstaaten die Pflicht, die tatsächliche Stellung der Frau durch konkrete und wirksame politische Massnahmen und Programme zu verbessern. Drittens sind die Vertragsstaaten verpflichtet, die geltende Rollenverteilung und die geschlechtsspezifischen Vorurteile zu thematisieren, durch welche die Frauen nicht nur im Privatbereich, sondern auch in der Rechtsordnung und der Gesellschaft beeinträchtigt werden.

Nach Ansicht des UN-Ausschusses reicht ein rein formalrechtlicher oder programmatischer Ansatz nicht aus, um die tatsächliche Gleichstellung, verstanden als substanzielle, materielle Gleichstellung, zwischen Frau und Mann zu erreichen. Das Übereinkommen verlangt zusätzlich, dass Frauen die gleichen Startbedingungen erhalten und dass es ihnen durch die Bestärkung in einem fördernden Umfeld ermöglicht wird, tatsächliche Gleichstellung zu erreichen (*equality of results*). Es ist unzureichend, Frauen die gleiche Behandlung wie Männern zuzusichern. Vielmehr müssen biologische, aber auch gesellschaftlich und kulturell bedingte Unterschiede zwischen Frauen und Männern mitberücksichtigt werden.

Unter Umständen kann eine Ungleichbehandlung von Frauen und Männern erforderlich sein, um solchen Unterschieden zu begegnen. Um das Ziel der materiellen Gleichstellung zu erreichen, müssen zudem wirksame Strategien zur Überwindung der Untervertretung von Frauen entwickelt und eine Umverteilung von Ressourcen und Macht zwischen Männern und Frauen vorgenommen werden. ... Die Stellung der Frauen wird sich nicht verbes-

UN-Pakt über wirtschaftliche, soziale und kulturelle Rechte 1966

Artikel 3
Die Vertragsstaaten verpflichten sich, die Gleichberechtigung von Mann und Frau bei der Ausübung aller in diesem Pakt festgelegten wirtschaftlichen, sozialen und kulturellen Rechte sicherzustellen.

UN-Pakt über bürgerliche und politische Rechte 1966

Artikel 3
Die Vertragsstaaten verpflichten sich, die Gleichberechtigung von Mann und Frau bei der Ausübung aller in diesem Pakt festgelegten bürgerlichen und politischen Rechte sicherzustellen.

Artikel 26
Alle Menschen sind vor dem Gesetz gleich und haben ohne Diskriminierung Anspruch auf gleichen Schutz durch das Gesetz. In dieser Hinsicht hat das Gesetz jede Diskriminierung zu verbieten und allen Menschen gegen jede Diskriminierung, wie insbesondere wegen der Rasse, der Hautfarbe, des Geschlechts, der Sprache, der Religion, der politischen oder sonstigen Anschauung, der nationalen oder sozialen Herkunft, des Vermögens, der Geburt oder des sonstigen Status, gleichen und wirksamen Schutz zu gewährleisten.

sern, solange die Ursachen der Diskriminierung und Ungleichbehandlung von Frauen nicht wirksam angegangen werden. Die Lebenszusammenhänge von Frauen und Männern sind kontextabhängig. Es müssen Massnahmen ergriffen werden, die auf eine tatsächliche Veränderung der Chancen, Institutionen und Systeme hinwirken, damit diese Strukturen nicht weiterhin durch historisch bedingte männliche Machtvorstellungen und Lebensmuster bestimmt werden.

UN-Frauenrechtsausschuss, Allgemeine Empfehlung Nr. 25, UN Doc. HRI/GEN/1/Rev. 6

Gendermainstreaming

«Gendermainstreaming» wird seit den Neunzigerjahren als Strategie propagiert, um die strukturellen Ursachen der Frauendiskriminierung zu beseitigen. Es hat sich gezeigt, dass alle Bemühungen zur Gleichstellung der Frau nur bedingt Wirkungen zeitigen, solange die Sensibilisierung für die Geschlechterproblematik einseitig nur bei den Frauen ansetzt. Das Augenmerk muss auf die Auswirkungen aller rechtlichen und tatsächlichen Massnahmen auf beide Geschlechter gerichtet werden. Grundsätzlich wird bei allen Aktivitäten eine systematische Überprüfung und Berücksichtigung geschlechtsspezifischer Bedingungen und Bedürfnisse verlangt. Frauen und Männer sollen in allen Bereichen und in allen Stadien der Planung, Entwicklung, Durchführung, Verwaltung und Evaluierung von Massnahmen zur Sicherung der Menschenrechte miteinbezogen werden. Sowohl die UNO wie auch der Europarat und die EU haben Berichte zum Gendermainstreaming verfasst sowie Instrumente erarbeitet, welche die Staaten zur Einführung von Gendermainstreaming-Strategien auffordern und anleiten.

www.humanrights.ch

UN-Übereinkommen zur Beseitigung jeder Form von Diskriminierung der Frau, 1979

Artikel 1
... der Ausdruck «Diskriminierung der Frau» meint jede mit dem Geschlecht begründete Unterscheidung, Ausschliessung oder Beschränkung, die zur Folge oder zum Ziel hat, dass die auf die Gleichberechtigung von Mann und Frau gegründete Anerkennung, Inanspruchnahme oder Ausübung der Menschenrechte und Grundfreiheiten durch die Frau – ungeachtet ihres Zivilstands – im politischen, wirtschaftlichen, sozialen, kulturellen, staatsbürgerlichen oder jedem sonstigen Bereich beeinträchtigt oder vereitelt wird.

Artikel 4
1. Zeitweilige Sondermassnahmen der Vertragsstaaten zur beschleunigten Herbeiführung der De-facto-Gleichberechtigung von Mann und Frau gelten nicht als Diskriminierung im Sinne dieses Übereinkommens, dürfen aber keinesfalls die Beibehaltung ungleicher oder gesonderter Massstäbe zur Folge haben; diese Massnahmen sind aufzuheben, sobald die Ziele der Chancengleichheit und Gleichbehandlung erreicht sind.

Denk daran, Ginger Rogers tat genau das Gleiche wie Fred Astaire – aber rückwärts und auf hohen Absätzen.

Faith Whittlesey

SCHWEIZ, Zürich, März 1993 Flüchtlinge aus Sri Lanka beim Deutschunterricht.
Olivia Heussler

IRAN, Teheran, 1998 Junge Mädchen in islamischen Schuluniformen spielen Fussball auf ihrem Schulhof. Abbas/Magnum Photos

Ich möchte nicht, dass Frauen Macht über Männer haben; sie sollen Macht über sich selber haben.

Mary Wollstonecraft (1759–1797)

BENACHTEILIGUNG DURCH DAS GESETZ

In vielen Ländern werden in Gesetzen und durch Traditionen, die den persönlichen Status von Frauen – ihre Rechtsfähigkeit und ihre Rolle in der Familie – regeln, die Menschenrechte der Frauen beschnitten. Während es bei der Art der Diskriminierung regionale Unterschiede geben mag, erfahren Frauen weltweit, dass ihre Beziehung zu einem männlichen Verwandten oder Ehemann bestimmt, welche Rechte ihr zugestanden werden. In einigen Ländern des Mittleren Ostens beschneiden Zivilgesetze die Rechte der Frauen in der Ehe sowie ihr Recht, eine Ehe einzugehen oder aufzulösen. In Asien, Afrika, Europa und im Mittleren Osten wird den Frauen das Bürgerrecht aufgrund der Rasse oder der Nationalität ihrer Ehemänner eingeschränkt oder verweigert. In vielen Ländern erlangen Kinder, die im Land ihrer Mutter geboren wurden, nicht deren Nationalität, weil Frauen ihre Staatsbürgerschaft nicht übertragen können. Diesen Nachkommen ohne Staatsbürgerschaft werden viele bürgerliche, politische, wirtschaftliche, gesellschaftliche und kulturelle Rechte verweigert. Eine ägyptische Frau, die mit einem Ausländer verheiratet ist, kann z.B. ihre Nationalität nicht auf ihre Kinder übertragen. In Ländern wie Kenia werden zudem die Rechte von Frauen auf Besitz, Erbe, Selbstverwaltung und ihre Verfügungsfreiheit über das Eigentum durch diskriminierende Gesetze und gewohnheitsrechtliche Praktiken verletzt.
Human Rights Watch, Women's Status in the Family and Legal Status

Diskriminierende Gesetze
IRAN, 2005   Diskriminierende Bestimmungen im iranischen Zivil- und Strafrecht tragen massgeblich dazu bei, die Stellung der Männer zu stärken, die Verletzlichkeit von Frauen zu vergrössern und Gewalt gegen Frauen zu begünstigen. Insbesondere die diskriminierenden Normen des Zivilgesetzbuches im Bereich von Ehe, Sorgerecht für Kinder, Bewegungsfreiheit und Erbschaft können Gewalt gegen Frauen fördern oder legitimieren. Die Vorschriften im Strafrecht, die sich auf Verbrechen beziehen, die in der Scharia genannt sind, namentlich *hudud, qisas und diyah*, sind in Bezug auf die Geschlechtergleichstellung besonders bedenklich. ... Artikel 1105 des Zivilgesetzbuches bestimmt, dass der Ehemann das «Oberhaupt der Familie» ist. Er ist zudem berechtigt, mehrere Frauen zu heiraten, eine Praxis, die als Ursache für Spannungen in der Familie und der Verletzlichkeit von Frauen gilt. Gesetze, die die Stellung der Frauen in der Ehe schwächen, legitimieren das Machtungleichgewicht zwischen Mann und Frau. Sie führen dazu, dass Frauen häufiger Opfer von Gewalt werden und häuslicher Gewalt nur schwer entkommen können. Das Zivilgesetzbuch beschränkt auch die Bewegungsfreiheit der Frauen. So hat der Mann als Oberhaupt der Familie gestützt auf Art. 1005 in vielerlei Hinsicht das Recht, über den Aufenthaltsort der Frau und ihre Handlungen zu entscheiden. Um einen Reisepass zu erhalten und ins Ausland zu reisen, muss sie die schriftliche, notariell beglaubigte Einwilligung ihres Ehemannes vorlegen. Das Recht sieht vor, dass Frauen nur die Hälfte dessen erben, was männliche Erben erhalten. So erben Töchter halb so viel wie Söhne. Stirbt eine verheiratete Frau, erbt der Ehemann alles, sofern keine anderen Erben vorhanden sind, und einen Viertel, wenn sie Kinder hat. Stirbt hingegen ein Ehemann, erbt seine Frau nur einen Viertel, wenn keine anderen Erben vorhanden sind, und einen Achtel, wenn er Kinder gehabt hat.
UNO-Spezialberichterstatterin über Gewalt gegen Frauen, Mrs. Yakin Ertürk, Bericht vom 27.1.2007 über einen Besuch in der islamischen Republik Iran im Januar/Februar 2005.

Diskriminierende Sozialleistungen
NIEDERLANDE, 1987   Gemäss dem früheren niederländischen Arbeitslosenversicherungsgesetz erhielt eine Frau nur dann Arbeitslosenunterstützung, wenn sie nachweisen konnte, dass sie die «Ernährerin» einer Familie war. Einem Mann wurde hingegen unabhängig von seinem Zivilstand und ohne derartige Beweise Arbeitslosenunterstützung gewährt. Die Beschwerdeführerin, Frau Broeks, behauptete vor dem UN-Menschenrechtsausschuss, dass diese gesetzliche Bestimmung das Diskriminierungsverbot gemäss Artikel 26 des UN-Paktes über bürgerliche und politische Rechte verletze. Der Menschenrechtsausschuss entschied zu ihren Gunsten: «Obwohl Artikel 26 eine gesetzliche Verankerung des Diskriminierungsverbotes fordert, liegt es immer noch im freien Ermessen der Staaten, welche Bereiche sie gesetzlich regeln wollen. So wird z.B. von keinem Staat verlangt, Sozialleistungen gesetzlich zu garantieren. Wenn jedoch ein Staat in Ausübung seiner Souveränität ein derartiges Gesetz verabschiedet, müssen dessen Bestimmungen den Anforderungen von Artikel 26 des Paktes genügen. ... Die Umstände, in denen sich Frau Broeks zur massgeblichen Zeit befand, und die Anwendung des damals geltenden niederländischen Rechts führten zu einer durch Artikel 26 verbotenen Diskriminierung aufgrund ihres Geschlechtes.»
UN-Menschenrechtsausschuss, Broeks v. the Netherlands, Mitteilung 172/84

Indirekte Diskriminierung

Indirekte Diskriminierung liegt dann vor, wenn eine Rechtspraxis, Norm, Voraussetzung oder Bedingung auf den ersten Blick neutral erscheint, in ihren Auswirkungen jedoch zu einer unzulässigen Schlechterstellung einer bestimmten Gruppe führt. Zur Illustration könnte folgende imaginäre Bestimmung dienen: «Nur Menschen mit einer Körpergrösse von über 180 cm dürfen sich an der Universität immatrikulieren.» Eine derartige Norm bedeutet eine direkte Diskriminierung aufgrund der Körpergrösse. Sie stellt aber zudem eine indirekte Diskriminierung aufgrund des Geschlechts dar, da Frauen im Allgemeinen kleiner sind als Männer und sie als Gruppe geringere Chancen haben, das Grössenkriterium zu erfüllen. Der UN-Pakt über bürgerliche und politische Rechte verbietet indirekte Diskriminierung.
Sarah Joseph et al., The International Covenant on Civil and Political Rights. Cases, Materials and Commentary, Oxford 2000

Der Hammam der ledigen Mütter in Casablanca

Mitten in diesem Quartier mit Villen aus den dreissiger Jahren, Palmenalleen und nüchternen Wohnblöcken erhebt sich seit kurzem ein moderner Bau, der mit seinen markanten Bullaugen, den Seitenlinien und dem bugähnlichen Abschluss wie eine Jacht wirkt, die hier gestrandet ist. Es ist das ambitiöse Hammam-Projekt von «Solidarité Féminine», einer bedeutenden Nichtregierungsorganisation in Marokko, die sich um ledige Mütter und deren Kinder kümmert. In dem eigens zu diesem Zweck erbauten Gebäude soll eine Art Wellness-Zentrum betrieben werden. Das Personal wird zum grössten Teil aus ledigen Müttern bestehen, die in Marokko wie in allen arabischen Ländern unter gesellschaftlicher Marginalisierung leiden und sonst nur mit Mühe eine Arbeit finden könnten. ... Das Hammam-Projekt ist das jüngste in einer ganzen Reihe ähnlicher Vorhaben von «Solidarité Féminine», die alle die Verbesserung der Lebensbedingungen von ledigen Müttern und ihren Kindern zum Ziel haben.
Beat Stauffer, NZZ, 23.10.2003

NIGERIA, Sokoto, 18. März 2002   Safiya Hussaini mit ihrer Tochter Adama im Scharia-Berufungsgericht. Im Oktober 2001 wurde sie von einem islamischen Gericht des Ehebruchs für schuldig erklärt und zum Tod durch Steinigung verurteilt. Das Urteil wurde später aufgehoben. Saurabh Das/AP

MAROKKO, Casablanca, 2000   Die Vereinigung «Female Solidarity» hilft unverheirateten jungen Müttern und missbrauchten Mädchen, den Parias der marokkanischen Gesellschaft, indem sie ihnen eine handwerkliche Ausbildung ermöglicht. Patrick Zachmann/Magnum Photos

GESCHLECHTSSPEZIFISCHE GEWALT

Insbesondere beim Thema «Gewalt» wird die Problematik der Dichotomie zwischen Öffentlich und Privat besonders deutlich. Die systematischen Vergewaltigungen und gewaltsamen Übergriffe durch staatliche Behörden in Ex-Jugoslawien, die Misshandlungen und Folterungen weiblicher Häftlinge in vielen Ländern und die öffentliche Züchtigung von Frauen in Afghanistan zeigen das Ausmass staatlich unterstützter Gewalt an Frauen. Weniger sichtbar, dafür aber umso stärker verbreitet sind Gewaltanwendungen gegen Frauen im häuslichen Bereich. Täter sind oft der eigene Partner oder Verwandte. Auf diese Form der Gewalt – sei es körperliche, sexuelle oder psychische Misshandlung – trifft man in allen Kulturen und gesellschaftlichen Schichten. Männer und Frauen sind gleichermassen dem Risiko klassischer Folter und Misshandlung ausgesetzt, wie die Menschenrechtsverträge zeigen, die den Opfern von staatlicher oder staatlich unterstützter Gewalt Rechtsbehelfe zur Verfügung stellen. Im häuslichen Bereich jedoch sind es grösstenteils Frauen, die gequält und misshandelt werden. In manchen Ländern ist häusliche Gewalt kein Straftatbestand; sie wird vielmehr als zulässige Form sozialer Kontrolle innerhalb der Familie akzeptiert. In vielen Staaten ist die Strafbarkeit von Vergewaltigung in der Ehe noch immer nicht anerkannt. Obwohl die so genannten Mitgiftmorde rechtlich verfolgt werden können, schenken ihnen die Strafverfolgungsbehörden kaum Beachtung. Sogar aus Ländern, in denen Gewalt in der Ehe strafrechtlich verboten ist, lassen glaubwürdige Berichte auf ein systematisches Versagen der Behörden bei der Strafverfolgung schliessen, was die gesellschaftliche Haltung diesem Thema gegenüber demonstriert und beeinflusst.

Ursula O'Hare, Realizing Human Rights for Women, Human Rights Quarterly 21 (1999)

Verbietet das Diskriminierungsverbot auch geschlechtsspezifische Gewalt?

Die Definition der Diskriminierung umfasst geschlechtsspezifische Gewalt, das heisst Gewalt, die sich gegen eine Frau wendet, weil sie eine Frau ist, oder Gewalt, die Frauen unverhältnismässig oft trifft. Geschlechtsspezifische Gewalt schliesst körperliche, geistige oder sexuelle Schäden oder Leiden, Androhung derartiger Gewaltakte, Nötigung und andere Arten der Freiheitsberaubung mit ein. Sie kann gegen spezifische Bestimmungen des Übereinkommens [zur Beseitigung jeder Form von Diskriminierung der Frau] verstossen, unabhängig davon, ob diese Bestimmungen Gewalt erwähnen.
... Diskriminierung im Sinne des Abkommens beschränkt sich nicht nur auf staatliche oder staatlich angeordnete Massnahmen. ... In Artikel 2 (e) des Übereinkommens werden die Vertragsstaaten beispielsweise aufgefordert, alle geeigneten Massnahmen zu ergreifen, um die Diskriminierung der Frau durch Privatpersonen, Organisationen oder Unternehmen zu beseitigen. Gemäss allgemeinem Völkerrecht und besonderen Menschenrechtsabkommen können Staaten auch für Handlungen von Privatpersonen verantwortlich gemacht und schadenersatzpflichtig werden, sofern sie nicht mit der erforderlichen Sorgfalt versuchen, Rechtsverletzungen zu verhindern, Gewalttaten zu untersuchen und die Täter zu bestrafen.

UN-Frauenrechtsausschuss, Allgemeine Empfehlung Nr. 19, UN Doc. HRI/GEN/1Rev. 6

Gewalt ist historisch bedingt

Die Präambel der Erklärung der Vereinten Nationen zur Beseitigung von Gewalt gegen Frauen hält fest, dass Gewalt gegen Frauen Ausdruck historisch ungleicher Machtverhältnisse zwischen Männern und Frauen ist. Gewalt ist Teil einer geschichtlichen Entwicklung; sie ist weder natürlich, noch hat sie biologische Ursprünge. Die Vorherrschaft der Männer hat ihre Wurzeln in der Vergangenheit, wobei sich Zweck und Ausprägung dieser Dominanz im Laufe der Zeit verändert haben. Die Unterdrückung der Frau ist daher eine politische Frage, die eine Analyse der staatlichen Institutionen und der Gesellschaft, der Konditionierung und Sozialisierung der Individuen sowie der Art der wirtschaftlichen und sozialen Ausbeutung notwendig macht. Gewalt gegen Frauen ist nur ein Aspekt dieses Mechanismus, der Einschüchterung und Angst als Mittel einsetzt, um Frauen zu unterdrücken.

Radhika Coomaraswamy, UN-Sonderberichterstatterin über Gewalt gegen Frauen, Bericht, UN Doc. E/CN.4/1995

MAROKKO, Rabat, 2000   Ein Frau im SOS-Zentrum (Annajda) für misshandelte Frauen. Obwohl sie seit mehr als 15 Jahren von ihrem Mann geschlagen wird, hat sie keine Alternative, als nach Hause zurückzukehren. Um vor Gericht geschieden zu werden, brauchte sie mehrere Zeugen für die Gewalttätigkeiten ihres Mannes, und die kann sie nicht beibringen. Im Oktober 2003 kündigte der König ein neues Familienrecht an, das scheidungswillige Männer und Frauen gleich behandelt. Patrick Zachmann/Magnum Photos

FRAUENRECHTE UND KULTURRELATIVISMUS

Das schwierige Verhältnis von Frauenrechten und Religion

Die Politik muss bei ihren Überlegungen auch kulturelle Aspekte berücksichtigen. Schädliche kulturelle Traditionen können geändert werden – ganz gleich, ob sie auf einer Religion basieren oder nicht –, ohne dass gleich die ganze Kultur oder die Grundsätze der allgemeinen Menschenrechte gefährdet wären. Man muss sich jedoch darüber im Klaren sein, dass die Aufgabe dadurch erschwert wird, dass man nicht nur gegen Gesetze, Verordnungen oder politische Programme kämpft, sondern oft auch gegen kulturelle Bräuche. … Nicht alle Traditionen sind zulässig, und diejenigen, die nicht im Einklang mit den Menschenrechten stehen, müssen bekämpft werden. Es ist sachgerecht, zwischen notwendiger Toleranz und Blindheit gegenüber Bräuchen zu unterscheiden, die mit entwürdigender Behandlung einhergehen und eindeutig gegen die Menschenrechte der Einzelnen verstossen. Um sicherzustellen, dass die Religionsfreiheit nicht die Rechte der Frau verletzt, muss gewährleistet sein, dass die Achtung vor den unterschiedlichen Religionsauffassungen nicht interpretiert wird als das Recht, der Situation der Frauen mit Gleichgültigkeit zu begegnen.

M. Abdelfattah Amor, UN-Sonderberichterstatter über Religions- und Glaubensfreiheit und religionsbedingte Intoleranz, Study of the Freedom of Religion and the Condition of Women in Relation to Religion and Traditions, 5. April 2002

Straflosigkeit

Am 6. April 1999 wurde die 27-jährige Samia Sarwar in der Kanzlei ihrer Rechtsanwältin in Lahore von einem Killer erschossen, der von ihrer Familie beauftragt worden war. Ihre Mutter, ihr Vater und ihr Onkel väterlicherseits waren alle Komplizen des Mörders. Frau Sarwar wurde ermordet, weil sie sich von ihrem Mann – von dem sie sich entfremdet hatte – scheiden lassen wollte. Ihre Familie hielt dies für «entehrend» und folglich ihren Tod für gerechtfertigt. Dass Frau Sarwar für ihr Bestehen auf einem so kleinen Stück Freiheit derart drastische Konsequenzen erleiden musste, überrascht in Pakistan nicht weiter, wo sogenannte Ehrentötungen jährlich Hunderten von Frauen das Leben kosten. In den Augen ihrer Familie bestand Frau Sarwars Vergehen darin, die Scheidung einreichen zu wollen. Andere Frauen werden von ihren Familien oder auf deren Veranlassung hin angegriffen, weil sie sich selbst ihre Ehepartner aussuchen. Darüber hinaus werden zahllose Frauen Opfer von Körperverletzung, Vergewaltigung, Verbrennung, Säureangriffen und Verstümmelungen. Schätzungsweise werden 70 bis über 90 Prozent der Frauen von ihren Ehepartnern missbraucht. Mehr noch als die Häufigkeit dieser Verbrechen beunruhigt die Tatsache, dass die Täter straflos ausgehen.

Human Rights Watch, Pakistan Report, 1999

Seht, ich lasse kein Werk der Wirkenden unter euch verloren gehen, sei es von Mann oder Frau; die einen von euch sind von den anderen.

Koran, 3:195

Kulturelle Unterschiede und politische Strategien

Wie können Feministinnen angesichts der enormen kulturellen Unterschiede zwischen den Frauen eine weltweite politische Bewegung aufrechterhalten, ohne sich den Vorwurf des Kulturimperialismus einzuhandeln? … Konfrontiert mit den Herausforderungen des Kulturrelativismus, befindet sich die heutige Frauenbewegung an einem Scheidepunkt, doch keiner der Wege scheint aus dem Dschungel des Patriarchats zu führen. Der erste Weg, der ganz einfach Toleranz gegenüber den kulturellen Unterschieden postuliert, ist zu vage. Denn er würde von den Frauenrechtlerinnen verlangen, im Namen der kulturellen Autonomie – die für Frauen ohnehin nur auf dem Papier existiert – die ständigen Beschränkungen der Freiheit von Frauen zu ignorieren. Der andere Weg führt zu einer objektiven Verurteilung kultureller Traditionen. Er ist jedoch zu eng, denn er würde bedeuten, die unterschiedlichen Erfahrungen von Frauen aus verschiedenen Kulturen zu missachten. Einen dritten Weg zu finden, gestaltet sich als schwierig und würde die Feministinnen zwingen, sich mit den Risiken einer globalen Strategie auseinanderzusetzen. Baut man auf den gemeinsamen Erfahrungen der Frauen auf, läuft man Gefahr, die allgemeinen Lebensumstände der Frau falsch zu beschreiben, oder schlimmer noch, es führt zur Kooptation. Auf der anderen Seite könnte dadurch bewirkt werden, dass sich das Verständnis der Frauen für ihre eigene Situation ändert und radikalisiert. Das Betonen der Unterschiede entzweit womöglich die Frauen politisch und gefährdet den hart erkämpften Fortschritt, gleichzeitig könnten sich daraus jedoch Chancen für eine Neugestaltung der Rollenverteilung ergeben. Folgen wir einer Strategie, die sowohl die Gemeinsamkeiten als auch die Unterschiede respektiert, zwingt uns dies zum Eingeständnis, dass sich einerseits die Gefahr der Nötigung nicht ganz vermeiden lässt, dass aber andererseits auch die Gefahr der Passivität ständig präsent bleibt.

Tracy Higgins, Anti-Essentialism, Relativism and Human Rights, Harvard Women's Law Journal 89 (1996), © (1996) by The President and Fellows of Harvard College

Gewalt gegen Frauen und überlieferte Werte

Traditionelle Ansichten, wonach die Frauen als den Männern untergeordnet gelten oder Frauen in stereotype Rollen gezwängt werden, führen zur Aufrechterhaltung weitverbreiteter Gewaltanwendungen und Nötigungen von Frauen, wie Gewalt in der Familie und Missbrauch, Zwangsheirat, Mitgiftmorde, Säureattacken und Beschneidung von Frauen. Vorurteile und Bräuche dienen oft als Rechtfertigung für geschlechtsspezifische Gewalt, als eine Form von Schutz oder Kontrolle der Frauen. Durch derartige Gewaltanwendungen wird die körperliche und seelische Integrität der Frau stark beeinträchtigt, und man beraubt sie ihres Rechts auf Achtung, Ausübung und Kenntnis ihrer Menschenrechte und Grundfreiheiten.

UN-Frauenrechtsausschuss, Allgemeine Empfehlung Nr. 19, UN Doc. HRI/GEN/1/Rev. 6

USA, New York City, 2002
Thomas Hoepker/Magnum Photos

INDIEN, Rajasthan, Udaipur, 1999
Ian Berry/Magnum Photos

DIE ROLLE DER INTERNATIONALEN GEMEINSCHAFT

Europäische Kommission gegen Rassismus und Intoleranz (ECRI)

ECRI wurde am 9. Oktober 1993 anlässlich einer Sitzung des Ministerkomitees der Europaratmitgliedstaaten eingesetzt. Aufgabe der Kommission ist es, Rassismus, Fremdenfeindlichkeit, Antisemitismus und Intoleranz im europäischen Raum unter dem Gesichtspunkt des Menschenrechtsschutzes zu bekämpfen. ECRI ergreift alle erforderlichen Massnahmen, um gegen Gewalt, Diskriminierung und Vorurteile gegenüber Einzelpersonen oder Bevölkerungsgruppen vorzugehen, insbesondere wenn sie aufgrund der «Rasse», Hautfarbe, Sprache, Religion, Staatsangehörigkeit und der nationalen oder ethnischen Herkunft erfolgen. ECRI verfasst Länderberichte, die Analysen enthalten und Vorschläge unterbreiten, wie jeder einzelne Staat den aufgezeigten Problemen begegnen kann. Damit sich die ECRI-Berichterstatter ein möglichst detailliertes und umfassendes Bild von der Situation im jeweiligen Land in Bezug auf Rassismus und Intoleranz machen können, wird vor der Erstellung eines Länderberichts ein Besuch im entsprechenden Land organisiert.

ECRI-Selbstporträt, www.coe.int

Die UN-Sonderberichterstatterin über Gewalt gegen Frauen

(bis 2003 Frau Radhika Coomaraswamy, seither Frau Yakin Ertürk)

Die erste Sonderberichterstatterin, Frau Radhika Coomaraswamy (Sri Lanka), wurde 1994 ernannt. Sie wurde damit beauftragt, umfassendes Material zu sammeln und zu analysieren und Vorschläge zu unterbreiten, wie auf internationaler, nationaler und regionaler Ebene Gewalt gegen Frauen unterbunden werden kann. Das Mandat der Sonderberichterstatterin basiert auf der umfassenden Analyse über Gewalt gegen Frauen, die in der Erklärung der Vereinten Nationen zur Beseitigung der Gewalt gegen Frauen enthalten ist. In dieser Erklärung wird «Gewalt gegen Frauen» definiert als jede Form der geschlechtsspezifischen Gewalt, die zu körperlichen, sexuellen und psychischen Schäden oder Leiden bei Frauen führt oder führen kann. Dazu gehören auch die Androhung derartiger Akte, Nötigung oder willkürliche Freiheitsberaubung, ganz gleich ob im privaten oder im öffentlichen Leben. Gewalt gegen Frauen umfasst u. a. folgende Gewaltakte:

(a) körperliche, sexuelle und psychische Gewalt in der Familie, einschliesslich körperlicher Misshandlung und des sexuellen Missbrauchs von Mädchen in ihrem eigenen Zuhause, Gewalttätigkeit im Zusammenhang mit der Mitgift, Vergewaltigung in der Ehe, Genitalverstümmelung und andere für Frauen schädliche traditionelle Praktiken, Gewalt ausserhalb der Ehe und Gewalttätigkeit im Zusammenhang mit Ausbeutung;

(b) körperliche, sexuelle und psychische Gewalt in der Gemeinschaft, einschliesslich Vergewaltigung, sexuellen Missbrauchs, sexueller Belästigung und Einschüchterung am Arbeitsplatz, in der Schule und anderswo, Frauenhandel und Zwangsprostitution;

(c) körperliche, sexuelle und psychische, vom Staat verübte oder tolerierte Gewalt, wo auch immer sie auftritt.

UNHCHR, Focus violence, www.unhchr.ch

UN-Ausschuss zur Beseitigung jeder Form der Rassendiskriminierung (CERD)

1965 verabschiedete die UN-Generalversammlung das internationale Übereinkommen zur Beseitigung jeder Form der Rassendiskriminierung. Das Übereinkommen enthält die Massnahmen, auf die sich die Staaten – sofern sie durch Ratifikation oder Beitritt Vertragspartei geworden sind – geeinigt haben, um Rassendiskriminierung zu beseitigen. Der UN-Ausschuss zur Beseitigung jeder Form der Rassendiskriminierung (CERD) war das erste Organ der Vereinten Nationen, das eingesetzt wurde, um die Umsetzung von staatlichen Pflichten aus einem bestimmten Menschenrechtsabkommen zu überwachen und zu prüfen. Der dritte Ausschuss der UN-Generalversammlung (Ausschuss über soziale, humanitäre und kulturelle Fragen) entschied damals, die Einrichtung des Überwachungsausschusses im Text des Übereinkommens zu verankern, in der Überzeugung, dass das Abkommen ohne Durchsetzungsmechanismus nicht wirksam wäre. …

Die Konvention sieht drei verschiedene Verfahren vor, die es dem Ausschuss ermöglichen, die rechtlichen, prozessualen, administrativen und anderen Schritte der einzelnen Staaten bei der Umsetzung ihrer Verpflichtungen im Bereich der Bekämpfung von Rassendiskriminierung zu überprüfen. Das erste Verfahren besteht in der Pflicht aller Vertragsstaaten des Übereinkommens, dem Ausschuss periodische Berichte zu unterbreiten. Ein zweites im Übereinkommen vorgesehenes Verfahren ermöglicht es Staaten, Beschwerden gegen einen anderen Staat einzureichen. Das dritte Verfahren räumt Einzelpersonen oder Gruppen, die behaupten, Opfer von Rassendiskriminierung zu sein, die Möglichkeit ein, gegen ihren Staat beim Ausschuss Beschwerde zu erheben. Dies ist jedoch nur dann möglich, wenn der betreffende Staat Vertragspartei ist und das Individualbeschwerdeverfahren akzeptiert hat.

Der Ausschuss ist, in den Worten des Übereinkommens, aus 18 «Sachverständigen von hohem sittlichem Rang und anerkannter Unparteilichkeit» zusammengesetzt. Die Mitglieder werden von den Vertragsstaaten für eine Amtsdauer von vier Jahren gewählt. Alle zwei Jahre finden Wahlen für die Hälfte der Sitze statt. Die Zusammensetzung des Ausschusses berücksichtigt eine gerechte Vertretung aller Weltregionen, der verschiedenen Kulturen und Rechtssysteme. Der Ausschuss ist ein autonomes Organ. Die Sachverständigen des Ausschusses werden in persönlicher Eigenschaft in den Ausschuss gewählt. Sie können weder entlassen noch – ohne ihre Zustimmung – ersetzt werden. Das Übereinkommen sieht vor, dass sich der Ausschuss die Verfahrensordnung selber gibt und dass er keinen Weisungen von aussen unterliegt.

Porträt CERD, www.unhchr.ch, Factsheet Nr. 12, CERD

DER BEITRAG DER ZIVILGESELLSCHAFT

Minority Rights Group

Minority Rights Group International (MRG) setzt sich weltweit dafür ein, die Rechte ethnischer, religiöser und sprachlicher Minderheiten und der Ureinwohner zu sichern und Zusammenarbeit und Verständnis zwischen den Gemeinschaften zu fördern. Wir arbeiten dabei mit der Erkenntnis, dass Faktoren wie Alter, Klasse, Behinderung und Geschlecht die Mitglieder gewisser Gruppierungen und Gemeinschaften zusätzlich marginalisieren können. Wir sind auf unabhängiger Basis unter Beachtung von internationalen Standards tätig und bemühen uns, Entscheidungsträger und Gemeinschaften von der Notwendigkeit einer langfristigen, nachhaltigen Veränderung zu überzeugen. Ausserdem bemüht sich MRG darum, die Öffentlichkeit auf die Lage der Minderheiten und Ureinwohner aufmerksam zu machen. MRG ist eine Nichtregierungsorganisation (NGO) mit einem internationalen Exekutivrat, der zweimal pro Jahr tagt. Vier Kernbereiche werden durch die Aktivitäten der MRG abgedeckt:

- Förderung der Partizipation von Minderheiten und Ureinwohnern an Entscheidungsprozessen, die sich auf ihr Leben auswirken;
- Sicherung der Umsetzung internationaler Standards;
- Förderung von Initiativen zur Konfliktlösung und Versöhnung;
- Bemühungen zur Integration von Rechten der Minderheiten in die Entwicklungspolitik.

Selbstporträt MRG International, www.minorityrights.org

KILIFI-KENIA/CAFGEM: Gegen die Mädchenbeschneidung

Die Nichtregierungsorganisation ist eine staatlich anerkannte unabhängige Organisation, die in der Küstenregion Kenias aktiv ist. Motto des Projekts ist: «Ausbildung statt Beschneidung». Zum Zusammenschluss gehören engagierte Einzelpersonen sowie verschiedene Frauengruppen aus den Dörfern der Küstenprovinz. Um Ungerechtigkeiten innerhalb der Dorfgemeinschaften zu vermeiden, arbeitet das Projekt nicht auf der Basis von Patenschaften für einzelne Mädchen, es wurde stattdessen für sinnvoll erachtet, die ökonomische Basis der Frauen insgesamt zu stärken, d.h., Anschubfinanzierungen für Frauenselbsthilfeprojekte zu gewähren. Das Team leistet professionelle Hilfe, z.B. bei Hühnerzucht, Obst- und Gemüseanbau, Honiggewinnung usw., damit die Frauen über ein selbst erwirtschaftetes Einkommen verfügen und nicht mehr in völliger Abhängigkeit von ihren Männern leben. Nur dadurch erreichen sie ein Mitbestimmungsrecht innerhalb der Gemeinschaft, können sich gegen die genitale Verstümmelung ihrer Töchter und stattdessen für deren Schulbesuch aussprechen und ihn auch (mit)finanzieren. Durch Aufklärung und Überzeugungsarbeit wird sich die Situation der Frauen und Mädchen, besonders auch in den abgelegenen Gebieten, Schritt für Schritt verbessern. Angesehene Persönlichkeiten, z.B. Beschneiderinnen, DorfschullehrerInnen, religiöse Oberhäupter, werden in die Aufklärungskampagnen einbezogen, um eine höhere Effizienz der Arbeit zu erreichen.

Terre-des-femmes, Kilifi/CAFGEM-Porträt, www.terre-des-femmes.de

Das Netzwerk «Women Living Under Muslim Laws»

Das Netzwerk «Women Living Under Muslim Laws» («Frauen, die unter muslimischen Gesetzen leben») wurde gegründet, um die Isolation von Frauen zu durchbrechen, Kontakte herzustellen und um alle Frauen zu unterstützen, die von muslimischen Gesetzen betroffen sind. Der Begriff «muslimische Gesetze» im Namen des Netzwerks reflektiert zwei Aspekte: Zum einen sind Gesetze, die als islamisches Recht bezeichnet werden, je nach kulturellem Kontext sehr unterschiedlich, unter Umständen unterscheiden sie sich sogar radikal. Zum anderen besteht in jedem kulturellen, sozialen und politischen Kontext eine Mehrzahl verschiedener Rechtsnormen nebeneinander. Schliesslich existiert in jeder Gesellschaft neben einer formellen, kodifizierten Rechtsordnung ein Parallelsystem, das Gewohnheitsrechte und Gebräuche vereint. Zudem kann es weitere Unterteilungen geben – beispielsweise haben manche Länder zwei Rechtssysteme, ein religiöses und ein ziviles. Ebenso gibt es ganz verschiedene Arten von Gewohnheitsrechten. Das Netzwerk erkennt an, dass diese parallelen Systeme von entscheidender Bedeutung für die Frauen sind, weil die kombinierten Auswirkungen am stärksten in Familienangelegenheiten und in persönlichen Belangen zu spüren sind. Sie betreffen Frauen unverhältnismässig stark und oft auf eine Weise, die ihre Rechte und Autonomie untergräbt. Trotz dieser Vielfalt – innerhalb von und zwischen sozialen, politischen, wirtschaftlichen und kulturellen Umfeldern – wird das ganze System allzu häufig als «islamisch» präsentiert und internalisiert, was viele Auswirkungen auf die ganze Gesellschaft und die Frauen im Besonderen hat. Der Name des Netzwerkes «Women Living Under Muslim Laws (WLUML)» soll die Komplexität und Vielfalt der Realität von Frauen in muslimischen Ländern anerkennen. Unsere Namenswahl erkennt zudem an, dass Frauen, die von muslimischen Gesetzen betroffen sind, unter Umständen nicht Musliminnen sind, da sie möglicherweise ein anderes Etikett der politischen oder persönlichen Identität für sich gewählt haben.

Selbstporträt, www.wluml.org

Man darf nie daran zweifeln, dass eine kleine Gruppe engagierter Menschen die Welt verändern kann; in Tat und Wahrheit ist es das Einzige, was die Welt jemals verändert hat.
Margaret Mead

USA, Washington DC, 2002　Alma Powell, die Frau des amerikanischen Aussenministers Colin Powell, liest einer Schulklasse ihr Kinderbuch vor. Bruce Davidson/Magnum Photos

Gleichheit ist nicht gegeben, und als Gleiche nur sind wir das Produkt menschlichen Handelns. Gleiche werden wir als Glieder einer Gruppe, in der wir uns kraft unserer eigenen Entscheidung gleiche Rechte gegenseitig garantieren.

Hannah Arendt (1906–1975), Elemente und Ursprünge totaler Herrschaft, Frankfurt am Main 1958

AFGHANISTAN, Kabul, 2001 Frauen und Männer stehen getrennt an, um von den Vereinten Nationen ausgeteilte Nahrungsmittel in Empfang zu nehmen. Abbas/Magnum Photos

Alle Menschen sind gleich. Nicht die Geburt, nur die Tüchtigkeit macht einen Unterschied.

Voltaire (1694–1779)

ACHT KUGELN, ZEUGNIS EINER UNGERECHTEN ERSCHIESSUNG
Alexander Kluge

Kraftfahrer Sergeant Rowland Cole verschaffte sich acht Kugeln, die aus einer standrechtlichen Erschiessung von Spionen stammten. Mit dem Klappmesser hatte er sie einzeln herausgebohrt.

– Was wollten Sie mit den Kugeln, sprechen Sie, Sergeant?
– *Als Andenken. Sammeln.*
– Später, zu Hause in Philadelphia, verkaufen?
– *Vielleicht. Vielleicht aber auch behalten.*
– Woher wussten Sie, dass es sich um Spione handelt?
– *Sie waren erschossen worden. Ich erkundigte mich.*
– Was ist an den acht Kugeln so interessant?
– *Es sind keine Kugeln, sondern Projektile. Man sagt nur Kugeln.*
– Was interessierte Sie an den Projektilen, die ja verbraucht waren?
– *Dass sie aus den wirklich Erschossenen stammten.*
– Interessierten Sie die Erschossenen?
– *Nein, nur die Frage, dass sie vielleicht zu Unrecht erschossen wurden.*
– Das hat aber doch mit den Projektilen, die Sie aus den Körpern herausklaubten, nichts zu tun.
– *Ich glaube doch.*
– Wieso?
– *Waren die Spione unschuldig, waren dies Mordwerkzeuge. So etwas muss man aufheben.*
– Und dass Ihre Tat einen Diebstahl darstellt, Plünderung an Toten auf dem Schlachtfeld, fiel Ihnen nicht ein?
– *Ich habe an die Toten gedacht. Und dass ich etwas von ihnen mitnehmen möchte. Hätte ich die Schuhe genommen oder etwas aus ihren Taschen, wäre es Plünderung gewesen. Die Kugeln gehörten ihnen nicht.*
– Sie gehörten dem Exekutionskommando?
– *Das Exekutionskommando hatte sie weggeworfen.*
– Sie gehörten damit in die Körper der Toten.
– *Aber den Toten gehörten sie nicht. Sie wollten die Kugeln nicht haben.*

Das US-Kriegsgericht kam lange Zeit zu keinem Urteil. Der Verteidiger Coles, ein Leutnant, der drei Semester in Stanford Jura studiert hatte, beharrte darauf, dass das Exekutionskommando das Eigentum an den Geschossen vorsätzlich aufgegeben, die Delinquenten aber diese Gabe nicht angenommen hätten, sei es, dass sie schon tot gewesen seien, ehe das Projektil den endgültigen Platz in ihrem Körper bezogen habe, sei es, dass generell nach der Lebenserfahrung davon ausgegangen werden könne, dass niemand aus freiem Willen sich erschiessen lässt.

Es war bekannt, dass dieser Jurastudent durch seine Familie über Kontakte zum Pentagon und zum Senat verfügte. So wollte das Gericht dem Willkürurteil, das der Erschiessung der angeblichen «Spione» vorausgegangen war, kein zweites drakonisches Urteil hinzufügen. Ja, er habe die Projektile, schob, nach dem, was er in der Hauptverhandlung gehört hätte, der Beutemacher Cole nach, nur deshalb an sich genommen, um seinen Protest gegen solche ungerechten Erschiessungen zu verankern. Er habe sie sozusagen als Beweismittel an sich genommen. Die Division Coles war inzwischen weiter ins Innere Deutschlands vormarschiert, in Richtung Magdeburg. Es bestand Eile; so wurde der Täter freigesprochen und, mit Proviant versehen, in einen Jeep gesetzt, der ihn zu einem Erholungsort in der Bretagne bringen sollte.[1]

[1] Den Militär-Richtern war die Vorgehensweise Coles, der mit dem Klappmesser in den Leichen gegraben hatte, unbehaglich. Von der Seite militärischer Disziplin her, die immer auch Wert auf ein äusseres Aussehen legt, schien eine Bestrafung geboten. Andererseits: Was war dies? Plünderung war es nicht. Diebstahl auch nicht.

INSIDE DEATH ROW, HUNTSVILLE, TEXAS
Margrit Sprecher

Im Todestrakt scheint alles Wichtige Zufall. Ohne Vorwarnung wird die Schreibmaschine beschlagnahmt. Ventilatoren sind plötzlich verboten. Der Hofgang ist gestrichen. Mitten in der Nacht müssen die Männer mit ausgebreiteten Armen und gespreizten Beinen bereitstehen und warten, bis die Wärter zur Leibesvisitation bereit sind. Im Sommer ist die Dusche siedend heiss, im Winter eiskalt. Und ständig ändern sich die Regeln für die Besucher. Mal schickt der Wachhabende die Freundin am Tor zurück, weil ihre Ärmel zu kurz sind oder die Absätze zu hoch. Von einem Tag auf den andern sind Keilhosen verboten. Oder die Angehörigen werden ohne Begründung abgewiesen – selbst wenn sie den halben Kontinent durchquert haben, um ihren Sohn, Brüder oder Vater zu sehen. Fragen sie nach dem Warum, bekommen sie die Antwort, die im Todestrakt jede Diskussion beendet: «Es ist Vorschrift.» Gestern durfte ich den Todestrakt nicht betreten. Heute passiere ich, zusammen mit einem amerikanischen Fernsehteam, ungehindert den Schlupf im gleissenden, hoch und scharf summenden Drahtzaun. Rasch greifen wir nach der Klinke. Die Verantwortlichen könnten es sich wieder anders überlegen.

Wie in einem Filmschnitt werden wir von einer Sekunde auf die andere in eine neue Welt, in ein düsteres Science-Fiction-Reich geworfen. Statt Sonnenlicht – fahles Neon. Statt Holz und Stein – Zement und Eisen. Statt frische Luft – Urin- und Schweissgeruch. Metall schlägt auf Metall, abgehackte Rufe, faustdicke Schlüsselbunde rasseln an Gürteln. Überall stehen Uniformierte mit Schlagstöcken und warten mit gespannter Tatenlosigkeit auf etwas, das jeden Augenblick eintreffen kann.

In der «Death Row» von Huntsville in Texas warten 450 Männer auf ihre Hinrichtung, etliche seit zwanzig und mehr Jahren. Ihre Zellen, fensterlose Käfige, sind übereinandergestapelt wie eine Hühnerbatterie. Vor der Gitterfront ist ein blauer Strich auf den Korridorrost gezeichnet: Überschreiten lebensgefährlich! Die Gefangenen könnten, erklärt der Begleiter, eine Krawatte zu fassen kriegen und den Besucher erwürgen. Oder zubeissen, um ihre Aidsinfektion zu übertragen. Oder einer Frau die Kleider vom Leib reissen.

Die Botschaft ist klar. Hier wird die Menschheit vor gefährlichen Tieren und Monstern geschützt, die keine Menschenähnlichkeit mehr besitzen.

Die meisten Männer wirken blass und verletzlich und mit ihren kahl rasierten Schädeln kaum älter als Collegeboys. Da ist keiner, der im Film den Bösewicht spielen könnte. Bei keinem würde man auf der Strasse den Schritt beschleunigen. Manche umklammern mit beiden Händen die blauen Stäbe ihrer Zelle, andere sitzen auf der Bettkante, malen ein Christusbild oder liegen zusammengerollt in Fötusstellung auf ihrer Pritsche. Die einen starren gegen die Wand, die andern scheinen zu schlafen. Alle sind in Unterhosen; ihre Brust glänzt, und die Augen zwinkern, weil der brennende Schweiss durch die Augenbrauen sickert. Die Temperatur im Backsteinbau beträgt über 40 Grad. Dafür ist es im Winter im Todestrakt so kalt, dass die Atemwolken in der Luft stehen.

Um drei Uhr nachmittags rollt der Wagen mit dem Abendessen durch die Korridore. «Chowtime!», hallt es durch die Zellen. Futterzeit. Hinter den blauen Stäben regen sich die Körper. Häftlinge schaufeln Pizza aufs Plastiktablett. Die Pizza besteht aus einem dicken Teigboden mit rot verstrichenen Tomatenschlieren. Erwartungsvoll strecken sich die Hände durch die Durchreiche, die die Gefangenen «Delikatessenschleuder» nennen. Vielleicht geschieht heute ein Wunder. Doch das Wunder geschieht nie. Die Kartoffeln werden absichtlich zu Wasserbrei verkocht, das Fleisch ist stets so geschmacklos wie gesottener Karton, das Huhn halb roh und nicht ganz gerupft.

Mittagessen gibts morgens um zehn, das Frühstück nachts um drei. Ziel ist, den Tag für die Gefangenen möglichst lang werden zu lassen. Die meisten überspringen das Frühstück. Endlich eingeschlafen, möchten sie wenigstens im Morgengrauen, wenn der unablässige Lärmterror dumpfer wird, zwei, drei Stunden weiterdösen. Besonders schlimm haben es diejenigen getroffen, deren Zellen neben den Kojen der Geisteskranken liegen; sie machen fünf Prozent aller zum Tode Verurteilten aus. Von Wahnvorstellungen gepeinigt, prügeln sie Tag und Nacht auf die Geister ein, die sie verfolgen, und brüllen jeden, der sich ihrer Zelle nähert, mit Verfluchungen nieder.

Noch quälender als den Lärmterror empfinden viele die Mäuse, die sogar die Dokumente der Anwälte anknabbern. Oder die Kakerlaken. Jay Smith, der sechs Jahre im Todestrakt sass, erzählte am ersten «Kongress der irrtümlich zum Tode Verurteilten» in Chicago, wie die Wärter oft absichtlich ein Stück Brot vor seine Zelle fallen liessen. In wenigen Minuten war es schwarz von Käfern, und er fühlte Panik in sich aufsteigen: Was, wenn sie auf seine Pritsche krochen? «Alles», sagte er, «wird zur Bedrohung, wenn man 23 von 24 Stunden mit sich allein ist und nur stehen, sitzen oder liegen kann.» Der ehemalige Schuldirektor konnte noch Jahre nach seiner Enlassung keinen zusammenhängenden Satz über die Lippen bringen. Das Rasseln eines Schlüsselbundes lässt ihn noch immer nass vor Angstschweiss werden.

Niemand weiss, wie viele Unschuldige unter den 7000 Menschen sind, die in den Vereinigten Staaten im letzten Jahrhundert hingerichtet wurden. Geradezu dramatisch stieg die Zahl der entdeckten Justizirrtümer, seit die neue Wunderwaffe DNA, die Erbgutanalyse, zweifelsfrei Schuld oder Unschuld anhand von am Tatort gefundenen Haaren, Hautzellen oder Samen beweisen kann. Doch oft sind solche Spuren längst vernichtet. Oder der Staat weigert sich, die teure Analyse in Auftrag zu geben. Kaum einer der zum Tode Verurteilten kann sie aus eigener Tasche bezahlen. Neun von zehn sind arm, fast die Hälfte ist schwarz.

So leeren sich die 4500 Zellen in den amerikanischen Todestrakten weiterhin so zügig Richtung Hinrichtungsraum, wie sie sich wieder füllen. In den letzten zwanzig Jahren hat die Zahl der Todesurteile um beinah 200 Prozent zugenommen. In den andern Ländern der Welt, die die Todesstrafe kennen, steigt die Kurve ebenfalls. Roger McGowen, der seit 1987 im Todestrakt von Huntsville sitzt, sagt: «Die meisten hier haben die Hoffnung aufgegeben. Es gibt nur den kleinen Sieg, wieder ein Jahr überlebt zu haben. Und die Angst, dem Tod ein Jahr näher gerückt zu sein.» Er trägt die Nummer 889. Inzwischen wurden viele Männer mit 900er und höheren Nummern hingerichtet. Niemand weiss, welcher Logik die Hinrichtungsfolge gehorcht. Manchmal überspringt sie Dutzende von Zahlen, dann wieder hält sie sich an die natürliche Nummernreihe. Im Todestrakt scheint alles Wichtige dem Zufall zu gehorchen.

BRÜDERLICHKEIT UND EINHEIT
Slavenka Drakulić

Ein normaler Tag im Gefängnis von Scheveningen. Während Goran Jelisić und Tihomir Blaškić einen Rundgang auf dem Hof machen, ist Rahim Ademi mit Kochen beschäftigt. Seine Frau hat ihm bei ihrem kürzlichen Besuch Lebensmittel aus Kroatien mitgebracht – dalmatinischen Prosciutto, Olivenöl und fangfrischen Fisch aus der Adria. Der Nordseefisch schmeckt anders, da sind sich alle einig. Er ist fett und ohne Aroma, besonders wenn er, wie hier üblich, gekocht und mit einer dicken Sauce serviert wird. Vielleicht ist dieses Meer nicht salzig genug. Aber nun duftet es köstlich nach dem heutigen Essen, einem Brodetto, einer Art Fisch-Stew. Ademi ist der beste Koch unter den zwölf Bewohnern dieser Etage. Vorher machte sich ein anderer Kroate, Dario Kordić, öfter in der gemeinsamen Küche zu schaffen, doch Ademi ist weitaus begabter. Er bereitet wunderbares Bœuf Stroganoff und Wiener Schnitzel, ganz zu schweigen von Scampi in Tomatensauce oder den mit Knoblauch, Petersilie und Semmelbröseln gefüllten Calamari. Alle sagen, dass sein mit Rosmarin, Thymian und Salbei marinierter Lammbraten exzellent ist. Aber selbst seine gewöhnliche Hühnersuppe ist besser als alles, was sie aus der Gefängniskantine bekommen.

Das Gefängnisessen ist ganz anders: fad, fettlos und ohne besonderen Duft oder Geschmack. Eher wie Krankenhausverpflegung, obwohl die meisten von ihnen kerngesund sind, und wenn sie «Krankenhaus» sagen, meinen sie die Hospitäler zu Hause. Sie sehnen sich nach den Speisen, die sie gewohnt sind, kräftige Rinderbrühe mit dünnen, hausgemachten Nudeln, Käsepastete, warmes selbst gebackenes Brot, gebratenes Fleisch, Sarma oder Cevapčići oder Ražnjići. Und dazu eine Flasche vom guten dalmatinischen Wein. Den jedoch bekommen sie nicht. Alkohol ist verboten.

Natürlich ist es ihnen egal, ob ihnen kroatische, bosnische oder serbische Spezialitäten vorgesetzt werden; wenn es um gutes Essen geht, sind sie keine Nationalisten, sondern freuen sich über jede frisch bereitete, wohlschmeckende Mahlzeit. Gut ist, dass sie Lebensmittel von draussen bestellen können. So wird immer am Montag eine Liste angelegt, die jedermanns Wünsche und Vorlieben berücksichtigt. Wenn ein Feiertag, ein Geburtstag oder ein anderes

Fest ansteht, können sie sich ein ganzes Spanferkel oder Lamm kommen lassen und es braten wie zu Hause. Und sie verspeisen es gemeinsam. Wie am 19. Dezember, als die Gefängnisverwaltung eine Party für alle veranstaltete, um sie einander näherzubringen. Es war wie in den guten alten Zeiten, als statt Weihnachten das neue Jahr gefeiert wurde. Das katholische und orthodoxe Weihnachtsfest darf ebenso begangen werden wie der Bajram. Aber diese offizielle Fete war am 19. Dezember. Es gab Spanferkel. Laut Timothy McFadden, einem irischen Armeeoffizier und Direktor des Untersuchungsgefängnisses, war die Atmosphäre «sehr angenehm, sehr fröhlich ... mit viel Salat und Fleisch und Brot und, wie heisst das noch, Baklava ... und viel Musik, diese typische jugoslawische oder balkanische Musik; ich weiss nicht, wie man heute korrekt sagt.»

Im Gemeinschaftsraum liest Sefer Halilović frisch eingetroffene bosnische Zeitungen. Obwohl sie sich in den Niederlanden befinden, verfolgen die Gefangenen nur das, was zu Hause geschieht, selbst wenn sie nicht wissen, ob sie je wieder dorthin zurückkehren werden. Nach Halilović werden Blaškić, Naletilić, Kvočka und andere nach denselben Zeitungen greifen. Alle benutzen die gleichen Informationsquellen, egal aus welchem Teil Ex-Jugoslawiens sie kommen. Ausser dem Essen ist ihnen auch die Sprache gemeinsam. Wie die über alle Kontinente verstreuten Flüchtlinge sagen sie «unsere Sprache» oder geben ihr gar keinen Namen. Das ist auch nicht nötig. Natürlich hat jetzt jeder seine eigene Sprache, Serbisch, Kroatisch oder Bosnisch, dennoch verstehen sie einander. Wie beim Essen sind sie auch bei der Sprache keine Nationalisten. Ausser manchmal im Gerichtssaal. Doch das betrifft eher die Protokolle. Dario Kordić zum Beispiel beanstandete bei seinem Prozess, dass die Simultanübersetzung nicht auf Kroatisch, sondern auf Serbisch erfolgte. Er sagte nicht, dass er nicht verstehe, sondern dass das nicht seine Sprache sei. Oder Blagoje Simić, dem bei der Übersetzung ins Serbische ein paar kroatische Wörter auffielen.

Während die einen im Gerichtssaal sitzen, arbeiten andere an ihrer Fitness – der Fitnessraum ist bei den Gefangenen sehr beliebt. Slobodan Milošević arbeitet in seinem Büro. Man hat ihm dafür eine Extrazelle gegeben, weil er keinen Anwalt hat und sich selbst verteidigt. Allerdings wird er inoffiziell von einem ganzen Advokatenteam in Belgrad unterstützt. Nach dem Mittagessen wird er sich vermutlich mit seinen Flurnachbarn – Radislav Krstić, Paško Ljubičić, Dragoljub Prcać u. a. – im Gemeinschaftsraum zum Karten- oder Schachspiel treffen. Wenn er nicht zu erschöpft ist – in letzter Zeit scheint ihn das Verfahren zu ermüden. Bei seiner Einlieferung fürchtete die Verwaltung, die anderen Gefangenen würden aggressiv reagieren, und deshalb wurde er isoliert. Tatsächlich gab es einen Vorfall: Goran Jelisić ging mit den Fäusten auf ihn los (danach wurden sie auf verschiedenen Etagen untergebracht). Milošević' Isolierung dauerte jedoch nicht lange, denn bald wurde klar, dass ihn alle bis auf Jelisić als einen der Ihren betrachteten. So teilte er Mahlzeiten und Zeitungen mit den anderen Gefangenen und sass mit ihnen im Gemeinschaftsraum. Wenn er nicht liest – und er ist ein passionierter Leser –, spaziert Slobodan Milošević im Hof. Das Gefängnis steht am Meeresufer, er kann die Möwen hören und die Salzluft atmen, während er die am Himmel dahinjagenden Wolken beobachtet, grosse goldene Wolken wie auf Vermeers Delfter Gemälden. Timothy McFadden berichtet, dass Milošević ein mustergültiger Gefangener ist. Er ist höflich, spricht mit allen, sogar mit den Aufsehern, hilft anderen beim Erlernen des Englischen. Und er lobt Dragoljub Prcać, wenn dieser den Küchendienst versieht – er habe noch nie im Leben so gut gegessen, erklärt er.

Noch immer umgibt Milošević etwas vom alten Ruhm; interessanterweise redet ihn Ademi mit Herr Präsident an, obwohl Milošević nicht mehr der Präsident Serbiens ist und schon gar nicht der Kroatiens, dessen Staatsbürger Ademi ist.

Neben Halilović sitzen Milorad Kvočka und Hazim Delić beim Kartenspiel. Wer will, kann die Bibliothek mit etwa 600 Bänden, meist in «unserer» Sprache, nutzen. Oder einen Englisch- oder Malkurs besuchen. Duško Tadić, einer der Insassen, hat sehr viel Zeit mit Malen verbracht. Im Gemeinschaftsraum gibt es ein Klavier und eine Gitarre, falls jemand musizieren möchte. Ärzte und Psychologen stehen zur Verfügung, man kann sogar Massagen bestellen. Eines der wichtigsten Privilegien für die Gefangenen ist, dass sie rauchen dürfen – allerdings ausserhalb ihrer Zellen und des Gemeinschaftsraums. Sie sind darüber ganz glücklich.

Der Tag ist grau wie so oft in diesem Teil Europas. Es regnet leicht. Einige der Jüngeren sind draussen beim Volleyballspiel. Auch beim Sport kennen sie keinen Nationalismus. Der Beste beim Volleyball ist der schon über 50-jährige bosnische Kroate Mladen Naletilić Tuta. Vor seiner Auslieferung galt er als zu krank, um die Reise überstehen zu können. Hier in den Niederlanden indes ist er wunderbarerweise genesen. Scheveningen scheint gut für die Gesundheit zu sein, fast wie ein Kurort. Die Gefangenen können den ganzen Tag ausserhalb ihrer Zellen verbringen, und wenn sie allein sein wollen, um zu lesen oder ein Schläfchen zu machen, sind die Räume gross genug und bequem. Sauber, ausgestattet mit Dusche, Schreibtisch, Radio- und Fernsehgerät. Im Vergleich mit einem Zagreber Gefängnis ist Scheveningen ein 3-Sterne-Hotel, um Tuta zu zitieren. Die Niederländer nennen den Komplex Het Oranje Hotel, nicht wegen der luxuriösen Ausstattung, sondern weil hier während des Zweiten Weltkriegs holländische Widerstandskämpfer von den Nazis gefangen gehalten wurden. Mehr als 50 Jahre danach leben in diesem Haus keine Helden mehr, sondern präsumtive Kriegsverbrecher vom Balkan.

So als verbrächten sie wirklich Ferien in einem Hotel am Meer, behandeln diese Männer – bis auf wenige Ausnahmen – einander sehr rücksichtsvoll. Sie streiten nicht und machen keine Probleme, sagt McFadden. Da sie nicht nur verschiedener Nationalität sind, sondern aus diversen Gesellschaftsschichten kommen – ehemalige Polizisten, Militärs, Lehrer, Politiker, Taxifahrer, Automechaniker –, ist das bemerkenswert. Sie halten sich streng an die Hausordnung. McFadden selbst ist der Beschützer seiner Insassen und sorgt dafür, dass sie alles haben, was sie brauchen. Besucher können immer kommen und, wenn sie wollen, den ganzen Tag bleiben. Sie brauchen zwar eine Genehmigung, doch in einem normalen Gefängnis ist nur ein Besuch pro Monat möglich. Die Insassen erhalten auch ein Taschengeld von zwei Dollar täglich, und wer bereit ist, die Flure zu putzen und die Wäsche zu machen, kann auf fünf Dollar kommen, obwohl sich dafür nicht viele Kandidaten melden. Pro Monat gibt es eine Telefonkarte im Wert von 25 Dollar. Aber die grösste Sensation ist das sogenannte «Liebeszimmer», eigentlich zwei Räume, wo die Gefangenen mit ihren Partnerinnen allein sein können. Dank dieser Einrichtung sind Zoran Žigić und Tihomir Blaškić Väter geworden.

Wie kommt es, dass die Gefangenen in Scheveningen derartige Privilegien geniessen? McFadden hat eine einfache Erklärung: Solange ihre Schuld nicht erwiesen ist, sollen diese Männer und ihre Familien möglichst wenig leiden. Aus diesem Grund hat er auch die Anklageschriften nicht gelesen, um keine Vorurteile aufzubauen. Für ihn sind sie keine Kriegsverbrecher, sondern normale Menschen. McFaddens Sorge um die Rechte der Gefangenen und ihr relatives Wohlergehen – Scheveningen gilt als das komfortabelste Gefängnis in Europa – steht in so schreiendem Widerspruch zu den Verbrechen, deren sie beschuldigt werden, dass sie absurd erscheinen muss, zumindest in den Augen der Opfer. Für diese ist es kaum ein Trost, dass die Angeklagten, einmal verurteilt und in Haftanstalten solcher Länder festgesetzt, die sich gegenüber den Vereinten Nationen zu ihrer Übernahme verpflichtet haben (Deutschland, Norwegen, Finnland, Schweden), keine Privilegien mehr geniessen werden.

Was die Häftlinge ausser dem Essen und der Sprache eint, ist, dass sie der schwersten Kriegsverbrechen in Europa seit 1945 angeklagt sind. Man möchte glauben, dass sie voneinander isoliert werden müssten, weil sie gegeneinander Krieg geführt haben und Todfeinde seien. Aber Serben und Kroaten und Bosnier, die jahrelang aufeinander geschossen haben, leben hier friedlich zusammen. Und obwohl sie ihre politischen Überzeugungen nicht verleugnen, haben sie offenbar einen Kompromiss gefunden, der ihnen die Koexistenz ermöglicht – etwas, wovon die Menschen zu Hause nur träumen können. «Als ich hier ankam, hat mich als Erster der Muslim Esad Landčo gegrüsst», sagte Goran Jelisić, ein Serbe, der muslimische Gefangene erschossen hatte. «Er hat mir geholfen, mir die Vorschriften erklärt und was mich im Gerichtssaal erwartet.» Zu Hause hatte Esad Landčo serbische Gefangene gefoltert.

Die Insassen helfen einander nicht nur, sie agieren auch gemeinsam. Als einer von ihnen, Milan Kovačević, gestorben war, und ein anderer, Slavko Dokmanović, sich das Leben genommen hatte, schickten sie alle zusammen Blumen und Beileidstelegramme an die Hinterbliebenen. Ebenso verfuhren sie mit einer Petition an den Vorsitzenden des Tribunals, in der sie eine Erleichterung der Bedingungen in der Untersuchungshaft forderten; den Medien liessen sie einen offenen Brief zukommen, in dem sie Gerüchte dementierten, einige unter ihnen litten an Depressionen.

Es ist fast rührend, das Zusammengehörigkeitsgefühl und die Solidarität dieser Männer zu sehen, so, als hätte die Luft in Scheveningen wohltuend nicht nur auf ihre physische, sondern auch auf ihre seelische Gesundheit gewirkt.
Als ob sie, sobald sich die Tore der Untersuchungshaft hinter ihnen schlossen, andere Menschen geworden wären. Plötzlich zeigen sie keine Spur mehr von dem Nationalismus, der das ganze Land zerstörte.

Wie ist das möglich? Der wegen der Verfolgung von Kroaten und Muslimen angeklagte Simo Zarić (ein kleiner Fisch im Vergleich mit anderen) ist überzeugt, dass die Einmütigkeit unter den Gefangenen derjenigen in der einstigen jugoslawischen Volksarmee sehr ähnlich ist. «Man muss sich anpassen, um zu überleben», sagt er.

Ein interessanter Vergleich. In Ex-Jugoslawien galt die Armee als beste Schule der «Brüderlichkeit und Einheit», die laut Titos Slogan ein Land aus sechs Republiken, drei Sprachen und drei Religionen zusammenhalten sollte. Alles vergebens, wie es scheint. Denn trotz der Unterweisung hatten die Brüder keine Probleme, einander umzubringen, und von der Einheit ist nichts geblieben.

Nur in Scheveningen ist Titos Jugoslawien offenbar noch am Leben. Wie friedlich die angeklagten Kriegsverbrecher verschiedener Nationalitäten koexistieren, wird in einem von dem erwähnten Zarić verfassten Gedicht beschrieben. Da finden sich Zeilen wie diese:

Nicht wichtig ist, was dort geschah,
nur das Heute und Hier

Und so endet Zarić: Wüssten unsere Menschen daheim, wie wir in Harmonie zusammenleben, sie würden niederknien und für den Frieden die Waffen vernichten. Dieses Gedicht soll eine Lehre sein allen anständigen Menschen: Wenn in Den Haag Harmonie herrscht, folgt unserem Beispiel, und es wird gut für alle sein.

Das Gedicht «Die Wahrheit über Den Haag» wurde zur inoffiziellen Hymne von Scheveningen. Goran Jelisić, der als eine Art Sprecher der Gruppe agiert, sagte dem Publikum im Gerichtssaal, die Untersuchungsgefangenen hätten Frieden miteinander geschlossen, zweifelten jedoch, ob auch die Menschen daheim dazu fähig seien. Man sei sich einig darin, dass «das Tribunal zu einem dauerhaften Frieden in Bosnien beitragen» müsse.

Das war wohl überhaupt nicht ironisch gemeint.

Wenn es Nacht wird, ziehen sich die Scheveningen-Insassen in ihre behaglichen kleinen Zellen zurück, die ausgestattet sind mit Satellitenschüsseln, sodass sie das Fernsehprogramm in «unserer Sprache» empfangen können (normale Hotels haben so etwas nicht), sowie mit Kaffeemaschinen, denn sie sind an dieses Getränk gewöhnt, und niemand will ihnen das Recht darauf streitig machen. Und bevor sie einschlummern – mit oder ohne Schlafmittel –, wird keiner von ihnen einen Gedanken an das Paradoxon verschwenden, dass Scheveningen ein Jugoslawien im Kleinen ist. Nur noch hier existiert das Jugoslawien der «Brüderlichkeit und Einheit».

Und die Männer, die für seine Zerstörung und die vielen Opfer verantwortlich sind, leben heute brüderlich und einig und im Luxus. Ihr Dasein in der Haft ist die grösste vorstellbare Anti-Kriegsdemonstration, nur dass sie zu spät kommt. Diese Karten spielenden, kochenden und TV Konsumierenden sympathischen Jungs verspotten all jene, die sie daheim einst zu ernst genommen haben. Sie machen alle lächerlich, die ihren Befehlen gefolgt sind und die ihre Angehörigen verloren haben.

Wenn jedoch diese «Brüderlichkeit und Einheit» unter den eingeschworenen Feinden von gestern wirklich der Epilog dieses Krieges ist, aus welchem Grund kam es zu alledem? Beim Blick auf die fröhlichen Knaben in Scheveningen ist die Antwort klar: aus keinem.

Übersetzung: Barbara Antkowiak

KÖNIG DER KÖNIGE I
Ryszard Kapuściński

Die Tische bogen sich unter Bergen von Fleisch und Früchten, Fischen und Käse. Von vielstöckigen Torten tropfte der süsse, bunte Zuckerguss. Die erlesenen Weine warfen einen farbigen Schimmer und verströmten ein köstliches Aroma. Die Musik spielte auf, und kostümierte Possenreisser schlugen zum Gaudium der ausgelassenen Festgäste Purzelbäume. Die Zeit verflog unter Geplauder, Lachen und Essen.

Es war herrlich.

Während der Veranstaltung musste ich einen stillen Ort aufsuchen, wusste aber nicht, wo er zu finden sei. Ich trat durch eine Nebentür aus dem Grossen Festsaal in den Hof. Die Nacht war sternenlos, und es nieselte; ein Mairegen, aber kalt. Vor der Tür fiel eine sanfte Böschung ab, und in einer Entfernung von ein paar Dutzend Metern war unten eine schwach erleuchtete Baracke ohne Seitenwände zu erkennen. Von der Tür bis zur Baracke erstreckte sich eine Schlange von Kellnern, die Schüsseln mit den Überresten vom Festmahl hinunterreichten. In den Schüsseln floss ein Strom von Knochen, Überbleibseln, zermatschten Salaten, Fischköpfen und angebissenen Fleischbrocken bis zur Baracke. Ich ging auf das Gebäude zu, wobei ich im Schlamm und auf zu Boden gefallenen Speiseresten ausglitt.

Als ich davorstand, wurde ich gewahr, dass die Dunkelheit dahinter lebte, dass sich dort etwas bewegte, murrte und schlürfte, seufzte und schmatzte. Ich warf einen Blick hinter die Baracke.

Im Dunkel der Nacht, in Schlamm und Regen drängte sich hier ein dichtes Heer von blossfüssigen Bettlern. Die Abwäscher in der Baracke warfen ihnen die Reste aus den Schüsseln zu. Ich betrachtete die Menge, wie sie emsig und völlig versunken die Überbleibsel, Knochen und Fischköpfe verzehrte. Dieses Schmausen erfolgte mit einer hingebungsvollen und gewissenhaften Konzentration, es hatte etwas ungestüm Biologisches an sich – ein Hunger, der in angsterfüllter Spannung, in Ekstase gestillt wird.

Von Zeit zu Zeit wurden die Kellner aufgehalten, der Strom der Schüsseln kam zum Stillstand, und die Menge entspannte sich für einen Moment, als hätte ihr jemand befohlen, sich zu rühren. Die Leute wischten sich über die feuchten Gesichter und brachten ihre schmutzstarrenden Lumpen, in die sie gehüllt waren, in Ordnung. Dann begann der Strom der Schüsseln von Neuem zu fliessen – denn auch oben war ein grosses Fressen, Schmatzen und Schlürfen im Gang –, und die Menge gab sich erneut voll Eifer der gesegneten Tätigkeit des Essens hin.

Übersetzung: Martin Pollack

PERSPEKTIVEN DER GESUNDHEITSFÜRSORGE FÜR FRAUEN IN AFGHANISTAN
Sima Samar

Der Zugang zur Gesundheitsfürsorge ist ein menschliches Grundrecht. Was Frauen betrifft, muss dieses Grundrecht den Zugang zur fortpflanzungsmedizinischen Gesundheitsfürsorge umfassen, einschliesslich der Familienplanung. Oft jedoch wird das Recht der Frauen auf medizinische Versorgung ignoriert, eingeschränkt oder verwehrt – aus kulturellen oder «religiösen» Gründen, weil Krieg herrscht, von Entscheidungsträgern, die den Rechten oder dem Leben von Frauen kein Gewicht beimessen.

Auf Afghanistan treffen alle diese Gründe zu, und deshalb hat das Land heute eine der höchsten Frauen- und Müttersterblichkeitsraten in der Welt. Eine fortpflanzungsmedizinische Gesundheitsfürsorge existiert so gut wie gar nicht. Mit der sowjetischen Invasion begann eine 23-jährige Epoche des Kriegs und der Verwüstung. Der Kalte Krieg wurde auf afghanischem Boden ausgetragen. Von allen Seiten wurden die Menschenrechte und insbesondere die Rechte der afghanischen Frauen mit Füssen getreten. Der Fundamentalismus konnte sich nur mit der Unterstützung ausländischer Mächte etablieren, die darin ein strategisches Mittel im Kampf gegen den Kommunismus sahen. Für die afghanischen Frauen hatte diese Strategie verheerende Folgen. Unter dem Vorwand, die afghanische Kultur und islamische Werte zu bewahren, wurden sie von ihren männlichen Landsleuten unterdrückt.

Nach dem Rückzug der Sowjetunion aus Afghanistan brach der Bürgerkrieg aus. Während des Bürgerkriegs wurden die Menschenrechte von den verschiedenen politischen Gruppierungen ungestraft verletzt. Die Gewalt gegen Frauen nahm ein beispielloses Ausmass an. 1994 stellte sich die damalige afghanische Regierung auf der Weltbevölkerungskonferenz in Kairo an die Seite anderer fundamentalistischer Kräfte aus aller Welt, die die Frauenrechte unterdrückten. Und 1995 verweigerte unsere – nicht durch Wahlen legitimierte – Regierung den afghanischen Frauen sogar die Teilnahme an der Internationalen Frauenkonferenz in Beijing [Peking], weil dort, wie sie behauptete, unislamische Themen auf der Tagesordnung standen.

Dann kamen die Taliban. 1994 nahmen sie Kandahar ein, 1995 Herat und 1996 Kabul. Wie die Welt heute weiss, verbannten die Taliban die Frauen rücksichtslos aus dem Arbeitsleben, untersagten Frauen und Mädchen den Schulbesuch, schränkten ihre Bewegungsfreiheit und ihren Zugang zur Gesundheitsfürsorge radikal ein. Die Geburtenkontrolle wurde verboten, und Frauen durften keine männlichen Ärzte aufsuchen. Da ihre Mobilität strengen Restriktionen unterlag, war es für sie sehr schwierig, für sich oder ihre Kinder medizinische Hilfe zu suchen.

Der jahrzehntelange Kriegszustand in Afghanistan führte zur Zerstörung der – wenigen –vorhandenen medizinischen Einrichtungen. Die Mehrheit der Bevölkerung hatte keinen Zugang zu einer medizinischen Grundversorgung. In einigen Orten und Bezirken hatte es zum Beispiel noch nie Gesundheitszentren gegeben, und die Entwicklung in diesen Gebieten war durch den Krieg zum Stillstand gekommen. Zusätzlich erschwert wurde die Lage durch die Flucht des medizinischen Fachpersonals ins Ausland.

Die Situation der afghanischen Frauen, die vor Krieg und Zerstörung in Nachbarländer flohen, war nicht besser. Niemand kümmerte sich um ihre Bedürfnisse und Probleme, und auch in den Flüchtlingslagern übten die Fundamentalisten einen grossen Einfluss aus und verhinderten alles, was mit Familienplanung zu tun hatte.

Die internationale Gemeinschaft war in dieser Zeit wenig hilfreich, wenn es um die Sicherung der Gesundheitsfürsorge für Frauen ging. Seit jeher ist das Interesse der Geberländer und -organisationen an der Finanzierung fortpflanzungsmedizinischer Einrichtungen für Flüchtlingsfrauen gering. Die Krankenstationen in den Flüchtlingslagern waren nur unzulänglich eingerichtet. Es gab kaum weibliches Personal und praktisch keine gynäkologischen Fachkräfte. Die nächste Stadt lag oft ungefähr sechs Stunden vom Lager entfernt, und es gab so gut wie keine Transportmöglichkeiten. Viele Frauen starben auf dem Weg in die Krankenhäuser (die auch keine optimalen Behandlungsmöglichkeiten boten).

Auch in den Städten gab es so gut wie keine medizinischen Einrichtungen für Flüchtlingsfrauen. Als ich in den Flüchtlingsgebieten in Pakistan als Ärztin zu arbeiten begann, gab es praktisch keine Entbindungsstationen oder Krankenhäuser für Frauen. Die meisten medizinischen Einrichtungen waren männlichen Mitgliedern politischer Parteien vorbehalten. Eine Gesundheitsberatung für Flüchtlingsfrauen fand kaum statt. Hilfsorganisationen verteilten Antibabypillen, Intrauterinpessare, Kondome und andere Verhütungsmittel.

Selbst nach der Einrichtung einiger Krankenhäuser für Frauen, zum Beispiel denen, die ich selbst eröffnen konnte, blieb die fortpflanzungsmedizinische Gesundheitsfürsorge für Frauen sehr eingeschränkt. Es gab politischen Widerstand, und die finanziellen Mittel waren nach wie vor sehr beschränkt. Selbst Bitten um kleine Hilfen stiessen bei internationalen Geldgebern auf wenig Gegenliebe. Eine der Organisationen der Vereinten Nationen weigerte sich zum Beispiel vor einigen Jahren, unsere Alphabetisierungslehrbücher zu drucken, weil wir Informationen über die Familienplanung darin aufgenommen hatten.

Der Gesundheitszustand der afghanischen Frauen ist unter diesen Bedingungen denkbar schlecht geworden. Die durchschnittliche Lebenserwartung einer Frau in Afghanistan beträgt nur 44 Jahre, und unser Land muss noch einen langen Weg gehen, um diese Bedingungen wirksam zu verbessern. Frauen, die medizinische Hilfe suchen, sind zwar keinen Restriktionen mehr unterworfen, doch den meisten bringt diese Freiheit wenig, da in den meisten Gebieten die entsprechenden Einrichtungen fehlen. Und wenn es sie denn überhaupt gibt, sind die Krankenhäuser in Afghanistan – insbesondere gynäkologische und Entbindungsstationen – in einem entsetzlichen Zustand.

Die internationale Gemeinschaft hat sich jetzt dazu verpflichtet, sich nachdrücklich für die afghanischen Frauen einzusetzen. Wenn sie wirklich etwas dafür tun will, die Rechte der afghanischen Frauen zu stärken und ihre Lebensbedingungen zu verbessern, muss die fortpflanzungsmedizinische Gesundheitsfürsorge im Zentrum der Bemühungen stehen. Im Folgenden möchte ich einige Empfehlungen geben, wie die Gesundheitsfürsorge für Frauen in Afghanistan verbessert werden kann.

Erstens: Der Bau, die Wiederherstellung und die Modernisierung von medizinischen Einrichtungen für Frauen müssen unverzüglich angegangen werden. Selbst in Kabul, wo die medizinische Versorgung besser ist als in den meisten anderen Teilen des Landes, gibt es nur wenige Entbindungsstationen, viel zu wenige für eine Stadt dieser Grösse. Und weil es an Verkehrsmitteln fehlt, können viele Frauen die vorhandenen Einrichtungen nicht erreichen.

Zweitens: Ein grosses Problem ist der Mangel an medizinischem Fachpersonal. Was hilft den Frauen ein neu errichtetes Klinikgebäude, wenn es keine ÄrztInnen und KrankenpflegerInnen gibt? Benötigt werden finanzielle Mittel und umfassende Ausbildungspläne. Insbesondere sollten auf allen Ebenen weibliche Fachkräfte ausgebildet werden, die den afghanischen Frauen kompetent helfen können. Ein weiterer wichtiger Punkt ist die Erreichbarkeit. Was nützen die besten Einrichtungen, wenn die Frauen sie aufgrund der geografischen Gegebenheiten und fehlender Verkehrsmittel nicht erreichen können?

Drittens: Dringend erforderlich sind Alphabetisierungsprogramme, die den Frauen gleichzeitig die Bedeutung der Familienplanung ins Bewusstsein bringen und über Empfängnisverhütungsmethoden informieren. In den Programmen unserer NGO werden die Frauen über Familienplanung und über pränatale Vorsorgemassnahmen und medizinische Behandlungsmöglichkeiten informiert, über mögliche Komplikationen in der Schwangerschaft und bei der Entbindung, und gleichzeitig lernen sie lesen und schreiben. Sie lernen, dass kleinere Familien ihrer eigenen Gesundheit und der ihrer Kinder zugutekommen, zu besseren ökonomischen Bedingungen und zu besseren Ausbildungschancen für ihre Kinder führen. Diese Informationen sind ein unbedingtes Muss für die Frauen, doch auch hier fehlen die Mittel, um der hohen Nachfrage nach diesen Kursen gerecht werden zu können.

Viertens: Die Frauen- und Menschenrechte müssen offensiv ins öffentliche Bewusstsein gerückt werden. Die Frauen müssen wissen, dass der Zugang zur Gesundheitsfürsorge zu ihren Menschenrechten gehört, und die Männer müssen lernen, dass die Frauen diese Rechte haben und dass sie die Rechte der Frauen respektieren müssen. Unsere Regierung muss begreifen, dass sie für die Stärkung dieser Rechte verantwortlich ist und dass sie Einrichtungen schaffen muss, die den Frauen die Wahrnehmung dieser Rechte ermöglichen.

Im heutigen Afghanistan werden die Rechte der Frauen allmählich gestärkt. Die neue afghanische Verfassung garantiert die Gleichberechtigung der Frau und verpflichtet die Regierung, die internationalen Abkommen und Konventionen einzuhalten, die Afghanistan unterzeichnet hat. Dazu gehört auch die «Konvention zur Beseitigung jeder Form von Diskriminierung der Frau» von 1979 («Convention on the Elimination of All Forms of Discrimination Against Women» – CEDAW). Auch die unabhängige Nationale Menschenrechtskommission Afghanistans geniesst als ständige Körperschaft zum Schutz und zur Förderung der Menschenrechte verfassungsmässigen Rang.

Solange es jedoch keine Sicherheit im Land gibt, bestehen diese Rechte nur auf dem Papier. Und unter dieser fehlenden Sicherheit haben Frauen besonders zu leiden. Ohne Sicherheit können wir kein Gesundheitssystem aufbauen, das es den Frauen gestattet, ihr Grundrecht auf medizinische Versorgung und insbesondere auf den Zugang zur fortpflanzungsmedizinischen Gesundheitsfürsorge wahrzunehmen.

Übersetzung: Wolfgang Himmelberg

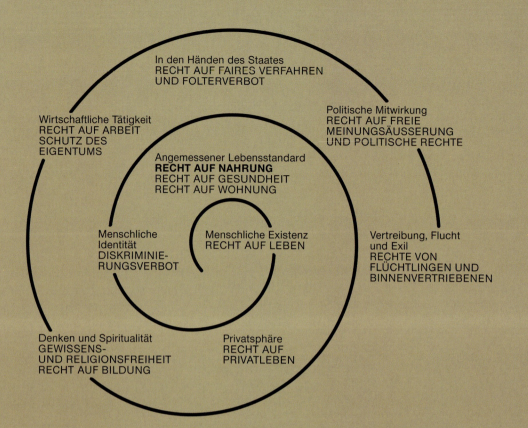

In den Händen des Staates
RECHT AUF FAIRES VERFAHREN
UND FOLTERVERBOT

Wirtschaftliche Tätigkeit
RECHT AUF ARBEIT
SCHUTZ DES
EIGENTUMS

Politische Mitwirkung
RECHT AUF FREIE
MEINUNGSÄUSSERUNG
UND POLITISCHE RECHTE

Angemessener Lebensstandard
RECHT AUF NAHRUNG
RECHT AUF GESUNDHEIT
RECHT AUF WOHNUNG

Menschliche
Identität
DISKRIMINIE-
RUNGSVERBOT

Menschliche Existenz
RECHT AUF LEBEN

Vertreibung, Flucht
und Exil
RECHTE VON
FLÜCHTLINGEN UND
BINNENVERTRIEBENEN

Denken und Spiritualität
GEWISSENS-
UND RELIGIONSFREIHEIT
RECHT AUF BILDUNG

Privatsphäre
RECHT AUF
PRIVATLEBEN

ÄTHIOPIEN, Makallè, 1984
Hungernde Menschen
in einem Flüchtlingslager.
Ferdinando Scianna/Magnum Photos

Warum ist die halbe Welt hungrig?

FRANKREICH, Burgund, 2001
Stuart Franklin/Magnum Photos

MAZEDONIEN, Blace, 1999 Flüchtlinge aus dem Kosovo stehen für Brot an, das vom mazedonischen Roten Kreuz verteilt wird. Alex Majoli/Magnum Photos

RECHT AUF NAHRUNG

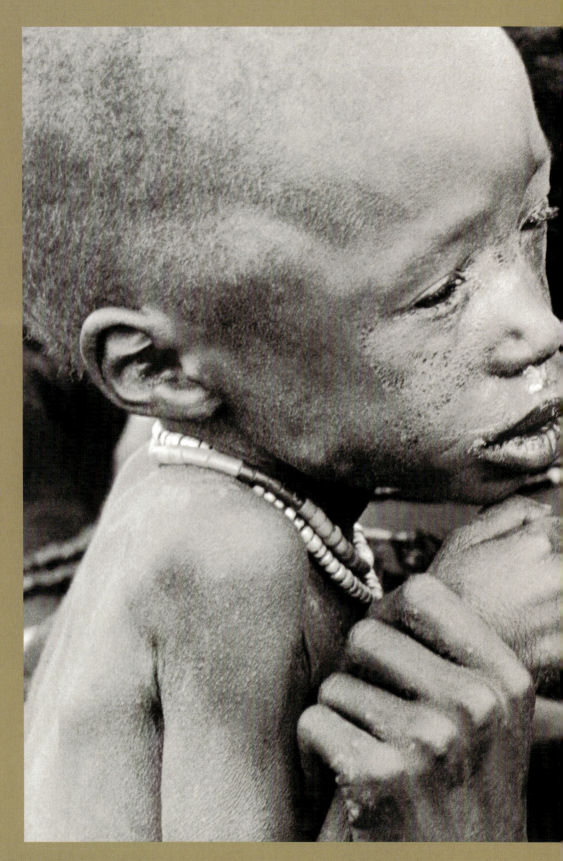

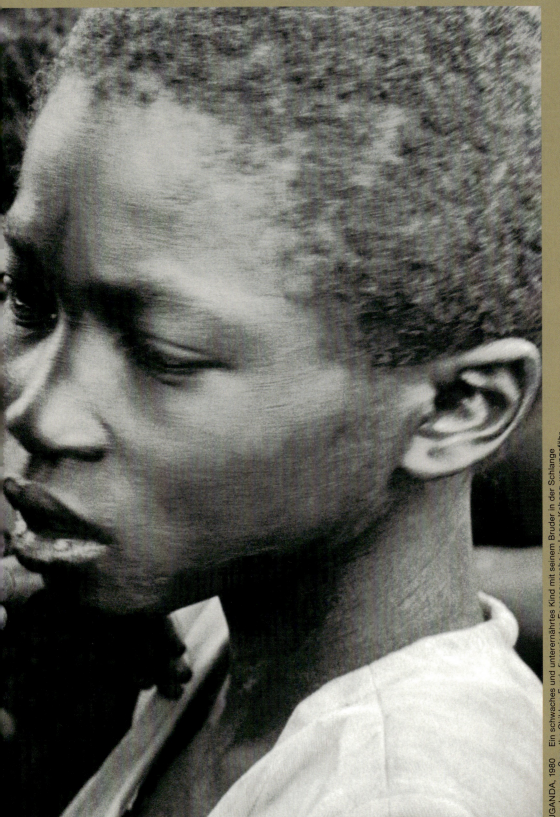

UGANDA, 1980 Ein schwaches und unterernährtes Kind mit seinem Bruder in der Schlange vor der vom «Save the Children Fund» finanzierten Essensausgabe im Lager Kabong, wo ungefähr 1500 Menschen untergebracht sind. Chris Steele-Perkins/Magnum Photos

TÜRKEI, Uludere, 1991   In einem bewaffneten Konvoi eskortieren türkische Truppen einen Lastwagen, der Brot in das kurdische Flüchtlingslager bringt. Mehr als 250 000 Kurden sind aus dem Irak geflohen. Heute leben sie in der Bergregion an der türkischen Grenze. Bruno Barbey/Magnum Photos

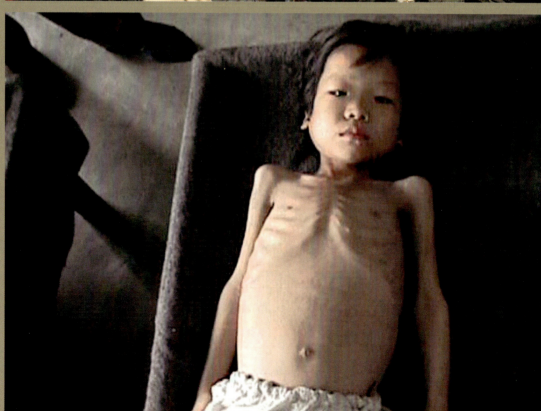

NORDKOREA, 1998   Kim Uen Bok, 11, der an Unterernährung leidet und nur 33 Pfund wiegt. International Relation Committee/AP

ÄTHIOPIEN, 1984 Hungersnot
Ferdinando Scianna/Magnum Photos

KUWAIT, Safwan, 1991 Saudische Soldaten werfen Nahrungsmittel in die Menge.
Abbas/Magnum Photos

SOMALIA, 1992 In Tücher gehüllte Leichen verhungerter Kinder.
Chris Steele-Perkins/Magnum Photos

Hunger ist keine Frage des Schicksals; Hunger wird von den Menschen geschaffen.
Er entsteht entweder durch Untätigkeit oder durch negative Einwirkungen,
die das Recht auf Nahrung verletzen. Es ist deshalb Zeit, etwas zu unternehmen.

Jean Ziegler, UN-Sonderberichterstatter zum Recht auf Nahrung

Unterernährung in der Welt (1998–2007)

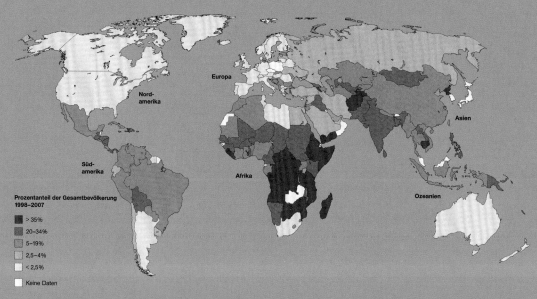

Prozentanteil der Gesamtbevölkerung 1998–2007
- > 35%
- 20–34%
- 5–19%
- 2,5–4%
- < 2,5%
- Keine Daten

www.wfp.org/country_brief/hunger_map/map/hungermap_popup/map_popup.html

Eine andere Darstellung der Welt

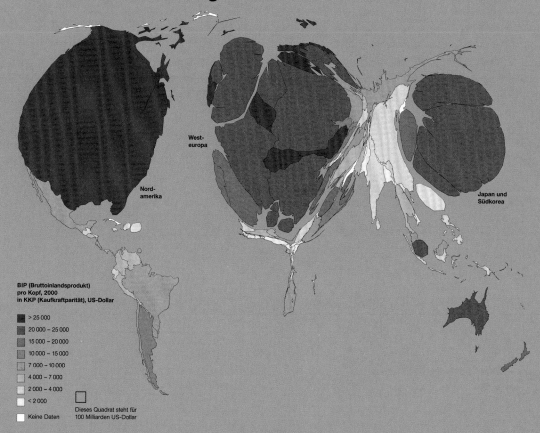

BIP (Bruttoinlandsprodukt) pro Kopf, 2000 in KKP (Kaufkraftparität), US-Dollar
- > 25 000
- 20 000 – 25 000
- 15 000 – 20 000
- 10 000 – 15 000
- 7 000 – 10 000
- 4 000 – 7 000
- 2 000 – 4 000
- < 2 000
- Keine Daten

Dieses Quadrat steht für 100 Milliarden US-Dollar

Karte von UNEP GRID-Arendal produziert anhand von Modellrechnungen der Moscow State University

WARUM IST DIE HALBE WELT HUNGRIG? Amartya Sen

Die weite Verbreitung des Hungers in der Welt hängt in erster Linie mit der Armut zusammen und nicht mit der Nahrungsmittelproduktion. Im Laufe des vergangenen Vierteljahrhunderts sind die Preise der Hauptnahrungsmittel (wie beispielsweise Reis, Weizen etc.) um mehr als die Hälfte gesunken. Wenn die Nachfrage nach Nahrungsmitteln steigt, wird sich beim heutigen Stand der Technik und der Verfügbarkeit der Ressourcen auch die Produktion entsprechend erhöhen.

Die Nachfrage nach Nahrungsmitteln wird hauptsächlich durch das zu niedrige Einkommen vieler Menschen beschränkt. Derselbe Faktor erklärt, warum weltweit so viele Menschen hungern. Mit ihrem niedrigen Verdienst können sich die Menschen nicht genügend Nahrungsmittel kaufen und leiden, zusammen mit ihren Familienmitgliedern, Hunger.
Die Höhe des Einkommens ist jedoch nicht der einzige Faktor: Auch die politischen Verhältnisse sind zu berücksichtigen, in welchen Hungersnot und Hunger entstehen …. In demokratischen Ländern, sogar in sehr armen, würde eine Hungersnot den Fortbestand einer Regierung bedrohen, da Wahlen nach einer Hungersnot nicht leicht zu gewinnen sind und es schwierig ist, der Kritik der Opposition und der Medien standzuhalten. Dies ist der Grund, warum es in demokratischen Ländern keine Hungersnot gibt. Bedauerlicherweise weisen viele Länder auf der ganzen Welt nach wie vor kein demokratisches System auf.

Seit beispielsweise die Demokratie in Simbabwe nicht mehr funktioniert, hat sich auch die Fähigkeit des Landes vermindert, in schwierigen Situationen Hungersnöte zu vermeiden (was in den Siebziger- und Achtzigerjahren hervorragend gelang). Ein autoritär geführtes Simbabwe läuft nun ernsthaft Gefahr, eine Hungersnot zu erleiden.

Leider erweist sich die weniger akute Form des Hungers, die endemische Unterernährung, als politisch nicht besonders brisant. Auch demokratische Regierungen können sich trotz chronischer Unterernährung ihrer Bevölkerung an der Macht halten. Während beispielsweise im demokratischen Indien Hungersnöte nicht mehr vorkommen (sie verschwanden 1947 im Zuge der Unabhängigkeit und der Mehrparteienwahlen), besteht die endemische Unterernährung weiterhin in beachtlichem Ausmass.

Amartya Sen, The Observer, London, 16. Juni 2002

SUDAN, Kosti, 1988 Die meisten dieser Kinder sind unterernährt und können die 300 Meter bis zur Essensausgabe nicht aus eigener Kraft zurücklegen. Sie müssen von ihren Geschwistern getragen werden. John Vink/Magnum Photos

SUDAN, Südsudan, 1991 Bürgerkrieg, Dürren und Missernten führen zu einer katastrophalen Hungersnot. Seuchen verschärfen die Lage zusätzlich. Chris Steele-Perkins/Magnum Photos

SENEGAL, 1973
Ferdinando Scianna/Magnum Photos

SOMALIA, Baidoa, 1992   Eine Mutter mit ihrem Kind, das wenige Schritte vor der Versorgungsstation zusammengebrochen ist.   James Nachtwey/VII

Ich hatte einen kleinen Stein gefunden, den ich abputzte und in den Mund steckte, um etwas auf der Zunge zu haben; sonst rührte ich mich nicht und bewegte nicht einmal die Augen. Menschen kamen und gingen, Wagengerassel, Pferdegetrampel und Stimmen erfüllten die Luft. Aber ich könnte es noch mit den Knöpfen versuchen? Es nützte natürlich nichts, und ausserdem war ich ziemlich krank. Doch wenn ich es recht überlegte, musste ich auf dem Heimweg sowieso die Richtung zum «Onkel» – meinem eigentlichen «Onkel» – einschlagen. Endlich erhob ich mich und schleppte mich langsam und taumelnd durch die Strassen. Ich fühlte einen brennenden Schmerz über meinen Augenbrauen, ein Fieber war im Anzug, und ich beeilte mich, so viel ich konnte. Abermals kam ich an dem Bäckerladen vorbei, in dem das Brot lag. So, nun bleiben wir hier nicht stehen, sagte ich mit gemachter Bestimmtheit. Aber wenn ich nun hineinginge und um einen Bissen Brot bäte? Das war ein Gedankenblitz. Pfui!, flüsterte ich und schüttelte den Kopf. Und ich ging weiter, voll Spott über mich selbst. Ich wusste doch gut, dass es nichts nützte, mit Bitten in diesen Laden zu kommen. Im Repslagergang stand ein Paar in einem Tor und flüsterte; ein wenig weiter steckte ein Mädchen den Kopf aus dem Fenster. Ich ging ganz ruhig und bedachtsam, sah aus, als grüble ich über alles Mögliche – und das Mädchen kam auf die Strasse. Wie steht's mit dir, Alter? Wie? Bist du krank? Nein, Gott steh mir bei, welch ein Gesicht! Und das Mädchen zog sich eiligst zurück. Plötzlich blieb ich stehen. Was war mit meinem Gesicht los? Hatte ich wirklich zu sterben begonnen? Ich fühlte mit der Hand über die Wangen: mager, natürlich war ich mager; die Wangen waren wie Schalen mit dem Boden nach innen. Herrgott! Und ich schlich mich weiter. Aber ich blieb wiederum stehen. Ich musste ganz unbegreiflich mager sein.

Knut Hamsun: Hunger, Deutsch von J. Sandmeier und S. Angermann

SUDAN, Südkordofan, Abyei, Dezember 1988   Vertriebene aus dem Südsudan warten auf die Nahrungsmittelverteilung. John Vink/Magnum Photos

Recht auf Nahrung

Das Recht auf Nahrung hat drei Teilaspekte: Das Recht, keinen Hunger leiden zu müssen, das Recht auf angemessene Nahrung und das Recht auf Wasser.

Das Recht, keinen Hunger leiden zu müssen, ist ein zentrales Menschenrecht, weil Hunger und schwere Unterernährung den Menschen am Genuss seiner anderen Menschenrechte hindern. Es wird als einzige Garantie im UN-Pakt über wirtschaftliche, soziale und kulturelle Rechte von 1966 als «grundlegendes» Recht bezeichnet und steht in enger Verbindung mit dem Recht auf Leben. Es verpflichtet die Staaten, Menschen nicht hungern zu lassen und sie gegen Hungersnöte zu schützen.

Recht auf angemessene Nahrung heisst nicht, dass der Staat eine automatische Pflicht hat, alle Menschen auf seinem Staatsgebiet zu ernähren. Es schützt jedoch den Zugang zu vorhandener Nahrung und verpflichtet den Staat, Massnahmen zu ergreifen, damit seine Bevölkerung ausreichende Nahrung erhält. Die Nahrung gilt dann als angemessen, wenn sie in jener Menge und Qualität erhältlich ist, die für ein gesundes Leben notwendig ist.

Das Recht auf Wasser wird in den internationalen Menschenrechtsabkommen nicht speziell erwähnt; es stellt aber, soweit es um Trinkwasser oder Wasser für die Produktion von Nahrungsmitteln geht, einen notwendigen Bestandteil des Rechts auf Nahrung dar.

Das Recht auf Nahrung verpflichtet den Staat auf drei unterschiedlichen Ebenen: Zunächst enthält es die Pflicht, das Recht der Menschen auf Nahrung **nicht zu verletzen.** Es ist staatlichen Behörden untersagt, Menschen am Zugang zu Nahrungsmitteln oder Wasser zu hindern, ihnen Essen oder Wasser wegzunehmen oder in bewaffneten Konflikten das Aushungern der Bevölkerung als Waffe einzusetzen. Inhaftierte müssen genügend Nahrung erhalten, und es ist dem Staat verboten, einem rebellierenden Landesteil durch die Umleitung von Wasser, durch die Blockade von Strassen oder durch die Zerstörung von Feldern Nahrung zu entziehen. Aus dieser Pflicht ergibt sich weiter, dass humanitären Organisationen der Zugang zur Not leidenden Bevölkerung gewährt werden muss.

Auf einer zweiten Ebene ist der Staat verpflichtet, das Recht auf Nahrung auch gegen private Übergriffe zu schützen. Weiss der Staat von einer Bedrohung oder Verletzung und wäre ein Eingreifen tatsächlich möglich, ist er z.B. verpflichtet, Familien gegen Nachbarn **zu schützen,** die ihre Vorräte plündern, oder ethnischen Minderheiten Schutz zu gewähren, deren Felder von Angehörigen der Mehrheit abgebrannt werden.

Auf einer dritten Ebene schliesslich muss der Staat dafür sorgen, dass die Menschen, die unter seiner direkten Kontrolle stehen – wie beispielsweise Häftlinge oder Patienten in einer staatlichen Klinik oder in einem Heim –, angemessene **Nahrung erhalten.** Er ist überdies verpflichtet, den Menschen bei Hungersnöten beizustehen oder, falls er dazu selber nicht in der Lage ist, internationale Hilfe zu akzeptieren. Damit all diese Pflichten verwirklicht werden können, ist eine Wirtschaftspolitik anzustreben, die auf nachhaltige Weise Nahrungsmittelsicherheit garantiert.

USBEKISTAN, 1992 Markt bei Taschkent.
Gueorgui Pinkhassov/Magnum Photos

GROSSBRITANNIEN, London, 2001 Freunde treffen sich in einer Wohnung im East End zum Abendessen. Martin Parr/Magnum Photos

KAMBODSCHA, Phnom Penh, 2002   Die 13-jährige Chea Sophan mit ihrer Mutter, Hun Sophan, an ihrem Imbissstand. John Vink/Magnum Photos

TRINIDAD UND TOBAGO, Black Rock, 1998   Jemma's Seaside Cafe. David Alan Harvey/Magnum Photos

USBEKISTAN, 1992 Restaurant bei Samarkand.
Gueorgui Pinkhassov/Magnum Photos

FRANKREICH, Castans, 1998 Neujahrsfest
Patrick Zachmann/Magnum Photos

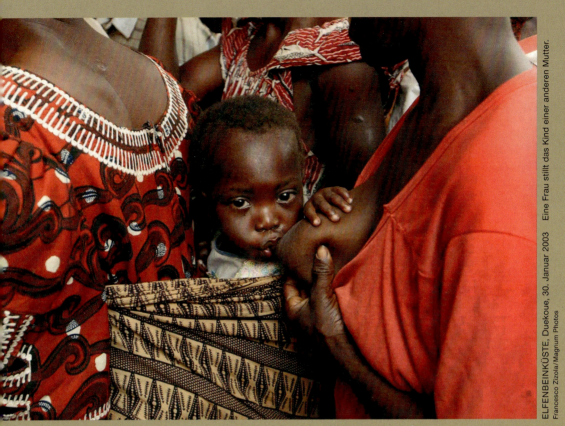

ELFENBEINKÜSTE, Duekoue, 30. Januar 2003 Eine Frau stillt das Kind einer anderen Mutter.
Francesco Zizola/Magnum Photos

JAPAN, Hirosaki, Aomori, 2003
Hiroji Kubota/Magnum Photos

DEUTSCHLAND, Oberhausen, 1996 «Centro», das grösste Einkaufszentrum Europas.
Martin Parr/Magnum Photos

ZEIT IST LEBEN

Die Stärke des internationalen Rechts liegt darin, dass es Standards setzt und von den Staaten Rechenschaft fordert. Diese Standards und der Umfang der Verantwortlichkeit gelten auch in Situationen von Hunger und Unterernährung. In unserer heutigen Welt ist ständiger Hunger weder unvermeidlich noch hinnehmbar. Hunger ist keine Frage des Schicksals. Hunger wird von den Menschen geschaffen. Er entsteht entweder durch Untätigkeit oder durch negative Einwirkungen, die das Recht auf Nahrung verletzen. Es ist deshalb Zeit, Massnahmen zu ergreifen. Es ist Zeit, das Recht auf Nahrung als ein Menschenrecht anzuerkennen und den Hunger auszurotten. Anlässlich des Welternährungsgipfels «+5» wurde deutlich, dass bislang wenig unternommen worden ist, um das 1996 gesteckte Ziel zu erreichen: die Zahl der Hungertoten bis 2015 zu halbieren. Dennoch wurde anlässlich des Gipfeltreffens ein kleiner Fortschritt erzielt, indem die Regierungen das «Recht auf Nahrung» anerkannt und beschlossen haben, Verhandlungen über freiwillige Leitlinien zum Recht auf Nahrung aufzunehmen. Das Recht auf Nahrung ergänzt das Konzept der «Nahrungsmittelsicherheit». Es enthält die rechtliche Pflicht, sich mit Hunger und Unterernährung auseinanderzusetzen, und geht insofern über rein politische Programme und Entscheide hinaus.

Wir wissen, dass alle sieben Sekunden ein Kind unter zehn Jahren verhungert oder an durch Hunger verursachten Krankheiten stirbt. Zeit ist keine abstrakte Einheit. Zeit ist menschliches Leben.

Jean Ziegler, UN-Sonderberichterstatter über das Recht auf Nahrung, Bericht, 10. Januar 2003, UN Doc. E/CN.4/2003/54

WAS IST «ANGEMESSENE NAHRUNG»?

Was also ist der Unterschied zwischen dem Recht, keinen Hunger leiden zu müssen, und dem Recht auf angemessene Nahrung? Das Recht, nicht hungern zu müssen, ist grundlegend. Dies bedeutet, dass die Regierungen die Verpflichtung haben, Menschen nicht verhungern zu lassen. Das Recht, nicht hungern zu müssen, ist untrennbar mit dem Recht auf Leben verbunden. Darüber hinaus sollten die Regierungen jedoch auch so weit als möglich dafür sorgen, dass alle Menschen auf ihrem Territorium mit angemessener Nahrung versorgt werden können; dies bedeutet, dass die Menschen jederzeit zu erschwinglichen Preisen Zugang zu Nahrungsmitteln erhalten, die ihnen quantitativ und qualitativ ein gesundes und aktives Leben gewährleisten. Nahrungsmittel sind zudem nur dann angemessen, wenn sie kulturell akzeptabel sind und umwelt- und sozialverträglich produziert werden. Schliesslich sollte das Recht auf angemessene Nahrung nicht mit anderen Menschenrechten in Konflikt geraten – die Kosten für eine angemessene Ernährung dürfen zum Beispiel die Befriedigung anderer sozialökonomischer Rechte nicht gefährden, und das Recht auf eine angemessene Ernährung darf nicht zu Lasten bürgerlicher und politischer Rechte befriedigt werden.

FAO, Focus Sheet, Right to Food

UN-Pakt über wirtschaftliche, soziale und kulturelle Rechte, 1966

Artikel 11
1. Die Vertragsstaaten erkennen das Recht eines jeden auf einen angemessenen Lebensstandard für sich und seine Familie an, einschliesslich ausreichender Ernährung, Bekleidung und Unterbringung, sowie auf eine stetige Verbesserung der Lebensbedingungen. Die Vertragsstaaten unternehmen geeignete Schritte, um die Verwirklichung dieses Rechts zu gewährleisten, und erkennen zu diesem Zweck die entscheidende Bedeutung einer internationalen, auf freier Zustimmung beruhenden Zusammenarbeit an.
2. In Anerkennung des grundlegenden Rechts eines jeden, vor Hunger geschützt zu sein, werden die Vertragsstaaten einzeln und im Wege internationaler Zusammenarbeit die erforderlichen Massnahmen, einschliesslich besonderer Programme, durchführen a) zur Verbesserung der Methoden der Erzeugung, Haltbarmachung und Verteilung von Nahrungsmitteln durch volle Nutzung der technischen und wissenschaftlichen Erkenntnisse, durch Verbreitung der ernährungswissenschaftlichen Grundsätze sowie durch die Entwicklung oder Reform landwirtschaftlicher Systeme mit dem Ziel einer möglichst wirksamen Erschliessung und Nutzung der natürlichen Hilfsquellen; b) zur Sicherung einer dem Bedarf entsprechenden gerechten Verteilung der Nahrungsmittelvorräte der Welt unter Berücksichtigung der Probleme der Nahrungsmittel einführenden und ausführenden Länder.

Allgemeine Erklärung der Menschenrechte, 1948

Artikel 25
Jeder hat das Recht auf einen Lebensstandard, der seine und seiner Familie Gesundheit und Wohl gewährleistet, einschließlich Nahrung. ...

Allgemeine Erklärung zur Beseitigung von Hunger und Unterernährung, 1974

Alle Menschen, ob Männer, Frauen oder Kinder, haben das unveräusserliche Recht, frei von Hunger und Unterernährung zu sein, um ihre körperlichen und geistigen Fähigkeiten voll entwickeln und bewahren zu können.

Rome Declaration on World Food Security (Erklärung von Rom zur Sicherung der Welternährung), 1966

Wir, die Staats- und Regierungsoberhäupter bzw. unsere Repräsentanten, die wir uns auf Einladung der FAO auf dem Welternährungsgipfel versammelt haben, bekräftigen das Recht eines jeden Menschen auf Zugang zu sicherer und nahrhafter Ernährung, in Übereinstimmung mit dem Recht auf angemessene Nahrung und dem Grundrecht aller Menschen, keinen Hunger leiden zu müssen.

SUDAN, Akot, 2001 Lokale Nichtregierungsorganisationen kümmern sich um die Kinder in den Durchgangslagern, doch die Nahrungsbeschaffung bleibt ein Problem. Anfangs bekamen sie 500 g pro Tag, dann 800 g. Kent Klich/Magnum Photos

SUDAN, Akot, 2001 Lokale Nichtregierungsorganisationen kümmern sich um die Kinder in den Durchgangslagern. Im Frühjahr 2001 evakuierte UNICEF mehr als 3400 Knaben, u.a. Kindersoldaten aus der Kampfzone Bahrel Gazal, und brachte sie in Durchgangslager. Kent Klich/Magnum Photos

SUDAN, Region Darfur, Musbet, März 2004   Ein Sudanese steht vor den Überresten seines Hauses. Es wurde von den Janjaweed, den von der Regierung unterstützten arabischen Milizen, niedergebrannt. Sie zerstörten ganze Dörfer und Anbauflächen. Francesco Zizola/Magnum Photos

HUNGER ALS WAFFE

BOSNIEN, 1994 Truppen bosnischer Serben verhindern immer wieder die humanitäre Hilfe, die sich auf die «sicheren Gebiete» im Osten Bosniens konzentriert. Häufig wird den Transporten von Zelten, Nahrungsmitteln, Kleidung und Schuhen der Zugang verweigert. Im September und Oktober konnte nur die Hälfte der beabsichtigten Nahrungsmittellieferungen des UNHCR in «sichere Gebiete» gebracht werden. Auch die Treibstofflieferungen, die für die Verteilung der Hilfsmittel in den Zielgebieten und für Heizungszwecke unerlässlich sind, wurden regelmässig blockiert. Im November konnte das UNHCR nur zwei Drittel der geplanten Lebensmittellieferungen nach Gorazde, Srebrenica und Zepa durchführen.
Tadeusz Mazowiecki, UN-Sonderberichterstatter über das ehemalige Jugoslawien, Zehnter Bericht, 9. März 1994, UN Doc E/CN.4/1995/57

TSCHETSCHENIEN, 1995 Verschiedene Berichte deuten darauf hin, dass Bundestruppen seit dem 30. September 1995 die Stadt Sernovodsk eingekesselt und von der Umwelt abgeschnitten haben. In der Folge litten 3600 einheimische Vertriebene, die sich im städtischen Sanatorium aufhielten, die 20 000 Einwohner der Stadt Sernovodsk und andere Vertriebene, die bei Verwandten oder Freunden lebten, an Lebensmittelknappheit. ... Ausserdem wird berichtet, dass die russischen Behörden wiederholt versucht haben, die humanitäre Hilfe in der Region durch bürokratische Schwierigkeiten gegenüber den Hilfsorganisationen zu behindern, die Verteilung der Hilfsmittel zu stören und medizinisch bedingte Evakuierungen aus Grozny aufzuhalten.
UN-Generalsekretär, The situation of human rights in the Republic of Chechnya of the Russian Federation, E/CN.4/1996/13

SUDAN, 2000 Es ist weniger als ein Jahr her, dass die islamistische Regierung des Sudans durch internationalen Druck gezwungen worden ist, zum ersten Mal seit zehn Jahren internationale Hilfslieferungen für die Menschen im Nuba-Gebirge zuzulassen. Nun versucht die Regierung in Khartoum, den Nuba den Zugang zu diesen Hilfsleistungen in den Bergen zu versperren und die Zivilbevölkerung in den von den Rebellen der sudanesischen People's Liberation Army kontrollierten Gebieten auszuhungern. Kaum hatten die UN-Hilfsteams das Gebiet verlassen, haben die Regierungstruppen in den vergangenen zwei Monaten zwei der drei holperigen Flugpisten, die Hilfsmassnahmen überhaupt erst ermöglichen, erobert und einen Überraschungsangriff auf Teile des ertragreichsten Nuba-Landes um das Dorf Tabanya herum gestartet. ... Während sich die Beweise über Menschenrechtsverletzungen häufen, verspricht zwar die Regierung Besserung, kämpft aber mit der ältesten und grausamsten Waffe, über die sie verfügt: dem Hunger. Rahila Kuku, Mutter von fünf Kindern, wurde gezwungen, die Hirse zu ernten, die zum Zeitpunkt des Angriffes am 17. März dicht auf den Feldern um Tabanya herum wuchs. Sie erzählt, dass Hunderte von Gefangenen unter vorgehaltener Schusswaffe die Hirsefelder abernten und jedes Körnchen auf Lastwagen verladen mussten. Das Getreide war zur Versorgung von Regierungstruppen in anderen Teilen des Gebirges bestimmt.
Julie Flint, Nuba Face Destruction, Relief Web, www.reliefweb.int

HUNGERNDE GEFANGENE

ÄQUATORIALGUINEA, 1994 Beim Besuch vom 19. Mai 1994 im Gefängnis in Bata zeigte sich, dass sich die Situation der 37 Gefangenen seit dem letzten Besuch im Oktober 1993 nicht verbessert hat. Die Hygieneverhältnisse waren sehr schlecht. Es gab zu wenig Trinkwasser, und die Toiletten und Zellen waren in einem erschreckenden Zustand; manche hatten sogar Löcher in den Dächern, durch die es hereinregnete. ... Die Gefangenen bekommen kaum Essen, ihre Ration besteht nur aus einem Laib Brot pro Tag und hin und wieder einer Dose Sardinen. Sie sind eindeutig unterernährt. Alle Gefangenen sagten, sie empfänden den erzwungenen Hunger als unerträglich. Obwohl die Verwandten den Gefangenen Lebensmittel bringen dürften, ist dies häufig nicht möglich, weil die Familienangehörigen sehr arm sind oder weit weg leben. Die Gefangenen beklagten sich ausserdem darüber, dass erhebliche Mengen von Lebensmitteln (Brote, die wenigen Pakete aus Malabo und sogar die von den Verwandten gebrachte Nahrung) vom Gefängnispersonal zum eigenen Verbrauch konfisziert werden.
Alejandro Artucio, UN-Sonderberichterstatter über die Republik Äquatorialguinea, Report, UN Doc E/CN.4/1995/68

Zusatzprotokoll zu den Genfer Abkommen vom 12. August 1949 über den Schutz der Opfer internationaler bewaffneter Konflikte (Protokoll I), 1977

Art. 54
1. Das Aushungern von Zivilpersonen als Mittel der Kriegführung ist verboten.
2. Es ist verboten, für die Zivilbevölkerung lebensnotwendige Objekte wie Nahrungsmittel, zur Erzeugung von Nahrungsmitteln genutzte landwirtschaftliche Gebiete, Ernte- und Viehbestände, Trinkwasserversorgungsanlagen und -vorräte sowie Bewässerungsanlagen anzugreifen, zu zerstören, zu entfernen oder unbrauchbar zu machen, um sie wegen ihrer Bedeutung für den Lebensunterhalt der Zivilbevölkerung oder der gegnerischen Partei vorzuenthalten, gleichviel ob Zivilpersonen ausgehungert oder zum Fortziehen veranlasst werden sollen oder ob andere Gründe massgebend sind.

Zusatzprotokoll zu den Genfer Abkommen vom 12. August 1949 über den Schutz der Opfer nicht internationaler bewaffneter Konflikte (Protokoll II), 1977

Art. 14
Das Aushungern von Zivilpersonen als Mittel der Kriegführung ist verboten.
Es ist daher verboten, für die Zivilbevölkerung lebensnotwendige Objekte wie Nahrungsmittel, zur Erzeugung von Nahrungsmitteln genutzte landwirtschaftliche Gebiete, Ernte- und Viehbestände, Trinkwasserversorgungsanlagen und -vorräte sowie Bewässerungsanlagen zu diesem Zweck anzugreifen, zu zerstören, zu entfernen oder unbrauchbar zu machen.

Römer Statut des Internationalen Strafgerichtshofs, 1998

Das vorsätzliche Aushungern von Zivilpersonen als Methode der Kriegführung durch das Vorenthalten der für sie lebensnotwendigen Gegenstände, einschliesslich der vorsätzlichen Behinderung von Hilfslieferungen, wie sie nach den Genfer Abkommen vorgesehen sind, ist ein Kriegsverbrechen. (Art. 8)

BOSNIEN-HERZEGOWINA, Gorazde, 17. Oktober 1995 Ein Konvoi der Vereinten Nationen erreicht die muslimische, von serbischen Truppen belagerte Enklave Gorazde. Die Serben, die die Strasse trotz eines Waffenstillstands blockiert hatten, liessen ihn schliesslich doch noch passieren. Reuters

VENEZUELA, Caracas, 1996 Insassen des «La Planta»-Gefängnisses bereiten sich eine Mahlzeit zu. Da das von der Gefängnisverwaltung zur Verfügung gestellte Essen kaum zum Überleben reicht, lassen sich einige von Verwandten und Freunden mit Nahrungsmitteln versorgen. Jose Caruci/AP

DER ZUGANG ZU LEBENSMITTELN MUSS GEWÄHRT WERDEN

PHILIPPINEN, 1991/92   In einigen Regionen auf den Philippinen herrschte mehrere Monate lang eine schwere Dürre. Sie führte dazu, dass die Bauern in Seltan Kudarat alle Lebensmittelreserven aufbrauchten. Die Bauern ersuchten daraufhin die für die Notversorgung der Region zuständigen Behörden um Hilfe. Mehrmals kamen sie mit Regierungsvertretern zusammen. Diese gaben in der Folge bekannt, dass die Bauern auf Darlehensbasis rohen Reis bekommen würden, welcher nach der nächsten Ernte zurückzuzahlen sei. Dieses Versprechen wurde jedoch nie eingehalten. Den Bauern kamen zudem Berichte zu Ohren, wonach roher Reis aus Speichern genommen und an andere Orte gebracht worden sei, weshalb sie vermuteten, dass hinter ihrem Rücken fragwürdige Geschäfte gemacht würden. In der Zwischenzeit starben in Seltan Kudarat Kinder und ältere Menschen den Hungertod. Als sie die Untätigkeit der Regierungsbehörden nicht mehr ertragen konnten, versammelten sich etwa 1500 Bauern vor dem Lagergebäude, nahmen den Reis und verteilten ihn gleichmässig. Der rohe Reis wurde, wie zuvor mit den Regierungsvertretern besprochen, als Darlehen ausgeteilt. Am Tag danach nahm die Regierung 21 Anführer der Bauern fest und klagte sie des Diebstahls an. Zudem wurde der grösste Teil des Reises wieder eingesammelt. Die Menschenrechtsorganisation FIAN organisierte eine Kampagne für die verhungernden Bauern und die festgenommenen Anführer. Ein Jahr später stellte die Regierung das Verfahren gegen die Bauernführer ein.

IHRIP/Forum Asia, Rolf Künnemann, Circle of Rights, Module 12, The Right to Adequate Food

FRAUEN UND NAHRUNG: DIE ERSTEN BEIM ANBAU – DIE LETZTEN BEIM ESSEN

Die Frauen in Schwarzafrika tragen rund 60 bis 80 Prozent der Lebensmittelproduktion für den familieneigenen Gebrauch und für den Verkauf bei. In Asien übernehmen die Frauen rund 50 Prozent der gesamten Lebensmittelproduktion. In Süd- und Südostasien spielen die Frauen eine bedeutende Rolle in der Reisproduktion: Sie besorgen üblicherweise die unbezahlte Familienarbeit oder die Lohnarbeit, die für Aussaat, Umpflanzung, Ernte und Verarbeitung des Reises erforderlich ist. Im gesamten pazifischen Raum spielen Frauen eine zentrale Rolle beim Lebensmittelverkauf und in der Fischerei. Obwohl es allgemein immer weniger Arbeit in der Landwirtschaft Lateinamerikas gibt, erarbeiten die Frauen nach wie vor 40 Prozent der landwirtschaftlichen Versorgung der Binnenmärkte. Die Gärten und landwirtschaftlich genutzten Parzellen der Frauen stellen oft die einzige Möglichkeit dar, die Ernährung der Familie abwechslungsreicher zu gestalten. Ihre zentrale Rolle in der Landwirtschaft bedeutet für die Frauen eine starke Arbeitsbelastung. Arme Bäuerinnen arbeiten 16 bis 18 Stunden pro Tag auf dem Feld und erledigen zusätzlich die Hausarbeit. Diese Belastung kann sich sowohl auf die Gesundheit der Frauen als auch auf die Ernährung der Familie negativ auswirken. In vielen Gesellschaften verlangt die Tradition, dass die Männer zuerst essen und das Beste erhalten. Gibt es nur wenig zu essen, gehen Frauen und Kinder leer aus. In Entwicklungsländern sind Frauen daher eher unterernährt als Männer.

FAO, Rural women and the right to food, www.fao.org

Diskriminierung

Jede Diskriminierung beim Zugang zu Nahrung und zu den für Beschaffung erforderlichen Mitteln und Berechtigungen, die zum Ziel oder zur Folge hat, die gleichberechtigte Anerkennung oder Ausübung ökonomischer, gesellschaftlicher und kultureller Rechte zu beseitigen oder einzuschränken, stellt eine Verletzung des Abkommens dar, sofern die Unterscheidung aufgrund von Rasse, Hautfarbe, Geschlecht, Sprache, Alter, Religion, politischen oder anderen Überzeugungen, nationaler oder gesellschaftlicher Herkunft, Besitzstand, Geburtsstand oder eines anderen Status erfolgt.

UN-Ausschuss für wirtschaftliche, soziale und kulturelle Rechte, Allgemeine Bemerkung, Nr. 12, U.N. Doc. E/C.12/1999/5 (1999).

UN-Übereinkommen über die Rechte des Kindes, 1989

Artikel 24
2. Die Vertragsstaaten ... treffen insbesondere geeignete Massnahmen, um: c) Krankheiten ... zu bekämpfen, unter anderem ... durch die Bereitstellung ausreichender vollwertiger Nahrungsmittel und sauberen Trinkwassers, wobei die Gefahren und Risiken der Umweltverschmutzung zu berücksichtigen sind.

Artikel 27
1. Die Vertragsstaaten erkennen das Recht jedes Kindes auf einen seiner körperlichen, geistigen, seelischen, sittlichen und sozialen Entwicklung angemessenen Lebensstandard an.
2. Es ist in erster Linie Aufgabe der Eltern oder anderer für das Kind verantwortlicher Personen, im Rahmen ihrer Fähigkeiten und finanziellen Möglichkeiten die für die Entwicklung des Kindes notwendigen Lebensbedingungen sicherzustellen.
3. Die Vertragsstaaten treffen gemäss ihren innerstaatlichen Verhältnissen und im Rahmen ihrer Mittel geeignete Massnahmen, um den Eltern und anderen für das Kind verantwortlichen Personen bei der Verwirklichung dieses Rechts zu helfen, und sehen bei Bedürftigkeit materielle Hilfs- und Unterstützungsprogramme insbesondere im Hinblick auf Ernährung ... vor.

SENEGAL, Region Casamance, 1980   Hirseernte
Bruno Barbey/Magnum Photos

PERU, Kengo bei Cuzco, 1991   Kartoffelaussaat
Stuart Franklin/Magnum Photos

NAHRUNGSMITTELSICHERHEIT FÜR ALLE MENSCHEN

Essen in der Schule

Die Leitung des Welternährungsprogramms der Vereinten Nationen (WFP, World Food Programme) rief die Regierungen und die humanitären Hilfsorganisationen dazu auf, zur Schaffung eines globalen Schulernährungsprogramms für die unterernährten Kinder der Welt beizutragen. Nach den Aussagen des WFP stellt ein derartiges Programm eine «zentrale Waffe» im Krieg gegen Hunger und Armut dar. «Die Ernährung und die Schulausbildung der Kinder sind Schlüsselelemente, um die Lücke zwischen Reich und Arm in dieser Welt zu schliessen», sagte die Geschäftsführerin des WFP, Catherine Bertini.

Frau Bertini, deren Organisation in den Entwicklungsländern die grösste Anzahl Schulmahlzeiten bereitstellt, sagte, dass Forschung und praktische Erfahrungen von Jahrzehnten gezeigt hätten, dass die Mahlzeiten in der Schule den Hunger linderten, die Bereitschaft zum Schulbesuch drastisch erhöhten, zu besseren Leistungen führten und letzthendlich die Ausbildung von wesentlich mehr Mädchen und Jungen bewirkten. WFP blickt auf fast 40 Jahre Erfahrung zurück und versorgt mehr als zwölf Millionen Schüler in 54 Ländern der Welt mit Mahlzeiten. «Studie um Studie kommt zum Schluss, dass die Kinder häufiger zur Schule kommen, gute Leistungen erbringen und sich wohlfühlen, wenn sie in der Schule Essen erhalten», sagt sie.

Arabic News, 1. Juli 2001, www.arabicnews.com

Aquakultur: Wo Reis und Fisch zusammenkommen

Ein Weg, das Einkommen von Reisbauern zu verbessern, liegt darin, sie bei der Einführung der Aquakultur zu unterstützen, vor allem in städtischen Gebieten und Agglomerationen. Man geht davon aus, dass sich ungefähr 20 Prozent der bewässerten Reisfelder als Fischfarmen eignen würden. Selbst wenn Reisanbau und Fischproduktion nur auf bescheidenem Niveau parallel erfolgen würden, könnte dies das Einkommen der Bauern und die Nahrungsmittelversorgung erheblich erhöhen. Die Reis-Fisch-Produktion kann einen Ertrag von 50 bis 300 kg Fisch pro Hektar einbringen. Alternativ dazu kann die Fischzucht abwechselnd mit dem Reisanbau erfolgen, wobei ein Ertrag von durchschnittlich 300 bis 3000 kg pro Hektar erreicht werden kann, je nach Intensität der Bewirtschaftung und den herrschenden klimatischen Bedingungen. In Malawi und in der Daloa-Region an der Elfenbeinküste werden immer mehr Fischteiche geschaffen. So steht denn auch gegrillter Barsch aus diesen Teichen auf der Speisekarte vieler Strassenrestaurants. Die Aquakultur kann auch in die Viehzucht integriert werden. Nutzt man die Teiche, die als Wasserspeicher und Trinkwasservorrat für Vieh gebraucht werden, gleichzeitig für die Fischzucht, kann damit auch die Fisch- und Proteinversorgung der Bauern gesteigert werden.

FAO, Good Practice, www.fao.org

Viehzucht am Stadtrand

Die Kleintierhaltung in Stadtrandgebieten ist ein Beispiel für die zunehmende Zahl von Produktionssystemen, die häufig den doppelten Zweck haben, die Zahl der Nahrungsmittelquellen zu erhöhen und gleichzeitig Abfälle zu verwerten. Derzeit macht diese Art der Tierhaltung weltweit etwa 34 Prozent der gesamten Fleischproduktion und 70 Prozent der Eierproduktion aus. In den meisten Entwicklungsländern ist es üblich, nebenbei zu Hause noch einige Hühner oder anderes Geflügel zu halten. In und um die Städte bewirtschaften die Menschen als Nebenverdienst kleine Gärten oder sie betreiben professionellen und intensiven Gemüseanbau für den Verkauf. In Mexico City werden in den Hinterhöfen Schweine und Geflügel gehalten. Durchschnittlich besitzen die Familien drei Schweine und 26 Stück Federvieh pro Haushalt, manche Haushalte bewirtschaften sogar bis zu 60 Schweine. Die Ernährung dieser Tiere basiert auf der Verwertung der Abfälle aus der Stadt, die unter anderem aus Küchenabfällen, trockenem Brot und Tortilla, übrig gebliebenem Tortillateig, Hühnerdärmen und Früchte- oder Gemüseabfällen vom Markt bestehen. Bis zu 4000 Tonnen Tierfutter pro Tag können so aus den Abfällen gewonnen werden.

FAO, Good Practice, www.fao.org

Was bedeutet Nahrungsmittelsicherheit?

Dem Welternährungsgipfel zufolge ist Nahrungsmittelsicherheit erreicht, wenn alle Menschen jederzeit physisch und wirtschaftlich Zugang zu ausreichender, ungefährlicher und nährstoffreicher Nahrung haben, die ihren Ernährungsbedürfnissen und -vorlieben entspricht und ein aktives und gesundes Leben ermöglicht.
Nahrungsmittelsicherheit bedeutet:
– Die Verfügbarkeit von genügend Nahrungsmitteln ist sichergestellt.
– Die Versorgung wird auf einem stabilen Niveau gehalten.
– Bedürftigen wird der Zugang zu Nahrungsmitteln ermöglicht.

www.fao.org, 30. August 2003

Oberster Gerichtshof Indiens

Es ist von grösster Bedeutung, dafür zu sorgen, dass alte, gebrechliche, behinderte Menschen, mittellose und vom Hunger bedrohte Frauen und Männer, Schwangere und stillende Mütter und mittellose Kinder mit Nahrung versorgt werden, wenn sie sich selbst oder ihre Familienangehörigen nicht genügend ernähren können. Während einer Hungersnot mag Nahrungsmittelknappheit herrschen, aber in unserer Gesellschaft herrscht Knappheit mitten im Überfluss. Es gibt reichlich Nahrungsmittel, aber sie werden nur unzureichend oder gar nicht an die Ärmsten und Mittellosen verteilt, was zu Unterernährung, Hungertod und weiteren damit zusammenhängenden Problemen führt.

Supreme Court of India, People's Union for Civil Liberties v. Union of India and Others, 23. Juli 2001

Pedro de Cieza de León, Chronik der Inkas, 1540

Da das Königreich sehr gross war, gab es in jeder der zahlreichen Provinzen viele Lagerhäuser, angefüllt mit Vorräten und anderen notwendigen Dingen; zu Kriegszeiten konnten die Truppen, wo auch immer sie waren, auf diese Lagerbestände zurückgreifen, ohne jemals die Vorräte der Verbündeten oder das, was sie in ihren Siedlungen hatten, anzutasten. ... Dann wurden die Lager wieder mit den von den Inka gezahlten Abgaben aufgefüllt. In mageren Jahren wurden die Lager geöffnet, und den Provinzen wurde geliehen, was sie an Vorräten brauchten; in Jahren des Überflusses wurde zurückbezahlt, was entliehen worden war. ...

Modern History Sourcebook, www.fordham.edu

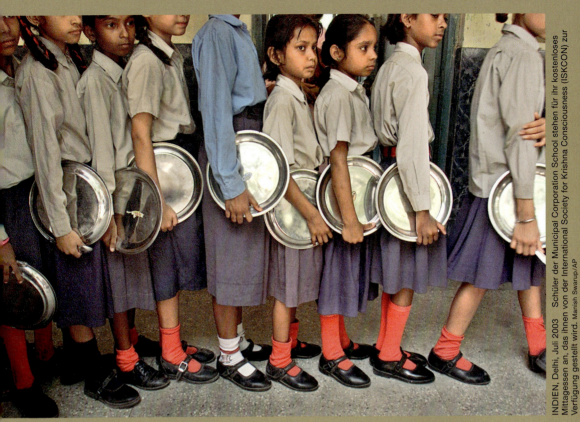

INDIEN, Delhi, Juli 2003 Schüler der Municipal Corporation School stehen für ihr kostenloses Mittagessen an, das ihnen von der International Society for Krishna Consciousness (ISKCON) zur Verfügung gestellt wird. Manish Swarup/AP

USA, Florida, Collier, 24. April 2003 Nana Sarpong, König der Ashanti in Ghana, sieht sich während eines Besuchs des innerstädtischen Entwicklungsprojektes Collier City Aquaculture and Hydroponics Project Tilapia-Barsche an. Luis M. Alvarez/AP

ALBANIEN, Kukes, April 1999 Flüchtlingskinder aus dem Kosovo mit den Brotrationen für ihre Familien. R. Chalasani/UN/DPI Photo

RUSSLAND, Moskau, 1992
Martin Parr / Magnum Photos

USA, Los Angeles, 2000   Leonardo di Caprios Lieblingsgericht: Schinken mit Ei im Griddle Cafe.
Martin Parr/Magnum Photos

GROSSBRITANNIEN, Gateshead, 2002   Die Eröffnung der Baltic Mills Gallery.
Martin Parr/Magnum Photos

GROSSBRITANNIEN, New Brighton, 1985   The Last Resort.
Martin Parr/Magnum Photos

GROSSBRITANNIEN, London, 2001   Dinner in Knightsbridge.
Martin Parr/Magnum Photos

USA, Florida, 1998
Martin Parr/Magnum Photos

DIE ROLLE DER INTERNATIONALEN GEMEINSCHAFT

Das Welternährungsprogramm der Vereinten Nationen (WFP, World Food Programme)

Das 1963 gegründete Welternährungsprogramm ist die wichtigste Institution der Vereinten Nationen im Kampf gegen den Hunger. Im Jahre 2006 versorgte das WFP 87,8 Millionen Menschen in 78 Ländern, einschliesslich der meisten Flüchtlinge und Vertriebenen, mit Nahrung. Als der Teil der Vereinten Nationen, der sich auf die Nahrungshilfe konzentriert, setzt das WFP die Nahrungsmittel in Notsituationen und zur Unterstützung wirtschaftlicher und sozialer Entwicklung ein. Auch sorgt es für die erforderliche logistische Unterstützung, damit die Nahrungsmittelhilfe die richtigen Menschen zur richtigen Zeit am richtigen Ort erreicht. Das WFP bemüht sich, den Hunger ins Zentrum der internationalen Tagesordnung zu rücken, indem es Grundsätze, Strategien und Massnahmen fördert, die den Armen und Hungrigen der Welt direkt zugutekommen. Seit ihrer Gründung im Jahre 1963 hat die Organisation mit Sitz in Rom weltweit 27,8 Milliarden US-Dollar und mehr als 43 Millionen Tonnen Nahrungsmittel im Kampf gegen den Hunger, in die Förderung wirtschaftlicher und sozialer Entwicklung und in die Nothilfe investiert. Die zunehmenden Bürgerkriege, Kriege und Naturkatastrophen in den ärmsten Ländern der Welt haben zu einer Explosion der Nahrungsmittelknappheit geführt. In den Neunzigerjahren hat der Anteil weltweiter Unterstützungsprogramme auf dem Gebiet der Notfallhilfe und der humanitären Hilfe um mehr als 500 Prozent zugenommen. ...

Das WFP ist der Überzeugung, dass die Nahrungsmittelhilfe eines der wirksamsten Mittel im Kampf gegen die Armut darstellen kann. Die Entwicklungsprojekte des WFP zielen darauf ab, die Ernährung von Bevölkerungsgruppen zu sichern, damit sie Zeit, Aufmerksamkeit und Arbeit darauf verwenden können, der Armutsfalle zu entkommen.

Selbstporträt, www.wfp.org

Der UN-Sonderberichterstatter über das Recht auf Nahrung

Der UN-Sonderberichterstatter über das Recht auf Nahrung heisst Jean Ziegler. Er wurde im September 2000 von der UN-Menschenrechtskommission ernannt. Seine Aufgabe als Sonderberichterstatter besteht darin, der Öffentlichkeit bewusst zu machen, wie viele Frauen, Männer und Kinder heute an Hunger und Unterernährung leiden, und das Verständnis für das Recht auf Nahrung zu fördern. Die Menschenrechtskommission hat das Mandat des Sonderberichterstatters in der Resolution 2000/10 umrissen. Er soll:
- Informationen über das Recht auf Nahrung entgegennehmen und Verletzungen dieses Rechts aufzeigen;
- mit Organen der Vereinten Nationen, internationalen Organisationen und Nichtregierungsorganisationen bei der weltweiten Umsetzung des Rechts auf Nahrung zusammenarbeiten;
- neue Probleme im Zusammenhang mit dem Recht auf Nahrung bezeichnen.

In der Resolution 2001/25 hat die Kommission ihn zudem gebeten:
- die Frage des Trinkwassers und die Zusammenhänge zwischen Trinkwasser und dem Recht auf Nahrung zu untersuchen;
- die Umsetzung der Erklärung des Welternährungsgipfels 1996 und des Aktionsplans zu überprüfen;
- die Geschlechterperspektive in seine Arbeit einfliessen zu lassen.

Selbstporträt, www.righttofood.org

Sanktionen verschärfen den Hunger

Ein weiterer Grund für den Hunger in Konfliktregionen sind die wirtschaftlichen Sanktionen, die eine militärische Intervention verhindern oder ersetzen und einen politischen Wandel herbeiführen sollen. Obwohl Grundnahrungsmittel und Medikamente ausdrücklich vom Embargo ausgenommen sind, erschwert ein Embargo dennoch den Zugang zu Nahrungsmitteln und Medikamenten für die ärmeren Bevölkerungsteile. Der Grund liegt darin, dass unter einem Embargo der Mangel an Benzin und anderen für den Transport erforderlichen Gütern, die höheren Preise für die knapper gewordenen Nahrungsmittel und Medikamente und die verminderten Verdienstmöglichkeiten in einer geschwächten Volkswirtschaft aufeinandertreffen. Die humanitären Hilfsorganisationen haben noch immer keinen gangbaren Weg gefunden, um den Menschen zu helfen, die letzten Endes am schlimmsten von den Sanktionen betroffen sind. Die signifikant gestiegenen Kindersterblichkeitsraten in Haiti und im Irak werden den Sanktionen zugeschrieben.

Ellen Messer, Conflict as a Cause of Hunger, United Nations University Press, © United Nations University, www.unu.edu

Das in Artikel 41 der Charta der Vereinten Nationen als internationale Sanktion anerkannte Embargo ist eine alte Vergeltungsmassnahme, die sich scheinbar relativ leicht anwenden lässt. Der Staat, der das Embargo verhängt, verbietet Importe aus dem Land, dessen Regierung er sanktionieren will, und untersagt den einheimischen Unternehmen Exporte in das fragliche Land. ... Bemerkenswerterweise hat keines der Embargos, die vom Sicherheitsrat der Vereinten Nationen verhängt wurden – gegen Haiti, den Irak, Libyen und das frühere Jugoslawien –, sein Ziel erreicht. In allen diesen Ländern sind die Regierungen, die getroffen werden sollten, an der Macht geblieben. In einigen Fällen konnten sie ihre Kontrolle über die Gesellschaft sogar noch verstärken. ... Überdies gibt das Embargo dem Regime ein denkbar zuverlässiges Mittel an die Hand, um die Unterstützung gewisser Gruppen zu gewinnen und seine Gegner zu unterdrücken. Die Gegner des Regimes müssen ihre gesamte Energie einsetzen, um zu überleben, und haben deshalb keine Zeit, sich als starke politische Opposition zu organisieren.

Romain Coti/Anne-Laure Wipff, Why Embargoes? in: Action Against Hunger, Hunger and Power, The Geopolitics of Hunger 2000–2001, Boulder/London 2001

DER BEITRAG DER ZIVILGESELLSCHAFT

FIAN – For the Right to Feed Oneself (Das Recht, sich selber zu ernähren)

FIAN wurde 1986 von Menschenrechtsaktivisten gegründet, die erkannt hatten, dass es nötig war, sich für die Umsetzung und die Durchsetzung des Rechts auf angemessene Nahrung einzusetzen. Unter dem Recht auf Nahrung versteht FIAN in erster Linie die Möglichkeit, sich selbstständig Nahrung zu erarbeiten – entweder durch angemessen entlohnte Arbeit oder durch Bestellung des eigenen Bodens. Für FIAN heisst das Recht auf Nahrung daher das Recht, sich selber zu ernähren. FIAN ist eine Basisorganisation mit Mitgliedern in etwa 60 Ländern sowie Sektionen und Koordinationsgruppen in 19 Staaten auf drei Kontinenten. Bei den Sektionen handelt es sich um FIAN-Büros mit eigener Organisationsstruktur, während die Koordinationsgruppen informelle Netzwerke von Aktivistinnen und Aktivisten sind, aus denen später Sektionen hervorgehen. Das internationale Sekretariat der Dachorganisation FIAN International befindet sich in Heidelberg in Deutschland. FIAN arbeitet in vielen Bereichen mit anderen Menschenrechtsorganisationen zusammen. FIAN ist ein unabhängiger, eingetragener Verein, der von einem gewählten internationalen Ausschuss geleitet wird. Die Mitglieder des Ausschusses arbeiten ehrenamtlich. FIAN schaltet sich dort ein, wo das Recht auf Nahrung verletzt wird: sei es, dass Menschen zu Unrecht von ihrem Land vertrieben werden, dass ihnen der Zugang zu Fischgründen oder zu anderen Produktionsmitteln verweigert wird oder dass sie weniger als den Mindestlohn erhalten. FIAN führt auch Aus- und Weiterbildung im Bereich der Menschenrechte durch.
Selbstporträt, www.fian.org

Internationales Rotes Kreuz – Abteilung für wirtschaftliche Sicherheit

Die Hilfsprogramme der Abteilung für wirtschaftliche Sicherheit des Roten Kreuzes befassen sich mit der Frage, ob die Opfer einer Konfliktsituation über angemessene Produktionsmittel verfügen, um die grundlegenden Bedürfnisse ihres Alltags im Rahmen ihrer physischen und kulturellen Umgebung zu decken. Das Internationale Rote Kreuz interveniert, wenn diese Mittel unzureichend sind oder wenn die Gefahr besteht, dass sie zur Neige gehen. Das Internationale Rote Kreuz setzt sich seit Langem dafür ein, dass nicht nur Unterernährung oder bittere Not Kriterien für eine Unterstützung sein sollen, sondern vielmehr der Verlust oder potenzielle Verlust wirtschaftlicher Sicherheit. Wo immer es möglich ist, leistet die Abteilung vorrangig präventive wirtschaftliche Unterstützung. Wirtschaftliche Wiederaufbaumassnahmen sind jedoch ebenfalls notwendig, denn das Internationale Rote Kreuz ist nicht in der Lage, den Prozess der Verarmung und Kapitalflucht zu verhindern, der durch gewisse Konflikte ausgelöst wird. Massnahmen zur Verbesserung der «wirtschaftlichen Sicherheit» sollen erreichen, dass Haushalte und Gemeinden Zugang zu den erforderlichen Mitteln erhalten, um ihre grundlegenden Bedürfnisse zu stillen. Diese Massnahmen beinhalten insbesondere: materielle Unterstützung, um die wirtschaftliche Sicherheit der Haushalte zu erreichen; Nothilfsmassnahmen für die Zivilbevölkerung in bewaffneten Konflikten; materielle Unterstützung Gefangener, die im Rahmen eines bewaffneten Konfliktes inhaftiert wurden; Wiederherstellung der wirtschaftlichen Versorgung lokaler Gemeinschaften während und nach bewaffneten Konflikten durch landwirtschaftliche Projekte; tiermedizinische Massnahmen und in lokalen Gemeinschaften verankerte einkommensfördernde Projekte.
Selbstporträt, www.icrc.org

MAX HAVELAAR

1988 wurde in Holland das erste Paket «Max Havelaar Kaffee» verkauft. Die Idee eines «Fair Trade»-Kaffees entstand, nachdem mexikanische Kaffeebauern anstelle von Entwicklungshilfe bessere Preise für ihren Kaffee gefordert hatten. Um diese Idee umsetzen zu können, war es notwendig, den bereits bestehenden «Fair Trade»-Kaffee in die Supermärkte einzuführen, um den Absatz zu vergrössern. Durch die Einführung einer Marke für gerechte Handelsbedingungen wurde dies schliesslich erreicht. Das Prinzip, einen Kaffee mit einer bestimmten «Fair Trade»-Marke zu bezeichnen, ist heute als das «Max-Havelaar-Modell» bekannt. Es steht für gerechte Handelsbedingungen, die den Menschen eine faire Chance einräumen und ihnen eine bessere Zukunft sichern. Seither haben fünf weitere Produkte den Markt erobert: Bananen, Tee, Schokolade, Honig und Orangensaft. Auf diese Weise haben seit 1988 viele Produzenten, Bauern und Arbeiter für sich und ihre Familien einen besseren Lebensstandard erreicht.
Selbstporträt, www.maxhavelaar.org

OXFAM

Oxfam International ist ein Zusammenschluss von 13 Organisationen, die in über 100 Ländern zusammenarbeiten, um nachhaltige Lösungen für die Probleme der Armut, des Leidens und der Ungerechtigkeit zu finden. Da viele der Ursachen für Armut globaler Natur sind, vertreten die Mitglieder von Oxfam International die Auffassung, dass durch gemeinsame Anstrengungen ein grösserer Einfluss auf das Armutsproblem ausgeübt werden kann. Um maximale Wirkung zu erzielen und die Politik auf staatlicher und internationaler Ebene zu verändern, verbindet Oxfam Entwicklungsprogramme, humanitäre Hilfe und Lobbyarbeit miteinander. Oxfam-Kampagnen und die Öffentlichkeitsarbeit zielen darauf ab, die öffentliche Meinung für eine Veränderung zu gewinnen. Die Organisation möchte den Menschen helfen, sich zu organisieren, um besseren Zugang zu den notwendigen Mitteln zu erhalten, die sie für die Deckung ihres Lebensunterhaltes und für ein selbstbestimmtes Leben brauchen. Sie arbeitet zudem auch mit Menschen, die von humanitären Katastrophen betroffen sind, indem Präventivmassnahmen ergriffen werden, Bereitschaft gezeigt und Hilfe in Notsituationen geleistet wird.
Selbstporträt, www.oxfam.org

GEORGIEN, Tiflis, 1993 Während in Tiflis das Chaos herrschte, waren die Bäckereien nur jeden zweiten Tag für eine Stunde geöffnet. Ian Berry/Magnum Photos

Meine Herren, ich gehöre nicht zu denen, die glauben, dass es möglich ist, alles Leiden dieser Welt abzuschaffen, denn das Leiden ist ein Gesetz Gottes, ich gehöre aber wohl zu denen, die fest daran glauben, dass das Elend zerstört werden kann. … Meine Herren, nehmen Sie zur Kenntnis, dass ich nicht verringern, reduzieren, einschränken, eingrenzen sage, ich sage: zerstören. Das Elend ist eine Krankheit der Gesellschaft, genau wie Lepra eine menschliche Krankheit war; das Elend kann verschwinden, genau wie Lepra verschwunden ist. … Das Elend zerstören! Ja, es ist möglich. Gesetzgeber und Herrschende müssen immerfort davon träumen; solange in einer derartigen Angelegenheit das Mögliche noch nicht getan ist, haben wir unsere Pflicht nicht erfüllt.

Victor Hugo, Le droit et la loi et autres textes citoyens

FRANKREICH, Calais, 1988   Auchan-Hypermarkt
Martin Parr/Magnum Photos

Ein Mann, der in eine Welt hineingeboren wird, die bereits das Eigentum anderer ist, und der von seinen Eltern keine Unterstützung bekommt, obwohl er darauf ein Anrecht hat, besitzt keinen Anspruch auf das kleinste bisschen Nahrung und hat dort, wo er ist, nichts zu suchen, falls die Gesellschaft seine Arbeit nicht will. Am reich gedeckten Tisch der Natur ist kein Platz für ihn. Sie befiehlt ihm, zu verschwinden …

Malthus, 1798

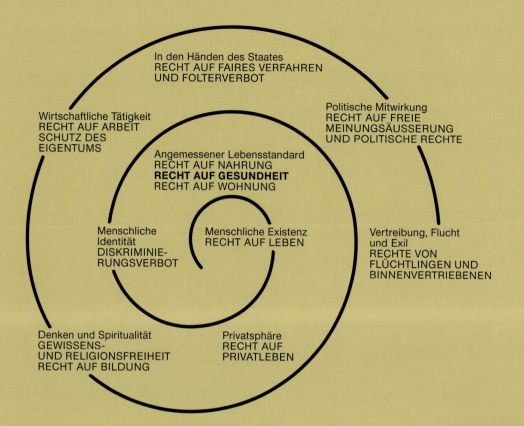

In den Händen des Staates
RECHT AUF FAIRES VERFAHREN
UND FOLTERVERBOT

Wirtschaftliche Tätigkeit
RECHT AUF ARBEIT
SCHUTZ DES
EIGENTUMS

Politische Mitwirkung
RECHT AUF FREIE
MEINUNGSÄUSSERUNG
UND POLITISCHE RECHTE

Angemessener Lebensstandard
RECHT AUF NAHRUNG
RECHT AUF GESUNDHEIT
RECHT AUF WOHNUNG

Menschliche
Identität
DISKRIMINIE-
RUNGSVERBOT

Menschliche Existenz
RECHT AUF LEBEN

Vertreibung, Flucht
und Exil
RECHTE VON
FLÜCHTLINGEN UND
BINNENVERTRIEBENEN

Denken und Spiritualität
GEWISSENS-
UND RELIGIONSFREIHEIT
RECHT AUF BILDUNG

Privatsphäre
RECHT AUF
PRIVATLEBEN

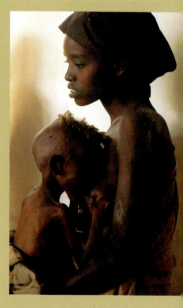

SOMALIA, Mogadischu, 1992
Eine Mutter mit ihrem Baby im
medizinischen Zentrum des
SOS-Kinderdorfes in Mogadischu.
Chris Steele Perkins/Magnum Photos

Warum ist das Leben einer Frau in Angola 44 Jahre kürzer als das einer Französin?

BRASILIEN, 1966   Am Amazonas.
Bruno Barbey/Magnum Photos

FRANKREICH, Paris, 2001   Haute Couture.
Martin Parr/Magnum Photos

RECHT AUF GESUNDHEIT

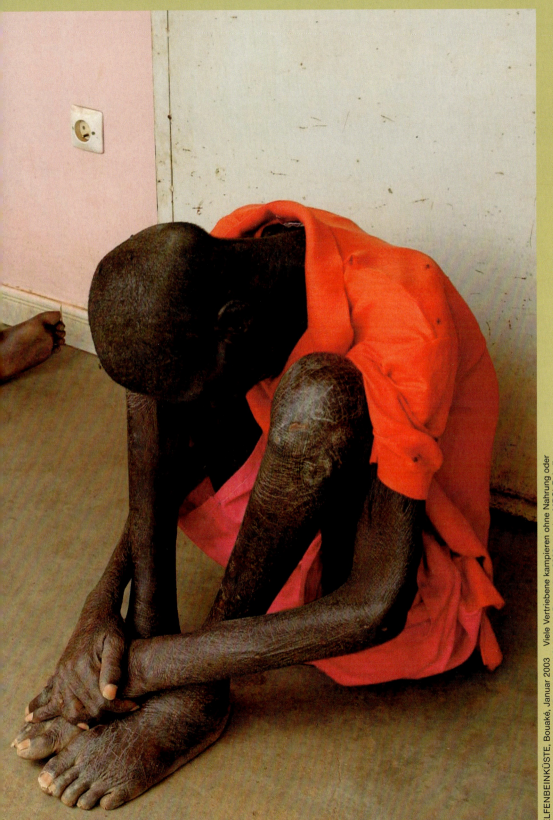

ELFENBEINKÜSTE, Bouaké, Januar 2003 Viele Vertriebene kampieren ohne Nahrung oder medizinische Versorgung. Die Stadt Bouaké wird seit Dezember 2002 von den MPCI-Rebellen kontrolliert. Francesco Zizola/Magnum Photos

NIGERIA, Lagos, 2002 «Abwasserenten» sprühen Reinigungsmittel in die Kanalisation, um das Problem der Stockwürmer zu bekämpfen. Stuart Franklin/Magnum Photos

KENIA, Nairobi, 1998　Ein Mitglied von «Ärzte ohne Grenzen» besucht eine Mutter, die an AIDS stirbt, und ihre beiden Kinder im Slum Dandora. Chris Steele-Perkins/Magnum Photos

DIE WELTGESUNDHEITSLAGE

Lebenserwartung bei der Geburt (2003)

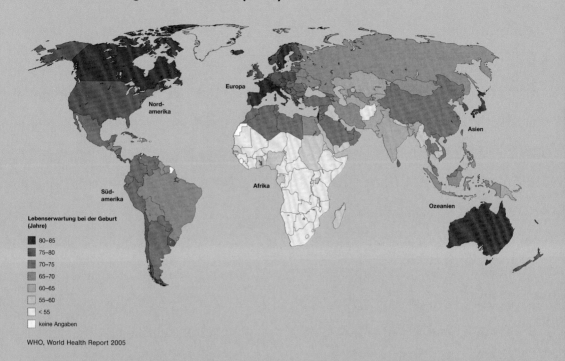

Lebenserwartung bei der Geburt (Jahre)
- 80–85
- 75–80
- 70–75
- 65–70
- 60–65
- 55–60
- < 55
- keine Angaben

WHO, World Health Report 2005

Jährlich sterben rund 515 000 Frauen an Komplikationen während der Schwangerschaft oder der Geburt. Fast alle dieser Todesfälle (99 Prozent) geschehen in den Entwicklungsländern.
WHO

Ärzte pro 100 000 Personen (2003)

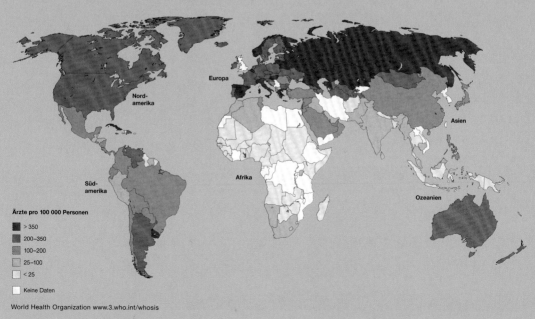

Ärzte pro 100 000 Personen
- > 350
- 200–350
- 100–200
- 25–100
- < 25
- Keine Daten

World Health Organization www.3.who.int/whosis

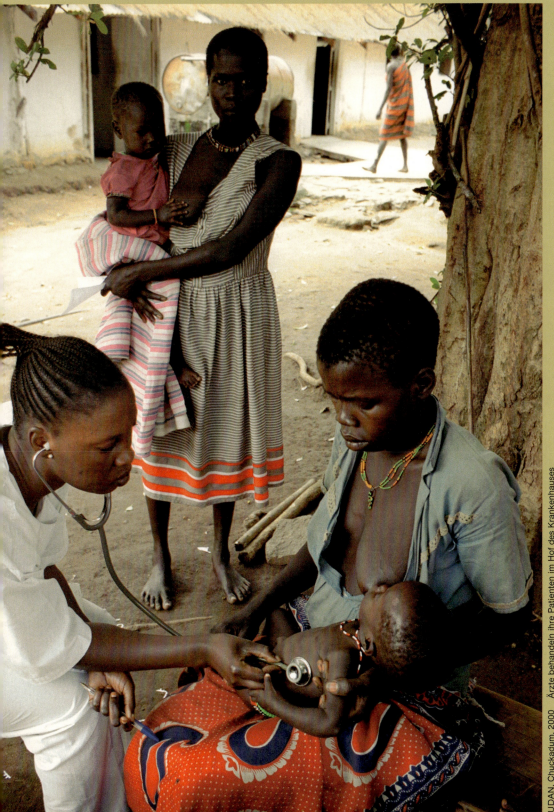

SUDAN, Chuckadum, 2000 Ärzte behandeln ihre Patienten im Hof des Krankenhauses in Chuckadum. Chris Steele-Perkins/Magnum Photos

Recht auf Gesundheit

Gesund zu sein, ist nicht nur in sich selber ein wichtiger Wert, sondern auch eine unerlässliche Voraussetzung, um andere Menschenrechte ausüben zu können: Wer ernsthaft krank ist, kann sein Recht auf Bildung und auf Arbeit oder sein Recht auf Teilnahme am politischen Leben nur unzulänglich wahrnehmen. Kranke und Behinderte sind besonders verletzlich und daher auf die Pflege und Unterstützung anderer Menschen angewiesen. Obwohl diese Hilfe sehr häufig durch Familienangehörige oder Freunde geleistet wird, müssen die Kranken bei fehlender Unterstützung aus dem privaten Umfeld oder bei schwerer Erkrankung Zugang zu professioneller Gesundheitsversorgung haben. Gesundheitsdienste fehlen jedoch in vielen Teilen der Welt, oder sie stehen Armen, Angehörigen von Minderheiten oder Frauen nicht offen. Eine gute Gesundheit ist nicht nur abhängig von ausreichender Ernährung und von sauberem Wasser, sondern auch von einer angemessenen Unterkunft und von gesunden Arbeitsbedingungen. Das Recht auf Gesundheit steht also in engem Zusammenhang mit den anderen wirtschaftlichen und sozialen Rechten.

Das Recht auf den höchsten erreichbaren Standard körperlicher und geistiger Gesundheit bedeutet natürlich nicht, dass man ein Recht darauf hat, gesund zu sein. Eine gute Gesundheit kann nicht durch staatliche Behörden garantiert werden, ebenso wenig der Schutz vor jeder nur erdenklichen Krankheitsursache. Die Staaten müssen jedoch das Recht jedes Einzelnen achten, **über den eigenen Körper und die eigene Gesundheit zu bestimmen,** wozu auch die sexuelle Selbstbestimmung, die Fortpflanzungsfreiheit, das Verbot von Zwangsbehandlungen und der diskriminierungsfreie Zugang zu medizinischer Versorgung gehören. Medizinische Experimente gegen den Willen des Opfers oder die vorsätzliche und gezielte Zerstörung von Spitälern und anderen Gesundheitseinrichtungen stellen besonders schwerwiegende Verletzungen des Rechts auf Gesundheit dar.

Die Gesundheit der Menschen wird oft durch Private bedroht, etwa durch Umweltkatastrophen oder gesundheitsschädigende Arbeitsbedingungen. **Der Staat ist verpflichtet, seine Bevölkerung vor solchen Gefahren zu schützen.**

Neben diesen direkt durchsetzbaren Teilaspekten statuiert das Recht auf Gesundheit auf einer allgemeineren Ebene die **Verpflichtung zur Erarbeitung und Umsetzung einer Politik, die den Genuss des höchsten erreichbaren Standards körperlicher und geistiger Gesundheit für alle Menschen anstrebt,** unabhängig von ihrem Geschlecht, ihrer Rasse, ihrem Status oder ihrer religiösen Überzeugung. Die

Staaten haben ein professionelles und für alle zugängliches Gesundheitswesen aufzubauen und insbesondere die Mütter- und Kindersterblichkeit zu bekämpfen. Zu einer wirksamen Gesundheitsvorsorge gehört der Schutz der Umwelt ebenso wie Prävention, Bekämpfung und Kontrolle von Epidemien und endemischen Krankheiten und die Verhinderung von Arbeitserkrankungen. In diesem Zusammenhang berücksichtigt die Maxime des «höchsten erreichbaren Standards» nicht nur die unterschiedlichen körperlichen und wirtschaftlichen Ausgangsbedingungen der berechtigten Personen, sondern auch die verfügbaren ökonomischen Ressourcen eines Staates: Von sehr armen und von reichen Staaten kann nicht der gleiche finanzielle Einsatz im Bereich der Gesundheit erwartet werden.

Im Krieg ist das Recht auf Gesundheit besonders schwerwiegend bedroht.
Aus diesem Grund enthält das humanitäre Völkerrecht viele detaillierte Vorschriften über den Schutz der verwundeten und kranken Soldaten und der Kriegsgefangenen. Es verbietet die Zerstörung von zivilen Spitälern, schützt Lieferungen von medizinischem Material und verpflichtet Besetzerstaaten, die medizinische Versorgung in den von ihnen kontrollierten Gebieten sicherzustellen.

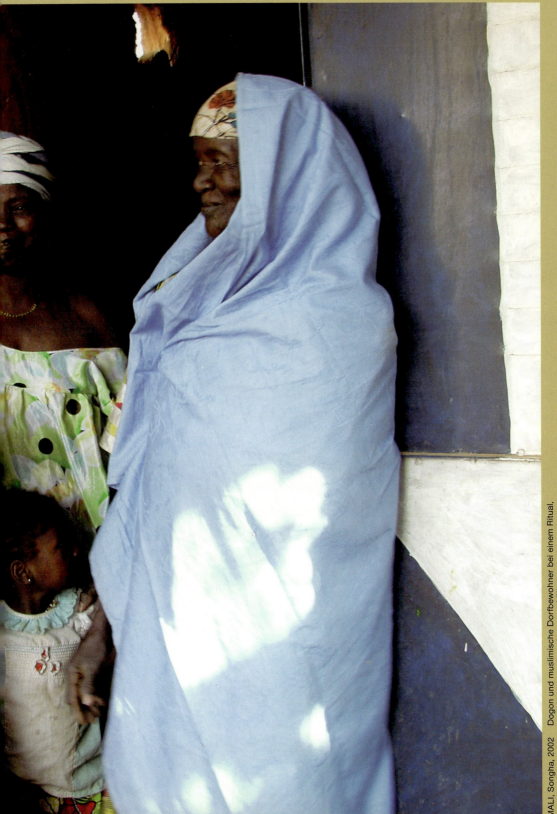

MALI, Songha, 2002 Dogon und muslimische Dorfbewohner bei einem Ritual, bei dem ein neugeborenes Mädchen seinen Namen erhält. Abbas/Magnum Photos

KAMBODSCHA, Angkor, 1998
Steve McCurry/Magnum Photos

WAS IST «ANGEMESSENE GESUNDHEIT»?

(a) **Verfügbarkeit:** Ein gut funktionierendes öffentliches Gesundheitswesen, Einrichtungen der Gesundheitsvorsorge, medizinisches Material, Dienstleistungen sowie Gesundheitsprogramme müssen im Vertragsstaat in ausreichendem Masse zur Verfügung stehen. Die Art der Einrichtungen, des medizinischen Materials und der Dienstleistungen hängt von einer Reihe von Faktoren ab, u.a. vom Entwicklungsstand des Vertragsstaates. Dazu gehören jedoch ... sicheres Trinkwasser und angemessene Hygieneeinrichtungen, Krankenhäuser, Kliniken und andere Gebäude des Gesundheitswesens sowie ausgebildetes, qualifiziertes medizinisches Personal, das ein im Inland wettbewerbsfähiges Gehalt bezieht, und grundlegende Arzneimittel ....

(b) **Zugänglichkeit:** Einrichtungen des Gesundheitswesens, medizinisches Material und Dienstleistungen müssen innerhalb des Zuständigkeitsbereichs des Vertragsstaates für jeden Menschen ohne Unterschied erreichbar sein. Die Zugänglichkeit beinhaltet kumulativ vier Dimensionen: (i) Nicht-Diskriminierung: Einrichtungen des Gesundheitswesens, medizinisches Material und Dienstleistungen müssen nach dem Gesetz und de facto für jedermann zugänglich sein, insbesondere für die schutzbedürftigsten und marginalisierten Teile der Bevölkerung und ohne jede Diskriminierung auf der Grundlage eines der verpönten Merkmale. (ii) Physische Zugänglichkeit: Einrichtungen des Gesundheitswesens, medizinisches Material und Dienstleistungen müssen für alle Teile der Bevölkerung erreichbar sein, dies gilt insbesondere für die schutzbedürftigsten und marginalisierten Bevölkerungsgruppen, wie ethnische Minderheiten und Eingeborene, Frauen, Kinder, Heranwachsende, ältere Menschen, Menschen mit Behinderungen oder einer Infizierung mit HIV/AIDS. (iii) Wirtschaftliche Zugänglichkeit (Bezahlbarkeit): Einrichtungen des Gesundheitswesens, medizinisches Material und Dienstleistungen müssen für alle bezahlbar sein. Die Kosten des Gesundheitswesens sowie die Dienstleistungen, die mit Aspekten des Gesundheitswesens verbunden sind, müssen auf dem Prinzip der Gleichheit basieren. Dabei muss sichergestellt sein, dass diese Dienstleistungen, ganz gleich, ob sie von privater oder öffentlicher Seite kommen, für alle, auch für sozial benachteiligte Gruppen, finanzierbar sind. Im Sinne der Gerechtigkeit sollten ärmere Haushalte verglichen mit reicheren Haushalten nicht unverhältnismässig mit Gesundheitsausgaben belastet werden. (iv) Zugang zu Informationen: Der Begriff der Zugänglichkeit schliesst das Recht auf Auskunft und das Recht, Informationen und Ideen in Verbindung mit Gesundheitsthemen zu erhalten und weiterzugeben, ein. Der Zugang zu Informationen sollte jedoch keine Verletzung des Rechts auf vertrauliche Behandlung persönlicher Gesundheitsdaten zur Folge haben;

(c) **Annehmbarkeit:** Einrichtungen des Gesundheitswesens, medizinisches Material und Dienstleistungen müssen die medizinische Ethik respektieren und kulturell akzeptabel sein, d.h., sie müssen die Kultur des Einzelnen, der Minderheiten, der Völker und Gemeinschaften achten. Sie müssen geschlechts- und altersspezifisch ausgestaltet sein und garantieren, dass die Vertraulichkeit gewahrt und der Gesundheitszustand der Betroffenen verbessert wird;

(d) **Qualität:** Einrichtungen des Gesundheitswesens, medizinisches Material und Dienstleistungen müssen nicht nur kulturell annehmbar, sondern auch wissenschaftlich und medizinisch angemessen und qualitativ hochwertig sein. Dies erfordert u.a. ausgebildetes medizinisches Personal, wissenschaftlich zugelassene Medikamente, deren Verfalldatum noch nicht abgelaufen ist, eine angemessene Ausstattung der Krankenhäuser, sicheres Trinkwasser und angemessene hygienische Verhältnisse.

UN-Ausschuss für wirtschaftliche, soziale und kulturelle Rechte, Allgemeine Bemerkung, Nr. 14, 11. August 2000, UN Doc. HRI/GEN/1/Rev. 1

UN-Pakt über wirtschaftliche, soziale und kulturelle Rechte, 1966

Artikel 12
1. Die Vertragsstaaten erkennen das Recht eines jeden auf das für ihn erreichbare Höchstmass an körperlicher und geistiger Gesundheit an.
2. Die von den Vertragsstaaten zu unternehmenden Schritte zur vollen Verwirklichung dieses Rechts umfassen die erforderlichen Massnahmen: a) zur Senkung der Zahl der Totgeburten und der Kindersterblichkeit sowie zur gesunden Entwicklung des Kindes; b) zur Verbesserung aller Aspekte der Umwelt- und der Arbeitshygiene; c) zur Vorbeugung, Behandlung und Bekämpfung epidemischer, endemischer, von Berufs- und sonstigen Krankheiten; d) zur Schaffung der Voraussetzungen, die für jedermann im Krankheitsfall den Genuss medizinischer Einrichtungen und ärztlicher Betreuung sicherstellen.

Europäische Sozialcharta, 1961

Artikel 11
Um die wirksame Ausübung des Rechtes auf Schutz der Gesundheit zu gewährleisten, verpflichten sich die Vertragsparteien, entweder unmittelbar oder in Zusammenarbeit mit öffentlichen oder privaten Organisationen geeignete Massnahmen zu ergreifen, die u.a. darauf abzielen: (a) so weit wie möglich die Ursachen von Gesundheitsschäden zu beseitigen; (b) Beratungs- und Schulungsmöglichkeiten zu schaffen zur Verbesserung der Gesundheit und zur Entwicklung des persönlichen Verantwortungsbewusstseins in Fragen der Gesundheit; (c) so weit wie möglich epidemischen, endemischen und anderen Krankheiten vorzubeugen.

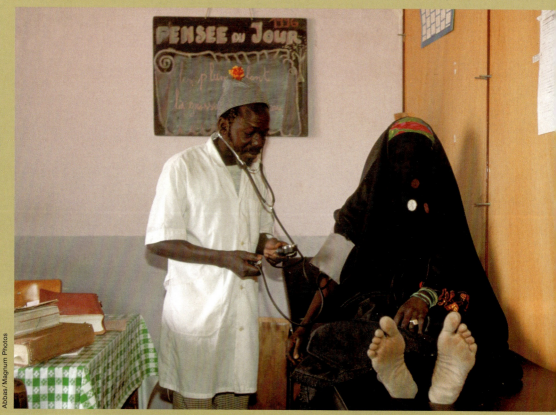

MALI, Pel, 1996 Ein von einer katholischen Missionsstation betriebenes Spital. Der Arzt untersucht eine Patientin, welche der muslimischen Sekte der Wahhabiten angehört.
Abbas/Magnum Photos

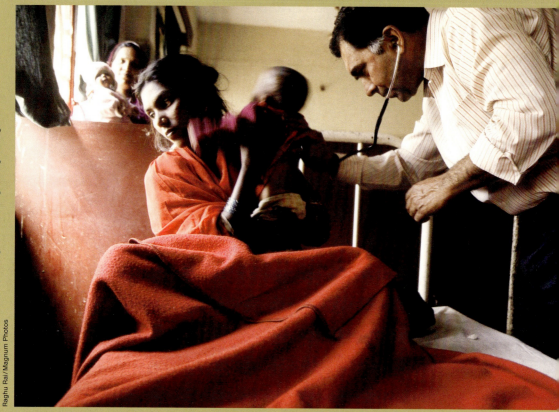

INDIEN, Bhopal, 2000 Ein Baby bei einer Vorsorgeuntersuchung. Die Mutter ist 1984 dem in Bhopal ausgetretenen Giftgas ausgesetzt gewesen.
Raghu Rai/Magnum Photos

CHINA, Tibet, 2003 Ein chinesischer Arzt, der die traditionelle taoistische Medizin praktiziert, untersucht einen Patienten. Zwei weitere Patienten warten auf ihre Behandlung.
Steve McCurry/Magnum Photos

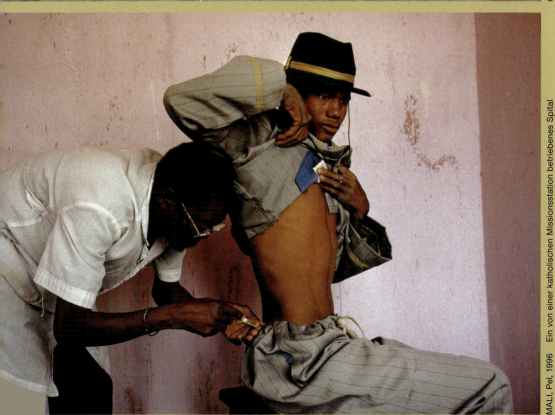

MALI, Pel, 1996 Ein von einer katholischen Missionsstation betriebenes Spital im Land der Dogon, das Menschen jeder Religionszugehörigkeit offensteht.
Abbas/Magnum Photos

USA, Arizona, Sun City, 1980   Aerobic-Unterricht.
David Hurn/Magnum Photos

VERWEIGERTE MEDIZINISCHE HILFE

Vernachlässigung von Gefangenen

ÄQUATORIALGUINEA, 2000   Amnesty International ist sehr besorgt über den Gesundheitszustand von etwa 40 Gefangenen, deren Leben nach zwei Jahren in Gefangenschaft unter extrem harten Bedingungen in Gefahr ist. Die Gesundheit vieler Gefangener ist sehr schlecht. Sie sind erschöpft, und fast alle weisen nach wie vor Wunden auf, die von den Misshandlungen während der ersten Wochen ihrer Gefangenschaft herrühren. Sie wurden in überfüllten Zellen ohne angemessenes Essen und ohne angemessene medizinische Versorgung festgehalten. Die meisten haben wohl nur überlebt, weil Verwandte sie mit Lebensmitteln und Medikamenten versorgt haben. Am 3. März 2000 verschlechterte sich ihre Lage zusätzlich, als sie vom Gefängnis auf der Insel Bioko – in der Hauptstadt Malabo – nach Evinayong etwa 500 Kilometer östlich von Malabo gebracht wurden. Dies erschwert den Familien die Versorgung mit Medikamenten und Lebensmitteln sowie die moralische Unterstützung. Da die Gefangenen Berichten zufolge ihre Lebensmittel jetzt selbst besorgen müssen und nur einige von ihnen über die erforderlichen finanziellen Mittel verfügen, besteht die Gefahr, dass sie bald verhungern.
AI, Report Äquatorialguinea, 23. März 2000

Diskriminierung von Frauen

AFGHANISTAN UNTER DER HERRSCHAFT DER TALIBAN, 1999   Eine Ärztin berichtete, dass ein Mädchen an Masern gestorben ist, weil die Behörden einem Arzt den Zugang zur Kinderabteilung, die innerhalb einer bestimmten Frauenabteilung eines örtlichen Krankenhauses liegt, verweigerten. In Kabul erzählte eine 20-jährige Frau Folgendes bei einem Interview: «Vor acht Monaten starb meine zweieinhalbjährige Tochter an Durchfall. Das erste Krankenhaus, in das wir sie brachten, verweigerte die Behandlung. Das zweite Krankenhaus behandelte sie falsch [der Befragten zufolge wurden die intravenöse Flüssigkeitszufuhr und die Verabreichung von Antibiotika wegen ihrer Zugehörigkeit zur Ethnie der Hazara verweigert]. Ihr Leichnam wurde mir und ihrem Vater mitten in der Nacht übergeben. Mit dem Leichnam in meinen Armen verliessen wir das Krankenhaus. Es war Sperrstunde, und wir hatten einen weiten Weg nach Hause. Wir mussten die Nacht in den Ruinen eines zerstörten Hauses verbringen. Am nächsten Morgen trugen wir mein totes Kind nach Hause, uns fehlte jedoch das Geld für ihre Beerdigung.»
Physicians for Human Rights (Ärzte für Menschenrechte), The Taliban's War on Women – A Health and Human Rights' Crisis in Afghanistan, Report 1999

Gesellschaftliche Diskriminierung zeigt sich in verschiedenen Ausprägungen, welche von anderen Aspekten der Identität der Frauen abhängen. Zum Beispiel werden arme Frauen in medizinisch unterversorgten Gesellschaften seltener behandelt als Männer. Die Gebühren, die privatisierte Kliniken und Krankenhäuser in Lateinamerika erheben, haben zur Folge, dass sich Millionen von Frauen keine Behandlung mehr leisten können. Die Männer sind zwar ebenfalls von der Privatisierung betroffen, aber der schlechtere Status der Frauen macht es unwahrscheinlicher, dass Frauen in den Genuss einer der wenigen verfügbaren Behandlungen kommen. Ebenso leiden in Schwarzafrika mehr Frauen als Männer an HIV/AIDS, aber fast alle Krankenhausbetten werden von Männern belegt.
MADRE, Yifat Susskind, Women's Health in a Sick World, September 2003, www.madre.org

---

UN-Richtlinien über die medizinische Gesundheitsversorgung im Gefängnis, 1957/1977

1. In jeder Anstalt muss mindestens ein ausgebildeter Vertrauensarzt verfügbar sein, der über Kenntnisse auf dem Gebiet der Psychiatrie verfügt. Die medizinische Versorgung muss jener der Gesundheitsversorgung in der betreffenden Gemeinschaft oder des Landes entsprechen. Sie muss einen psychiatrischen Dienst umfassen und, falls notwendig, für die Behandlung von psychischen Krankheiten eingerichtet sein.
2. Kranke Gefangene, die von einem Spezialisten behandelt werden müssen, sind in Spezialkliniken oder in öffentliche Krankenhäuser zu verlegen. Werden in einer Institution Krankenhausdienste geleistet, müssen medizinische Ausrüstung, Einrichtung und pharmazeutische Versorgung den Bedürfnissen der kranken Gefangenen angepasst sein. Ein Stab entsprechend ausgebildeter Vertrauensärzte muss vorhanden sein.
§ 22

UN-Übereinkommen zur Beseitigung jeder Form von Diskriminierung der Frau, 1979

Artikel 12
(1) Die Vertragsstaaten ... beseitigen die Diskriminierung der Frau ... im Gesundheitswesen, um der Frau gleichberechtigt mit dem Mann Zugang zu den Gesundheitsdiensten, einschliesslich derjenigen im Zusammenhang mit der Familienplanung, zu gewährleisten.

Vernachlässigte Gruppen

Forschungsergebnisse zeigen, dass es beim Gesundheitszustand und bei der Gesundheitsversorgung deutliche Unterschiede zwischen ethnischen Gruppen und Rassen gibt und dass Rassismus die beunruhigendste Erklärung für diese ungleiche Behandlung ist. Es wurde deshalb angeregt, den Zusammenhang zwischen Geschlecht, Abstammung, sozialem Status, Behinderung und sexueller Neigung und dem jeweiligen Gesundheitszustand und die gesundheitlichen Auswirkungen von Institutionen, Politiken und Gesundheitsprogrammen auf ethnische Gruppen und Rassen genügend zu berücksichtigen.
WHO, Health and Human Rights Publications Series 2 (2001)

PARAGUAY, Asunción, 8. März 2000 Die Gefangenen, die die Kontrolle über ein überfülltes Gefängnis am Stadtrand der Hauptstadt Asunción an sich gerissen haben, sind in einen friedlichen Hungerstreik getreten. Ungefähr 1400 Gefangene fordern bessere Lebensbedingungen. Reuters

AFGHANISTAN, Kabul, April 2003 Eine Bettlerin schläft mit ihrem Baby auf dem Gehweg. UNICEF zufolge wird eines von vier Kindern in Afghanistan nicht älter als fünf Jahre. Silvia Izquierdo/AP

GESUNDHEITSSCHÄDIGENDE KULTURELLE TRADITIONEN

Beschneidung von Frauen

Unter Genitalverstümmelung oder Beschneidung von Frauen versteht man eine Reihe von Praktiken, bei denen die äusseren Geschlechtsorgane eines Mädchens ganz oder teilweise weggeschnitten werden. Verstümmelte bzw. beschnittene Kleinkinder, Mädchen und Frauen sehen sich neben anderen Folgen ihr Leben lang mit irreversiblen Gesundheitsrisiken konfrontiert. Es wird geschätzt, dass an 100 bis 140 Millionen der heute in Afrika lebenden Frauen eine Beschneidung vollzogen worden ist. Bei der heutigen Geburtenrate bedeutet das, dass etwa drei Millionen Mädchen jährlich Gefahr laufen, Opfer einer Form von Genitalverstümmelung zu werden. Die meisten der Mädchen und Frauen, die beschnitten wurden, leben in 30 Staaten Afrikas, obwohl auch aus Asien Fälle bekannt sind. Beschneidungen an Mädchen kommen zunehmend auch in Europa, Australien, Kanada und den USA vor, hauptsächlich unter Einwanderern aus Afrika und dem Südwesten Asiens. ... Die Beschneidung wird vor allem an Kindern und Jugendlichen im Alter von vier bis 14 Jahren durchgeführt. In manchen Ländern erfolgt jedoch bis zur Hälfte aller Beschneidungen an Kleinkindern unter einem Jahr, z. B. in Eritrea.
UNICEF, Child Protection, FGM

Zainab, die im Alter von acht Jahren zur Infibulation gezwungen wurde, erinnert sich: Meine beiden Schwestern, ich und unsere Mutter besuchten unsere Verwandten zu Hause. Ich dachte, wir würden in die Ferien fahren. Etwas später erzählten sie uns, dass an uns eine Infibulation vorgenommen werden sollte. Am Tag vor unserer Operation wurde der gleiche Eingriff an einem anderen Mädchen durchgeführt; sie starb an den Folgen. Wir hatten schreckliche Angst und wollten nicht das gleiche Schicksal erleiden. Aber unsere Eltern sagten uns, wir seien zu dieser Operation verpflichtet, also wurde sie durchgeführt. Wir wehrten uns; wir glaubten wirklich, wir würden an den Schmerzen sterben. Eine Frau hält dir dabei den Mund zu, damit du nicht schreist, zwei halten deine Brust, und die anderen beiden halten deine Beine. Nach der Infibulation wurde uns ein Seil um die Beine gebunden, und es war, als müssten wir das Laufen wieder lernen. Wir mussten versuchen, auf die Toilette zu gehen, denn wenn man in den nächsten zehn Tagen kein Wasser lassen konnte, stimmte etwas nicht. Wir hatten wohl Glück, wir erholten uns nach und nach und starben nicht wie das andere Mädchen. Aber die Erinnerung daran und die Schmerzen verschwinden nie ganz.
UNFPA, Promoting Gender Equality

MALI, 1999   Der UN-Kinderrechtsausschuss nimmt zur Kenntnis, dass der Vertragsstaat sich um Massnahmen bemüht, die Genitalverstümmelung der Frauen (FGM) und andere für Mädchen gesundheitsschädliche, traditionsbedingte Praktiken, einschliesslich der Kinder- und Zwangsheirat, auszurotten. Der Ausschuss begrüsst den Vorschlag, ein nationales Komitee gegen gesundheitsschädliche Praktiken an Frauen und Kindern zu gründen und einen Aktionsplan zu erarbeiten, um diese Praxis bis zum Jahr 2008 zurückzudrängen. Jedoch ist der Ausschuss nach wie vor besorgt darüber, dass traditionelle Praktiken wie Beschneidung und Kindes- und Zwangsheirat im Vertragsstaat immer noch weit verbreitet sind. Auch nimmt er mit Sorge zur Kenntnis, dass rund 75 Prozent aller Frauen im Vertragsstaat für die Beibehaltung der Beschneidung sind. Der Ausschuss empfiehlt dem Vertragsstaat, die Bemühungen zur Bekämpfung der anhaltenden Genitalverstümmelung von Frauen und anderer traditioneller, gesundheitsschädlicher Praktiken an Mädchen zu verstärken. Der Ausschuss fordert den Vertragsstaat dringend auf, seine Bemühungen zur Sensibilisierung von praktischen Ärzten und der Öffentlichkeit fortzuführen, um traditionsbedingte Haltungen der Menschen zu ändern und von schädlichen Praktiken abzuraten. In diesem Zusammenhang unterstützt der Ausschuss auch alternative Fortbildungsprogramme für praktische Ärzte. Der Ausschuss bestärkt den Vertragsstaat bei der Fortführung der Zusammenarbeit, u.a. mit Nachbarstaaten, um gute Methoden zur Bekämpfung und Ausrottung der Mädchenbeschneidung und anderer gesundheitsschädlicher, traditioneller Praktiken durchzusetzen.
UN-Kinderrechtsausschuss, Abschliessende Bemerkungen zu Mali, 2. November 1999, UN Doc. CRC/C/15/Add.113

UN-Übereinkommen über die Rechte des Kindes, 1989

Artikel 24
1. Die Vertragsstaaten erkennen das Recht des Kindes auf das erreichbare Höchstmass an Gesundheit an sowie auf Inanspruchnahme von Einrichtungen zur Behandlung von Krankheiten und zur Wiederherstellung der Gesundheit. Die Vertragsstaaten bemühen sich, sicherzustellen, dass keinem Kind das Recht auf Zugang zu derartigen Gesundheitsdiensten vorenthalten wird.
2. Die Vertragsstaaten bemühen sich, die volle Verwirklichung dieses Rechts sicherzustellen, und treffen insbesondere geeignete Massnahmen, um
a) die Säuglings- und Kindersterblichkeit zu verringern;
b) sicherzustellen, dass alle Kinder die notwendige ärztliche Hilfe und Gesundheitsfürsorge erhalten, wobei besonderer Nachdruck auf den Ausbau der gesundheitlichen Grundversorgung gelegt wird;
c) Krankheiten sowie Unter- und Fehlernährung auch im Rahmen der gesundheitlichen Grundversorgung zu bekämpfen, unter anderem durch den Einsatz leicht zugänglicher Technik und durch die Bereitstellung ausreichender vollwertiger Nahrungsmittel und sauberen Trinkwassers, wobei die Gefahren und Risiken der Umweltverschmutzung zu berücksichtigen sind;
d) eine angemessene Gesundheitsfürsorge für Mütter vor und nach der Entbindung sicherzustellen;
e) sicherzustellen, dass allen Teilen der Gesellschaft, insbesondere Eltern und Kindern, Grundkenntnisse über die Gesundheit und Ernährung des Kindes, die Vorteile des Stillens, die Hygiene und die Sauberhaltung der Umwelt sowie die Unfallverhütung vermittelt werden, dass sie Zugang zu der entsprechenden Schulung haben und dass sie bei der Anwendung dieser Grundkenntnisse Unterstützung erhalten;
f) die Gesundheitsvorsorge, die Elternberatung sowie die Aufklärung und die Dienste auf dem Gebiet der Familienplanung auszubauen.
3. Die Vertragsstaaten treffen alle wirksamen und geeigneten Massnahmen, um überlieferte Bräuche, die für die Gesundheit der Kinder schädlich sind, abzuschaffen.
4. Die Vertragsstaaten verpflichten sich, die internationale Zusammenarbeit zu unterstützen und zu fördern, um fortschreitend die volle Verwirklichung des in diesem Artikel anerkannten Rechts zu erreichen. Dabei sind die Bedürfnisse der Entwicklungsländer besonders zu berücksichtigen.

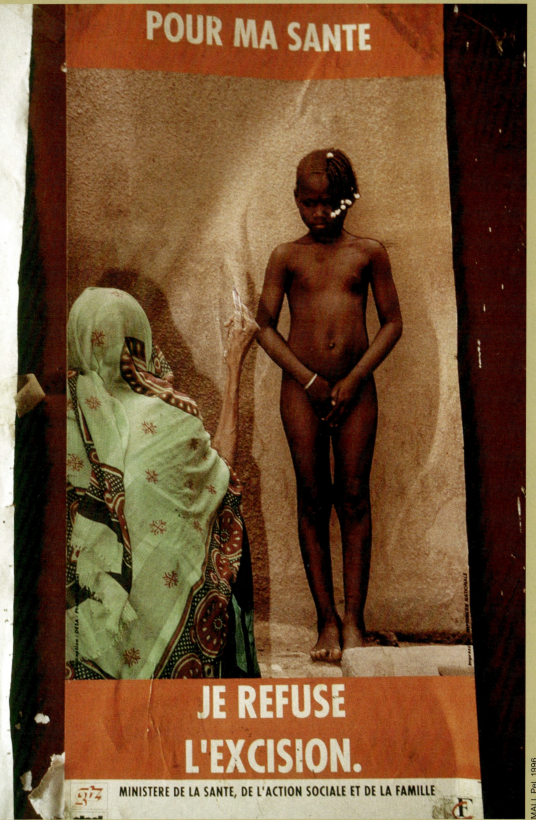

KRIEG MACHT KRANK

Die besondere Verletzlichkeit von Frauen

Unterernährte Frauen können ihre Kinder oft nicht stillen. Ausserdem wirken sich unfreiwillige Veränderungen der Ernährung aufgrund bewaffneter Konflikte anders auf Frauen aus als auf Männer. Die Rolle, die Frauen bei der Fortpflanzung spielen, lässt sie besonders empfindlich auf Einschränkungen in der medizinischen Versorgung, der zuverlässigen Geburtenkontrolle und der medizinischen Behandlung reagieren. Mangelnde Geburtenkontrolle und die vielen Vergewaltigungen in Zeiten bewaffneter Konflikte können zu mehr Schwangerschaften und illegalen Abtreibungen führen. In solchen Situationen stehen meist keine angemessenen Einrichtungen für die vor- und nachgeburtliche Versorgung zur Verfügung. Die körperlichen und psychischen Belastungen während eines bewaffneten Konfliktes können zu Fehlgeburten, verfrühten Wehen, geringem Geburtsgewicht und Menstruationsstörungen führen. Die Müttersterblichkeit steigt drastisch an, wobei normalerweise leicht zu behandelnde Probleme zum Tode führen können. Diese Probleme werden in einigen Konflikten dadurch verschärft, dass Entbindungskliniken und gynäkologische Kliniken gezielt angegriffen werden. ... Frauen mit bleibenden Kriegsverletzungen haben nicht den gleichen Zugang zu medizinischer Versorgung wie Männer. Zum Beispiel wissen Frauen, die durch Landminen verwundet worden sind, weniger über die Möglichkeiten einer Prothese, und kulturelle Vorurteile können sie davon abhalten, sich behandeln zu lassen. ... In Konfliktsituationen ist die Diskriminierung aufgrund des Geschlechts bei der Zuteilung der spärlich verfügbaren Notfallversorgung weit verbreitet. Ein erheblicher Teil der Hilfe erreicht die weiblichen Überlebenden nie.

Judith G. Gardam/ Michelle J. Jarvis, Women, Armed Conflict and International Law, Den Haag /London/Boston 2001

Zerstörte Gesundheitseinrichtungen

KUWAIT UNTER IRAKISCHER BESETZUNG, 1990 Der Sonderberichterstatter hat zahlreiche Meldungen erhalten, denen zufolge sich das Niveau der Gesundheitsversorgung in Kuwait, das früher mit dem der hoch entwickelten Industrieländer vergleichbar war, während der irakischen Okkupation Kuwaits erheblich vermindert hat. Dieser Rückgang wurde verursacht durch (i) die Ausreise vieler im Gesundheitswesen arbeitender Kräfte, insbesondere Krankenschwestern und Ärzte, (ii) die Schliessung, Räumung und Plünderung von Gesundheitseinrichtungen, (iii) die Verwehrung des Zugangs zu Krankenhäusern. ... Einige Gesundheitseinrichtungen wurden auf Befehl der irakischen Behörden abgebrochen und die technische Ausrüstung in den Irak gebracht. Das Transplantationszentrum (das der Sonderberichterstatter besucht hatte) wurde geplündert. Gleiches gilt für das Zentrum für Gastroenterologie. Zusätzlich wurden viele Zahnarztstühle und Krankenwagen in den Irak gebracht. ... Die Abreise der Ärzte und Krankenschwestern, das Wegschaffen des Behandlungsmaterials und wiederholte Unterbrechungen der Lebensmittel- und Stromversorgung führten zu einer Verschlechterung der Hygienebedingungen und einer Abnahme der Ernährungsversorgung. Diese Faktoren wurden als Hauptursachen für Todesfälle, insbesondere bei Kleinkindern, alten Menschen und geistig oder körperlich Behinderten, bezeichnet.

Walter Kälin, UN-Sonderberichterstatter über die Situation der Menschenrechte in Kuwait unter irakischer Besetzung, Bericht, 16. Januar 1992, UN Doc. E/CN.4/1992/26

Genfer Abkommen über den Schutz von Zivilpersonen in Kriegszeiten, 1949

Artikel 55
Die Besetzungsmacht hat die Pflicht, die Versorgung der Bevölkerung mit ... Arzneimitteln mit allen ihr zur Verfügung stehenden Mitteln sicherzustellen; insbesondere hat sie ... medizinische Ausrüstungen und alle anderen notwendigen Artikel einzuführen, falls die Hilfsquellen des besetzten Gebietes nicht ausreichen.

Artikel 56
Die Besetzungsmacht ist verpflichtet, mit allen ihr zur Verfügung stehenden Mitteln in Zusammenarbeit mit den Landes- und Ortsbehörden die Einrichtungen und Dienste für ärztliche Behandlung und Spitalpflege sowie das öffentliche Gesundheitswesen im besetzten Gebiet zu sichern und aufrechtzuerhalten, insbesondere durch Einführung und Anwendung der notwendigen Vorbeugungs- und Vorsichtsmassnahmen zur Bekämpfung der Ausbreitung von ansteckenden Krankheiten und Epidemien. Das ärztliche Personal aller Kategorien ist ermächtigt, seine Aufgaben zu erfüllen. ...

Bei der Ergreifung von Gesundheits- und Hygienemassnahmen sowie bei ihrer Durchführung soll die Besetzungsmacht das moralische und ethische Empfinden der Bevölkerung des besetzten Gebietes berücksichtigen.

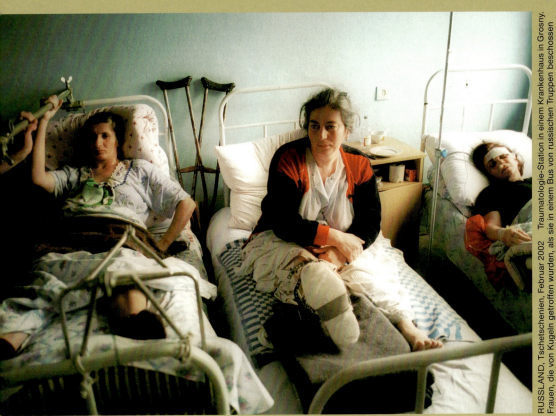

RUSSLAND, Tschetschenien, Februar 2002   Traumatologie-Station in einem Krankenhaus in Grosny. Frauen, die von Kugeln getroffen wurden, als sie in einem Bus von russischen Truppen beschossen wurden. Ungezielte Angriffe sind an der Tagesordnung. Thomas Dworzak/Magnum Photos

RUSSLAND, Tschetschenien, Februar 2002   Ambulante Patienten im grösstenteils zerstörten «Republikanischen Krankenhaus» in Grosny. Thomas Dworzak/Magnum Photos

SCHUTZ VOR SCHADSTOFFEN

BANGLADESCH, 2000   Zwischen 35 und 77 Millionen Menschen aus einer Gesamtbevölkerung von 125 Millionen laufen Gefahr, arsenverseuchtem Trinkwasser ausgesetzt zu werden. Es wird vermutet, dass bereits in 100 000 Fällen Hautverletzungen aufgetreten sind. ... Ein dramatischer Anstieg von Todesfällen und Erkrankungen ist aus Taiwan, Chile und Argentinien gemeldet worden. In Bangladesch ist die Vergiftung auf Millionen kleiner Rohrbrunnen zurückzuführen, die in den letzten 20 Jahren in der Regel in einer Tiefe von weniger als 200 Metern angelegt und mit einer Metallhandpumpe verschlossen wurden. Es ist eine Ironie des Schicksals, dass viele der ersten Brunnen als Bestandteil eines Programms für «sichereres» Trinkwasser angelegt wurden. «Es ist ganz klar, was gegen die Arsenvergiftung zu tun ist», bestätigt ein Experte. «Sorgt für arsenfreies Wasser ... die Gesundheit der Bevölkerung steht auf dem Spiel, und Hilfsmassnahmen können keine weiteren Gutachten abwarten.»

WHO, Pressemitteilung, 8. September 2000

Unbewachter Giftmüll

KAMBODSCHA, 1998   Beinahe 3000 Tonnen Giftmüll aus Taiwan wurden auf einem Feld im südlichen Teil von Sihanoukville abgeladen. Die Müllhalde wurde weder bewacht noch abgesperrt, obwohl sie in der Nähe des Truppenstützpunktes liegt, den die Lastwagen passieren müssen, um den Müll abzuladen. Dorfbewohner berichteten in Interviews mit Human Rights Watch, dass die lokale Bevölkerung vier Stunden nachdem die ersten Lastwagen ihren Müll abgeladen hatten, anfing, den Müll zu durchsuchen. Die weissen, dreifach gefütterten Kunststoffhüllen des Giftmülls waren wertvoll für sie. Einige der Hüllen waren schon beschädigt, und der Giftmüll quoll heraus, wobei die Grösse der austretenden Giftmüllteile zwischen der eines Backsteins und einem halben Kubikmeter schwankte. Andere Kunststoffhüllen waren unversehrt. Die am Rande des Existenzminimums lebenden Dorfbewohner nahmen Messer, ihre Zähne oder was auch immer sie zur Hand hatten zu Hilfe, um die Plastikhüllen aufzureissen. Wenige Tage später erkrankten in Bettrang die ersten Personen. Durchfall, Kopfschmerzen, Erbrechen, Fieber, Müdigkeit, Durst, Hautausschlag oder Blasen, Schwindelgefühl, Halsschmerzen oder Atemnot, Husten, Magenschmerzen, Brustschmerzen, Taubheit, Gelenkschmerzen, schmerzhaftes oder unregelmässiges Wasserlassen und Appetitlosigkeit gehörten zu den Symptomen.

HRW, Cambodia: Human Rights, Justice and Toxic Waste, 1999

PFLICHT ZUR SICHERSTELLUNG DER MEDIZINISCHEN VERSORGUNG

Schutz von Neugeborenen vor einer HIV-Infektion

SÜDAFRIKA, 2002   Das Verfassungsgericht von Südafrika hat entschieden, dass die Regierung verpflichtet ist, HIV-infizierten schwangeren Frauen in öffentlichen Spitälern das Medikament «Nevirapine» zu geben. Nevirapine hemmt die Übertragung des Virus von der Mutter auf das Kind. Das Gericht führte dazu Folgendes aus: «Der Staat ist verpflichtet, Kindern den Schutz gemäss Artikel 28 [der südafrikanischen Verfassung] zu gewähren, auf welchen sie in Fällen fehlender elterlicher oder familiärer Fürsorge Anspruch haben. Es geht im vorliegenden Fall um Kinder, die in öffentlichen Krankenhäusern und Kliniken zur Welt kommen und deren Mütter meist mittellos sind. Aufgrund ihrer finanziellen Lage haben sie keinen Zugang zu privater medizinischer Versorgung. Sie und ihre Kinder sind weitestgehend davon abhängig, dass der Staat ihnen Zugang zur Gesundheitsversorgung verschafft.»

Constitutional Court of South Africa, Minister of Health v. Treatment Action Campaign, 5. Juli 2002

Konvention der Internationalen Arbeitsorganisation (ILO), Nr. 155, 1981 Übereinkommen über Arbeitsschutz und Arbeitsumwelt

Artikel 4
1. Jedes Mitglied hat unter Berücksichtigung der innerstaatlichen Verhältnisse und Gepflogenheiten und in Beratung mit den massgebenden Verbänden der Arbeitgeber und der Arbeitnehmer eine in sich geschlossene innerstaatliche Politik auf dem Gebiet des Arbeitsschutzes und der Arbeitsumwelt festzulegen, durchzuführen und regelmässig zu überprüfen.
2. Ziel dieser Politik muss es sein, Unfälle und Gesundheitsschäden, die infolge, im Zusammenhang mit oder bei der Arbeit entstehen, zu verhüten, indem die mit der Arbeitsumwelt verbundenen Gefahrenursachen, soweit praktisch durchführbar, auf ein Mindestmass herabgesetzt werden.
www.ilo.org/ilolex/german/docs/gc155.htm

Kinderarbeit in einer Bananenplantage in Ecuador

Cristóbal Alvarez, ein zwölfjähriger Junge, erzählte: «Dieses Gift – manchmal macht es dich krank. Natürlich arbeite ich dann trotzdem weiter. Ich schütze mich auch nicht. Einmal wurde ich krank. Ich musste erbrechen, hatte Kopfschmerzen ... das war nach einer dieser Besprühungen. Ich war elf Jahre alt... Ich sagte es meinen Chefs. Sie gaben mir zwei Tage frei, um mich zu erholen.» Die Kinder aus Ecuador erzählten Human Rights Watch, dass sie mit pestizidbehandelten Plastikplanen arbeiten mussten, um die Plantagen abzudecken und die Bananen zu schützen. Ausserdem mussten sie selber die in Exportkisten verpackten Bananen mit Fungiziden gegen Pilzbefall behandeln und weiterarbeiten, während über ihren Köpfen Flugzeuge Fungizide in die Plantagen spritzten.
HRW, Tainted Harvest: Child Work in Banana Plantations

Gesundheitsversorgung von Schwangeren in Entwicklungsländern

Jährlich sterben rund 515 000 Frauen an Komplikationen während der Schwangerschaft oder der Geburt. Fast alle Todesfälle (99 Prozent) sind in den Entwicklungsländern zu verzeichnen. Die bei Weitem grössten Unterschiede zwischen den armen und den reichen Staaten liegen in der Müttersterblichkeit. Das Ausmass dieses Unterschieds kommt in einem Vergleich der Lebensdauer zum Ausdruck: In Westafrika stirbt jede 13. Frau während der Schwangerschaft oder der Geburt, während in Nordeuropa nur eine von 3900 ums Leben kommt.
UNICEF, Maternal Health

BANGLADESCH, Kamarpa, 2000 Die meisten erwachsenen Dorfbewohner zeigen Zeichen einer Arsenvergiftung. Die Kinder werden die charakteristischen schwarzen Flecke bekommen, wenn sie weiterhin kontaminiertes Wasser zu sich nehmen. Ian Berry/Magnum Photos

SÜDAFRIKA, Lusikisiki, November 2003 Die 25-jährige Ntombenkosi Makoubalo ist HIV-positiv und wird mit antiretroviralen Medikamenten behandelt. Bevor sie mit der Therapie begann, verlor sie zwei HIV-positiv geborene Kinder. Francesco Zizola/Magnum Photos

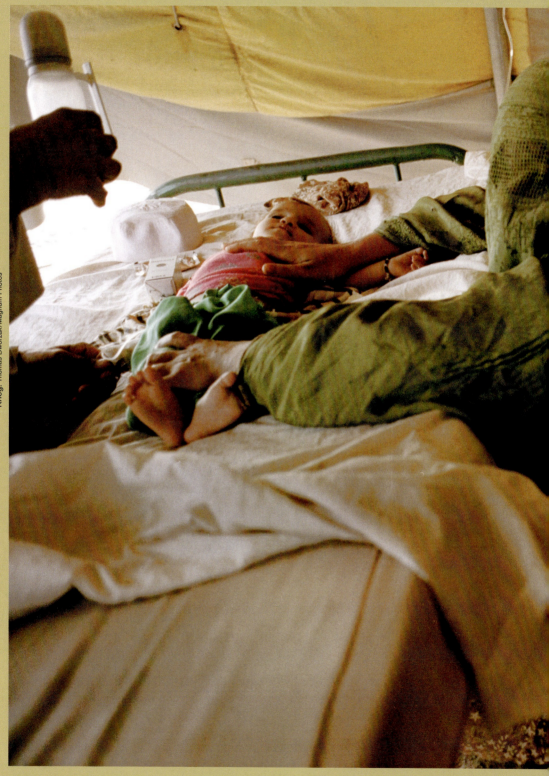

Im Mai 1998 standen in den Krankenhäusern Afghanistans für Frauen nur 20 Prozent der Kranken- und Pflegebetten zur Verfügung.
AlertNet, Time to Give Afghan Women their Right to Health, 12. März 2002

ZAIRE, Kinshasa, 1995   AIDS-Spital
Stuart Franklin/Magnum Photos

INDIEN, Delhi, November 2002 Eine Flasche mit einer Natriumhypochloritlösung zur Desinfektion von Wasser. Pierre Virot/WHO

DIE ROLLE DER INTERNATIONALEN GEMEINSCHAFT

Die Weltgesundheitsorganisation (WHO)

Die Weltgesundheitsorganisation, das auf Fragen der Gesundheit spezialisierte Organ der Vereinten Nationen, wurde am 7. April 1948 gegründet. Der Zweck der WHO besteht laut Satzung darin, allen Völkern zu einem bestmöglichen Gesundheitszustand zu verhelfen.

Gesundheit wird in der Satzung der WHO als ein Zustand des vollständigen körperlichen, geistigen und sozialen Wohlergehens und nicht nur als Fehlen von Krankheit oder Gebrechen definiert. Die 193 Mitgliedstaaten leiten die WHO durch die Weltgesundheitsversammlung. Die Versammlung setzt sich aus Vertretern der Mitgliedstaaten zusammen. Zu den wichtigsten Zielen der Weltgesundheitsversammlung gehört es, das WHO-Programm und das Budget jeweils für die kommenden zwei Jahre zu verabschieden und über wichtige politische Fragen zu befinden. Das Sekretariat wird von einem Generaldirektor oder einer Generaldirektorin geleitet, der oder die vom Exekutivrat ernannt und von den Mitgliedstaaten für fünf Jahre gewählt wird. Dr. Margaret Chan übernahm die Stelle der Generaldirektorin der Weltgesundheitsorganisation am 21. Juli 2003.

Im WHO-Sekretariat arbeiten Spezialisten aus dem Gesundheitswesen, andere Experten und administratives Personal, sowohl im Hauptsitz in Genf wie auch in den sechs Regionalbüros und in den einzelnen Staaten. Bei der Ausübung seiner Tätigkeiten konzentriert sich das WHO-Sekretariat auf folgende Kerngebiete:

– Erarbeitung einer konsistenten, ethischen, auf Tatsachen beruhenden Politik und die Formulierung von entsprechenden Empfehlungen;
– Informationsverwaltung durch Feststellung von Trends und durch Leistungsvergleiche; Festlegung von Vorgaben für mehr Stimulierung von Forschung und Entwicklung;
– Auslösen von Veränderungen durch technische Hilfe und Unterstützung von Gesundheitspolitiken. Dabei werden die Zusammenarbeit und der Aufbau der nachhaltigen nationalen und zwischenstaatlichen Leistungsfähigkeit gefördert;
– Aushandlung und Erhaltung nationaler und weltweiter Partnerschaften;
– Festsetzung, Bewertung, Überwachung und Verfolgung der korrekten Umsetzung von Normen und Richtlinien;
– Stimulierung der Entwicklung und Erprobung neuer Technologien, Instrumente und Leitlinien auf dem Gebiet der Krankheitsbekämpfung, der Risikoverminderung, der Gesundheitsvorsorge und der Dienstleistungen.

Selbstporträt, www.who.int

Medikamente für vernachlässigte Krankheiten

In armen Ländern verursachen infektiöse und parasitäre Erkrankungen unermessliches Leiden und führen jedes Jahr zum Tod von mehr als zwölf Millionen Menschen. Ärzte und andere Freiwillige der nichtstaatlichen Organisation Médecins Sans Frontières, die in über 80 Ländern an mehr als 400 Projekten mitwirkt, bezeugen dies aus erster Hand. Die meisten dieser Erkrankungen sind vermeidbar oder behandelbar. Aufgrund von zunehmenden Resistenzen, von Produktionseinbrüchen oder der hohen Kosten für Medikamente und nicht zuletzt wegen mangelnder Forschung und Entwicklung neuer innovativer Behandlungsmöglichkeiten für vernachlässigte Krankheitsbilder fehlen jedoch zunemend geeignete Medikamente. Vernachlässigte Krankheiten sind solche, die die Gesundheit stark beeinträchtigen oder lebensbedrohlich sind, für die aber unzureichende oder keine Behandlungsmöglichkeiten bestehen. Das geringe Marktpotenzial der entsprechenden Medikamente macht die Forschung für den privaten Sektor unattraktiv.

Vernachlässigte Krankheiten lassen sich in zwei Kategorien unterteilen: Die erste besteht aus Krankheiten wie Malaria und Tuberkulose (TB), für die es in den reichen Ländern bereits einen gewissen pharmazeutischen Markt gibt und für die in gewissem Umfang Forschungs- und Entwicklungsbemühungen existieren; die zweite umfasst Krankheiten wie die afrikanische Schlafkrankheit, Kala Azar, die Chagas-Krankheit und lymphatische Filarose, Krankheiten also, bei denen der Markt vollkommen versagt hat.

Die grosse Mehrheit der Menschen, die an vernachlässigten Krankheiten sterben, lebt in armen Ländern, die meisten auf dem afrikanischen Kontinent. Zum Beispiel stirbt jährlich mehr als eine Million Menschen an Malaria, 75 Prozent davon sind Kinder in Afrika. Infektionskrankheiten sind auch eine Ursache dafür, dass arme Menschen – und die Länder, in denen sie leben – arm bleiben. Es gibt Schätzungen, die besagen, dass die Wirtschaftskraft der subsaharischen Länder Afrikas durch Malaria halbiert worden ist.

MSF, James Orbinski/Bernard Pecoul, Pressemitteilung, 21. Juni 2002

DER BEITRAG DER ZIVILGESELLSCHAFT

Médecins Sans Frontières (MSF, Ärzte ohne Grenzen)

Médecins Sans Frontières (MSF) ist eine internationale humanitäre Hilfsorganisation, die weltweit in über 70 Staaten Menschen in Not mit medizinischer Nothilfe unterstützt. In Staaten, in denen die Strukturen des Gesundheitswesens unzureichend oder sogar inexistent sind, arbeitet MSF mit Behörden wie den staatlichen Gesundheitsministerien zusammen, um Hilfe zu leisten. MSF engagiert sich für die Sanierung von Krankenhäusern und deren Apotheken, beteiligt sich an Impfprogrammen sowie Wasser- und Hygieneprojekten. MSF arbeitet auch in abgelegenen Gesundheitszentren oder in Slums und bildet vor Ort Personal aus. All dies geschieht mit dem Ziel, die Strukturen des Gesundheitswesens auf ein akzeptables Niveau zu bringen. Durch die humanitäre Hilfe will die Organisation auch auf Krisensituationen aufmerksam machen; MSF tritt als Zeuge auf und spricht im privaten wie im öffentlichen Rahmen die missliche Lage der gefährdeten Bevölkerung in aller Deutlichkeit an. Auf diese Weise will MSF menschliches Leiden lindern, Leben und Gesundheit schützen und den Respekt für den Menschen und seine grundlegenden Rechte wiederherstellen und sichern. Nur ein geringer Prozentsatz derer, die sich in einer Notlage befinden, wird auch von den Medien beachtet. Die Teams von MSF reisen in Gebiete, von denen viele Menschen noch nie etwas gehört haben, um Opfern von Naturkatastrophen oder von bewaffneten Konflikten zu helfen. Die Freiwilligen von MSF können viel erzählen, wenn sie von ihren Missionen zurückkehren, und sie nutzen ihre Erfahrungen, um öffentlich über das zu sprechen, was sie gesehen haben. Es ist eine wichtige Aufgabe für MSF, das Bewusstsein für diese Bevölkerungsgruppen und deren Lage zu wecken. Wann immer es möglich ist, geben die Freiwilligen von MSF Interviews und halten Vorträge. Die Mitarbeiter von MSF organisieren weltweit Zusammenkünfte und Treffen, um so Einzelpersonen und Gruppen von Freiwilligen die Gelegenheit zu bieten, die Menschen in ihrer Heimat zu informieren. MSF organisiert auch Ausstellungen und gibt von Zeit zu Zeit Publikationen heraus, um das Bewusstsein der Bevölkerung zu schärfen. Es ist Teil der Arbeit von MSF, Verletzungen grundlegender Menschenrechte, auf die die Teams bei der Feldarbeit stossen, anzusprechen. Oft sind dies Verletzungen, die staatlich angeordnet oder unterstützt werden. Die Verantwortlichen werden mit den Vorwürfen konfrontiert und durch die Mobilisierung der internationalen Gemeinschaft unter Druck gesetzt. Die Öffentlichkeit wird über die Zustände informiert. Um Kompromisse oder Manipulationen der Hilfsaktionen zu verhindern, bewahrt MSF seine Neutralität und Unabhängigkeit von den einzelnen Regierungen. Auch bemüht sich die Organisation darum, dass der grösste Teil der für die Arbeit gesammelten Hilfsmittel direkt aus Beiträgen der allgemeinen Öffentlichkeit stammt. Auf diese Weise sichert MSF den gleichberechtigten Zugang zur humanitären Hilfe. Seit 1971 organisiert MSF weltweit medizinische Hilfsmissionen.

Selbstporträt, www.msf.org

Gefährliche Gesundheitsarbeit

DEMOKRATISCHE REPUBLIK KONGO, 2003 *Zwei Rotkreuzmitarbeiter starben am 11. Mai im Dienst der humanitären Hilfe während der Kämpfe in Bunia, im Nordosten des Landes. Beide trugen Sicherheitswesten, die sie deutlich als Personal des Roten Kreuzes auswiesen. Dies ist der zweite Vorfall in dieser Region der Demokratischen Republik Kongo, bei dem Mitarbeiter der Organisation ums Leben kamen; im April 2001 wurden sechs Angestellte des IKRK im gleichen Gebiet getötet. Als Garant des humanitären Völkerrechts und in Übereinstimmung mit seinem Mandat erinnert das IKRK alle Konfliktparteien an ihre Verpflichtungen, zu jedem Zeitpunkt zwischen der Zivilbevölkerung und den Personen, die direkt an den Kampfhandlungen teilnehmen, sowie zwischen zivilen und militärischen Zielen zu unterscheiden. Es besteht zudem die Pflicht, humanitäre Hilfskräfte sowie medizinisches Personal, medizinische Einrichtungen und Fahrzeuge nicht anzugreifen, insbesondere wenn diese das Emblem des Roten Kreuzes tragen. Die Verantwortlichen der Konfliktparteien sind verpflichtet, ihre Truppen unter Kontrolle zu halten, um sicherzustellen, dass deren Verhalten zu keinem Zeitpunkt gegen das humanitäre Völkerrecht verstösst.*

IKRK, Pressemitteilung, 16. Mai 2003

SPANIEN, Barcelona, 1991   Alte Männer in ihrem Strandklub.
David Alan Harvey/Magnum Photos

Wir neigen dazu, Gesundheit nur als eine biologische Funktion zu betrachten, aber ... die ausschlaggebenden Faktoren für Gesundheit sind eigentlich die sozialen, politischen und wirtschaftlichen Kräfte in unserem Leben. Gesundheit ist nicht nur das Fehlen von Krankheit oder Gebrechen, sondern auch ein Zustand körperlichen, geistigen und sozialen Wohlergehens. Wie gesund wir wirklich sind, hängt in erheblichem Masse von unserem

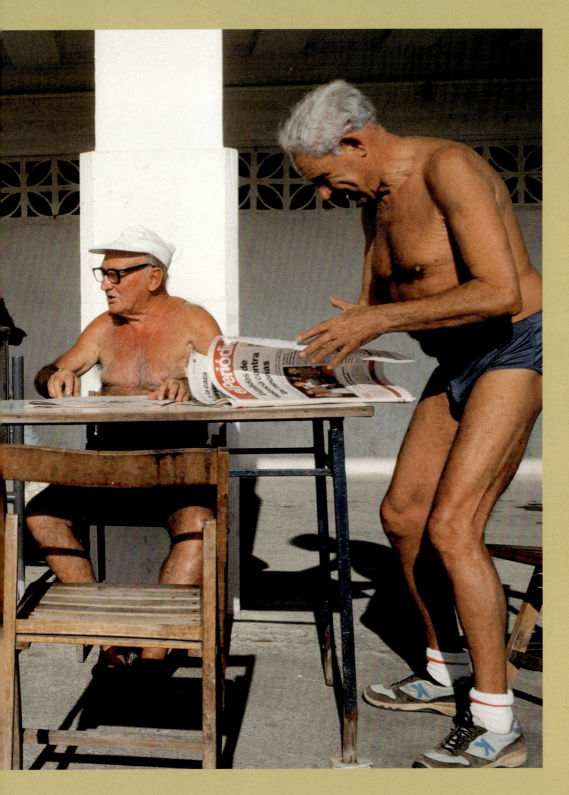

Zugang zu Nahrung, sauberem Wasser und medizinischer Versorgung ab, vom Ausmass an Gewalt und Stress in unserem Leben, davon, wie viel und unter welchen Bedingungen wir arbeiten und wie viel Liebe, Freude und Erfüllung wir erfahren.
MADRE, Yifat Susskind, Women's Health in a Sick World, September 2003

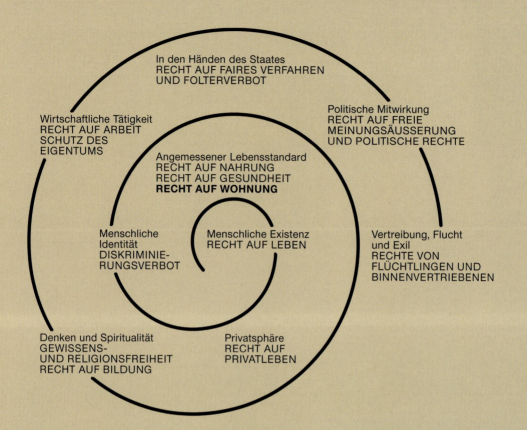

In den Händen des Staates
RECHT AUF FAIRES VERFAHREN
UND FOLTERVERBOT

Politische Mitwirkung
RECHT AUF FREIE
MEINUNGSÄUSSERUNG
UND POLITISCHE RECHTE

Wirtschaftliche Tätigkeit
RECHT AUF ARBEIT
SCHUTZ DES
EIGENTUMS

Angemessener Lebensstandard
RECHT AUF NAHRUNG
RECHT AUF GESUNDHEIT
RECHT AUF WOHNUNG

Menschliche
Identität
DISKRIMINIE-
RUNGSVERBOT

Menschliche Existenz
RECHT AUF LEBEN

Vertreibung, Flucht
und Exil
RECHTE VON
FLÜCHTLINGEN UND
BINNENVERTRIEBENEN

Denken und Spiritualität
GEWISSENS-
UND RELIGIONSFREIHEIT
RECHT AUF BILDUNG

Privatsphäre
RECHT AUF
PRIVATLEBEN

ITALIEN, Martellago, 1985
Ferdinando Scianna/Magnum Photos

Kann man einem Menschen zumuten, in einer Kartonschachtel zu leben?

MAROKKO, Ouarzazate, 1988
Steve McCurry/Magnum Photos

JAPAN, 1999
Bruce Gilden/Magnum Photos

RECHT AUF WOHNUNG

NICARAGUA, Managua, 1996   Zuhause einer zehnköpfigen Familie.
Susan Meiselas/Magnum Photos

BANGLADESCH, Dhaka, 2004
Ilse Frech/Lookat Photos

AFGHANISTAN, Kabul, 2002 Eine Frau zündet ein Feuer an, um auf dem Fussboden der Küche eines ausgebombten Hauses, in dem sie und ihre Schwester Unterschlupf gefunden haben, Tee zuzubereiten. Suzanne Plunkett/AP

NIGERIA, Lagos, 1982 Häuser beherbergen heute oft bis zu 30 Personen. Dieser Mann lebt mit seinen fünf Kindern in einem engen, verwahrlosten Zimmer, das durch einen Vorhang in einen Wohn- und einen Schlafbereich unterteilt ist. Peter Marlow/Magnum Photos

BRASILIEN, Rio de Janeiro, 1996   Friedhof «San Francisco» in der Favela Mororo da Coroa.
Abbas/Magnum Photos

PHILIPPINEN, Manila, 1988 Strassenkinder
Stuart Franklin/Magnum Photos

MEXIKO, Chiapas, 1994 Die Binnenvertriebenen in San Cristóbal de las Casas waschen sich im Freien, während ihre Wäsche in den Büschen trocknet. Die Mütter bürsten und entlausen ihre Kinder.
Paul Fusco/Magnum Photos

BRASILIEN, Rio de Janeiro, 1987
Miguel Rio Branco/Magnum Photos

NIGERIA, Lagos, 2002 Im Slum Makoko versorgen sich die Menschen mit Wasser aus Abwasserkanälen. Stuart Franklin/Magnum Photos

MILLIONEN VON MENSCHEN
LEBEN UNTER UNANGEMESSENEN BEDINGUNGEN

Laut Miloon Kothari, UN-Sonderberichterstatter über das Recht auf angemessene Wohnung, leben 600 Millionen Menschen in den Städten und eine Milliarde in den ländlichen Gebieten des Südens in überfüllten und qualitativ schlechten Unterkünften mit unzureichenden sanitären Anlagen, mangelhafter Kanalisation oder Müllabfuhr. 70 Prozent der Menschen, die in absoluter Armut leben, sind Frauen; zwischen 30 und 70 Millionen Kinder leben auf der Strasse. Zudem haben 1,7 Milliarden Menschen keinen Zugang zu sauberem Wasser, 3,3 Milliarden verfügen über keine funktionierenden sanitären Einrichtungen. Ganz offensichtlich sind Leben und Gesundheit dieser Menschen unter derart gefährlichen Bedingungen bedroht. Herr Kothari erwähnte in seinen weiteren Ausführungen zu erschütternden Formen von Unterkünften, in welchen die Menschen leben müssten, Slums und über Nacht errichtete Siedlungen auf besetztem Land, alte Busse, Frachtcontainer, Bürgersteige, Bahnsteige, Strassen, Strassenböschungen, Keller, Treppenhäuser, Dächer, Fahrstuhlschächte, Verschläge, Pappkartons, Kunststoffplanen und Aluminium- und Blechhütten.

Miloon Kothari, UN-Sonderberichterstatter über das Recht auf angemessene Wohnung, Pressemitteilung, 7. Juni 2001

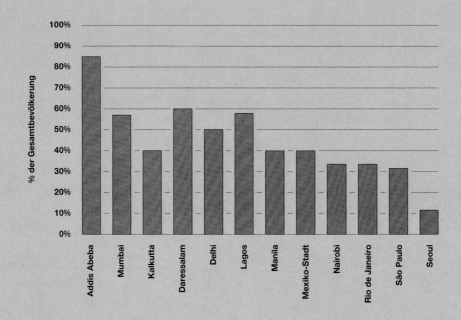

Leben in informellen Siedlungen und im Slum (Prozentsatz der Bevölkerung)

Oxford University Press from *Urbanization in the Third World* von Rob Potter (OUP, 1992), Genehmigung durch Oxford University Press

MEXIKO, Mexico City, 1996
Stuart Franklin/Magnum Photos

INDIEN, Mumbai, 1995 Ansicht der Barackenvorstadt «Mahim». Die meisten Einwohner Mumbais leben in Slums und Barackensiedlungen, die über die ganze Stadt verteilt und selbst in reichen Vierteln zu finden sind. Die Pipeline, die durch den Slum führt, versorgt die wohlhabenderen Stadtteile mit Trinkwasser. Sebastião Salgado/Amazonas Images/Agentur Focus

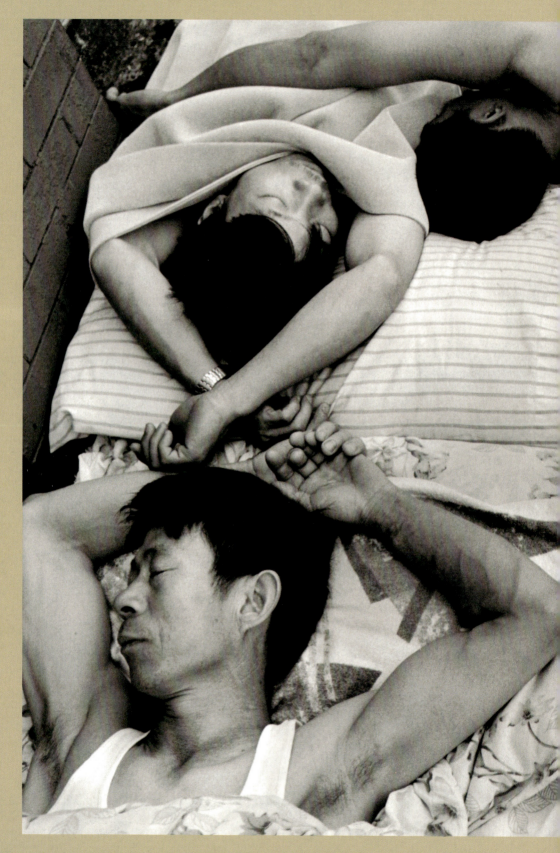

USA, New York City, 1998 Einwanderer, die im heissen Sommer auf Feuertreppen schlafen.
Chien-Chi Chang/Magnum Photos

Recht auf Wohnung

Hat Wohnen überhaupt etwas mit den Menschenrechten zu tun? Die miserablen Lebensbedingungen der Obdachlosen und die Millionen von Familien in den Slums und Barackensiedlungen der Grossstädte dieser Welt zeigen, dass das Recht, an einem sicheren, menschenwürdigen und friedlichen Ort in Würde zu leben, eine grundlegende Voraussetzung für den Schutz mancher anderer Menschenrechtsgarantien ist.

Das Recht auf Wohnung gibt den Menschen einen **Anspruch auf eine angemessene Unterkunft.** Der Staat hat dieses Recht auf drei Ebenen zu garantieren: Die Behörden haben die Unterkunft der Menschen zu achten, das heisst, sie dürfen nicht unrechtmässig in Wohnungen eindringen oder die Bewohner daraus vertreiben, und sie haben die Unterkünfte überdies gegen private Übergriffe zu schützen. Unter gewissen Voraussetzungen muss der Staat auch dafür sorgen, dass bedürftige Personen – beispielsweise nach Naturkatastrophen oder nach Vertreibungen – ein Obdach erhalten.

Das Recht auf Wohnung ist **nicht absolut.** Eingriffe sind allerdings nur dann zulässig, wenn sie gesetzlich vorgesehen sind und einem vernünftigen Zweck dienen. So dürfen private Siedlungs- und Bauvorhaben nur aus sachlichen Gründen erschwert oder verhindert werden, beispielsweise gestützt auf Umweltschutzbestimmungen oder die Siedlungsplanung. Es ist unzulässig, Einzelpersonen und Familien ohne rechtmässiges Gerichtsverfahren und ohne Entschädigung zum Verlassen ihrer Wohnungen zu zwingen oder Häuser politisch missliebiger Bevölkerungsgruppen und unterdrückter Minderheiten zu zerstören. Das humanitäre Völkerrecht verbietet es, in bewaffneten Konflikten Siedlungen der Zivilbevölkerung auf dem Gebiet des Feindes als Vergeltungs- oder Bestrafungsaktion absichtlich zu zerstören oder zu plündern.

Die Staaten müssen nicht nur selber das Recht auf Wohnung achten, sondern sind darüber hinaus verpflichtet, Wohnstätten **gegen Bedrohungen durch Private zu schützen.** Die Polizei ist verpflichtet, gegen Plünderer vorzugehen und die Zerstörung von Häusern zu verhindern bzw. die Schuldigen zu bestrafen. Primär ist jeder Einzelne selber für die Art seiner Unterkunft verantwortlich. Der Staat muss jedoch gesetzlich dafür sorgen, dass alle Menschen, ungeachtet ihrer sozialen oder ethnischen Zugehörigkeit, Zugang zu bezahlbarem Wohnraum haben und beim Abschluss von Mietverträgen nicht diskriminiert und ausgebeutet werden. Gegen ungerechtfertigte Ausweisungen aus Mietwohnungen und Mietshäusern durch Vermieter muss er Rechtsschutz gewähren.

Schliesslich verpflichtet das Recht auf Wohnung den Staat, jenen Personen oder Familien zu helfen, die in **Notsituationen ohne Obdach** sind, und Bedingungen zu schaffen, die auch den bedürftigsten Menschen Zugang zu angemessener Unterkunft ermöglichen. Die Regierungen haben ihre Politik an diesen Zielen auszurichten und dabei jene wirtschaftlichen Mittel einzusetzen, die ihnen zur Verfügung stehen.

Welche Art des Obdachs und der Wohnung gilt als angemessen? Die Antwort hängt stark vom wirtschaftlichen, kulturellen, klimatischen und ökologischen Kontext ab. Mindestens aber bedeutet angemessene Unterkunft, dass bestehendes Wohneigentum oder Ansprüche der Mieter rechtlich geschützt sind, dass die nötigen Infrastruktureinrichtungen, Baumaterial und sanitäre Installationen vorhanden sind, dass die Unterkunft bezahlbar, bewohnbar und zugänglich und dass sie mit den kulturellen Bedürfnissen der Bewohnerinnen und Bewohner vereinbar ist.

TÜRKEI, Yalova, 29. August 1999   In einem Lager für Überlebende der Erdbebenkatastrophe ruht sich ein älterer Mann unter einem Baum aus und hört Nachrichten im Radio. Es müssen für 600 000 durch das Erdbeben obdachlos gewordene Menschen Unterkünfte bereitgestellt werden. Reuters

Das Recht auf angemessene Unterkunft: das Recht, irgendwo in Sicherheit, Frieden und Würde zu leben.

UN-Ausschuss für wirtschaftliche, soziale und kulturelle Rechte, Allgemeine Bemerkung, Nr. 4, 13. Dezember 1991

RUSSLAND, Sibirien, 1992   Jurte im fernen Osten Sibiriens.
Fred Mayer/Magnum Photos

GROSSBRITANNIEN, 1988   Einkaufsbummel bei IKEA.
Martin Parr/Magnum Photos

DER PREIS VON ZWANGSAUSWEISUNGEN

Unter Zwangsausweisung versteht man «die dauerhafte oder vorübergehende Vertreibung von Einzelpersonen, Familien und/oder Gemeinschaften aus deren Häusern und/oder von ihrem Land, ohne dass angemessener Rechtsschutz oder anderweitiger Schutz gewährt wird oder zur Verfügung steht».

Obwohl manche Zwangsausweisungen unvermeidlich sein mögen, ist der Preis, den die Menschen dafür zahlen müssen, so hoch, dass jeder Rechtfertigungsversuch genauestens auf seine Vereinbarkeit mit den Menschenrechten geprüft werden muss. Frauen, Kinder und Jugendliche, Eingeborene, ethnische, religiöse und andere Minderheiten, Rassenminderheiten, soziale Gruppen mit niedrigen Einkommen, die Bevölkerung besetzter Staaten und alle Menschen, die keinen Besitzschutz erhalten, sind oft unverhältnismässig stark von Zwangsausweisungen betroffen. ...

Die Vertriebenen verlieren nicht nur Heim und Nachbarschaft, in die sie oft über die Jahre einen erheblichen Anteil ihres Einkommens investiert haben, sondern müssen häufig auch persönliche Gegenstände zurücklassen, da es im Allgemeinen keine Vorwarnung gibt, bevor Bulldozer oder Abreisskommandos Unterkünfte zerstören. Die Vertriebenen werden auch aus ihren zwischenmenschlichen Beziehungen herausgerissen, die eine Sicherheit oder ein finanzielles Überlebensnetzwerk in Fällen von Krankheit, Einkommenseinbussen oder dem Verlust des Arbeitsplatzes darstellen und die es den Menschen ermöglichen, sich gegenseitig zu entlasten und zu helfen. Menschen, die zwangsweise aus ihren Häusern und Wohnungen ausgewiesen wurden, verlieren oft eine oder mehrere Einkommensmöglichkeiten, wenn sie gezwungen werden, das Gebiet zu verlassen, wo sie eine Arbeit oder andere Einkommensquellen hatten.

UNHCHR, Informationsblatt, Nr. 25, www.unhchr.ch

UN-Pakt über wirtschaftliche, soziale und kulturelle Rechte, 1996

Artikel 11
1. Die Vertragsstaaten erkennen das Recht eines jeden auf einen angemessenen Lebensstandard für sich und seine Familie an, einschliesslich ausreichender Ernährung, Bekleidung und Unterbringung, sowie auf eine stetige Verbesserung der Lebensbedingungen. Die Vertragsstaaten unternehmen geeignete Schritte, um die Verwirklichung dieses Rechts zu gewährleisten, und erkennen zu diesem Zweck die entscheidende Bedeutung einer internationalen, auf freier Zustimmung beruhenden Zusammenarbeit an.

Allgemeine Erklärung der Menschenrechte, 1948

Artikel 25
Jeder hat das Recht auf einen Lebensstandard, der seine und seiner Familie Gesundheit und Wohl gewährleistet, einschliesslich Nahrung, Kleidung, Wohnung, ärztlicher Betreuung und der notwendigen Leistungen der sozialen Fürsorge ...

ZERSTÖRUNG VON HÄUSERN ALS KRIEGSTAKTIK

BOSNIEN-HERZEGOWINA, SERBISCHE BELAGERUNG VON BIJELHINA, 1992 *Am 5. April, irgendwann zwischen 13.00 und 14.00 Uhr, kamen zwei Männer in Uniformen der jugoslawischen Armee und ein in Zivil gekleideter Mann in unseren Teil der Stadt, der unter dem Namen Selimovic-Viertel bekannt ist. Sie hielten vor dem Haus eines Arztes in diesem Viertel. ... Einer der Männer in Uniform feuerte Maschinengewehrsalven auf das Haus ab, der zweite uniformierte Soldat warf eine Handgranate durch das Fenster und eine durch die Tür. Die Granaten sind wohl in die Nähe von Gasflaschen gefallen, denn das Haus explodierte und brannte bis auf die Grundmauern ab.*

Augenzeugenbericht, aufgezeichnet von Helsinki Watch, War Crimes in Bosnia-Hercegovina, ed. by HRW, New York/Washington/Los Angeles/London 1992

Genfer Abkommen über den Schutz von Zivilpersonen in Kriegszeiten, 1949

Artikel 53
Es ist der Besetzungsmacht verboten, bewegliche oder unbewegliche Güter zu zerstören, die persönliches oder gemeinschaftliches Eigentum von Privatpersonen, Eigentum des Staates oder öffentlicher Körperschaften, sozialer oder genossenschaftlicher Organisationen sind, ausser in Fällen, wo solche Zerstörungen wegen militärischer Operationen unerlässlich werden sollten.

MINDERHEITEN HABEN EIN RECHT AUF ANGEMESSENE WOHNUNG

RUMÄNIEN, 2002   Nichtregierungsorganisationen berichten von Zwangsvertreibungen von Roma, von direkter Diskriminierung der Roma auf dem Wohnungsmarkt – z.B. von romafeindlichen Äusserungen in Immobilieninseraten – und über fehlende Infrastruktur und Dienstleistungen in Romagemeinschaften. Die Nichtregierungsorganisationen warnen davor, dass angesichts der laufenden Privatisierung und der Rückerstattung von Eigentum weitere Roma Opfer von Vertreibungen werden könnten. Im Zabrauti-Viertel von Bukarest besuchte der Sonderberichterstatter eine Gemeinschaft von ungefähr 400 Romafamilien, die in fünf Hochhäusern leben, in denen es weder Heizung und Strom noch sanitäre Anlagen oder fliessendes Wasser gibt. Der Vorsitzende des Initiativkomitees des Zabrauti-Viertels überreichte ihm zusammen mit der Romagemeinschaft ein Schreiben, in welchem die schlechten Lebensbedingungen der Roma beschrieben werden. Die überwältigende Mehrheit der Romafrauen verbringt ihre gesamte Zeit mit der Betreuung der Kinder und der Erledigung der Haushaltsarbeiten. Die unangemessenen Wohnbedingungen und gesundheitsgefährdenden Lebensumstände belasten sie zusätzlich und zwingen sie dazu, noch mehr Zeit darauf zu verwenden, Wasser, Brennstoff und Nahrungsmittel zu sammeln oder auch kranke Kinder aufzupassen. Romafrauen leiden besonders stark unter der schlechten Wohnqualität, da sie aufgrund der Kinderbetreuung, Haushaltarbeit und ihrer sozialen Kontakte die meiste Zeit zu Hause verbringen.

Miloon Kothari, UN-Sonderberichterstatter über das Recht auf angemessene Wohnung, Report Romania, 3. Februar 2002, E/CN.4/2003/5/Add.2

Oberster Gerichtshof Indiens

Traditionellerweise werden drei Grundbedürfnisse des Menschen anerkannt – Essen, Kleidung und Obdach. Das Recht auf Leben wird in jeder zivilisierten Gesellschaft garantiert. Es schliesst das Recht auf Nahrung, das Recht auf Kleidung, das Recht auf eine menschenwürdige Umgebung und eine vernünftige Behausung mit ein. [Angemessenes Obdach] heisst, dass der Mensch eine passende Unterkunft haben soll, die es ihm in jeder Hinsicht ermöglicht, sich zu entwickeln – körperlich, seelisch und geistig. ... Eine angemessene Unterkunft ist eine unabdingbare Voraussetzung, um das in der Verfassung festgelegte Ziel der Entwicklung des Menschen zu erfüllen, und sollte als Bestandteil des «Lebens» gemäss Artikel 21 [der indischen Verfassung] gelten.

Supreme Court of India, Shanti Star Builders vs. Naryan Khimali Tatome et al, (1) SC 106, Civil Appeal no. 2598, 1990

BANGLADESCH, Dhaka, August 1999   Arbeiter reissen einen Slum nieder. Weil in den Slums, in denen schätzungsweise 2,6 Millionen Menschen leben, auch Kriminelle Unterschlupf finden, sollen nach dem Willen der Regierung alle Slums abgerissen werden.   Rafiqur Rahman/Reuters

MAZEDONIEN, Gajre, März 2001   Ein Albaner flieht aus seinem Haus, nachdem sein Dorf von der mazedonischen Armee eingenommen worden ist.   Thomas Dworzak/Magnum Photos

BOSNIEN-HERZEGOWINA, Bihac, 1996   Nach dem Krieg.
Wolfgang Bellwinkel/Ostkreuz

FRAUEN UND MÄNNER HABEN DAS GLEICHE RECHT AUF WOHNUNG

In vielen Ländern Afrikas und Asiens bestimmt das Gewohnheitsrecht den Anspruch der Frauen auf Eigentum. Gewohnheitsrechtlich darf Eigentum, das die Familie erwirbt, oft nur auf den Namen des Ehemannes eingetragen werden. Selbst wenn eine Frau sich selber ein Haus baut, kann die Tradition vorschreiben, dass es ihrem Ehemann gehört. Erscheint der Name der Frau nicht auf der Eigentumsurkunde, steht es dem Ehemann häufig von Gesetzes wegen zu, das Eigentum ohne ihr Wissen oder ihre Zustimmung mit einer Hypothek zu belasten. Auf diese Weise verlieren viele Frauen und Kinder ihr Zuhause, obwohl sie direkt oder indirekt zum Kauf des Landes oder des Hauses beigetragen haben. Solche gewohnheitsrechtlichen Bestimmungen verweigern geschiedenen, getrennt lebenden oder verwitweten Frauen den Zugang zum Land und zu den Häusern. In vielen Fällen hat die Frau nach einer Scheidung oder dem Tod ihres Ehemannes nur dann das Recht, im ehelichen Haus weiterzuleben, wenn sie keusch lebt und weitere Kriterien erfüllt. Zahlreiche Beispiele aus der ganzen Welt bezeugen, dass dem Gewohnheitsrecht oft der Vorrang eingeräumt wird, selbst wenn es im Widerspruch zum geschriebenen Recht steht. In Afrika ist das Gewohnheitsrecht normalerweise nicht kodifiziert, bestimmt aber trotzdem die Regelung von Grundbesitz und Eigentumsübertragung. Oft dienen die Regeln dem patriarchalischen System und werden mit aller Härte auf Frauen angewandt.

Miloon Kothari, UN-Sonderberichterstatter über das Recht auf angemessene Wohnung, Women and Adequate Housing, 26. März 2003, E/CN.4/2003/55

Diskriminierendes Wohnungsbauprogramm
VERFASSUNGSGERICHT SÜDAFRIKAS, 2000 (a) Das Recht auf Wohnung ist fest in unserem System verwurzelt, weil wir die Menschen wertschätzen und sicherstellen wollen, dass ihren grundlegenden menschlichen Bedürfnissen entsprochen wird. (b) Eine Gesellschaft muss danach streben, die lebensnotwendigen Bedürfnisse aller ihrer Mitglieder zu decken, wenn sie eine Gesellschaft auf der Grundlage von Menschenwürde, Freiheit und Gleichheit sein will. (c) Ein Wohnungsbauprogramm, das einen bedeutenden Teil der Gesellschaft ausschliesst, kann nicht als angemessen gelten. Menschen, die sich in Not befinden und deren Rechte am stärksten gefährdet sind, dürfen nicht von Massnahmen zur Verwirklichung des Rechts auf Wohnung ausgeschlossen werden. Auch wenn Massnahmen statistisch betrachtet erfolgreich sind, halten sie einer Überprüfung gleichwohl nicht stand, sofern sie den Bedürfnissen der Bedürftigsten nicht entsprechen.

Constitutional Court of South Africa, The Government of the Republic of South Africa v. Irene Grootboom, 2000 (11) BCLR 1169, Summary by Tseliso Thipanyane, www.sahrc.org

LEBEN AN EINEM SICHEREN ORT

SRI LANKA, 2000 Jeden Abend nimmt Mary Nona ein Kissen und ein Laken aus ihrem Haus in einem Dorf im Nordosten Sri Lankas mit und geht in ein anderes kleines Dorf, um dort die Nacht zu verbringen. Seit mehr als zehn Jahren tut sie dies fast jeden Tag, um möglichen nächtlichen Übergriffen der tamilischen Befreiungsfront zu entkommen. Dewalugodalle liegt in der Nähe einer Region, in welcher bewaffnete Separatisten gegen Regierungstruppen kämpfen. «Gegen fünf oder sechs Uhr abends verlassen wir unsere Häuser und gehen in ein etwa vier Kilometer entferntes Dorf, wo wir die Nacht verbringen. Morgens kommen wir zurück», sagt die 37-Jährige. «Das ist unser Leben. Wir sind daran gewöhnt.» Nona gehört Sri Lankas Mehrheitsbevölkerung der Singhalesen an und zählt zu den Abertausenden im Land, die durch den bewaffneten Aufstand der Tamil Tigers aus ihren Häusern vertrieben worden sind.

Feizal Samath, One World-News, 12. September 2000, www.oneworld.org

UN-Übereinkommen zur Beseitigung jeder Form von Diskriminierung der Frau, 1979

Artikel 14
2. Die Vertragsstaaten treffen alle geeigneten Massnahmen zur Beseitigung der Diskriminierung der Frau in ländlichen Gebieten, um dafür zu sorgen, dass sie gleichberechtigt mit dem Mann an der ländlichen Entwicklung und an den sich daraus ergebenden Vorteilen teilhaben kann, und gewährleisten ihr insbesondere das Recht auf … (h) angemessene Lebensbedingungen, insbesondere im Hinblick auf Wohnung, sanitäre Einrichtungen, Elektrizitäts- und Wasserversorgung sowie Verkehrs- und Nachrichtenverbindungen.

UN-Abkommen über die Rechtsstellung der Flüchtlinge, 1951

Artikel 21
Mit Bezug auf die Unterkunft haben die vertragschliessenden Staaten, soweit diese Frage durch Gesetze und Verordnungen geregelt ist oder unter der Kontrolle der öffentlichen Behörden steht, den Flüchtlingen, die sich rechtmässig auf ihrem Gebiet aufhalten, eine möglichst günstige Behandlung zuteil werden zu lassen. Diese Behandlung darf auf alle Fälle nicht ungünstiger sein, als sie unter den gleichen Umständen Ausländern im Allgemeinen gewährt wird.

UN-Leitlinien für den Umgang mit Binnenvertriebenen, 1998

Leitlinie 18
1. Alle intern vertriebenen Personen haben das Recht auf einen angemessenen Lebensstandard. 2. Ungeachtet der Umstände und ohne Diskriminierung müssen die zuständigen Behörden diesen Personen die folgenden Mindestansprüche gewähren: (a) Grundnahrungsmittel und Trinkwasser; (b) Notunterkunft und Obdach; (c) angemessene Kleidung und (d) medizinische Grundversorgung und sanitäre Einrichtungen.

BANGLADESCH, Dhaka, August 1996 Hunderte Familien leben in dieser Stadt mit ihren neun Millionen Einwohnern unter freiem Himmel, und nur die glücklicheren unter ihnen haben ein Netz, das sie vor den Moskitoschwärmen schützt. Reuters

RUSSLAND, Moskau, Februar 2000 Eine obdachlose Frau nimmt ihr Frühstück ein. Anfang Februar sind neun Menschen erfroren, womit sich die Zahl der Personen, die im Jahr 2000 in der russischen Hauptstadt an Unterkühlung starben, auf 172 erhöht hat. Maxim Marmur/AP

LEBEN AUF DER STRASSE

Strassenkinder

In den Entwicklungsländern leben schätzungsweise etwa 100 Millionen Kinder auf der Strasse, allein 40 Millionen davon in Lateinamerika. Die meisten Strassenkinder (75 Prozent) haben zwar noch Kontakt zu ihren Familien, verbringen aber einen Grossteil ihres Lebens auf der Strasse, betteln, verkaufen Kleinigkeiten, putzen Schuhe oder waschen Autos, um so das Einkommen der Familie aufzubessern. Fast keines dieser Kinder geht länger als vier Jahre zur Schule. Die übrigen 25 Prozent leben gänzlich auf der Strasse, oft in Gruppen zusammen mit anderen Kindern. Sie sind als «Strassenkinder» bekannt, schlafen in verlassenen Gebäuden, unter Brücken, in Hauseingängen oder öffentlichen Parkanlagen. Oft sind sie auf kleine Diebstähle oder Prostitution angewiesen, um zu überleben. Die meisten sind abhängig von Lösungsmitteln, die sie inhalieren, z. B. Schusterleim. Der Leim ermöglicht ihnen die Flucht aus der Realität und nimmt ihnen den Hunger – im Tausch gegen körperliche und psychische Probleme wie Halluzinationen, Lungenödeme, Nierenversagen und unheilbare Hirnschäden. Viele werden von der Polizei oder anderen Behörden und Personen, die sie eigentlich beschützen sollten, missbraucht und manchmal sogar ermordet.

Casa Alianza, www.casa-alianza.org

Weltweit steigt die Zahl obdachloser Frauen und Kinder kontinuierlich an

Jede Nacht sind in den Vereinigten Staaten mindestens 700 000 Menschen, mehr als die Einwohnerzahl von Boston oder Washington D.C., ohne Obdach. In diesem Jahr (2003) werden zwischen 2,3 und 3,5 Millionen Menschen von der Obdachlosigkeit betroffen sein. Die meisten dieser Menschen sind Männer, doch unter den Obdachlosen befinden sich mit steigender Tendenz auch Frauen und Kinder. Familien mit Kindern machen mindestens 40 Prozent der obdachlosen Bevölkerung aus; sie gehören nach wie vor zu den am schnellsten wachsenden Teilen dieser Bevölkerungsgruppe. Bei 84 Prozent dieser Familien ist das Familienoberhaupt eine Frau. Zwischen 15 und 25 Prozent der obdachlosen Bevölkerung sind weibliche «Singles»; oft haben diese Frauen Kinder, die bei Verwandten oder Freunden untergebracht sind oder unter staatliche Fürsorge gestellt worden sind. Die Zahl der allein lebenden obdachlosen Frauen steigt auch weltweit an. Laut UN-HABITAT, dem UN-Wohnungs- und -Siedlungsprogramm, sind von den 23 Millionen Flüchtlingen und 27 Millionen intern Vertriebenen etwa 70–80 Prozent Frauen und Kinder. Oft werden Frauen durch Naturkatastrophen und Kriege aus ihren Häusern vertrieben, doch die weltweit wichtigste Ursache für die Obdachlosigkeit von Frauen ist Armut. Von den schätzungsweise 1,3 Milliarden Menschen, die heute in Armut leben, sind 70 Prozent Frauen und Mädchen. Sie stellen die am schnellsten wachsende Gruppe verarmter Menschen dar.

Marielena Zuniga, No home of her own, Homeless Women, Soroptimist of Americas, Januar 2003

Ich gehe zum kleinen Parkplatz hinter dem Restaurant, wo, wie man mir sagt, meine Kinder immer noch friedlich schlafen. Wie immer mache ich die Tür ganz vorsichtig auf und sinke auf den Fahrersitz. «Hallo Mama.» Erschrocken fahre ich hoch und sehe Matthew, den Ältesten, der fünf Jahre alt ist, er blinzelt und ist wach. ... Das Leben im Auto scheint ihm nichts auszumachen. Na klar, er fragt schon, warum wir immer im Auto schlafen müssen, aber meine Antwort, dass ich schlicht und ergreifend noch kein Geld für eine Wohnung habe, scheint ihm zu genügen, und er jammert nicht, weil wir keinen Fernseher haben. ... Ich habe vor, heute Nacht unten am Strand zu bleiben. Die Polizei kennt mich – ich mache ihnen dauernd meine Aufwartung –, und sie lassen mich hier parken, solange ich mich frühmorgens aus dem Staub mache. Am Wochenende bleiben wir auf dem Campingplatz, wo Spielplatz und Dusche im Preis inbegriffen sind.

Michelle Kennedy, Mothering without a net. Our house by the beach is a car. We are homeless. Bericht einer Betroffenen auf www.salon.com

Die Bedürfnisse von Fahrenden

Da die Bedürfnisse von Fahrenden nicht den Bedürfnissen von Personen mit festem Wohnsitz entsprechen, spricht man in ihrem Zusammenhang auch nicht von «Wohnbedürfnissen», sondern von «Bereitstellung von Unterkunft». Fahrende brauchen das gleiche Angebot an Unterkünften, wie es allen anderen Menschen in unserer Gesellschaft zugänglich ist. Mit anderen Worten müssen sie: Zugang zu lang- und kurzfristigen, öffentlichen und privat vermieteten Plätzen und Unterkünften haben; ihre Bedürfnisse befriedigen können, indem sie ihren eigenen Wohnraum besitzen; wählen können, an welchem Ort im Land sie leben wollen. Ausserdem muss es ihnen möglich sein, so viel herumzuziehen, wie sie es wünschen; sie sollen durch das Land reisen und unterwegs übernachten können, wie jeder andere auch, der in einem Ferien-Wohnwagencamp oder einem Motel übernachtet.

www.gypsy-traveller.org. The Traveller Law Reform Coalition is an alliance of Gypsy, Irish Traveller and New Traveller groups working together to lobby the UK government introduce inclusive policies, which in particular address Traveller accomodation needs.

Übereinkommen über die Rechte des Kindes, 1989

Artikel 27
1. Die Vertragsstaaten erkennen das Recht jedes Kindes auf einen seiner körperlichen, geistigen, seelischen, sittlichen und sozialen Entwicklung angemessenen Lebensstandard an. ...
3. Die Vertragsstaaten treffen gemäss ihren innerstaatlichen Verhältnissen und im Rahmen ihrer Mittel geeignete Massnahmen, um den Eltern und anderen für das Kind verantwortlichen Personen bei der Verwirklichung dieses Rechts zu helfen, und sehen bei Bedürftigkeit materielle Hilfs- und Unterstützungsprogramme insbesondere im Hinblick auf Ernährung, Bekleidung und Wohnung vor.

PHILIPPINEN, Manila, 1988 Strassenkinder
Stuart Franklin/Magnum Photos

KAMBODSCHA, Phnom Penh, 1999 Mehrere Hundert obdachlose Kinder leben auf der Strasse in der Umgebung des Zentralmarkts. Hiroji Kubota/Magnum Photos

Indem sie sämtliche Menschenrechte zunichtemacht, stellt die grosse Armut eine unhaltbare Vergeudung von Intelligenz, Erfindungsgeist, Hoffnung und Liebe dar. Sie ist die Verschwendung eines unschätzbaren Kapitals an Männern, Frauen und Kindern, die ausserhalb des Rechts, ausserhalb der Verwaltung, ausserhalb der Gemeinschaft und ausserhalb der Demokratie bleiben. Und vor allem stehen hinter dem Schweigen der Register und Statistiken Kinder, die um ihre Kindheit gebracht werden, Jugendliche, die der Hoffnungslosigkeit ausgeliefert sind, Erwachsene, die schliesslich an ihrem Menschsein und an ihrer Würde zweifeln.

Père Joseph Wresinski, Die ärmsten Menschen zeigen, dass die Menschenrechte unteilbar sind, Paris 1996

Ich habe keine Eltern. Bis ich mich selbst Rutilio nannte, hatte ich noch nicht einmal einen Namen. Ich mag ihn. Es heissen nicht viele Menschen Rutilio. ... Ich habe zehn Jahre lang auf der Strasse gelebt. Ich hatte niemanden auf der Welt. Ja klar, ein grösserer Junge passte auf mich auf. Aber eigentlich war ich auf mich allein gestellt. Mein bester Freund war der Leim. Ich habe gesnifft, die ganze Zeit. Ich fühlte mich besser so. Ich war nicht mehr so traurig. Es nahm mir den Hunger, und mir war auch nicht mehr so kalt. ... Zunächst bettelte ich für meinen Lebensunterhalt. Dann habe ich gelernt, von anderen Menschen zu stehlen.

Rutilios Geschichte, erzählt von der NGO Casa Alianza, www.casa-alianza.org

USA, San Francisco, 1999   Ein obdachloser Mann und seine Frau sammeln Dosen und Flaschen, um ein wenig Geld zu verdienen. Sie übernachteten auf den Treppenstufen einer Schule, bis ein Obdachloser verschlief, sodass die Kinder über ihn steigen mussten. Eli Reed/Magnum Photos

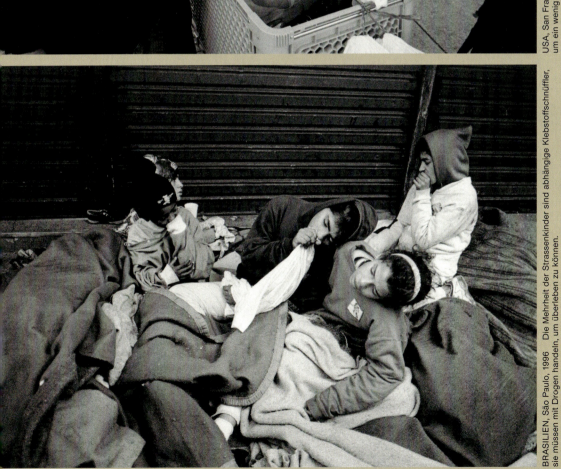

BRASILIEN, São Paulo, 1996   Die Mehrheit der Strassenkinder sind abhängige Klebstoffschnüffler, sie müssen mit Drogen handeln, um überleben zu können. Sebastião Salgado/Amazonas Images/Agentur Focus

DIE ROLLE DER INTERNATIONALEN GEMEINSCHAFT

UN-HABITAT

Das UN-Wohnungs- und -Siedlungsprogramm, UN-HABITAT, ist eine Sonderorganisation der Vereinten Nationen, die sich mit Siedlungsfragen befasst. Die UN-Generalversammlung hat ihr den Auftrag erteilt, nachhaltig sozial- und umweltverträgliche Städte und Grossstädte zu fördern, mit dem Ziel, allen Menschen eine angemessene Unterkunft bieten zu können.

Weltweit führt UN-HABITAT zwei wichtige Kampagnen – die internationale Kampagne über Stadtentwicklungspolitik (Global Campaign on Urban Governance) und die internationale Kampagne für sicheren Besitz (Global Campaign for Secure Tenure). Durch diese Initiativen und mit internationalen Massnahmen setzt sich die Organisation gezielt für eine Reihe von Themen und Sonderprojekten ein und hilft bei deren Umsetzung. Dazu gehört die gemeinsame UN-HABITAT/Weltbank-Initiative zur Verbesserung der Slums, die unter dem Namen «Cities Alliance» läuft. Mit dieser Aktion sollen eine effektive Wohnungsbaupolitik und -strategie gefördert, die Entwicklung und Umsetzung des Rechts auf Wohnung unterstützt und soll zu einer nachhaltigen und umweltverträglichen Stadtentwicklungsplanung und -verwaltung sowie der Raumplanung und den Wiederaufbaumassnahmen nach einem Konflikt in kriegsverwüsteten Ländern oder nach Naturkatastrophen beigetragen werden. Andere Initiativen konzentrieren sich auf Wasserversorgung und sanitäre Einrichtungen, Müllentsorgung in Städten und Grossstädten, Ausbildung und Kapazitätserweiterung der Verantwortlichen vor Ort, Berücksichtigung von Frauenrechten und geschlechtsspezifischen Anliegen in der Stadtentwicklungs- und Verwaltungspolitik, Bekämpfung der Kriminalität mit Hilfe des UN-HABITAT-«Safer Cities»-Programms, Forschung und Überwachung der urbanen Wirtschaftsentwicklung, der Arbeitsmarkt, die Verringerung der Armut, die Systeme zur Finanzierung von Gemeinden und den Wohnungsbau und die Städteinvestitionspolitik. UN-HABITAT setzt sich auch für die Stärkung der Stadt-Land-Verbindungen, die Infrastrukturentwicklung und die Vergrösserung des öffentlichen Dienstleistungsangebotes ein.

Im Rahmen von UN-HABITAT laufen zudem etwa 154 technische Programme und Projekte, verteilt auf 61 Länder der Erde. Meist handelt es sich dabei um die am wenigsten entwickelten Länder. Dazu gehören grössere Nachkriegsprojekte, z.B. in Afghanistan, Kosovo, Somalia, Irak, Ruanda und der Demokratischen Republik Kongo, um nur einige zu nennen.

Selbstporträt, www.unhabitat.org

Kampf gegen Zwangsvertreibungen

In Zusammenarbeit mit dem deutschen Auswärtigen Amt und dem Deutschen Institut für Menschenrechte organisierte der Sonderberichterstatter im Juni 2005 einen internationalen Workshop in Berlin. Dieser sollte Leitlinien erarbeiten, um den Staaten und internationalen Institutionen bei der Aufgabe zu helfen, politische Massnahmen und Gesetze zur Bekämpfung von Zwangsvertreibungen und Zwangsräumungen zu entwickeln. Die grundlegenden Prinzipien und Leitlinien für Zwangsvertreibungen und Zwangsräumungen sind das Resultat dieses Workshops und nachfolgender Beratungen.
...

– Die Leitlinien definieren die Praxis von Zwangsvertreibungen;
– Sie legen strenge Kriterien fest, nach welchen unter «aussergewöhnlichen Umständen», bei «voller Rechtfertigung» und unter Wahrung der Verfahrensgarantien Menschen umgesiedelt werden dürfen;
– Sie zählen detailliert die Schritte auf, die die Staaten zum Schutz der Menschenrechte vor, während und nach Zwangsräumungen ergreifen müssen;
– Sie verlangen, dass vor jeder Zwangsvertreibung eine umfassende Abklärung aller Folgen vorgenommen wird («eviction-impact assessment»);
– Sie verlangen, dass in Übereinstimmung mit den Menschenrechtsstandards Entschädigung und Restitution geleistet und für angemessene Wiedereingliederung gesorgt wird;
– Sie können als Leitlinien für andere Ereignisse dienen, die ebenfalls zu Umsiedlungen führen, wie beispielsweise Naturkatastrophen;
– Sie verankern für vertriebene Menschen, die unter widrigen Umständen leben, in Übereinstimmung mit dem Recht auf angemessene Wohnung ein «Recht auf Wiederansiedlung»;
– Sie rufen die Staaten auf, im Sinne einer «unmittelbaren Verpflichtung» dafür zu sorgen, dass die Landbesitzrechte auch jener Menschen abgesichert werden, die über keine formellen Rechtstitel verfügen;
– Sie verbessern die Perspektiven für Frauen, indem sie die Staaten zu besonderem Schutz und zur Berücksichtigung der Rechte von Frauen verpflichten;
– Sie verlangen von den Staaten, mit verschiedenen Massnahmen sicherzustellen, dass Menschen mit wenig Einkommen und marginalisierte Gruppen von Menschen durch die wirtschaftlichen Verhältnisse nicht geschwächt und so der Gefahr von Zwangsvertreibung ausgesetzt werden.

Bericht des UN-Sonderberichterstatters Mr. Miloon Kothari an den UN-Menschenrechtsrat, 5.2.2007, A/HRC/4/18.

DER BEITRAG DER ZIVILGESELLSCHAFT

Habitat International Coalition (HIC) / Netzwerk für das Recht auf Wohnen und Grundbesitz

HIC ist eine unabhängige, internationale gemeinnützige Bewegung, in der sich etwa 400 Organisationen und Einzelpersonen zusammengeschlossen haben, die im Bereich des Siedlungswesens tätig sind. Zu den Mitgliedern zählen NGOs, Bürgerorganisationen, wissenschaftliche Institutionen, Forschungsinstitute, Organisationen der Zivilgesellschaft und gleichgesinnte Einzelpersonen aus 80 Ländern des Nordens wie des Südens. Die gemeinsamen Ziele verpflichten und formen das HIC-Engagement gegenüber den Gemeinschaften, die sich für die Sicherung von Wohnraum und die Verbesserung der Wohnbedingungen einsetzen.

Das HIC-Statut listet die Ziele auf, die HIC auf lokaler, nationaler, regionaler und internationaler Ebene mit ständig neuen Strategien und Aktivitäten verfolgt:
– Anerkennung, Verteidigung und volle Umsetzung des Rechtes eines jeden Menschen auf einen sicheren Ort, wo er in Frieden und Würde leben kann.
– Der rechtliche Schutz des Menschenrechts auf Wohnung ist der erste Schritt, um Gemeinden, die Wohnraum schaffen, zu unterstützen.
– Seit 1988 hat HIC die Menschenrechtsorgane der Vereinten Nationen beim Bestreben unterstützt, das Recht auf Wohnung zu definieren und dieses Recht anzuerkennen und durchzusetzen.
– Verteidigung der Menschenrechte von Obdachlosen, Armen und Menschen in unangemessenen Unterkünften.
– HIC macht die Öffentlichkeit auf Probleme in der Siedlungspolitik und auf mögliche Lösungen aufmerksam.
– HIC bietet eine Plattform für die Formulierung der politischen Programme und Strategien von NGOs im Bereich des Siedlungswesens und vertritt diese in internationalen Organisationen und Foren.

Selbstporträt, www.hic-mena.org

BOM PLAC – Ein Vogelnest in Brasilien

Hauptziel des «BOM PLAC»-Projektes ist es, die Eigenarten des Lebensstils des brasilianischen Vogels Joã-de-Barro im Wohnungsbau zu kopieren. Der Joã-de-Barro baut sein kugelförmiges Nest aus Lehm und schafft sich damit ein solides «Haus». Der hart arbeitende Vogel dient als Vorbild, weil er seinen Unterschlupf liebt und an ihm hängt. Bei dem Joã-de-Barro-«BOM PLAC»-Projekt handelt es sich um ein ökologisches Wohnraumsystem in Form einer Genossenschaft, das den Menschen alternative, angemessene Unterkunft ermöglichen soll. Die Häuser werden aus einer Mischung aus vorhandenen, natürlichen Materialien und Gummi von Autoreifen gebaut. Dies trägt zur Verringerung der Umweltverschmutzung, zur Verbesserung der öffentlichen Gesundheit und zur Verwendung natürlicher Rohstoffe bei.

UN-HABITAT et al., Subscriptions of «Best Practices» Database

Ökologische Häuser für Tschernobyl

BD IAE ist eine einzigartige Nichtregierungsorganisation aus Weissrussland, die den Bewohnerinnen und Bewohnern von Tschernobyl eine Lösung für ihr Unterkunftsproblem bietet, indem sie die Anwendung von gesunden und umweltverträglichen Strohballen-, Stroh-Lehm- und Holzspan-Lehm-Technologien im Hausbau fördert. Bis heute sind in Weissrussland über 100 Häuser aus Strohballen, 30 aus Stroh-Lehm- und 20 aus Holzspan-Lehm-Mischungen gebaut worden. In Zusammenarbeit mit dem Ministerium für Architektur und Bauwesen der Republik Weissrussland und dem weissrussischen Habitat Centre hat BD IAE das nationale Programm für ökologischen sozialen Wohnungsbau für sozial benachteiligte Gruppen und die Bevölkerung von Tschernobyl entwickelt. Das Programm ist Beispiel einer erfolgreichen Zusammenarbeit zwischen NGOs und Regierungsorganen. Ausserdem ist es ein gutes Beispiel für die internationale Zusammenarbeit auf dem Gebiet des Technologietransfers im Bereich nachhaltiger Entwicklung, der lokalen Wirtschaftsentwicklung und dem sozialen Wohnungsbau in Ländern, deren Wirtschaft sich in einem kritischen Zustand befindet und in denen es an ausländischen Investoren mangelt.

UN-HABITAT et al., Subscriptions of «Best Practices» Database

Dadaab-Flüchtlingslager in Kenia

Dadaab bezeichnet die drei Lager – Fo, Dagahaley und Hagadera – ganz im Osten Kenias, nahe der Grenze zu Somalia. Das Gebiet wird von Nomaden und deren Kamelherden geprägt. Es gibt nur wenig Regen und Grundwasser und ausser den über die Landschaft verteilten, kümmerlichen Bäumen auch kaum Vegetation. Die Lager wurden Anfang 1991 um die Stadt Dadaab herum angelegt, als in Somalia die Bürgerkriege (mit 16 Konfliktparteien) ausbrachen. Die Kriege und eine lang anhaltende Dürre zwangen über 900 000 Somali, in die Nachbarländer zu fliehen. Etwa 400 000, viele von ihnen waren völlig erschöpft und am Rande des Hungertodes, suchten in Kenia Zuflucht. Seither sind die meisten wieder in ihr Heimatland zurückgekehrt. Etwa 131 000 Somali sind jedoch in Kenia geblieben, 110 000 leben in Dadaab, zusammen mit Sudanesen, Ugandern und etwa 3000 Äthiopiern. Die Lager sehen wie ein buntes Flickwerk unterschiedlicher Arten von Unterkünften aus, da Angehörige der gleichen Ethnie in Gruppen leben. Unterkünfte von Somali sind normalerweise Rundhäuser aus Pappe und blauen UNHCR-Kunststoffplanen, die über ein Gestell aus langen, gebogenen und zusammengebundenen Stäben gespannt werden. Die Sudanesen leben in Hütten aus Lehm und Flechtwerk, ihre Möbel bauen sie aus zusammengebundenen Zweigen. Normalerweise haben sie einen kleinen Hof angelegt. Die wenigen Ugander leben auf eingezäunten Parzellen, auf denen sie Gemüseanbau betreiben und Fische zum Trocknen aufhängen. Auch die Äthiopier haben eingezäunte und abgeschlossene Wohnbereiche, die Unterkünfte bestehen aus Lehm und Flechtwerk und sind mit Plakaten oder orthodoxen Ikonen geschmückt.

MSF, www.refugeecamp.org

USA, Los Angeles, Beverly Hills, 1985
Ferdinando Scianna/Magnum Photos

Kurz, je ärmer ein Mensch ist, desto baufälliger ist sein Haus, desto enger und feuchter seine Bleibe, desto heruntergekommener seine Wohnung. Im Slum liegt seine Hütte dort, wo er am meisten von Ungeziefer verseucht wird, am weitesten von jeglichem Wasser entfernt, sei es auch stehend und verschmutzt.

Père Joseph Wresinski, Die ärmsten Menschen zeigen, dass die Menschenrechte unteilbar sind, Paris 1996

In den Händen des Staates
**RECHT AUF FAIRES VERFAHREN
UND FOLTERVERBOT**

Politische Mitwirkung
**RECHT AUF FREIE
MEINUNGSÄUSSERUNG
UND POLITISCHE RECHTE**

Wirtschaftliche Tätigkeit
**RECHT AUF ARBEIT
SCHUTZ DES
EIGENTUMS**

Angemessener Lebensstandard
**RECHT AUF NAHRUNG
RECHT AUF GESUNDHEIT
RECHT AUF WOHNUNG**

Menschliche Identität
**DISKRIMINIE-
RUNGSVERBOT**

Menschliche Existenz
RECHT AUF LEBEN

Vertreibung, Flucht und Exil
**RECHTE VON
FLÜCHTLINGEN UND
BINNENVERTRIEBENEN**

Denken und Spiritualität
**GEWISSENS-
UND RELIGIONSFREIHEIT
RECHT AUF BILDUNG**

Privatsphäre
**RECHT AUF
PRIVATLEBEN**

SPANIEN, Andalusien, 1987
Bruno Barbey/Magnum Photos

Warum sollen wir Geheimnisse haben dürfen?

GROSSBRITANNIEN, London, 2004
Überwachungskameras in Westminster.
John D. McHugh/AP

KAMBODSCHA, Phnom Penh, 2002
Kinder in ihrer Dachbehausung.
John Vink/Magnum Photos

RECHT AUF PRIVATLEBEN

DEUTSCHLAND, 1995   An der polnischen Grenze.
Frieder Blickle/Bilderberg

*Es scheint mir, Golan, dass der Fortschritt der Zivilisation nur ein Vorwand ist,
um die Privatsphäre einzuschränken.*
Isaak Asimov, Foundation's Edge (1982)

DEUTSCHLAND, 1997 Mitarbeiter eines privaten Wach- und Sicherheitsdienstes bewachen das Kaufhaus «Karstadt». Stefan Enders/Bilderberg

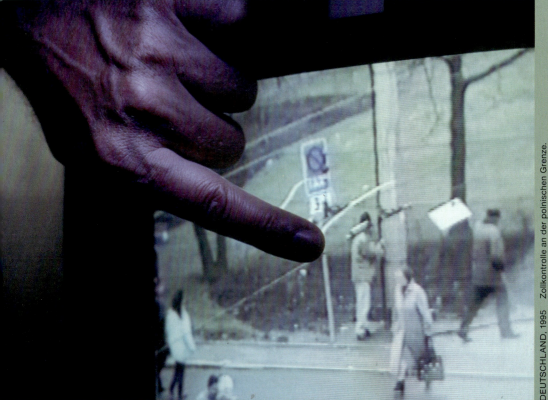

DEUTSCHLAND, 1995 Zollkontrolle an der polnischen Grenze. Frieder Blickle/Bilderberg

JAPAN, Kioto, 2000 In der Lobby des Love Hotels «Dance in Kyoto» sind die verschiedenen zur Auswahl stehenden Zimmer zu sehen. Die auf der Anzeigetafel nicht beleuchteten Zimmer sind besetzt. Die Love Hotels sind eine einzigartige japanische Tradition, Zufluchtsorte für junge Paare, die noch bei ihren Eltern wohnen und für kurze Zeit die traute Zweisamkeit suchen. Die Peinlichkeit, von anderen Menschen gesehen zu werden, bleibt dem Pärchen erspart.

Peter Marlow/Magnum Photos

JAPAN, Kioto, 2000   Die Rezeption des Love Hotels «Dance in Kyoto» ist mit Rauchglas abgeschirmt, damit die Gäste anonym bleiben. In einem Land, in dem die Wohnungen klein sind und die Familie traditionell zusammenlebt, weil sich die erwachsenen Kinder oft keine eigene Wohnung leisten können, ist das Love Hotel ein Refugium für Paare, die noch mit ihren Eltern zusammenleben. Die Zimmer können zu günstigen Preisen stundenweise – für eine, wie es euphemistisch heisst, «Ruhepause» – gemietet werden oder für eine Nacht. Peter Marlow/Magnum Photos

IHR BILD WIRD MEHR ALS 300 MAL PRO TAG AUFGEZEICHNET

Im vergangenen Jahr (2003) ist in Washington D.C. die Zahl der Überwachungskameras markant angestiegen. In den meisten Fällen sind die Kameras verborgen oder getarnt, damit die Passanten sie nicht bemerken. Manche Kameras lassen sich schwenken, können Sie erfassen und in Ihre persönliche Sphäre eindringen, ohne dass Sie es auch nur ahnen. Nachdem die Videoüberwachung zunächst von Firmen für den Schutz von Privateigentum eingesetzt wurde, hat sie heute stark zugenommen und wird auch von Polizeibehörden benutzt, um öffentliche Plätze zu überwachen. Seit den Angriffen vom 11. September halten immer mehr Politiker, Sicherheits- und Nachrichtendienste in den Vereinigten Staaten die Videoüberwachung für das geeignete Mittel, um auf terroristische Bedrohung und das Sicherheitsbedürfnis der Öffentlichkeit zu reagieren. Bevor man jedoch die routinemässige Überwachung öffentlicher Räume unkritisch hinnimmt, ist zu prüfen, ob Videoüberwachung überhaupt eine wirksame Massnahme zur Prävention und Verhinderung von Verbrechen darstellt und ob sie für den Schutz der bürgerlichen Freiheiten geeignet ist. Videoüberwachung ist in Europa weiter verbreitet als in den Vereinigten Staaten. Untersuchungsergebnisse aus Europa zeigen, dass die Vorteile der Videoüberwachung stark überschätzt werden. In den letzten zehn Jahren haben die verschiedenen Regierungen in Grossbritannien als Reaktion auf terroristische Bombenanschläge mehr als 1,5 Millionen Kameras installiert. Die durchschnittliche Londonerin und der durchschnittliche Londoner werden schätzungsweise mehr als 300 Mal am Tag aufgenommen, doch bislang wurde noch kein einziger Bombenleger aufgrund der Überwachungsmassnahme überführt. Trotz dieser Erkenntnisse veranlassen in den Vereinigten Staaten die wachsende Angst vor Terroranschlägen, die zunehmende Gewalt auf der Strasse, das Gefühl, die Kriminalität nehme zu, und mehrere, von den Medien stark beachtete Schiessereien in Schulen viele Menschen, verstärkte Videoüberwachung zu verlangen. Überwacht werden sollen nicht nur Strassen, Schulen, öffentliche Parkanlagen und Regierungsgebäude, sondern der gesamte öffentliche Raum.

EPIC, Video Surveillance, www.epic.org

Von Parteimitgliedern wurde erwartet, dass sie nicht in gewöhnlichen Läden einkauften («Geschäfte auf dem freien Markt machten», wie die Formel lautete), aber die Vorschrift wurde nicht streng eingehalten, denn es gab verschiedene Dinge, wie Schuhbänder oder Rasierklingen, die man sich unmöglich auf andere Weise beschaffen konnte. Er hatte einen raschen Blick die Strasse hinauf- und hinuntergeworfen, dann war er hineingeschlüpft und hatte das Buch für zwei Dollar fünfzig erstanden. Damals hatte ihm noch kein Zweck dafür vorgeschwebt. Er hatte es schuldbewusst in seiner Mappe heimgetragen. Selbst unbeschrieben war es schon ein gefährlicher Besitz.
Nun war er im Begriff, ein Tagebuch anzulegen. Das war nicht illegal (nichts war illegal, da es ja keine Gesetze mehr gab), aber falls es herauskam, war so gut wie sicher, dass es mit dem Tode oder zumindest fünfundzwanzig Jahren Zwangsarbeitslager geahndet werden würde.

George Orwell, «1984» (1949)

BESETZTE PALÄSTINENSISCHE GEBIETE, Ostjerusalem, 1. Juni 2001 Während des Trauerzugs für den PLO-Funktionär Faisal al-Husseini zerstört ein palästinensischer Demonstrant Israelische Überwachungskameras. Natalie Behring/Reuters

USA, Pennsylvania, 30. April 2003 Ian Rosenberger, Student an der Pennsylvania State University, spricht über die Pläne der Stadtverwaltung, Überwachungskameras zu installieren. Pat Little/AP

DEUTSCHLAND, Berlin, 2002 Das Archiv des Staatssicherheitsdienstes der ehemaligen Deutschen Demokratischen Republik. Jan Bauer/Keystone

Recht auf Privatleben

Das Recht auf Privatleben schützt das gesamte Leben im privaten Raum, in unserem Zuhause, mit unserer Familie oder unserem Freundeskreis gegen unrechtmässige Eingriffe von aussen. Es sichert unsere private Freiheit in dreierlei Hinsicht:

Auf einer ersten Ebene garantiert es den Respekt vor der **freien Lebensgestaltung in unserem Alltag.** Wie wir unseren Alltag organisieren, was wir essen oder wo wir unsere Freizeit verbringen, geht niemanden etwas an. Staatliche Einschränkungen dieser Freiräume sind nur dann zulässig, wenn sie zum Schutz Dritter oder der öffentlichen Ordnung, der Gesundheit oder der Moral notwendig sind. Nahe verwandt mit diesem Aspekt ist der **Schutz der persönlichen Daten:** Die staatlichen Behörden sind zwar berechtigt, notwendige Personendaten zu sammeln, die Daten dürfen jedoch weder veröffentlicht noch unbefugten Dritten zugänglich gemacht werden. Ebenfalls in diese Kategorie gehört die **Achtung des Ansehens und der Ehre einer Person,** die auch gegen Angriffe von privaten Personen zu schützen sind.

Auf einer zweiten Ebene **verbietet** das Recht auf Privatleben **willkürliche oder rechtswidrige Eingriffe** in unser Leben in den Räumen, die wir bewohnen. Der Staat ist nicht berechtigt, ohne Vorliegen der gesetzlichen Voraussetzungen Häuser oder Wohnungen polizeilich zu durchsuchen, Telefongespräche abzuhören und aufzunehmen oder Personen in ihrer Privatsphäre zu filmen. Geschützt vor willkürlicher und gesetzwidriger staatlicher Kontrolle und Überwachung sind überdies der Briefverkehr und vergleichbare andere Formen privater Kommunikation.

Schliesslich schützt das Recht auf Privatleben auf einer dritten Ebene das **Zusammenleben in der Familie.** Ob man Kinder haben möchte und wie man sein Familienleben gestaltet, ist eine persönliche Entscheidung, die von staatlichen Behörden zu respektieren ist. Aus dem Recht auf Familienleben ergibt sich ein Verbot widerrechtlicher und willkürlicher Eingriffe in die Familie; so dürfen beispielsweise Kinder nicht unrechtmässig ihren Eltern weggenommen werden. Zur Sicherung der Rechte aller Familienmitglieder hat der Staat die einzelnen Individuen auch vor Gewalt innerhalb der Familie zu schützen und den Opfern häuslicher Gewalt beizustehen: Unterdrückung und Gewalt gegen Kinder und Frauen lassen sich nicht unter Berufung auf die autonome Gestaltung des Familienlebens rechtfertigen.

Das Recht, eine Ehe zu schliessen und eine Familie zu gründen, ist eine notwendige Voraussetzung für das Familienleben. Das Recht auf Ehe untersagt es dem Staat, Heiraten zwischen Männern und Frauen im heiratsfähigen Alter zu verbieten, und stellt sicher, dass Ehen nur mit der freien und vollen Zustimmung beider Partner zustande kommen. Kinder- und Zwangsheiraten sind somit untersagt. Zulässig sind Heiratsverbote für nahe Verwandte.

ITALIEN, Piemont, 2001 Markttag in Dogliani.
Stuart Franklin/Magnum Photos

USA, New Orleans, 2001   Bourbon Street
Ian Berry/Magnum Photos

GROSSBRITANNIEN, London, 2001   Susie Boyt und Tom Astor mit ihrem Baby Mary zu Hause in Regent's Park. Peter Marlow/Magnum Photos

SCHUTZ DER EIGENEN IDENTITÄT: MODERNE GEFAHREN FÜR DIE PRIVATSPHÄRE

Personalausweise

Der enorme technologische Fortschritt der letzten Jahre hat elektronische Aufzeichnungen und die Einrichtung grosser kommerzieller und staatlicher Datenbanken ermöglicht. Ein nationaler, in jedem Personalausweis verankerter Identifikator ermöglicht es, verschiedene Informationen zu einer Person, die in unterschiedlichen Datenbanken abgelegt sind, leicht miteinander zu verknüpfen und anhand gezielter Datensuchsysteme zu analysieren. Kritiker führen an, dass derartige Ausweise, insbesondere wenn sie mit Informationen aus Datenbanken verknüpft werden, die widerrechtliche Erstellung von detaillierten Persönlichkeitsprofilen ermöglichen. Das blinde Vertrauen in ein einziges Dokument macht genau jene Art des Betrugs möglich, der durch die Einführung dieser Ausweise gerade hätte verhindert werden sollen.

1998 befand das Oberste Gericht der Philippinen, dass ein nationales Identitätskartensystem das verfassungsmässige Recht auf Privatsphäre verletze. 1991 erklärte das ungarische Verfassungsgericht, dass ein Gesetz zur Schaffung einer vielseitig nutzbaren Personennummer gegen das verfassungsmässige Recht auf Privatsphäre verstosse.

Biometrik

Die umstrittenste Form der Biometrik – die DNA-Identifizierung – nutzt neue Abfragetechnologien, um automatisch und innerhalb weniger Minuten DNA-Proben mit riesigen Datenbanken zu vergleichen. In vielen Ländern – darunter auch Kanada, Deutschland und die Vereinigten Staaten – hat die Polizei nationale DNA-Datenbanken eingerichtet. Routinemässig werden von grösseren Gruppen von Menschen Proben genommen: Zunächst ging es dabei nur um verurteilte Sexualstraftäter, dann wurden Proben auch von Menschen entnommen, die wegen anderer Gewalttaten verurteilt worden waren, und schliesslich auch von Verhafteten. Inzwischen sind viele Gerichte dazu übergegangen, von allen verhafteten Personen Proben zu nehmen, selbst wenn nur ein leichtes Vergehen vorliegt.

Genetische Privatsphäre

Genetische Daten konfrontieren uns wie kein anderes Thema mit der Frage der Privatsphäre. Sie können als Identifikator verwendet werden und heikle persönliche Daten mitteilen. Genetische Informationen liefern durch die Variationen in den genetischen Sequenzen nicht nur einen Fingerabdruck, sondern liefern auch immer mehr Informationen über genetische Krankheiten und Veranlagungen. Der technologische Fortschritt hat genetische Tests leichter und schneller gemacht. Laut Firmen, die genetische Tests anbieten, stehen für über 400 Krankheiten Tests zur Verfügung, die zwischen elf und 2000 US-Dollar kosten. Hunderte weiterer solcher Tests sind in Entwicklung. Da die Tests leicht erhältlich sind, stehen einem Individuum immer mehr Informationen zur Verfügung. Problematisch ist die Möglichkeit, dass Individuen nicht mehr kontrollieren können, wann solche Tests durchgeführt oder wie die Ergebnisse verwendet werden. Besonders heikel ist die Durchführung genetischer Tests am Arbeitsplatz oder beim Abschluss einer Kranken- oder Lebensversicherung.

Privacy International, Privacy and Human Rights, 2003

Allgemeine Erklärung der Menschenrechte, 1948

Artikel 12
Niemand darf willkürlichen Eingriffen in sein Privatleben, seine Familie, seine Wohnung und seinen Schriftverkehr oder Beeinträchtigungen seiner Ehre und seines Rufes ausgesetzt werden. Jeder hat Anspruch auf rechtlichen Schutz gegen solche Eingriffe oder Beeinträchtigungen.

UN-Pakt über bürgerliche und politische Rechte, 1966

Artikel 17
1. Niemand darf willkürlichen oder rechtswidrigen Eingriffen in sein Privatleben, seine Familie, seine Wohnung und seinen Schriftverkehr oder rechtswidrigen Beeinträchtigungen seiner Ehre und seines Rufes ausgesetzt werden.
2. Jedermann hat Anspruch auf rechtlichen Schutz gegen solche Eingriffe oder Beeinträchtigungen.

Allgemeine Erklärung über das menschliche Genom und Menschenrechte (UNESCO), 1997

Artikel 2
a) Jeder Mensch hat das Recht auf Achtung seiner Würde und Rechte, unabhängig von seinen genetischen Eigenschaften.
b) Diese Würde gebietet es, den Menschen nicht auf seine genetischen Eigenschaften zu reduzieren und seine Einzigartigkeit und Vielfalt zu achten.

Der Zugang zur Wirklichkeit der Schöpfung ... ist zu finden: weil jeder Mensch sich als einzeln und einzig weiss. Gelänge eine lückenlose genetische Analyse dieses Individuums, dann wäre die Person, dieses Einmalige, Unvergleichbare, Einzige, Angesicht, dessengleichen nie gewesen ist, nie gehörte Stimme, nie gesehene Gebärde ..., ganz unabgeleitet, unableitbar, ganz da und nicht anders als da ... Mit jeder Geburt tritt, weil jeder Mensch einzig ist, der erste Mensch in die Welt.

Martin Buber, Die Schrift und ihre Verdeutschung, 1936

PHILIPPINEN, Manila, 17. Januar 1997   Frauen einer linksorientierten feministischen Gruppe marschieren zum Präsidentenpalast, um gegen die Einrichtung eines nationalen computerisierten Identifikationssystems für die Filipinos zu protestieren, das ihrer Meinung nach zur Überwachung der Aktivitäten politischer Dissidenten gebraucht werden könnte. Reuters

DEUTSCHLAND, 1998   Genetische Reihenuntersuchung in einem Mordfall.
Milan Horacek/Bilderberg

SCHUTZ DER PRIVATSPHÄRE

Der Staat und die freie Lebensgestaltung

Jenen Bereich individueller Autonomie, dessen Existenz und Aktionsfeld die Freiheitssphäre anderer nicht berührt, nennen wir Privatheit. Sie berechtigt das Individuum, sich von seinen Mitmenschen zu isolieren, sich von der Öffentlichkeit in eine Privatheit zurückzuziehen, um dort sein Leben entsprechend seinen eigenen (egoistischen) Wünschen und Vorstellungen zu verwirklichen. Privatheit im Sinn dieser isolierten Zone des Individuums hat sich im Laufe ihrer Entwicklung in der bürgerlichen Gesellschaft des 19. Jahrhunderts in besonderen institutionellen Ausprägungen manifestiert: im Schutz der Wohnung (des Hausrechts), der Familie und des Briefgeheimnisses. Im 20. Jahrhundert kamen der Schutz des Fernmeldegeheimnisses sowie der generelle Schutz personenbezogener Daten hinzu. Diese Institutionen haben sich zum Teil so sehr verselbstständigt, dass die zugrundeliegende generelle Idee der Unverletzlichkeit individueller Privatheit in den Hintergrund gedrängt wurde. ...

Mit der institutionellen Beschränkung der Privatheit auf die Bereiche der Wohnung, des Familienlebens und der Kommunikation steht der für die bürgerliche Gesellschaft des 19. Jahrhunderts typische Gegensatz von Privatheit und Öffentlichkeit in engem Zusammenhang. Während die Öffentlichkeit jenen Bereich darstellte, in dem die Entfaltungsmöglichkeit des Individuums durch strikte rechtliche, soziale und/oder moralische Normen beschränkt war, konnte man im privaten Bereich der «eigenen vier Wände» seine Individualität unbeschränkt und unbeobachtet ausleben. Dadurch bekam die Privatheit einen gewissen Beigeschmack des Geheimen und Obskuren, des in der Öffentlichkeit Verbotenen. Dieser Antagonismus, wonach das ureigenste Recht der sogenannten «offenen Gesellschaft» darin besteht, das Privatleben vor den Mitmenschen geheim zu halten, steht heute im Zentrum der Auseinandersetzungen um einen angemessenen Datenschutz. Der Gegensatz zur Öffentlichkeit bzw. die Geheimhaltung vor der Öffentlichkeit stellt allerdings nur einen Aspekt der Privatheit dar. Grundsätzlich schützt das Recht auf Achtung der Privatheit nämlich auch vor Eingriffen in [private Handlungen] in der Öffentlichkeit ...

Manfred Nowak, UNO-Pakt über bürgerliche und politische Rechte und Fakultativprotokoll, CCPR-Kommentar, Kehl/Strassburg/Arlington 1989
(für die Rechte: ENGEL-Verlag), S. 302f.

Das Recht auf freie Wahl der sexuellen Orientierung

TASMANIEN (GESETZ ÜBER EIN VERBOT DER HOMOSEXUALITÄT), 1992   Was Artikel 17 des UN-Paktes über bürgerliche und politische Rechte betrifft, ist es unbestritten, dass private sexuelle Handlungen von Erwachsenen in gegenseitigem Einverständnis unter den Schutz der Privatsphäre fallen und dass Mr. Toonen derzeit laufend durch die fortdauernde Existenz des tasmanischen Gesetzes beeinträchtigt wird. ... Der Staat erkennt zwar an, dass die angefochtenen Bestimmungen einen willkürlichen Eingriff in das Privatleben von Mr. Toonen bedeuten, doch die tasmanischen Behörden betrachten das angefochtene Gesetz sowohl aus Gründen der Volksgesundheit als auch der Moral als gerechtfertigt. Denn zum einen bezwecke es, die Verbreitung von HIV/AIDS in Tasmanien zu verhindern, zum anderen fielen ... moralische Belange in die Kompetenz der staatlichen Gesetzgebung. Was das Argument der Volksgesundheit betrifft, welches die tasmanischen Behörden vorgebracht haben, hat der Ausschuss zu bemerken, dass die Kriminalisierung homosexueller Praktiken weder eine vernünftige noch eine angemessene Massnahme ist, um die Verbreitung von HIV/AIDS zu verhindern. Die Regierung Australiens stellt hierzu fest, dass Gesetze, die Homosexualität kriminalisieren, öffentliche Gesundheitsprogramme vielmehr behindern, da sie «viele infektionsgefährdete Menschen in den Untergrund zwingen». Eine Kriminalisierung homosexueller Aktivitäten verhindert folglich eine wirksame Durchführung von HIV/AIDS-Präventionsprogrammen. Darüber hinaus nimmt der Ausschuss zur Kenntnis, dass kein Zusammenhang zwischen der bestehenden Kriminalisierung der Homosexualität und einer wirksamen Kontrolle über die Verbreitung des HIV/AIDS-Virus gezeigt werden konnte. Auch kann der Ausschuss nicht akzeptieren, dass im Sinne von Artikel 17 des Paktes moralische Belange ausschliesslich eine innere Angelegenheit der Staaten sind, denn dies würde bedeuten, eine grosse Anzahl Normen, die in die Privatsphäre eingreifen, der Überprüfung durch den Ausschuss zu entziehen.

UN-Menschenrechtsausschuss, Toonen v. Australia, Mitteilung, Nr. 488/1992

Recht auf Fortpflanzung

Der Ausschuss ist besorgt über Informationen, dass mexikanische Frauen, die sich für eine Anstellung in ausländischen Firmen in Mexikos Grenzregionen («Maquiladoras») bewerben, einen Schwangerschaftstest machen und auf aufdringliche, persönliche Fragen antworten müssen. Einigen Angestellten werden Empfängnisverhütungsmittel verabreicht. Er ist auch besorgt darüber, dass diese Vorwürfe nicht ernsthaft überprüft worden sind. Es sollten daher alle diese Vorwürfe untersucht werden, um sicherzustellen, dass Frauen, deren Rechte auf Gleichbehandlung und Privatleben auf diese Weise verletzt worden sind, entschädigt werden und dass sich solche Verstösse nicht wiederholen.

UN-Menschenrechtsausschuss, Abschliessende Bemerkungen zu Mexiko, 27. Juli 1999,
UN Doc. CCCPR/C/79/Add.109

«Und dies», sagte der Direktor, die Tür öffnend, «ist der Befruchtungsraum.» Dreihundert Befruchter standen über ihre Instrumente gebeugt, als der Brut- und Normdirektor den Saal betrat. Kaum ein Atemzug unterbrach die Stille, kaum ein gedankenverlorenes Vor-sich-hin-Summen oder -Pfeifen störte die allgemeine angespannte Vertieftheit. Eine soeben eingetroffene Gruppe sehr junger, sehr rosiger und sehr unerfahrener Studenten folgte aufgeregt und ein bisschen beklommen dem Direktor auf den Fersen. Jeder hielt ein Merkheft in der Hand, in das er, sooft der grosse Mann den Mund auftat, krampfhaft kritzelte. Aus erster Quelle – eine besondere Gunst. Der Brut- und Normdirektor von Berlin legte Wert darauf, seine neuen Studenten höchstpersönlich durch die einzelnen Abteilungen zu führen …

«Vor langen Zeiten, als Ford der Herr noch auf Erden wandelte, lebte ein kleiner Knabe namens Ruben Rabinowitsch. Ruben war das Kind Polnisch sprechender Eltern.» Er unterbrach sich. «Sie wissen doch, was Polnisch ist?» «Eine tote Sprache.» «Wie Deutsch oder Französisch», ergänzte ein anderer, stolz auf sein Wissen. «Und Eltern?» forschte der BUND. Unbehagliches Schweigen. Einige Studenten erröteten. Sie hatten noch nicht gelernt, den bedeutsamen Unterschied zwischen Unflat und reiner Wissenschaft zu erkennen. Endlich fand einer den Mut, die Hand zu heben. «Die Menschen pflegten damals – sie pflegten die Kinder auszutragen.» «Sehr richtig», nickte der Direktor beifällig. «Und wenn die Babys entkorkt wurden –» «Geboren wurden», verbesserte der Direktor. «– dann waren sie die Eltern. Nicht die Babys natürlich, die anderen meine ich.» Der arme Kerl war ganz verwirrt. «Kurz gesagt», fasste der Direktor zusammen, «die Eltern waren der Vater und die Mutter.» Diese unflätigen Begriffe, die in Wirklichkeit streng wissenschaftlich waren, fielen wie Donnerkeile in das allgemeine verlegene Schweigen. «Die Mutter», wiederholte er laut und rieb ihnen nochmals die Wissenschaft unter die Nase. «Ich weiss», bemerkte er ernst, in seinen Stuhl zurückgelehnt, «ich weiss, das sind peinliche Dinge. Aber die meisten geschichtlichen Tatsachen sind peinlich.»

Aldous Huxley, Schöne neue Welt (1932)

SÜDKOREA, Seoul, 14. Februar 2004 Eine Wissenschaftlerin an der Seoul National University will eine auf dem Monitor sichtbare somatische Zelle in eine enukleierte Rindereizelle injizieren.
Lee Jin-Man/AP

SCHUTZ DER WOHNUNG

KOLUMBIEN   Am 5. Januar 1993, um zwei Uhr morgens, verschaffte sich eine Gruppe bewaffneter Männer in Zivilkleidung, die dem Büro des Staatsanwaltes angehörten (Cuerpo Técnico de Investigación de la Fiscalía), gewaltsam über das Dach Zugang zum Haus des Beschwerdeführers. Die Gruppe durchsuchte ein Zimmer nach dem anderen und verängstigte und beschimpfte die Familienmitglieder des Beschwerdeführers, selbst seine kleinen Kinder. Im Verlauf der Durchsuchung feuerte einer der Beamten einen Schuss ab. Zwei weitere Personen betraten dann das Haus durch die Eingangstür. Der eine verfasste mit seiner Schreibmaschine eine Erklärung und zwang den einzigen männlichen Erwachsenen der Familie (Alvaro Rojas), diese zu unterschreiben. Es wurde ihm nicht gestattet, sie zu lesen oder eine Kopie zu behalten. Als Alvaro Rojas fragte, ob man denn mit solcher Brutalität vorgehen müsse, wurde ihm gesagt, er möge sich darüber mit dem Staatsanwalt Carlos Fernando Mendoza unterhalten. Erst zu diesem Zeitpunkt wurde der Familie mitgeteilt, dass das Haus im Zusammenhang mit den Ermittlungen über den Mord am Bürgermeister von Bochalema, Ciro Alonso Colmenares, durchsucht wurde. ...

Der Ausschuss muss zunächst feststellen, ob die besonderen Umstände der Razzia im Hause Rojas Garcías' (vermummte Männer, die um zwei Uhr morgens über das Dach eindringen) eine Verletzung von Artikel 17 des UN-Paktes darstellen. In seiner Stellungnahme vom 28. Dezember 1999 hat der Vertragsstaat erneut bekräftigt, dass die Razzia im Hause Rojas García' in Übereinstimmung mit dem Gesetz, d.h. gemäss Artikel 343 des Strafprozessrechts, durchgeführt wurde. Der Ausschuss befindet nicht über die Frage, ob die Razzia legal war; er ist jedoch der Auffassung, dass aufgrund von Artikel 17 des UN-Paktes Hausdurchsuchungen nicht nur dem Gesetz entsprechen müssen, sondern zudem nicht willkürlich durchgeführt werden dürfen. Der Begriff der Willkür in Artikel 17 soll sicherstellen, dass auch im Gesetz vorgesehene Eingriffe mit den Bestimmungen, Zwecken und Zielen des Abkommens vereinbar und in jedem Fall angemessen sind. Der Ausschuss ist der Ansicht, dass die Argumente des Vertragsstaates den beschriebenen Hergang nicht zu rechtfertigen vermögen. Er kommt zu dem Schluss, dass eine Verletzung von Artikel 17 Absatz 1 vorliegt, da es sich um ein willkürliches Eindringen in das Haus der Familie Rojas García handelte.

UN-Menschenrechtsausschuss, Rafael Armando Rojas García v. Colombia, Mitteilung, Nr. 687/1996

Ehre und Ruf

DEMOKRATISCHE REPUBLIK KONGO
Der Beschwerdeführer [Mr. Mulumba] und weitere Demonstranten wurden festgenommen und in das Makala-Gefängnis in Kinshasa gebracht. Der Vertragsstaat erklärt, dass der Beschwerdeführer «Anzeichen geistiger Verwirrung zeigte, woraufhin die Justizbehörden beschlossen, im Interesse seiner Gesundheit und der Sicherstellung eines gerechten Verfahrens ein psychiatrisches Gutachten anfertigen zu lassen». Eine Woche nach der Festnahme musste er einer allgemeinen medizinischen Untersuchung im General Hospital unterziehen. Zudem wurde ein Elektroenzephalogramm im Zentrum für Neuro-Psycho-Pathologie von Kinshasa erstellt. Die Ärzte, Prof. Mpania und Prof. Loseke, versicherten dem Beschwerdeführer, dass alle Tests zu befriedigenden Ergebnissen geführt hätten. Ungeachtet dessen erfuhr er zwei Tage nach dieser Untersuchung, dass zwei Beamte der Staatspolizei in Prof. Mpanias Büro eingebrochen waren und sein Büro durchsucht hatten, weil sie ihn verdächtigten, ein Mitglied der U.D.P.S. zu sein. Sie durchsuchten auch sein Privathaus: Nachdem sie die medizinische Akte des Beschwerdeführers gefunden hatten, befahlen sie, diese zu zerstören und eine Fälschung anzufertigen, aus der hervorging, dass der Beschwerdeführer geistig verwirrt sei. Prof. Loseke wurde Opfer ähnlicher Einschüchterungen und sogar einige Tage in einer unterirdischen Anlage gefangen gehalten, weil er versucht hatte, sich der Polizeiaktion zu widersetzen. ... Schliesslich ist festzuhalten, dass [Mr. Mulumba] Opfer einer rechtswidrigen Beeinträchtigung seiner Ehre und seines Rufes wurde, als die Behörden ihn für geisteskrank erklären liessen, obwohl die Berichte der Ärzte einer derartigen Diagnose widersprachen.

UN-Menschenrechtsausschuss, Birhashwirwa and Mulumba v. Democratic Republic of the Congo, Mitteilung, Nr. 242/198

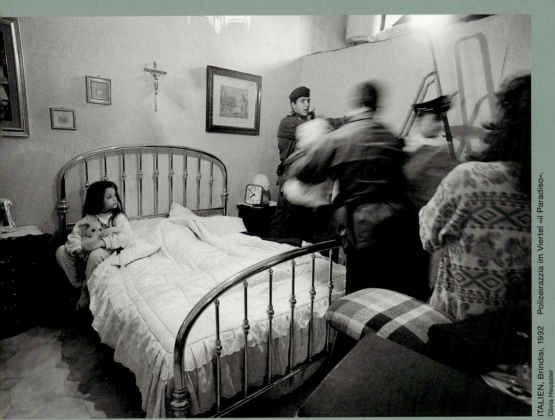

ITALIEN, Brindisi, 1992   Polizeirazzia im Viertel «Il Paradiso».
Olivia Heussler

USA, Miami, 22. April 2000   Der kubanische Junge Elian Gonzalez wird in einem Wandschrank versteckt, während Regierungsbeamte an einem frühen Samstagmorgen das Haus von Lazaro Gonzales nach dem Kind durchsuchen. Alan Diaz/AP

315

TAIWAN, Taipeh, 2002 Die Mutter der elfjährigen Rou-rou, He Shunshun, ist eine Festlandchinesin, der Vater, Ling Feng, ein Taiwanese. Chien Chi Chang/Magnum Photos

FRANKREICH, Evry, 1993 M. Moussa Diarra aus Mali und seine Familie in ihrem Wohnzimmer. Patrick Zachmann/Magnum Photos

GROSSBRITANNIEN, Sussex, 2002   Peter Marlows 50. Geburtstag.
Peter Marlow/Magnum Photos

SÜDAFRIKA, Kapstadt, 1981
Chris Steele-Perkins/Magnum Photos

ACHTUNG UND SCHUTZ DES FAMILIENLEBENS

Unterschiedliche Familienkonzepte

Weltweit existieren ganz unterschiedliche Vorstellungen davon, was eine Familie ist: Alleinerziehende Eltern, die Kernfamilie, die polygame Familie und die erweiterte Familie – jede Familienform wirkt sich wesentlich auf die Erziehung der Kinder aus. Die erweiterte Familie bildet eine Einheit, die alle Familienmitglieder umfasst …. Sie erstreckt sich vertikal auf Grosseltern, Eltern und Geschwister und horizontal auf Cousins und Cousinen und verheiratete Kinder. Die Verwandtschaft spielt in den verschiedenen Kulturen eine unterschiedliche Rolle: In der erweiterten Familie hat jedes Familienmitglied eine bestimmte Funktion, die es der Familie ermöglicht, als wirtschaftliche, reproduktive und soziale Einheit zu fungieren. In den afrikanischen Gesellschaften werden die Kinder oft von allen Mitgliedern der Gemeinschaft betreut, und die arbeitenden Eltern verlassen sich auf deren Unterstützung. Aufgrund dieser geteilten Verantwortung benötigen einige afrikanische Gesellschaftsformen keine terminologische Unterscheidung zwischen Vater und Onkel …. Die Kernfamilie ist demgegenüber eine vergleichsweise neue gesellschaftliche Erscheinung und fällt mit der Entwicklung der industrialisierten Gesellschaft zusammen. Familienmitglieder arbeiten voneinander getrennt, und die Menschen verlassen das Haus, um zu arbeiten. … Der Menschenrechtsausschuss erkennt an, dass es nicht nur eine einzige, allgemein verbindliche Definition von «Familie» gibt. Er hat die Staaten aufgefordert, in ihren Berichten darzulegen, welche Bedeutung der Begriff «Familie» in ihrer Gesellschaft hat.

Geraldine Van Bueren, The International Law on the Rights of Child, The Hague/Boston/London 1998

Recht auf Kenntnis der eigenen Herkunft

In vielen Ländern ist es nach wie vor möglich, Kinder anonym zu gebären. Dadurch wird das Recht des Kindes auf Kenntnis seiner Herkunft missachtet: Die Entwicklung einer eigenen Identität fällt Adoptivkindern schwerer, da sie mit dem Wissen leben, dass ein wichtiger Abschnitt ihrer eigenen Geschichte hinter der Adoption verborgen bleibt. In Ländern mit Adoptionsgeheimnis wird jegliches Verlangen eines adoptierten Kindes, mehr über die leiblichen Eltern zu erfahren, abgeblockt, was beim Kind oft zu Fantasien und Verzerrungen führt. Diese Gefühle können sich schnell verstärken und noch schwerwiegendere Probleme auslösen. … Viele Adoptivkinder glauben, sie wurden weggegeben, weil von Anfang an mit ihnen etwas nicht stimmte. Wir haben beobachtet, dass negative Gefühle und Fragen zur Adoption in der späten Pubertät zunehmen. Wenn junge Erwachsene heiraten möchten, wird der Wunsch nach spezifischen Informationen über ihre Herkunft – insbesondere zur Familiengeschichte – oftmals noch stärker. Diese Gefühle veranlassen Adoptivkinder häufig dazu, sich auf die Suche nach ihren leiblichen Eltern zu begeben. Sie hoffen auf eine Wiedervereinigung, die es ihnen ermöglichen würde, zerbrochene Verbindungen zur Vergangenheit zusammenzufügen. Diese Suche ist allerdings häufig langwierig, schmerzlich und vergeblich.

Annette Baran/Reuben Pannor, Perspectives on Open Adoption, 1993

Kinder haben ein Recht darauf, in ihrer Familie nicht misshandelt zu werden

Der Europäische Gerichtshof für Menschenrechte hat 2001 eine Entscheidung über die Pflicht des Staates getroffen, Kinder vor Gewalt und Vernachlässigung durch ihre Eltern zu schützen. Alle beschwerdeführenden Kinder in dem Fall waren britische Staatsangehörige; ihre Familie war dem Sozialamt seit 1987 bekannt. Mehrmals wurde berichtet, dass die Matratzen der Kinder von Urin durchtränkt waren, dass zwei der Kinder in der Schule Essbares aus Mülltonnen nahmen, dass zwei andere Kinder blaue Flecken im Gesicht hatten und dass die Kinder in ihre Zimmer eingesperrt wurden und Fäkalien auf die Fenster schmierten. Am 10. Juni 1992 wurden die Kinder endlich notfallmässig der staatlichen Obhut anvertraut. Der britische Staatsanwalt leitete ein Verfahren gegen die kommunalen Behörden ein. Er beschuldigte sie, das Wohl der Kinder vernachlässigt und keine Massnahmen zu ihrem Schutz getroffen zu haben, und forderte Schadensersatz. Der Europäische Gerichtshof für Menschenrechte kam zum Schluss, dass den Staat auch dann eine Schutzpflicht trifft, wenn eine Person innerhalb ihrer eigenen Familie unmenschlich oder erniedrigend behandelt wird. Bereits im Oktober 1987 waren die kommunalen Behörden auf die unmenschliche Behandlung der vier Kinder aufmerksam gemacht worden, doch erst am 10. Juni 1992 wurden die Kinder der staatlichen Fürsorge übergeben. In der Zwischenzeit, viereinhalb Jahre lang, hatten sie nach den Aussagen des untersuchenden Kinderpsychiaters in ihrem Elternhaus Entsetzliches durchmachen müssen. Der Gerichtshof sprach jedem Kind eine hohe Entschädigungssumme zu.

Europäischer Gerichtshof für Menschenrechte, Z. and others v. U.K., 10. Mai 2001

Allgemeine Erklärung der Menschenrechte, 1948

Artikel 16
1. Heiratsfähige Frauen und Männer haben ohne Beschränkung aufgrund der Rasse, der Staatsangehörigkeit oder der Religion das Recht, zu heiraten und eine Familie zu gründen. Sie haben bei der Eheschliessung, während der Ehe und bei deren Auflösung gleiche Rechte.
2. Eine Ehe darf nur bei freier und uneingeschränkter Willenseinigung der künftigen Ehegatten geschlossen werden.
3. Die Familie ist die natürliche Grundeinheit der Gesellschaft und hat Anspruch auf Schutz durch Gesellschaft und Staat.

UN-Pakt über bürgerliche und politische Rechte, 1966

Artikel 23
1. Die Familie ist die natürliche Kernzelle der Gesellschaft und hat Anspruch auf Schutz durch Gesellschaft und Staat.

UN-Pakt über wirtschaftliche, soziale und kulturelle Rechte, 1966

Artikel 10
Die Vertragsstaaten erkennen an,
1. dass die Familie als die natürliche Kernzelle der Gesellschaft grösstmöglichen Schutz und Beistand geniessen soll, insbesondere im Hinblick auf ihre Gründung und solange sie für die Betreuung und Erziehung unterhaltsberechtigter Kinder verantwortlich ist. Eine Ehe darf nur im freien Einverständnis der künftigen Ehegatten geschlossen werden.

UN-Übereinkommen über die Rechte des Kindes, 1989

Artikel 7
1. Das Kind ist unverzüglich nach seiner Geburt in ein Register einzutragen und hat das Recht auf einen Namen von Geburt an, das Recht, eine Staatsangehörigkeit zu erwerben, und soweit möglich das Recht, seine Eltern zu kennen und von ihnen betreut zu werden.

TRENNUNG DER KINDER VON DEN ELTERN

SCHWEIZ *Meine wanderung zu mir selbst begann mit einem telefon an meine mutter. – meine mutter ist zigeunerin. Kaum fünf jahre alt, holte sie die polizei aus dem rotel [wohnwagen] ihres vaters. Für die hüter der sesshaften ordnung und ihre büttel war das zigeunerleben nicht lustig, sondern asozial und gesellschaftsgefährdend. Sie wurde einem karitativen werk überlassen, das sie bis zu ihrem 25. lebensjahr «betreute». Eine amtsvormundschaft trimmte sie danach weiterhin ebenso unablässig wie erfolglos auf normen, die ihr nie gerecht werden konnten. ... dieses karitative hilfswerk ist auch für mein leben grösstenteils verantwortlich. Es existiert heute nicht mehr. ... insgesamt betreute das hilfswerk über siebenhundert zigeunerkinder. Diese verbrachten ihre jugendzeit in grösstenteils schlecht geführten kinderheimen, als verdingkinder bei bauern, in erziehungsanstalten, in gefängnissen und staatlichen psychiatrischen kliniken. Einige hatten glück. Für die meisten war es jedoch eine odyssee durch institutionen, deren aufgabe es war, die anpassung um jeden preis, auch um den preis der völligen selbstaufgabe, zu erzwingen.*
Mariella Mehr, Steinzeit, Zytglogge Verlag, 1981, S. 9f.

Staatliche Eingriffe in das Familienleben: Auch marginalisierte Eltern haben ein Recht auf Kontakt mit ihren Kindern

Die Beschwerdeführer, Ingo und Annette Kutzner, sind verheiratet und Eltern zweier Töchter, Corinna, geboren 1991, und Nicola, geboren 1993. Die beschwerdeführenden Eltern hatten eine Sonderschule für Kinder mit Lernschwierigkeiten besucht. Mit Urteil vom 27. Mai 1997 hat das Vormundschaftsgericht Bersenbrück den Beschwerdeführenden die elterliche Sorge für ihre beiden Töchter entzogen und deren Unterbringung in Pflegefamilien angeordnet, insbesondere weil die Eltern nicht die erforderlichen intellektuellen Fähigkeiten hätten, um ihre Kinder zu erziehen.

Im vorliegenden Fall sind nun aber nicht nur die Kinder aus ihrer Herkunftsfamilie herausgenommen, sondern überdies in getrennten Pflegefamilien untergebracht worden, wobei jeglicher Kontakt zu den Eltern im ersten halben Jahr unterbrochen worden war. Die Kinder selbst sind im Übrigen nie von den Richtern angehört worden. Aus den Verfahrensunterlagen geht überdies hervor, dass den Beschwerdeführern erst nach einer von ihnen eingereichten gerichtlichen Klage ein Besuchsrecht gewährt wurde und dass dieses Recht in der Praxis systematisch durch das Jugendamt Osnabrück behindert wurde. Das Besuchsrecht beschränkte sich zunächst auf eine Stunde pro Monat, und die Besuche fanden in Anwesenheit von acht nicht zur Familie gehörenden Personen statt, bis das Besuchsrecht schliesslich durch Entscheidung des Vormundschaftsgerichts Osnabrück vom 9. Oktober 2000 auf zwei Stunden pro Monat ausgeweitet wurde. Angesichts des sehr jungen Alters der Kinder mussten der derart lange Kontaktunterbruch und die Auflagen und Beschränkungen des Besuchsrechts nach Ansicht des Gerichtshofes zwangsläufig zu einer wachsenden «Entfremdung» der Kinder von ihren Eltern, aber auch der Kinder untereinander führen. Angesichts all dieser Aspekte ist der Gerichtshof der Auffassung, dass die von den nationalen Behörden und Gerichten geltend gemachten Gründe zwar stichhaltig waren, jedoch nicht ausreichen, um einen derart schweren Eingriff in das Familienleben der Beschwerdeführer zu rechtfertigen. Aus diesem Grund war der Eingriff trotz des Ermessensspielraums der lokalen Behörden und trotz der legitimen Ziele nicht verhältnismässig.
Europäischer Gerichtshof für Menschenrechte, Kutzner g. Deutschland, 26. Februar 2002, Zusammenfassung

---

UN-Übereinkommen über die Rechte des Kindes, 1989

Artikel 9
1. Die Vertragsstaaten stellen sicher, dass ein Kind nicht gegen den Willen seiner Eltern von diesen getrennt wird, es sei denn, dass die zuständigen Behörden in einer gerichtlich nachprüfbaren Entscheidung nach den anzuwendenden Rechtsvorschriften und Verfahren bestimmen, dass diese Trennung zum Wohl des Kindes notwendig ist. Eine solche Entscheidung kann im Einzelfall notwendig werden, wie etwa wenn das Kind durch die Eltern misshandelt oder vernachlässigt wird oder wenn bei getrennt lebenden Eltern eine Entscheidung über den Aufenthaltsort des Kindes zu treffen ist. ...

Regeln für vormundschaftliche Massnahmen

Alle zusätzlichen Einschränkungen durch die staatlichen Behörden, die auf die Fremdplatzierung eines Kindes folgen, unterliegen einer strengeren Prüfung, weil sie – wie z.B. Beschränkungen des Besuchsrechts – die Beziehung zwischen den Eltern und einem kleinen Kind nachhaltig beeinträchtigen können. ... Der Aufenthalt eines Kindes in einer Pflegefamilie sollte normalerweise nur als temporäre Massnahme angeordnet werden und enden, sobald es die Umstände zulassen. Jede Massnahme in diesem Zusammenhang sollte mit dem Endziel vereinbar sein, die leiblichen Eltern wieder mit dem Kind zusammenzubringen. ... In dieser Hinsicht müssen die Interessen des Pflegekindes an der Fremdplatzierung und jene der Eltern auf Wiedervereinigung mit dem Kind gegeneinander abgewogen werden. ... Der Gerichtshof ist der Ansicht, dass ein Verbot jeglichen Kontaktes zwischen Eltern und Kind eine extreme Massnahme darstellt, da sie das Kind entwurzelt, und deshalb nur zulässig ist, wenn aussergewöhnliche Umstände vorliegen oder der Schutz des Kindeswohls dies klar rechtfertigt.
Europäischer Gerichtshof für Menschenrechte, P., C. and S. v. UK, 12. Juli 2002

SCHUTZ VOR HÄUSLICHER GEWALT

«Er hat mich von Anfang an misshandelt, sowohl psychisch als auch körperlich. Dreimal musste ich ins Krankenhaus eingeliefert werden, weil er mich körperlich misshandelt hatte. Ich war immer wieder seinen plötzlichen Angriffen ausgesetzt und wurde oft verletzt. Häufig bin ich zu meiner Mutter geflüchtet. Doch wegen der in Pakistan geltenden kulturellen Normen bin ich jedes Mal wieder von meinen Verwandten überredet worden, zu meinem Mann zurückzukehren. Leider hat sich sein Verhalten im Laufe der Zeit verschlimmert.» Im Folgenden beschrieb sie, wie ihr Mann ihr während eines Gewaltausbruchs drohte, sie umzubringen. Sie rief Verwandte zu Hilfe, die dann ebenfalls von ihrem Mann angegriffen wurden. Als es ihren Verwandten gelang, sie und ihre beiden Kinder von zu Hause wegzubringen, nutzte ihr Mann seine Beziehungen bei den Behörden und zeigte die Verwandten fälschlich wegen Hausfriedensbruchs, Mordversuchs und Überfalls mit tödlicher Waffe an. Die Verwandten wurden festgenommen, später jedoch gegen Kaution freigelassen. Das Verfahren ist noch hängig, und die Anhörungen vor Gericht haben soeben begonnen. Da sie um die Sicherheit ihrer Verwandten fürchtete, kehrte die Frau nach Hause zurück, wo sie de facto unter Hausarrest stand: «Er stellte einen bewaffneten Wachposten vor unser Haus, und ich stand unter ständiger Beobachtung. Niemand durfte mich besuchen, und ich durfte das Haus nicht verlassen. Er gab mir Beruhigungsmittel, damit ich keine Fluchtversuche unternahm. ... während der zehn Tage Hausarrest weckte er mich immer wieder und befahl mir, ihm Tee oder das Mittagessen zu bringen. Ich konnte kaum gehen, und er wiederholte ständig, dass ich verrückt werden würde, er gab mir Ohrfeigen und schlug mir die Teller und Tassen aus der Hand. Dann befahl er mir, die Scherben zu beseitigen, schlug mich mehrmals und sagte mir, ich sei eine schlechte Ehefrau. Wenn es mir einfiele, ihn zu verlassen, würde er alles tun, damit ich es tief bereue. Er würde meiner Mutter, meiner Schwester und anderen Familienmitgliedern Schaden zufügen, und er forderte immer wieder, dass ich ihm Teile meines väterlichen Erbes überschreibe, sonst würde ich erst recht Schwierigkeiten bekommen. ... Er verängstige mich völlig. ... Meine Mutter verlangte von den Behörden, dass sie sich für mich einsetzten, und erreichte, dass mich mein Mann aus dem Arrest freilassen musste. Jetzt leben meine beiden Kinder und ich bei meiner Schwester und meiner Mutter, in grosser Angst um unsere Zukunft.»

AI, Pakistan – Insufficient Protection of Women, 17. April 2002

«Private Gewalt» – eine öffentliche Angelegenheit

SCHWEIZ   Eine Untersuchung des psychologischen Dienstes zeigt klar auf, dass viele Beamte bei Einsätzen in Fällen von innerfamiliärer Gewalt Hemmungen haben, als Strafverfolger aufzutreten, und befürchten, in die Privatsphäre einzugreifen. Diese Einsätze erfolgen jedoch aufgrund eines vermuteten oder tatsächlich verübten Deliktes. Es handelt sich keineswegs um harmlose Auseinandersetzungen zwischen Familienangehörigen. Die ausgerückten Beamten finden also nicht zwei gleichberechtigte Partner vor, zwischen denen es zu vermitteln und zu schlichten gilt, sondern Täter und Opfer.

Stadtpolizei Zürich

Mehr als 20 Hilferufe – und keine Reaktion

VEREINIGTE STAATEN VON AMERIKA, 2000   Das Sonoma County Sheriff's Department hat als erste Strafverfolgungsbehörde der amerikanischen Geschichte in einem Verfahren vor einem Bundesgericht wegen unterlassener Hilfeleistung in eine Vergleichszahlung von einer Million Dollar an die Angehörigen eines Opfers von häuslicher Gewalt eingewilligt. Es handelt sich dabei um den aufsehenerregenden Grundsatzentscheid im Fall «Maria Teresa Macias vs. Sonoma County Sheriff Mark Ihde», in welchem ein Opfer häuslicher Gewalt starb. Die Bekanntgabe des Vergleichs durch das Gericht erfolgte mitten im Verfahren, nachdem Sara Rubio Hernandez ihre dramatische Zeugenaussage gemacht hatte. Sie berichtete detailliert von den über 20 Versuchen ihrer Tochter, Maria Teresa Macias, Unterstützung von den Behörden gegen den gewalttätigen, von ihr getrennt lebenden Ehemann Avelino zu erhalten. Wiederholt hatte ihre Tochter dem Sheriff's Department Avelinos zahlreiche Verbrechen gemeldet – einschliesslich der sexuellen Übergriffe auf Teresa und ihre Kinder –, seine ständigen Nachstellungen, die wiederholten Morddrohungen und seine Verstösse gegen richterliche Unterlassungsbefehle. Nicht ein einziges Mal hat das Sheriff's Department Avelino festgenommen oder vorgeladen. Nachdem die Behörden über 20 dieser Meldungen während der letzten paar Monate ihres Lebens schlichtweg ignoriert hatten, erschoss Avelino Teresa am 15. April 1996 und verletzte ihre Mutter Sara schwer. Der Entscheid des 9. Bundesberufungsgerichts zum Fall Macias vom Juli 2000 bestätigt zum ersten Mal und in bislang einmaliger Deutlichkeit das Recht der Frau, gerichtlich gegen Behörden vorzugehen, wenn diese untätig bleiben.

Marie De Santis, Women's Justice Center, Pressemitteilung, Juli 2000

Private und öffentliche Angelegenheiten

Die Unterscheidung zwischen Privat und Öffentlich ist eine Dichotomie, die weit verbreitet dazu dient, die Unterordnung der Frau zu rechtfertigen und öffentliche Untersuchungen von Menschenrechtsverletzungen im häuslichen Bereich zu unterbinden. Wenn Frauen im privaten Bereich Demokratie und Menschenrechte verwehrt werden, leiden gleichzeitig ihre Rechte im öffentlichen Leben, denn was ihnen in ihrem «privaten» Leben widerfährt, hat wesentliche Auswirkungen auf ihre Möglichkeiten, in vollem Umfang am öffentlichen Leben teilzunehmen.

Charlotte Bunch: «Transforming human rights from a feminist perspective», in: Julie Peters/Andrea Wolper: Women's Rights – Human Rights, New York/London 1995

MAROKKO, Casablanca, 2000 Die Vereinigung «Female Solidarity» lässt unverheirateten jungen Müttern und missbrauchten Mädchen, den Parias der marokkanischen Gesellschaft, eine handwerkliche Ausbildung zuteilwerden, um sie vor der Prostitution zu bewahren. Patrick Zachmann/Magnum Photos

USA, Miami, 1988 Der Polizeibeamte Jan Freeman zu Hause bei einer Familie in Liberty City. Bei vielen Polizeieinsätzen geht es um familiäre Auseinandersetzungen. Diese Frau hat die Polizei gerufen, nachdem ihr Mann sie zusammengeschlagen hatte. Peter Marlow/Magnum Photos

SÜDKOREA, Seoul, 7. Februar 1999 Während des «Unification Church Blessing 99», einer Massenhochzeitszeremonie der «Vereinigungskirche» im Olympiastadion im Stadtteil Chamsil, erheben einige der mehr als 25 000 Paare aus aller Welt ihre Arme und rufen «Auf 10 000 Jahre». Teilnehmer in 185 Ländern wurden über Satellit und Internet in die von Reverend und Mrs. Sun Myung Moon geleitete Zeremonie eingebunden. Reuters

ZYPERN, griechischer Teil, Kouklia, 1989
Klaus Bossemeyer/Bilderberg

TRINIDAD UND TOBAGO, 1993 Indische Hochzeit.
David Alan Harvey/Magnum Photos

IRAN, Teheran, 2000 In einer traditionellen Zeremonie heiratet eine iranische Architektin einen britischen Journalisten. Abbas/Magnum Photos

JAPAN, Tokio, 2000 Ein Brautpaar lässt sich nach einer Shinto-Zeremonie vor dem Meiji-Schrein fotografieren. Abbas/Magnum Photos

DAS RECHT ZU HEIRATEN

Traditionen als Hindernisse für das Recht auf Ehe
ISRAEL   Im Februar 1991 erlitten Yvette, ihr Mann und ihre kleine Tochter einen Autounfall. Das Kind starb auf der Stelle, der Ehemann verschied trotz bester medizinischer Versorgung einige Stunden später. Die 30-jährige Mutter überlebte ihre schweren Verletzungen und trauerte über den schrecklichen Verlust. Als die Trauerzeit vorüber war, Yvette sich langsam erholt hatte und versuchte, ein neues Leben zu beginnen, fand sie heraus, dass das jüdische Gesetz sie an einer erneuten Eheschliessung hinderte, solange ihr der in Paris lebende Bruder ihres verstorbenen Ehemannes nicht «Halitza» erteilte. Der Tora zufolge ist eine kinderlose Witwe automatisch mit ihrem Schwager in sogenannter Levirat-Ehe verbunden (Deuteronomium 25:5–6). Sie muss dem Schwager ein Kind gebären und diesem den Namen des verstorbenen Ehemannes geben: «Und ihr Erstgeborener soll den Namen des Bruders, der verstorben ist, tragen, damit sein Name in Israel nicht vergessen wird.» ... Die jüdischen Gesetze hatten zur Folge, dass Yvette ihren in Paris lebenden Schwager bitten musste, sie durch die Gewährung der «Halitza» freizugeben. Wie bereits in vielen anderen Fällen, in welchen Frauen «Halitza» verlangen mussten, sah Yvettes Schwager plötzlich eine Gelegenheit (bestärkt durch seine Eltern, die ja die Eltern ihres verstorbenen Ehemannes waren), aus der Situation Profit zu schlagen. Er stimmte nur unter der Bedingung zu, dass «der Preis» stimme – mit anderen Worten: Nötigung. Yvettes Schwager verlangte 70 000 US-Dollar.

Da Yvette nicht über so viel Geld verfügte, schlugen der Schwager und seine Eltern vor, dass sie ihre Wohnung verkaufe, damit sie den Preis für ihre Freiheit, wieder heiraten zu dürfen, bezahlen könne. Yvette verhandelte über diese Freiheit, erbat und lieh sich Geld von Freunden und der Familie, um ihren Schwager auszuzahlen. Trotz der Zahlungen blieb er unerbittlich und verweigerte die Halitza. Yvette reichte eine Beschwerde bei den obersten Rabbinern von Frankreich und Paris und bei den Leitern der jüdischen Gemeinde ein. Richter des israelischen Religionsgerichts (dayanim) und der Leiter des rabbinischen Gerichts nutzten ihre Beziehungen zu den Leuten in den religiösen jüdischen Institutionen in Frankreich, um Druck auf den Schwager auszuüben. Nach fast sechs Jahren und einer weiteren letzten Zahlung von mehreren Tausend Dollar erhielt Yvette endlich die Freiheit, wieder heiraten zu dürfen.
International Jewish Women's Right Watch, Newsletter, Nr. 1, Frühjahr 1998

Gemischte Ehen
VEREINIGTE STAATEN VON AMERIKA, 1967   Richard und Mildred Loving heirateten 1958 in Washington D.C., weil ihr Heimatstaat Virginia immer noch an einem gesetzlichen Verbot gemischter Ehen festhielt, um zu verhindern, dass aus diesen Verbindungen Kinder hervorgingen. Nach ihrer Heirat lebten sie zusammen in Caroline County, Virginia. 1959 wurden sie angeklagt und für schuldig befunden, gegen das «Anti-Rassenmischungs-Gesetz» des Staates verstossen zu haben. Sie wurden zu einer bedingten Gefängnisstrafe von einem Jahr verurteilt, die nur dann nicht vollzogen werden sollte, wenn sie den Staat Virginia verlassen und in den kommenden 25 Jahren nicht zurückkommen würden. Somit waren sie gezwungen, ihre Heimat zu verlassen, und kehrten nach Washington D.C. zurück, von wo aus sie 1963 das Anti-Rassenmischungs-Gesetz wegen Verfassungswidrigkeit anfochten. Im März 1966 bestätigte der Appellationshof von Virginia das Gesetz. Doch der Oberste Gerichtshof der Vereinigten Staaten erklärte im Juni 1967 das Gesetz einstimmig für verfassungswidrig. Damit wurden 1967 jene 16 Staaten, in welchen nach wie vor Anti-Rassenmischungs-Gesetze in Kraft waren, gezwungen, diese aufzuheben.
Supreme Court of the United States, Loving v. Virginia, 388 U.S. 1

UN-Pakt über bürgerliche und politische Rechte, 1966

Artikel 23
2. Das Recht von Mann und Frau, im heiratsfähigen Alter eine Ehe einzugehen und eine Familie zu gründen, wird anerkannt.
3. Eine Ehe darf nur im freien und vollen Einverständnis der künftigen Ehegatten geschlossen werden.
4. Die Vertragsstaaten werden durch geeignete Massnahmen sicherstellen, dass die Ehegatten gleiche Rechte und Pflichten bei der Eheschliessung, während der Ehe und bei Auflösung der Ehe haben. Für den nötigen Schutz der Kinder im Falle einer Auflösung der Ehe ist Sorge zu tragen.

UN-Übereinkommen zur Beseitigung jeder Form von Diskriminierung der Frau, 1979

Artikel 16
1. Die Vertragsstaaten treffen alle geeigneten Massnahmen zur Beseitigung der Diskriminierung der Frau in Ehe- und Familienfragen und gewährleisten auf der Grundlage der Gleichberechtigung von Mann und Frau insbesondere folgende Rechte:
a) gleiches Recht auf Eheschliessung;
b) gleiches Recht auf freie Wahl des Ehegatten sowie auf Eheschliessung nur mit freier und voller Zustimmung;
c) gleiche Rechte und Pflichten in der Ehe und bei deren Auflösung;
d) gleiche Rechte und Pflichten als Eltern, ungeachtet ihres Familienstands, in allen ihre Kinder betreffenden Fragen; in jedem Fall sind die Interessen der Kinder vorrangig zu berücksichtigen. ...

USA, Kalifornien, Napa Valley, September 2002
David Alan Harvey/Magnum Photos

MEXIKO, Guanajuato, 1996
David Alan Harvey/Magnum Photos

VERBOT DER KINDERHEIRAT

BURKINA FASO, 2004   Im verarmten Burkina Faso werden bereits achtjährige Mädchen mit Männern verheiratet, die oft älter sind als ihre Väter. Alarmiert durch die vielen Schwangerschaftskomplikationen bei sehr jungen Müttern, bemüht sich die Regierung jetzt, diese Praxis auszurotten. Gemäss dem UN-Bevölkerungsfonds (UNFPA) stellt die frühe Heirat in Burkina Faso ein ernsthaftes gesellschaftliches Problem dar: Von drei Mädchen wird eines verheiratet, bevor es das 18. Lebensjahr erreicht hat. «Die frühe Heirat ist soziokulturell begründet», erklärte Genevieve Ah Sue, die Repräsentantin des UN-Bevölkerungsfonds in Burkina Faso. «In Burkina Faso haben die Traditionen einen hohen Stellenwert, und eine dieser Traditionen verlangt, dass Mädchen sehr jung verheiratet werden. Das bringt Probleme für das Mädchen und für die Gesellschaft mit sich.» Zusammen mit der burkinischen Regierung hat der UNFPA ein spezielles Programm zur Bekämpfung der frühen Ehe in den ärmeren ländlichen Regionen gestartet, wo diese Praxis besonders weit verbreitet ist. Spezielle Besorgnis der Regierung hat die grosse Zahl von Schwangerschaftskomplikationen bei jungen Mädchen geweckt, deren körperliche Entwicklung eigentlich noch keine Schwangerschaft zulassen würde. Eine häufige Komplikation sind Schwangerschaftsfisteln. «Die Fistel tritt oft bei sehr jungen Frauen auf, die früh, zum Beispiel vor dem 15. Lebensjahr, verheiratet worden sind und die versuchen, zu Hause zu entbinden, weil sie zu arm sind, um eine Entbindungsstation aufzusuchen», erklärte die burkinische Gesundheitsexpertin Dr. Yacouba Zanre. Dem UNFPA zufolge kann eine Schwangerschaftsfistel dann auftreten, wenn das Becken der Frau zu klein ist, der Kopf des Kindes zu gross ist oder das Kind ungünstig liegt. In solchen Fällen kann es sein, dass eine Frau fünf oder mehr Tage lang ohne medizinische Hilfe in den Wehen liegt, und in den meisten Fällen stirbt das Kind. Falls die Mutter überlebt, bleiben ausgedehnte Gewebeschäden an ihrem Geburtskanal zurück, die zur Blasen- oder Darminkontinenz führen.
UN Office for the Coordination of Humanitarian Affairs, 23. März 2004, www.irinnews.org

VERBOT DER ZWANGSHEIRAT

Bei einer Zwangsheirat stimmt mindestens eine der Parteien der Heirat nicht freiwillig und vollständig zu. Sie unterscheidet sich von einer arrangierten Hochzeit, die in vielen Gemeinschaften üblich ist und bei der die Heiratenden der Wahl der auserkorenen Partner zustimmen.
Eine 21-jährige Frau, die in England geboren und aufgewachsen ist, erzählte Vertretern der British High Commission (Commonwealth-Botschaft) in Indien, dass sie von ihren Eltern unter dem Vorwand, ihre Grossmutter liege im Sterben, überlistet und zu einer Reise nach Indien bewegt worden war. Kaum war sie im Land, wurde ihr britischer Pass eingezogen. Man übergab sie der Obhut ihrer Verwandten, während ihre Verlobung mit einem einheimischen Mann arrangiert wurde. 34 Tage lang wurde sie in der Provinz Punjab von einem Dorf ins andere gebracht, bevor Diplomaten und die Polizei sie nach einer dreitägigen geheimen Operation in der Provinzhauptstadt Chandigarh fanden. Dass die Frau sicher zurückkehren konnte, ist eine Ausnahme. In vielen Fällen wird der Frau die Rückkehr nach Grossbritannien erst dann erlaubt, wenn die Zwangsheirat vollzogen worden ist, oder sie muss zu denen gezählt werden, die «verschwunden» sind. Die Umstände dieses Falles waren jedoch nicht ungewöhnlich. In den meisten Fällen, die gemeldet werden, wird eine Frau oder ein junges Mädchen, oft noch ein Teenager, von der Familie dazu überredet oder gezwungen, in das Heimatland der Eltern zu reisen. Nach ihrer Ankunft erfährt sie dann, dass ihre Eltern sie zu einer arrangierten Heirat zwingen wollen. Sie wird von der Umwelt praktisch abgeschottet. Der Pass wird ihr weggenommen. Selbst wenn sie sich frei bewegen kann, hat sie in den seltensten Fällen Zugang zu einem Telefon, und schon gar nicht zu einem, mit dem ins Ausland telefoniert werden kann, und sie wird daran gehindert, Briefe zu schreiben. In vielen Fällen wird sie von der Familie faktisch gefangen gehalten, darf weder ohne Begleitung ausser Haus noch Kontakt mit Personen ausserhalb der Familie aufnehmen und ist dabei Gewalt oder Drohungen ausgesetzt. In besonders krassen Fällen werden Frauen, die sich erfolgreich einer Zwangsheirat widersetzen und sich ihren Ehemann selbst aussuchen, gegen ihren Willen und ohne ihre Zustimmung in Heimen oder sogar in Gefängnissen in sogenannter «sicherer Verwahrung» gehalten. In den extremsten Fällen werden Frauen, die vor einer Zwangsheirat fliehen oder diese ablehnen, von der eigenen Familie umgebracht.
Sara Hossain/Suzanne Turner, Abduction for Forced Marriage, Rights and remedies in Bangladesh and Pakistan, School of Oriental and African Studies, Honor Crimes Project, www.soas.ac.uk

---

UN-Pakt über bürgerliche und politische Rechte, 1966

Artikel 23
3. Eine Ehe darf nur im freien und vollen Einverständnis der künftigen Ehegatten geschlossen werden.

UN-Pakt über wirtschaftliche, soziale und kulturelle Rechte, 1966

Artikel 10
1. ... Eine Ehe darf nur im freien Einverständnis der künftigen Ehegatten geschlossen werden.

UN-Übereinkommen über den Eheschliessungswillen, das Mindestalter für die Eheschliessung und den Eintrag der Eheschliessungen, 1962

Artikel 2
Die Staaten, die dieses Übereinkommen unterzeichnet haben, werden legislative Massnahmen ergreifen, um ein Mindestalter für die Eheschliessung festzulegen. Keine Ehe darf rechtmässig geschlossen werden, wenn eine der beiden beteiligten Personen dieses Alter noch nicht erreicht hat, es sei denn, eine zuständige Behörde hat aus ernsthaften Gründen und im Interesse der Brautleute eine Ausnahmegenehmigung erteilt.

UN-Übereinkommen zur Beseitigung jeder Form von Diskriminierung der Frau, 1979

Artikel 16
2. Die Verlobung und Eheschliessung eines Kindes haben keine Rechtswirksamkeit; es werden alle erforderlichen Massnahmen einschliesslich gesetzgeberischer Massnahmen ergriffen, um ein Mindestalter für die Eheschliessung festzulegen und die Eintragung der Eheschliessung in ein amtliches Register zur Pflicht zu machen.

SOMALILAND   *Foozia ging mit sieben Jahren in die Schule. Mit 14 Jahren verliess sie die Schule wieder, weil sie aus wirtschaftlichen Gründen von ihrer Familie gezwungen wurde, einen 35-jährigen Mann zu heiraten. Wie üblich schlief sie in der Hochzeitsnacht mit ihrem Mann und wurde schwanger. Sie war noch zu jung, um zu wissen, dass sie schwanger war. Als das Kind sich in ihrem Leib regte, dachte sie, sie habe Würmer, und ging zum Arzt, um sich ein Medikament verschreiben zu lassen. Zuvor hatte sie versucht, die Würmer mit Kräutern zu behandeln. Foozia erinnert sich, dass sie ihren Mann nicht liebte. Aufgrund des Altersunterschieds fiel es ihr auch schwer, mit ihm zu reden, denn er behandelte sie wie ein Kind. Sie erinnert sich, dass sie immer noch gerne spielte und es liebte zu tanzen und dass sie zu Hause immer mit ihrem Mann stritt. Daher lief sie mehrfach von zu Hause weg zu ihrer Mutter, die sie aber jedes Mal zu ihrem Mann zurückbrachte. Als sie gerade wieder auf der Flucht zu ihrer Mutter war, gebar Foozia ihr erstes Kind.*
Geschichte erzählt von der NGO Womankind, www.womankind.org.uk

INDIEN, Rajasthan, 1987 Eine vierjährige Braut mit ihrem Bräutigam.
Raghu Rai/Magnum Photos

DIE ROLLE DER INTERNATIONALEN GEMEINSCHAFT

Interamerikanische Menschenrechtskommission

Die Interamerikanische Menschenrechtskommission (IACHR) ist eines der beiden Organe des interamerikanischen Systems zur Förderung und zum Schutz der Menschenrechte. Die Kommission hat ihren Sitz in Washington D.C. Das andere Menschenrechtsorgan ist der Interamerikanische Gerichtshof für Menschenrechte mit Sitz in San José, Costa Rica. Die Kommission ist ein unabhängiges Organ der Organisation Amerikanischer Staaten (OAS). Ihr Mandat basiert auf der OAS-Charta und der Amerikanischen Menschenrechtskonvention. Die Kommission vertritt alle Mitgliedstaaten der OAS. Sie besteht aus sieben Mitgliedern, die unabhängig sind und nicht ein bestimmtes Land vertreten. Die Mitglieder der IACHR werden von der OAS-Vollversammlung gewählt. Die Kommission ist ein ständiges Gremium, das mehrmals pro Jahr zu ordentlichen Sitzungen und Sondersitzungen zusammenkommt. Das Sekretariat der IACHR führt die Aufgaben aus, die ihm von der Kommission übertragen werden, und unterstützt die Arbeit der Kommission rechtlich und administrativ.

Die wichtigste Aufgabe der Kommission ist es, die Einhaltung und Verteidigung der Menschenrechte zu fördern. Das Mandat beinhaltet folgende Aufgaben:

a) Die Kommission nimmt Petitionen von Einzelpersonen entgegen, die Menschenrechtsverletzungen nach Artikel 44 bis 51 der Konvention geltend machen, und analysiert und untersucht diese.

b) Die Kommission beobachtet die allgemeine Menschenrechtssituation in den Mitgliedstaaten und gibt Sonderberichte zur Lage in einem spezifischen Staat heraus, wenn sie dies für angebracht hält.

c) Die Kommission besucht die Staaten, um die allgemeine Lage vor Ort eingehender einzuschätzen und/oder einen speziellen Fall zu untersuchen. Die Resultate zur jeweiligen Situation der Menschenrechte werden in einem Bericht festgehalten, der veröffentlicht und der Generalversammlung vorgelegt wird.

Selbstporträt, www.cidh.oas.org

Die UNO im Kampf gegen häusliche Gewalt

Die umfassende Studie zu allen Formen der Gewalt gegen Frauen, herausgegeben vom Generalsekretariat der Vereinten Nationen, wurde auf der Generalversammlung am 9. Oktober vorgestellt. Die Präsentation und Diskussion im dritten Komitee wurde von einer Podiumsdiskussion begleitet, die den Titel trug: «Ende der Gewalt gegen Frauen: Rolle und Verantwortlichkeit verschiedener Sektoren bei der Prävention und Bekämpfung». Hinzu kam eine Posterausstellung mit Beiträgen aus der ganzen Welt, um das Bewusstsein für Gewalt gegen Frauen zu stärken und die Anstrengungen zu vergrössern, sie zu beenden. Die Studie hatte drei wesentliche Ziele:

1) aufzuzeigen, dass alle Formen von Gewalt gegen Frauen in allen Teilen der Welt noch immer existieren und unakzeptabel sind;

2) die politische Verantwortung und die gemeinschaftlichen Anstrengungen aller betroffenen Gruppen zu stärken, um Gewalt gegen Frauen zu verhindern und zu eliminieren;

3) Wege und Mittel festzulegen, um die nachhaltige und effektive Umsetzung der staatlichen Pflichten zur Bekämpfung aller Formen von Gewalt gegen Frauen zu verbessern, und die Verantwortlichkeit des Staates zu erhöhen.

Wirksame institutionelle Mechanismen auf nationaler und internationaler Ebene sind erforderlich, um die Durchführung, Koordination, Überwachung und Verantwortlichkeit zu gewährleisten:

– Die Staaten sollten schnelle und konkrete Massnahmen treffen, um die Gleichstellung der Geschlechter sicherzustellen und die Menschenrechte der Frauen zu schützen.

– Um die Gewalt gegen Frauen zu beenden, ist Leadership erforderlich. Staaten müssen die Lücken zwischen internationalen und nationalen Standards und Gesetzen, zwischen politischen Beschlüssen und ihrer Ausführung schliessen.

– Die Staaten müssen in vielen Bereichen wirksame Strategien entwerfen und umsetzen, die auf nationaler und lokaler Ebene koordiniert werden müssen.

– Die Staaten sollten adäquate Ressourcen und finanzielle Mittel für Programme zur Verfügung stellen, um Gewalt gegen Frauen zu bekämpfen.

– Die Wissensbasis über alle Formen der Gewalt gegen Frauen sollte verbessert werden, um Politik und die Entwicklung von Strategien besser gestalten zu können.

– Die Führungsrolle der Vereinten Nationen sollte stärker, besser koordiniert und sichtbarer werden, um Gewalt gegen Frauen zu bekämpfen.

– Die Ressourcen, die die Vereinten Nationen zur Bekämpfung der Gewalt gegen Frauen zur Verfügung stellen, sollten signifikant vergrössert werden.

Generalsekretariat der Vereinten Nationen, Studie zu allen Formen der Gewalt gegen Frauen, Bericht an die Generalversammlung der Vereinten Nationen, Executive Summary, Juli/Oktober 2006

DER BEITRAG DER ZIVILGESELLSCHAFT

NGO gegen Kinderheirat in Indien

Die Organisation «Concerned for Working Children» (CWC) hat den Zusammenschluss von arbeitenden Kindern zur Vereinigung «Bhima Sangha» gefördert, damit sie für ihre Rechte als Arbeitskräfte und als Kinder kämpfen können. Bhima Sangha ist eine Gewerkschaft von und für arbeitende Kinder. 13 000 arbeitende Kinder in Karnataka sind Mitglieder in der Organisation. Seitdem die Organisation 1990 gegründet worden ist, setzt sie sich nachdrücklich für die Rechte arbeitender Kinder ein. Sie bemüht sich auch, die Lebensqualität der Eltern und der Gemeinschaft arbeitender Kinder zu verbessern. Bhima Sangha hat massgeblich zur Schaffung der Makkala Panchayats beigetragen. ... Bhima Sangha und Makkala Panchayats nehmen sich des Problems der Kinderheirat an. Von anderen Organisationen erhielten sie zum Teil überwältigende Unterstützung. Bei ihrer Arbeit stossen sie aber auch immer wieder auf heftigen Widerstand.

Kinder in Indien sagen «Nein» zur Kinderheirat

Kinderheirat liegt schon sehr lange wie ein Fluch auf diesem Land. Sie ist zwar für illegal erklärt worden, wird aber weiterhin praktiziert. Meist ergeben sich die Kinder stumm ihrem Schicksal. Aber Uchengemma, ein 15-jähriges Mädchen, ist eine bemerkenswerte Ausnahme. Sie hat sich nicht nur den Bemühungen ihrer Familie, sie zu verheiraten, widersetzt, sondern legte ein Selbstbewusstsein an den Tag, das ihren ganzen Distrikt veränderte. ... Sie schaffte es, von zu Hause wegzukommen und an einem Bhima-Sangha-Treffen teilzunehmen. Schliesslich machte sie mithilfe von «Concerned for Working Children» (CWC) ihre Geschichte publik. Nationale und internationale Organisationen und Verbände, Kindergewerkschaften, Ministerien, Volksvertreter und die Medien setzten sich für sie ein. Bald wurde Uchengemmas persönlicher Kampf zum Kampf von Bhima Sangha. Sangha-Mitglieder gingen in die Familien und klärten sie über die negativen Auswirkungen der Kinderheirat auf. Der Fall wurde bis vor das nationale Parlament und das lokale Parlament getragen, was der Angelegenheit viel Gewicht gab. In Situationen, in denen es heftigen Widerstand gab, wurden die Fälle vor Gericht gebracht und Polizeibeamte eingeschaltet. Uchengemma gibt allen Kindern, die sich gegen die Kinderheirat wehren, immer wieder Kraft. Sie spricht zu ihnen, macht ihnen Mut, informiert sie und steht ihnen bei. Die Mitglieder von Bhima Sangha und Makkala Panchayat halten ständig Kontakt zu diesen Kindern, unterstützen und schützen sie. Der Kampf gegen Kinderheirat, der mit Uchengemma begann, weitet sich nun zu einer Kampagne für die gesamte Region aus. Auch die Verwaltung, die Polizei und die örtlichen Panchayats haben begonnen, nun Bhima Sangha und Makkala Panchayat zu unterstützen. Die Kinder führen einen harten Kampf und sind fest entschlossen, weiterzumachen – bis es in ihrem Distrikt keine Kinderheirat mehr gibt.

The Concerned for Working Children (CWC), India, www.workingchild.org

Hilfe über die Grenzen: eine kleine Schweizer NGO realisiert Frauenhaus in Pakistan

Der gemeinnützige Verein Living Education hat in Rawalpindi/Pakistan ein Frauenhaus errichtet. In diesem finden Frauen und Kinder, die aus Sicherheitsgründen nicht zu ihren Familien zurückkehren können, Zuflucht. Gewalt an Frauen, vor allem im sozialen Nahraum, sei in Pakistan weit verbreitet, schreibt Living Education. 90 Prozent der verheirateten Frauen würden gemäss einer Studie des Pakistan Institute of Medical Science von ihren Männern misshandelt. Meist haben sie gemäss Living Education kaum eine Möglichkeit, sich gegen das erlittene Unrecht zu wehren.

Anfang Mai 2006 war es so weit: Die Anlaufstelle und das Schutzhaus Dast-e-Shafqat konnten ihren Betrieb aufnehmen. Die Anlaufstelle ist komplett eingerichtet mit Computerarbeitsplatz, Empfangs- und Warteraum für Besucherinnen und Besucher sowie Rückzugsmöglichkeiten für Gespräche. Das Schutzhaus verfügt über mehrere Aufenthalts- und Schlafräume und bietet Platz für rund 15 Frauen und Kinder. Zurzeit wird Dast-e-Shafqat vor Ort von einem dreiköpfigen Team geführt: einer Anwältin, die sich vor allem um die rechtlichen Belange von Fällen kümmert, aber auch in die Mediation mit Familienangehörigen involviert ist; einer Mitarbeiterin, die die Präsenz in der Anlaufstelle und den Erstkontakt mit den hilfesuchenden Frauen und Mädchen sicherstellt; und einem Mitarbeiter, der für die Gesamtkoordination des Projektes vor Ort und die Sicherheit zuständig ist. Das Kernteam wird sowohl von den Verantwortlichen von Living Education in Pakistan als auch von der Schweiz aus eng begleitet.

Das Frauenhausprojekt «Dast-e-Shafqat» ermöglicht es bedrohten Frauen, aus einer scheinbar ausweglosen Situation herauszukommen, und bietet ihnen unentgeltlich und für eine unbegrenzte Zeit Sicherheit und Soforthilfe. Wichtig ist den Initiatoren zudem die Hilfe zur Selbsthilfe: «Unser Unterstützungsangebot hat neben dem unmittelbaren Schutz auch immer zum Ziel, Hilfe zur Selbsthilfe zu leisten und mit den betroffenen Frauen Perspektiven zu entwickeln.»

www.humanrights.ch. News

GROSSBRITANNIEN, London, 31. August 2002 Touristen speisen am fünften Jahrestag des Unfalltods von Prinzessin Diana im «Diana Café». Chris Helgren/Reuters

USA, Alaska, Anaktuvuk, 1953 Ein Vater spielt mit seinen Kindern «Cat and the cradle» (ein Fadenspiel). Burt Glinn/Magnum Photos

Und derjenige hat sein Leben nicht schlecht verbracht, der zurückgezogen gelebt hat.

Cicero

HONDURAS, Choluteca, 1998 Freiwillige Helfer entladen Nahrungsmittellieferungen des Deutschen Roten Kreuzes. Chris Steele-Perkins/Magnum Photos

IRAN, 1991 In einem provisorischen Krankenhaus an der Grenze füttert eine französische Ärztin von Médecins du Monde ein Kind, das an Unterernährung leidet. Susan Meiselas/Magnum Photos

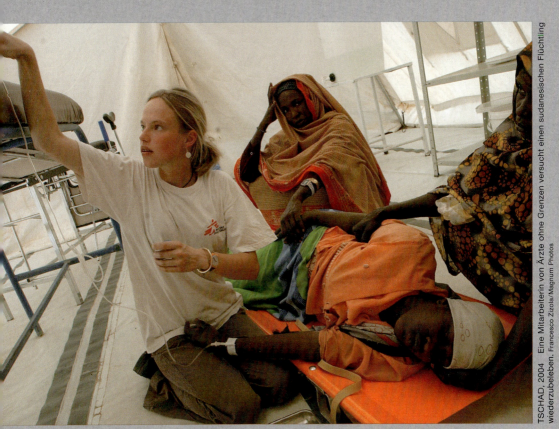

TSCHAD, 2004 Eine Mitarbeiterin von Ärzte ohne Grenzen versucht einen sudanesischen Flüchtling wiederzubeleben. Francesco Zizola/Magnum Photos

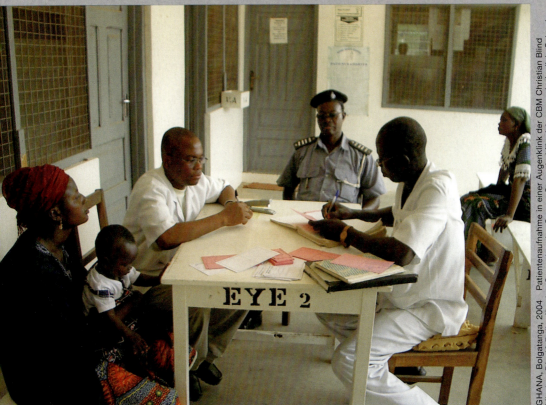

GHANA, Bolgatanga, 2004 Patientenaufnahme in einer Augenklinik der CBM Christian Blind Mission. Die 40 Dollar für eine Operation des Grauen Stars sind für viele unerschwinglich. Schweizer Mitglieder des Rotary-Clubs unterstützen die Klinik mit einer Spendenaktion. Karl-Alfred Deeg

LIBERIA, 2001 Waisenkinder aus der Provinz Lofa County, die als Strassenkinder in Monrovia gestrandet sind, finden Hilfe bei Bürgern der Stadt, die die Monrovia-Selbsthilfeschule gegründet haben. Jan Dago/Magnum Photos

ARGENTINIEN, Buenos Aires, 2003 Eine gemeinnützige Gesellschaft versorgt schwangere Frauen, Säuglinge, Kinder und alte Menschen mit kostenlosen Nahrungsmitteln. Patrick Zachmann/Magnum Photos

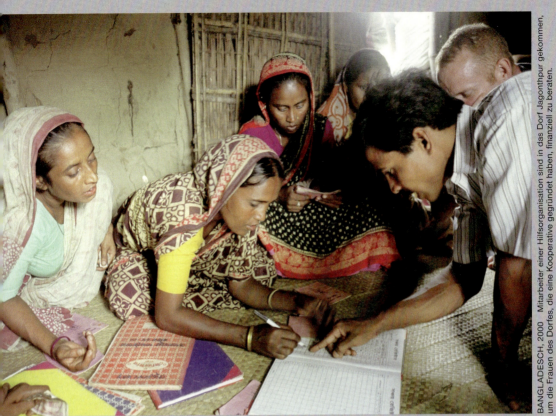

BANGLADESCH, 2000 Mitarbeiter einer Hilfsorganisation sind in das Dorf Jagontthpur gekommen, um die Frauen des Dorfes, die eine Kooperative gegründet haben, finanziell zu beraten.
Ian Berry/Magnum Photos

PAKISTAN, Flüchtlingslager Shamshatoo, 2001 Afghanische Flüchtlinge in einem provisorischen Lager. Die Bäckerei wird von der christlichen Hilfsorganisation Shelter Now International betrieben.
Thomas Dworzak/Magnum Photos

AUSTRALIEN, 1. Juli 2003 Vorstandsmitglieder von Amnesty International aus 22 asiatischen Sektionen unterzeichnen eine Petition, in der sie die Freilassung der Kinderflüchtlinge fordern, die in Lagern auf Inseln im Pazifik festgehalten werden. David Gray/Reuters

FRANKREICH, Paris, 1997 Mitglieder von «Reporters sans Frontières» kleben Plakate auf die Fenster des «Iranischen Hauses», um auf das Verfahren gegen den iranischen Journalisten Faraj Sarkouhi aufmerksam zu machen, das hinter verschlossenen Türen stattfindet. Charles Platiau

Menschen für Menschenrechte

VERA CHIRWA

Nicht alle Marotten des malawischen Diktators Hastings Banda waren so lachhaft wie jene, langhaarigen Einreisewilligen an der Grenze einen Haarschnitt verpassen zu lassen – oder Besucherinnen aus dem Ausland das Tragen von tropenuntauglichen Röcken aufzuzwingen, weil ihm Frauen in Hosen missfielen. Vor allem Oppositionelle hatten in Bandas Reich nichts zu lachen. Malawische Menschenrechtler haben die Zahl der Menschen, die dem Staatsterror Bandas in den Jahren zwischen 1964 und 1994 zum Opfer gefallen waren, auf eine halbe Million beziffert – mehr, als unter Idi Amins Schreckensherrschaft in Uganda getötet worden waren.

Bereits wenige Monate nach der Unabhängigkeit des Landes im Juli 1964 zeichnete sich ab, dass Banda, damals noch Premierminister, die ganze Macht im Staat für sich allein zu beanspruchen gedachte. Er entliess Justizminister Chirwa und eine Reihe weiterer Minister, die ihn vor unpopulären Massnahmen im Gesundheitsbereich gewarnt und Einspruch gegen seinen Plan erhoben hatten, Inhaftierungen ohne Gerichtsverfahren zu legalisieren. Chirwa, einer der Mitbegründer von Bandas Malawi Congress Party, sah sich bald in der Heimat seines Lebens nicht mehr sicher. Im tansanischen und später im sambischen Exil versuchte er, die Gegner Bandas zu organisieren. Nach ihrem Studium der Rechte in London schloss sich ihm auch seine Frau Vera an, die bereits an seiner Seite für die Unabhängigkeit Nyasalands (Malawis) von Grossbritannien gekämpft hatte.

Der Machtwille des malawischen Präsidenten reichte allerdings über die Landesgrenzen hinaus. Dessen Schergen kidnappten die Chirwas 1981 in Sambia und verschleppten sie nach Malawi, wo die beiden in einem willkürlichen Verfahren wegen Hochverrats zum Tod verurteilt wurden. Der Diktator wandelte zwar die Strafe später in «lebenslänglich» um, aber mit der blossen Kaltstellung und Isolierung seiner Gegner liess er es jeweils nicht bewenden. Vera und Orton Chirwa, wiewohl im selben Gefängnis untergebracht, durften sich acht Jahre lang nicht sehen und waren wiederholt Folterungen ausgesetzt. Die ausländischen Proteste gegen die Menschenrechtsverletzungen in Malawi schwollen erst Anfang der Neunzigerjahre zu einem Aufschrei an, nachdem Bandas prowestlicher und Pretoria-freundlicher Kurs nach dem Zusammenbruch des realen Sozialismus jegliche Bedeutung eingebüsst hatte. Für Orton Chirwa kam dieser Aufschrei zu spät; er starb 1992 im Gefängnis – eines gewaltsamen Todes, wie seine Frau sagt. Da westliche Donatoren jede weitere Hilfe für Malawi an die Freilassung Vera Chirwas knüpften, sah sich Banda genötigt, einzulenken. Vera Chirwa kam 1993 frei.

Unter Banda hatte es jeweils schon gereicht, als Bettler kurz vor der Ankunft eines hohen ausländischen Gastes die Strassen der Hauptstadt Lilongwe zu säumen, um «eingesammelt» und ins Gefängnis geworfen zu werden. Diese Unkultur der Rechtlosigkeit, die sie am eigenen Leib erfahren musste, vermochte Vera Chirwas Widerstandsgeist und Rechtsempfinden aber nicht zu zerstören, im Gegenteil. Nach den freien Wahlen von 1994 widmete sie sich ganz dem Schutz der Menschenrechte und dem Bemühen, ihr Land vor einem Rückfall in Willkür und Machtmissbrauch zu bewahren. Sie gründete die Organisation Malawi Centre for Advice, Research and Education on Rights (Malawi Carer), die sich die Verankerung der Menschenrechte und die Stärkung des Rechtsstaats zum Ziel gesetzt hat. Die gegenwärtig vor allem von der amerikanischen Entwicklungsagentur USAID finanzierte Organisation berät Minderbemittelte in Rechtsfragen und verteidigt sie notfalls vor Gericht, bildet «Rechtsgehilfen», eine Art Rechtsberater in ländlichen Dorfgemeinschaften, aus, führt Umfragen durch und bringt durch ihre Informationsarbeit Fälle von Menschenrechtsverletzungen an die Öffentlichkeit. So standen Malawi Carer und Vera Chirwa an vorderster Front im erfolgreichen Kampf gegen den Plan von Regierungsanhängern, die für den Staatschef geltende Amtszeitbeschränkung aufzuheben und es Präsident Muluzi zu erlauben, bei den im Jahr 2004 fälligen Wahlen noch einmal anzutreten. Eine weitere Gründung Chirwas, die Vereinigung Women's Voices, kümmert sich um die Rechte von Frauen, insbesondere von Witwen, die nach einer weit verbreiteten Unsitte von Verwandten des verstorbenen Ehemannes um ihr rechtmässiges Erbe betrogen werden.

Im Alter von 75 Jahren und nach all ihren Bemühungen um die Beachtung der Rechte könnte es sich Vera Chirwa heute eigentlich erlauben, kürzer zu treten und sich im Kreis ihrer fünf Kinder und zahlreichen Enkelkinder zu entspannen. Aber Grossmutterfreuden scheinen nichts für die reisefreudige Chirwa zu sein. Sie inspiziert weiterhin als Sonderberichterstatterin der Afrikanischen Menschenrechtskommission Gefängnisse in Afrika, hat unlängst eine Berufung in eine Aids-Task-Force des UNO-Generalsekretärs angenommen, ist als Koordinatorin der Schweizer Initiative «1000 Frauen für den Friedensnobelpreis 2005» aktiv geworden und liebäugelt mit dem Gedanken, als Unabhängige bei den malawischen Präsidentenwahlen im kommenden Jahr zu kandidieren.

Bernard Imhasly

IRENE KHAN

Erstmals eine Frau, erstmals jemand aus Asien, erstmals eine Person muslimischen Glaubens – lauter Premieren im Generalsekretariat von Amnesty International, das seit August 2001 von Irene Zubaida Khan geleitet wird. Khan wurde 1956 in Bangladesh geboren, das nicht als Hort der Frauenemanzipation bekannt ist, auch wenn in den letzten Jahren eine Premierministerin, Khaleda Zia, die Regierung geführt hat. Ihr Vater war Arzt, und die Mutter setzte alles daran, ihren drei Töchtern die Ausbildung zu ermöglichen, die ihr selbst verwehrt geblieben war. Im damaligen Ostpakistan hatte Bürgerkrieg geherrscht, und die Eltern entschlossen sich 1973, die beiden älteren Töchter nach dem Besuch britisch geprägter Schulen zur weiteren Ausbildung nach Nordirland zu schicken. Die ältere Schwester studierte Naturwissenschaften an einer protestantisch geprägten Hochschule, während Irene in einem katholischen Internat unterkam. Später studierte Irene Khan Recht an der Universität Manchester und spezialisierte sich an der Harvard Law School in den USA auf internationales Recht und Menschenrechte.

«Rechtsanwältin wurde ich nicht, um viel Geld zu verdienen, sondern um Menschen helfen zu können», sagt Frau Khan. Ihr praktischer Einsatz für die Menschenrechte begann 1979 im Rahmen der Internationalen Juristenkommission. Die Weichen für ihre spätere Karriere wurden gestellt, als sie als Stipendiatin der Ford Foundation nach Genf zog. Dort trat sie 1980 in die Dienste des United Nations High Commissioner for Refugees (UNHCR), dem sie 21 Jahre lang verbunden blieb. In den frühen Neunzigerjahren arbeitete Khan als Assistentin der damaligen Hochkommissarin Sadako Ogata, 1995 wurde sie Chefin der UNHCR-Mission in Indien, 1998 übernahm sie die Leitung des Forschungs- und Dokumentationszentrums der Organisation, und 1999 führte sie während der Kosovokrise das UNHCR-Team in Mazedonien. In ihrer Genfer Zeit heiratete Irene Khan den Deutschen Josef Auer und bekam eine Tochter, die sie nach ihrer Mutter Suraiya nannte. Den Wechsel zum Amnesty-Hauptquartier in London vor drei Jahren sieht sie als logische Ergänzung: «In der Flüchtlingshilfe befasste ich mich mit den Folgen von Menschenrechtsverletzungen; jetzt setze ich mich mit den Ursachen auseinander.»

Trotz dem Leben als Funktionärin internationaler Organisationen hat die Amnesty-Generalsekretärin ihre Wurzeln nie verdorren lassen. Sie kehrt regelmässig in ihre Heimat Bangladesh zurück und versteht sich als Patriotin – eine kritische Patriotin freilich, die im Kontakt mit den Behörden Kritik an Verstössen gegen die Menschenrechte übt und sich vor allem für die Gleichstellung der Frauen einsetzt. Kein Zufall denn auch, dass unter ihrer Leitung Amnesty International in diesem Jahr eine weltweite Kampagne unter dem Slogan «Stop Violence Against Women» führt. Im Visier hat Irene Khan Gewalt gegen Frauen im öffentlichen Bereich ebenso wie in der Privatsphäre; beide Varianten seien ohnehin oft miteinander verknüpft, etwa in Kriegssituationen oder in Flüchtlingslagern. Sie betont, dass es beim Schutz der Rechte der Frauen um grundlegende Menschenrechte gehe.

Amnestys traditionelle Anliegen – Gefangenenbetreuung sowie Kampf gegen Folter, politischen Mord und Todesstrafe – will Khan indessen nicht vernachlässigen. Sie befürchtet, die von den Anschlägen des 11. Septembers 2001 bewirkte Konzentration der Weltpolitik auf Sicherheitsfragen könnte auch in den westlichen Ländern eine Beeinträchtigung der Menschenrechte zur Folge haben. Doppelte Massstäbe seien überdies in den letzten Jahren sichtbar geworden, meint Khan: Viel sei von der Missachtung der Menschenrechte in Afghanistan die Rede gewesen, wenig aber von jener im Nahen Osten, und selten gelte heute das Augenmerk den Menschenrechtsverletzungen in China.

Peter Gaupp

FATHER HARRY MILLER

Kämpfer für die Menschenrechte in Sri Lanka

Nicht oft trifft man in Sri Lanka auf derart kritische und doch unparteiische Gesprächspartner wie Father Harry Miller. Der jahrzehntealte ethnische Konflikt zwischen der singhalesischen Mehrheit und der tamilischen Minderheit hat in dem Land tiefe Wunden hinterlassen, die einen neutralen Blick auf die Gegenwart oft verunmöglichen. Vielleicht hängt die kritische Distanz Millers gegenüber der Regierung wie auch gegenüber den Rebellen damit zusammen, dass er mit dem Blick eines Ausländers auf die traumatische Vergangenheit blickt. Ein Fremder ist er in seiner Wahlheimat aber keineswegs geblieben. Der 79-jährige Jesuit aus New Orleans lebt seit über 50 Jahren an der Ostküste Sri Lankas und hat die bewegte Geschichte des Landes seit der Unabhängigkeit 1948 hautnah miterlebt. Von 1948 bis 1959 war er Rektor des angesehenen St. Michael's College in Batticaloa. Noch immer lebt und arbeitet er in dem prächtigen Bau aus der Kolonialzeit. Mit dem Schulbetrieb hat der katholische Geistliche aber nichts mehr zu tun. Sein ganzes Engagement gehört seit Jahren dem Kampf gegen die Menschenrechtsverletzungen im Nordosten Sri Lankas.

Bereits in den ersten Jahren nach der Unabhängigkeit wurden die Tamilen laut Miller als Bürger zweiter Klasse behandelt. Lange hätten sie sich dagegen mit friedlichen Mitteln gewehrt und eine Föderalisierung des Landes gefördert. Erst allmählich habe sich die tamilische Bewegung radikalisiert. Father Miller hat grosses Verständnis für den Freiheitskampf der Tamilen und geht mit der repressiven Politik der Regierung in Colombo hart ins Gericht. Während des 20-jährigen Bürgerkriegs habe sich der Staat schwere Menschenrechtsverletzungen zuschulden kommen lassen. Im mehrheitlich tamilischen Norden und Osten sei es am Rande der Kämpfe gegen die Liberation Tigers of Tamil Eelam (LTTE) auch zu Tötungen und Vertreibungen von Zivilisten gekommen. Tausende von Personen, die die Armee als LTTE-Sympathisanten verdächtigt habe, seien verschwunden. Das von Miller gegründete Peace Committee hat über 8000 Fälle von Menschenrechtsverletzungen durch die singhalesische Seite registriert und publik gemacht.

Seit dem Waffenstillstand im Februar 2002 hat sich die Lage laut dem katholischen Priester diesbezüglich allerdings deutlich verbessert. In den vergangenen zwei Jahren habe es kaum mehr Klagen gegen die Sicherheitskräfte gegeben. Leider seien die Befreier von einst jedoch zu neuen Unterdrückern geworden. Die LTTE hätten in den von ihnen kontrollierten Gebieten einen autoritären Machtapparat aufgebaut. Viele Tamilen fürchteten ebenso wie Angehörige der muslimischen Minderheit das repressive Regime der Befreiungstiger. Fast alle Beschwerden, die das Peace Committee heute erreichten, beträfen Menschenrechtsverletzungen durch die Rebellen, stellt Miller fest. Das grösste Problem sei, dass weiter Kindersoldaten rekrutiert würden. Noch immer gelte der Grundsatz, dass jede Familie ein Kind für den tamilischen Freiheitskampf zu opfern habe. Ausserdem verunmöglichten die LTTE durch übermässig hohe Steuern jeden wirtschaftlichen Aufschwung in der Region. Wenn sich die Leute dem straffen Abgabensystem nicht beugten, sei ihr Leben in Gefahr. Auch gegen Abtrünnige aus den eigenen Reihen gehe man wenig zimperlich vor. Im vergangenen Jahr habe die Organisation 35 tamilische Gegner umgebracht.

Der Geistliche erklärt, jeder Ansatz zu einer neuen politischen Bewegung in der tamilischen Zivilgesellschaft werde durch die Furcht der Menschen vor den LTTE im Keim erstickt. So sei es ausserordentlich schwierig, die Leute zum Widerstand zu mobilisieren. Von Resignation ist bei Father Miller trotzdem nichts zu spüren. Als Gottesmann hohen Alters ohne Familie und grösseren Besitz sei er einer der wenigen in Batticaloa, die sich vor Repressionsmassnahmen nicht fürchten müssen. Er sehe es deshalb als seine Pflicht an, Ungerechtigkeiten anzuprangern. Vom Ausland erhofft sich Miller, dass es den Friedensprozess weiter nach Kräften unterstützt – allerdings nicht bedingungslos. Von den Konfliktparteien müsse die Einhaltung gewisser Regeln verlangt werden. Solange die LTTE gegen grundlegende Menschenrechte verstiessen, dürfe ihnen die Kontrolle über die Gebiete im Norden und Osten nicht definitiv übertragen werden.

Andrea Spalinger

ASMA JAHANGIR UND HINA JILANI

Die beiden Schwestern Asma Jahangir und Hina Jilani setzen sich seit 25 Jahren für die Einhaltung von Menschenrechten, insbesondere der Rechte der Frauen, in Pakistan ein. Ihre Anwaltskanzlei in Lahore ist heute eine der bekanntesten im Land.

Es ist eine der bekanntesten Anwaltskanzleien Pakistans, doch ihr Zugang könnte nicht anonymer sein. Kein Namensschild weist dem Besucher den Weg, und wenn man einmal den Eingang des Hauses gefunden hat, muss man zunächst zwei bewaffnete Wachen passieren, bevor hinter einer verschlossenen Tür endlich vertraute Zeichen eines Anwaltsbüros auftauchen: Wandregale voller Aktenbündel und geschäftige junge Frauen. Die Besucher im Vorraum, die auf ihren Termin warten, sehen allerdings nicht wie die Klientinnen einer erstklassigen Anwaltsadresse aus. Es sind ärmlich gekleidete Frauen, in billige Schals oder Burkas gehüllt. Einige sind von Männern begleitet, andere stehen eng beieinander und flüstern.

Seit 25 Jahren im Einsatz

Für die beiden Schwestern Asma Jahangir und Hina Jilani sind sowohl die Frauen wie die bewaffneten Türhüter Markenzeichen. Seit nun bald 25 Jahren kämpfen sie für die Achtung und Durchsetzung der Grundrechte von ärmeren Mitbürgern, die oftmals mit Füssen getreten werden. Den Beweis, dass die Anwältinnen dabei wahrgenommen werden, liefern die Wachen. Vor zehn Jahren waren in Lahore Poster aufgetaucht, auf denen Asma Jahangirs Foto prangte, begleitet von einer Fatwa, die ihre Hinrichtung zur Pflicht jedes guten Muslims erklärte. Und vor fünf Jahren erschienen in Hinas Büro eine Frau und ein Mann, als gerade eine junge Klientin bei ihr war. Der Mann zog eine Pistole unter dem Hemd hervor und streckte die 29-jährige Samia Sarwar mit einem Schuss nieder. Darauf verliessen die beiden das Büro, als sei nichts geschehen.

Es sind nicht nur diese Angriffe, die Jahangirs und Jilanis Ruf begründeten. Noch mehr war es ihre Reaktion darauf. Auf die Frage, ob sie nach der Fatwa untergetaucht sei wie Salman Rushdie, antwortete Asma Jahangir lachend: «Untergetaucht? Um diesen Mullahs den Triumph meiner Angst zu geben? Nein, ich ging weiterhin jeden Tag zum Gericht. Der einzige Unterschied war, dass ich eine Sonnenbrille trug.» Die beiden Anwältinnen haben Zivilcourage schon früh gelernt. Ihr Vater war ein Politiker, der wegen seiner Äusserungen gegen die Militärdiktatur öfter im Gefängnis war als zu Hause. 1970 reichte Asma Jahangir, damals 18-jährig, eine Petition beim Obersten Gericht ein, welche die Freilassung ihres Vaters forderte – mit Erfolg. Drei Jahre später wurden die Schwestern mit 17 weiteren Frauen des Women's Action Forum verhaftet, als sie auf die Strasse gingen, um gegen Zia ul-Haq zu protestieren, der seine militärische Herrschaft mit der Einführung einer mittelalterlichen islamischen Rechtsordnung – den «Hadud-Verordnungen» – zu legalisieren versuchte.

Der Mord an Samia Sarwar war aber selbst für Hina Jilani zu viel. «Ich bin eine starke Frau. Aber in jenem Augenblick stand ich da und meine Beine begannen zu zittern.» Es war nicht die Angst, als Nächste an die Reihe zu kommen, die sie schwanken liess. Die Frau, die den Mörder begleitet hatte, war die Mutter des Opfers gewesen. Sarwar hatte einige Monate zuvor ihren gewalttätigen Ehemann in Peshawar verlassen und war nach Lahore geflohen, in ein Heim namens «Dastak» (Anklopfen), das Jilani für Opfer häuslicher Gewalt eingerichtet hatte. Die Eltern versuchten, Samia zurückzuholen und damit die Familienehre zu retten. Als alles nichts fruchtete, kam die Mutter mit einem Auftragsmörder und liess ihre Tochter erschiessen. Fünf Jahre später sind die Eltern und der Mörder immer noch frei. Mehr noch: Der Vater hat gegen Jilani Klage eingereicht. Diese habe seine Tochter entführt, in Lahore in ein Bordell gebracht und umbringen lassen, behauptet er. Jilani muss immer noch nach Peshawar fahren, um sich dort zu verteidigen. Doch es ist nicht dies, was sie heute noch erschüttert. Es war der Anblick der Frau, die in ihrem Blut auf dem Boden lag, während sich ihre Mutter weigerte, sich zu ihr hinunterzubücken.

Das unmenschliche Verhalten der Mutter gibt eine Idee von der Härte religiös und stammesmässig legitimierter Traditionen. Über 40 Prozent der Frauen in Pakistan, heisst es in einem Bericht von Amnesty International, akzeptierten häusliche Gewalt als Teil ihres Frauenschicksals. Der Staat hat zwar kürzlich die Vertretung der Frauen in den Parlamenten und in den Gemeinderäten erhöht. Doch die «Hadud-Verordnungen» haben 20 Jahre nach ihrer Einführung durch das Militärregime immer noch Rechtskraft. Sie verletzen klar die Verfassung, doch für das dem Obersten Gericht gleichgestellte Scharia-Gericht sind sie religiös legitimiert. Die Verordnungen sind dafür verantwortlich, dass heute eine grosse Mehrheit der inhaftierten Frauen wegen «Zina» (Ehebruch und Unzucht) im Gefängnis sitzt. Der «Zina»-Paragraf macht es jedem Mann leicht, seine Frau loszuwerden. Die Regelung sorgt nämlich dafür, dass die Zeugenaussage einer Frau weniger wiegt als die eines Mannes. Dasselbe gilt, wenn eine Frau vergewaltigt wird und Klage einreicht. Sie muss vier Männer mitbringen, die bezeugen, dass gegen sie Gewalt angewandt wurde. Schafft sie das nicht, riskiert sie wegen unerlaubten sexuellen Kontakts ins Gefängnis zu kommen.

Die beiden Anwältinnen konnten Samia Sarwar und die rund 1000 jährlichen Opfer von «Ehrenmorden» zwar nicht retten, doch sie haben unzählige Frauen gegen die drakonischen «Hadud-Verordnungen» verteidigt und vor Haftstrafen und Peitschenhieben bewahrt. Die Strafen selbst zu ächten, ist ihnen bisher nicht gelungen. Kürzlich wurde einem Parlamentarier mit dem Tod gedroht, als er eine entsprechende Gesetzesänderung einbringen wollte. «Wir kämpfen hier gegen tiefsitzende gesellschaftliche Vorurteile, die sich nicht von einem Tag auf den andern ändern», sagt Jahangir. Ihr eigentlicher Gegner ist der Staat, der von patriarchalischen (oder auch nur opportunistischen) Motiven geleitet wird und solche Paragrafen als Mittel gesellschaftlicher Repression einsetzt. Präsident Musharraf hat vor zwei Jahren versprochen, die «Hadud-Verordnungen» zu revidieren. Doch bisher ist nichts geschehen, weil der Präsident innenpolitisch auf die Unterstützung der islamistischen Parteien angewiesen ist.

Schlecht funktionierender Rechtsstaat

Die beiden furchtlosen Anwältinnen halten wenig von den meisten ihrer Anwaltskollegen. Diese seien für Geld zu allem bereit, sagen die beiden Schwestern. Auch die Richter seien noch immer nicht aus dem Schatten der Militärdiktatur herausgetreten. Die «Doctrine of Necessity», mit der die Gerichte Militärputsche legitimierten, präge noch heute das Verhalten der Richter zum Staat. Die Justiz habe noch immer nicht gelernt, ihre Rolle im demokratischen Staat zu definieren, sagt Jilani. Gleichzeitig weiss sie aber auch, in was für einem schwierigen Umfeld Richter Recht sprechen müssen – schlecht bezahlt und ohne professionelle Infrastruktur. Und sie preist die paar Schwalben, die vielleicht einen Frühling ankünden: «Es gibt Richter, die sich für Menschenrechte einsetzen.» Und Asma fügt hinzu, dass bis heute noch kein Gericht es gewagt habe, eine der leicht ausgesprochenen Todesstrafen wegen Blasphemie auch ausführen zu lassen. Dieser hartnäckige Optimismus illustriert die moralische Autorität der beiden Menschenrechtlerinnen fast noch mehr als ihr Zorn über das Ausmass an gesellschaftlichem Unrecht. Die Einsicht, dass ihr Kampf für Gerechtigkeit lange dauern wird, erlaubt es ihnen auch, sich nicht in einen Strudel von Pessimismus hineinziehen zu lassen. Hina Jilani gibt sogar zu, dass ihre Arbeit momentan noch schwieriger sei als vor 20 Jahren. Es gebe heute weniger junge Leute als zur Zeit der Militärdiktatur, die bereit seien, ihre Karriere warten zu lassen und sich für die Anliegen der Zivilgesellschaft einzusetzen.

Internationales Engagement

Dennoch sprechen die Anwältinnen lieber von den Erfolgen der Menschenrechtsbewegung in Pakistan als von ihren persönlichen Enttäuschungen. Die vom islamischen Gesetz geforderten rabiaten Strafen wegen Unzucht oder Ehebruch würden selten ausgeführt. Trotz den vielen Frauen in den Gefängnissen liege die Freispruchsrate bei «Zina»-Anklagen heute bei 90 Prozent. Und auch wenn es immer noch zahlreiche «Ehrenmorde» gebe, wisse heute zumindest jeder, dass dies ein Verbrechen sei. Die beiden Frauen haben auch dazu beigetragen, dass ihre Arbeit unabhängig von ihnen weitergeht. Das Women's Action Forum wurde in den Achtzigerjahren zum Kern der Demokratiebewegung. Jahangir und Jilani sind Mitbegründerinnen der Human Rights Commission of Pakistan, die heute im ganzen Land Zweigstellen hat und die wichtigste Überwachungsinstanz für Verletzungen fundamentaler Rechte geworden ist. In ihrer Kanzlei beschäftigen sie 14 Anwältinnen, die jeden Fall aufnehmen, der an sie herangetragen wird. In den allermeisten Fällen sind es kostenlose Leistungen. Die Institutionalisierung der Menschenrechtsarbeit in Pakistan gibt den beiden Anwältinnen auch die Möglichkeit, ihre Erfahrung internationalen Organisationen zur Verfügung zu stellen. Asma Jahangir ist für zwei Amtsperioden zur UNO-Sonderberichterstatterin für «aussergerichtliche, summarische und willkürliche Hinrichtungen» bestimmt worden. In diesem Jahr wird sie den Posten abgeben. Ausserdem ist sie Kommissärin bei der Internationalen Juristenkommission in Genf und Mitbegründerin und Präsidentin der Nichtregierungsorganisation South Asia for Human Rights. Auch ihre Schwester ist Mitglied in einer Reihe internationaler Menschenrechtsorganisationen und wird oft als Expertin für UNO-Agenturen beigezogen. Diese internationale Tätigkeit zeigt den beiden, dass die Menschenrechte in Pakistan zwar öfter verletzt werden als in westlichen Ländern, dass aber solches Unrecht – etwa häusliche Gewalt gegen Frauen – auch in reichen demokratischen Ländern verbreitet ist. Die beiden Anwältinnen haben bereits zahlreiche Auszeichnungen erhalten. Doch die Ehrendoktorhüte haben sie nicht davon abgehalten, weiterhin auf die Strasse zu gehen und zu demonstrieren. «Was mich antreibt, ist Zorn», sagt Jilani. «Zorn und die Einsicht, dass ich es nicht dabei belassen darf. Ich muss etwas mit meinem Zorn tun.»

Bernard Imhasly

HAITHAM MALEH

«‹Fürwahr, nicht ihre Augen sind blind, sondern ihre Herzen in der Brust!› – Dieser Koranvers, scheint mir, ist eigens auf die amerikanische Regierung gemünzt.» Der syrische Anwalt Haitham Maleh ist in Rage gekommen, weil ausgerechnet Amerika, die Hoffnung aller Bürgerrechtskämpfer und Unterdrückten, einen syrischen Bürger namens Maher Arrar wegen Terrorismusverdachts dem syrischen Geheimdienst ausgeliefert hat. «Über ein Jahr wurde Arrar von den syrischen Schergen festgehalten und erbarmungslos gefoltert, bis er am 5. Oktober 2003 ohne irgendwelche Anklagen freikam», schrieb Maleh in einem offenen Brief an den amerikanischen Aussenminister Powell. «Glauben die USA wirklich, solches Vorgehen schaffe Sicherheit?» In der gleichen Überzeugung vom Recht als Grundlage aller staatlichen Dinge – nur vielleicht etwas weniger provokativ – hat der Anwalt Maleh auch schon an den jungen Präsidenten Bachar al-Asad geschrieben, um ihm verfassungsmässige Korrekturen nahezulegen.

Je bescheidener Maleh sich gibt, desto stärker ist seine Stimme in den Medien. Die vergilbten Fachzertifikate und Ehrengeschenke an den Wänden zeugen von Malehs 72 Altersjahren, und der korrekte Anzug mit Krawatte lässt die baumwollenen Unterkleider erraten – eine Vorsorge gegen den Rheumatismus, die der Bürgerrechtskämpfer in den Achtzigerjahren während seiner siebenjährigen Gefängniszeit als politischer Häftling erlernt hat. Doch die Augen hinter den dicken Brillengläsern flammen im jugendlichen Feuer auf, sobald er seine sieben Auftritte bei al-Jazira und anderen regionalen TV-Ketten schildert.

Vor Millionen arabischer Zuschauer erklärt Haitham Maleh jeweils fachkundig den Pferdefuss des Asad-Regimes, sei es unter dem Vater oder dem Sohn: Seit gut 40 Jahren untergräbt der Ausnahmezustand die Rechtsgarantien für die Bürgerfreiheiten, erlaubt Verhaftungen ohne Gerichtsurteil, Freiheitsbeschränkungen, Bespitzelungen und Aburteilungen durch allgewaltige Sondergerichte. Bachar al-Asad hat seit seinem Amtsantritt im Sommer 2000 zwar Hunderte von politischen Gefangenen freigelassen, aber das Ausnahmerecht nur suspendiert, anstatt es förmlich aufzuheben. «Der Staat wird hier durch Dekrete und telefonische Anweisungen von oben gelenkt», präzisiert Maleh für seinen Gast, «die Machthaber stützen sich auf eine Mafia von Nutzniessern, die Richter sind nicht unabhängig, und es gibt keine Gerechtigkeit.» Der Meister müsste wissen, wovon er spricht, war er doch selbst einige Jahre lang Richter, «bis ich die Hoffnung auf Durchsetzung irgendeines Rechts verlor».

Mit einigen Schicksalsgenossen aus dem Gefängnis und dem (später eingesperrten) Parlamentarier Riad Seif gründete Maleh im Juli 2001 die Gesellschaft für Menschenrechte. Die Gruppe wollte in Syrien selbst arbeiten und nicht Druck von aussen mobilisieren. Ihre Anwälte verteidigten im Herbst 2002 die zehn Vorkämpfer des Demokratiefrühlings vor Gericht. Sie gibt, gestützt auf die Aussagen entlassener Häftlinge, Berichte über die politischen Gefangenen heraus. Sie informiert über Prozesse vor Militärgerichten wie denjenigen gegen die 14, die sich einen Vortrag in Aleppo über den Belagerungszustand anhören wollten, der wegen der Intervention der Geheimpolizei gar nicht stattfand. Und die Gesellschaft wendet sich an die zuständigen Minister, um die Respektierung der Gesetze anzuregen. Maleh klagt, die Geheimpolizei bedränge ihn auf Schritt und Tritt; er dürfe in Syrien keine öffentlichen Vorträge halten und auch nicht aus dem Land reisen. Andererseits habe das Regime ihm offen geraten, auszuwandern, um den lästigen Kritiker loszuwerden. Doch Maleh will bleiben; denn die Menschenrechtsaktivisten sind alle in der zweiten Lebenshälfte, und der Nachwuchs ist rar.

Viktor Kocher

ANDREI MIRONOW

Vor einigen Monaten hat sich Andrei Mironows eigene Prophezeiung erfüllt. Vom Freund einer Nachbarin wurde er, aus völlig trivialem Grund, brutal zusammengeschlagen. Der Angreifer hatte zuvor in einer Sondertruppe der Polizei in Tschetschenien gedient. Mironow hält den Tschetschenienkrieg für die grösste derzeitige Bedrohung der Menschen- und Bürgerrechte in Russland, nicht nur, weil in der Kaukasusrepublik die Menschenrechte täglich mit Füssen getreten werden, sondern auch, weil dieser Krieg die demokratische Entwicklung des Landes aufhält und weil er die Gesellschaft verroht: «Wer an diesem Krieg teilnimmt, wird nie mehr der gleiche Mensch sein», sagt der 1954 geborene Aktivist. Der Polizist erbrachte einen Tatbeweis, den gerade Mironow nicht nötig gehabt hätte. Die schweren Kopfverletzungen, die er bei dem Angriff erlitt, machten eine zweimonatige Nachbehandlung in einer Spezialklinik am Bodensee nötig. Der Täter ist noch immer auf freiem Fuss.

Angefangen hatte Mironows Engagement für Menschenrechte in den Siebzigerjahren, als er nach dem Militärdienst in Moskau ein Chemiestudium begann. Bereits zuvor, im Elternhaus in einer geschlossenen Stadt unweit des Baikalsees, waren ihm die Samen des Zweifels eingepflanzt worden. Seine Eltern, beide Geophysiker, hatten als Naturwissenschaftler das unabhängige Denken zum wichtigsten Arbeitsinstrument erhoben. «Es ist kein Zufall, dass viele der bedeutendsten Dissidenten Naturwissenschafter waren», gibt sich Mironow noch heute überzeugt.

Die Ahnung, dass alles in diesem sowjetischen Reich eine einzige grosse Lüge war, verdichtete sich in Moskau zur Gewissheit, als Mironow ausländische Radionachrichten hörte und Bücher las, die offiziell nicht erhältlich waren. Er brach das Studium ab und konzentrierte sich auf die heimliche Verbreitung der verbotenen Bücher. Daneben schlug er sich als Gehilfe in einem Brotladen und bei geologischen Expeditionen durch. «Ich habe später nachgerechnet», erklärt der etwas schmächtige, aber energiegeladene Mann mit sichtbarer Genugtuung: «Bis zu meiner Verhaftung lasen mindestens 2000 Menschen die Bücher, die ich heimlich kopierte.» Gorbatschow war bereits an der Macht, als die Häscher des KGB 1985 zuschlugen und Mironow verhafteten. Er wurde nach dem berüchtigten Artikel 70 des sowjetischen Strafrechts zu vier Jahren Lagerhaft und weiteren drei Jahren internem Exil verurteilt. Der Artikel 70 verlieh Mironow den Status eines besonders kriminellen Staatsfeinds. «Das war für mich, wie wenn sie mich zum Ritter geschlagen hätten», erinnert er sich heute.

1987 erfolgte überraschend seine Freilassung, unter dem Druck des Westens, wie Mironow überzeugt ist. Wegen seiner Bekanntheit und seiner Sprachkenntnisse wurde er bald zum Anlaufpunkt und zum Sprachrohr der aufkeimenden Menschenrechtsbewegung, die damals weitgehend von ehemaligen Lagerinsassen getragen wurde. «Ich spielte immer den Kontrapunkt», erklärt er. «Wenn Gorbatschow von Perestroika und Demokratisierung sprach, redete ich von politischen Gefangenen und neuen Verhaftungen.» 1988 war er Gründungsmitglied der Menschenrechtsorganisation Memorial, aber es interessierte ihn nie, im Präsidium zu sitzen.

Tschetschenien hält ihn seit dem Ausbruch des ersten Kriegs 1994 in Atem. Mironow ist eine der treibenden Kräfte eines Prozesses, in dessen Rahmen sich Russen und Tschetschenen sowie ausländische Interessierte zu Gesprächen treffen, um Vertrauen zu bilden und eine Basis für allfällige Verhandlungen zu schaffen. Ein wichtiger Pfeiler dieses Prozesses ist das Netzwerk «Initiativen für Veränderung» (vormals «Moralische Aufrüstung»). Störmanöver von verschiedensten Seiten haben den Prozess schon mehrmals gefährlich nahe an den Abgrund des Scheiterns gedrängt. Doch Mironow ist nicht jemand, der sich davon abschrecken liesse. Selbst die Behandlung am Bodensee wollte er dazu nutzen, an der Vorbereitung neuer Gesprächsrunden zu arbeiten.

Peter Winkler

RADHIA NASRAOUI

Seit bald 30 Jahren verleiht die tunesische Anwältin und Menschenrechtlerin Radhia Nasraoui all jenen in Tunesien eine Stimme, die sich selber nicht verteidigen können. Amnesty International erkor sie vor ein paar Jahren zur Nummer eins unter den Menschenrechtsverteidigern. Für viele politische Gefangene – die es offiziell in Tunesien nicht gibt – ist die 50-jährige Anwältin die letzte Hoffnung. So auch für die seit 1991 wegen ihrer Mitgliedschaft in der Nahda-Partei zu langen Haftstrafen verurteilten Islamisten.

Wenn es um Missstände geht, wird die engagierte Anwältin zur Anklägerin. Sie wirft dem Regime von Staatspräsident Ben Ali vor, Gefangene zu foltern, die Meinungs- und Versammlungsfreiheit nicht zu gewährleisten, die Justiz an die Exekutive zu binden und die allgegenwärtige politische Polizei straffrei schalten und walten zu lassen. Mehrmals wurde sie als Verteidigerin auf die Anklagebank gesetzt, wenn sie etwa in einem Plädoyer den Behörden vorgeworfen hatte, Verhaftete und Gefangene zu misshandeln. Nasraouis Telefonleitung wird immer wieder gekappt, ganz zu schweigen davon, dass ihre Telefongespräche abgehört und ihre Briefe abgefangen werden. Sie hat sich seit der Machtergreifung von Präsident Ben Ali 1987 an die ständige Beschattung durch die politische Polizei gewöhnen müssen, die sowohl Nasraouis Wohnung in einem Mehrfamilienhaus als auch die Kanzlei der Anwältin überwacht. Die Polizei versucht gelegentlich auch, Klienten Nasraouis einzuschüchtern, damit sie sich einen andern Anwalt nehmen. Sie geht selbst so weit, Personen, die Nasraoui kontaktiert oder besucht hat, vorzuladen und zu befragen.

Man müsse zwar wachsam sein, aber «mit Angst im Bauch» könne man nicht arbeiten, meint die Anwältin. Neben ihrem beruflichen Einsatz ist Nasraoui Mutter von drei Töchtern, die sie praktisch alleine aufzog. Ihr Mann Hamma Hammami, Sprecher der verbotenen Parti communiste des ouvriers de Tunisie, befand sich in den letzten 20 Jahren mehrheitlich im Gefängnis oder im Untergrund. Für ihre jüngste, heute vierjährige Tochter Sarra entschieden sich die Anwältin und ihr Mann, als Hammami mehrere Jahre in Verstecken lebte. Die Geburt von Sarra war ein Beweis dafür, dass die politische Polizei Nasraoui doch nicht ganz lückenlos überwachen konnte.

Nachdem die Anwältin als Mitgründerin einer Vereinigung gegen Folter aufgetreten war, wurde sie im vergangenen Juli von der politischen Polizei tätlich angegriffen. Sie reichte Klage ein, die insgesamt sechste, der bisher nicht Folge geleistet wurde. Am 15. Oktober begann sie einen Hungerstreik, um ihre Würde als Anwältin und Bürgerin zu verteidigen. Da öffentliche Proteste und Versammlungen verboten seien, bleibe ihr nur dieses Mittel, erklärte sie. Erst rund einen Monat nach Beginn dieses Hungerstreiks reagierten die Behörden. Die Vorwürfe Nasraouis entbehrten jeder Grundlage, hiess es. In einem in der französischen Tageszeitung «Le Monde» veröffentlichten Beitrag erklärte Nasraoui, deren Gesundheit nach bald 50 Tagen Hungerstreik stark angegriffen war, dass sie ihre Protestaktion fortsetze, bis ihre Würde als Anwältin und Bürgerin respektiert werde. Sie verlangte unter anderem, dass die Überwachung und Verfolgung durch die Polizei eingestellt wird. Dem Regime wirft sie vor, sie zum Schweigen bringen und zur Komplizin von Menschenrechtsverletzungen machen zu wollen. Und sie macht Ben Ali verantwortlich für diese Situation. In Tunesien sei allgemein bekannt, dass die Behörden nur nach seinen Instruktionen handelten. Schande dem Regime, das den Bürgern nur eine einzige Freiheit lasse, diejenige, zu sterben, sagt Nasraoui.

Annegret Mathari

PHIL GLENDENNING

Ein Anwalt der Letzten und Ersten

Australien ist kein Land, an das man unwillkürlich denken würde, wenn von Verstössen gegen die Menschenrechte die Rede ist. Für Phil Glendenning, den Direktor des Edmund Rice Centre for Justice and Community Education (ERC), ist das allerdings noch lange kein Grund dafür, die Frage der Einhaltung der Menschenrechte auf dem fünften Kontinent nicht ernst zu nehmen. So hat das Zentrum, das sich in seiner Arbeit auf den irischen Gründer der Christian Brothers, Edmund Ignatius Rice, beruft, im vergangenen Herbst in einem aufsehenerregenden Bericht auf zweifelhafte Praktiken der Regierung bei der Rückschiebung abgewiesener Asylbewerber hingewiesen.

Die Sensation hatten die Mitarbeiter des ERC dabei gar nicht gesucht. Sie waren dabei, eine Studie darüber zu erstellen, wie es Zurückgeschafften ergangen war, denen in Ländern des Mittleren Ostens und Schwarzafrika angeblich keine Gefahr gedroht hatte. Während der Feldarbeit stiess das ERC auf starke, inzwischen publizierte Indizien, dass staatliche australische Stellen einzelnen abgewiesenen Asylbewerbern falsche Papiere auf den Weg gegeben oder ihnen Schmiergeldzahlungen nahegelegt hatten oder dass sich das von Australien versprochene Daueraufenthaltsvisum für das Zielland, ausgehändigt erst kurz vor der Landung, als sehr befristet erwies, sodass den Betreffenden nur das Untertauchen in die Illegalität blieb.

Der Einsatz für die Asylbewerber – «die Letzten, die Australien im Zuge seiner Besiedlung erreicht haben», wie Glendenning sagt – ist der eine Schwerpunkt der Arbeit des ERC, die Rolle eines Anwalts für die Ersten, die auf dem Kontinent waren, die Aborigines (Ureinwohner), der zweite. Es handle sich dabei um zwei Aspekte des gleichen Problems, nämlich die Behandlung der Schwächsten in einem Gesellschaftssystem, meint Glendenning. Was die Ureinwohner angehe, habe Australien viel versäumt. Im Gegensatz zu Neuseeland, den USA und Kanada, wo es im 19. Jahrhundert zu vertraglichen Regelungen mit den Kolonisatoren gekommen sei, seien die australischen Ureinwohner bis 1967 nicht einmal in Volkszählungen erfasst worden. Und bis zum Eingeständnis, dass Australien zur Zeit der Kolonisierung durch die britische Krone nicht «terra nullius» gewesen sei, musste auf das aufsehenerregende Urteil im Fall Mabo von 1992 gewartet werden. Eine Kontroverse um die sehr verspätete Rückerstattung von Löhnen und Sozialbeiträgen, die den Aborigines vorenthalten worden waren, weil diese nicht für fähig erachtet wurden, ihr eigenes Geld zu verwalten, macht dabei gerade dieser Tage wieder Schlagzeilen.

Das – wenn auch späte – Eingeständnis, dass es zur Zeit der Kolonisierung rechtmässige Besitzer des Landes gegeben habe, ist laut Glendenning entscheidend für die Formierung des nationalen Selbstverständnisses der Australier, von denen ausser den Ureinwohnern alle in irgendeiner Form eine Geschichte als Einwanderer haben. Eine der wichtigsten Aufgaben seines Zentrums sieht er darin, einen Beitrag zu leisten, dass der in der westeuropäischen Kultur verankerte und heute dominante Teil der australischen Zivilisation sich mit der Welt der Aborigines (die nur noch 2,4 Prozent der Bevölkerung ausmachen) dort treffen kann, wo sich beide Seiten verstehen können. Für die wesentlich denkende Bevölkerung und ihre Politiker sei es dabei wichtig, die in der Kultur der Aborigines bedeutsame Komponente der oralen Überlieferung in Rechnung zu stellen und zu akzeptieren, dass etwa bei der Zuerkennung von Landrechten nicht nur auf Schriftliches abgestellt werden könne.

Ureinwohner und Einwanderer aufeinander hinzuführen, ist eine anspruchsvolle Langzeitaufgabe, die durch die öffentlich sichtbaren Probleme entwurzelter Aborigines – Alkoholmissbrauch, Kriminalität, Bildungsrückstand – und das daraus folgende negative Bild der Ureinwohner noch erschwert wird. Die zu leistende Kleinarbeit umfasst etwa die unter dem Motto «Let's talk» stehende Organisation von Aufenthalten bei Aborigines-Kommunitäten. Denn man kenne sich wenig, meint Glendenning. Heute wüssten zwar alle Australier, dass es Aborigines gebe (ihm sei das in der Schule noch verschwiegen worden), aber viele hätten noch nie einen Ureinwohner von Angesicht zu Angesicht gesehen.

Rudolf Herrmann

OTTO SYAMSUDIN ISHAK

Seit dem ersten Gespräch mit Otto Syamsudin in Banda Aceh, der Hauptstadt der indonesischen Provinz Aceh, sind drei Jahre vergangen. In diesem Zeitraum voller Friedenshoffnungen und Enttäuschungen haben schwere Sorgen in den Gesichtszügen des zierlichen Menschenrechtlers und Universitätsprofessors ihre Spuren hinterlassen. Er hat Aceh verlassen und «Cordova», die Bewegung zur Stärkung der Zivilgesellschaft, die er seinerzeit präsidiert hatte, aufgelöst. Beides nicht ganz freiwillig. Für das indonesische Militär war der Akademiker, der schon als junger Mann an der Uni in Yogyakarta das Suharto-Regime infrage zu stellen gewagt hatte, schon immer ein Dorn im Auge. Drohungen haben ihn, seine Frau und seine fünf Kinder zum Umzug nach Jakarta bewogen. Hier erscheint er, als Zeichen des Protests, ganz in Schwarz gekleidet zum Gespräch.

Aus dem Vermittler, der im Jahr 2000 noch an den Bemühungen des Henry Dunant Center um eine Aussöhnung der Konfliktparteien in Aceh beteiligt war, ist ein Mann ohne Illusionen geworden. Keine Waffenruhe war von Dauer, und seit dem 19. Mai vergangenen Jahres herrscht in Aceh wieder Kriegsrecht. Die indonesischen Streitkräfte gehen erneut, wie zu Beginn der Neunzigerjahre, mit voller Härte gegen die Unabhängigkeitsbewegung GAM und mutmassliche Sympathisanten vor. Wer als Zivilist auf Druck der Armee keine Namen von Mitgliedern der Untergrundorganisation nenne, werde automatisch der Komplizenschaft verdächtigt und misshandelt, erklärt Syamsudin. Heute sei die Menschenrechtslage schlimmer als damals. Eine Besserung kann er sich nicht vorstellen, solange Aceh ein Teil von Indonesien ist.

Otto Syamsudin steht bezüglich seiner Herkunft zwischen den Fronten. Sein Vater ist Acehnese, seine Mutter stammt – wie die alten und neuen «Kolonialisten» – aus Java. Was seine Landsleute in der Provinz wollen, vermag er kaum noch abzuschätzen: Keiner wage sich zu exponieren. Auch die GAM, die nach anfänglich friedlichen politischen Gehversuchen seit 1976 einen Untergrundkrieg gegen die indonesische Armee führt und sich mit unzimperlichen Methoden der Zivilbevölkerung bemächtigt, sei infiltriert und vom Militär unterwandert. Keinem sei mehr zu trauen.

Am Tag des Gesprächs mit Otto Syamsudin erscheint im Magazin «Tempo» ein aufrüttelnder Bericht, wonach die Hälfte der vier Millionen Einwohner in Aceh vom jahrzehntelangen Krieg psychisch angeschlagen und traumatisiert seien. Als Beispiele für den Terror erwähnt Syamsudin Vorkommnisse in den Dörfern Idi und Bantaquiyah, wo Zivilisten durch bis heute ungesühnte Gewalttaten gezielt terrorisiert und umgebracht wurden. Ähnliches spiele sich derzeit an anderen Krisenherden Indonesiens ab, etwa in Irian Jaya, Poso (Sulawesi) oder Mataram (Lombok). Auch dort sieht der Mann aus Aceh nicht religiöse Fanatiker, sondern das Militär als Brandstifter; es wolle seinen Einfluss in der Provinz und in der Hauptstadt Jakarta sichern.

Seine Energie widmet Syamsudin heute «Yappika», einer Dachorganisation in Jakarta, die zehn NGOs umfasst, die im Bereich der wirtschaftlichen und politischen Kommunalentwicklung tätig sind. Dabei steht die Entwicklung der Demokratie in Indonesien, die sich erst seit 1998 entfalten kann, im Vordergrund. In diesem Zusammenhang und als Mitglied der Komnas Ham, der indonesischen Menschenrechtsorganisation, wird Syamsudin die bevorstehenden Parlaments- und Präsidentenwahlen auf Wahlbetrügereien und Druckversuche hin überwachen. Auch in Aceh wird gewählt werden. «Wie kann man», so fragt er rhetorisch, «freie und faire Wahlen unter Kriegsrechtsbedingungen abhalten?»

Manfred Rist

VOJIN DIMITRIJEVIC

Der 1932 in Rijeka geborene Vojin Dimitrijevic ist der unangefochtene Doyen der jugoslawischen Menschenrechtsexperten. Der ehemalige Professor für internationales Recht ist Direktor des Belgrader «Zentrums für Menschenrechte» und Präsidiumsmitglied der Bürgerallianz, der einzigen liberalen Partei Serbiens, die diese Bezeichnung verdient. Dimitrijevic ist Jugoslawe, auch wenn es dieses Land nicht mehr gibt. Nicht aus Nostalgie, dafür hat er wenig Grund. Aber die Idee des Vielvölkerstaats prägte ihn als Sohn eines jugoslawischen Diplomaten, der zwischen den Weltkriegen in Deutschland arbeitete. Als Kind habe er lange geglaubt, seine Muttersprache sei «Jugoslawisch», sagt Dimitrijevic. Kein Lebensplan, so versichert er, habe ihn angeleitet – aber sein Werdegang scheint konsequent, beeinflusst wohl nicht zuletzt vom tragischen Schicksal des Vaters. Dieser war 1941 festgenommen und nach Belgrad ausgewiesen worden. Dort wurde er von den deutschen Besatzern wieder verhaftet und deportiert. Im Konzentrationslager Bergen-Belsen starb er im Frühling 1945, wenige Wochen vor der Befreiung.

Dimitrijevic studierte Recht in Belgrad. Eigentlich hätten ihn die Sozialwissenschaften mehr interessiert. Aber diese standen unter direkter Parteikuratel, und so ging er an der juristischen Fakultät der Frage nach, die ihn am stärksten umtrieb: dem Verhältnis zwischen Individuum und Staatsmacht. Sie beschäftigt ihn noch heute. Die multiethnische Gemengelage in den Balkanstaaten bringt immer wieder die Forderung nach Kollektivrechten hervor. Auch wenn Dimitrijevic den Anspruch von Volksgruppen akzeptiert, sich in der eigenen Sprache auszudrücken oder als Minderheit privilegierten Zugang zur Macht zu haben, ist er als Liberaler skeptisch gegenüber Kollektivrechten. Die konsequente Durchsetzung individueller Rechte, so ist er überzeugt, würde viele Gruppenrechte und den damit verbundenen Konformitätsdruck innerhalb der Gruppen obsolet machen. Nach dem Studium, das er 1956 abschloss, folgte eine eher zäh verlaufende Universitätskarriere. Der politisch als unzuverlässig geltende Dimitrijevic bewegte sich seit den Siebzigerjahren im Umfeld der Reformkommunisten, schloss sich aber keinem der Dissidenzzirkel an, die später oft zum Kristallisationspunkt nationalistischer Ideologien und Bewegungen wurden.

Mit dem Aufstieg Milosevics änderte sich die Lage radikal. Menschenrechtsspezialist zu sein, ohne Menschenrechtsaktivist zu werden, war nicht mehr möglich. Die verbreitete Vorstellung, Akademiker hätten apolitisch zu sein, teilte er nie. Leider existiere sie auch heute noch. In den politischen Parteien mangle es deshalb an intellektueller Substanz. Im «Zentrum für Antikriegsaktion» organisierte er sich mit andern Kriegsgegnern und trat 1995 dem Präsidium der Bürgerallianz bei, einer strikt antinationalistischen Partei. Seit 1995 steht er dem «Zentrum für Menschenrechte» vor. Seine zahlreichen Auslandsaufenthalte versuchte er als Botschafter des «anderen Serbien» zu nutzen. Mit zweifelhaftem Erfolg, wie er glaubt. Sehr lange hätten westliche Realpolitiker nur Milosevic ernst genommen und die Opposition mit dem Monarchisten Vuk Draskovic gleichgesetzt, der als Wirrkopf galt. Dass sein Engagement im Westen nicht unbemerkt blieb, zeigen die Ehrendoktorate, die ihm die Universitäten McGill (Montreal) und Kent verliehen.

Die gegenwärtige Stagnation in Serbien führt Dimitrijevic auf den halbherzigen Bruch mit dem Ancien Régime nach der Wende vom 5. Oktober 2000 zurück. Eine zweite Chance sei im März 2002 nach der Ermordung Djindjics vertan worden. Unfähigkeit und Sabotage hätten verhindert, dass damals die richtigen Leute festgenommen worden seien, und so drohten die laufenden Strafprozesse im Fiasko zu enden. Dass Dimitrijevic im März 2002 die Ausrufung des Ausnahmezustands unterstützt hat, verübeln ihm manche Menschenrechtsaktivisten. Sein «Zentrum für Menschenrechte» setzt sich heute für die Aufarbeitung der jüngsten Vergangenheit ein. Es führt Kurse für junge Richter aus den kriegsbetroffenen Ländern durch. In praktischer Zusammenarbeit entwickeln sie ein gemeinsames professionelles Selbstverständnis, das sie von den Vorstellungen ihrer Krieg führenden Väter distanziert. Dimitrijevic ist weiterhin aktiv im «Zentrum für Menschenrechte», in der Partei und als gefragter Kommentator in den Medien. Seinen Wunsch, sich wie in der Jugend wieder als Filmkritiker zu betätigen, wird ihm das ruhelose Serbien so bald nicht erfüllen.

Andreas Ernst

EMMANUEL TRONC

Der Kampf, helfen zu dürfen

Menschen sind in höchster Not, die Flying Doctors kommen und retten. Beruhigendes Bild. Emmanuel Tronc arbeitet seit sieben Jahren für Médecins Sans Frontières (MSF). Hunderttausende verdanken der grössten privaten Organisation für medizinische Hilfe ihr Leben. Tronc war in vielen Kriegen, zuletzt hat er die MSF-Einsätze in Liberia, an der Elfenbeinküste, in Afghanistan geleitet. Er kennt den massenhaften Tod. Choleraepidemien, die Menschen in wenigen Stunden fällen. Verhungernde und verletzte Flüchtlinge, von marodierenden Milizen gehetzt. Die schleppend anlaufende Hilfe der grossen UN-Apparate, etwa in Darfur. Das Kalkül lokaler Machthaber auf die humanitäre Hilfe. Das Feilschen mit Bandenführern und Ministern um den Zugang zu den Opfern. Die Angriffe auf die Helfer. «Das Humanitäre macht gerade seinen Reifeprozess durch», sagt Tronc. Ein Euphemismus. Im Juni wurden fünf seiner Kollegen in Afghanistan ermordet. Die Liste der toten Helfer wird länger.

Triebe allein ein humanitäres Gefühl den 32-jährigen Savoyer an, die Verwerfungen der Welt hätten ihn wohl längst zermürbt. Immer häufiger wird das Humanitäre als Waffe missbraucht. Aus der Hilfe wird manchmal eine Ressource für weitere Kriege. Bei Besetzung und «Pseudoaufbau» Afghanistans (Tronc) waren die Humanitären von Anfang an Teil des US-Kriegskonzeptes. Viele angelsächsische Organisationen nennen sich NGO, sind aber ihren Regierungen verbunden. Vor der Ermordung der MSF-Mitarbeiter verteilten US-Soldaten im Süden Afghanistans Flugblätter, welche die Bevölkerung anhielten, Informationen über Aufständische zu liefern, wollten sie «weiterhin in Genuss humanitärer Hilfe kommen». «Da wird versucht, zwischen guten Leidenden und bösen Leidenden zu unterscheiden. Der Raum für eine unabhängige Hilfe wird kleiner. Er ist in Gefahr», sagt Tronc. Die Konfusion zwischen Humanitären und Militärs bringt die Ärzte in Gefahr.

Doch seine Klage zielt nicht auf die Schwierigkeiten der Helfer. Die Neigung mancher NGOs, eher über ihre Probleme zu sprechen, als für die Betroffenen Zeugnis abzulegen, sieht Tronc als «Verirrung». Seit der Krieg gegen den Terrorismus wüte, sei es zunehmend schwieriger, die Opfer politischer Gewalt ins Licht zu rücken. Nur darauf aber kommt es ihm an: Voraussetzung humanitärer Arbeit ist die unparteiische Parteinahme für alle Opfer, der öffentliche Einblick in die Lage der Bevölkerungen und die Möglichkeit, Hilfe zu diesen Bevölkerungen zu tragen – unabhängig von den Interessen der Kriegsführenden. «Humanitärer Raum» nennen das die NGOs, und dessen Beengungen will Tronc zurückschieben. Mittels Advocacy. So heisst seine neue Aufgabe beim Internationalen Büro von MSF in Genf. MSF unterhält internationale Vertretungen auch in Brüssel und New York. In 18 Ländern haben Ärzte Sektionen der MSF-Bewegung gegründet, fünf Sektionen sind operationell auf den Schauplätzen menschlicher Not.

Tronc betreibt sein Engagement mit dem Weltbild einer neuen Generation von Aktivisten. Als Ökonom und Politolog führt er ein präzises Wort, denkt schnell, handelt zielgenau. Leicht könnte er als Kader in einem transnationalen Konzern oder in einer der grossen Maschinen wie der Weltbank durchgehen. Er hält es lieber mit der Zivilgesellschaft: In der direkten Organisation der Bürger, in der unmittelbaren Zuwendung zu den Opfern, in der konkreten Lösung schaffen Köpfe wie er neue Realitäten. So würde er das freilich kaum ausdrücken. Eher besteht er auf einem elementaren Recht: Die Opfer sind Opfer und keine Kriegsmasse. Ihnen direkt zu helfen, unabhängig von staatlichen Stellen, ist Menschenpflicht und Recht zugleich – und notwendige Korrektur einer unzulänglichen internationalen Ordnung. Darum ist das Humanitäre vom Militärischen und Politischen zu trennen. Washingtoner Regierungsmedien haben dafür ein Wort: «Rebellischer Humanitarismus».

Oliver Fahrni

PAOLA GHILLANI

Sanfte Revolutionärin des Welthandels

Unlängst, in Mali, widerfuhr Paola Ghillani eine doppelte Erhellung: über Neokolonialismus und über Frauenmacht. Die Geschäftsleiterin der Max-Havelaar-Stiftung suchte Baumwollbauern auf. Mali-Cotton, wichtigstes Exportgut, ist von erster Qualität, trotz karger Verhältnisse. Aber der Preis, den die Produzenten erlösen, reicht kaum zum Leben. Manche haben aufgehört und mehren nun die Armenviertel von Bamako. Die Produktion muss an die staatliche CMDT abgegeben werden, die wiederum vom französischen Agrokonzern Dagris kontrolliert wird. Ghillani kam mit einem Vorschlag: Halten sich die Bauernkooperativen an eine Reihe von Standards (Mindestpreise, Qualität, umweltfreundlicher Anbau, demokratische Organisation) wird ihnen das Gütesiegel Max Havelaar zuerkannt. Das Zertifikat garantiert höhere, also faire Preise und langfristige Handelsbeziehungen und eine Fair-Trade-Prämie für Gemeinschaftsprojekte.

Mit Kaffee hatte die Stiftung begonnen. Kakao, Tee, Schokolade, Honig, Zucker, Reis, Ananas, Orangensaft, Mangos, Pflanzen, Schnittblumen tragen heute das Fair-Trade-Label, Bananen (Marktanteil 30 Prozent!) sind die grosse Erfolgsgeschichte von Max Havelaar. Mittlerweile verschafft der Handel mit dem Siegel einer Million Bauernfamilien in der armen Welt ein menschenwürdiges Auskommen. Beispiel Kaffee: Liegt der Weltmarktpreis bei 40 bis 50 Cent, erhält der zertifizierte Produzent 1,26 Dollar pro Pfund.

Baumwolle, vom Strauch bis zur Konfektion, ist das nächste Vorhaben der Basler NGO. Ghillani packt gerne selbst an. Die 41-jährige Pharmakologin und Managerin (sie hat an der Uni Lausanne abgeschlossen und an der Managementschule IMD) liebt das Terrain. Bei Novartis managte sie die Consumer Health, bei der Bernafon-Gruppe war die Italo-Schweizerin internationale Marketing-Direktorin. 1999 übernahm sie die Max-Havelaar-Stiftung, seither wächst der Umsatz jährlich um 30 bis 40 Prozent. Wo Paola Ghillani hinkommt, bewegt sie die Menschen, weckt Kräfte, ungeahnte Talente. «Eine sehr aussergewöhnliche Frau. Intuitiv, neugierig, stark», sagt eine Mitstreiterin. Ihre Management-Vorbilder? «Ghandi und meine Mutter! Man muss die Menschen mit Liebe führen.» Getrieben wird Ghillani von einer hohen Ambition: Fairer Handel ist ein Businessmodell, sagt sie: «Ich sehe keinen Grund, wieso er nicht zur Norm werden sollte. Er funktioniert.»

Ein erstes Ziel hat sie erreicht, seit die Grossverteiler in der Schweiz die Produkte mit dem Havelaar-Label führen. 78 Prozent der KonsumentInnen geben an, die Fair-Trade-Siegel zu kennen – der solidarische Handel erfüllt bei den KäuferInnen ein Bedürfnis nach Gerechtigkeit und Teilnahme. «Die Konsumenten arbeiten für uns», sagt Ghillani.

Malis Bauern waren angetan. Vorab die Frauen. Sie ergriffen das Wort, drängten auf die neue kollektive Organisation. Da offenbarte sich eine andere, wirkungsmächtige Seite des fairen Handels: Die Verbindung von höheren Preisen und kollektiver Verfügung über die Fair-Trade-Prämie, von besseren Arbeitsbedingungen und solidarischer Organisation bricht lange eingefrorene gesellschaftliche Verhältnisse auf. Einen Teil des Mehrerlöses verwalten die weltweit über 350 Max-Havelaar-Kooperativen in ihren Fonds für nachhaltige Entwicklung. Daraus werden Stipendien für die Kinder, Gesundheitszentren, die Modernisierung der Produktion oder Alphabetisierungskampagnen bezahlt. Die Gemeinschaften entscheiden allein und demokratisch über die Verwendung. So arbeiten etwa in der sri-lankischen Tee-Kooperative Gami Seva Sevana Menschen diverser Glaubensrichtungen zusammen, sie haben Ausbildungsplätze für die Kinder geschaffen und kümmern sich um die Alten.

Was Wunder, erkannten die Bäuerinnen in Mali ihre Chance. Doch, wo immer auch Ghillani hinfuhr, waren auch schon die Männer von CMDT und Dagris. Die Managerin wählte vorsichtige Worte. Die Stiftung, 1992 von Schweizer Hilfswerken gegründet, handelt nicht selbst mit den Produkten: Sie vergibt das Label, sie bringt Produzenten und Käufer zusammen, sie wacht über Standards, Geld- und Warenflüsse, die demokratische Organisation. Legt dabei aber Zurückhaltung an den Tag. Die Standards etwa werden gemeinsam von den Stakeholdern festgelegt: Stiftung, Produzenten, Handel. Basis des Systems ist die Eigeninitiative. Ghillani durfte nicht zu viel versprechen. Aber verhandelte dann, erfolgreich, wie es scheint, mit dem Monopolisten CMDT.

Ein heikles Metier, zwischen Management, Diplomatie und Entwicklungsarbeit. «Wir sind keine Aktivisten», sagt Ghillani, die gerade vier Jahre lang das weltweite Netzwerk für fairen Handel, FLO, präsidierte und mit diversen Auszeichnungen bedacht wurde, «wir öffnen die Märkte für Produkte mit fairem Preis.» Mitunter tangiert das freilich mächtige Finanzinteressen. Da hebt Paola Ghillani schon mal die Stimme, spricht von Pesudoliberalisierung, Handelsschranken, Manipulation des Welthandels durch die Marktmächtigen.

Oliver Fahrni

BRUCE HARRIS

Sie werden geschlagen, erpresst, vergewaltigt, ermordet von Polizisten, Milizen, Todesschwadronen, guten Bürgern. Sie werden in Bordelle gezwungen, verkauft, als unfreiwillige Organspender ausgeweidet. Und sind sie, selber noch nicht flügge, von einem Peiniger schwanger, fallen ihre Babys der Kinderhändler-Mafia in die Hände. 40 Millionen Strassenkinder in Lateinamerika kämpfen um ihr Leben. Sie haben keine gute Prognose.

Es sei denn, sie treffen auf Figuren wie Bruce Harris und seine Streetworker. Ihre Casa Alianza, die Lateinamerika-Abteilung der Organisation Covenant House, ist eine der wirkungsvollsten Kinderhilfsorganisationen der Welt. Sie versorgen, schützen, pflegen und nähren die Kinder, sie geben ihnen eine informelle Ausbildung «und vor allem Freundschaft und Liebe, die an keine Bedingungen geknüpft sind», wie Harris sogleich anfügt. Es ist das erste Prinzip des Hauses. Kinder können in den Crisis Centers der Alianza unterschlüpfen oder in den Übergangsheimen. Man hilft ihnen, vom Kleber loszukommen (der Strassendroge) und HIV zu behandeln. Ziel ist es, die Kinder wieder in die Schule zu bringen und am Ende zu ihren Familien zurück. Ist das nicht möglich, finden sie vielleicht Platz in einer der Alianza-Wohngemeinschaften.

Manche lassen sich von der religiösen Inbrunst der Kinderschützer täuschen (die NGO heisst so, «weil Gott uns selbst seine Allianz gewährt hat») oder vom Habitus Harris': Der Mann, 49 Jahre alt, wirkt wie ein Briefträger ihrer Majestät. Sie hat's ihm gut vergolten, er erhielt den Order of the British Empire, nur einer der unzähligen Preise, welche Alianza zugesprochen wurden (Olof-Palme-Preis, «humanitärer Nobelpreis» der Hilton-Stiftung, Amnesty International hat Harris prämiert …).

Was es mit Harris wirklich auf sich hat, haben die Kinderschänder, Militärs, Anwälte in Guatemala, Mexiko, Honduras oder Costa Rica und ihre Hintermänner in Europa und USA gelernt. Bomben- und Morddrohungen treffen häufig ein bei Casa Alianza, Übergriffe der Sicherheitskräfte sind nicht selten. Im Januar 2004 entging Harris nur dank internationalen Drucks dem Kerker: Weil er die Rolle einer hochgestellten guatemaltekischen Anwältin im globalen Adoptionsgeschäft auf einer Pressekonferenz anprangerte, wollte ihn der Staatsanwalt für acht Jahre ins Gefängnis werfen.

Würde sich Casa Alianza mit Sozialarbeit begnügen, die Aktivisten hätten wenig zu befürchten. Aber sie verfolgen, ganz Hartnäckigkeit der Gerechten, jeden Übergriff, jede Vergewaltigung, jeden Mord, jedes Verschwinden, von dem sie Kenntnis bekommen. Die Juristen der NGO übergeben den Behörden immer wieder komplette Dossiers. Allein in Guatemala zerrten sie 420 Polizisten wegen Kindermords, Folter oder sexueller Nötigung vor den Richter.

Das schafft solide Feindschaften. Vor allem seit sich Harris mit dem Kinderhandel anlegt. Adoptionswillige Paare aus Europa oder USA zahlen für ein Baby, «frische Ware, Güteklasse 1», wie ein verhafteter Schweizer Baby-Dealer notierte, bis zu 50 000 Dollar. In Guatemala, Exporteur Nummer eins, generiert das Geschäft mit dem frustrierten Kinderwunsch der Reichen 50 Millionen Dollar pro Jahr, mindestens.

«Unsere Gesellschaften», sagt Bruce Harris, der zuerst mit «Up with Poeple» musizierte, dann in den Vereinigten Staaten Entwicklungsökonomie und Businessmanagement anschloss, «unsere Gesellschaften wenden sich von einem Problem ab, das sie selbst mit angerichtet haben.» In den Achtzigerjahren arbeitete Harris für Save the Children, 1989 stiess er zu Convenant House. Bei Casa Alianza nennen sich die Aktivisten, darunter auch Schweizer (Casa Alianza hat eine Genfer Sektion), Diener: Diener Gottes, Diener aber vor allem der Kinder. Sofortige bedingungslose Hilfe, sagt Harris. Respekt, Gespräch, Solidarität, Gerechtigkeit, Ehrlichkeit mit dem Kind. Liebe, Glauben. «Das Kind entscheidet, was ihm ziemt», sagt der Vater zweier Söhne. Merkwürdig ist: Aus seinem Mund tönt das ganz und gar stimmig.

Oliver Fahrni

PHIL LANE

Die Wiedergeburt der vielen grauen Pferdchen
Mag sein, der Chief ist gerade in Mexiko. Oder spricht in der Ukraine. Treffen Sie ihn da nicht an, versuchen Sie es im Pine-Ridge-Reservat. Es sei denn, er ist zum Dalai Lama geflogen oder denn doch nach Papua-Neuguinea … Phil Lane jr., Häuptling der Yankton Sioux Chickasaw, deren Stammesgründe in Dakota liegen, arbeitet global an seinem Lebenswerk: der Selbstheilung und Selbstfindung der eingeborenen Völker.

«First Nations» sagt Phil Lane lieber als «native». Sein Wort trifft den Sachverhalt besser, dass hier von Zivilisationen die Rede ist, deren Vernichtung der weisse Mann seit einem halben Jahrtausend mit allen Mitteln des Genozids, der ethnischen Säuberung, der wirtschaftlichen, kulturellen, menschlichen Zerstörung, betreibt. Freilich mochte sich Brown Bear, wie ihn die Sioux nennen, nie mit dem Lamento aufhalten. Der spirituelle Leader war Professor an der Universität von Lethbridge, Kanada, er hat preisgekrönte Filme gedreht, er hat, halb Medizinmann, halb Unternehmer, die Stämme organisiert. In Bolivien vermittelte er zwischen Regierung und Indigenen. Das Condor-Adler-Abkommen, eine Zone des Tauschs zwischen nord- und südamerikanischen Natives – eine Art Gegen-Nafta – ist sein Geschöpf. Lanes Four Worlds Institute unterstützte die Gründung der Nunavut-Nation im arktischen Teil Kanadas.

Die vier Welten (die vier spirituellen Achsen des Medizinrades) sind ein zentrales Motiv in der indianischen und vielen anderen Kulturen. Lanes Vision: die Einheit der menschlichen Familie. Heute hat sich Four Worlds International zum Kern einer Gruppe von Instituten und Unternehmen verfestigt (Erziehung, Informatik, Hightech, Umwelttechnologien). «Die machtvollste Strategie zur Veränderung braucht positive Rollenmodelle für die Lösungen, die wir vorschlagen», sagt Lane. Manche sind seinem Beispiel gefolgt: Allein in Kanada wurden von Indianern über 10 000 Unternehmen gegründet.

Als er im November 2000 in Bern den Preis für Freiheit und Menschenrechte empfing, stattete Phil Lane dem Schweizer Bundespräsidenten Adolf Ogi einen Besuch ab. In Begleitung seiner Tochter Deloria Lane Many Grey Horses richtete er eine indianische Zeremonie aus, für das Gedeihen des Bundesrates. Ogi bekam einen Einblick in die Kraft dieser Kultur: Selbstheilung, verriet der Gast, sei das Schlüsselwort, «nach dem langen schmerzlichen Winter unserer jüngeren Geschichte». Am Anfang jeder Entwicklung, sagt Lane, 59, stehe die Heilung der Vergangenheit, der alten Wunden. «Wenn die Menschen keine andere Vision von der eigenen Möglichkeiten haben als jene, die ihre individuelle Misere suggeriert, können sie nicht heilen, sich nicht entwickeln; sie können nicht einmal überleben.»

Die Wunden, von denen der Chief spricht, sind keine Stilisierung. Lane wurde als Kind, wie seine Schwester, wie seine Brüder, wie Zehntausende junger Natives in kirchlichen und staatlichen Institutionen, misshandelt und sexuell missbraucht. Das war Teil der rassistischen Praxis zur Vernichtung der ersten Nation, die Fortsetzung des Genozids mit anderen Mitteln. Seiner Tochter Many Grey Horses sollte später Ähnliches widerfahren. 1989 zwang Lane mit seinem Film «Healing the Hurts» Kanadier und US-Amerikaner zum Hinschauen – und die Natives zur Aufarbeitung des generationenübergreifenden Traumas. Seither ist diese Auseinandersetzung zum mächtigen Antrieb indigener Selbstfindung geworden. Sammelklagen wurden eingereicht. In Zusammenarbeit mit der Shoa-Stiftung von Steven Spielberg haben Lanes Mitkämpfer ein Dokumentationsprojekt begonnen: In der selben Weise, wie Holocaust-Opfer Zeugnis abgelegt haben, werden nun die Opfer der Indianervernichtung interviewt – Geschichtsschreibung und Therapie zugleich.

Das Four Worlds Centre for Development Learning bietet, altes Wissen mit modernster Forschung verknüpfend, Trainings, Forschung, Entwicklungstechniken an, um den Kreis von Gewalt und Selbstverstümmelung zu brechen. Aufbau statt Rebellion, sagte die Berner Laudatio, sei das Berückende an Lanes Weg.

1982 kamen in der Blood Indian Reservation auf der Hochebene Albertas 40 Vertreter der Stämme zusammen, um über Apathie und Alkoholismus, Armut und Machtlosigkeit zu sprechen. Der Ältestenrat konstatierte die Niederlage der Red-Power-Bewegung der Sechziger- und Siebzigerjahre. Und das eigene Elend: Indianer sind die ärmste Bevölkerungsgruppe Nordamerikas, jene mit der niedrigsten Lebenserwartung und der höchsten Selbstmordrate. Frucht der Beratungen: Brown Bear gründete Four Worlds.

Inzwischen musste das Trainings- und Forschungsmaterial der Vier Welten in ein Dutzend Sprachen übersetzt werden. 600 Gemeinschaften aus vier Kontinenten arbeiten damit an ihrer Befreiung. Phil Lane: «Die grosse Stärke für unser Erwachen ziehen wir aus der weltweiten Vernetzung der Ersten Nationen.»
Oliver Fahrni

DAVID COLTART

In Simbabwe gebe es keinerlei Rechtssicherheit mehr, Andersdenkende würden rücksichtslos verfolgt und die Gerichte entschieden praktisch nur noch nach politischen Vorgaben, erklärt der simbabwische Anwalt und Parlamentsabgeordnete des oppositionellen Movement for Democratic Change (MDC), David Coltart. Es würden zwar sehr viel weniger Personen misshandelt und umgebracht als während der Unruhen im Matabeleland in den Achtzigerjahren. Dafür aber herrsche nun Willkür im ganzen Land. Gesetze hätten nur noch Geltung, wenn es den Machthabern passe, sagt Coltart, der auch den Parlamentsausschuss für Justiz und Recht präsidiert und der Sprecher des MDC für Justiz ist. Im Parlament würden laufend weitere Gesetze verabschiedet, welche die Befugnisse der Sicherheitskräfte ausdehnten und die Rechte der Bürger beschnitten. Die immer stärkere Abwendung Simbabwes von den westlichen Staaten verheisse zudem nichts Gutes.

Coltart weiss, wovon er spricht, wenn er auf die Willkür der Sicherheitskräfte und den Zerfall des Rechtsstaats hinweist. Als Oppositionspolitiker, engagierter Verfechter der Menschenrechte und Verteidiger von Hunderten von verfolgten und misshandelten MDC-Mitgliedern hat er die Folgen der Rechtsunsicherheit direkt und indirekt zu spüren bekommen. Einer seiner Wahlhelfer wurde im Juni 2000 entführt und ist seither spurlos verschwunden. Ein anderer wurde im November 2001 verhaftet und mehrere Wochen lang festgehalten. Im November 2002 wurde an Coltarts Auto der Bremsschlauch durchschnitten, was verheerende Folgen hätte haben können. Ein halbes Jahr später wurden die Reifen seines Wagens angesengt, was ebenfalls zu einem schweren Unfall hätte führen können, wenn die Manipulation nicht entdeckt worden wäre. Mehrmals wurde zudem auch Coltarts Familie von den Sicherheitskräften unter Druck gesetzt, sein Wohnhaus ohne Vorankündigung durchsucht. Trotz all diesen Gefahren denkt Coltart nicht daran, sein Engagement für die fundamentalen Rechte aller Simbabwer aufzugeben. Simbabwe müsse wieder zu einem Land werden, in dem Recht und Gesetz gälten, fordert der 46-jährige Anwalt.

Nach Abschluss seines Studiums der Rechtswissenschaften in Kapstadt kehrte Coltart 1983 nach Simbabwe zurück. Bereits damals verliessen viele Weisse, unter ihnen auch Coltarts Eltern, das Land. Im Jahr 2000 gab Coltart seine britische Staatsbürgerschaft auf, um als Kandidat an den simbabwischen Parlamentswahlen teilnehmen zu können. Den Parlamentssitz gewann er mit einem Glanzresultat von 84 Prozent der in seinem Wahlkreis abgegebenen Stimmen. Coltart hatte in einem zu 95 Prozent von Schwarzen bewohnten Wahlkreis antreten müssen; dessen Grenzen waren zu seinen Ungunsten von den Behörden gezogen worden.

Den Respekt der schwarzen Bevölkerung hatte sich Coltart bereits während der Achtzigerjahre erworben. Die Anwaltskanzlei Webb, Low and Barry in Bulawayo, der er nach seiner Heimkehr beigetreten war, übertrug ihm nach Ausbruch des Konflikts im Matabeleland die Verantwortung für die juristische Betreuung der Personen, die Übergriffen der simbabwischen Sicherheitskräfte zum Opfer gefallen waren. Coltart setzte sich mit voller Kraft für die Rechte seiner Mandanten ein. 1986 verfasste er einen Bericht über die Übergriffe und konfrontierte die Behörden damit. Dies brachte ihn schon damals mit den Machthabern in Harare in Konflikt. Seine Mitarbeit bei den Menschenrechtsorganisationen Legal Resources Foundation und Zimbabwean Lawyers for Human Rights machte ihn bei der Regierung in Harare noch unbeliebter.

Jean-Pierre Kapp

LOUISE ARBOUR

Die Ernennung der Kanadierin Louise Arbour zur UNO-Hochkommissarin für Menschenrechte wird von der kanadischen Öffentlichkeit mit Genugtuung, aber ohne Überraschung zur Kenntnis genommen. Es war bekannt, dass sich der UNO-Generalsekretär Annan lange bemüht hatte, die 57-jährige Richterin am Obersten Gerichtshof Kanadas für die Nachfolge des im Vorjahr bei einem Bombenanschlag in Bagdad getöteten UNO-Hochkommissars Sergio de Mello zu gewinnen.

Niemand zweifelt daran, dass Frau Arbour – die man in juristischen Kreisen oft liebevoll als furchtlosen Dynamo bezeichnet – für diese sichtlich nicht ungefährliche internationale Aufgabe das Herz am rechten Fleck hat. Das hat die gebürtige Montrealerin schon vor Beginn ihrer glänzenden juristischen Laufbahn bewiesen, als sie noch als Klosterschülerin die Herausgabe einer Studentenzeitung übernahm und in dieser Eigenschaft, wie vorsichtig berichtet wird, durch ihre unkonventionelle Einstellung regelmässig aneckte. Sie studierte nicht nur das in ihrer Heimatprovinz Quebec geltende, auf französische Wurzeln zurückgehende Zivilrecht, sondern auch das in den übrigen Landesteilen vorherrschende Common Law. Nach einem kurzen Dienst als Assistentin am Obersten Gerichtshof in Ottawa war Arbour von 1974 bis 1987 Professorin an der angesehenen Osgoode Hall Law School in York/Toronto, von wo sie 1987 als Richterin an den Superior Court und 1990 an den Court of Appeal der Provinz Ontario berufen wurde. Arbours Ansehen als Strafrechtsexpertin und als langjährige Vizepräsidentin der Canadian Civil Liberties Association führte dazu, dass man ihr Sonderaufgaben im Bereich der Menschenrechte, wie zum Beispiel nach Übergriffen des männlichen Wachpersonals im Frauengefängnis von Kingston, übertrug.

Von 1996 bis 1999 wirkte Arbour als Chefanklägerin des Haager UNO-Gerichts für Kriegsverbrechen. Allgemein wird anerkannt, dass sie in dieser Position dazu beitrug, dass heute die Immunität ehemaliger Staatsoberhäupter nicht als unüberwindliche Schranke bei der Strafverfolgung angesehen wird – wie im Falle des früheren serbischen Machthabers Milosevic. 1999 verliess Arbour den Haager Posten vorzeitig, um dem ehrenvollen Ruf an den Supreme Court nach Ottawa zu folgen. Sie wird diese «Lebensstellung» jetzt für einen nur vierjährigen, allenfalls einmal wiederholbaren Turnus als Menschenrechtsbeauftragte der Vereinten Nationen eintauschen, wo neben juristischem Wissen vor allem Fingerspitzengefühl im Krisenmanagement gefragt sein dürfte. In dieser neuen internationalen Aufgabe dürften Arbours aus dem Herzen kommender, wenn auch oft unkonventioneller Idealismus und ihre berühmte dynamische Energie am rechten Platz sein.

Christian Jaekl

SERGIO VIEIRA DE MELLO

Das Gute und das Schlechte, das der Mensch zu bieten hat
Sergio Vieira de Mello – im Irak ermordeter UN-Hochkommissar für Menschenrechte

«Der Tod eines jeden Kollegen ist nur schwer zu ertragen, doch niemand hinterlässt eine grössere Lücke in der Organisation der Vereinten Nationen als Sergio.» Mit diesen Worten würdigte UNO-Generalsekretär Kofi Annan am 19. August 2003 die über 30-jährige UNO-Karriere des Hochkommissars für Menschenrechte, Sergio Vieira de Mello. Die Explosion eines gelben, mit Sprengstoff gefüllten Zementlasters vor dem UNO-Hauptquartier in Bagdad hatte nur wenige Stunden zuvor den 55-Jährigen in den Tod gerissen. Insgesamt kamen 23 Menschen ums Leben.

Eigentlich hätte de Mello zu dem Zeitpunkt schon fast wieder im schönen Palais Wilson am Ufer des Genfer Sees, dem Sitz des Hochkommissariats für Menschenrechte, residieren sollen. Der Brasilianer war erst im September 2002 an die Spitze des Kommissariats befördert worden, das 1993 geschaffen worden war. Doch Annan brauchte dringend einen erfahrenen Mitarbeiter für den Wiederaufbau des Iraks, und so schickte er de Mello im Mai 2003 als seinen Sonderbeauftragten vorübergehend für vier Monate in den Irak.

Dass er solche Aufgaben bewältigen kann, hatte der dynamische Diplomat bereits unter Beweis gestellt. Sein letzter und wohl grösster Erfolg war das Management des Übergangs von Osttimor, einer ehemaligen indonesischen Kolonie, zu einem eigenständigen demokratischen Staat. Der Aufbau der demokratischen Institutionen lag dort ab 1999 voll und ganz in seiner Hand. Es war eine Pionierarbeit: Noch nie hatten die Vereinten Nationen ein ganzes Land «übernommen».

Im Irak arbeitete de Mello stärker im Hintergrund. Die US-amerikanische und die britische Administration drängte er zu einer möglichst raschen Übergabe des Landes an die Iraker. In einem in der brasilianischen Zeitung «O Estado de São Paulo» kurz vor seinem Tod publizierten Interview zeigte er Verständnis für die Iraker und deren Bestreben, rasch zur Eigenständigkeit zurückzukehren. Auch er wolle keine fremden Panzer an der Copacabana sehen.

Ins Zentrum seiner Arbeit als Hochkommissar hatte de Mello eigentlich das Prinzip der Rechtsstaatlichkeit stellen wollen. Nur wenn die Institutionen eines Landes wie etwa die Justiz funktionierten, könnten die Menschenrechte geschützt werden, hatte de Mello bei einer Rede vor der UNO-Generalversammlung zwei Monate nach Amtsantritt die Leitlinie für seine Amtsführung detailliert. Er sah seine Arbeit vor allem in der Prävention. De Mello, der sein Leben in Krisengebieten verbracht hatte, wusste nur zu gut, wie tief Kriege, Vergewaltigungen und Unterdrückung Hass und Wut in die Seelen der Menschen einpflanzen können.

Der 1948 in Rio de Janeiro geborene de Mello studierte in Paris an der Panthéon-Sorbonne Philosophie und trat 1969 in die Dienste der Vereinten Nationen ein. Die überwiegende Zeit seiner Karriere verbrachte de Mello im Flüchtlingshochkommissariat und bei humanitären und Flüchtlingseinsätzen in Bangladesh, im Sudan, auf Zypern, in Mosambik und in Peru. 1981 übernahm er erstmals eine herausragende Aufgabe und wurde politischer Berater der Vereinten Nationen im Libanon. Anfang der Neunzigerjahre dann wurde er als Sondergesandter des Flüchtlingshochkommissariats nach Kambodscha gerufen, wo er unter anderem die Rückführung von 300 000 kambodschanischen Flüchtlingen aus Thailand organisierte. Bevor er sein Paradestück in Osttimor ablieferte, hatte ihn Kofi Annan als seinen Sondergesandten in der Funktion als provisorischer Zivilverwalter in den Kosovo geschickt.

Der Mix aus Erfahrung aus über drei Jahrzehnten Arbeit innerhalb der Vereinten Nationen, Intelligenz, Engagement, Effizienz und der brasilianischen Freundlichkeit hat de Mello zu einer herausragenden Persönlichkeit gemacht. Charmant, so ist zudem zu hören, sei der schlanke Mann mit den grauen Schläfen gewesen.

Er habe im Laufe seiner Karriere das Gute und das Schlechte gesehen, das der Mensch zu bieten habe, sagte er einmal. Akademische Diskussionen über den Begriff Menschenrechte waren daher seine Sache nicht. Wenn es um die Rechte des Menschen ginge, so de Mello, gäben Bauch und Herz die richtige Antwort: «Wir alle wissen instinktiv, wenn Menschenrechte verletzt werden.»

Christiane Henkel

In den Händen des Staates
**RECHT AUF FAIRES VERFAHREN
UND FOLTERVERBOT**

Politische Mitwirkung
**RECHT AUF FREIE
MEINUNGSÄUSSERUNG
UND POLITISCHE RECHTE**

Wirtschaftliche Tätigkeit
**RECHT AUF ARBEIT
SCHUTZ DES
EIGENTUMS**

Angemessener Lebensstandard
**RECHT AUF NAHRUNG
RECHT AUF GESUNDHEIT
RECHT AUF WOHNUNG**

Menschliche Identität
**DISKRIMINIE-
RUNGSVERBOT**

Menschliche Existenz
RECHT AUF LEBEN

Vertreibung, Flucht und Exil
**RECHTE VON
FLÜCHTLINGEN UND
BINNENVERTRIEBENEN**

Denken und Spiritualität
**GEWISSENS-
UND RELIGIONSFREIHEIT
RECHT AUF BILDUNG**

Privatsphäre
**RECHT AUF
PRIVATLEBEN**

KROATIEN, Krajina, 1995
Das Innere einer von serbischen
Streitkräften zerstörten kroatischen
Kirche. Gilles Peress/Magnum Photos

Woran sollen wir glauben?

ITALIEN, Assisi, 1986
Friedensgebet der Weltreligionen.
Ferdinando Scianna/Magnum Photos

BOSNIEN-HERZEGOWINA, Ahmici, 1993
Gilles Peres/Magnum Photos

GEWISSENS- UND RELIGIONSFREIHEIT

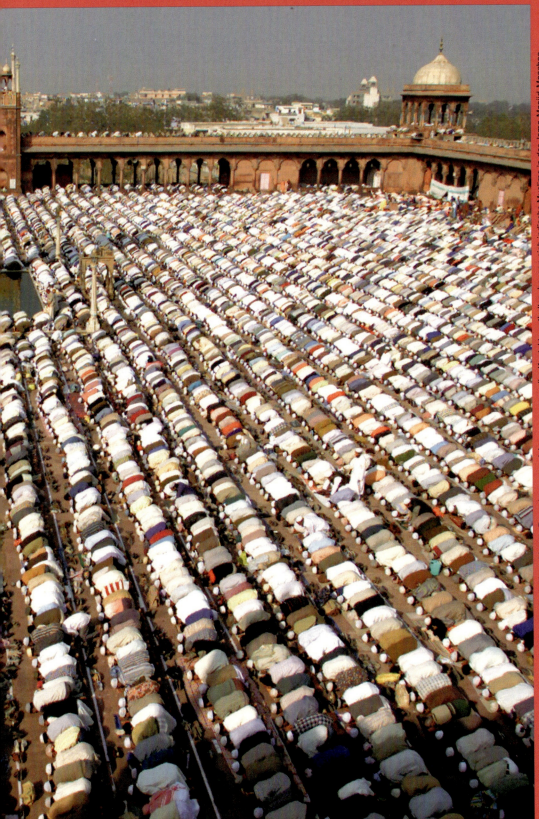

INDIEN, Delhi, November 2002   Am letzten Freitag des heiligen Monats Ramadan, wenn sich die Muslime überall auf der Welt von Sonnenauf- bis Sonnenuntergang des Essens, Trinkens und sexueller Kontakte enthalten, beugen sich indische Muslime in der Jama-Masjid-Moschee zum Gebet. Kamal Kishore/Reuters

CHINA, Tibet, Lhasa, August 2002   Ein tibetischer buddhistischer Mönch sieht zu, wie Tausende buddhistischer Pilger zu einem riesigen Seidenporträt des Sakyamuni-Buddha auf einem Hang oberhalb des Klosters Drepung bei Lhasa hinaufsteigen. Das 42 Meter hohe Porträt oder «Tanka» wurde in einer Zeremonie zur Feier des Jahrestags der Geburt Buddhas enthüllt. Seit dem 15. Jahrhundert wird diese Zeremonie alljährlich in diesem Kloster vollzogen.
Greg Baker/AP

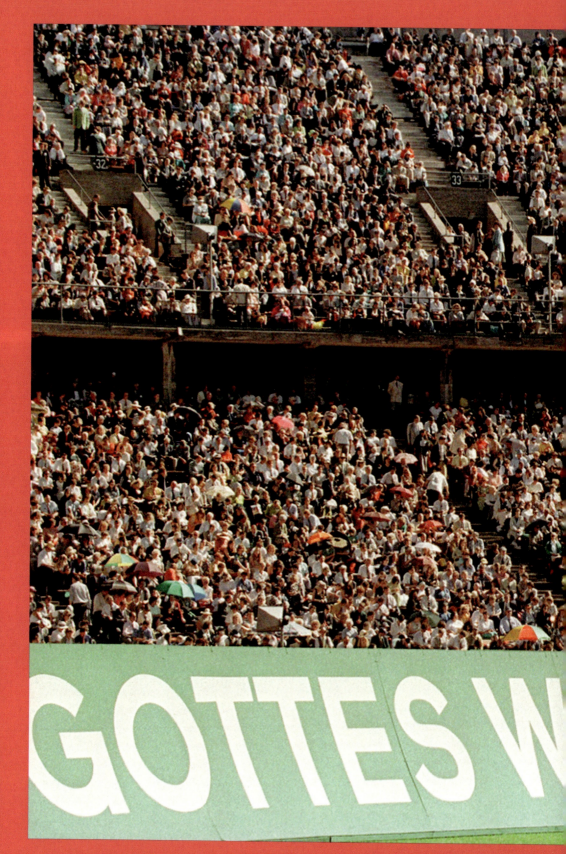

DEUTSCHLAND, Berlin, 31. Juli 1998 Während eines Bibelstudiums anlässlich einer internationalen Zusammenkunft im Berliner Olympiastadion lesen Zeugen Jehovas in der Bibel.
Fabrizio Bensch/Reuters

WELTWEIT GIBT ES ÜBER 4000 RELIGIONSGEMEINSCHAFTEN

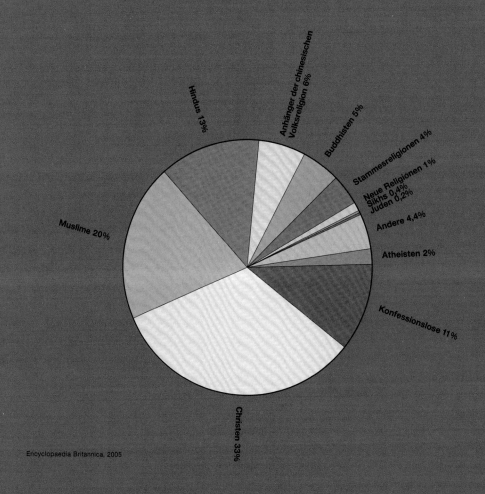

Encyclopaedia Britannica, 2005

Gäbe es in England nur eine Religion, bestünde die Gefahr einer Tyrannei; gäbe es zwei, würden sich deren Anhänger gegenseitig die Kehle durchschneiden; aber es gibt dreissig, und sie leben friedlich und glücklich nebeneinander.

Voltaire, Lettres Anglaises (1732)

KUBA, Cabana, 1997   Ein Anhänger der in Kuba weitverbreiteten afrokubanischen Religion Santeria, die afrikanische und christliche Glaubenselemente miteinander verbindet, hält eine katholische Statue in der Hand. Jose Goitia/Canadian Press/AP

VIETNAM, Tay Ninh, 1997   Der Caodaismus fügt aus grossen Weltreligionen entlehnte Glaubenselemente zu einem Lehrgebäude aus ethischen und religiösen Grundsätzen zusammen, um eine Brücke von der Welt der Lebenden in die geistige Welt zu schlagen. Richard Vogel/AP

HETEROGENITÄT INNERHALB DER KULTUREN Amartya Sen

Häufig wird behauptet, dass westliche Länder viele Menschenrechte anerkennen – z.B. solche im Zusammenhang mit politischer Freiheit –, die in asiatischen Ländern auf keine grosse Resonanz stossen. ... Aber wie gross sind die Unterschiede zwischen westlichen und nichtwestlichen Kulturen denn wirklich, wenn von Freiheit und Rechten die Rede ist? Ich bin der Auffassung, dass eine derart starke Dichotomie wenig Sinn macht. Weder die Behauptung von besonderen «asiatischen Werten», die Regierungsvertreter aus Asien vorbringen, noch die Einmaligkeit «westlicher Werte», wie Vertreter Europas und Amerikas gerne betonen, können einer eingehenden geschichtlichen Untersuchung und einer kritischen Bewertung standhalten. Betrachtet man die westliche Zivilisation als Wiege der Freiheit des Individuums und der politischen Demokratie, neigt man dazu, von der Gegenwart auf die Vergangenheit zu schliessen. Werte, die durch die europäische Aufklärung und andere Entwicklungen seit dem 18. Jahrhundert entstanden und heute weitverbreitet sind, werden oft ziemlich willkürlich als Teil des westlichen Erbes angesehen, das weit in die Vergangenheit hineinreiche und über Jahrtausende gelebt worden sei. Das Konzept der Menschenrechte, als jeder Person zustehende Rechtsansprüche, ist in Wirklichkeit relativ neu. Es war weder in der Antike des Westens noch in anderen alten Zivilisationen auf der Welt zu finden. Andere Wertvorstellungen jedoch, wie beispielsweise Toleranz oder die Bedeutung der individuellen Freiheit, wurden bereits seit Langem vertreten und verteidigt, wenn auch häufig nur für wenige Auserwählte. So vermitteln beispielsweise Aristoteles' Schriften über die Freiheit und die Entwicklung des Menschen hervorragende Hintergrundinformationen zu den zeitgenössischen Vorstellungen über Menschenrechte. Es gab aber andere Philosophen im Westen, wie zum Beispiel Platon und Augustinus, die Ordnung und Disziplin über Freiheit stellten und darin Konfuzius' Prioritäten in nichts nachstanden. Und sogar diejenigen, die im Westen den Wert der Freiheit nachdrücklich betonten, führten diesen Kampf bezeichnenderweise nicht für alle Menschen. Dass z.B. Aristoteles den Frauen und Sklaven keine Rechte einräumen wollte, ist ein gutes Beispiel für die fehlende Universalität dieser Rechte. ... Es ist wichtig zu erkennen, dass es sowohl innerhalb der westlichen als auch der nichtwestlichen Traditionen verschiedene Variationen gibt.
In Asien und im Westen haben einige Ordnung und Disziplin betont, während andere den Schwerpunkt auf Freiheit und Toleranz gelegt haben. Die Idee von Menschenrechten als Garantien, die jedem Menschen Rechtsansprüche einräumen, die uneingeschränkt Geltung und einen klar formulierten Aufbau besitzen, ist eine relativ neue Entwicklung.

Amartya Sen, Human Rights and Westernising Illusion, Harvard International Review 20 (1998), Issue 3

KAMPF DER KULTUREN Samuel P. Huntington

In Zukunft wird die kulturelle Identität immer wichtiger und die Welt stark vom Zusammenspiel von sieben oder acht führenden Kulturen geprägt werden: von der westlichen, der konfuzianischen, der japanischen, der islamischen, der hinduistischen, der slawisch-orthodoxen, der lateinamerikanischen und möglicherweise der afrikanischen Kultur. Die wichtigsten Konflikte der Zukunft werden sich entlang der kulturellen Trennlinien abspielen. Warum wird dies der Fall sein? In erster Linie deshalb, weil die kulturellen Unterschiede nicht nur eine Realität, sondern von grundlegender Bedeutung sind. Die Zivilisationen unterscheiden sich voneinander in ihrer Geschichte, Sprache, Kultur, Tradition und vor allem in ihrer Religion. Menschen verschiedener Kulturen haben unterschiedliche Auffassungen vom Verhältnis zwischen Gott und den Menschen, dem Individuum und der Gruppe, dem Bürger und dem Staat, zwischen Eltern und Kindern, Ehemann und Ehefrau. Ebenso unterscheiden sich die Ansichten über die Beziehung von Recht und Verantwortung, von Freiheit und Autorität, von Gleichheit und Hierarchie. Diese Unterschiede sind das Produkt von Jahrhunderten. Sie werden nicht bald verschwinden. Sie sind viel grundlegender als die Differenzen zwischen verschiedenen politischen Ideologien und Systemen. Verschiedenartigkeit bedeutet nicht notwendigerweise Konflikt, und Konflikt bedeutet nicht unbedingt Gewalt. Dennoch: Im Laufe der Jahrhunderte haben die Unterschiede zwischen den Zivilisationen zu den längsten und gewalttätigsten Konflikten geführt.

Samuel P. Huntington, Kampf der Kulturen, Hamburg 1997

DER MYTHOS VOM KAMPF DER KULTUREN Harald Müller

Welche Rolle spielt der kulturelle Faktor in den Konflikten der Gegenwart? Sehen wir uns die Kriegs- und Konfliktstatistik des Jahres 1996 an. Das Heidelberger Institut für Konfliktforschung, das gewaltsame Konflikte regelmässig beobachtet und statistisch erfasst, hat für dieses Jahr 27 Kriege und gewaltsame Krisen gezählt, also solche Konflikte, in denen Menschen gewaltsam zu Tode gekommen sind. Es handelt sich dabei überwiegend um «innere Kriege», d.h. Gewalthandlungen innerhalb der Grenzen eines Staates. Seit dem Zweiten Weltkrieg dominiert diese Kriegsform in der Welt, insbesondere «Regimekriege», bei denen es um das Ersetzen einer Regierungsform oder auch nur einer Herrschaftselite durch die andere geht, sind sehr häufig geworden. Nur neun der 27 Gewaltkonflikte haben an den von Huntington gezogenen «zivilisatorischen Bruchlinien» stattgefunden. Bei der grossen Mehrheit, nämlich siebzehn, handelt es sich um Konfliktparteien, die der gleichen Kultur angehört haben. Ganz anders sieht es aus, wenn man den ethnischen Faktor einbezieht. Angehörige unterschiedlicher Ethnien, d.h. Stämme, Völker, Rassen oder Nationen, waren an einundzwanzig gewaltsamen Konflikten beteiligt, nur in sechs spielte der ethnische Faktor keine Rolle. In anderen Worten: Ethnische Konflikte dominieren das gewaltsame Konfliktgeschehen. Was noch bedeutsamer ist: In allen neun Fällen, in denen ein «Zusammenstoss» eine Rolle spielt, ist auch der ethnische Faktor beteiligt. Der «Kampf der Kulturen» hat nicht unabhängig davon gewirkt, dass sich die Konfliktparteien als unterschiedliche Ethnien verstehen, sondern nur im Zusammenwirken mit einem bestehenden gravierenden ethnischen Konflikt.

Harald Müller, Der Mythos vom Kampf der Kulturen, Entwicklung und Zusammenarbeit (10), 1998

Man verschreibt sich nie einer Sache, an der man nicht die geringsten Zweifel hat. Kein Mensch verkündet fanatisch, dass morgen die Sonne aufgehen wird. Man weiss, dass sie morgen aufgehen wird. Wenn Menschen sich mit Haut und Haaren politischen oder religiösen Überzeugungen oder irgendwelchen anderen Dogmen oder Zielen verschreiben, so stets deshalb, weil diese Dogmen oder Ziele zweifelhaft sind.

Robert M. Pirsig: Zen und die Kunst, ein Motorrad zu warten

GROSSBRITANNIEN, Nordirland, 1997 Protestantische Jugendliche legen Strohpuppen, die Katholiken darstellen sollen, zu einem Feuer zusammen. "Taigs" ist ein Schimpfwort für Katholiken.
Gilles Peress/Magnum Photos

GROSSBRITANNIEN, Nordirland, Derry, 10. August 1996 Katholische Jugendliche randalieren, nachdem sie gehört haben, dass ein junger Mann von einem Armeefahrzeug überfahren wurde.
Gilles Peress/Magnum Photos

NIGERIA, Kano, 16. Oktober 2001 Die Überreste der apostolischen Kirche in der Stadt Kano im Norden Nigerias, die während der muslimisch-christlichen Krawalle am Wochenende niedergebrannt wurde. Mindestens 18 Menschen wurden getötet und 40 schwer verletzt. Ausgelöst wurden die Krawalle durch Proteste fundamentalistischer Muslime gegen Luftangriffe der US-Armee in Afghanistan. Tunji Oyeleru/AP

NIGERIA, Kano, 16. Oktober 2001 Die Überreste der Ahmadiyya-Jamaat-Moschee in der Stadt Kano im Norden Nigerias, die während der muslimisch-christlichen Krawalle am Wochenende niedergebrannt wurde. Mindestens 18 Menschen wurden getötet und 40 schwer verletzt. Ausgelöst wurden die Krawalle durch Proteste fundamentalistischer Muslime gegen Luftangriffe der US-Armee in Afghanistan.
Tunji Oyeleru/AP

INDIEN, 28. Februar 2002   Plünderer laufen durch die Strassen Ahmadabads. Mindestens 50 Geschäftshäuser angezündet. 20 Menschen wurden getötet. Die Krawalle brachen aus, nachdem Gebäude, die meisten davon im Besitz von Muslimen, wurden in Brand gesetzt. Im ganzen indischen Muslime am Mittwoch einen mit Hindu-Nationalisten voll besetzten Zug in Brand gesteckt hatten, Bundesstaat Gujarat wurden am Donnerstag Muslime von Hindu-Mobs angegriffen, ihre Wohn- und wobei 58 Menschen ums Leben kamen. Manish Swarup/AP

Gedanken- und Religionsfreiheit

Unabhängig von ihrer Bildung und ihrem sozialen Status stimmen wohl die meisten Menschen der Aussage zu, dass die Freiheit der Gedanken und der Schutz des religiösen Empfindens wichtige Bestandteile menschlichen Lebens sind. Die Achtung vor den intellektuellen und spirituellen Werten des Menschen ist daher ein zentraler Teil des internationalen Menschenrechtsschutzes.

Die **Gedanken- und Gewissensfreiheit** schützt die geistige Autonomie des Menschen und damit den Kernbereich der Privatsphäre über den Bereich politischer Ideen und Ideologien hinaus. Sie verbietet es dem Staat, Menschen durch psychoaktive Substanzen, «Gehirnwäsche» und ähnliche Methoden zu zwingen, in einer bestimmten Weise zu denken, oder Personen allein wegen ihrer Gedanken zu bestrafen; gleichzeitig sind aber Methoden der Propaganda, der Werbung oder der öffentlichen Erziehung erlaubt, sofern kein Zwang erfolgt. Das Recht, **in Einklang mit dem eigenen Gewissen zu leben und zu handeln,** ist geschützt, solange dadurch nicht Rechte anderer Menschen oder gewichtige öffentliche Interessen wie Sicherheit und Ordnung, Gesundheit oder Moral gefährdet werden.

Die Religions- und Weltanschauungsfreiheit schützt den Menschen in seiner Beziehung zum Spirituellen und Transzendenten. Sie besitzt eine negative und eine positive Komponente. Negativ beinhaltet die Religionsfreiheit, dass niemand dazu gezwungen werden darf, einen bestimmten Glauben oder eine bestimmte Weltanschauung zu haben, einer Religionsgemeinschaft beizutreten, die Religion zu wechseln oder religiöse Rituale und Gebräuche zu leben. Dieses Verbot gilt absolut.

Positiv räumt die Religions- und Weltanschauungsfreiheit den Menschen das Recht ein, eine frei gewählte Weltanschauung oder eine gewünschte Religion anzunehmen, sich zu diesem Glauben zu bekennen und ihn alleine oder zusammen mit anderen Menschen mit all seinen Gebräuchen und Traditionen zu praktizieren, ihm zu huldigen und ihn zu unterrichten. Dies schliesst die Berechtigung mit ein, Gotteshäuser zu bauen oder zu besuchen, Religionsunterricht zu erteilen oder daran teilzunehmen, den Glauben nach aussen zu verkünden und religiöse Schriften zu verfassen und zu veröffentlichen. Das Recht, die eigene Religion und den eigenen Glauben zu praktizieren, darf nur dann beschränkt werden, wenn dies gesetzlich vorgesehen und zum Schutz der öffentlichen Sicherheit, Ordnung, Gesundheit und Moral oder zum Schutz der Rechte anderer Menschen notwendig ist.

Solange dadurch das Kindeswohl nicht gefährdet wird, besitzen die Eltern das Recht, **ihre religiösen und moralischen Überzeugungen an ihre Kinder weiterzugeben.** Der Staat darf zwar einen religiösen Unterricht anbieten, er muss jedoch den Eltern die Möglichkeit einräumen, eine private Alternative zu wählen oder ihr Kind vom Religionsunterricht dispensieren zu lassen.

Aus der Religionsfreiheit folgt schliesslich auch das Recht, **nicht wegen des Glaubens diskriminiert zu werden.** Überdies besitzt jeder Mensch die Freiheit, **keiner Religion anzugehören** oder aus einer Religionsgemeinschaft auszutreten.

Die Religionsfreiheit ist ein individuelles Recht mit einer starken kollektiven Komponente. Sie garantiert auch den Anspruch, den Glauben in einer Gemeinschaft zu praktizieren, **eine religiöse Vereinigung zu gründen und sich mit anderen Gläubigen zu Gottesdiensten zu versammeln.** Religiöse Gemeinschaften dürfen ihre Geistlichen selber bestimmen, neue Mitglieder anwerben und aufnehmen und bei den Mitgliedern finanzielle Beiträge erheben. Diese Rechte können unter denselben Voraussetzungen wie bei der individuellen Religionsfreiheit beschränkt werden.

MEXIKO, Oaxaca, 1992   Ein junges Mädchen mit ihrer Familie vor der Taufzeremonie. David Alan Harvey/Magnum Photos

SÜDAFRIKA, Kapstadt, 1999   Priester der «Zion Christian Church» aus dem Township Khayelitsha tauchen Täuflinge ins Meer ein. Abbas/Magnum Photos

RUSSLAND, Susdal, 1998 Tag der Toten auf dem Friedhof.
Abbas/Magnum Photos

TRINIDAD UND TOBAGO, 1993 Indische Leichenverbrennung.
David Alan Harvey/Magnum Photos

INDIEN, Kalkutta, 10. Dezember 2002 Indische Christinnen halten Symbole des Hinduismus, des Christentums und des Islam in den Händen. Religiöse Gewalt hat in diesem Jahr in Indien mindestens 1000 Menschen, hauptsächlich Moslems, das Leben gekostet. Jayanta Shaw/Reuters

In Situationen, in welchen sich eine religiöse oder irgendeine andere Gemeinschaft spaltet, … besteht die Aufgabe der Behörden … nicht darin, den Grund für die Spannungen auszuräumen, indem sie den Pluralismus beseitigen, sondern darin, sicherzustellen, dass die rivalisierenden Gruppen einander tolerieren. EGMR, Serif gg. Griechenland, 14. Dezember 1999

GEWISSENSFREIHEIT

Gewissensgefangene

Unter einem Gewissensgefangenen versteht man eine Person, die aufgrund politischer, religiöser oder anderer Überzeugungen, ethnischer Herkunft, Geschlecht, Hautfarbe, Sprache, Staatsangehörigkeit, sozialer Herkunft, wirtschaftlichen Status, Geburt, sexueller Orientierung oder eines anderen Status inhaftiert oder in ihrer Bewegungsfreiheit eingeschränkt wird. Gewissensgefangene haben weder Gewalt angewendet noch sich für Gewaltanwendung oder Hass eingesetzt. Es gibt keine Grundlage im Völkerrecht, die die Regierungen berechtigen würde, Menschen aus Gewissensgründen zu inhaftieren. Gewissensgefangene kommen aus allen Gesellschaftsschichten, werden durch Regierungen jeder politischen Einfärbung festgehalten und aus vielerlei Gründen inhaftiert. Manche, weil sie einer Oppositionspartei angehören, andere, weil sie abweichende Meinungen äussern, ihren Glauben praktizieren, eine Gewerkschaft führen oder weil sie eine Beziehung mit einem gleichgeschlechtlichen Partner haben, sich für den Umweltschutz einsetzen, von Missbrauch bedrohten Flüchtlingen helfen, ein örtliches Selbsthilfeprojekt auf die Beine stellen und aus vielen weiteren Gründen.
Definition von Amnesty International, Kanada

«Erziehung» für Dissidenten

CHINA 2004 Wie in der internationalen Presse ausführlich berichtet wurde, ist Dr. Jiang Yanyong am späten Montagabend, den 19. Juli, aus der Militärhaft entlassen worden, 45 Tage nach seiner willkürlichen Verhaftung. Dr. Jiangs Festnahme hatte breiten internationalen Protest ausgelöst, namentlich bei Wissenschaftlerinnen und Wissenschaftlern auf der ganzen Welt, die offenbar eine gewisse Rolle bei seiner Freilassung gespielt haben sollen. ... Er wurde am 1. Juni 2004 inhaftiert – nur drei Tage vor dem 15. Jahrestag der Angriffe des Militärs auf Zivilisten auf dem Tiananmen Square vom 4. Juni 1989 – und wurde bis zu seiner Freilassung in einer militärischen Anlage in der Nähe von Peking festgehalten. Dr. Jiang sind keine Straftaten vorgeworfen worden, gemäss den Aussagen der chinesischen Regierung habe ihm jedoch das Militär «geholfen», und er sei «erzogen» worden, weil er gegen die Militärdisziplin verstossen habe. Drei Monate zuvor hatte er einen Brief an hochrangige Mitglieder der chinesischen Regierung geschrieben, in welchem er sie aufforderte, öffentlich zu bekennen, dass der Angriff vom 4. Juni 1989 ein Fehler gewesen sei. Dr. Jiang hält daran fest, dass er nicht an der Weiterverbreitung seines Briefes an chinesische oder ausländische Journalisten beteiligt gewesen sei. Dennoch gelangte der Brief, einige Tage nachdem er ihn geschrieben hatte, an die internationale Presse. Während der Haft ist Dr. Jiang offenbar gezwungen worden, tägliche «Gedankenberichte» zu verfassen.

Ich kenne nur eine einzige Freiheit, und das ist die Freiheit der Gedanken.
Antoine de Saint-Exupéry

UN-Pakt über bürgerliche und politische Rechte, 1966

Artikel 18
1. Jedermann hat das Recht auf Gedanken-, Gewissens- und Religionsfreiheit.

Militärdienstverweigerung

Viele Personen haben sich auf ein Recht zur Verweigerung des Militärdienstes (Dienstverweigerung aus Gewissensgründen) berufen, indem sie geltend machten, dieses Recht leite sich aus den ihnen durch Art. 18 garantierten Freiheiten ab. Um ihrem Begehren Rechnung zu tragen, hat eine wachsende Anzahl Vertragsstaaten in ihren Gesetzgebungen diejenigen ihrer Bürger vom obligatorischen Militärdienst befreit, die sich aufrichtig zu religiösen oder anderen Weltanschauungen bekennen, welche die Leistung dieses Dienstes untersagen, und sie haben stattdessen einen nationalen Ersatzdienst eingeführt. Der Pakt erwähnt ein Recht auf Verweigerung aus Gewissensgründen nicht ausdrücklich: Der Ausschuss ist jedoch der Auffassung, dass ein solches Recht insoweit aus Art. 18 abgeleitet werden kann, als die Verpflichtung zur Anwendung von tödlicher Gewalt in einen schweren Konflikt mit der Gewissensfreiheit und dem Recht auf Bekundung einer Religion oder Weltanschauung treten kann. Ist dieses Recht in Gesetzgebung und Praxis einmal anerkannt, soll es keine Unterscheidung der Verweigerer aus Gewissensgründen nach der Art ihrer besonderen Anschauungen mehr geben, und ebenso soll es keine Diskriminierung von Verweigerern aus Gewissensgründen mehr geben, weil sie ihren Militärdienst nicht geleistet haben.
UN-Menschenrechtsausschuss,
Allgemeine Bemerkung, Nr. 22, 30. Juli 1993,
UN Doc. HRI/GEN/1/Rev. 6

AUSTRALIEN, Sydney, 7. September 1997 Etwa 50 Tibeter haben sich zu einem friedlichen Protest vor dem chinesischen Konsulat versammelt, um Gerechtigkeit für die tibetischen politischen Gefangenen unter der chinesischen Herrschaft einzufordern. Reuters

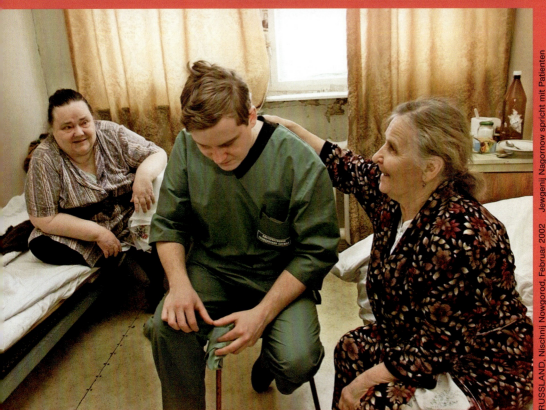

RUSSLAND, Nischnij Nowgorod, Februar 2002 Jewgenij Nagornow spricht mit Patienten in dem Krankenhaus, in dem er seinen Zivildienst leistet. Misha Japridze/AP

RELIGIONS- UND WELTANSCHAUUNGSFREIHEIT

Religionsfreiheit und Menschenrechte: ein schwieriges Thema

Kein Thema erzeugt mehr Kontroversen – und mehr komplexe Vorstellungen – als das Verhältnis zwischen (1) der Institutionalisierung der Religion im Staat oder des religiösen Glaubens und seiner Praxis und (2) Menschenrechtsnormen. Aus der einen Perspektive sind religiöser Glaube und Menschenrechte einander ergänzende Ausprägungen ähnlicher Überlegungen, auch wenn religiöse Schriften eher Pflichten als Rechte enthalten. Wichtige Aspekte der bedeutenden religiösen Traditionen – kanonische Texte, scholastische Exegesen und geistliche Ämter – bilden eine Grundlage oder Verstärkung vieler elementarer Menschenrechte. Offenkundige Beispiele dafür sind das Recht auf körperliche Unversehrtheit oder der Anspruch der Bedürftigen auf wirtschaftliche und soziale Unterstützung. Aus einer anderen Perspektive können religiöse Traditionen gegen Menschenrechte verstossen, und religiöse Führer können den Vorrang dieser Traditionen über die Menschenrechte behaupten. Unter Umständen wird in solchen Fällen die Fahne des Kulturrelativismus hochgehalten. So wie Auffassungen über staatliche Souveränität eines der mächtigen Konzepte und eine Kraft darstellen, um den Geltungsbereich der internationalen Menschenrechte herauszufordern und einzuschränken, so kann auch die Religion eine solche Macht darstellen.

Henri J. Steiner/Philip Alston, Human Rights in Context, Oxford 2000

Menschenrechtlich geschützte religiöse Aktivitäten

Art. 18 [des UN-Paktes über bürgerliche und politische Rechte] schützt die theistischen, nicht theistischen und atheistischen Anschauungen sowie das Recht, sich zu keiner Religion oder Weltanschauung zu bekennen. Die Ausdrücke «Weltanschauung» und «Religion» müssen im weiten Sinn ausgelegt werden. Art. 18 beschränkt sich in seiner Anwendung nicht auf die traditionellen Religionen und auf Religionen und Anschauungen, welche ähnliche institutionelle Merkmale und Praktiken haben wie die traditionellen Religionen. ...

Die Freiheit, seine Religion oder Weltanschauung durch Gottesdienst, Beachtung religiöser Bräuche, Ausübung und Unterricht zu bekunden, umfasst sehr unterschiedliche Handlungen. Das Konzept des Gottesdienstes beinhaltet rituelle und zeremonielle Handlungen, welche eine Weltanschauung unmittelbar ausdrücken, sowie verschiedene Praktiken, welche zu diesen Handlungen gehören, einschliesslich der Errichtung von Kultusörtlichkeiten, der Verwendung von Formeln und rituellen Gegenständen, der Darstellung von Symbolen und der Einhaltung von Feier- und Ruhetagen. Die Beachtung religiöser Bräuche und die Ausübung der Religion oder der Weltanschauung beinhalten unter Umständen nicht nur zeremonielle Handlungen, sondern auch Gewohnheiten wie die Kopfbedeckungen, die Beteiligung an Ritualen in Verbindung mit bestimmten Lebensabschnitten und die Verwendung einer besonderen, von einer Gruppe gemeinsam benutzten Sprache. Zudem umfassen die Ausübung und der Unterricht der Religion oder der Weltanschauung Handlungen, welche für religiöse Gruppen zur Durchführung ihrer wesentlichen Tätigkeiten unentbehrlich sind, wie die Freiheit der Wahl ihrer religiösen Verantwortlichen, ihrer Priester und Unterrichtenden, die Freiheit, Seminare oder religiöse Schulen zu gründen, und die Freiheit, religiöse Texte oder Publikationen herzustellen und zu verbreiten.

UN-Menschenrechtsausschuss, Allgemeine Bemerkung, Nr. 22, 30. Juli 1993, UN Doc. HRI/GEN/1/Rev. 6

UN-Pakt über bürgerliche und politische Rechte, 1966

Artikel 18
1. Jedermann hat das Recht auf Gedanken-, Gewissens- und Religionsfreiheit. Dieses Recht umfasst die Freiheit, eine Religion oder eine Weltanschauung eigener Wahl zu haben oder anzunehmen, und die Freiheit, seine Religion oder Weltanschauung allein oder in Gemeinschaft mit anderen, öffentlich oder privat, durch Gottesdienst, Beachtung religiöser Bräuche, Ausübung und Unterricht zu bekunden.
2. Niemand darf einem Zwang ausgesetzt werden, der seine Freiheit, eine Religion oder eine Weltanschauung seiner Wahl zu haben oder anzunehmen, beeinträchtigen würde.
3. Die Freiheit, seine Religion oder Weltanschauung zu bekunden, darf nur den gesetzlich vorgesehenen Einschränkungen unterworfen werden, die zum Schutz der öffentlichen Sicherheit, Ordnung, Gesundheit, Sittlichkeit oder der Grundrechte und -freiheiten anderer erforderlich sind.

Die Tatsache, dass eine Religion als staatliche Religion anerkannt oder als offizielle oder herkömmliche Religion eingebürgert ist oder dass ihre Anhänger die Mehrheit der Bevölkerung ausmachen, darf in keiner Weise den Genuss eines der durch den Pakt, insbesondere durch Art. 18 und 27, garantierten Rechte beeinträchtigen oder zu irgendeiner Diskriminierung der Anhänger anderer Religionen oder von Nichtgläubigen führen. Insbesondere sind Massnahmen, welche die Letzteren diskriminieren, indem sie beispielsweise den Zugang zum öffentlichen Dienst auf die Angehörigen der vorherrschenden Religion beschränken, diesen wirtschaftliche Vorteile gewähren oder die Ausübung anderer Religionen mit besonderen Einschränkungen belegen, mit dem Verbot der Diskriminierung wegen Religion oder Weltanschauung und mit dem in Art. 26 garantierten Anspruch auf gleichen Schutz unvereinbar.
UN-Menschenrechtsausschuss, Allgemeine Bemerkung, Nr. 22, 30. Juli 1993, UN Doc. HRI/GEN/1/Rev. 6

USA, Alabama, 1996   Eine riesige Plakattafel von Jesus steht zwischen Werbetafeln für Pizzas und Hamburger an der Autobahn. Abbas/Magnum Photos

INDIEN, Rajasthan, Udaipur, 1999   Ein Wandgemälde in der Einkaufszone zeigt den Gott Vishnu, wie er davor bewahrt wird, Gift zu trinken. Ian Berry/Magnum Photos

SYRIEN, Damaskus, 2002
Ferdinando Scianna/Magnum Photos

BESETZTE PALÄSTINENSISCHE GEBIETE, Gazastreifen, 1996
Larry Towell/Magnum Photos

SPANIEN, Las Negras, 2003
Ferdinando Scianna/Magnum Photos

RUSSLAND, 1998
JK/Magnum Photos

JEDER MENSCH DARF SEINE EIGENE RELIGION WÄHLEN

Man darf auch einer nicht «amtlich registrierten» Religionsgemeinschaft angehören

USBEKISTAN, 2002   Angeblich löste die Polizei am 28. März 2002 drei Versammlungen der Zeugen Jehovas auf, weil die Glaubensgemeinschaft nicht amtlich registriert war. Einige Mitglieder mussten eine Busse bezahlen. Am 21. April 2002 klagte die Polizei offenbar 13 Angehörige der Zeugen Jehovas, die sich in einer Wohnung in Taschkent getroffen hatten, wegen illegaler religiöser Zusammenkunft an. Einer der Teilnehmer, Herr Mudarisov, wurde im Folgenden von den Behörden vorgeladen, um ein Geständnis abzulegen und eine Erklärung zu unterschreiben, wonach er in Zukunft keine derartigen Versammlungen mehr abhalten werde. Als er die Unterschrift verweigerte, verurteilte ihn das Gericht Berichten zufolge zu 15 Tagen Gefängnis.

Abdelfattah Amor, UN-Sonderberichterstatter über Religions- und Glaubensfreiheit und religionsbedingte Intoleranz, Bericht, 19. August 2003, UN Doc. A58/296

Jede Person darf ihren Glauben frei praktizieren

CHINA, 2003   Der UN-Sonderberichterstatter zu Fragen der Religions- und Glaubensfreiheit übermittelte am 11. April 2003 eine Botschaft an die chinesische Regierung, in welcher er unter anderem die Massnahmen gegen Falun-Gong-Mitglieder kritisierte. Zwischen Juni 2002 und Februar 2003 sind angeblich etliche Mitglieder dieser Religionsgemeinschaft verhaftet worden. Teilweise wurden sie gefoltert und sind in Haft oder kurz nach ihrer Freilassung gestorben. ... Der Sonderberichterstatter zitierte Berichte über ... die Festnahme des amerikanischen Staatsangehörigen Charles Li, der wegen versuchter Störung von Radio- und Fernsehprogrammen eine dreijährige Haftstrafe absitzt; die Entführung der australischen Staatsangehörigen Nancy Chen durch chinesische Sicherheitsbeamte; die Verurteilung von Yuhui Zhang zu zehn Jahren Gefängnis, weil er Artikel über die Situation der Falun-Gong-Mitglieder in China veröffentlicht hat; und die Verurteilung von 16 Personen, die vor der chinesischen Vertretung in Hongkong demonstriert hatten. ...

Tibetischen Beamten wird mit dem Entzug ihrer Rente und/oder ihres Arbeitsplatzes gedroht, wenn sie während des buddhistischen Festes Sagadawa den heiligen Berg Kailash besuchen.

Abdelfattah Amor, UN-Sonderberichterstatter über Religions- und Glaubensfreiheit und religionsbedingte Intoleranz, Bericht, 19. August 2003, UN Doc. A58/296

Verdikt gegen die Religionsfreiheit

MALAYSIA, 2007   In einem umstrittenen Entscheid hat das oberste Gericht in Malaysia in letzter Instanz entschieden, dass Muslime nur mit Zustimmung eines islamischen Gerichts zu einem anderen Glauben konvertieren können. Das von allen Bevölkerungs- und Religionsgruppen mit Spannung und Unbehagen erwartete Urteil kommt einem Verdikt gegen die Religionsfreiheit gleich. Letztere ist zwar in der Verfassung festgeschrieben; da Scharia-Richter in solchen Fällen das letzte Wort haben, ist ein Religionswechsel für Muslime aber praktisch unmöglich geworden. Der Richterspruch, bei dem einer der drei Verfassungshüter anderer Meinung war, ist ein weiteres Zeichen für die Abnahme der gesellschaftlich-religiösen Toleranz in Malaysia.

Im vorliegenden Fall geht es um die 43-jährige Konvertitin Azlina Jailani, die sich 1990 für den christlichen Glauben entschieden hat und sich 1999 auf den neuen Namen Lina Joy taufen liess. Während die Namensänderung seinerzeit akzeptiert wurde, verweigerten die Behörden aber den Religionswechsel. Die Malaien, die in Malaysia knapp die Mehrheit der 26 Millionen Einwohner ausmachen, würden, so hiess es damals, als Muslime geboren und könnten den Glauben nicht einfach wechseln. Lina Joy, die von der Familie verstossen wurde und wegen Drohungen von Fanatikern untertauchen musste, legte im vergangenen Jahr gegen den Entscheid der Religionshüter Berufung ein und stellte deren Entscheidungsbefugnis infrage. Das oberste Gericht hat jetzt aber die entsprechende Zuständigkeit bestätigt. Damit wird zementiert, dass die in der Verfassung von 1957 verankerte Religionsfreiheit in Realität eine Einbahnstrasse ist. Während es Andersgläubigen freisteht, zum muslimischen Glauben überzutreten, was durch eine Heirat vollzogen wird, ist es für Muslime de facto unmöglich, dem Islam rechtswirksam den Rücken zu kehren.

Neue Zürcher Zeitung, 31. Mai 2007

DISKRIMINIERUNG RELIGIÖSER MINDERHEITEN

IRAN, 2003   Mit ungefähr 300 000 Mitgliedern stellen die Bahai die grösste religiöse Minderheit im Iran dar. Ihre Glaubensgemeinschaft wurde jedoch absichtlich nicht in die Liste der drei in der Verfassung erwähnten anerkannten religiösen Minderheiten aufgenommen, und ihre Gläubigen werden vom islamischen Staat als «ungeschützte Ungläubige» und «Häretiker» bezeichnet. Deshalb gelten die Bahai als «Nicht-Personen» und besitzen weder Rechte, noch wird ihnen Schutz gewährt. Obwohl die Gemeinschaft der Bahai keine Bedrohung für die Behörden darstellt, ist die Minderheit in den letzten 14 Jahren fortwährend diskriminiert und verfolgt worden. Wiederholt ist den Bahai ein Ende der Verfolgung angeboten worden unter der Bedingung, dass sie ihren Glauben widerrufen. ... In den frühen Achtzigerjahren wurden mehr als 10 000 Bahai, v.a. aus Regierungs- und Bildungsinstitutionen, entlassen. Von einigen wurde sogar verlangt, Gehälter, die sie vor ihrer Entlassung bekommen hatten, zurückzuzahlen. Viele sind arbeitslos geblieben und erhalten keine Arbeitslosenunterstützung. Noch heute sind die Erwerbsmöglichkeiten für die Bahai eingeschränkt. Selbst wenn es Bahai gelingt, im privaten Sektor eine Beschäftigung zu finden, wird der Arbeitgeber in vielen Fällen von den Behörden gezwungen, sie zu entlassen. Machen sie sich selbstständig, wird versucht, ihre Geschäftstätigkeit zu blockieren.

International Federation of Human Rights/FIDH Iran, Discrimination against Religious Minorities in Iran, August 2003

CHINA, Hongkong, Februar 2003 Anhänger der in Festlandchina verbotenen, in Hongkong aber erlaubten Falun-Gong-Bewegung zeigen Fotos, die ihre Unterdrückung durch die chinesischen Behörden dokumentieren. Sie demonstrieren gegen ein in Hongkong geplantes Antisubversionsgesetz, nach welchem Menschen, die des Verrats, der Aufwiegelung, des Aufrufs zur Abspaltung oder der Subversion gegen die Regierung der Volksrepublik verdächtig werden, mit lebenslänglicher Haft bestraft bestraft werden können. Bobby Yip/Reuters

SCHULE UND RELIGIÖSER GLAUBE

Integration aller Glaubensrichtungen

SCHWEIZ, 1993   Am 14. März 1991 ersuchte A. die Schulkommission der Gemeinde Dietikon, seine Tochter M., welche damals die zweite Grundschulklasse besuchte, aus religiösen Gründen vom Schwimmunterricht zu dispensieren, da der islamische Glaube das gemeinsame Schwimmen beider Geschlechter verbiete. Am 22. März 1991 lehnte die Schulpflege Dietikon das Gesuch ab. Das Schweizerische Bundesgericht hiess die Beschwerde des Vaters jedoch gut und führte aus:

«Die von den Beschwerdeführern angestrebte Dispensation bringt für die Schule konkret keinen massgeblichen Mehraufwand mit sich. Sie vermag auch die religiösen Gefühle der anderen Schüler nicht in wesentlichem Masse zu verletzen. Im übrigen ist sie durchaus vergleichbar mit jenen Freistellungsmöglichkeiten ... für Kinder strenggläubiger Juden oder Adventisten, die von manuellen Arbeiten und Leibesübungen oder vom Besuch der Schule am Sabbat befreit werden. Unüberbrückbare Probleme könnten sich allenfalls dann stellen, wenn eine gemessen an der Grösse der Schule verhältnismässig grosse Anzahl von Schülern Sonderregelungen beantragt. Bis zu einem gewissen Grad ist es jedoch der Lehrerschaft und der Schulverwaltung zumutbar, religiösen Minderheiten bei Ernsthaftigkeit ihrer Anliegen entgegenzukommen, wie sie dies auch tun, wenn eine Absenz aus anderem Grunde erfolgt. ... Angehörige anderer Länder und anderer Kulturen, die sich in der Schweiz aufhalten, haben sich zwar zweifellos genauso an die hiesige Rechtsordnung zu halten wie Schweizer. Es besteht aber keine Rechtspflicht, dass sie darüber hinaus allenfalls ihre Gebräuche und Lebensweisen anzupassen haben. Es lässt sich daher aus dem Integrationsprinzip nicht eine Rechtsregel ableiten, wonach sie sich in ihren religiösen oder weltanschaulichen Überzeugungen Einschränkungen auferlegen müssten, die als unverhältnismässig zu gelten haben.»

Schweizerisches Bundesgericht, 119 Ia 178, 18. Juni 1993

Religiöse Symbole in französischen Schulen

FRANKREICH, 2004   Die französische Nationalversammlung hat mit überwältigender Mehrheit ein Gesetz verabschiedet, das von September an alle deutlich sichtbaren religiösen Symbole aus den staatlichen Schulen verbannt. ... Offiziell zielt diese Massnahme darauf ab, den Säkularismus der französischen Schulen zu bewahren. Doch Chirac und andere politische Führer machen kein Hehl daraus, dass sie sich vor allem gegen das muslimische Kopftuch richtet, das von vielen als ein Symbol für den wachsenden Fundamentalismus angesehen wird. ... Laut dem Gesetz sind «an Schulen, Grundschulen und Sekundarschulen alle Symbole und Kleidungsstücke, die die Religionszugehörigkeit der Schüler deutlich erkennen lassen, untersagt». Auch wenn dabei in erster Linie an muslimische Kleidungsstücke gedacht worden ist, trifft das Verbot in gleicher Weise die jüdische Kippa oder Jarmulke und christliche Kreuze. Einige französische Schulen, insbesondere in den östlichen, früher zu Deutschland gehörenden Regionen, sind mit der katholischen Kirche verbunden. Dort hängen Kruzifixe an den Wänden der Klassenzimmer. Die Gegner des Gesetzes sagen dazu, dass das Verbot nichts an den tatsächlichen Ursachen des militanten Islamismus in Frankreich, nämlich dem Versäumnis, die Muslime in die französische Gesellschaft zu integrieren, ändert. Einige Kritiker argumentieren, dass das Gesetz eine ungewollte zusätzliche Polarisierung der Gesellschaft zur Folge haben könnte. ... Die Befürworter des Gesetzes entgegnen, dass die muslimischen Kopftücher, die immer zahlreicher in den französischen Schulen zu sehen waren, dem Säkularismus zuwiderlaufen, jenem Prinzip also, das die Franzosen seit der Revolution von 1789 mit Stolz erfüllt. Auch die Sikhs sind ungewollt zu Opfern des Gesetzes geworden. Seit Generationen leben Sikhs in Frankreich. Viele von ihnen haben im Ersten Weltkrieg für Frankreich gekämpft. Die Sikhknaben werden jetzt gezwungen sein, sich zwischen der Schulpflicht und ihrem religiösen Gebot, den Kopf mit einem Turban zu bedecken, zu entscheiden.

Eva Cahen, France Votes to Ban Religious Symbols in Schools, CNSNews.com, 10. Februar 2004

Die Rechte der Eltern und die religiöse Neutralität an Schulen

Der Ausschuss ist der Ansicht, dass Art. 18 Abs. 4 [des UN-Paktes über bürgerliche und politische Rechte] den Unterricht über Gegenstände wie die allgemeine Geschichte der Religionen und Ideen in den öffentlichen Schulen unter der Voraussetzung erlaubt, dass dieser Unterricht neutral und objektiv erteilt wird. Die in Art. 18 Abs. 4 vorgesehene Freiheit der Eltern oder des Vormundes, die religiöse und sittliche Erziehung ihrer Kinder in Übereinstimmung mit ihren eigenen Überzeugungen sicherzustellen, ist mit der in Abs. 1 des gleichen Artikels garantierten Freiheit verbunden, eine Religion oder Weltanschauung zu unterrichten. Der Ausschuss hält fest, dass die öffentliche Erziehung, welche die Unterweisung einer Religion oder besonderen Weltanschauung einschliesst, mit Art. 14 Abs. 4 unvereinbar ist, es sei denn, sie sehe, im Einklang mit den Wünschen der Eltern oder des Vormundes oder Pflegers, Betreiungen oder nicht diskriminierende Wahlmöglichkeiten vor.

UN-Menschenrechtsausschuss, Allgemeine Bemerkung, Nr. 22, 30. Juli 1993, UN Doc. HRI/GEN/1/Rev. 6

UN-Pakt über bürgerliche und politische Rechte, 1966

Artikel 18

4. Die Vertragsstaaten verpflichten sich, die Freiheit der Eltern und gegebenenfalls des Vormunds oder Pflegers zu achten, die religiöse und sittliche Erziehung ihrer Kinder in Übereinstimmung mit ihren eigenen Überzeugungen sicherzustellen.

UN-Übereinkommen über die Rechte des Kindes, 1989

Artikel 14

1. Die Vertragsstaaten achten das Recht des Kindes auf Gedanken-, Gewissens- und Religionsfreiheit.

2. Die Vertragsstaaten achten die Rechte und Pflichten der Eltern und gegebenenfalls des Vormunds, das Kind bei der Ausübung dieses Rechts in einer seiner Entwicklung entsprechenden Weise zu leiten. ...

Das Kindeswohl hat Priorität

Das religiöse Erziehungsrecht der Eltern steht unter dem Vorbehalt des Kindeswohls: Religiöse Praktiken, die die psychische und physische Integrität des Kindes verletzen – zum Beispiel Mädchenbeschneidungen oder die Verweigerung lebensrettender Bluttransfusionen –, sind durch die Religionsfreiheit nicht gedeckt.

FRANKREICH, Paris, 21. Dezember 2003   Etwa 1000 Menschen protestieren in Paris gegen ein geplantes Gesetz, das das islamische Kopftuch und andere religiöse Symbole in öffentlichen Schulen verbietet. Eine junge Demonstrantin hat sich die französische Flagge und «Freiheit, Gleichheit» auf das Gesicht gemalt.
François Mori/AP

CHINA, Tibet, 2003 — Novizen in einem Kloster in Litang studieren buddhistische Schriften.
Steve McCurry/Magnum Photos

INDIEN, Hyderabad, 2002 — Diese muslimischen Mädchen bereiten sich in der Hussaina-Alam-Schule auf ihr Urdu-Examen vor.
Stuart Franklin/Magnum Photos

ISRAEL, Jerusalem, 1973   Schulklasse im Viertel Mea Shearim.
Thomas Höpker/Magnum Photos

GROSSBRITANNIEN, Wales, 1977   Schule in Llaneglwys. Morgengebet.
David Hurn/Magnum Photos

RELIGION UND FRAUENRECHTE

Religiöse Traditionen versus Frauenrechte

Probleme entstehen deshalb, weil gewisse für die Frauen nachteilige Praktiken – z.B. Beschneidung von Mädchen und Frauen, Polygamie, Bevorzugung von Söhnen und das niedrigere Ansehen der Frau – von den Gläubigen als religiöse Vorschriften oder Verpflichtungen empfunden werden. Die Unterordnung der Frau ist jedoch keine Erfindung der Religion, sondern kulturell bedingt und kann aus Überzeugungen, der Moral, aus Gesetzen und Überlieferungen abgeleitet werden. In manchen Fällen ist es schwierig, die Religion von Kultur, Gebräuchen und Traditionen zu unterscheiden. In Ländern mit einer Staatsreligion oder in Gesellschaften, in welchen die Religion eine zentrale Stellung einnimmt, ist die Position der Frau in der Familie und der Gesellschaft umstritten. Frauendiskriminierenden religiösen Traditionen ist oftmals eine Entwicklung vorausgegangen, in deren Verlauf die Rollen und Zuständigkeiten von Frauen und Männern in Familie und Gesellschaft definiert wurden. ... Doch nicht alle kulturellen und religiösen Praktiken wirken sich negativ auf die Stellung oder die Gesundheit der Frau aus.

Abdelfattah Amor, UN-Sonderberichterstatter über Religions- und Glaubensfreiheit und religionsbedingte Intoleranz, The Status of Women in the Light of Religion and Traditions, 5. April 2002, zusammengefasst durch Human Rights Internet (HRI)

Heilige Schriften als Quelle von Frauenrechten

Heute beteiligen sich Frauen stärker als jemals zuvor aktiv an der Diskussion um Identität und deren Neugestaltung. Indem sie auf die Originaltexte zurückgreifen und diese neu interpretieren, bemühen sich die Wissenschaftlerinnen, die Fesseln jahrhundertelanger patriarchalischer Interpretation und Praxis abzulegen. Mit ihrer Kritik an den impliziten Annahmen und Schlussfolgerungen schaffen sie einen Freiraum, in dem über die Geschlechterfrage nachgedacht werden kann. Sie stützen sich auf beständige Menschenrechtsprinzipien, die in den heiligen Schriften verankert sind, und leiten aus ihnen Interpretationen ab, die auf die sich wandelnden moralischen und intellektuellen Lebensverhältnisse der Leserschaft einwirken. Weibliche Gelehrte und Aktivistinnen erarbeiten derzeit ein System von Rechtsreformen, die schon heute umgesetzt werden könnten, um der Frauen den vollen Status als Vermittlerinnen der Moral auf allen gesellschaftlichen Ebenen einzuräumen. Diese Position der Frau ist ein Auftrag des Korans und kann weder durch geschichtliche Ereignisse oder soziale Bräuche noch durch patriarchalische Bestrebungen eingeschränkt werden. Der langfristige Erfolg dieses Projekts liegt darin, dass die Reformen innerhalb des Islam geschehen. Und die Grundlagen für eine Veränderung stammen aus der vertrauenswürdigsten und zuverlässigsten Quelle des Islam selbst – dem Koran.

Amina Wadud, New Internationalist, Mai 2002

Jungfräulichkeitstests

TÜRKEI   Im Februar 2002 erliess die Türkei ein Gesetz, das unfreiwillige Jungfräulichkeitstests verbietet. Das Verbot folgte einer Ankündigung des türkischen Gesundheitsministers Osman Durmus im Juli 2001, wonach Hebammen- und Krankenpflegeschülerinnen Jungfrauen zu sein hätten und entsprechende Tests durchgeführt würden. Menschenrechtsgruppen und die internationale Gemeinschaft haben das Testverbot zwar begrüsst, doch es wird sich noch zeigen müssen, ob diese Praxis damit tatsächlich der Vergangenheit angehört. ... Jungfräulichkeitstests sind diskriminierend, greifen in schwerwiegender Weise in die Privatsphäre ein und werden oft gegen den Willen der Frauen vorgenommen. Bei einem Jungfräulichkeitstest wird das Hymen nach Rissen untersucht, um zu bestimmen, ob eine Frau noch «ein Mädchen» ist – ein Begriff, den türkische Ärzte zur Bezeichnung einer Jungfrau verwenden. Der Ursprung der Jungfräulichkeitstests liegt bei kulturellen Normen, denen zufolge Frauen, die keine Jungfrauen mehr sind, als nicht heiratswürdig gelten und ihren Familien Schande bringen. Insbesondere in den ländlichen Gebieten der vorwiegend muslimischen Türkei spielen diese Werte nach wie vor eine grosse Rolle. Jungfräulichkeitstests sollen also die Keuschheit einer Frau und ihre Heiratswürdigkeit belegen. Dieser kulturelle Kontext führt dazu, dass die weibliche Jungfräulichkeit als ein legitimes Interesse der Familie, der Gemeinschaft und letztlich des Staates betrachtet wird. ... Wie häufig diese Tests durchgeführt werden, lässt sich schwer schätzen, weil die meisten Frauen nur ungern zugeben, dass ihre Jungfräulichkeit infrage gestellt wurde. Darum berichten sie nur selten, dass sie einem solchen Test unterzogen worden sind. Zwar liegen keine statistischen Zahlen vor, doch aus Gesprächen mit Ärztinnen und Ärzten, Anwälten sowie türkischen Frauen- und Menschenrechtsaktivistinnen geht hervor, dass Frauen ein Leben lang damit rechnen müssen, solchen Untersuchungen ausgesetzt zu werden.

Chanté Lasco, Virginity Testing in Turkey: A Violation of Women's Human Rights, Human Rights, Brief 9 (2002) Issue 3

Religion als Hindernis für die Rechte der Frauen

Kulturelle Vorurteile sind häufig der Grund, weshalb Frauen nur beschränkt über ihr Eigentum oder das gemeinsame eheliche Vermögen verfügen dürfen. In Nepal z.B. sind die Prinzipien der Gleichberechtigung und die gleiche Erbberechtigung der Frau nicht in die Verfassung aufgenommen worden. In Jordanien ist es Frauen verboten, Verträge in ihrem eigenen Namen abzuschliessen, unbegleitet zu reisen oder ihren Wohnort selbst auszuwählen. Auch in anderen Staaten sind die Rechte verheirateter Frauen eingeschränkt. Es kommt zudem vor, dass eine Religion wie der Islam gewisse Eigentumsrechte der Frauen anerkennt, einzelne Staaten diese Rechte der Frau aber nicht zugestehen. Die Erbberechtigung von Frauen ist ein heikles Thema, und zwischen den verschiedenen Religionen und Kulturen bestehen grosse Unterschiede. In Bangladesch zum Beispiel können hinduistische Frauen von der Erbschaft ausgeschlossen werden. In anderen Ländern existieren gewohnheitsrechtliche Regeln oder geschriebene Gesetze, die Frauen beim Tod ihres Vaters oder ihres Ehemannes bei der Erbfolge benachteiligen, wie z.B. in Guatemala, falls das Recht der Urbevölkerung Anwendung findet. Sind in einer heiligen Schrift präzise Vorschriften und Regeln enthalten, kann dies für die Frauen besonders nachteilig sein, was z.B. in muslimischen Ländern der Fall ist: Männliche Nachkommen erben doppelt so viel wie weibliche, und je nachdem, ob Kinder vorhanden sind, erben Männer ein Viertel oder eine Hälfte des Vermögens ihrer verstorbenen Frauen, während Frauen nur ein Achtel oder ein Viertel des Vermögens ihrer verstorbenen Männer erhalten. Eine nichtmuslimische Frau kann ihren muslimischen Mann gar nicht beerben.

UN-Sonderberichterstatter über Religions- und Glaubensfreiheit, Study on the Freedom of Religion or Belief and the Status of Women from the Viewpoint of Religion and Traditions, UN Doc. E/CN.4/2002/73/Add. 2, 5. April 2002 (zusammengefasst von Human Rights Internet)

USA, Massachusetts, Boston, Februar 1989   Barbara Harris ist der erste weibliche Bischof in der Geschichte der Episkopalkirche der USA. Susan Walsh/AP

USA, Utah, Provo, April 2000   Dieses Foto, das Tom Green mit seinen fünf Frauen und mindestens 29 Kindern zeigt, wurde der Jury im Polygamieprozess als Beweismittel der Verteidigung vorgelegt. Green wird der mehrfachen Bigamie beschuldigt. Tom Green Defense Team/AP

CHINA, 2003 Tibetaner sitzen neben Gebetsfahnen am Yangshuoyong-See.
Guang Niu/Reuters

TUNESIEN, Tunis, 1995 Der Friedhof Aj Jallaz.
Harry Gruyaert/Magnum Photos

AUSTRALIEN, Kakadu National Park, 1989   Prähistorische Felsmalerei der Aborigines.
Thomas Höpker/Magnum Photos

POLEN, Przemysl, 1981
Bruno Barbey/Magnum Photos

DIE ROLLE DER INTERNATIONALEN GEMEINSCHAFT

Der Sonderberichterstatter der UN-Menschenrechtskommission zur Religions- und Glaubensfreiheit und religionsbedingten Intoleranz
Angelo d'Almeido Ribeiro (1986–1993); Abdelfattah Amor (1993–2004); Asma Jahangir (seit 2004)
Nachdem die Generalversammlung im Jahre 1981 die Erklärung zur Beseitigung jeder Form von Intoleranz und Diskriminierung aufgrund der Religion oder der Weltanschauung verabschiedet hatte, beschloss die Menschenrechtskommission 1986, das Amt eines Sonderberichterstatters zur Religions- oder Glaubensfreiheit zu schaffen. Dieses Mandat ist von grundlegender Bedeutung für die Förderung des Dialogs zwischen den Religionen und Kulturen. Es bietet auch Gelegenheit, falsche Vorstellungen zu verschiedenen Religions- und Weltanschauungsformen abzubauen und grössere Toleranz innerhalb und zwischen den verschiedenen Religionsgemeinschaften zu gewährleisten. Seit 1986 betonen die Sonderberichterstatter unermüdlich, wie wichtig es ist, jegliche Form von Intoleranz und Diskriminierung auf der Grundlage der Religion zu bekämpfen. Auch Mr. Abdelfattah Amor (Tunesien) hat wiederholt betont, dass der Dialog sowohl zwischen den Religionen als auch innerhalb einer Religion sehr wichtig sei. In seinem Bericht aus dem Jahr 2002 erinnert er an seine wiederholten, seit 1994 erfolgten Aufrufe, religiösen Extremismus und den Missbrauch der Religion zur Durchsetzung politischer Zwecke zu bekämpfen. Extremismus – ganz gleich, ob die Anrufung der Religion echt oder fiktiv ist, ob der Extremismus Gewalt gutheisst, provoziert oder aufrechterhält oder mehr oder weniger starke Formen der Intoleranz annimmt – bedeutet immer eine gleichzeitige Verletzung von Freiheit und Religion und beschränkt sich nicht auf eine bestimmte Gesellschaft oder eine Religion. Auch ging der Sonderberichterstatter im Zusammenhang mit den Ereignissen des 11. September 2001 auf das Zusammenspiel der verschiedenen Religionsgemeinschaften und die Beziehungen innerhalb dieser Gemeinschaften ein. Der Sonderberichterstatter hat die Kommission konsultiert und sie um Unterstützung ersucht, um gründliche und gut dokumentierte Studien zu religiösem Extremismus, den Konsequenzen der Ereignisse des 11. September und zu Sekten vorzubereiten. ... Im Rahmen seines Mandats ist der Sonderberichterstatter über zeitgenössische Formen des Rassismus, der Rassendiskriminierung, des Fremdenhasses und damit verbundene Intoleranz gebeten worden, die Situation von Muslimen und Arabern in Teilen der Welt nach den Ereignissen des 11. September 2001 zu untersuchen und der Kommission einen vorläufigen Bericht über seine Erkenntnisse vorzulegen. Es sollte hier daran erinnert werden, dass er seinen letzten Bericht nach den Angriffen des 11. September abgeschlossen hat. Darin berichtet er über Übergriffe auf die muslimische und arabische Bevölkerung in mehreren Ländern sowie über Antisemitismus in Nordamerika, Europa und Russland. Der Sonderberichterstatter hat verschiedentlich «die grundlegende Bedeutung der Bildung» im Kampf gegen Vorurteile, Intoleranz, Rassismus und Fremdenhass hervorgehoben.
_{UN-Hochkommissariat für Menschenrechte, Report on Racism, Racial Discrimination and Xenophobia, 27. Januar 2003, E/CN.4/2003/17}

OSZE-Konferenz von Baku (2002) zur Rolle von Religion und Weltanschauung in einer demokratischen Gesellschaft: auf der Suche nach Möglichkeiten, Terrorismus und Extremismus zu bekämpfen
Die Teilnehmer der Konferenz in Baku kamen überein, dass:
- Religion und Weltanschauung in der modernen demokratischen Gesellschaft eine wichtige Rolle für den Einzelnen wie auch für die Gesellschaft insgesamt spielen;
- terroristische Gewaltakte, die im Namen einer Religion ausgeübt werden, nicht Ausdruck eines Kampfes der Kulturen, sondern des Zusammenpralls von Ignoranz sind;
- alle Religionen und vergleichbare Weltanschauungen der Toleranz und dem Respekt für die Menschenwürde verpflichtet sind und dass Gewalt und Terrorismus mit dem eigentlichen Geist der Religion unvereinbar sind;
- es im Kampf gegen den Terrorismus für Staaten und für den Einzelnen von grundlegender Bedeutung ist, alle Menschenrechte und insbesondere die Religions- und Weltanschauungsfreiheit voll und ganz zu respektieren;
- jeder Versuch entschieden zurückgewiesen wird, Terrorismus und Extremismus zu rechtfertigen, gleichgültig, welche politischen, religiösen, wirtschaftlichen oder sozialen Gründe vorgebracht werden sollten;
- so wie die Religion instrumentalisiert werden kann, um Terrorismus zu rechtfertigen, so auch Anti-Terror-Massnahmen der Regierungen missbraucht werden können, um den Verstoss gegen Menschenrechte und insbesondere auch gegen die Religions- und Weltanschauungsfreiheit zu rechtfertigen;
- die Gleichsetzung des Terrorismus mit einer bestimmten Religion oder Kultur entschieden zurückgewiesen und betont werden muss, dass weder Terroraktionen noch der Kampf gegen den Terrorismus als Kampf für oder gegen eine bestimmte Religion oder Kultur bezeichnet werden darf;
- Terrorismus und Extremismus die Rechtsstaatlichkeit, die Menschenrechte, Grundfreiheiten und die Demokratie zerstören und dass sie Frieden und Sicherheit bedrohen ....

_{OSZE}

DER BEITRAG DER ZIVILGESELLSCHAFT

Schlusserklärung der religiösen Führer: Gemeinsame Friedenserklärung, Assisi, 2002

Die Schlusserklärung wurde von mehr als 250 religiösen Führern verabschiedet, die am Friedensgebet teilgenommen hatten. Aufgeführt sind die Namen der Vertreter, die den jeweiligen Passus vorgetragen haben.

Der ökumenische Patriarch Bartholomäus I. von Konstantinopel:
Hier in Assisi haben wir gemeinsam über den Frieden nachgedacht, der ein Geschenk Gottes und ein gemeinsames Gut der gesamten Menschheit ist. Als Angehörige verschiedener religiöser Traditionen bekräftigen wir, dass es zum Aufbau des Friedens notwendig ist, den Nächsten zu lieben und die Goldene Regel zu beachten: «Tu deinem Nächsten das, was du willst, dass es dir getan wird.» In dieser Überzeugung werden wir unermüdlich am Frieden weiterarbeiten.

Pfarrer Konrad Raiser (Ökumenischer Rat der Kirchen):
Wir verpflichten uns, unsere feste Überzeugung kundzutun, dass Gewalt und Terrorismus dem authentischen Geist der Religion widersprechen. Indem wir jede Gewaltanwendung und den Krieg im Namen Gottes oder der Religion verurteilen, verpflichten wir uns, alles Mögliche zu unternehmen, um die Ursachen des Terrorismus zu beseitigen. ...

Metropolitan Pitirim (Orthodoxes Patriarchat von Moskau):
Wir verpflichten uns zur Förderung einer Kultur des Dialogs, damit gegenseitiges Verständnis und Vertrauen zwischen den Einzelnen und den Völkern wachsen können. Denn beides – Verständnis und Vertrauen – ist Voraussetzung für den Frieden.

Sheikh Abdel Salam Abushukhadaem (Moslem):
Wir verpflichten uns, aufrichtig und geduldig das Gespräch miteinander zu suchen. Wir wollen das, was uns unterscheidet, nicht als unüberwindliches Hindernis betrachten, sondern im Gegenteil anerkennen, dass die Andersartigkeit des anderen eine Chance bieten kann für ein umso besseres gegenseitiges Verstehen.

Chang-Gyou Choi (Konfuzianer):
Wir verpflichten uns zum Beistand für die Leidenden und Verlassenen und machen uns zur Stimme derer, die selbst nicht gehört werden. Wir werden konkret daran arbeiten, ihr Leiden und ihre Vergessenheit zu überwinden, in der Überzeugung, dass niemand ohne die anderen glücklich werden kann.

Nichiko Niwano (Buddhist):
Wir verpflichten uns zur Ermutigung jeder Initiative, die Freundschaft zwischen den Völkern fördert. Wir sind überzeugt, dass der technologische Fortschritt in zunehmendem Masse die Welt mit Zerstörung und Tod bedroht, wenn solidarisches Einvernehmen zwischen den Völkern fehlt.

Rabbiner Samuel-René Sirat (Judentum):
Wir verpflichten uns, an die Verantwortlichen der Nationen die Aufforderung zu richten, alle Anstrengungen zu unternehmen, dass auf nationaler wie internationaler Ebene eine Welt der Solidarität und des Friedens aufgebaut und gefestigt wird.

Abschlusserklärung der Religionsführer, Joint Commitment to Peace, Assisi/Italien, 25. Januar 2002

Der Beitrag der Zivilgesellschaft bei der Schaffung und Wahrung des Religionsfriedens

Zwar sollten wir die Rolle und die Verantwortung der Regierungen nicht unterschätzen, aber wir müssen uns darüber im Klaren sein, dass auch Nichtregierungsorganisationen eine grosse Verantwortung tragen. Die Forderungen der Religionsgemeinschaften und -gruppen nach Religionsfreiheit dürfen nie als Vorwand für Privilegien gelten, die nicht zugleich allen anderen Gesellschaftsteilen zustehen. In ihren gegenseitigen Beziehungen und bei Begegnungen diskutieren Religionsgemeinschaften und -gruppen zu häufig über Wahrheit und Irrtum. Doch bei Förderung und Schutz der Religionsfreiheit geht es nicht um eine Suche nach objektiver Wahrheit, sondern um die Stärkung des Respekts vor subjektiven Rechten des Einzelnen, der Gruppen und Gemeinschaften. Auf nationaler wie internationaler Ebene sollte der konstruktive Dialog zwischen den Religionsgemeinschaften und zwischen diesen Gemeinschaften und den Behörden gefördert werden – im Geiste von Toleranz und Respekt. Dieser Dialog zwischen Menschen verschiedener Glaubensrichtungen und Ideologien über Fragen der Religionsfreiheit und der Menschenrechte ist dringend notwendig.

Theo von Boven, Advances and Obstacles in Building Understanding and Respect Between People of Diverse Religions and Beliefs, HRQ 13 (1991)

KANADA, Vancouver, 11. September 2002 Während einer Zeremonie in der Surrey Art Gallery verwischt ein tibetanischer Mönch aus dem Kloster Gaden Jangtse in Südindien mit seiner Hand ein Sandmandala. Andy Clark/Reuters

Es ist in Wirklichkeit jeder Glaube, was mir nahegeht. Ich fühle mich ruhig in jedem Glauben, solange ich weiss, dass ich wieder fort kann. Es ist mir aber nicht daran gelegen zu zweifeln. Ich habe eine rätselhafte Bereitschaft zum Glauben und eine Leichtigkeit darin, als wäre es meine Aufgabe, alles wieder darzustellen, was je geglaubt worden ist. Das Glauben selbst vermag ich nicht anzutasten. Es ist stark und natürlich

in mir und bewegt sich auf alle Weisen. Ich könnte mir vorstellen, dass ich mein Leben an einem geheimen Zufluchtsort verbringe, der die Quellen, Mythen, Disputationen und Geschichten aller bekannten Glaubensformen birgt. Dort würde ich lesen, denken und mir langsam erglauben, was es überhaupt gibt.
Elias Canetti, Die Provinz des Menschen, Zürich/München (1973/75)

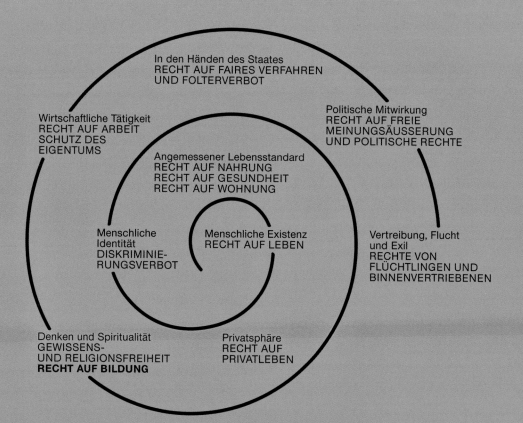

In den Händen des Staates
RECHT AUF FAIRES VERFAHREN
UND FOLTERVERBOT

Politische Mitwirkung
RECHT AUF FREIE
MEINUNGSÄUSSERUNG
UND POLITISCHE RECHTE

Wirtschaftliche Tätigkeit
RECHT AUF ARBEIT
SCHUTZ DES
EIGENTUMS

Angemessener Lebensstandard
RECHT AUF NAHRUNG
RECHT AUF GESUNDHEIT
RECHT AUF WOHNUNG

Menschliche
Identität
DISKRIMINIE-
RUNGSVERBOT

Menschliche Existenz
RECHT AUF LEBEN

Vertreibung, Flucht
und Exil
RECHTE VON
FLÜCHTLINGEN UND
BINNENVERTRIEBENEN

Denken und Spiritualität
GEWISSENS-
UND RELIGIONSFREIHEIT
RECHT AUF BILDUNG

Privatsphäre
RECHT AUF
PRIVATLEBEN

JEMEN, Al-Gabel, 1999
Ferdinando Scianna/Magnum Photos

Kann man ohne Bildung frei und gleich sein?

SÜDAFRIKA, Oranje-Freistaat, 1994   Ein Team unabhängiger Helferinnen und Helfer informiert des Lesens und Schreibens unkundige schwarze Südafrikaner, die zum ersten Mal in ihrem Leben wählen dürfen.
Ian Berry/Magnum Photos

GROSSBRITANNIEN, Oxford, 1994   Studentinnen und Studenten der Oxford University nehmen ihre Diplome in Empfang.
Stuart Franklin/Magnum Photos

RECHT AUF BILDUNG

FRANKREICH, Paris, 21. November 1995   Über die dürftige Ausstattung der Universitäten, überfüllte Hörsäle und drohende Arbeitslosigkeit verärgerte Studentinnen und Studenten demonstrieren für höhere öffentliche Ausgaben. Martine Franck/Magnum Photos

Armut fängt da an, wo auch nur einem Kind das grundlegende Recht auf Bildung verwehrt wird.

Kofi Annan, UN-Generalsekretär, Rede zur Verleihung des Nobelpreises, 2001

INDIEN, 1997 Ein Briefschreiber bietet seine Dienste an.
Bruno Barbey/Magnum Photos

MANGELNDE BILDUNG FÜR DIE ARMEN – MANGELNDE BILDUNG FÜR MÄDCHEN

Ungelöste Probleme unserer Zeit

Weltweit gibt es immer noch 868 Millionen erwachsene Analphabeten.
Es stimmt zwar, dass der Analphabetismus relativ gesehen stark abgenommen hat und auch weiterhin abnehmen wird. Prozentual gesehen fiel die Zahl der Analphabeten von 30,8 Prozent im Jahr 1980 auf 22,8 Prozent im Jahr 1995 und sollte 2010 16,6 Prozent erreicht haben. Dennoch: Aufgrund der stetig wachsenden Weltbevölkerung blieb die tatsächliche Zahl der Analphabeten mit rund 890 Millionen im Zeitraum von 1980 bis 1995 erstaunlich stabil, wenn auch seither eine leicht abnehmende Tendenz zu verzeichnen ist. Nach wie vor besuchen mehr als 100 Millionen Kinder im Grundschulalter die Schule nicht – oder es steht ihnen gar keine Schule zur Verfügung, welche sie besuchen könnten. Das Ausmass der uns bevorstehenden Arbeit ist also klar. Im Laufe der kommenden Generationen müssen wir die Herausforderung «Bildung für alle» annehmen, der wir uns im 20. Jahrhundert nicht gestellt haben, und jene des 21. Jahrhunderts – «lebenslange Bildung für alle und Aufbau einer aufgeklärten Gesellschaft» – aktiv verfolgen. Diese Herausforderungen betreffen alle Länder: Sogar die Erziehungssysteme der reichsten Länder sind nicht in der Lage, Lese- und Schreibfähigkeiten der gesamten Bevölkerung nachhaltig sicherzustellen. Untersuchungen zeigen, dass mehr als ein Zehntel, oft sogar mehr als ein Fünftel der Bevölkerung in den Industrieländern unter Analphabetismus leidet, wenn man ihn als das Unvermögen definiert, einen kurzen einfachen Satz aus dem Alltagsleben zu lesen, zu schreiben und zu verstehen.
UNESCO, Statement von Generaldirektor Koïchiro Matsuura, 2. September 2002

Falsche Prioritäten

Einige werden den Einwand erheben, dass die weltweite Schulpflicht ein nicht umsetzbares und nicht finanzierbares Projekt sei. Tatsächlich aber würde die Einführung der allgemeinen Schulpflicht in allen Entwicklungsländern innerhalb von zehn Jahren nur sieben bis acht Milliarden US-Dollar an jährlichen Mehrkosten verursachen. Das entspricht:
– den weltweiten Militärausgaben von vier Tagen, oder
– den Währungsspekulationen der internationalen Finanzmärkte von sieben Tagen oder
– weniger als der Hälfte dessen, was nordamerikanische Eltern jährlich für die Spielzeuge ihrer Kinder ausgeben, oder
– weniger als den Jahresausgaben der Europäer für Computer, Spiele oder Mineralwasser.
IHRIP/Forum Asia, Felix Morka, Module 16, The right to education

Kinder ohne Bildungsmöglichkeiten

Die Staatenberichte zum UN-Übereinkommen über die Rechte des Kindes zeigen auf, dass Kinder aus nicht weniger als 32 Kategorien Gefahr laufen, vom Bildungsangebot ausgeschlossen zu werden. Es handelt sich dabei um verlassene Kinder, Asyl suchende Kinder, Bettler, Kindermütter, Kinderprostituierte, uneheliche Kinder, straffällige Kinder, behinderte Kinder, verschleppte Kinder, Hausangestellte, drogenabhängige Kinder, Mädchen im Allgemeinen, HIV-infizierte Kinder, obdachlose Kinder, inhaftierte Kinder, Kinder von Eingeborenen, verheiratete Kinder, geistig kranke Kinder, Kinder von Einwanderern, Kinder von Minderheiten, Nomadenkinder, Waisen, schwangere Mädchen, Flüchtlingskinder, «Sans-papiers» (Kinder ohne Ausweispapiere), sexuell ausgebeutete Kinder, staatenlose Kinder, Strassenkinder, illegal gehandelte Kinder, Kriegskinder und arbeitende Kinder.

Katarina Tomasevski, UN-Sonderberichterstatterin über das Recht auf Bildung, Report, 13. Dezember 2002, UN Doc. E/CN.4/2003/913

Frauen sind überall auf der Welt stärker von Analphabetismus betroffen als Männer

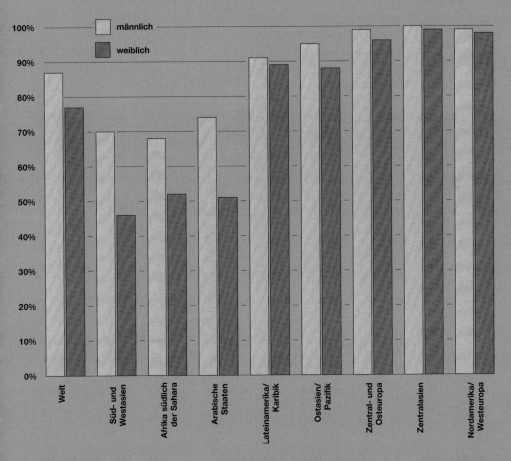

www.uis.unesco.org (2006)

AFGHANISTAN, Kotcha, 2001 Mädchenschule
Nathan Beck

Recht auf Bildung

Die volle Entwicklung der menschlichen Persönlichkeit ist ohne ein Minimum an formaler Bildung nicht denkbar. Bildung ist ein Menschenrecht an sich. Bildung ist zudem notwendig, um verschiedene andere Menschenrechte auszuüben, insbesondere das Recht auf Meinungsäusserung oder die Teilnahme am politischen Leben.

Der wichtigste Teilaspekt des Rechts auf Bildung ist der **Anspruch jedes Kindes auf unentgeltlichen und obligatorischen Grundschulunterricht.** Die Staaten haben allen Kindern, unabhängig von ihrem Geschlecht oder ihrem ethnischen und religiösen Hintergrund, den Besuch der Volksschule zu ermöglichen. Auch Kinder von illegalen Immigrantinnen und Kinder mit Behinderungen oder Krankheiten haben ein Recht darauf, eine ihren Bedürfnissen angepasste Grundschulbildung zu erhalten. Das Gegenstück zu dieser staatlichen Verantwortung findet sich in der Pflicht der Eltern, die Kinder in den obligatorischen Grundschulunterricht zu schicken.

Wie der UN-Ausschuss für wirtschaftliche, soziale und kulturelle Rechte erklärt hat, verletzt ein Staat seine Verpflichtungen, wenn er bestimmten Kindern keinen Grundschulunterricht zukommen lässt. Es bleibt ihm allerdings vorbehalten, den Nachweis zu erbringen, dass er all seine verfügbaren wirtschaftlichen Ressourcen eingesetzt hat, um in jedem Landesteil Primarschulen einzurichten und zu führen, und trotzdem nicht alle Bedürfnisse abzudecken vermag. Diese Aussage verdeutlicht, dass **auch sehr arme Länder im Bereich der Bildung weitreichende Pflichten haben.** Zwischen dem Recht auf Bildung und den anderen Sozialrechten – wie dem Recht auf angemessene Nahrung oder Wohnung oder dem Recht auf Arbeit – besteht ein bedeutender Unterschied: Während bei den anderen Sozialrechten primär jede einzelne Person oder Familie selber verpflichtet ist, für die Befriedigung ihrer Grundbedürfnisse zu sorgen, und der Staat nur subsidiär entsprechende Hilfeleistungen erbringen muss, ist dies beim Recht auf Bildung anders: Es ist vorrangig die Pflicht des Staates und nicht der Eltern, für ausreichende, obligatorische und unentgeltliche Grundschulbildung der Kinder und Jugendlichen zu sorgen.

Das Recht auf Bildung beinhaltet grundsätzlich auch eine Pflicht, im Bereich der **Sekundarschule und der höheren Bildung ein diskriminierungsfrei zugängliches Bildungsangebot** für alle entsprechend ihrer Begabung einzurichten. Bei der höheren Schulbildung können jedoch mangelnde Staatsmittel dem Ausbau des Bildungswesens Grenzen setzen; entsprechend besteht kein durchsetzbarer Anspruch auf eine höhere Ausbildung. Dies ändert jedoch nichts an der grundsätzlichen Pflicht der Staaten, den Aufbau eines entsprechenden Bildungsangebotes nach Kräften anzustreben.

Die Bildung muss angemessen sein: Es muss ein ausreichendes Angebot vorhanden sein, das von allen Menschen ohne Diskriminierung benutzt werden kann. Die Lehrmittel und Lehrinhalte müssen qualitativ den Anforderungen der jeweiligen Schulstufe und der Art der Schule entsprechen.

Das Recht auf Bildung garantiert zudem eine **Bildungsfreiheit** mit drei Teilaspekten: Erstens darf der Staat niemandem den Zugang zu vorhandenen Bildungseinrichtungen verweigern. Zweitens haben die Eltern – innerhalb der Grenzen des obligatorischen Grundschulunterrichts – das Recht, die schulische Bildung für ihr Kind zu bestimmen. Drittens muss der Staat Privatschulen zulassen, sofern diese den staatlich festgelegten Mindestanforderungen genügen, und er muss es akzeptieren, wenn Eltern ihre Kinder lieber auf eine Privatschule als in die öffentliche Schule schicken wollen.

INDIEN, Benares, 1997   Schule im Freien.
Ferdinando Scianna/Magnum Photos

HONDURAS, Tegucigalpa, Februar 1999 Ein Knabe macht seine Schreibübungen auf dem Fussboden in einer Notunterkunft auf dem Hof der Argentina-Mädchenschule. Der Beginn des Schuljahrs wird um einen Monat verschoben, da noch Tausende Menschen in Schulen untergebracht sind, nachdem der Hurrikan Mitch im Oktober 1998 über das Land hinweggefegt war.
Victor R. Caivano/AP

KAMBODSCHA, Kompong Tralach, August 2002   Koranschule
John Vink/Magnum Photos

MALI, Bamako, 1994 Kinder lernen das Alphabet.
Abbas/Magnum Photos

BILDUNG UND MENSCHENRECHTE

Bildung als Ausgangspunkt

Das Recht auf Bildung ist ein unerlässliches Mittel, um es Erwachsenen und Kindern wirtschaftlicher und sozialer Randgruppen zu ermöglichen, ihre Armut zu überwinden und die erforderlichen Fähigkeiten zu erlangen, damit sie als vollwertige Mitglieder am Leben ihrer Gesellschaft teilnehmen können. Bildung spielt eine grundlegende Rolle bei der Verstärkung des Einflusses von Frauen, beim Schutz von Kindern vor ausbeuterischer und gefährlicher Arbeit oder sexueller Ausbeutung, bei der Förderung von Demokratie und Menschenrechten, im Umweltschutz und bei der Kontrolle des Bevölkerungswachstums. In zunehmendem Masse gilt Bildung als eine der besten finanziellen Investitionen, die ein Staat tätigen kann.

UN-Ausschuss für wirtschaftliche, soziale und kulturelle Rechte, Allgemeine Bemerkung, Nr. 13, 8. Dezember 1999, UN Doc. HRI/GEN/1/Rev. 6

Warum gehen so viele Kinder nicht zur Schule?

Die Antworten auf diese Frage sind bekannt und weitgehend unbestritten. Es wird gesagt, dass die Regierungen der Entwicklungsländer nicht über genügend Mittel für die Einführung der allgemeinen Grundschulpflicht verfügen. Es fehlen ihnen das Personal und die wirtschaftlichen Mittel, um Gesetze gegen Kinderarbeit wirksam durchzusetzen. Arme Familien sind häufig auf die Arbeit und das Einkommen ihrer Kinder angewiesen; Eltern und Kinder in Entwicklungsländern sind zudem oft der Ansicht, dass die Schule für die Befriedigung ihrer Bedürfnisse völlig belanglos sei. ... Die Einführung der allgemeinen Schulpflicht ist eine notwendige Voraussetzung für die Reduktion und die Abschaffung der Kinderarbeit. Ohne Schulpflicht wird es den Staaten nicht gelingen, Gesetze gegen Kinderarbeit durchzusetzen. In immer mehr Ländern geht die stufenweise Verlängerung der Schulpflicht einher mit einer graduellen Einschränkung der Kinderarbeit. Liegt das Schulentlassungsalter unter dem Mindestalter für die Zulassung zum Arbeitsmarkt, ist es wahrscheinlich, dass Kinder illegal Arbeit suchen werden. Die Durchsetzung der Gesetze gegen Kinderarbeit gestaltet sich in diesen Fällen schwieriger. Aus Sicht der Verwaltung lässt sich die Entwicklung der Kinder in der Schule einfacher kontrollieren als am Arbeitsplatz; es ist einfacher, Eltern zu zwingen, ihre Kinder zur Schule zu schicken, als Arbeitgebern zu verbieten, Kinder einzustellen. In keinem Land konnte bisher die Kinderarbeit erfolgreich abgeschafft werden, solange nicht zuerst die Schulpflicht eingeführt wurde. Werden Kinder nicht zum Schulbesuch angehalten, werden sie ins Erwerbsleben einsteigen.

Myron Weiner, Child Labour in Developing Countries: The Indian Case, in: Henry J. Steiner/Philip Alston, International Human Rights in Context, Oxford/New York 2000

UN-Pakt über wirtschaftliche, soziale und kulturelle Rechte, 1966

Artikel 13
1. Die Vertragsstaaten erkennen das Recht eines jeden auf Bildung an. Sie stimmen überein, dass die Bildung auf die volle Entfaltung der menschlichen Persönlichkeit und des Bewusstseins ihrer Würde gerichtet sein und die Achtung vor den Menschenrechten und Grundfreiheiten stärken muss. Sie stimmen ferner überein, dass die Bildung es jedermann ermöglichen muss, eine nützliche Rolle in einer freien Gesellschaft zu spielen, dass sie Verständnis, Toleranz und Freundschaft unter allen Völkern und allen rassischen, ethnischen und religiösen Gruppen fördern sowie die Tätigkeit der Vereinten Nationen zur Erhaltung des Friedens unterstützen muss.
2. Die Vertragsstaaten erkennen an, dass im Hinblick auf die volle Verwirklichung dieses Rechts: a) der Grundschulunterricht für jedermann Pflicht und allen unentgeltlich zugänglich sein muss; b) die verschiedenen Formen des höheren Schulwesens einschliesslich des höheren Fach- und Berufsschulwesens auf jede geeignete Weise, insbesondere durch allmähliche Einführung der Unentgeltlichkeit, allgemein verfügbar und jedermann zugänglich gemacht werden müssen; c) der Hochschulunterricht auf jede geeignete Weise, insbesondere durch allmähliche Einführung der Unentgeltlichkeit, jedermann gleichermassen entsprechend seinen Fähigkeiten zugänglich gemacht werden muss; d) eine grundlegende Bildung für Personen, die eine Grundschule nicht besucht oder nicht beendet haben, so weit wie möglich zu fördern oder zu vertiefen ist; e) die Entwicklung eines Schulsystems auf allen Stufen aktiv voranzutreiben, ein angemessenes Stipendiensystem einzurichten und die wirtschaftliche Lage der Lehrerschaft fortlaufend zu verbessern ist.

USA, Kalifornien, Sepulveda, 2000   Diese Vorschullehrerin hat weder Unterrichtserfahrung, noch ist sie pädagogisch ausgebildet worden. Der Mangel an qualifizierten Lehrkräften gehört zu den gravierendsten Problemen dieses Schulbezirks. Damian Dovarganes/AP

INDONESIEN, Jakarta, Januar 2004   Das ist Aldi, fünf Jahre alt. Die 1600 Schüler der Kartini Emergency Schools in den Slums von Jakarta wissen, dass Wasser in den Klassenzimmern immer noch besser ist als gar keine Schule. Suzanne Plunkett/AP

WAS IST «ANGEMESSENE BILDUNG»?

Bildung muss verfügbar, zugänglich, annehmbar und anpassungsfähig sein

(a) Verfügbarkeit: Funktionstüchtige Bildungseinrichtungen und -programme müssen in ausreichender Menge zur Verfügung stehen.

(b) Zugänglichkeit: Bildungseinrichtungen und -programme sind für alle Personen ohne Unterscheidung zugänglich zu machen. Die Zugänglichkeit hat drei sich überschneidende Dimensionen: Diskriminierungen sind unzulässig – Bildung muss für alle zugänglich sein, insbesondere für die verletzlichsten Gesellschaftsmitglieder. Erreichbarkeit – Bildung muss in zumutbarer und sicher erreichbarer Nähe angeboten werden. Wirtschaftliche Zugänglichkeit – Bildung muss für alle finanzierbar sein.

(c) Annehmbarkeit: Form und Inhalt der Bildung, einschliesslich Lehrplan und Unterrichtsmethoden, müssen für Schülerinnen und Schüler und – soweit angezeigt – auch für die Eltern annehmbar sein (z. B. relevant, kulturell angemessen und von guter Qualität).

(d) Anpassungsfähigkeit: Das Bildungsangebot muss flexibel sein, damit es sich den Bedürfnissen einer sich ändernden Gesellschaft und Gemeinschaft anpassen und auf die Bedürfnisse der Lernenden in ihrem jeweiligen sozialen und kulturellen Zusammenhang eingehen kann.

UN-Ausschuss für wirtschaftliche, soziale und kulturelle Rechte, Allgemeine Bemerkung, Nr. 13, Das Recht auf Bildung, 8. Dezember 1999, UN Doc. HRI/GEN/1/Rev. 6

Du mit deiner Schule …

Ich bin der neue Lehrer im Dorf. Tatsächlich bin ich der erste Beamte, den das Ministerium hierher geschickt hat. … Wie überall sonst ist auch hier der erste Schultag ein Festtag. Hier ist es kein gewöhnliches Fest. Die Schüler krakeelen, schreien, schmeissen mit Kreidestücken. Sie amüsieren sich. Für sie ist die Schule eine Erholungspause, ein Abenteuer, das Abwechslung in die alltägliche Langeweile bringt. … Ich muss mich damit abfinden, dass die Schule für diese Kinder wie der Zirkus ist, der hier einmal im Jahr vorbeikommt. Was bedeutet Schule für ein Kind, das sich nicht satt essen kann? Wie soll man ihm erklären, dass es sich hier anstrengen muss, um eines Tages nicht mehr Hunger zu leiden? … Wenn ich ihre Namen aufrufe, lachen die Kinder. Sind sie sorglos oder ganz einfach glücklich? Trotz ihres schwierigen Lebens sind sie fröhlich. Am zweiten Tag stelle ich fest, dass zwei Schüler fehlen. Sind sie krank oder haben sie sich verdrückt? Niemand antwortet auf meine Fragen. Zwei von dreissig, das ist nicht schlimm. Morgen werden sie wieder da sein. Doch auch am nächsten Tag kommen sie nicht. Ausserdem fehlen drei weitere Schüler. Ich bin beunruhigt. Es gibt keinen Schulleiter, an den ich mich wenden könnte. Ich bin der Lehrer, der Schulleiter, die Putzfrau und der Pförtner in Person. … Nach einem Monat ist nur noch die Hälfte der Schüler anwesend. Wo sind die fünfzehn anderen? … Ich beschliesse, den Dorfältesten Hadsch Baba darauf anzusprechen. «… ach, die Schule! Nennst du diese Ruine eine Schule? Du hast ja nicht einmal eine Tafel. Und was die Pulte und Bänke betrifft, da kannst du noch lange warten. Warum sollten die Leute aus der Stadt dieses verlassene Dorf auch gut behandeln? Du bist naiv, mein Sohn. Hast du nicht gesehen, in welchem Zustand das Vieh hier ist? Du warst letztes Jahr nicht hier. Nicht ein einziger Regentropfen ist gefallen. Der Tod streift um die Hügel. Hier, setz dich und sieh in den Himmel. Wenn du Geduld genug hast, wirst du begreifen, dass der Himmel leer ist. Er hat nichts Gutes für uns aufbewahrt. Wir sind verdammt. Seit dem Tod des Marabu stirbt unser Dorf langsam dahin. Du mit deiner Schule…»

Tahar Ben Jelloun, Die Schule der Armen, Berlin 2002

UN-Übereinkommen über die Rechte des Kindes, 1989

Artikel 28
1. Die Vertragsstaaten erkennen das Recht des Kindes auf Bildung an; um die Verwirklichung dieses Rechts auf der Grundlage der Chancengleichheit fortschreitend zu erreichen, werden sie insbesondere a) den Besuch der Grundschule für alle zur Pflicht und unentgeltlich machen; b) die Entwicklung verschiedener Formen der weiterführenden Schulen allgemeinbildender und berufsbildender Art fördern, sie allen Kindern verfügbar und zugänglich machen und geeignete Massnahmen wie die Einführung der Unentgeltlichkeit und die Bereitstellung finanzieller Unterstützung bei Bedürftigkeit treffen; c) allen entsprechend ihren Fähigkeiten den Zugang zu den Hochschulen mit allen geeigneten Mitteln ermöglichen; d) Bildungs- und Berufsberatung allen Kindern verfügbar und zugänglich machen; e) Massnahmen treffen, die den regelmässigen Schulbesuch fördern und den Anteil derjenigen, welche die Schule vorzeitig verlassen, verringern.
2. Die Vertragsstaaten treffen alle geeigneten Massnahmen, um sicherzustellen, dass die Disziplin in der Schule in einer Weise gewahrt wird, die der Menschenwürde des Kindes entspricht und im Einklang mit diesem Übereinkommen steht.

Artikel 29
1. Die Vertragsstaaten stimmen darin überein, dass die Bildung des Kindes darauf gerichtet sein muss, a) die Persönlichkeit, die Begabung und die geistigen und körperlichen Fähigkeiten des Kindes voll zur Entfaltung zu bringen; b) dem Kind Achtung vor den Menschenrechten und Grundfreiheiten und den in der Charta der Vereinten Nationen verankerten Grundsätzen zu vermitteln; c) dem Kind Achtung vor seinen Eltern, seiner kulturellen Identität, seiner Sprache und seinen kulturellen Werten, den nationalen Werten des Landes, in dem es lebt, und gegebenenfalls des Landes, aus dem es stammt, sowie vor anderen Kulturen als der eigenen zu vermitteln; d) das Kind auf ein verantwortungsbewusstes Leben in einer freien Gesellschaft im Geist der Verständigung, des Friedens, der Toleranz, der Gleichberechtigung der Geschlechter und der Freundschaft zwischen allen Völkern und ethnischen, nationalen und religiösen Gruppen sowie zu Ureinwohnern vorzubereiten; e) dem Kind Achtung vor der natürlichen Umwelt zu vermitteln.

ECUADOR, 1993 Kinder in einer Schule in einem kleinen Dorf hoch oben in den Anden.
Stuart Franklin/Magnum Photos

MEXIKO, Chenlaho, 1999 In einer provisorischen Schule im Vertriebenenlager in Xoyep lernen
Kinder der Tzotzil lesen und schreiben. Eduardo Verdugo/AP

MÄDCHEN DÜRFEN DIE SCHULE BESUCHEN

In den Neunzigerjahren des letzten Jahrhunderts stieg die Zahl der Mädchen in den Grundschulen schneller an als die der Jungen. Der Geschlechterindex (Gender Parity Index, GPI) stieg von 0,89 auf 0,93 an (wobei der GPI-Wert von 1 Gleichstellung der Geschlechter bedeuten würde). 104 Millionen Kinder weltweit besuchen keine Schule. 57 Prozent davon sind Mädchen. Diese Zahlen zeigen klar, dass die Diskriminierung nach wie vor ein dringliches Problem bleibt.

UNESCO, Girls Continue to Face Sharp Discrimination in Access to School, Pressemitteilung, 5. Nov. 2003

Mädchen im Haushalt statt in der Schule

COSTA RICA, 1996   Helen, elf Jahre: Ich passe zu Hause auf meine Geschwister auf, während meine Mutter auswärts putzt und bügelt. Wenn ich aufstehe, mache ich meinen jüngeren Geschwistern Kaffee, wenn Brot da ist, gebe ich ihnen ein bisschen davon. Wenn es sein muss, gehe ich mit ihnen in die Schule. Wenn ich nach Hause komme, putze ich und gehe mit meinen Geschwistern zur Heilsarmee, wo wir ein Mittagessen bekommen. Danach muss ich auf sie aufpassen und den Haushalt machen. ... Ich bin erst in der zweiten Klasse, denn jedes Mal, wenn ich in die Schule gehe, werde ich wieder herausgenommen. Das erste Mal passierte das, als mein Bruder Ricardo zur Welt kam und ich auf ihn aufpassen musste. Später wurde ich aus der Schule genommen, weil meine Mutter nicht das Geld hatte, um uns alle zur Schule zu schicken. Die Schule kostet viel. Da wir zu Hause acht Kinder sind...

Latin American and Caribbean Women's Health Network 1996, www.unicef.org

Ehefrauen statt Schülerinnen

KENIA, 2003   Malin, eine Massai, ist ausgebildete Krankenschwester und arbeitet in Kenia auf dem Land. Im Alter von 14 Jahren ging sie zur Schule und träumte von einer Karriere im Gesundheitswesen. Aber ihr Vater hatte andere Pläne. Ohne Malin zu fragen, hatte er einen Ehemann für sie gefunden und angefangen, über die Mitgift zu verhandeln. Ihre Mutter versuchte die Hochzeit zu verhindern, damit Malin weiter zur Schule gehen könnte, aber ihr Vater hörte nicht auf sie. Er schickte Malins Mutter aus dem Haus und vereinbarte, dass Malin den Sohn eines Nachbarn heiraten sollte – im Austausch gegen 15 Stück Vieh.
Malin wurde aus der Schule genommen. Sie hörte, wie ihre Mutter die Hochzeitspläne einer Nachbarin anvertraute. «Da verstand ich, warum mein Vater mir nicht erlauben wollte, zurück zur Schule zu gehen», sagt sie heute. «Aber ich war fest entschlossen, wieder zurück zur Schule zu gehen. Ich war bereit, alles dafür zu tun.»
Sie schrieb dem örtlichen Vertreter des Bezirksrates und bat um Hilfe. Dann kam ihr Widerstand den Medien zu Ohren, aber zu diesem Zeitpunkt wohnte Malin bereits im Haus ihrer zukünftigen Schwiegereltern, und die letzten Hochzeitsvorbereitungen liefen. Nachdem sie noch weitere Briefe geschrieben hatte, kamen ihr schliesslich die Behörden zu Hilfe. Ihr zukünftiger Schwiegervater wurde festgenommen. «Das war der glücklichste Augenblick in dem ganzen Trauerspiel, denn es bedeutete, dass ich gewonnen hatte und dass es möglich war, sich gegen die Traditionen aufzulehnen», sagt sie.

UNICEF, Auszug mit der freundlichen Genehmigung von FAWE News 5 (1997)

Brennende Mädchenschulen

AFGHANISTAN, 2001   Ein Vertreter der Vereinten Nationen sagte am Sonntag, den 7. März 2001, dass in Afghanistan, wo das abgesetzte islamistische Taliban-Regime Mädchen den Zugang zu einer Schule verboten hatte, zwei weitere Mädchenschulen von unbekannten Tätern angezündet wurden. Die eine dieser Schulen befand sich im Bezirk Bala Buk in der südwestlichen Provinz Farah, die andere im gebirgigen Bezirk Kishem in der nordöstlichen Provinz Badakhshan, wie der UN-Sprecher Manuel de Almeida e Silva mitteilte. Glücklicherweise gab es keine Opfer, doch Schulgebäude und Lehrmaterialien wurden beschädigt, sagte der Sprecher. ... Einem UN-Bericht zufolge wurden mehr als 30 Mädchenschulen niedergebrannt, seitdem die Taliban 2001 vertrieben wurden. Die Angriffe auf Schulen, insbesondere Mädchenschulen, werden für gewöhnlich versprengten Taliban-Banden angelastet.

Agence France Press, Sonntag, 7. März 2001, veröffentlicht auf asia.news.yahoo.com

---

UN-Übereinkommen zur Beseitigung jeder Form der Diskriminierung der Frau, 1979

Artikel 10
Die Vertragsstaaten treffen alle geeigneten Massnahmen zur Beseitigung der Diskriminierung der Frau, um ihr im Bildungsbereich die gleichen Rechte wie dem Mann zu gewährleisten und auf der Grundlage der Gleichberechtigung von Mann und Frau insbesondere Folgendes sicherzustellen: a) gleiche Bedingungen bei der Berufsberatung, bei der Zulassung zum Unterricht und beim Erwerb von Zeugnissen an Bildungseinrichtungen jeder Art sowohl in ländlichen als auch in städtischen Gebieten; diese Gleichberechtigung gilt im Hinblick auf Vorschulen, allgemeinbildende Schulen, Fachschulen, allgemeine und technische Bildungseinrichtungen im tertiären Bereich sowie für jede Art der Berufsausbildung; b) Zulassung zu denselben Bildungsprogrammen und Prüfungen sowie Lehrkräften mit gleichwertigen Qualifikationen und zu Schulanlagen und Schulausstattungen derselben Qualität; c) Beseitigung jeder stereotypen Auffassung in Bezug auf die Rolle von Mann und Frau auf allen Bildungsebenen und in allen Unterrichtsformen durch Förderung der Koedukation und sonstiger Erziehungsformen, die zur Erreichung dieses Zieles beitragen, insbesondere auch durch Überarbeitung von Lehrbüchern und Lehrplänen und durch Anpassung der Lehrmethoden; d) Chancengleichheit bei der Erlangung von Stipendien und sonstigen Ausbildungsbeihilfen; e) gleiche Möglichkeiten des Zugangs zu Weiterbildungsprogrammen, darunter Programme für erwachsene Analphabeten und zur funktionellen Alphabetisierung, insbesondere zur möglichst baldigen Verringerung jeden Bildungsgefälles zwischen Mann und Frau; f) Verringerung des Prozentsatzes von Frauen, die ihre Ausbildung abbrechen, sowie Veranstaltung von Programmen für Mädchen und Frauen, die vorzeitig von der Schule abgegangen sind; g) gleiche Möglichkeiten zur aktiven Teilnahme an Sport und Leibesübungen; h) Zugang zu spezifischen Bildungsinformationen, die zur Gesunderhaltung und zum Wohlergehen der Familie beitragen, einschliesslich Aufklärung und Beratung in Bezug auf die Familienplanung.

INDONESIEN bei Muntilan, 2003 Naturkundeunterricht im islamischen Internat Pabelan. Reuters

KENIA, 1999 Ein Massai-Mädchen, das davor bewahrt wurde, im Alter von zehn Jahren zu heiraten, hört in einem von Massai-Frauen betriebenen Internat, einem Zufluchtsort für Mädchen, ihrer Lehrerin zu. Corrinne Dufka/Reuters

MINDERHEITEN HABEN EIN RECHT AUF BILDUNG

Das Recht nationaler Minderheiten auf eigene Institutionen und Bildungseinrichtungen ist im Völkerrecht fest verankert und muss respektiert werden.
Internationale Rechtsinstrumente, die sich mit dem Unterricht in der Muttersprache von Minderheiten befassen, legen fest, dass Minderheiten das Recht haben, ihre Identität durch den Gebrauch ihrer Muttersprache zu wahren. Zugleich sind sie berechtigt, sich durch das Erlernen einer Amtssprache in die weitere Gesellschaft zu integrieren.

Haager Empfehlungen zum Recht nationaler Minderheiten auf Bildung

Marginalisierte Romakinder

OST- UND MITTELEUROPA, 2006   Nach der politischen Wende 1989/1990 ist das Bildungsniveau der Roma in den meisten Staaten (Albanien, Bosnien-Herzegowina, Bulgarien, Kosovo, Mazedonien, Montenegro, Rumänien und Serbien) weiter zurückgegangen. Während der Anteil der Analphabeten unter den 25- bis 34-Jährigen geringer ist als bei den über 45-Jährigen, gibt es unter den 15- bis 24-Jährigen wieder mehr Analphabeten. Besonders schlecht sind die Alphabetisierungsraten von Romafrauen. Romakinder wachsen also bereits in einer überwiegend bildungsfernen Umgebung auf. … In den Ländern Südosteuropas sind bis zu 80 Prozent der Romakinder nicht eingeschult, obwohl in allen Ländern formal Schulpflicht herrscht. In Bosnien-Herzegowina ist der Anteil der von Schulbildung ausgeschlossenen Romakinder mit 80 Prozent extrem hoch. In Rumänien, Bulgarien, Albanien und Serbien gehen zwischen 20 und 40 Prozent der Romakinder zur Schule. Im Kosovo waren es im Jahr 2002 Schätzungen zufolge weniger als 10 Prozent. … Als wichtigsten Grund dafür, dass ihr Kind nicht zur Schule geht, gaben Eltern in Serbien «keine vorzeigbare Kleidung» an. Allerdings gibt es in einigen Romagruppen auch überkommene Rollenmuster, die den Schulbesuch für Mädchen behindern. Der Umfrage in Serbien zufolge mussten dort 57,4 Prozent der Romamädchen die Schule abbrechen, weil sie geheiratet hatten. 61,3 Prozent mussten bei der Erziehung der jüngeren Geschwister helfen und konnten deshalb nicht mehr am Unterricht teilnehmen.

UNICEF Deutschland, Informationsdossier «Romakinder in Europa», 2006

Auch Kinder illegaler Einwanderer haben ein Recht auf Bildung

USA   1982 befasste sich das oberste amerikanische Verfassungsgericht mit der Frage, ob Kindern aus illegalen Einwandererfamilien der Zugang zu den amerikanischen Schulen verweigert werden dürfe. Das Gericht führte aus, dass illegal in den USA lebende Kinder nicht aus dem öffentlichen Schulwesen ausgeschlossen werden dürfen:
«Abgesehen davon, dass die Schulausbildung eine Schlüsselrolle in der Erhaltung unseres politischen und kulturellen Erbes spielt, wäre es ein Verstoss gegen eines der Ziele der Gleichheitsgarantie in der amerikanischen Verfassung, wenn einer bestimmten Gruppe von Kindern der Schulunterricht verweigert würde. Die Gleichheitsgarantie verlangt, dass staatliche Barrieren abgebaut werden, die eine Person auf unbillige Weise an der persönlichen Lebensentfaltung hindern. Indem wir den Kindern einer stigmatisierten Minderheit die Schulausbildung vorenthalten, verweigern wir diesen Menschen gerade die Mittel, mit deren Hilfe diese Gruppe ihr Ansehen bei der Bevölkerungsmehrheit steigern könnte. Von unmittelbarerer Bedeutung ist jedoch die Tatsache, dass der Schulunterricht die Kinder auf ein selbstsicheres und selbstständiges Leben in der Gesellschaft vorbereiten soll. … Analphabetismus stellt eine andauernde Behinderung dar. Die Unfähigkeit zu lesen und zu schreiben, behindert den Menschen, dem eine schulische Basisausbildung versagt wurde, an jedem einzelnen Tag seines Lebens. Die erdrückende Belastung, die die Versagung einer schulischen Grundausbildung für das soziale, ökonomische, intellektuelle und psychische Wohlergehen des Einzelnen bedeutet, und das Hindernis, das sie für die individuellen Entfaltungsmöglichkeiten unterprivilegierter Kinder darstellt, sind mit dem in der Verfassung zum Ausdruck gebrachten Gleichheitsgrundsatz kaum zu vereinbaren.»

Supreme Court of the United States, Plyler v. Doe, 457 U.S. 202 (1982)

UN-Pakt über wirtschaftliche, soziale und kulturelle Rechte, 1966

Artikel 13
4. Keine Bestimmung dieses Artikels darf dahin ausgelegt werden, dass sie die Freiheit natürlicher oder juristischer Personen beeinträchtigt, Bildungseinrichtungen zu schaffen und zu leiten, sofern die in Absatz 1 niedergelegten Grundsätze beachtet werden und die in solchen Einrichtungen vermittelte Bildung den vom Staat gegebenenfalls festgesetzten Mindestnormen entspricht.

Nach Artikel 13 (4) hat jede Person, auch ein Ausländer, das Recht, Bildungsinstitutionen zu gründen und zu leiten. Dieses Recht erstreckt sich auch auf «Körperschaften», d.h. juristische Personen oder Rechtsträger. Es umfasst das Recht, Bildungseinrichtungen jeder Art zu gründen und zu leiten, einschliesslich Kindertagesstätten, Universitäten und Erwachsenenbildungseinrichtungen. In Anbetracht der Prinzipien der Nichtdiskriminierung, der Chancengleichheit und der effektiven Teilhabe aller Menschen an der Gesellschaft hat der Staat die Verpflichtung, sicherzustellen, dass das in Artikel 13 (4) dargelegte Recht nicht zu unterschiedlichen Bildungschancen für einige gesellschaftliche Gruppen führt.

UN-Ausschuss für wirtschaftliche, soziale und kulturelle Rechte, Allgemeine Bemerkung, Nr. 13, 8. Dezember 1999, UN Doc. HRI/GEN/1/Rev. 6

UNESCO-Konvention gegen Diskriminierung im Unterrichtswesen, 1960

Artikel 3
Um jede Diskriminierung im Sinne dieses Übereinkommens zu beseitigen und zu verhüten, verpflichten sich die Vertragsstaaten, a) alle Rechts- und Verwaltungsvorschriften aufzuheben und alle Verwaltungsgepflogenheiten einzustellen, die eine Diskriminierung im Unterrichtswesen bewirken; b) die notwendigen Massnahmen zu treffen, erforderlichenfalls im Wege der Gesetzgebung, damit bei der Zulassung von Schülern zu Unterrichtsanstalten keine Diskriminierung stattfindet; … e) ausländischen Staatsangehörigen, die in ihrem Hoheitsgebiet ansässig sind, denselben Zugang zum Unterricht zu gewähren wie ihren eigenen Staatsangehörigen.

Das Recht auf Privatschulen und kultureller Pluralismus

In einer wegweisenden Entscheidung hat das nigerianische Berufsgericht die Ansicht vertreten, die Regierung habe durch ihr Verbot von Privatschulen das Erziehungsrecht der Eltern und Vormünder verletzt. Das Gericht betonte, Eltern hätten das Recht, für ihre Kinder jene schulische Institution zu wählen, die ihrer kulturellen Tradition und ihrer erzieherischen Auffassung am besten entspreche.

Nigerian Court of Appeal, Archbishop O. Okogie et al. v. The Attorney General of Lagos State, 2 NCLR 337 [1981]

RUMÄNIEN, Tirgu Bujor, 2004   Ein rumänisches Romamädchen übt in der Schule das Alphabet.
Vadim Ghirda/AP

KINDER MIT SPEZIELLEN BEDÜRFNISSEN HABEN EIN RECHT AUF BILDUNG

98 Prozent der behinderten Kinder in Entwicklungsländern besuchen keine Schule

Das Recht auf Bildung gilt umfassend und muss allen Kindern, Jugendlichen und Erwachsenen mit Behinderungen zustehen.

Es ist bekannt, dass die meisten Menschen mit eingeschränktem Hör- oder Sehvermögen in den Entwicklungsländern weder lesen noch schreiben können. Menschen mit geistiger Behinderung oder psychischer Krankheit werden oft sträflich vernachlässigt. Es ist zudem bekannt, dass es einen klaren Zusammenhang zwischen Behinderung und Armut gibt. Schliesslich wissen wir auch, dass alle Behinderten ein sinnvolles und produktives Leben führen und zum sozialen und wirtschaftlichen Wohl ihrer Familie und der Gemeinschaft beitragen können, wenn sie die Möglichkeit dazu erhalten.

Bildung und lebenslanges Lernen können und müssen jene Lücken in der wirtschaftlichen und sozialen Entwicklung schliessen, die Menschen mit einer Behinderung zu einer gesellschaftlichen Randgruppe machen. Es ist wichtig, Ressourcen zu mobilisieren, um Bildungsmöglichkeiten zu schaffen, die eine integrative Gesellschaft und soziale Gerechtigkeit fördern. Das Fehlen von Ressourcen und aktiven Bemühungen ist nicht die Konsequenz fehlender Mittel, sondern Ausdruck mangelnden Willens.

UNESCO/University of Oslo, The Flagship on Education for All and the Right to Education for Persons with Disabilities: Towards Inclusion 2001 (UNESCO Summary)

AIDS-Waisen

Aus vielen der am stärksten von AIDS betroffenen Länder Südafrikas liegen besorgniserregende Beweise dafür vor, dass die Epidemie immer mehr Kinder vom Schulbesuch abhält. Eine neue Studie aus Sambia zeigt jedoch, dass für die steigende Anzahl der Waisen der Schulbesuch gleichbedeutend ist mit Zugang zu lebenswichtiger sozialer und psychologischer Unterstützung. Waisen, die nicht zur Schule gehen, verbringen einen Grossteil des Tages alleine, sind isoliert und werden vernachlässigt, heisst es in der Studie zweier sambischer Nichtregierungsorganisationen. Fast ein Fünftel aller sambischen Kinder unter 15 Jahren sind Waisen, und ein Drittel aller Haushalte kümmert sich um mindestens ein Waisenkind. Aus einer Untersuchung, an der 80 sambische Kinder (Waisen und Nicht-Waisen) teilgenommen haben, geht hervor, dass zwar alle Waisen schwere emotionale und soziale Lasten tragen, dass aber diejenigen, die nicht zur Schule gehen, am stärksten unter Schuldgefühlen, Einsamkeit und Depression leiden.

Waisenmädchen wird der Schulbesuch besonders häufig verwehrt. Von Mädchen, die von Verwandten aufgenommen werden, wird oft erwartet, dass sie ihren Unterhalt durch Hausarbeit, Pflege kranker Verwandter oder Landarbeit verdienen, sodass ihnen nur wenig Zeit für die Schule bleibt. Manche von ihnen werden zur Prostitution gezwungen, um Geld oder Lebensmittel zu verdienen – und damit setzen sie sich dem enormen Risiko aus, sich selbst mit HIV zu infizieren.

Andere Waisenmädchen werden früh verheiratet, um die Familien finanziell zu entlasten.

Global Campaign for Education, News, Oktober 2003

Integrativer Unterricht für behinderte Kinder

Aufgrund mangelnder Kenntnisse, des fehlenden Bildungsangebots und unangemessener Unterrichtsmethoden waren behinderte Kinder früher in der Schule unerwünscht und wurden von anderen Kindern getrennt. Später wurden sie in Sonderschulen unterrichtet. In letzter Zeit ist ein Wandel zu beobachten: Zunehmend werden Kinder mit und ohne Behinderungen in die gleichen Schulen geschickt. ... Das Konzept des integrativen Unterrichts ist in der UNESCO-Erklärung von Salamanca und dem Aktionsrahmen zur Pädagogik für besondere Bedürfnisse von 1994 dargelegt. Darin werden die Regierungen dringend aufgefordert, auf Gesetzes- bzw. politischer Ebene das Prinzip integrativer Pädagogik anzuerkennen und alle Kinder in die normalen Schulen aufzunehmen, es sei denn, es gebe zwingende Gründe, dies nicht zu tun. Das Leitprinzip dieses Aktionsrahmens besagt, dass die Schulen die Bildungsbedürfnisse aller Kinder erfüllen sollen, unabhängig von deren Behinderungen oder eingeschränkten Fähigkeiten. ...

Das Prinzip basiert auf der Gleichheit und der Akzeptanz jedes Kindes mit seinen einmaligen Fähigkeiten. Es muss von allen internationalen, nationalen und örtlichen Bildungsprogrammen anerkannt werden. Der Integrationsprozess zeigt Wege auf, wie das System für alle zugänglich gemacht werden kann. Hinsichtlich der Integration behinderter Kinder bedeutet es einen Wandel: weg von der «Pflege des behinderten Kindes» hin zu seiner «Bildung und Persönlichkeitsentwicklung».

M. Manivannan, Inclusive Education for Disabled Children, Asia Pacific Disability Rehabilitation Journal 2 (1999)

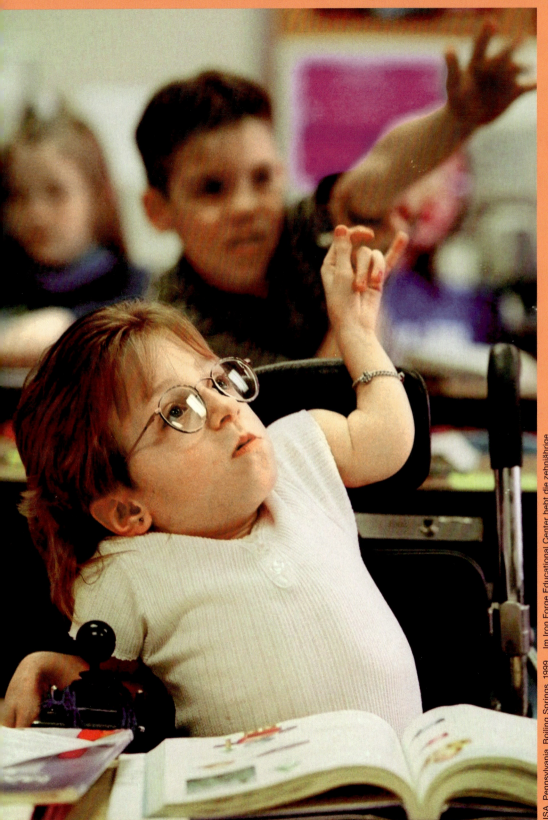

USA, Pennsylvania, Boiling Springs, 1999   Im Iron Forge Educational Center hebt die zehnjährige Cortney Wickard ihre Hand, um eine Frage zu beantworten. Cortney ist auf den Rollstuhl angewiesen.
Rusty Kennedy/AP

INDIEN, Delhi, 2002 In der Akshay Pratishthan School sind etwa 200 der 400 Schüler behindert. Die Schule hat es sich zum Ziel gesetzt, behinderte Kinder in eine normale Umgebung zu integrieren.
John McConnico/AP

Schulen sollen alle Kinder unabhängig von ihren körperlichen, seelischen, emotionalen, sozialen, sprachlichen oder anderen Bedingungen aufnehmen.
Artikel 3, Salamanca Framework for Action

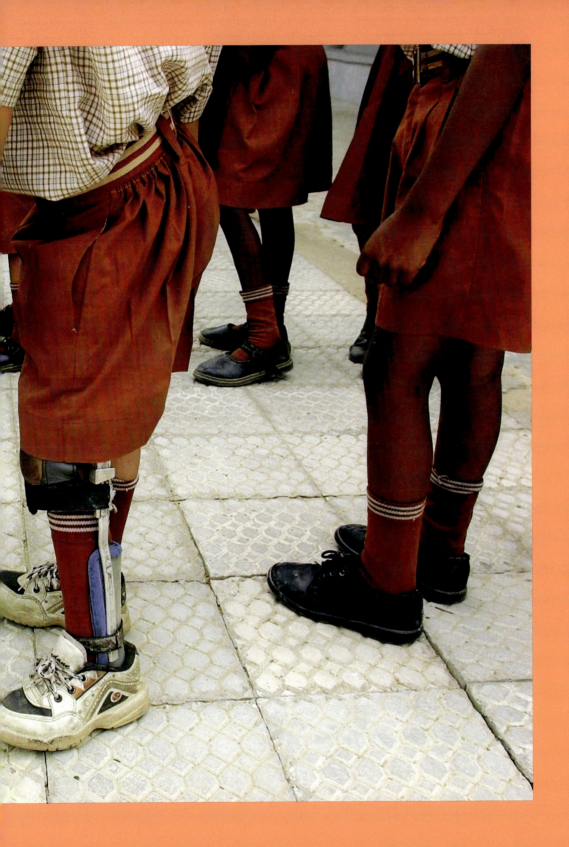

DIE ROLLE DER INTERNATIONALEN GEMEINSCHAFT

UNESCO, die Sonderorganisation der Vereinten Nationen für Bildung, Wissenschaft, Kultur und Kommunikation

Bildung für alle (UNESCO-EFA)

Die internationale Gemeinschaft hat sich dem Ziel «Bildung für alle» (Education for All – EFA) bis zum Jahr 2015 verpflichtet. Im Weltbildungsforum (Dakar 2000) einigte man sich darauf, bis 2015 sechs Ziele zu erreichen: die Ausweitung der frühkindlichen Betreuung und Erziehung, die Einführung der kostenlosen Grundschulpflicht, die bedeutende Vergrösserung des Lernangebots für Jugendliche und Erwachsene, die Reduktion der Analphabetenrate bei Erwachsenen um die Hälfte, die Beseitigung der Geschlechterdisparitäten im Bildungswesen und Qualitätsverbesserung in allen Bereichen des Bildungswesens.

Die UNESCO bemüht sich weltweit, diese Ziele zu erreichen, indem sie den erforderlichen politischen Willen mobilisiert und die Bemühungen aller Beteiligten – der Regierungen, der NGOs und der Gesellschaft – koordiniert. «Bildung für alle» bildet den Ausgangspunkt der wichtigsten UNESCO-Bemühungen im Bildungsbereich, um

- die Staaten bei der Formulierung ihrer Bildungspolitik zu unterstützen,
- Materialien wie z.B. Leitlinien, Handbücher und Lehrerfortbildungsmaterial für ein breites Themenspektrum, angefangen von nachhaltiger Entwicklung bis hin zu Friedenserziehung, zu entwickeln und zu verteilen,
- neue Normen und Standards wie z.B. zu technischen oder anderen Berufsausbildungen zu entwickeln und die gegenseitige Anerkennung von Diplomen zu erreichen,
- neue Trends zu ermitteln und nach entsprechenden Strategien zu suchen, um neue Probleme im Bildungswesen, wie z.B. AIDS, zu bewältigen,
- folgenden Regionen besondere Aufmerksamkeit zu schenken: Afrika, den unterentwickeltsten Ländern und den neun Staaten mit der höchsten Bevölkerungsdichte (Bangladesch, Brasilien, China, Ägypten, Indien, Indonesien, Mexiko, Nigeria und Pakistan), in denen weltweit mehr als 70 Prozent der erwachsenen Analphabeten und fast die Hälfte der Kinder leben, die keine Schule besuchen,
- innovative Wege zu entwickeln, um Menschen mit besonderen Bedürfnissen, Obdachlosen und Menschen in Konflikt- und Krisenregionen den Zugang zu Bildung zu ermöglichen,
- Partnerschaften zwischen öffentlichen und privaten Akteuren und NGOs zu vermitteln, um eine bessere Koordination der Bemühungen zu erreichen und ein Nachlassen der Anstrengungen zu verhindern.

Selbstporträt, www.unesco.org

Initiative der Vereinten Nationen für eine mädchenfreundliche Schule

GAMBIA Seit 2001 unterstützt UNICEF in Gambia die Initiative für eine mädchenfreundliche Schule mit dem Ziel, bis 2005 das «Millennium-Entwicklungsziel der Geschlechterparität im Bildungswesen» zu erreichen. Zu diesem Zweck hat UNICEF an zehn Grundschulen in den ärmsten ländlichen Gebieten in den oberen, mittleren und unteren Flussabschnitten Gambias ein Pilotprojekt anlaufen lassen. Bis September 2002 hatte sich diese Initiative auf 40 weitere Schulen im Land ausgedehnt.

Verteilt über das ganze Land gibt es heute 65 Müttervereine. Sie sind wesentlicher Bestandteil des Erfolgs der Initiative «mädchenfreundliche Schule». Die Mitglieder setzen sich dafür ein, dass alle Mädchen und Jungen zur Schule gehen und auch dort bleiben. Die Vereine stellen auch eine aktive Beteiligung und Unterstützung der Gemeinschaft zugunsten von Bildung und bei der Leitung der Dorfschulen sicher. Sie sorgen für eine bessere Ernährung der Kinder, indem sie Gemüsegärten anlegen. Sie nehmen an Gesundheitsforen teil und geben Informationen über Fortpflanzung, HIV/AIDS, Malariaprävention und Ernährungsfragen weiter. Und vor allem lernen die Frauen lesen und schreiben. Der Bedeutung der Müttervereine darf nicht unterschätzt werden; oft sind sie es, die sich aktiv für die Gleichstellung in den Schulen einsetzen. Ein Lehrer bemerkte, dass es Frauen wesentlich besser gelingt als Männern, die Eltern von der Notwendigkeit einer Schulausbildung für ihre Töchter zu überzeugen. Die Mitglieder der Müttervereine setzen sich auch in den eigenen Familien durch. Eine Frau erzählte, dass ihre heranwachsende Tochter ein Heiratsangebot bekommen und der Vater rückhaltlos zugestimmt hatte. Bestärkt durch ihre neuen Kenntnisse und Erfahrungen, überzeugte die Mutter ihren Mann davon, die Tochter weiterhin zur Schule gehen zu lassen. Die Müttervereine scheinen einen positiven Einfluss auf die Anmeldezahlen in den Grundschulen zu haben.

UNICEF, Gambian mothers seize the right to education for their daughters and themselves, www.unicef.org

UNICEF, das Kinderhilfswerk der Vereinten Nationen

UNICEF wurde von der Generalversammlung der Vereinten Nationen beauftragt, für den Schutz der Rechte der Kinder einzutreten und dafür zu sorgen, dass die Grundbedürfnisse von Kindern gedeckt werden und sie ihr volles Potenzial entwickeln können. UNICEF arbeitet auf der Grundlage des Übereinkommens für die Rechte des Kindes und bemüht sich, die Rechte der Kinder als bleibende ethische Prinzipien und internationale Standards für den Umgang mit Kindern festzuschreiben. UNICEF beharrt darauf, dass Überleben, Schutz und Entwicklung der Kinder allgemeingültige Entwicklungsvorgaben sind, die einen wesentlichen Bestandteil des Fortschritts ausmachen. UNICEF mobilisiert den politischen Willen und materielle Ressourcen, um den Staaten, insbesondere den Entwicklungsländern, zu helfen, die Angelegenheiten von Kindern prioritär zu behandeln. Weiter sollen die Staaten auf diese Weise auch bei der Ausarbeitung angemessener Sachpolitik und beim Erbringen von Dienstleistungen an Kinder und deren Familien gefördert und unterstützt werden. UNICEF setzt sich für den Schutz der am stärksten benachteiligten Kinder ein – Opfer von Kriegshandlungen, Katastrophen, extremer Armut, jeglicher Form von Gewalt und Ausbeutung sowie Kinder mit Behinderungen.

Selbstporträt, www.unicef.org

DER BEITRAG DER ZIVILGESELLSCHAFT

Education International

Education International (Bildung International) ist eine weltweit tätige Gewerkschaft für die Angestellten des Bildungswesens. Die 26 Millionen Mitglieder kommen aus allen Bildungsbereichen, angefangen von der Vorschule bis hin zur Universität. Education International vereinigt 310 nationale Gewerkschaften und Verbände aus 159 Ländern.

Ziele von Education International sind:

1. die beruflichen und institutionellen Rechte der Lehrpersonen und der im Bildungswesen Angestellten zu verteidigen;
2. für alle Menschen in allen Ländern zugängliche, öffentliche und qualitativ hochstehende Bildungseinrichtungen zu schaffen, um Frieden, Demokratie, soziale Gerechtigkeit und Gleichheit durch Entwicklung zu fördern;
3. alle Formen von Rassismus und Diskriminierung im Bildungswesen und in der Gesellschaft zu bekämpfen;
4. dem Engagement von Frauen in der Gesellschaft, im Lehrberuf und in den Gewerkschaften der Lehrpersonen und anderer Angestellter des Bildungswesens besondere Aufmerksamkeit zu schenken;
5. die Rechte der schutzbedürftigsten Gruppen zu sichern, namentlich der Eingeborenen, ethnischen Minderheiten, Einwanderer und Kinder.

Der Kampf gegen die Kinderarbeit stellt ein zentrales Element der Arbeit von Education International dar. Jedes Mitglied von Education International hat sich den Zielen und Prinzipien der Organisation verschrieben und fördert sie aktiv.

Selbstporträt, www.ei-ie.org

Global Campaign for Education (GCE)

Die GCE (Globale Bildungskampagne) fordert, dass die internationale Gemeinschaft und alle Regierungen des Südens unverzüglich Massnahmen ergreifen, um die Ziele und Strategien des Programms «Bildung für alle», das 185 Regierungen der Welt im April 2000 in Dakar verabschiedet haben, umzusetzen. Insbesondere fordert GCE:

- von den Regierungen, dass Bürgergruppen, Lehrpersonen und Gemeinschaften in die Entwicklung konkreter Aktionspläne für kostenlose, hochwertige öffentliche Schulen einbezogen werden;
- von den Regierungen die Abschaffung von Schulgeld und Gebühren für öffentliche Grundschulbildung und die Erhöhung ihrer Investitionen in die Grundbildung, wobei prioritär in Schulen und Lehrpersonal investiert werden soll, die den am stärksten benachteiligten Gruppen dienen;
- von der Weltbank und den reichen Ländern des Nordens die Verstärkung der Hilfe und die Erhöhung des Schuldenerlasses zugunsten der Bildung. Dabei müssen nationale Bildungspläne der Entwicklungsländer durch schnelle, koordinierte und vorhersagbare Zusatzfinanzierung unterstützt werden;
- von den Organisationen der Zivilgesellschaft, dass sie ihre eigenen Regierungen und die internationalen Institutionen zur Unterstützung des Rechts auf Bildung und zur Erreichung der Ziele des Programms «Bildung für alle» verpflichten und zur Rechenschaft ziehen.

Selbstporträt, www.campaignforeducation.org

Schule unter Bäumen

Sieben Uhr morgens, der Frühnebel mischt sich mit dem Rauch der Lagerfeuer, der über die Reigen dichtgedrängter blauer Plastikunterkünfte hinwegzieht. In ihren besten Kleidern – einem viel zu grossen Pullover – reiht sich Veridiane in den Zug kleiner Gestalten ein, die auf dem Weg zu ihrer «Schule» sind, einer kleinen Lichtung unter einer breitkronigen Akazie. Als Schulbänke dienen Steine oder Baumstämme, liebevoll von den Eltern zusammengetragen. Der Lehrer begrüsst Veridiane und die anderen an ihrem ersten Schultag. «Schule unter Bäumen», das war 1994 Alltag in den tansanischen Flüchtlingslagern, nachdem 500 000 Flüchtlinge aus Ruanda dort Zuflucht gesucht hatten. Aus den ersten Anfängen dieser «Schulen unter Bäumen» entwickelte sich ein Notunterricht, der schliesslich 65 Prozent aller Kinder in den Lagern erreichte und ein Stück Normalität zurück in das Leben der Flüchtlingskinder brachte.

UNICEF Deutschland, Das Recht auf Bildung. Zur Situation der Kinder in der Welt 1999, Frankfurt am Main 1999, S. 76

ITALIEN, Siena, 1991   Stadtbibliothek.
Patrick Zachmann/Magnum Photos

IRAK, 1992 Vertriebene kurdische Kinder machen ihre Hausaufgaben.
John Vink/Magnum Photos

Die ganze Welt hat sich mir erschlossen, als ich lesen lernte.

Mary McLeod Bethune (1875–1955)

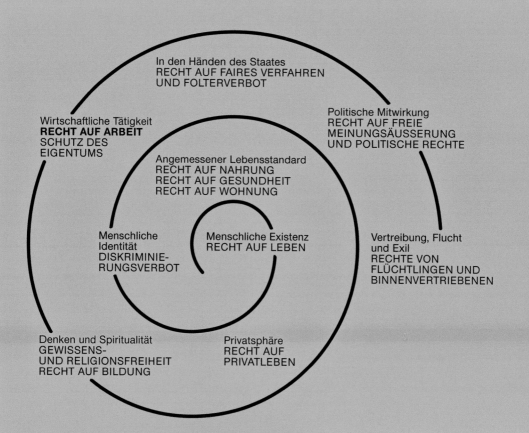

In den Händen des Staates
RECHT AUF FAIRES VERFAHREN
UND FOLTERVERBOT

Politische Mitwirkung
RECHT AUF FREIE
MEINUNGSÄUSSERUNG
UND POLITISCHE RECHTE

Wirtschaftliche Tätigkeit
RECHT AUF ARBEIT
SCHUTZ DES
EIGENTUMS

Angemessener Lebensstandard
RECHT AUF NAHRUNG
RECHT AUF GESUNDHEIT
RECHT AUF WOHNUNG

Menschliche Identität
DISKRIMINIE-
RUNGSVERBOT

Menschliche Existenz
RECHT AUF LEBEN

Vertreibung, Flucht
und Exil
RECHTE VON
FLÜCHTLINGEN UND
BINNENVERTRIEBENEN

Denken und Spiritualität
GEWISSENS-
UND RELIGIONSFREIHEIT
RECHT AUF BILDUNG

Privatsphäre
RECHT AUF
PRIVATLEBEN

VIETNAM, Cam Pha, 1994   Männer
beladen russische Schiffe mit Kohle.
Gueorgui Pinkhassov/Magnum Photos

Menschliches Kapital oder menschliche Wesen?

TUNESIEN, Tunis, Suk der Chechias, 1995   Aus Filz werden Fes hergestellt, traditionelle ottomanische Kopfbedeckungen. Harry Gruyaert/Magnum Photos

FRANKREICH, Paris, 1987
Die Pariser Börse.
Jean Gaumy/Magnum Photos

RECHT AUF ARBEIT

NIGERIA, Lagos, Mülldeponie Olososua, 2002   Tag für Tag entladen mehr als 1000 Müllwagen ihre Fracht auf dieser Deponie, 24 Stunden lang. Sie wurde im Jahr 2000 eröffnet und war die Antwort der Stadt auf die gewaltigen Probleme mit dem Müll, der bis dahin einfach auf die Strassen gekippt wurde. Menschen durchstöbern den Abfall nach allem, was verwertbar oder verkäuflich ist.
Stuart Franklin/Magnum Photos

CHINA, Chener, September 2001 Ein chinesischer Bergmann hustet in der verschmutzten Umgebung einer Goldmine. Erst in jüngster Zeit haben die Chinesen begonnen, gegen die durch zwei Jahrzehnte ungehemmten Wirtschaftswachstums ausgelösten Umweltprobleme des Landes anzugehen. Reuters/China Photo

INDIEN, Mumbai, 2002 Drei junge Prostituierte, die häufig von Menschenhändlern gebracht oder von ihren Eltern oder Ehemännern verkauft worden sind, werden in Käfigen ausgestellt.
Jodi Cobb/National Geographic

ARBEIT AM ANFANG DES 21. JAHRHUNDERTS

Arbeitslosigkeit

Der «Global Employment Trends Brief 2007» der Internationalen Arbeitsorganisation (ILO) berichtet, dass die Zahl der Arbeitslosen im Jahr 2006 auf dem Rekordstand von 195,2 Millionen oder einer weltweiten Arbeitslosenquote von 6,3 Prozent verharrte – dies, obwohl weltweit mehr Menschen erwerbstätig sind als je zuvor. Somit blieb die Arbeitslosenquote gegenüber dem Vorjahr fast konstant.

Die ILO berichtet auch, dass es nur bescheidene Fortschritte bei dem Versuch gegeben habe, einige der weltweit 1,37 Milliarden Working Poor – Erwerbstätige, die mit weniger als dem Gegenwert von zwei US-Dollar pro Tag und Person auskommen müssen – aus der Armut zu befreien. Die ILO betont, dass es zu wenige zumutbare und einträgliche Jobs gebe, um Erwerbstätige und ihre Familien über die Armutsgrenze von 2 US-Dollar zu heben.

Arbeitslosigkeit trifft junge Menschen zwischen 15 und 24 am härtesten. Dennoch umfasst diese Altersgruppe 86,3 Millionen Menschen und repräsentiert damit 44 Prozent der Arbeitslosen weltweit. Auch die Beschäftigungslücke zwischen Frauen und Männern besteht weiterhin. 2006 arbeiteten nur 48,9 Prozent der Frauen über 15, 1996 waren es noch 49,6 Prozent. Die vergleichbare Quote für Männer betrug 75,7 Prozent 1996 und 74,0 Prozent 2006.

Nach Schätzungen der ILO nahm die Zahl der Working Poor, die nur einen US-Dollar pro Tag zur Verfügung haben, zwischen 2001 und 2006 ab. Ausnahmen bilden die afrikanischen Länder im Saharagürtel, wo die Anzahl um weitere 14 Millionen anstieg, sowie Latein- und Mittelamerika, der Mittlere Osten und Nordafrika, wo sie mehr oder weniger unverändert blieb.

Internationale Arbeitsorganisation, Global Employment Trends, Pressemitteilung, Januar 2007

Arbeitsbedingte Krankheitsfälle

Jedes Jahr sterben weltweit 1,1 Millionen Menschen durch Unfälle am Arbeitsplatz und an arbeitsbedingten Erkrankungen. Dies entspricht ungefähr der weltweiten Zahl der Menschen, die jährlich an Malaria sterben. Es wird geschätzt, dass jedes Jahr weltweit 160 Millionen zusätzliche berufsbedingte Krankheitsfälle hinzukommen, einschliesslich Erkrankungen der Atemwege, Herz-Kreislauf-Erkrankungen, Krebs, Verlust des Hörvermögens, Skelett-Muskel-Krankheiten, Erkrankungen der Fortpflanzungsorgane sowie psychische und neurologische Erkrankungen. Berufstätige in Industrieländern beschweren sich in zunehmendem Masse über psychischen Stress und Überlastung. Diese psychologischen Faktoren stehen Untersuchungen zufolge in engem Zusammenhang mit Schlafstörungen, Depressionen und erhöhter Gefahr von Herz-Kreislauf-Erkrankungen, insbesondere Bluthochdruck.

Weltgesundheitsorganisation, Fact sheet, no. 84, Occupational Health

Kinderarbeit

246 Millionen Kinder sind Kinderarbeiter. 73 Millionen der arbeitenden Kinder sind weniger als zehn Jahre alt. Kein Land ist dagegen immun: Es leben 2,5 Millionen arbeitende Kinder in den entwickelten Ländern und weitere 2,5 Millionen in Schwellenländern. Jedes Jahr sterben 22 000 Kinder bei Arbeitsunfällen. Die meisten arbeitenden Kinder, die 14 Jahre alt oder jünger sind (127 Millionen), leben in der Asien-Pazifik-Region. Die Länder südlich der Sahara weisen die höchste Arbeitsrate bei Kindern auf: Fast ein Drittel der Kinder bis 14 Jahre arbeitet (48 Millionen Kinder). Die meisten Kinder arbeiten im informellen Sektor, ohne rechtlichen oder behördlichen Schutz: 70 Prozent in der Landwirtschaft, der Jagd, der Fischerei oder der Forstwirtschaft; acht Prozent in Fabriken; acht Prozent im Gross- und Einzelhandel, in Restaurants und Hotels; sieben Prozent im Gemeinschafts- oder Sozialdienst sowie in Dienstleistungen wie Hausarbeit. 8,4 Millionen Kinder sind in Sklaverei, Menschenhandel, Schuldknechtschaft, Prostitution, Pornografie und in weiteren gesetzwidrigen Aktivitäten gefangen. 1,2 Millionen dieser Kinder wurden Opfer von Kinderhandel.

ILO, Facts on Child Labor, 2004

USA, New York City, 1998 Ein illegales Arbeitsvermittlungsbüro bietet Einwanderern in Chinatown Jobs an. Chien-Chi Chang/Magnum Photos

INDIEN, Rajasthan, 1983 Arbeiten an einem Dammprojekt, das vor den Monsunfluten schützen soll. Steve Mc Curry/Magnum

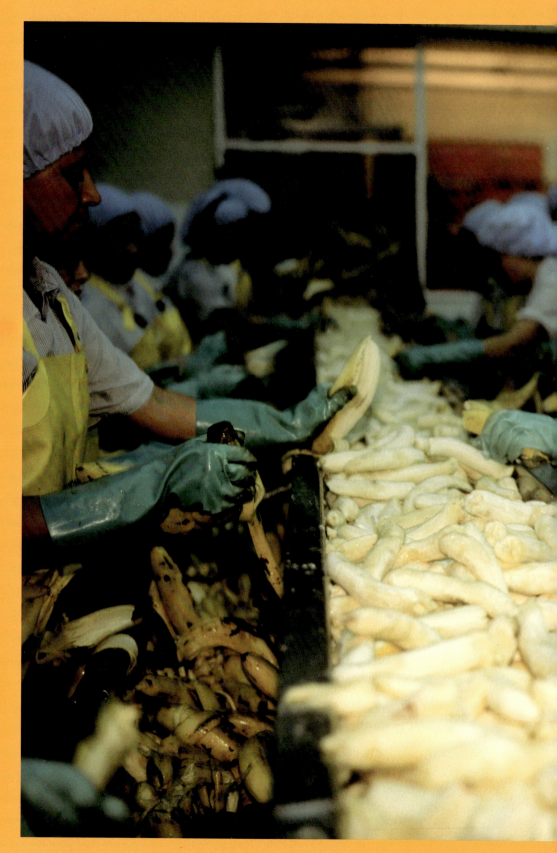

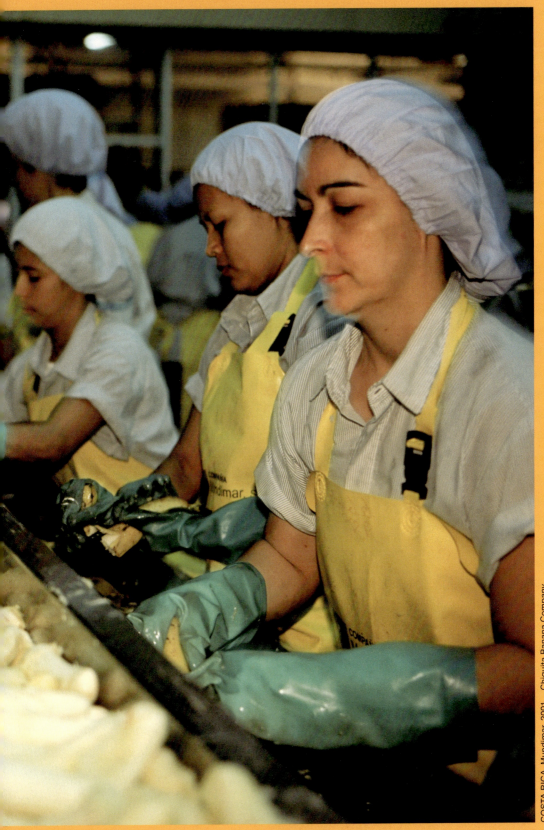

COSTA RICA, Mundimar, 2001   Chiquita Banana Company.
David Alan Harvey/Magnum Photos

BOLIVIEN, La Paz, 1986 Streikende Arbeiter.
Ferdinando Scianna/Magnum Photos

Das Recht auf Arbeit

Arbeit ist notwendig, um einen angemessenen Lebensunterhalt zu verdienen und die schlimmsten Formen der Armut zu überwinden. Gleichzeitig besitzt Arbeit auch einen Eigenwert: Viele Menschen finden Zufriedenheit und Erfüllung in der Berufstätigkeit und können so zum Wohlstand und Wohlergehen ihrer Familien und der Gemeinschaft insgesamt beitragen. Dagegen hat ungewollte Arbeitslosigkeit häufig negative Auswirkungen auf alle Lebensbereiche eines Menschen und führt zu seiner sozialen Isolation.

Die internationalen Menschenrechtsinstrumente enthalten eine Reihe von Garantien im Bereich der Arbeit. **Das Recht auf Arbeit** schützt den Zugang der Menschen zum Arbeitsmarkt, sei es als angestellte oder als selbstständig erwerbende Personen. Es schützt die Freiheit des Menschen, sich ohne staatliche Behinderung für eine offene Stelle zu bewerben und sie anzunehmen, und schützt somit den grundlegendsten Aspekt seiner Wirtschaftsfreiheit. Der Staat ist verpflichtet, das Recht auf Arbeit zu achten. Er darf den Menschen dieses Recht nicht verwehren oder ihre Arbeitsmöglichkeiten zerstören. Den Staat trifft eine Schutzpflicht, wenn Private einer Person verbieten, ihren Lebensunterhalt durch frei gewählte Arbeit zu verdienen, und er muss den diskriminierenden Ausschluss von Frauen oder Mitgliedern gewisser Rassen, ethnischer oder religiöser Gemeinschaften vom Arbeitsmarkt bekämpfen. Die staatliche Politik soll auf das Ziel ausgerichtet sein, dass jeder Mensch die Möglichkeit erhält, den Lebensunterhalt selber zu verdienen. Somit gewährt das Recht auf Arbeit den Einzelnen im Fall von Arbeitslosigkeit nicht einen durchsetzbaren Anspruch auf eine Arbeitsstelle, sondern beinhaltet eine allgemeine Verpflichtung der Staaten, ihr Möglichstes zur Erreichung der Vollbeschäftigung beizutragen.

Das Recht auf gerechte und günstige Arbeitsbedingungen schützt vor Ausbeutung und gesundheitsschädigenden, unsicheren oder diskriminierenden Arbeitsbedingungen. Insbesondere gewährt es den Einzelnen Anspruch auf gerechte Gehälter und gleichen Lohn für gleichwertige Arbeit, ohne Unterschied und insbesondere unabhängig vom Geschlecht. Dieses Recht hebt die Pflicht des Staates hervor, die Arbeitnehmenden durch die Gesetzgebung vor diskriminierenden und schädlichen Arbeitsbedingungen zu schützen.

Arbeitende haben das **Recht, Gewerkschaften zu bilden,** der Gewerkschaft ihrer Wahl beizutreten, sowie ein Streikrecht. Diese Rechte können nur im Rahmen von Gesetzen ausgeübt werden, die demokratischen und rechtsstaatlichen Anforderungen entsprechen. Für Angehörige der Streitkräfte, der Polizei oder für Staatsangestellte dürfen die Rechte eingeschränkt werden.

Das Verbot jeder Form der Sklaverei – jemanden in Leibeigenschaft zu halten und zu Zwangs- oder Fronarbeit zu nötigen – ist ein grundlegendes Menschenrecht und schützt vor der extremsten Form wirtschaftlicher Ausbeutung. Während das Völkerrecht gewisse Formen von Arbeitsverpflichtungen anerkennt (wie Strafarbeit für Verurteilte, Militärdienst, ziviler Ersatzdienst für Militärdienstverweigerer aus Gewissensgründen oder Einsätze, die in Katastrophenfällen verlangt werden), sind die traditionellen wie auch die zeitgenössischen Formen der Sklaverei und Schuldknechtschaft zu jedem Zeitpunkt und unter allen Umständen verboten. Der Staat ist verpflichtet, derartige Praktiken zu unterbinden.

Das internationale Menschenrechtssystem enthält kein absolutes Verbot der Kinderarbeit, obwohl Kinderarbeit viele Rechte des Kindes verletzen kann, einschliesslich seiner Rechte auf Bildung und auf Gesundheit. Anerkannt wird hingegen das **Recht des Kindes auf Schutz vor wirtschaftlicher Ausbeutung** und vor jeglicher Arbeit, die gefährlich ist, das Kind am Schulbesuch hindert, der Gesundheit des Kindes schadet oder seine körperliche, seelische, moralische oder soziale Entwicklung beeinträchtigt. Das Übereinkommen Nr. 138 der Internationalen Arbeitsorganisation schreibt den Vertragsstaaten vor, das Mindestalter für die Zulassung zu Anstellung und Arbeit auf mindestens 15 Jahre (Entwicklungsländer: 14 Jahre) anzuheben und weiter zu erhöhen, falls die obligatorische Schulpflicht länger dauert.

MAROKKO, Mhamid, 1992
Bruno Barbey/Magnum Photos

USA, New York City, 1998   Handelsbörse.
Stuart Franklin/Magnum Photos

GROSSBRITANNIEN, Surrey, 2001 Holiday Autos Call Centre.
Martin Parr/Magnum Photos

DAS RECHT AUF ANGEMESSENE ARBEITSBEDINGUNGEN

«Sweatshops» – Ausbeutung billiger Arbeitskräfte

Vor mehr als 100 Jahren wurde der Begriff «sweating system» (ausbeuterisches System, sweat=schwitzen) verwendet, um zu beschreiben, wie grosse Kleiderfabrikanten die Produktion in kleinere Betriebe auslagerten, die wiederum Gastarbeiter zu Billigstlöhnen anstellten. Diese kleinen Unternehmen pressten so viel Arbeitsleistung wie möglich aus den Arbeiterinnen und Arbeitern heraus und zwangen sie, zu Hungerlöhnen in unhygienischen Fabriken und unter unsicheren Arbeitsbedingungen Überstunden zu leisten. Im Kampf gegen diese Art der Ausbeutung setzten sich im ganzen Land Millionen von Arbeiterinnen und Arbeitern für den Acht-Stunden-Arbeitstag ein. Heute sind wir Zeugen, wie sich die Arbeitsbedingungen in vielen Bereichen wieder denen des 19. Jahrhunderts annähern. Am härtesten sind Jugendliche, Frauen, Farbige und Einwanderer von diesem Rückfall in die Ausbeutung betroffen. Verstösse gegen grundlegende Arbeitsrechtsbestimmungen, die Mindestlöhne, Kinderarbeit, Überstunden, Sicherheit und Gesundheit regeln, kommen immer häufiger vor. In allen möglichen Industriebereichen greifen immer mehr Firmen auf ein Netzwerk von Subunternehmern zurück, das mit dem «sweating system» in der Textilindustrie vergleichbar ist. Heute erstreckt sich dieses System auf alle Teile der Welt. Vollzeitarbeitskräfte mit Ansprüchen auf Pension und Sozialleistungen werden abgebaut und durch Vertragsarbeiter ersetzt. Der Personalabbau hat zur Folge, dass immer weniger Arbeitnehmerinnen und Arbeitnehmer immer mehr Arbeit leisten müssen. The National Mobilization Against Sweatshops, USA

USA, 1997 *Mehr als zehn Jahre lang habe ich in einem «sweatshop» in der Textilindustrie gearbeitet. Von Sonnenaufgang bis weit nach Sonnenuntergang habe ich Kleidungsstücke in einem gewerkschaftlich organisierten Betrieb aufgehängt. Ich arbeitete sechs oder sieben Tage pro Woche, 14 Stunden am Tag, wie viele andere Arbeiterinnen in der Textilindustrie. Diese unmenschlichen Arbeitszeiten waren äusserst belastend. Am 4. Juli 1997 brach ich zusammen, als ich gerade nach einigen Plastikhüllen für die Kleidungsstücke griff. Ich erlitt einen Schlaganfall und lag 40 Tage lang im Krankenhaus. Als ich das Krankenhaus verliess, konnte ich weder Arme noch Beine bewegen. Ich bin nur eine unter Hunderttausenden geschädigter Arbeiter und Arbeiterinnen im Staat New York und unter Millionen geschädigter Arbeitnehmer im ganzen Land.*
Erlebnisbericht von Frau You Di Liao, nachzulesen bei www.cswa.org

UN-Pakt über wirtschaftliche, soziale und kulturelle Rechte, 1966

Artikel 6
1. Die Vertragsstaaten erkennen das Recht auf Arbeit an, welches das Recht jedes Einzelnen auf die Möglichkeit, seinen Lebensunterhalt durch frei gewählte oder angenommene Arbeit zu verdienen, umfasst, und unternehmen geeignete Schritte zum Schutz dieses Rechts.

Artikel 7
Die Vertragsstaaten erkennen das Recht eines jeden auf gerechte und günstige Arbeitsbedingungen an, durch die insbesondere gewährleistet wird a) ein Arbeitsentgelt, das allen Arbeitnehmern mindestens sichert: i) angemessenen Lohn und gleiches Entgelt für gleichwertige Arbeit ohne Unterschied; insbesondere wird gewährleistet, dass Frauen keine ungünstigeren Arbeitsbedingungen als Männer haben und dass sie für gleiche Arbeit gleiches Entgelt erhalten, ii) einen angemessenen Lebensunterhalt für sie und ihre Familien in Übereinstimmung mit diesem Pakt; b) sichere und gesunde Arbeitsbedingungen; ... d) Arbeitspausen, Freizeit, eine angemessene Begrenzung der Arbeitszeit, regelmässiger bezahlter Urlaub sowie Vergütung gesetzlicher Feiertage.

GUATEMALA, Guatemala City, 2001   Näherinnen in einer «Maquila», einem Ausbeutungsbetrieb.
Jaime Puebla/AP

DAS RECHT, GEWERKSCHAFTEN ZU BILDEN

Ohne Vereinigungsfreiheit kann es weder sozialen Dialog noch Fortschritte auf dem Weg zu sozialer Gerechtigkeit geben. Die Vereinigungsfreiheit gibt den Arbeiterinnen und Arbeitern eine Stimme, um ihre Anliegen vorzubringen, stärkt ihre Position bei Kollektivverhandlungen und gibt ihnen die Möglichkeit, die Wirtschafts- und Sozialpolitik mitzugestalten und umzusetzen. Ferner ist sie eine Voraussetzung für die gleichberechtigte Zusammenarbeit der Arbeitnehmer mit den Arbeitgebern und der Regierung.

Der Kampf der Arbeiterinnen und Arbeiter für das Recht, ihre Interessen durch unabhängige Gewerkschaften vertreten zu lassen, begann vor über einem Jahrhundert und dauert immer noch an. Nach wie vor gibt es viele Menschen, denen dieses grundlegende Recht verwehrt wird und die mit Schikanen, Entlassung, Inhaftierung und in manchen Fällen sogar dem Tod rechnen müssen.

Internationale Arbeitsorganisation, Sozialer Dialog, www.ilo.org

SÜDKOREA, 2002   Im Mai setzte die Hyosung Corporation in Korea mehr als 700 Sicherheitskräfte ein, um eine Streikaktion in einer Nylonfabrik niederzuschlagen. Im Juni wurden die Streikenden von 3600 Polizisten unter Einsatz von Bulldozern und Gas sprühenden Hubschraubern angegriffen. Mehr als 40 Arbeiter wurden verletzt, 200 wurden zur Befragung festgehalten. Fotos von diesem Einsatz zeigen, wie Polizisten in voller Kampfausrüstung auf die Köpfe von am Boden liegenden Gewerkschaftern springen und diese mit Füssen treten. …

Der Jahresbericht zeigt, dass diese Region die meisten Verhaftungen und Gefängnisstrafen aufweist. Mehr als 200 Gewerkschaftsführer wurden in Südkorea zu Gefängnisstrafen und hohen Geldstrafen verurteilt, 50 waren zu Jahresende noch immer im Gefängnis.

Internationaler Bund Freier Gewerkschaften (ICTFU), Annual Survey of Violations of Trade Union Rights, Asia and Pacific (2002)

UN-Pakt über wirtschaftliche, soziale und kulturelle Rechte, 1966

Artikel 8
1. Die Vertragsstaaten verpflichten sich, folgende Rechte zu gewährleisten: a) das Recht eines jeden, zur Förderung und zum Schutz seiner wirtschaftlichen und sozialen Interessen Gewerkschaften zu bilden oder einer Gewerkschaft eigener Wahl allein nach Massgabe ihrer Vorschriften beizutreten. Die Ausübung dieses Rechts darf nur solchen Einschränkungen unterworfen werden, die gesetzlich vorgesehen und in einer demokratischen Gesellschaft im Interesse der nationalen Sicherheit oder der öffentlichen Ordnung oder zum Schutz der Rechte und Freiheiten anderer erforderlich sind; b) das Recht der Gewerkschaften, nationale Vereinigungen oder Verbände zu gründen, sowie deren Recht, internationale Gewerkschaftsorganisationen zu bilden oder solchen beizutreten; c) das Recht der Gewerkschaften, sich frei zu betätigen, wobei nur solche Einschränkungen zulässig sind, die gesetzlich vorgesehen und in einer demokratischen Gesellschaft im Interesse der nationalen Sicherheit oder der öffentlichen Ordnung oder zum Schutz der Rechte und Freiheiten anderer erforderlich sind; d) das Streikrecht, soweit es in Übereinstimmung mit der innerstaatlichen Rechtsordnung ausgeübt wird.
2. Dieser Artikel schliesst nicht aus, dass die Ausübung dieser Rechte durch Angehörige der Streitkräfte, der Polizei oder der öffentlichen Verwaltung rechtlichen Einschränkungen unterworfen wird. …

USA, Pennsylvania, Hershey, 2002   Streikende Arbeiterinnen einer Schokoladenfabrik.
Alex Webb/Magnum Photos

DISKRIMINIERUNG VON FRAUEN AM ARBEITSPLATZ

Es herrscht die weit verbreitete Auffassung, dass der Einkommensunterschied zwischen Männern und Frauen auf das geringere Bildungskapital der Frauen und die Unterbrechungen in ihrer beruflichen Laufbahn zurückzuführen ist. Mit Ausnahme von einigen Ländern Afrikas und Südasiens wird jedoch die geschlechtsspezifische Kluft in der Schule auf der Grund- und der Oberstufe weltweit nicht nur stetig kleiner, die Immatrikulationszahlen der Frauen im Bereich der höheren Bildung entsprechen oder liegen sogar über den Vergleichszahlen der Männer. Und dennoch arbeiten Frauen nach wie vor in schlechter bezahlten Positionen als Männer mit gleichwertiger Ausbildung und Arbeitserfahrung. Die Institutionen des Arbeitsmarktes sind kein neutrales Gebiet, sondern spiegeln die Machtverhältnisse in der Wirtschaft und der Gesellschaft wider. Daher ist es wichtig, die Faktoren und Prozesse zu untersuchen, durch die Frauen und andere diskriminierte Gruppen am unteren Ende der Lohnstruktur angesiedelt werden. ...

Das allgemein fehlende Verständnis für den Unterschied zwischen den Begriffen der gleichen Bezahlung für «ähnliche oder gleiche» Arbeit und der gleichen Bezahlung für «gleichwertige» Arbeit, das fehlende Verständnis für die Elemente, die bei der Bewertung der Arbeitsqualität eine Rolle spielen, sowie für die Methoden zur objektiven Bewertung der Arbeit tragen entscheidend zur Aufrechterhaltung der ungleichen Bezahlung bei. Sogar neutrale Lohnsätze oder Lohnkategorien können nach ihrer Einführung in der Praxis so angewandt werden, dass Frauen bei der Lohneinstufung benachteiligt werden. In Indien führt die Unterscheidung zwischen «gelernten» und «ungelernten» Arbeitskräften beispielsweise dazu, dass Frauen als ungelernte, schlechter bezahlte Arbeiterinnen klassifiziert, während Männer ungeachtet des tatsächlichen Niveaus der jeweiligen Arbeit in die höhere Einkommensgruppe der gelernten Arbeiter eingeteilt werden.

Internationale Arbeitsorganisation, Global Report 2003, Time for Equality at Work, Discrimination in remuneration

UN-Übereinkommen zur Beseitigung jeder Form von Diskriminierung der Frau, 1979

Artikel 11
1. Die Vertragsstaaten treffen alle geeigneten Massnahmen zur Beseitigung der Diskriminierung der Frau im Berufsleben, um ihr auf der Grundlage der Gleichberechtigung von Mann und Frau gleiche Rechte zu gewährleisten, insbesondere
a. das Recht auf Arbeit als unveräusserliches Recht jedes Menschen;
b. das Recht auf dieselben Arbeitsmöglichkeiten einschliesslich der Anwendung derselben Auswahlkriterien bei der Einstellung;
c. das Recht auf freie Berufswahl und freie Wahl des Arbeitsplatzes, das Recht auf beruflichen Aufstieg, Arbeitsplatzsicherheit und alle Leistungen und Arbeitsbedingungen sowie das Recht auf Berufsausbildung und Umschulung, einschliesslich einer Lehre, der Berufsfortbildung und der ständigen Weiterbildung;
d. das Recht auf gleiches Entgelt, einschliesslich sonstiger Leistungen, und auf Gleichbehandlung bei gleichwertiger Arbeit sowie Gleichbehandlung bei der Bewertung der Arbeitsqualität. ...

SCHUTZ DER WANDERARBEITERINNEN UND WANDERARBEITER

Arbeitsmigrantinnen und -migranten sind Fremde. Diese Tatsache allein kann sie in den Gemeinschaften, in denen sie leben und arbeiten, zu Zielscheiben von Misstrauen und Feindseligkeiten machen. Meist sind sie arm und leiden unter den gleichen wirtschaftlichen, sozialen und kulturellen Nachteilen wie die am schlechtesten gestellten Gesellschaftsgruppen des Gaststaates. Auf dem Arbeitsmarkt werden Gastarbeiterinnen und Gastarbeiter auf verschiedene Arten diskriminiert. Unter anderem werden sie je nach Art der Arbeit von gewissen Berufen ausgeschlossen oder für gewisse Stellen bevorzugt und haben nur beschränkt Zugang zu beruflicher Ausbildung. Die in vielen Entwicklungsländern herrschende Massenarmut, Arbeitslosigkeit und Unterbeschäftigung schaffen ein fruchtbares Feld für skrupellose Unternehmen oder private Agenturen bei der Anwerbung von Arbeitskräften. In manchen Fällen nimmt die geheime Vermittlung von Arbeitskräften sogar kriminelle Züge an.

Ohne Rechtsstatus werden die illegalen Arbeitsmigrantinnen und -migranten zu einem leichten Opfer von Ausbeutung. Sie sind der Gnade der Arbeitgeber ausgesetzt und unter Umständen gezwungen, jede Art von Arbeit und jede Art von Arbeits- und Lebensbedingungen zu akzeptieren. In den schlimmsten Fällen kommt die Lage der Gastarbeiterinnen und Gastarbeiter der Sklaverei oder Zwangsarbeit gleich.

UN-Hochkommissariat für Menschenrechte, Fact Sheet, no. 24, Die Rechte der Wanderarbeiter

1993 kostete ein Brand in der südchinesischen Stadt Shenzen in der Provinz Guangdong 87 Menschen das Leben, 47 weitere wurden verletzt. Bei allen handelte es sich ausschliesslich um junge Wanderarbeiterinnen aus armen Provinzen. Die Geschäftsleitung der Zhili Toy Company, einer von Hongkong aus geführten Fabrik, hatte gegen die Sicherheitsvorschriften verstossen und die örtlichen Behörden und Sicherheitsinspektoren bestochen. Alle Ausgänge waren verriegelt, die Fenster vergittert und die Durchgänge mit Lagergut versperrt gewesen. Als das Feuer ausbrach, waren die Arbeiter im Flammeninferno gefangen. Kurz nach dem Brand fand ein chinesischer Wissenschaftler in den Schlafsälen, die zur Fabrik gehörten, einige Hundert persönliche Briefe, vier davon stammten von Opfern und waren noch nicht abgeschickt worden. In einem der Briefe hiess es: «Die Bedingungen in der Fabrik sind jetzt extrem schlecht, aber es gibt keinen Ausweg. Ich muss weiterarbeiten, um Geld zu verdienen, den Lebensunterhalt für mich und meine ganze Familie zu verdienen, für Vater und Mutter und damit die ganze Familie etwas zu essen hat. Ich habe die Arbeiterinnen, die schon länger hier sind, gefragt, und sie sagten mir, der Lohn betrage wahrscheinlich neun bis zehn Yuan am Tag. Acht Stunden Arbeit am Tag plus sieben Überstunden gelten als ein Arbeitstag. Jeden Monat werden sechsunddreissig Yuan für Verpflegung und Unterkunft abgezogen. ...»

Anita Chan, The Culture of Survival: Lives of Migrant Workers through the Prism of Private Letters, in: Perry Link/Richard Madsen/Paul Pickowicz (eds), Popular China, Boulder: Rowman & Littlefield, 2002

Die Rechte der Wanderarbeiterinnen und Wanderarbeiter sind im UN-Übereinkommen über den Schutz der Rechte von Wanderarbeitern und ihren Familienangehörigen vom 18. Dezember 1990 niedergelegt. Das Übereinkommen trat am 1. Juli 2003 in Kraft. Im April 2007 hatten 34 Staaten das Übereinkommen ratifiziert, von denen jedoch keiner eine bedeutende Zahl von Arbeitsmigrantinnen und -migranten beherbergt.

GROSSBRITANNIEN, London, 1990 Lloyd's: Vor dem Lunch versammeln sich Broker und Underwriter (Einzelversicherer) auf dem «Floor». Stuart Franklin/Magnum Photos

SPANIEN, Las Norias, 2004 In einem der Plastikzelte, in denen marokkanische Arbeiter untergebracht sind. Stuart Franklin/Magnum Photos

BRASILIEN, 2003 Sklavenarbeiter kehren aus dem Regenwald auf das Landgut Bom Jesus im Amazonasbecken zurück, wo sie illegal als Holzfäller ausgebeutet werden. Regierungsbehörden und Bundespolizei haben es sich nach eigenen Angaben zum Ziel gesetzt, schätzungsweise 25 000 Sklavenarbeiter zu befreien. Rickey Rogers/Reuters

EXTREME FORMEN WIRTSCHAFTLICHER AUSBEUTUNG: SKLAVEREI, ZWANGSARBEIT UND MENSCHENHANDEL

«Ich kam als Sklavin zur Welt»

Ich heisse Salma. Ich kam 1956 in Mauretanien als Sklavin zur Welt. Meine Eltern waren Sklaven, und ihre Eltern waren ebenfalls Sklaven bei der gleichen Familie. Sobald ich laufen konnte, musste ich den ganzen Tag lang arbeiten, jeden Tag. Wir mussten sogar arbeiten, wenn wir krank waren. Als ich selbst noch ein Kind war, fing ich an, mich um die erste Frau des Familienoberhauptes und ihre 15 Kinder zu kümmern. Auch wenn sich später eines meiner eigenen Kinder verletzt hatte oder in Gefahr war, traute ich mich nicht, meinem Kind zu helfen, denn ich musste mich zuerst um die Kinder der Frau des Herrn kümmern. Ich wurde sehr oft mit einem Stock oder einem Ledergürtel geschlagen. Eines Tages schlugen sie meine Mutter, das konnte ich nicht ertragen. Ich habe versucht, sie davon abzuhalten. Das Familienoberhaupt wurde sehr wütend auf mich. Er band mir die Hände zusammen, brandmarkte mich mit einem glühenden Eisen und schlug mir ins Gesicht. Sein Ring schnitt mir ins Gesicht und hinterliess eine Narbe. Ich durfte nie zur Schule gehen oder etwas anderes als ein paar Verse des Korans und Gebete lernen. Aber ich hatte Glück, denn der älteste Sohn des Herrn war ausserhalb unseres Dorfes zur Schule gegangen und hatte andere Vorstellungen als sein Vater. Dieser älteste Sohn brachte mir heimlich Französisch bei und lehrte mich ein bisschen lesen und schreiben. Ich glaube, jeder dachte, dass er mich vergewaltigte, aber er gab mir Unterricht. Andere Sklaven hatten Angst vor der Freiheit. Sie hatten Angst davor, nicht zu wissen, wohin sie gehen oder was sie tun sollten. Aber ich glaubte immer daran, dass ich frei sein müsste, und ich denke, das hat mir bei meiner Flucht geholfen. ... Als ich in die USA kam, habe ich viel gearbeitet und Haare geflochten. Als ich das erste Mal für meine Arbeit bezahlt wurde, habe ich geweint. Ich hatte noch nie in meinem Leben gesehen, dass jemand für seine Arbeit bezahlt wurde.

«Salma», zitiert in Andrew Cockburn, 21st-Century Slaves, National Geographic, September 2003

[Menschen unter Schuldknechtschaft] sind Nicht-Menschen, die Verbannten der Gesellschaft, deren Leben schlimmer ist als das der Tiere, denn Tieren steht es zumindest frei, nach Belieben umherzustreifen .... Dieses System, in dem ein Mensch gezwungen werden kann, einem anderen Menschen jahrelang zu dienen, bis eine angebliche Schuld getilgt ist – was aber zu Lebzeiten des Zwangsarbeiters nie der Fall zu sein scheint –, ist völlig unvereinbar mit der neuen egalitären sozialwirtschaftlichen Ordnung, deren Errichtung wir uns verschrieben haben.

Oberster Gerichtshof Indiens, Richter PN Bhagwati, 1982

Staatliche Zwangsarbeit

MYANMAR/BURMA, 1999   In keinem anderen Land der Welt werden so viele Bürgerinnen und Bürger von den nationalen Behörden gezwungen, ohne Lohn zu arbeiten. Seit der Machtübernahme durch die Militärjunta im Jahre 1988 sind Millionen von Menschen zu Fronarbeit gezwungen worden. Unabhängig von Alter oder Geschlecht werden burmesische Staatsangehörige für den Krieg der Zentralregierung gegen die verschiedenen Ethnien zwangsrekrutiert, werden als Munitionsträger oder Materiallieferanten für die Armee eingesetzt oder müssen den Soldaten als Pfadfinder oder lebende Landminendetektoren dienen. Hunderttausende werden ohne jedes Entgelt dazu benutzt, die in jahrzehntelangen Kriegen zerstörte Infrastruktur wieder aufzubauen. Zwangsarbeiter werden auch eingesetzt, um neue Wirtschaftsbereiche zu entwickeln. Hunderttausende Angehörige verschiedener Ethnien dieses multiethnischen Staates sind heute zur Zwangsarbeit verpflichtet. Die Zwangsarbeiter müssen nicht nur ohne Entgelt arbeiten, sie werden auch regelmässig Opfer von Übergriffen der Sicherheitskräfte. Die Gesellschaft für bedrohte Völker verfügt über Dutzende von Berichten ehemaliger Zwangsarbeiterinnen, die aussagten, dass sie von Soldaten vergewaltigt worden waren. «Sie behandeln uns wie Tiere, sie versuchen, das letzte bisschen Profit aus uns zu schlagen und halten es für ihr gutes Recht, uns zu Tode zu prügeln. Für die Armee sind wir keine Menschen», beschwert sich ein ehemaliger Zwangsarbeiter.

Gesellschaft für bedrohte Völker, Bericht an die UN-Menschenrechtskommission, 28. Juni 1999

UN-Pakt über bürgerliche und politische Rechte, 1966

Artikel 8
1. Niemand darf in Sklaverei gehalten werden; Sklaverei und Sklavenhandel in allen ihren Formen sind verboten.
2. Niemand darf in Leibeigenschaft gehalten werden.
3. a) Niemand darf gezwungen werden, Zwangs- oder Pflichtarbeit zu verrichten;
b) Buchstabe a ist nicht so auszulegen, dass er in Staaten, in denen bestimmte Straftaten mit einem mit Zwangsarbeit verbundenen Freiheitsentzug geahndet werden können, die Leistung von Zwangsarbeit aufgrund einer Verurteilung durch ein zuständiges Gericht ausschliesst.

Moderne Formen der Sklaverei

– Zwangsarbeit betrifft Menschen, die illegal von einer Regierung, einer politischen Partei oder von Einzelpersonen rekrutiert und – normalerweise unter Androhung von Gewaltanwendung oder anderen Strafen – zur Arbeit gezwungen werden.

– Traditionelle Sklaverei oder Leibeigenschaft beinhaltet den Kauf und Verkauf von Menschen. Oft werden sie gewaltsam von zu Hause entführt, vererbt oder verschenkt.

– Frühe Heirat und Zwangsheirat trifft Frauen und Kinder, die – ohne selbst wählen zu können – verheiratet werden und gezwungen sind, ein Leben in Knechtschaft zu führen. In dieser sind sie häufig auch körperlicher Gewalt ausgesetzt.

– Schuldknechtschaft oder Fronarbeit ist heute vermutlich die am wenigsten bekannte Form der Sklaverei, ist jedoch die am weitesten verbreitete Methode, Menschen zu versklaven. Ein Mensch steht in Schuldknechtschaft, wenn seine Arbeit als Mittel zur Tilgung eines Darlehens gefordert wird. Der oder die Betroffene wird dann dazu überlistet oder gezwungen, für wenig oder kein Geld oft an sieben Tagen der Woche zu arbeiten. Der Wert der Arbeit liegt dabei immer über der ursprünglich ausgeliehenen Summe. Die Arbeitsgruppe der Vereinten Nationen zu zeitgenössischen Formen der Sklaverei schätzte 1999, dass weltweit etwa 20 Millionen Menschen in Schuldknechtschaft leben.

– Menschenhandel: Er beinhaltet die durch Zwang, Irreführung oder Nötigung herbeigeführte Verschleppung von Menschen zwecks Zwangsarbeit, Knechtschaft oder sklavereiähnlicher Arbeitsbedingungen. Es handelt sich dabei um eine Form der Sklaverei, weil die Händler Gewalt, Drohungen und andere Formen der Nötigung einsetzen, um ihre Opfer gegen deren Willen zur Arbeit zu zwingen. ...

– Kommerzielle sexuelle Ausbeutung von Kindern: Kinder werden wegen ihres kommerziellen Wertes für Prostitution, Menschenhandel und Pornografie ausgenützt. Oft werden sie entführt, gekauft oder gezwungen, in der Sexindustrie zu arbeiten.

Antislavery International, www.antislavery.org

PAKISTAN, Khapro, Januar 1999 Eine Gruppe pakistanischer Leibeigener, darunter Frauen und Kinder, mit ihren Habseligkeiten nach ihrer Befreiung. Durch die Intervention der pakistanischen Menschenrechtskommission wurden 94 Leibeigene aus der Gewalt zweier Grossgrundbesitzer in der Provinz Sindh befreit. Die Leibeigenschaft armer Bauern ist in weiten Teilen des Landes eine gängige Praxis. Yousuf Nagori/AFP

FRAUEN- UND KINDERHANDEL: VON DER ARMUT IN DIE SEXSKLAVEREI

Ein zunehmendes Problem

Obwohl es nach wie vor schwierig ist, in diesem Bereich statistische Daten zu erheben, sind sich die meisten am Kampf gegen Menschenhandel Beteiligten darin einig, dass das Phänomen wächst. Es wird geschätzt, dass weltweit jährlich bis zu 700 000 Frauen und Kinder von Menschenhändlerringen über internationale Grenzen verschleppt werden. Verschiedene Nichtregierungsorganisationen schätzen, dass die tatsächlichen Zahlen wesentlich höher liegen, insbesondere wenn man den Menschenhandel zur Ausbeutung von Arbeitskraft hinzuzählt. Der traditionelle Strom aus gewissen Entwicklungsländern (Nord- und Zentralafrika, Lateinamerika, Asien) in die westlichen Zielländer hält an. Die auffallendste Entwicklung, die Anlass zu grosser Besorgnis gibt, ist jedoch die zunehmende Anzahl von Frauen und Kindern, die aus mittel- und osteuropäischen Ländern in die EU geschleust werden. Die Verschlechterung der wirtschaftlichen Lage in den Herkunftsländern hat sich direkt auf den Frauenhandel ausgewirkt. Jährlich werden schätzungsweise 120 000 Frauen und Kinder nach Westeuropa verkauft. Laut Angaben der jeweiligen nationalen Strafverfolgungsbehörden sind die meisten dieser Länder – in unterschiedlichem Ausmass – sowohl zu Herkunftsländern als auch zu Transit- und Zielstaaten dieses Handels geworden.

Der Zwischenhandel innerhalb der EU ist ebenfalls ein neues und zunehmendes Phänomen. Alle Mitgliedstaaten sind in unterschiedlichem Ausmass vom Frauenhandel betroffen. Parallel zur Entwicklung der Sexindustrie hat in den letzten Jahren der Frauenhandel zugenommen, der auf sexuelle Ausbeutung ausgerichtet ist.

Europäische Kommission, Trafficking in Women, The Misery Behind the Fantasy: From Poverty to Sex Slavery: A Comprehensive European Strategy, 8. März 2001

Schutz für Opfer von Frauen- und Kinderhandel

Um die Pflichten der Staaten im Kampf gegen den Frauen- und Kinderhandel zu verstärken, hat die UNO ein «Protokoll zum UN-Übereinkommen gegen die transnationale, organisierte Kriminalität vom 15. Dezember 2000 betreffend Prävention, Verhinderung und Bestrafung des Menschenhandels, insbesondere des Frauen- und Kinderhandels» verabschiedet. Es wurde bisher von 111 Staaten ratifiziert und ist am 25. Dezember 2003 in Kraft getreten. Zweck des Protokolls ist es, den Menschenhandel zu verhüten und zu bekämpfen, die Opfer des Menschenhandels zu schützen und ihnen zu helfen sowie die Zusammenarbeit zwischen den Vertragsstaaten zur Verwirklichung dieser Ziele zu fördern.

Handelsware?

BOSNIEN *An der Grenze wurde sie einer Gruppe serbischer Männer übergeben, die einen neuen Pass für sie vorlegten, dem zufolge sie 18 Jahre alt war. Zu Fuss führten sie sie nach Serbien und vergewaltigten sie. Sie drohten ihr damit, sie umzubringen, falls sie Widerstand leisten sollte. Dann schickten sie sie unter Bewachung nach Bosnien, der Balkanrepublik, die nach Jahren des Völkermords und des Bürgerkriegs mit einer Flut internationaler Hilfsmittel wieder aufgebaut wurde. Victoria war jetzt zu einem Stück Eigentum geworden und wurde innerhalb der nächsten zwei Jahre von verschiedenen Bordellbesitzern zehnmal gekauft und wieder verkauft. Ihr Durchschnittspreis lag bei 1500 US-Dollar.*

Der An- und Verkauf von Menschen ist ein profitables Geschäft. Während die Globalisierung den weltweiten Güter- und Geldverkehr erleichtert hat, unterliegt die legale Migration von Menschen auf Arbeitssuche immer strengeren Einschränkungen. Fast unweigerlich landen diejenigen, die nicht legal auswandern können oder den Schmuggel über die Grenzen nicht bezahlen können, in den Händen der Menschenhändlermafia.

Andrew Cockburn, 21st-Century Slaves, National Geographic, September 2003

UN-Übereinkommen zur Beseitigung jeder Form von Diskriminierung der Frau, 1979

Artikel 6
Die Vertragsstaaten treffen alle geeigneten Massnahmen einschliesslich gesetzgeberischer Massnahmen zur Abschaffung jeder Form des Frauenhandels und der Ausbeutung der Prostitution von Frauen.

UN-Übereinkommen über die Rechte des Kindes, 1989

Artikel 34
Die Vertragsstaaten verpflichten sich, das Kind vor allen Formen sexueller Ausbeutung und sexuellen Missbrauchs zu schützen. Zu diesem Zweck treffen die Vertragsstaaten insbesondere alle geeigneten innerstaatlichen, zweiseitigen und mehrseitigen Massnahmen, um zu verhindern, dass Kinder:
a) zur Beteiligung an rechtswidrigen sexuellen Handlungen verleitet oder gezwungen werden; b) für die Prostitution oder andere rechtswidrige sexuelle Praktiken ausgebeutet werden; c) für pornografische Darbietungen und Darstellungen ausgebeutet werden.

CHINA, Xiamen, September 2003   Mädchen, die bei einem Einsatz gegen den Menschenhandel aufgegriffen wurden. Viele chinesische Mädchen werden nach Taiwan hineingeschleust. Dort erhoffen sie sich ein besseres Leben, enden aber häufig in der Prostitution. Chinatopix/AP

ITALIEN, Rimini, 2002   50000–70000 Prostituierte arbeiten in Italien, und fast ein Drittel von ihnen sind illegale Immigrantinnen. Einer Studie zufolge wurden nicht weniger als 4000 als sexuelle Sklavinnen zur Prostitution gezwungen. Paolo Cocco/Reuters

PAKISTAN, nahe der Stadt Peshawar, 2001   Ein afghanisches Flüchtlingskind aus dem Lager Jalozai als billige Arbeitskraft in einer Reifenreparaturwerkstatt. Thomas Dworzak/Magnum Photos

KINDERARBEIT

Kinderarbeit hat viele Ursachen

Krasse materielle Armut ist die Hauptursache dafür, dass Kinder ihre Familien unterstützen müssen, um den gemeinsamen Lebensunterhalt zu sichern. Allerdings ist die Annahme falsch, dass Kinderarbeit beendet wird, wenn in einer Region die Wirtschaft wächst: Manchmal steigt dann die Kinderarbeit sogar enorm an – ein typisches Phänomen zum Beispiel in der Textilindustrie. Die Nachfrage nach billigen Arbeitskräften wächst – und wenn das in einer Region passiert, in der es schlechte oder zu wenig Schulen gibt, schicken Familien Kinder in die Fabriken. Terre des hommes geht davon aus, dass Armut nicht allein Ursache von Kinderarbeit ist, sondern dass umgekehrt Kinderarbeit Armut verursacht: In vielen Regionen und Branchen sind Erwachsene arbeitslos, Kinder aber schuften zu Hungerlöhnen. Zudem haben Kinder, die nie eine Schule besucht haben, keine Chance, je etwas anderes als Tagelöhner oder Hilfsarbeiter zu werden. … Terre des hommes geht davon aus, dass Kinderarbeit nicht immer und überall schlecht ist. Richtig ist, zwischen Ausbeutung und sinnvoller Arbeit zu unterscheiden: Fachleute aus Afrika betonen immer wieder, dass die Mitarbeit von Kindern zum Beispiel auf dem Hof der Eltern traditionell zur Erziehung gehört. Wissenschaftler und Aktivisten in Lateinamerika setzen sich für das Recht der Kinder auf Arbeit ein und stellen den westlichen Begriff von Kindheit infrage, nach dem Kinder geschützt werden und sehr lange Zeit nicht aktiv am gesellschaftlichen Leben teilnehmen. Ausbeutung aber, darin sind sich alle einig, muss abgeschafft werden.

Terre des hommes, Kinderarbeit – kein Kinderspiel, Osnabrück 2003

Gesundheitsrisiken für Kinderarbeiter

PAKISTAN, 1995 Alle Teppicharbeiter, die befragt wurden, litten an einer arbeitsbedingten Erkrankung oder Verletzung, und 16 der 22 Befragten waren körperlich misshandelt worden. Zu den häufig auftretenden arbeitsbedingten Krankheiten gehören Erkrankungen der Atemwege, Nachtblindheit, Krätze, Ekzeme und Tuberkulose. Die schlechte Beleuchtung in den Teppichwebstuben belastet die Augen, chemische Farbstoffe vergiften bei längerem Kontakt die Haut, und der eingeatmete Staub chemisch behandelter Wolle schädigt die Lungen. Da sie über längere Zeit gebeugt sitzen müssen, verzögert die unzureichende Blutversorgung des Unterleibs oft das Wachstum der Kinderteppichweber. Kinder, die als Teppichweber ausser Haus in den Webstuben arbeiten, durchlaufen normalerweise eine «Lehrzeit». In diesem Zeitraum, der sich von drei Monaten bis zu drei Jahren hin erstrecken kann, arbeiten die Kinder ganztags, aber weder sie noch ihre Eltern werden dafür bezahlt. Erst nach abgeschlossener Lehrzeit erhalten die Kinder Lohn für ihre Arbeit. Normalerweise wird dieser Lohn zur Rückzahlung eines Darlehens verwendet, das von den Eltern aufgenommen wurde. Ist ein Kind krank und kann nicht zur Arbeit erscheinen, wird sein Lohn gekürzt. Die Kinder selbst erhalten, abgesehen von einem symbolischen Taschengeld, kein Gehalt. Jedes über das Taschengeld hinausgehende Einkommen wird den Eltern ausgezahlt. Wenn die Kinder zu langsam weben oder Befehle verweigern, werden sie geschlagen. Die meisten Kinder leisten in den Teppichwebstuben Überstunden, sie arbeiten unter harten Bedingungen und haben wenig Freizeit. In manchen Webstuben gibt es besondere Regeln für die Arbeitszeit und die Anzahl der Teppiche, die in einer bestimmten Zeit gewoben werden müssen. Ein Journalist erzählte von seinen Wahrnehmungen bei einem Webstuhl. An einer der Wände hing eine Warnung: «Jedes Kind, das bei der Arbeit einschläft, muss eine Busse von 200 Rupien bezahlen, jedes Kind, das bei einem Fluchtversuch erwischt wird, wird heftig und brutal geschlagen.»

Human Rights Watch, Contemporary forms of slavery in Pakistan, Carpet-Weaving, 1995

Die internationale Arbeitsorganisation hat dem Thema Kinderarbeit zwei Übereinkommen gewidmet: das Übereinkommen über ein Mindestalter für die Zulassung zur Beschäftigung (1973) und das Übereinkommen über die schlimmsten Formen der Kinderarbeit (1999).

UN-Übereinkommen über die Rechte des Kindes, 1989

Artikel 32
1. Die Vertragsstaaten erkennen das Recht des Kindes an, vor wirtschaftlicher Ausbeutung geschützt und nicht zu einer Arbeit herangezogen zu werden, die Gefahren mit sich bringen, die Erziehung des Kindes behindern oder die Gesundheit des Kindes oder seine körperliche, geistige, seelische, sittliche oder soziale Entwicklung schädigen könnte.
2. Die Vertragsstaaten treffen Gesetzgebungs-, Verwaltungs-, Sozial- und Bildungsmassnahmen, um die Durchführung dieses Artikels sicherzustellen. Zu diesem Zweck und unter Berücksichtigung der einschlägigen Bestimmungen anderer internationaler Übereinkünfte werden die Vertragsstaaten insbesondere: a) ein oder mehrere Mindestalter für die Zulassung zur Arbeit festlegen; b) eine angemessene Regelung der Arbeitszeit und der Arbeitsbedingungen vorsehen; c) angemessene Strafen oder andere Sanktionen zur wirksamen Durchsetzung dieses Artikels vorsehen.

PAKISTAN, Quetta, 2001 Drei Hazara-Kinder arbeiten als Teppichweber – zehn Stunden am Tag, sieben Tage in der Woche und für 30 Dollar im Monat. Olivia Heussler

Heute erzähle ich euch die Geschichte von Iqbal, einem Helden unserer Zeit, einem kleinen Menschen, einem Jungen, dem man die Kindheit gestohlen hat, einem grossen Mann, der 1983 in Pakistan geboren wurde. Er war erst vier Jahre alt, als seine Eltern ihn an einen Teppichfabrikanten verkauften. … Vier Jahre. … Da gab es ein Maul weniger zu stopfen. Iqbal sah nie das Tageslicht. Mitten in der Nacht brach er auf in die Fabrik und kam erst nach Sonnenuntergang wieder heraus. Wie er knüpften Tausende von Pakistanikindern auf diese Weise Teppiche, schöne Teppiche, die andere Kinder auf der Welt zum Träumen brachten. … Es war Zwangsarbeit, Sklaverei. Iqbal hatte die ganze Zeit Schmerzen in den Handgelenken, in den Knöcheln, in den Beinen. Seine Augen taten ihm weh. Er durfte nicht aufstehen, nicht reden, nicht leben. Sein Körper, sein Leben gehörte ihm nicht mehr, denn seine Eltern hatten ihn gegen eine Geldsumme eingetauscht.

Tahar Ben Jelloun, Die Schule der Armen, Berlin 2002

DIE ROLLE DER INTERNATIONALEN GEMEINSCHAFT

Internationale Arbeitsorganisation (International Labour Organization, ILO)

Die Internationale Arbeitsorganisation (ILO) ist die Sonderorganisation der Vereinten Nationen, die sich mit der Förderung sozialer Gerechtigkeit und international anerkannter Menschen- und Arbeitsrechte befasst. Sie wurde 1919 gegründet und ist heute die einzige noch existierende grössere Einrichtung des Friedensvertrages von Versailles, mit dem damals auch der Völkerbund gegründet worden war. Die ILO wurde 1946 zur ersten Sonderorganisation der Vereinten Nationen.

Die ILO formuliert internationale Arbeitsstandards in Form von Übereinkommen und Empfehlungen und legt auf diese Weise Mindestgarantien zu den wichtigsten Arbeitsrechten fest: Dazu gehören die Vereinigungsfreiheit, das Recht, sich gewerkschaftlich zu organisieren, das Recht auf Kollektivverhandlungen, die Abschaffung der Zwangsarbeit, Chancengleichheit und Gleichbehandlung sowie weitere Garantien, die die Bedingungen im Arbeitsumfeld regeln. Die ILO leistet fachliche Unterstützung, hauptsächlich in folgenden Bereichen:
– Berufsausbildung und berufliche Wiedereingliederung
– Beschäftigungspolitik
– Arbeitsverwaltung
– Arbeitsrecht und Arbeitsverhältnisse;
– Arbeitsbedingungen
– Ausbildung von Führungskräften
– Genossenschaften
– Sozialversicherungssystem
– Arbeitsstatistik und Arbeitsschutz

Die ILO fördert unabhängige Arbeitgeber- und Arbeitnehmerorganisationen, organisiert Schulungen und berät diese Organisationen. Innerhalb des Systems der Vereinten Nationen hat die ILO eine einzigartige dreiteilige Struktur, in der Arbeitnehmer und Arbeitgeber als gleichwertige Partner mit den Regierungen in den Vorstandsgremien zusammenarbeiten.

ILO-Generaldirektor, Mr. Juan Somavia, Porträt der ILO

Es reicht nicht, Kinderarbeit zu verbieten

GHANA, 2003   In einer von der Internationalen Organisation für Migration (IOM) organisierten Aktion werden in der nächsten Woche mehr als 1200 Kinder, die von ihren armen Familien an der ghanaischen Küste an Fischer auf dem Voltastausee verkauft worden waren, zu ihren Eltern zurückgebracht. Das Programm basiert auf der freiwilligen Mitarbeit der Betroffenen und umfasst Massnahmen zur Erhöhung des Einkommens der Familien, die ihre Kinder für rund 180 US-Dollar praktisch in die Sklaverei verkauft haben. Die Familien sollen auf diese Weise dazu bewogen werden, dieser Praxis ein Ende zu setzen. Wirtschaftliche Beratung und kleine Darlehen sollen ihnen die Eröffnung neuer Geschäfte wie zum Beispiel von Imbissständen oder von kleinen Kiosken für Waren des täglichen Bedarfs ermöglichen. Ähnliche Hilfe soll auch den Fischern des Voltastausees in Zentral- und Nordghana gewährt werden, die Kinder erworben haben. Einige der Kinder waren beim Verkauf erst dreijährig. Den Fischern will man effektivere Fangmethoden beibringen oder sie dazu ermutigen, alternative Erwerbsquellen wie zum Beispiel die Viehzucht zu nutzen.

Wie der Projektkoordinator Ernest Taylor sagte, stellen die 1200 Kinder, die zu ihren Familien zurückgebracht werden, nur einen Bruchteil der ghanaischen Kinder dar, die von ihren Eltern in die Sklaverei verkauft worden sind. «Es gibt noch viel mehr Kinder in diesem Land, die immer noch als Zwangsarbeiter festgehalten werden, vor allem in den Fischerdörfern im Norden», sagte er in einem Interview mit IRIN News. «Die Kinder, die wir befreien, kommen nur aus zwölf Gemeinden, die wir vor Projektbeginn ermittelt und besucht haben.» In Ghana geben verarmte Eltern traditionellerweise ihre Kinder in die Obhut von Verwandten und Freunden. In den letzten Jahren jedoch ist diese uralte Tradition von profitgierigen Kinderhändlern missbraucht worden, insbesondere von Fischern aus Dörfern am Voltastausee, einem riesigen Binnensee, der nach dem Bau des Akosombo-Staudamms entstanden ist. Eltern aus sehr armen Verhältnissen geben ihre Kinder für lediglich 1,5 Millionen Cedis (180 US-Dollar) fort, damit sie diesen Fischern «helfen». Die meisten Kinder sind Knaben zwischen drei und 14 Jahren. Sie werden dazu gezwungen, während langer Arbeitstage Netze auszuwerfen und einzuholen. Sie erhalten keinen Lohn und werden schlecht ernährt. Manche von ihnen ertrinken beim Versuch, Netze einzuholen, die sich an Baumstrünken auf dem Seeboden verfangen haben.

UN Office for the Coordination of Humanitarian Affairs, 5. September 2003, www.irinnews.org

DER BEITRAG DER ZIVILGESELLSCHAFT

Anti-Slavery International

Anti-Slavery International wurde 1839 gegründet. Sie ist die älteste Menschenrechtsorganisation der Welt und die einzige wohltätige Organisation in Grossbritannien, die ausschliesslich die Sklaverei und damit verbundene Übergriffe bekämpft. Anti-Slavery International arbeitet auf lokaler, nationaler und internationaler Ebene, um Sklavereisysteme auf der ganzen Welt abzuschaffen. Um dieses Ziel zu erreichen,

- drängt sie die Regierungen der Länder, in denen Sklaverei vorkommt, Massnahmen zu entwickeln und umzusetzen, um die Sklaverei zu beenden;
- nimmt sie Einfluss auf Regierungen und zwischenstaatliche Agenturen, damit diese dem Problem der Sklaverei höchste Priorität beimessen;
- unterstützt sie Untersuchungen, um das Ausmass der Sklaverei festzustellen und Massnahmen zu ihrer Beendigung zu formulieren;
- arbeitet sie mit lokalen Organisationen, um die Öffentlichkeit auf die Sklaverei aufmerksam zu machen;
- unterrichtet sie die Öffentlichkeit über die Umstände der Sklaverei und führt Kampagnen für ihre Beendigung.

Die Arbeit von Anti-Slavery International ist in drei Bereiche aufgeteilt: Programme, Öffentlichkeitsarbeit und Information. Auf diese Weise kann wirksam daran gearbeitet werden, das Ziel von Anti-Slavery International zu erreichen: eine Welt ohne Sklavinnen und Sklaven.

Selbstporträt, www.antislavery.org

Internationaler Bund Freier Gewerkschaften

Der Internationale Bund Freier Gewerkschaften (ICFTU) wurde 1949 gegründet. Ihm sind 231 Organisationen in 150 Ländern und Hoheitsgebieten auf allen fünf Kontinenten mit 158 Millionen Mitgliedern angeschlossen. Der Dachverband besteht aus drei grösseren regionalen Organisationen: APRO in Asien und im Pazifikgebiet, AFOR in Afrika und ORIT in den amerikanischen Staaten. Der Dachverband steht in enger Verbindung mit dem Europäischen Gewerkschaftsbund (EGB), der alle europäischen Tochterorganisationen der ICFTU umfasst, und mit den Global Union Federations, in der nationale Gewerkschaften einer besonderen Branche oder einer Industrie auf internationaler Ebene zusammengeschlossen sind. Die ICFTU ist ein Dachverband nationaler Gewerkschaftsverbände, in denen die Gewerkschaften des jeweiligen Landes zusammengeschlossen sind. Die Mitgliedschaft steht allen Gewerkschaften offen, die nach dem Grundsatz von Treu und Glauben arbeiten, ihre Unabhängigkeit wahren und eine demokratische Struktur aufweisen. Die ICFTU arbeitet eng mit der Internationalen Arbeitsorganisation zusammen und hat Beraterstatus im Wirtschafts- und Sozialrat der Vereinten Nationen sowie bei Sonderorganisationen wie der UNESCO, der FAO etc. Sie steht in Kontakt mit dem Internationalen Währungsfonds, der Weltbank und der Welthandelsorganisation und hat Niederlassungen in Genf, New York und Washington.

Die ICFTU organisiert und leitet Kampagnen zu Themen wie der Achtung und dem Schutz der Gewerkschaftsrechte und der Rechte von Arbeitnehmerinnen und Arbeitnehmern, der Abschaffung der Zwangs- und der Kinderarbeit, der Förderung der rechtlichen Gleichbehandlung von arbeitenden Frauen und der Umwelt. ICFTU setzt sich für Bildungsprogramme für Gewerkschafterinnen und Gewerkschafter auf der ganzen Welt ein, unterstützt die gewerkschaftliche Organisation von jungen Arbeiterinnen und Arbeitern und entsendet Missionen in zahlreiche Länder, um die Lage der Gewerkschaften zu untersuchen.

Selbstporträt, www.icftu.org

Der Kampf gegen die Schuldknechtschaft in Nepal

Internationales Programm zur Beseitigung der Kinderarbeit (International Programme on the Elimination of Child Labour [IPEC])

Im Westen Nepals bekämpfen NGOs und die Kamaiya-Bevölkerung selber ein als Kamaiya-System bekanntes System der Schuldknechtschaft. Um in diesem Landesteil die Schuldknechtschaft von Kindern in der Landwirtschaft auszurotten, haben das «Informal Sector Service Centre (INSEC)» und «Rural Reconstruction Nepal» Aktionsprogramme zur Bekämpfung des Analphabetismus, für die soziale Bewusstseinsbildung und zur Förderung von Einkommensquellen für Familien in der Schuldknechtschaft entwickelt und machen die Grundbesitzer auf die nachteiligen Auswirkungen der Schuldknechtschaft aufmerksam. IPEC hat NGOs bei der Umsetzung von Aktionsprogrammen in drei Distrikten unterstützt, um die Kamaiya für ihre Rechte zu sensibilisieren, ihre Lebensumstände zu verbessern und sicherzustellen, dass die Kinder nicht zur Arbeit gezwungen werden, sondern zur Schule gehen können. Zu diesem Zweck wurden Versammlungen und Strassentheater organisiert. NGOs haben mehr als 12 000 Kamaiya-Kinder auf inoffizieller Basis unterrichtet und die meisten von ihnen an staatlichen Schulen angemeldet. Durch die Gemeinschaftsversammlungen sind auf Distriktsebene Ausschüsse zur Unterstützung der Kamaiya gebildet worden. Kürzlich haben die Kamaiya auf einer Konferenz das «Kamaiya Liberation Forum» gegründet, das einer nationalen Gewerkschaft angeschlossen ist. Mit dem wachsenden Einfluss der Bewegung tauchen die Kamaiya langsam aus ihrem Zustand passiver Resignation auf. Eine sorgfältige Analyse soll die sozialökonomischen Faktoren identifizieren, die zur Entwicklung des Kamaiya-Systems beigetragen haben. Es soll ein umfassendes Dienstleistungspaket entwickelt werden, um die Ursachen des Problems anzugehen.

ILO/IPEC, Nepal: Action against bondage

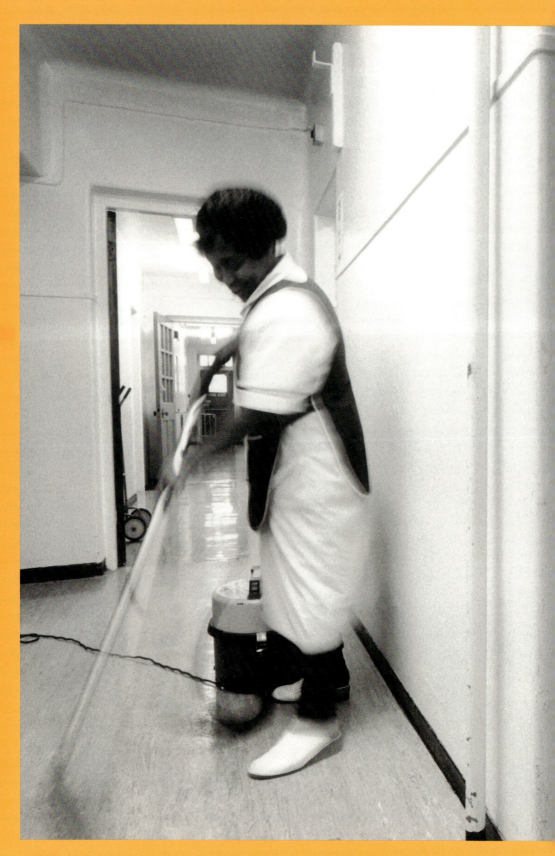

GROSSBRITANNIEN, London, 1991   Das Central Middlesex Hospital.
Peter Marlow/Magnum Photos

NICARAGUA, Mulukukú, 1994 — Frauen der Kooperative «Maria Luisa Ortiz» in ihrer Zimmerei.
Olivia Heussler

Keine andere Technik der Lebensführung bindet den Einzelnen so fest an die Realität als die Betonung der Arbeit, die ihn wenigstens in ein Stück der Realität, in die menschliche Gemeinschaft sicher einfügt.

Sigmund Freud, Über das Unbehagen in der Kultur, 1930.

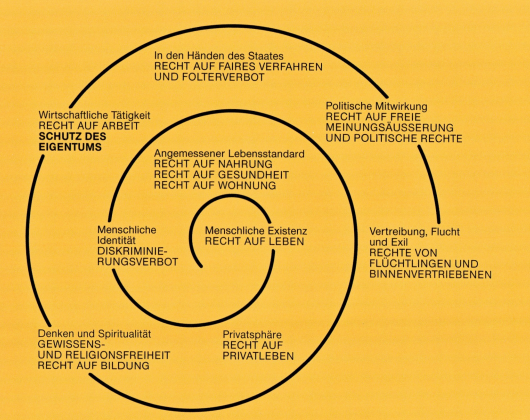

In den Händen des Staates
RECHT AUF FAIRES VERFAHREN
UND FOLTERVERBOT

Wirtschaftliche Tätigkeit
RECHT AUF ARBEIT
**SCHUTZ DES
EIGENTUMS**

Politische Mitwirkung
RECHT AUF FREIE
MEINUNGSÄUSSERUNG
UND POLITISCHE RECHTE

Angemessener Lebensstandard
RECHT AUF NAHRUNG
RECHT AUF GESUNDHEIT
RECHT AUF WOHNUNG

Menschliche
Identität
DISKRIMINIE-
RUNGSVERBOT

Menschliche Existenz
RECHT AUF LEBEN

Vertreibung, Flucht
und Exil
RECHTE VON
FLÜCHTLINGEN UND
BINNENVERTRIEBENEN

Denken und Spiritualität
GEWISSENS-
UND RELIGIONSFREIHEIT
RECHT AUF BILDUNG

Privatsphäre
RECHT AUF
PRIVATLEBEN

FRANKREICH, 1999
Martin Parr/Magnum Photos

Wer soll was besitzen?

IRLAND, Tory Island, 1995
Martine Franck/Magnum Photos

RUANDA, 1994   Flüchtlinge.
Raymond Depardon/Magnum Photos

SCHUTZ DES EIGENTUMS

CHINA, Sichuan, Dreischluchtendamm, 2003 Familien verlassen mit ihrem Besitz die Stadt, bevor sie geflutet wird. Ian Berry/Magnum Photos

BESETZTE PALÄSTINENSISCHE GEBIETE, West Bank, Flüchtlingslager Jenin, Mai 2002 Ein Bewohner des Lagers läuft durch die Hausruinen im von israelischen Militärbulldozern zerstörten Quartier Hawashin. Während der zweiwöchigen Belagerung wurden ungefähr 4000 Bewohner obdachlos, und mindestens 52 palästinensische Kämpfer und Zivilisten kamen ums Leben.
Larry Towell/Magnum Photos

HAITI, Port-au-Prince, Februar 2004 Haitianer mit Raubgut aus dem Hafen, das sie sich während der Unruhen in der Hauptstadt angeeignet haben. Rodrigo Abd/AP

INDIVIDUELLES ODER GEMEINSCHAFTLICHES EIGENTUM?

PLATO: So sieh denn zu, fuhr ich fort, ob sie in folgender Weise etwa wohnen und leben möchten, wenn sie so beschaffen sein sollen: Fürs Erste soll keiner irgendetwas als sein Eigentum besitzen, wofern es nicht ganz notwendig ist; sodann soll keiner eine solche Wohnung und Vorratskammer haben, in die nicht jeder, der will, einträte; alles zum Leben Erforderliche aber, was besonnene und tapfere, für den Krieg bestimmte Kämpfer bedürfen, sollen sie ratenweise von den übrigen Bürgern empfangen als Lohn des Bewachens, in solchem Masse, dass sie weder für das Jahr etwas übrig haben noch Mangel leiden; und sie sollen gemeinsame Mahlzeiten besuchen und, wie auf einem Feldzuge befindlich, gemeinschaftlich leben. Gold und Silber aber, soll man ihnen sagen, haben sie göttliches von Göttern immer in ihrer Seele und bedürfen des menschlichen nicht; auch sei es eine Sünde, den Besitz von jenem mit dem des sterblichen Goldes zu vermischen und zu besudeln, weil viel Sündhaftes mit dem gewöhnlichen Gelde geschehen sei, das in ihnen aber unbefleckt sei; vielmehr soll ihnen allein im Staate nicht erlaubt sein, Gold und Silber in die Hand zu nehmen und zu berühren noch unter einem Dache damit zu sein oder es sich umzuhängen, noch aus Silber oder Gold zu trinken. Auf diese Weise könnten sie erhalten werden und den Staat erhalten; wenn sie aber selbst eigenes Land und Häuser und Geld besitzen, so werden sie Hauswirte und Ackerbauer sein statt Wächter und werden den übrigen Bürgern feindselige Herrscher werden statt Bundesgenossen und werden dann hassend und gehasst, Nachstellungen bereitend und Nachstellungen erleidend ihr ganzes Leben verbringen, viel häufiger und mehr die innern als die äusseren Feinde fürchtend, und dann schon ganz nahe am Verderben hinrennen, sie selbst und der übrige Staat. Wollen wir nun, sprach ich, aus allen diesen Gründen behaupten, dass die Wächter so eingerichtet sein müssen in Bezug auf Wohnung und das Übrige, und wollen wir das als Gesetz aufstellen oder nicht?

Plato (428–347 v. Chr.), Politik

ARISTOTELES: Was den meisten gemeinsam ist, erfährt am wenigsten Fürsorge. Denn um das Eigene kümmert man sich am meisten, um das Gemeinsame weniger oder nur soweit es den Einzelnen angeht. ... Die Gemeinschaft des Besitzes hat also diese und ähnliche Schwierigkeiten. Dagegen dürfte die gegenwärtige Einrichtung, durch Sitten und Anordnung richtiger Gesetze verbessert, nicht weniger Vorzüge bieten. Sie würde das Gute von beidem haben, ich meine vom Prinzip des gemeinsamen Besitzes und dem Prinzip des Privatbesitzes. Denn in bestimmtem Sinne müssen die Güter gemeinsam sein, im allgemeinen dagegen privat.

Aristoteles (384–322 v. Chr.), Politik, Zweites Buch

SCHWEIZ, Zürich, 1988   Schrebergarten
Olivia Heussler

USA, New York City, 1972   Graffiti in der U-Bahn.
AP

PAKISTAN, Wana, 2002 Auf dem Weg ins Nachbarland Afghanistan zieht eine Nomadin mit ihrer Herde und ihrem Hab und Gut durch das Stammesgebiet Südwasiristan. Seit Tausenden von Jahren sind Karawanen dieser Route gefolgt. B.K. Bangash/AP

USA, Pennsylvania, Philadelphia, 1987 In Mäntel und Decken gehüllt steht ein Mann in bitterer Kälte über einem Dampfrost. Er habe die Nacht auf der Strasse verbracht, eine Obdachlosenunterkunft wolle er nicht aufsuchen. George Widman/AP

Schutz des Eigentums

Sollen Besitzer eines kleinen Bauernhofs oder einer einfachen Hütte, die Eigentümer einer Luxusyacht, die Ersteigerer eines Bildes von Picasso und die Mehrheitsaktionäre einer grossen Firma alle durch dieselbe Menschenrechtsgarantie geschützt werden? Die Allgemeine Menschenrechtserklärung von 1948 bejaht diese Frage, indem sie festhält: **«Jeder Mensch hat allein oder in der Gemeinschaft mit anderen Recht auf Eigentum. Niemand darf willkürlich seines Eigentums beraubt werden.»** Tiefgreifende ideologische Differenzen während des Kalten Krieges verunmöglichten es allerdings, dieses Versprechen in eine verbindliche Menschenrechtsgarantie umzusetzen. Dennoch schützen vereinzelte Bestimmungen der Konventionen das Privateigentum indirekt: So ist beispielsweise bei eigentumsbezogenen Streitigkeiten nicht nur das Diskriminierungsverbot, sondern auch das Recht auf ein faires Gerichtsverfahren zu beachten, und das Recht auf Wohnung schützt Besitzer vor der unrechtmässigen Zerstörung selbst bewohnter Häuser.

In einigen Menschenrechtsverträgen ist der Schutz des Eigentums ausdrücklich erwähnt: Das Übereinkommen über die Beseitigung jeder Form von Diskriminierung der Frau von 1979 räumt den Frauen gleiche Eigentumsrechte ein wie den Männern und verlangt, dass Frau und Mann in der Ehe die gleichen Rechte beim Erwerb, Besitz und bei der Verwaltung des ehelichen Vermögens haben sollen. Das Abkommen über die Rechtsstellung der Flüchtlinge von 1951 verpflichtet die Staaten, Flüchtlingen die gleichen eigentumsbezogenen Rechte zuzugestehen wie den anderen Ausländerinnen und Ausländern im betreffenden Land.

Anders als in den internationalen Abkommen ist der Schutz des Eigentums ausdrücklich und umfassend auf der regionalen Ebene verankert. Die europäische, die amerikanische und die afrikanische Menschenrechtskonvention sichern den Menschen in ähnlichen Worten erstens das Recht auf freien Erwerb von Eigentum und zweitens das Recht auf ungestörte Nutzung und auf Verwendung des Eigentums zu, d.h. den Schutz vor Beeinträchtigungen durch staatliche und private Akteure. Aus diesen Garantien folgt jedoch kein Recht auf Eigentum in dem Sinne, dass der Staat verpflichtet wäre, allen Leuten Eigentum zu verschaffen. Die regionalen Garantien erlauben den Behörden Eigentumsbeschränkungen oder Enteignungen, sofern sie gesetzlich vorgesehen sind und für den Schutz legitimer öffentlicher Interessen (z.B. den Schutz der Umwelt) bzw. der Rechte Dritter (z.B. zum Schutz von Anwohnern einer Fabrik, die schädlichen Rauch verursacht) notwendig sind. Die Behörden sind verpflichtet, Enteignungen und andere rechtmässige Beschränkungen angemessen zu entschädigen.

Im Krieg verbietet das humanitäre Völkerrecht Angriffe auf nichtmilitärische Ziele und die Plünderung von zivilem Eigentum. Besetzungsmächte dürfen Privateigentum nicht zerstören, es sei denn, die Zerstörung lässt sich aufgrund der Kriegsführung unter keinen Umständen vermeiden. Schwerwiegende Verstösse gegen den Schutz des zivilen Eigentums in bewaffneten Konflikten können als Kriegsverbrechen bestraft werden.

Landrechte werfen insbesondere in jenen Ländern komplexe Fragen auf, in welchen die Landnutzung durch Grossgrundbesitz arme Bauern am Zugang zu eigenem Land hindert oder in welchen indigene Völker aus ihren traditionellen Siedlungsgebieten vertrieben worden sind. Vor allem in Staaten mit kolonialer Vergangenheit können die legitimen Ansprüche der Landlosen auf mehr soziale Gerechtigkeit mit den Rechten sehr reicher Grossgrundbesitzer kollidieren. Westlich-liberale Eigentumskonzepte lassen sich zudem nicht ohne Weiteres auf Gesellschaften mit einer stark traditionellen, kollektiven Eigentumsausrichtung übertragen. Diese Faktoren erklären, weshalb die internationalen Menschenrechte das Thema der Landrechte bisher kaum behandeln. Eine bemerkenswerte Ausnahme ist das Übereinkommen der Internationalen Arbeitsorganisation über eingeborene und in Stämmen lebende Völker in unabhängigen Ländern von 1989. Es hält fest, dass die Eigentums- und Besitzrechte der betreffenden Völker an dem von ihnen traditionellerweise besiedelten Land anzuerkennen sind: «Ausserdem sind in geeigneten Fällen Massnahmen zu ergreifen, um das Recht der betreffenden Völker zur Nutzung von Land zu schützen, das nicht ausschliesslich von ihnen besiedelt ist, zu dem sie aber im Hinblick auf ihre der Eigenversorgung dienenden und ihre traditionellen Tätigkeiten von alters her Zugang haben. Besondere Aufmerksamkeit ist diesbezüglich der Lage von Nomadenvölkern und Wanderfeldbauern zu schenken.»

MALI, Kouakourou, 1994 Die Familie Natomo mit ihrem ganzen Besitz auf dem Dach ihres Hauses.
Peter Menzel/Agentur Focus

ALBANIEN, bei Burrel, 1995 Die Familie Cakoni mit ihrem ganzen Besitz vor ihrem Haus.
Louie Psihoyos

USBEKISTAN, bei Taschkent, 1995   Die Familie Kalnasarow mit ihrem ganzen Besitz vor ihrem Haus. Louie Psihoyos

ISRAEL, Tel Aviv, 1994   Die Familie Zaks mit ihrem ganzen Besitz.
Peter Ginter/Bilderberg

TÜRKEI, Siverek, 1991   Ein Schäfer mit seiner Familie.
Nikos Economopoulos/Magnum Photos

Wird jeder Hof von fünf Morgen mit Maulbeerbäumen bepflanzt, dann können sich
die 50-Jährigen in Seide kleiden. Wird bei der Zucht der Hühner, Hunde und Schweine die
rechte Zeit beachtet, dann können die 70-Jährigen Fleisch essen. Wird die Zeit,

die es braucht, ein Gehöft von 100 Morgen zu bebauen, nicht genommen, dann wird eine Sippe, die viele Mäuler zu stopfen hat, keinen Hunger leiden.
Meng-tzu, China (372–289 v. Chr.)

ZERSTÖRUNG IN BEWAFFNETEN KONFLIKTEN

TÜRKEI, 1992–1996   Ein paar vertriebene Bauern haben mit Erfolg den Europäischen Gerichtshof für Menschenrechte (EGMR) angerufen. Das öffnet ihnen zwar nicht unbedingt den Weg zurück nach Hause, aber die Serie von überraschenden EGMR-Urteilen hat zweifellos entscheidend dazu beigetragen, das türkische Militär von weiteren systematischen Zerstörungen abzuhalten. In seinem Urteil Akdivar u. a. gegen die Türkei von 1996 bestätigte der EGMR, was längst kein Geheimnis mehr war, nämlich dass türkische Sicherheitskräfte für die Zerstörung von Häusern verantwortlich sind. Seit diesem Gerichtsurteil dürfte den Soldaten bewusst sein, dass es durchaus Konsequenzen haben kann, mittellose Dorfbewohner zu tyrannisieren. Die Beschwerde Akdivar u. a. gegen die Türkei wurde am 18. Mai 1993 eingereicht. Mit dem Entscheid des EGMR ist die Zerstörung von Häusern durch Angehörige des türkischen Militärs nun zum ersten Mal auf internationaler Ebene gerichtlich beurteilt worden. Der Fall ist exemplarisch für ein eigentliches Muster systematischer Angriffe gegen ziviles Eigentum.
Die Beschwerdeführer waren zufälligerweise Personen, die die Regierung unmöglich als Sympathisanten der kurdischen Arbeiterpartei PKK oder als Terroristen diskreditieren konnte. Es handelte sich um sieben ehemalige Dorfwachen aus dem Dorf Kelekçi in der Provinz Diyarbakir, die bei Angriffen der PKK nahe Verwandte verloren hatten. Im Juli 1992 gab das Dorf das System der Dorfwachen auf. Den Dorfbewohnern zufolge griff die PKK in der Nacht zum 1. November 1992 die Polizeistation in Kelekçi an, tötete einen Soldaten und verletzte acht weitere. Am 10. November 1992 drangen Soldaten und Mitglieder einer Spezialeinheit in Kelekçi ein und befahlen dem Dorfvorsteher, alle Einwohner zu evakuieren. Während dieser sich bemühte, die Bewohner zu versammeln, eröffneten die Soldaten aus Panzerwagen das Feuer und schossen mit scharfer Munition auf Häuser und Dorfbewohner. Sie zündeten neun Häuser an, die bis auf die Grundmauern abbrannten, und erschossen auch das Vieh. Die Dorfbewohner flohen in die umliegenden Städte. Im April des folgenden Jahres brannten die Soldaten den Rest des Dorfes ab.
HRW, Bericht zur Türkei, 2002

BESCHLAGNAHMUNGEN

Beschlagnahmung ohne richterlichen Entscheid
WEISSRUSSLAND, 1999   Der UN-Sonderberichterstatter hat festgestellt, dass das befristete Präsidialdekret Nr. 40 vom 23. November 1999 über «Massnahmen betreffend schädigende Handlungen gegen den Staat» besonders besorgniserregend ist. Das Dekret ermöglicht die Beschlagnahmung von Eigentum, wenn ein Individuum oder eine juristische Person der Staatsschädigung verdächtigt wird. Der Begriff der «Schädigung» wird weder in diesem Dekret noch in irgendeinem anderen Gesetz näher definiert. Liegt ein solcher Fall vor, wird das Eigentum durch das Ministerium für Staatseigentum und Privatisierung beschlagnahmt, «sofern der Präsident nichts anderes festsetzt». Gegen die Beschlagnahmung von Eigentum aufgrund des Dekrets Nr. 40 kann vor Gericht Berufung eingelegt werden. Das angerufene Gericht kann das Eigentum rückübertragen oder eine angemessene Entschädigung zusprechen.
Die Beschlagnahmung von Eigentum ohne vorgängigen Gerichtsentscheid verstösst gegen die Verfassung und das Zivilgesetzbuch Weissrusslands sowie gegen Normen des internationalen Menschenrechtsschutzes. Der UN-Sonderberichterstatter hält fest, dass die Rechtssicherheit eine notwendige Voraussetzung für einen demokratischen Staat ist. Das Verbot willkürlicher Enteignungen ist zudem ein grundlegendes Recht. Wird Eigentum vor einer Gerichtsverhandlung beschlagnahmt, kann dies das Gericht beeinflussen. Dies gilt umso mehr, als für Dekrete des Präsidenten die Vermutung der Verfassungsmässigkeit gilt.
Dato'Param Cumaraswamy, UN-Sonderberichterstatter über die Unabhängigkeit von Richtern und Anwälten, Bericht zu Weissrussland, 22. Juni 2000

Wenn weder ihr Eigentum noch ihre Ehre angetastet wird, leben die meisten Menschen in Zufriedenheit.
Niccolò Machiavelli (1469–1527)

Wann immer deshalb die Gesetzgeber danach trachten, dem Volk sein Eigentum zu nehmen oder zu zerstören oder es als Sklaven in ihre willkürliche Gewalt zu bringen, versetzen sie sich dem Volk gegenüber in den Kriegszustand. Dadurch ist es jeden weiteren Gehorsams entbunden und der gemeinsamen Zuflucht überlassen, die Gott für alle Menschen gegen Macht und Gewalt vorgesehen hat.
John Locke (1632–1704) The Second Treatise of Government, XIX (222)

Genfer Abkommen über den Schutz von Zivilpersonen in Kriegszeiten, 1949

Artikel 33
… Die Plünderung ist verboten. Vergeltungsmassnahmen gegen geschützte Personen und ihr Eigentum sind verboten.

Artikel 53
Es ist der Besetzungsmacht verboten, bewegliche oder unbewegliche Güter zu zerstören, die persönliches oder gemeinschaftliches Eigentum von Privatpersonen, Eigentum des Staates oder öffentlicher Körperschaften, sozialer oder genossenschaftlicher Organisationen sind, ausser in Fällen, wo solche Zerstörungen wegen militärischer Operationen unerlässlich werden sollten.

Zusatzprotokoll zu den Genfer Abkommen über den Schutz der Opfer internationaler bewaffneter Konflikte, 1977

Art. 52
1. Zivile Objekte dürfen weder angegriffen noch zum Gegenstand von Repressalien gemacht werden. …

Beschlagnahmung in den besetzten Gebieten

BESETZTE PALÄSTINENSERGEBIETE
Der UN-Wirtschafts- und -Sozialrat ist tief besorgt über die anhaltenden Siedlungsaktivitäten der Israelis, namentlich über die Ausweitung der Siedlungen, die Niederlassung von Siedlern in den besetzten Gebieten, die Landenteignung, die Zerstörung der Häuser, die Beschlagnahmung von Eigentum, die Ausweisung von Palästinensern und den Bau von Umfahrungsstrassen. Die Aktivitäten verändern den landschaftlichen Charakter und die demografische Zusammensetzung der besetzten Gebiete, einschliesslich Ostjerusalems. Dabei handelt es sich um illegale Massnahmen, die eine Verletzung des 4. Genfer Abkommens über den Schutz von Zivilpersonen in Kriegszeiten darstellen und die als solche die Friedensbemühungen erheblich beeinträchtigen …
ECOSOC, Commission Resolution 2001/8

BUNDESREPUBLIK JUGOSLAWIEN, Kosovo, Drenica, Oktober 1998 Eine Kosovo-Albanerin vor einem brennenden Haus. Das Haus wurde von einem serbischen Artilleriegeschoss getroffen. Ron Haviv/VII

BESETZTE PALÄSTINENSISCHE GEBIETE, West Bank, Juli 1996 Bau der israelischen Siedlung Maale Adumim. Greg Marinovich/AP

WEM GEHÖRT DAS LAND?

Landreformen und Besitzrechte

SIMBABWE, 2002   Die Landreform im Eiltempo («Fast Track» Land Resettlement Program), die die Regierung von Simbabwe in den letzten beiden Jahren umgesetzt hat, hat zu schweren Menschenrechtsverletzungen geführt. Die Umsetzung des Programms wirft auch die berechtigte Frage auf, inwieweit die landlose arme Bevölkerung davon profitiert hat. Das erklärte Ziel des «Fast Track»-Programms ist es, reichen weissen Farmern Land zu nehmen, um es an landlose schwarze Simbabwer mit geringem oder mittlerem Einkommen zu verteilen. Unter dem Vorwand dieses Programms haben jedoch Milizen der Regierungspartei – oft unter der Führung von Veteranen des simbabwischen Befreiungskriegs – schwere Gewaltakte gegen Farmbesitzer, Farmarbeiter und Bewohner der Umgebung begangen, wobei sie besetzte Farmen als Ausgangspunkte für ihre Angriffe benutzten. Die Polizei ist kaum gegen solche Gewaltakte vorgegangen, in einigen Fällen hat sie sich sogar direkt an den Übergriffen beteiligt.

Die mehreren Hunderttausend Farmarbeiter in Simbabwe sind grösstenteils von dem Programm ausgeschlossen, und viele haben ihre Jobs verloren. Sie wurden mit Gewalt von den Farmen, auf denen sie arbeiteten, vertrieben oder entlassen, weil die kommerzielle landwirtschaftliche Produktion zum Erliegen kam.

Die Notwendigkeit einer Landreform in Simbabwe wird allgemein anerkannt, selbst von Vertretern der landwirtschaftlichen Grossbetriebe. Die alte koloniale Enteignungspolitik liess wenige Tausend weisse Farmer zu Besitzern riesiger Ackerlandflächen werden. Als das «Fast Track»-Programm lanciert wurde, hielten immer noch ungefähr 4500 Grossfarmer 28 Prozent des gesamten Landes in ihrem Besitz, während mehr als eine Million schwarze Familien in übervölkerten, dürren sogenannten «communal areas» ihr Leben fristen mussten, jenen Landstrichen also, die das Kolonialregime den Afrikanern zugewiesen hatte. Die Farmarbeiter, von denen viele ausländische Wurzeln haben, verfügen über kein eigenes Land oder allenfalls über kleine Parzellen und sind dem ständigen Risiko einer willkürlichen Vertreibung aus ihren Häusern ausgesetzt. Unter dem Druck drastischer Preiserhöhungen für Nahrungs- und Verkehrsmittel und der seit Mitte der Neunzigerjahre wachsenden Arbeitslosigkeit sehen viele in den Städten lebende schwarze Simbabwer aus den unteren Einkommensschichten Land als eine alternative Einkommens- und Nahrungsmittelquelle. Zudem sind viele Rückerstattungsansprüche von Personen, die in der Zeit der Kolonialherrschaft von ihrem Land vertrieben wurden, noch nicht geklärt. Die Krise in Simbabwe wird von der Regierung als ein Rassenkampf dargestellt. Sie behauptet, das Unrecht der kolonialen Enteignungen endlich wieder gutmachen zu wollen. Die internationalen Medien und einige politische Kommentatoren haben dieser Darstellung in die Hände gespielt, indem sie ihre Darstellungen auf die Angriffe auf weisse Grossfarmer konzentriert, dem vollen Marktwert entsprechende Kompensationen für enteignetes Land gefordert und überdies andere, ernstere Krisen auf dem afrikanischen Kontinent weitgehend ignoriert haben. Viele schwarze Simbabwer sagen jedoch zu Recht, dass die Missachtung der Rechtsstaatlichkeit für die auf dem Land lebenden, armen schwarzen Simbabwer letzten Endes ein grösseres Problem ist als für die weissen Grossfarmer, denen eher die Mittel zur Verfügung stehen, der Gewalt zu entfliehen und ihre wirtschaftliche Position wiederzuerlangen, ob in Simbabwe oder anderswo. Eine Landreform, die scheinbar das Unrecht der Vergangenheit aus der Welt schaffen will, bringt in Wirklichkeit neues Unrecht hervor, dessen Wiedergutmachung in Zukunft noch schwieriger sein könnte.

Human Rights Watch, Report 14 (März 2002), Fast Track Land Reform in Zimbabwe

Wem gehört das Land der Ureinwohner?

AUSTRALIEN, 1995   Zweifelsohne ist zurzeit die Frage nach den Landrechten der Aborigines das wichtigste und umstrittenste Thema der australischen Politik. Nach über 30 Jahren hat die Diskussion nun ihren Höhepunkt erreicht: Australiens Obergericht hat eine Klage auf Einräumung von Rechten über traditionelles Land der Aborigines gutgeheissen. Die Klage war von Eddi Mabo zusammen mit vier anderen Personen von Murray Island in der Torres Strait (vor Queensland) eingereicht worden. Mit dem Entscheid wurde die bis dahin geltende Doktrin der «terra nullius» umgestossen, die besagte, dass Australien unbewohnt war und das Land niemandem gehörte, als britische Siedler das Land in Besitz nahmen.

Ronald Paul Hill, Blackfellas and Whitefellas: Aboriginal Land Rights. The Mabo Decision and the Meaning of Land, Human Rights Quarterly 17 (1995)

UN-Pakt über bürgerliche und politische Rechte, 1966

Artikel 27
In Staaten mit ethnischen, religiösen oder sprachlichen Minderheiten darf Angehörigen solcher Minderheiten nicht das Recht vorenthalten werden, gemeinsam mit anderen Angehörigen ihrer Gruppe ihr eigenes kulturelles Leben zu pflegen, ihre eigene Religion zu bekennen und auszuüben oder sich ihrer eigenen Sprache zu bedienen.

ILO-Übereinkommen über eingeborene und in Stämmen lebende Völker in unabhängigen Ländern, 1989

Artikel 14
1. Die Eigentums- und Besitzrechte der betreffenden Völker an dem von ihnen von alters her besiedelten Land sind anzuerkennen. Ausserdem sind in geeigneten Fällen Massnahmen zu ergreifen, um das Recht der betreffenden Völker auf Landnutzung auch dann zu schützen, wenn das Land nicht ausschliesslich von ihnen besiedelt ist, sofern sie zu diesem Land im Hinblick auf ihre Eigenversorgung und ihre traditionellen Tätigkeiten von alters her Zugang gehabt haben. In diesem Zusammenhang ist der Situation von Nomadenvölkern und Wanderfeldbauern besondere Aufmerksamkeit zu schenken.

Bloss 2,8 Prozent der Bevölkerung besitzen heute 57 Prozent der landwirtschaftlich nutzbaren Fläche Brasiliens – ein Gebiet, das grösser ist als Spanien, Frankreich, Deutschland und England zusammengenommen. Noch schlimmer: 62 Prozent dieses Landes liegen brach.

Lynda Robinson

Eigentumsrechte der Ureinwohner

INTERAMERIKANISCHER GERICHTSHOF FÜR MENSCHENRECHTE (ZU NICARAGUA), 2002   Der Gerichtshof ist der Auffassung, dass das Menschenrecht auf Achtung des Eigentums, wie es u. a. in der Amerikanischen Menschenrechtskonvention verankert ist, auch das Recht der Ureinwohner auf Schutz ihres angestammten Landes und der Nutzungsrechte an diesem Land umfasst. Der Staat Nicaragua hat die Eigentumsrechte der Awas-Tingni-Gemeinschaft verletzt, als er einer ausländischen Firma die Konzession einräumte, auf dem angestammten Land der Awas Tingni Holz zu gewinnen, ohne die angestammten Besitzverhältnisse der Gemeinschaft zu respektieren oder zu schützen. Der Gerichtshof erachtete es als unzureichend, wie die Verfassung und die Gesetze Nicaraguas in allgemeiner Form die Rechte der Urbevölkerung auf das von ihnen traditionell genutzte und besiedelte Land garantieren. Der Gerichtshof ermahnte Nicaragua, die tatsächliche Achtung dieser Rechte zu gewährleisten. ... Es handelt sich dabei um das erste rechtsverbindliche Urteil eines internationalen Gerichtshofes, das einen Staat auffordert, die kollektiven Land- und Besitzverhältnisse von Ureinwohnern wirksam zu schützen.

S. James Anaya/Claudio Grossman: The Case of Awas Tingni v. Nicaragua, Arizona Journal of International and Comparative Law 19 (2002)

MEXIKO, Chiapas, Finca el Encanto, 1994   Indianische Landbesetzer marschieren zu einem Zeltlager ein, um Land zurückzufordern, das ihnen von reichen Viehzüchtern genommen wurde. Paul Fusco/Magnum Photos

USA, Arizona, Hopi-Reservat, 1993   Eine Buschlandschaft, Mesa und flache Ebenen, wie sie typisch für den Südwesten der Vereinigten Staaten sind. Leonard Freed/Magnum Photos

EIGENTUMSRECHTE VON FRAUEN

Landreformen sollen Frauen berücksichtigen

Traditionellerweise galten Frauen in Familien, denen im Zuge einer Landreform Boden zugeteilt worden war, als Teil der nicht aktiven Bevölkerung, weshalb ihre Bedürfnisse bei der Einführung von Bodenreformen kaum beachtet wurden. In einigen Ländern Afrikas erben Frauen nach wie vor nicht einmal das Land ihrer verstorbenen Ehemänner. Auch in Zentralamerika können nur wenige Frauen im Rahmen von Landreformen Eigentum erwerben. In Honduras z. B. liegt der Anteil der weiblichen Begünstigten bei nur gerade 3,8 Prozent.

Jedes umfassende Programm zur Umsetzung einer Landreform muss die Situation von gesellschaftlich marginalisierten Gruppen berücksichtigen. Frauen spielen oft eine entscheidende Rolle für das Überleben der Familie, namentlich im Kontext von wirtschaftlicher Migration, die z. B. als Folge der Landenteignungen in Südafrika und bei der Entwicklung von Überlebensstrategien für die verarmte Landbevölkerung entstanden ist. Es ist daher wichtig, dass Landreformen und die mit ihnen verbundene Art der Bodennutzung die besondere Situation der Frauen in der bäuerlichen Gesellschaft berücksichtigen.

FAO, Sustainable Development Department, Land reform 1 (2003)

Frauen haben das gleiche Recht auf Eigentum wie Männer

KENIA, 2003   In Kenia geniessen Frauen nicht dieselben Eigentumsrechte wie Männer. Ihr Recht, Eigentum zu besitzen, zu erwerben, zu verwalten und zu verkaufen, wird immer wieder durch Traditionen, Gesetze und Personen, inklusive Beamte, infrage gestellt, welche glauben, dass Frauen kein Eigentum anvertraut werden darf und sie auch keines verdienen. Die verheerenden Auswirkungen von Armut, Krankheit, Gewalt und Obdachlosigkeit schaden nicht nur den Frauen, sondern auch ihren Kindern und Kenias Entwicklung insgesamt. Das Problem wird von der Regierung seit Jahrzehnten ignoriert.

Viele Frauen werden von der Erbfolge ausgeschlossen, von den Schwiegereltern von ihrem Land verjagt, ihres Eigentums beraubt und zu riskanten Sexualpraktiken gezwungen, um ihr restliches Eigentum nicht zu verlieren. Wenn sie sich von ihrem Ehemann scheiden lassen oder sich von ihm trennen, werden sie oft des Hauses verwiesen und bleiben ihnen nur die Kleider am Leib. Nur selten gelingt es einer verheirateten Frau, ihren Ehemann vom Verkauf des Familieneigentums abzuhalten. Die Eigentumsrechte einer Frau sind für gewöhnlich von ihrer Beziehung zu einem Mann abhängig. Wird eine Beziehung beendet, läuft die Frau Gefahr, Heim, Land, Vieh, Haushaltsgegenstände, Geld, Fahrzeuge und weiteren Besitz zu verlieren. Solche Übergriffe sollen die Abhängigkeit der Frauen von ihren Männern erhalten und ihre soziale und wirtschaftliche Stellung untergraben. Eine vielschichtige Mischung aus kulturellen, rechtlichen und sozialen Faktoren liegt den Verletzungen der Eigentumsrechte von Frauen zugrunde. Das Gewohnheitsrecht Kenias – meist ungeschriebene, aber viel beachtete Regeln, die parallel zu den formellen Gesetzen gelten – basiert auf einer Reihe patriarchalischer Traditionen, denen zufolge die Männer von alters her Grund- und anderes Eigentum erbten und kontrollierten, während die Frauen «beschützt» wurden, aber weniger Eigentumsrechte besassen. Diese alten Bräuche beeinflussen massgebend die heutige Praxis, welche Frauen ihrer Eigentumsrechte beraubt und sie zum Schweigen bringt, wenn gegen ihre Rechte verstossen wird. Die kenianische Verfassung verbietet zwar die Geschlechterdiskriminierung, untergräbt dieses Verbot aber durch die stillschweigende Duldung der Schlechterbehandlung von Frauen durch Gewohnheitsrecht. Die wenigen Gesetzesvorschriften, die den Schutz der Eigentumsrechte der Frau verbessern könnten, treten vor den religiösen und gewohnheitsrechtlichen Gebräuchen, die in der Regel die Männer privilegieren, zurück.

HRW, Kenya Report, 2003

UN-Übereinkommen zur Beseitigung jeder Form von Diskriminierung der Frau, 1979

Artikel 15
2. Die Vertragsstaaten gewähren der Frau in zivilrechtlichen Fragen dieselbe Rechtsfähigkeit wie dem Mann und dieselben Möglichkeiten zur Ausübung dieser Rechtsfähigkeit. Insbesondere räumen sie der Frau gleiche Rechte in Bezug auf den Abschluss von Verträgen und die Verwaltung von Vermögen ein …

Artikel 16
1. Die Vertragsstaaten treffen alle geeigneten Massnahmen zur Beseitigung der Diskriminierung der Frau in Ehe- und Familienfragen und gewährleisten auf der Grundlage der Gleichberechtigung von Mann und Frau insbesondere folgende Rechte: … h) gleiche Rechte beider Ehegatten hinsichtlich des Eigentums an Vermögen und dessen Erwerb, Bewirtschaftung, Verwaltung und Nutzung sowie der Verfügung darüber, gleichviel ob unentgeltlich oder gegen Entgelt.

Weltweit leisten Frauen zwei Drittel der Arbeitszeit, stellen die Hälfte der weltweit produzierten Lebensmittel her und verdienen dennoch nur zehn Prozent des weltweiten Einkommens und besitzen weniger als ein Prozent des weltweiten Eigentums.

World Development Indicators 2002

SÜDAFRIKA, Kapstadt, 2002 Wohnungsbauprojekt im Township Philippi. Die meisten Bauarbeiten werden von ortsansässigen Frauen erledigt, die keinen Lohn verlangen. Eric Miller/Panos Pictures

INDIEN, Tamil Nadu, 2001 Ein von der Ford Foundation gefördertes Projekt, das auf visuell ausgerichtete Bildungs- und Informationsprogramme setzt. Die meisten Menschen auf dem Land sind Analphabeten. Jeremy Horner/Panos Pictures

USA, Louisiana, 2001 Mitglieder des Louisiana Rolls Royce Club. Von links nach rechts: 1963er S3 Bentley, 1988er Corniche, 1979er Corniche, 1967er Corniche, 1978er Silver Shadow II, 1990er Silver Spirit und 1986er Silver Spur. Ian Berry/Magnum Photos

Die Anerkennung des Privateigentums hat dem Individualismus wirklich geschadet und seine Bedeutung verwischt, indem sie den Menschen mit seinem Besitz verwechselt. Sie hat den Individualismus völlig auf Abwege geleitet. Sie hat bewirkt, dass Gewinn, nicht Wachstum sein Ziel wurde. So dass der Mensch dachte, dass es wichtig sei, zu haben, und er nicht mehr weiss, dass es wichtig ist, zu sein.
Oscar Wilde, 1891

DIE ROLLE DER INTERNATIONALEN GEMEINSCHAFT

Ständiges Forum bei den Vereinten Nationen für indigene Anliegen (Permanent Forum of Indigenous People at the United Nations)

Die Diskussionen über die Einrichtung des Ständigen Forums für indigene Anliegen begannen in den späten Achtzigerjahren. Ureinwohner und andere Mitglieder der Arbeitsgruppe für indigene Völker waren der Auffassung, dass die Strukturen der Vereinten Nationen für eine adäquate Behandlung der Angelegenheiten dieser Völker nicht genügten. Die Mitwirkungsmöglichkeiten der indigenen Vertreter bei den Vereinten Nationen empfanden sie als zu begrenzt. Angesichts dieser Probleme schlugen indigene Völker und andere vor, ein neues Gremium zu schaffen, das sich mit den globalen Themen im Zusammenhang mit den indigenen Völkern beschäftigen und ihnen die Möglichkeit einer wirksamen Teilnahme eröffnen sollte.

Im April 2000 verabschiedete die Menschenrechtskommission eine Resolution, der zufolge das Ständige Forum für indigene Anliegen im Rahmen der «Internationalen Dekade der indigenen Völker der Welt» eingerichtet werden sollte. Drei Monate später hiess der Wirtschafts- und Sozialrat die Resolution gut, und das Ständige Forum wurde formell gegründet.

Heute ist das Ständige Forum als konsultatives Gremium dem Wirtschafts- und Sozialrat unterstellt und hat einen Beratungsauftrag in allen indigenen Angelegenheiten, die die wirtschaftliche und soziale Entwicklung, Kultur, Umwelt, Erziehung, Gesundheit und Menschenrechte betreffen. Dem Mandat entsprechend gibt das Ständige Forum Empfehlungen zu indigenen Angelegenheiten an den Rat und an Programme, Hilfswerke und Sonderorganisationen der Vereinten Nationen ab. Es hat den Auftrag, für indigene Belange zu sensibilisieren, und fördert die Integration und Koordination von Aktivitäten innerhalb des Systems der Vereinten Nationen; zudem stellt es Informationen zu indigenen Angelegenheiten zur Verfügung und verbreitet diese.

Selbstporträt, www.un.org/esa

Internationale Hilfe bei der Anerkennung von Landrechten

KOLUMBIEN 90 Prozent der Bevölkerung in der Regenwaldregion Chocó an der Pazifikküste Kolumbiens sind afrikanischen Ursprungs. Diese Menschen, die für ihren Lebensunterhalt grösstenteils auf Fischerei, Jagd und traditionellen Ackerbau angewiesen sind, gehören zu den Ärmsten des Landes. 1994 stimmte die Weltbank einem Programm zur Verwaltung natürlicher Ressourcen zu, das den Afrokolumbianern und der Urbevölkerung der Chocó-Region dabei helfen sollte, Land zu erwerben und gleichzeitig ihre kulturelle und ethnische Identität zu bewahren. Das 65,3-Millionen-Dollar-Projekt finanzierte die Umsetzung eines Gesetzes, das die afrokolumbianischen Gemeinschaften als ethnische Gruppen mit kollektiven Landrechten anerkennt. In Workshops, Weiterbildungskursen und Dorfratsversammlungen wurde das Bewusstsein der Gemeinschaft für Landbesitz sensibilisiert. Mit der aktiven Unterstützung regionaler afrokolumbianischer und indigener Organisationen wurden im Rahmen des Projektes Regionalkomitees geschaffen, in welchen die Regierung und die Gemeinschaften gemeinsam daran arbeiteten, ethnische Konflikte zu schlichten und Richtlinien für die Landansprüche zu entwickeln. Bis zum Jahr 2001 hat dieses Programm 58 Gemeinden dabei unterstützt, gültige Eigentumstitel für 2,4 Millionen Hektar Land für insgesamt über 100 000 Menschen zu erhalten.

Weltbank-Projekt, www.worldbank.org-projects

Der Europäische Gerichtshof für Menschenrechte

Die «Achtung des Eigentums» wird in Artikel 1 des ersten Zusatzprotokolls zur Europäischen Menschenrechtskonvention geschützt. In einem kürzlich gefällten Urteil entschied der Gerichtshof erneut, dass Enteignung ohne Entschädigung einen Verstoss gegen diese Bestimmung darstellt: Die Beschwerdeführer – deutsche Staatsangehörige – hatten Land geerbt, das ihren Familien im Zuge der Agrarreform im Jahre 1945 in der Deutschen Demokratischen Republik (DDR) zugeteilt worden war (Bodenreformgrundstücke). Ein weiteres neues Gesetz aus dem Jahre 1990 machte sie zu vollwertigen Eigentümern dieser Parzellen. Nach der Wiedervereinigung Deutschlands mussten einige der Erben dieses Land ohne Entschädigungsleistung den Steuerbehörden übertragen. Der Europäische Gerichtshof für Menschenrechte entschied jedoch, dass ein fairer Ausgleich zwischen den Interessen der Allgemeinheit und den fundamentalen Schutzansprüchen des Einzelnen getroffen werden müsste. Nach Ansicht des Gerichtshofes verbot das Verhältnismässigkeitsprinzip den deutschen Behörden, die Beschwerdeführer ohne angemessene Entschädigung zu enteignen.

EGMR, Jahn u.a. gg. Deutschland, 22. Januar 2004

Die Kommission für Eigentumsansprüche von Vertriebenen und Flüchtlingen (Commission for Real Property Claims of Displaced Persons and Refugees; CRPC) und die Menschenrechtskammer für Bosnien und Herzegowina

Während des Kriegs in Bosnien-Herzegowina mussten viele Menschen fliehen und deshalb ihre Häuser und ihr Land verlassen. Nach dem Krieg führte das Abkommen von Dayton zur Einsetzung der oben genannten Kommission und der Menschenrechtskammer. Diese beiden Organe sind dafür zuständig, Eigentumsansprüche in Fällen, in denen das Eigentum in den Kriegsjahren 1991–1995 nicht freiwillig verkauft oder sonst wie übertragen wurde, endgültig und verbindlich zu klären. Im Fall *Pletilic v. Republika Srpska* (1999) führte die Menschenrechtskammer dazu aus:

«*Die Beschwerdeführer sind Bürger der Republik Bosnien und Herzegowina; mit einer Ausnahme sind sie alle bosniakischer Abstammung. Sie besitzen Grundeigentum in der Region Gradiska in der Republika Srpska, aus der sie während des Krieges vertrieben wurden. Die Mehrheit dieser Liegenschaften ist von Flüchtlingen und Vertriebenen serbischer Herkunft besetzt. Die meisten der Beschwerdeführer sind inzwischen in diese Region zurückgekehrt. Die vorliegenden Fälle betreffen ihre erfolglosen Bemühungen, vor verschiedenen Behörden der Republika Srpska ihre Besitzansprüche geltend zu machen. ... das frühere Gesetz [der Republika Srpska] ... sah keine Schutzbestimmungen gegen möglichen Missbrauch vor, sondern war selbst eine Quelle der Willkür und des Missbrauchs. ... Das frühere Gesetz wirkt sich folglich zweifach aus: Es hält die Minderheit von der Rückkehr ab und schützt die Position der Personen serbischer Herkunft, die jetzt die fraglichen Liegenschaften besetzt halten. Abschliessend kommt die Kammer zu dem Ergebnis, dass die Normen und die Anwendung des früheren Gesetzes die Beschwerdeführer hinsichtlich ihres Rechts auf Wohnung, auf Achtung ihres Eigentums und auf Zugang zu einem Gericht diskriminieren.*»

DER BEITRAG DER ZIVILGESELLSCHAFT

Die Landlosenbewegung in Brasilien (Movimento dos Trabalhadores Rurais Sem Terra, MST)

Die MST ist eine nationale Bewegung, regional organisiert in 23 Bundesstaaten Brasiliens. Seit 1984 hat MST Land für etwa 250 000 Familien in 1600 Siedlungen gewinnen können. In Brasilien konzentriert sich der Grundbesitz bei wenigen Reichen: Die Hälfte des Landes gehört einem Prozent der Landbesitzer, während 4,8 Millionen Familien über kein Land verfügen. In diesem Zusammenhang setzt sich MST auch für die Anliegen der 70 000 Familien ein, die in 500 ärmlichen Lagern in allen Teilen Brasiliens zu überleben versuchen. Seit der Gründung von MST vor 15 Jahren hat die Bewegung nicht nur mehr Land, sondern auch Ansehen und Bürgerrechte für die Menschen ohne Grundbesitz gewonnen. Konkret verbesserten sich dadurch die Lebensbedingungen für mindestens eine Million Menschen. Heute verfügt MST in den Siedlungen über etwa 400 Gesellschaften für Produktion, Handel und Dienstleistungen. Es gibt 49 Genossenschaften für Fleisch, Milchprodukte und landwirtschaftliche Produkte (CPA), die etwa 20 000 Familien beschäftigen; 32 Dienstleistungsgenossenschaften mit 11 174 Mitgliedern; zwei regionale Handelsgenossenschaften; zwei Kreditgenossenschaften mit 6113 Mitgliedern. MST unterhält 96 kleinere und mittlere landwirtschaftliche Industriebetriebe zur Verarbeitung von Obst und Gemüse, Milchprodukten, Getreide, Kaffee, Fleisch und Süssigkeiten. Diese Wirtschaftsbetriebe schaffen Arbeitsplätze, Einkommen und Erträge, von denen indirekt 700 kleine Gemeinden im Innern von Brasilien profitieren. Um die Produktionsgebiete noch besser unterstützen zu können, hat MST den Genossenschaftsbund der Siedler gegründet, der die Anliegen der Produzenten koordiniert.

MST, Social Projects, Selbstporträt, www.mstbrazil.org

Auf die Wälder angewiesen...

Von den 1,2 Milliarden der ärmsten Menschen der Welt – Menschen, die von weniger als einem Dollar pro Tag leben – sind 90 Prozent vom Wald und seinen Produkten abhängig. Aber der Waldbestand nimmt ständig ab und damit auch die Pflanzen- und Tiervielfalt, für welche der Wald die Lebensgrundlage darstellt. Aufgrund des Wachstums und der Entwicklung werden Wälder in landwirtschaftliche Nutzflächen und Siedlungsgebiete umgewandelt. Zu Beginn des 20. Jahrhunderts gab es weltweit etwa fünf Milliarden Hektar Waldgebiet; heute sind es weniger als vier Milliarden. Die Verluste konzentrieren sich auf die Entwicklungsländer und sind auf die wachsende Nachfrage nach Holz und landwirtschaftlicher Nutzfläche zurückzuführen.

WDI 2003, www.worldbank.org

«Wissen die Fremden nicht, dass man Land nicht besitzen kann?»

SÜDAMERIKA   Land ist für die Guarani heilig, weil es ihnen von göttlichen Wesen, allen voran von ihrem Schöpfergott «Unser Grosser Ewiger Grossvater», anvertraut wurde. In einem grandiosen Schöpfungsakt liess er die Erde, göttliche Wesen und die Urformen von Tieren und Pflanzen aus der Entwicklung seines Bewusstseins entspringen. ... Im Verlauf der Landvermessungen – für die Guarani ein beständiger Kampf mit einer für sie schwer verständlichen Welt – fragten sie immer wieder: «Kennen die mbairy (die ‹Fremden›, d.h. alle Nicht-Indianer) die guten Sitten nicht? Wissen sie nicht, dass man das Land nicht privat besitzen kann, genauso wenig wie das Wasser, die Atemluft und den Sonnenschein?» ... Entscheidend für ihre Lebenssituation ist aber vor allem, wie es ihnen gelingt, sich politisch innerhalb der Nationalstaaten Brasilien, Paraguay, Argentinien und Bolivien zu behaupten. Den Izozeños in Bolivien ist es gelungen, sich ein grosses Territorium und Nutzungsrechte in einem angrenzenden Nationalpark zu sichern. In Brasilien und Paraguay gibt es noch viele Gemeinden, die um ihre Landrechte kämpfen müssen.

Friedl Paz Grünberg über ihre Erfahrungen bei den Guarani in Paraguay, Gesellschaft für bedrohte Völker, www.gfbv.de

NIGER, 1987 Sahel-Wüste
Steve McCurry/Magnum Photos

Eines Tages überliess ein Mann sein Feld der Obhut eines anderen Mannes. Dieser sorgte gut für das Land, pflügte es, jätete Unkraut, bepflanzte es und erntete. Als der Eigentümer zurückkam, sagte er zu dem Mann, in dessen Obhut er das Land gelassen hatte: «Gib es mir jetzt zurück. Das Land gehört mir.» «Nein», sagte der andere Mann. «Ich gebe es nicht zurück. Das Land gehört mir. Du bist zwar der Eigentümer, aber ich habe mich in all der Zeit um dieses Land gekümmert. Das Land gehört mir.» Sie begannen zu streiten, bis die Nachbarn sie zu einem Richter brachten, der den Streit schlichten sollte. Zufällig war dieser

Richter Hodja Nasrudin. Beide Männer sagten: «Das Land gehört mir! Das Land gehört mir!» Hodja ging zu dem Feld, legte sich in den Dreck und horchte an der Erde. «Was tust du da, Nasrudin?», fragten sie. «Ich höre zu.» – «Wem hörst du denn zu?» – «Dem Land.» Beide Männer lachten ihn aus. «Du hörst dem Land zu? Dem Land? Was hat denn das Land zu sagen?» Hodja sah auf und sagte: «Das Land sagt, dass ihr beide dem Land gehört.»

Mündliche Überlieferung, 1985, abgedruckt mit der freundlichen Genehmigung von UNICEF

GALILEI, DER KETZER
Alexander Kluge

Der wahre Grund, heisst es, weshalb Galileo Galilei vor die Heilige Inquisition zitiert wurde, abschwören musste, war nicht seine Neigung zum kopernikanischen System, sondern seine These, dass die beobachtete Erscheinung physikalischer Objekte uns sagt, was sie tatsächlich sind. Das verletzt den Lehrsatz von der Transsubstantiation: Wenn die am Altar gebrochene Oblate ein Gebäck zu sein scheint und wenn es kein Experiment gibt, mit dem man zwischen dem Brot vor und dem Brot nach der Wandlung unterscheiden kann, dann sei, behauptete Galilei, das Brot auf dem Altar Brot und sonst nichts weiter.

– *Galilei hat sich vorgewagt. Jetzt muss er zurück.*
– Er hat sich nicht weiter vorgewagt als die Naturwissenschaft heute. Was er sagt, ist eine Kernbehauptung, auf welche die Wissenschaft sich stützt.
– *Aber er kann doch nicht mit einem Messer in das heilige Brot hineinschneiden, nachsehen, ob Blut herauskommt. Was macht er denn, wenn das Brot tatsächlich blutet?*
– Er hat das nachts, auf exterritorialem Boden in Venedig, mehrfach gemacht. Es kam kein Blut heraus.
– *Das kann er vorher nicht wissen. Beim nächsten Mal schneidet er hinein und hat sich versündigt. Dann wird er verbrannt.*
– Er hat ja auch abgeschworen.

KÖNIG DER KÖNIGE II
Ryszard Kapuściński

Ein Jahr nach dem Aufstand in Gojam, der dem Palast die wütende und brutale Fratze des Volkes gezeigt und Furcht in die Herzen der höheren Würdenträger gegossen hatte – und nicht nur in ihre, denn auch wir, die untergeordneten Diener, bekamen das Zittern –, traf mich ein persönliches Unglück: Mein Sohn Hailu, der in jenen beklemmenden Jahren an der Universität studierte, begann zu denken. So ist es, er begann zu denken, und lass dir sagen, mein Freund, dass Denken in jener Zeit eine lästige Unannehmlichkeit war, ja, ein peinliches Gebrechen. Unser hochwohlgeborener Herr scheute in seiner unablässigen Sorge um das Wohl seiner Untertanen keine Mühe, um sie vor dieser Unannehmlichkeit und diesem Gebrechen zu bewahren. Warum sollten sie Zeit verlieren, die sie besser der Sache der Entwicklung widmeten, ihr Inneres durcheinanderbringen und sich den Kopf mit illoyalen Gedanken zermartern? Es brachte nichts Gutes oder Erfreuliches mit sich, wenn jemand sich entschloss zu denken oder unvorsichtigerweise in die Gesellschaft von denkenden Menschen geriet. Und genau diese Unvorsichtigkeit beging, leider, mein leichtsinniger Sohn. Als Erste merkte es meine Frau, der ihr mütterlicher Instinkt sagte, dass sich über unserem Haus dunkle Wolken zusammenballten; eines Tages sagte sie zu mir, Hailu habe gewiss zu denken begonnen, er sei in jüngster Zeit auffallend traurig. So war es damals. Diejenigen, die sich im Kaiserreich umschauten und über das Geschehene nachdachten, schritten traurig und gedankenverloren einher, eine unruhige Schwermut im Blick, als quälte sie eine unbestimmte Vorahnung. Am häufigsten fand man diesen Gesichtsausdruck bei Studenten, die, das muss man hier sagen, unserem Herrn immer mehr Verdruss bereiteten. Es ist erstaunlich, dass die Polizei nie diese Spur entdeckte, die Verbindung zwischen Denken und Stimmung – wäre sie rechtzeitig darauf gekommen, hätte man leicht die genannten Denker unschädlich machen können, die mit ihrem Murren und ihrer boshaften Weigerung, glücklich zu sein, so viel Unglück auf das Haupt unseres ehrwürdigen Herrn herabbeschworen.

Übersetzung: Martin Pollack

FREIHEIT
Carlos Fuentes

Ob wir die Freiheit als absoluten freien Willen betrachten oder als durch Erbe, Natur, Schicksal oder Zufall erworbenes Gut, allein ihren Namen auszusprechen, ist bereits ein Akt der Hoffnung. Wer sie nicht hat, weiss sie mehr als alle anderen zu schätzen. Wer für sie kämpft, muss sich der Gefahren bewusst sein, die im Kampf für die Freiheit liegen. Saint-Just sagte während der Französischen Revolution über die Schlachten für die Freiheit: «Der Kampf für die Freiheit gegen die Tyrannei ist episch, der Kampf der Revolutionäre untereinander ist tragisch.» Aus dem Kampf um die Freiheit sind extreme Formen von Unterdrückung entstanden, die sich jedoch damit zu rechtfertigen versuchen, dass sie auf ihren revolutionären Ursprung verweisen. Revolutionen legitimieren. Aber ist die Freiheit erst einmal erreicht – ob man sie nun Revolution nennt oder Unabhängigkeit –, wie kann man sie erhalten, verlängern, bereichern? Vielleicht gibt es keine pragmatische und präzisere Formel als die von Madison in seinem «Federalist»- Artikel:

«Wenn die Menschen Engel wären, so brauchten sie keine Regierung. Wenn die Engel regierten, dann bedürfte es weder innerer noch äusserer Kontrollen der Regierenden. Entwirft man jedoch ein Regierungssystem von Menschen über Menschen, dann besteht die grosse Schwierigkeit darin: Man muss zuerst die Regierung befähigen, die Regierten zu beherrschen, und sie dann zwingen, die Schranken der eigenen Macht zu beachten.»

Wahlen, Widerrufe, *impeachments*, Verwaltungsurteile, Gewichte und Gegengewichte, Gewaltenteilung, staatliche Überwachung der Exekutive. Die demokratischen Systeme haben vielfältige Formen eingeführt, die über Madisons Formel hinausgehen, um sicherzustellen, dass die Bürger und die Institutionen die Regierungen zwingen, sich selbst zu kontrollieren, damit sie nicht die Kontrolle über die Bevölkerung verlieren.

Die politische Freiheit kennt diese Impulse und akzeptiert diese Grenzen. Aber die Freiheit ist nicht nur eine öffentliche, sondern auch eine private Angelegenheit. Den der Person innewohnenden Wert zu wahren, ist eine Form der Freiheit, die zum Ich gehört. Aber sobald es um die Freiheit ausserhalb des Ich geht, wird deutlich, dass niemand von sich aus frei ist. Die Freiheit zeigt sich in der ersten Person Singular, aber sie erhält sich nur in den drei Personen des Plurals. Meine Freiheit, das bin «ich» plus «wir» plus «ihr» plus «sie». Die Spannungen, die zwischen meinem freien Ich und der Welt der andren aufkommen, können konfliktiv sein, aber sie sind auch kreativ in dem Sinn, dass die Freiheit zwar eine Möglichkeit für mich ist, aber dass diese Freiheit nur wirklich frei ist, wenn sie auch den anderen als Möglichkeit offensteht.

Ich betone das Wort «Möglichkeit», weil die Freiheit zu grossen und mächtigen Gefahren ausgesetzt ist, als dass wir davon ausgehen können, dass «frei sein» ein Zustand ist, den man unmittelbar erreichen kann. Man kann gegen seine eigenen Interessen, aus Masochismus, aber auch in Unwissenheit oder Fehleinschätzung der Situation, frei handeln. Die Freiheit kann auch Freiheit zum Bösen sein. Das Bedürfnis treibt sie an, begrenzt und vereitelt sie aber auch zuweilen. Die Natur ruft nach ihr und kann sie aber ebenso vertreiben. Der blinde Zufall ist ihre Warnung. Und all diese Hindernisse und Widersprüche können uns dazu bringen, nicht ohne Grund die Freiheit als moralische Tatsache oder als Pflicht zu betrachten. Manuel Azaña hat das sehr schön ausgedrückt: «Vielleicht macht die Freiheit die Menschen nicht glücklich, aber sie macht Menschen aus ihnen.» Voltaires Pangloss sagt, wir leben in der besten, Becketts Winnie, wir leben in der schlechtesten aller möglichen Welten.

Der Vorschlag des Sokrates lautet, in der Stadt zu leben, die Freiheit in dieser Stadt und im Dialog zu suchen, obwohl die Stadt uns letztendlich des Dialogs und, wie auch Sokrates selbst, des Lebens beraubt. Kritische Weisheit besteht darin, den Bruch zwischen dem kreativen inneren Leben und dem äusseren Leben der Welt sowohl über das Kennenlernen der eigenen Person – lerne dich selbst kennen – als auch über das Kennenlernen der Stadt – lerne die anderen kennen – zu überwinden, denn die Verbindung zwischen innerer und äusserer Freiheit ist real, greifbar, auch wenn sie sich hin und wieder als Abgrund präsentiert. Albert O. Hirschman zeigt in einem wunderbaren Buch hellsichtig diesen Prozess von «entrances and exits» auf.

Wir treten ständig in die Freiheit ein und wieder hinaus. Wir können sonst Gefahr laufen, uns in unserer individuellen Freiheit solipsistisch einzuschliessen und die Aussenwelt zu einer reinen Illusion verkommen zu lassen; das sollte nicht einmal unter den Extrembedingungen einer Diktatur geschehen, wo es keine Freiheit gibt. Die Freiheit ist dazu da, zwischen der Person und der Welt zu vermitteln. Sie füllt den Abgrund zwischen innerer und äusserer Handlung, innerer und äusserer Wirklichkeit, zwischen Determinismus und freiem Willen.

Als endlose Aufgabe, nicht im Sinne von Camus' Sisyphus, sondern des unfertigen Menschen von Milton, kann der Mensch mit der Freiheit nicht weiter an sich und seiner Menschwerdung arbeiten? In seinem berühmten Streit mit Pelagius negiert Augustinus eine Freiheit unabhängig von der Kirche, das heisst der Institution. Pelagius kommt Luther ein Jahrtausend zuvor, wenn er dem Individuum die Freiheit zuspricht, sich selbst ausserhalb der kirchlichen Institutionen retten zu können. Aber diese Freiheit impliziert auch, innerhalb der Institutionen tätig zu werden, nicht weil man nicht anders könnte oder verpflichtet wäre, sondern aus freien Stücken. Dass sie wie eine Art DNA Teile des Erbguts, Biologie, Bildung, Kultur, Sprache, Religion, Politik und Moral einschliesst, gibt der Freiheit ein menschlicheres, weil komplexeres Gesicht. Es gibt keine einfache Freiheit.

Wie soll man Freiheit messen? An dem Spielraum an freiem Willen, den die Institutionen dem Einzelnen lassen? Oder umgekehrt: an dem Mass an Autorität, das unser freier Wille den Institutionen einräumt? Wie auch immer, die Freiheit besteht darin, an sie zu glauben und für sie zu kämpfen. Freiheit ist die Suche nach der Freiheit. Wir werden sie nie vollständig erreichen. Der Tod mahnt uns, dass der persönlichen Freiheit Grenzen gesetzt sind. Die Geschichte lehrt uns, dass die Institutionen, die zu einem gegebenen Zeitpunkt die Freiheit definieren, untergehen oder sich wandeln. Aber zwischen Leben und Tod, zwischen der Schönheit und dem Schrecken der Welt, macht uns die Suche nach der Freiheit in jedem Fall frei.

Übersetzung: Sabine Giersberg

DAS ERSTE EXIL
Wole Soyinka

Exil und das Leben als Asylant sind ganz offensichtlich die beiden Seiten ein und derselben Medaille der Vertreibung. Exil oder Verbannung setzt (natürlich) einen Ort der Aufnahme anderswo voraus, denn ansonsten wäre Exil ja gleichbedeutend mit der Todesstrafe oder, im theologischen Sinne, mit der ewigen Verdammnis. Kurz gesagt wird Exil als Strafe oder einfach als eine Folge von Unglück – Krieg, Dürre, Hungersnot, Seuche etc. – begriffen, und es handelt sich hierbei um einen Umstand, der nicht allein die unmittelbar betroffenen Einzelmenschen oder Völker betrifft, sondern auch andere Orte und andere Völker, die sich zudem der auf sie zukommenden Rolle manchmal nicht bewusst sind; es handelt sich hierbei jedoch um einen Umstand, der im blossen Aussprechen der Heimsuchung per Bannspruch oder aber im Unglück der Vertreibung bereits – und ganz gewiss implizit – inbegriffen ist.

In der jüdisch-christlichen Theologie, der ja die meisten Menschen in diesem Teil der Welt wenigstens nominal anhängen, waren Adam und Eva, als sie aus dem Paradies hinausgeworfen wurden, ganz sicher die Vorfahren aller Exilanten – weil sie zu wissen wünschten oder weil sie nach zu viel verlangten. Wir alle sind uns jenes besonderen Syndroms der Viktimologie bewusst. Es ist höchst lehrreich zu sehen, welch tiefe Affinität die heutigen politischen Exilanten mit Adam und Eva besitzen. Das Verbrechen dieser Sorte von Exilanten besteht darin, dass sie zu wissen verlangen, dass sie vorgeben, etwas zu wissen, und, am allerschlimmsten, dass sie es darauf anlegen, ein Wissen jenseits der Grenzen der Orthodoxie zu verbreiten. Wissen führt zu Selbstbestimmung. Wissen kann möglicherweise eine Forderung nach Wiedergutmachung beinhalten oder die angstvolle Vermutung anderer Menschen, eine solche Forderung könne folgen; ein Vorgehen könnte in Gang gesetzt werden mit dem Ziel, etwas wieder in Besitz zu nehmen, das andere sich zuvor aneigneten oder dessen Besitz vom anderen einfach geleugnet wurde. Egal ob es sich bei diesem Gut nun um Land, natürliche Ressourcen, ein Erbe oder die Kultur handelt: ganz so erging es den Juden die meiste Zeit in ihrer Geschichte, in den zwei ersten Dekaden des 20. Jahrhunderts den Armeniern in der Türkei, den muslimischen Kroaten, den Tutsi, den Kurden in der Türkei und im Irak, den Palästinensern im Nahen Osten oder ganz einfach allen religiösen Gruppen, die vor Verfolgung oder Ausrottung flüchten mussten – unsere Liste an Exilanten, besser bekannt als Flüchtlinge, erweist sich als endlos. Wenn der Versuch, sich selbst auszudrücken oder sich selbst zu behaupten, eine kollektive Wendung annimmt, dann fühlen sich die Intoleranten oder die Hegemonisten bedroht. Dann machen sie sich daran, den Nonkonformisten zu vertreiben, jenes fremde Wesen, dessen blosse Existenz die vorbestimmten Grenzen des Wissens, des Glaubens oder des gewöhnlichen Verhaltens gefährdet. Adams und Evas Verbrechen bietet uns ein zutreffendes Paradigma für die Politik der Selbsterkenntnis und der Auslösung von Unsicherheit im anderen, was dann zum Bann- und Exilspruch führt – und dies dann allerdings mit einer sehr bemerkenswerten Lektion für die Menschheit. Und wie sieht also diese Lektion aus?

Indem der Herr des Paradieses diese beiden intellektuellen Dissidenten verbannte, verwies er sie nicht nur ins Nichts, wo sie von wilden Tieren aufgefressen oder vom Hitzeschlag getroffen oder ganz einfach an Hunger sterben würden. Sie gingen vielmehr des Paradieses verlustig und damit eines eher geruhsamen Lebensstils. Aber es war ja mit Vorbedacht für sie gesorgt: unendlich viel Land für den Anbau, wenn auch verbunden mit harter Arbeit, die wiederum – auf unerwünschte Weise – begleitet wurde von Krankheit und Sterblichkeit. Und der Oberste Herrscher bemühte sich, «sowohl für Adam als auch für sein Weib Bekleidung aus Fellen zu schaffen». Ist es nicht verwunderlich, dass wir immer wieder auf die eine oder andere Version dieser fürsorgenden Verantwortung stossen, nicht nur in den Mythologien oder religiösen Vorschriften anderer Länder – im Islam, im Buddhismus, beim Ifa-Orakel der Yorubas etc. – sondern dass sich genau dieses Prinzip humaner Pflichten in jenen Schriften zum zivilisierten Verhalten wiederfindet, denen sich – jedenfalls auf dem Papier – praktisch jede Nation auf dem Globus verpflichtet hat? Und dies ungeachtet der Tatsache, dass die Evolution des modernen Staates, die Angst, die neurotische Sorge um Grenzen und Souveränitäten und die Komplexität des modernen Lebens den Katechismen geradezu zuwiderzulaufen scheinen, die ja einen jeden von uns und uns alle gemeinsam dazu verpflichten, uns als «die Hüter unseres Bruders» zu verstehen.

Wir haben also keinen Mangel an Modellen, die uns belehren, sei es, was die Annahme oder die Ablehnung einer solchen gemeinschaftlichen Verpflichtung angeht – ja selbst in feudalen Zeiten mangelte es an ihnen nicht. In diesen autokratischen Gesellschaftsordnungen stellte die Verbannung von Menschen eines der vielen Mittel dar, mit denen die Probleme einer unsicheren Macht gelöst wurden. Der König sprach dann zu seinem Baron, seinem Grafen oder aufmüpfigen Ritter: «Ich denke mir, du solltest deine geistige Einstellung verbessern; als offensichtliche Lösung empfiehlt sich ein bisschen Aufenthalt in fremden Ländern.» Damit meinte der König natürlich das Folgende: «Ich mag dieses Funkeln in deinen Augen nicht, wenn du dir meinen Thron anschaust; du wirst bei den Bauern einfach zu populär – pack also deine sieben Sachen und sieh zu, dass der nächste Sonnenaufgang deine Anwesenheit nicht mehr binnen meiner Grenzen erblickt.»

Wenn es sich um einen besonnenen Monarchen handelte, dann stellte er im Vorhinein sicher, dass sein Bruder-Monarch – am besten ein ganzes Stück weit entfernt und ohne eine gemeinsame Grenze – diesen Menschen aufnahm, ihm Gastfreundschaft gewährte, ihn aber auch von jedem Missgeschick fernhielt. Das entgegengesetzte Modell sah natürlich so aus, dass der Exilant, kaum hatte er den Fuss über die Grenze gesetzt, entdeckte, dass die gedungenen Mörder seines Herrn bereits darauf warteten, den endgültigen Akt der Verbannung in die Tat umzusetzen. War der Despot aber sehr machtvoll und rachsüchtig, tendierte jedoch nicht zu einer derart direkten Aktion, dann pflegte er vielleicht auch vorab die Kunde zu verbreiten, ein jedes Königreich, das dem Sünder Zuflucht gewähre, ziehe sich damit seinen Zorn zu – womit der vermaledeite Mensch zu einem ewigen Wanderer gemacht wurde, den Elementen, herumstreunenden Banditen und dem Verhungern ausgeliefert.

Ob wir nun von uralten chinesischen Dynastien, afrikanischen Königreichen oder europäischen Monarchien reden, die Geschichte der Verbannung (oder des Exils) und des Asyls sind stets aufs Engste miteinander verwoben gewesen. Und so hat sich also das hoffnungslose Schicksal des betroffenen Individuums nie geändert; schlimmer noch war das Schicksal ganzer Gruppen, die aus dem einen oder anderen historischen Grund oder einfach nur, weil sie anders waren, in Zeiten des Nahrungsmangels, von Epidemien oder sogar ungewöhnlichen Naturphänomenen – seltsamen Omen am Himmel, übermässiger Dürre oder übermässigem Regen – als potenzielle Sündenböcke ausgesondert wurden. Und diese sind ja stets äusserst nützlich, um von der Wirklichkeit der Missherrschaft und des Missmanagements abzulenken. Und überhaupt sind sie – wie wir bereits früher bemerkt haben – ein Element der Unreinheit in jenem Bild, das eine Gesellschaft sich von sich selbst macht; sie nähren somit xenophobe Tendenzen in einer Gemeinschaft. Die «anderen» werden gejagt, besitzlos gemacht, man lässt sie über das Antlitz der Erde herumirren. Hier handelt es sich um eine Heimsuchung, die so auch heute noch fortdauert – ungeachtet des Artikels 9 der «Allgemeinen Erklärung der Menschenrechte», die darauf besteht:

«Niemand darf willkürlicher Festnahme, Inhaftierung oder Exil ausgesetzt werden.»

Auf der Suche nach einem weiteren, gutmütigen Modell aus der Mythologie können wir uns vielleicht Orunmila zuwenden, dem Weissage-Gott der Yoruba in Westafrika. Orunmila war berühmt wegen seiner «Wanderlust». Vielleicht war es gerade sie, die ihn weise sein liess, denn diese «Wanderlust» versetzte ihn in die Lage, so beeindruckend tief und einsichtsvoll in die «condition humaine» einzudringen. Ifa, der Korpus der Erzählungen von der göttlichen Weissagung, lehrt uns nämlich, dass bei den Yorubas selbst die Götter nicht von der Pflicht zur Wiedergutmachung und dem Trauma der Vertreibung ausgenommen werden. Im Verlauf einer ihrer Wanderungen – und hier handelte es sich um einen durch eine frühere Übertretung ausgelösten Bussgang – erschien die Gottheit in nichts Besserem als den Lumpen eines Bettlers gekleidet; auf der Suche nach einer Bleibe in fremden Ländern wanderte sie von Tür zu Tür, mit Resultaten, die man sich nur allzu leicht vorstellen kann. Schlussendlich wurde die Gottheit am Rande einer Stadt von einer Frau aufgenommen, die ebenso wie sie selbst ein «outcast» war. Wie nicht anders zu erwarten, kam dann der göttliche Segen über diesen Haushalt, und damit endete diese Phase in Orunmilas Pilgerschaft.

Dieses Stück Mythologie findet sich in zahlreichen Mythen wieder, die die Menschheit sich zurechtlegt, um so das Geflecht ethischen Verhaltens zu weben, von dem wir annehmen, dass es das Summum Bonum des menschlichen Geistes widerspiegelt. In Wirklichkeit handelt es sich jedoch lediglich um eine Methode, bestimmte Vorstellungen zu kodifizieren, die die Norm transzendieren; um ethische Ziele, von denen die Menschheit annimmt, sie sei fähig, diese zu erreichen. Aus diesem Grunde werden sie überhöht (in den göttlichen Schrein emporgehoben ...) und künftigen Generationen weitergereicht. Deshalb sind solche Werte keineswegs schrullig, denn sie wurden ja aus früheren Erfahrungen extrahiert – mit anderen Worten, sie werden aus der Beobachtung und der praktischen Erfahrung abgeleitet, sie stellen Paradigmen auf, nach denen die Menschheit ihre eigenen Versäumnisse kritisiert, ihre humanen Horizonte erweitert und versucht, sich zu stets noch höheren Ebenen des moralischen Bewusstseins hin zu entwickeln. Im Mythos von Orunmila – oder in der Besonnenheit des christlichen Gottes, der nach der Verbannung von Adam und Eva weiterhin für ihr Wohlleben sorgte – wird das Fundament gelegt für ethische Gebote, die viele Zeitalter später in den verpflichtenden Prinzipien des 124. Kapitels der Charta der Menschenrechte festgeschrieben werden sollten: «Jedermann hat das Recht, in anderen Ländern Zuflucht vor Verfolgung zu suchen und zu geniessen.»

Zu suchen und zu geniessen! Und wie kam ein solcher Lehrsatz zustande? Auf welcher Basis? Durch welchen unangreifbaren deduktiven Prozess kann eine solche Regel nur erreicht worden sein – denn das Gegenteil liesse sich doch ebenso leicht argumentativ vertreten. Eine solche Erklärung besitzt doch keinerlei Gültigkeit, die beweisbarer wäre als etwa der Mythos des wandernden Gottes, von Orunmila und seinen Übergangsriten oder das Beispiel der judeo-christlichen Gottheit. Eines aber ist gewiss: Derartige moralische Grundsätze resultieren aus dem Nachdenken der Menschen über die Geschichte der Welt und die «condition humaine». Wie verschiedene andere mythische Konstrukte auch bieten sie uns einen Entwurf einer idealen Gesamtsumme menschlicher Tugenden. Zwischen den Heimsuchungen Orunmilas und dem Verfassen von Artikel 14 der «Allgemeinen Erklärung der Menschenrechte» liegen ganze Zeitalter, eine unermessliche Ewigkeit. Dieses Ideal ist somit nicht ein Produkt modernistischen Denkens, sondern es stellt in sich selbst den Ausdruck, die Summe, ja sogar die vorausschauende Definition von Menschlichkeit dar. Die Tatsache, dass die erzwungenen Wanderungen in der Gegenwart derartige Ausmasse angenommen haben, ist allein der Beweis für jene rückläufige Entwicklung, die die Welt im Namen des «Fortschritts» gemacht hat, indem die Menschheit sich Instrumente des Krieges und der Zerstörung schuf, die uns heutzutage dazu zwingen, die Gezeitenwellen menschlicher Vertreibung in Hunderttausenden und Millionen zu messen. Dies ist ein eindeutiger Beweis für unser Versagen, aus jenen Paradigmen der Verletzbarkeit und des Mangels Verhaltensmassstäbe abzuleiten, wie sie sich in jenen Archetypen manifestieren, deren Schicksale die sich immer wieder wiederholende Geschichte der Unglücklichen, der Verfolgten und der Verurteilten vorwegnehmen. Die durch einen diabolischen Erfindungsreichtum gekennzeichnete Welt aber ist überwiegend verantwortlich für diese ständige Eskalation der Vertreibung, und deshalb kann ebendiese Welt sich nicht vor ihrer Verantwortung drücken, ihren Opfern zumindest Wiedergutmachung in Form von Unterkunft und Schutz zu gewähren.

Den Handel mit menschlichem Fleisch, bekannter als Sklavenhandel, gab es zu Zeiten von Adam und Eva nicht, und ebenso wenig gab es damals die Suche nach Erdöl, die in vielen unterentwickelten Ländern zur Zerstörung der landwirtschaftlichen Ressourcen und des Fischfangs geführt hat. Damals hat der Hunger nach Rohstoffen ökologisch ausgeglichene Lebensräume noch nicht in Gegenden verwandelt, die von Fluten heimgesucht und unproduktiv werden. Wir müssen, kurz gesagt, modernistische Fortschritte der Technologie – und hierzu gehören auch Fortschritte in der Kriegstechnologie – wie auch kommerzielle Gier ganz eindeutig dafür verantwortlich machen, dass die Statistiken in Bezug auf die weltweite Zahl an Flüchtlingen und Vertriebenen explodieren. Deshalb ist es nur rational und ethisch, dass die weltweite Gemeinschaft sich daranmacht, eine humane Struktur zur Verbesserung der Lage der Opfer ihrer eigenen Sorglosigkeit zu schaffen. War es also diese globale Sicht der nahezu zwanghaften Selbstverstümmelung der Menschheit, die dazu beitrug, dass dieser spezielle Passus in die «Allgemeine Erklärung der Menschenrechte» aufgenommen wurde? Eine solche Annahme will mir durchaus vernünftig erscheinen, denn dieses Dokument wurde just in dem Augenblick «geboren», als diese Welt vor den Trümmern ihrer eigenen Vergangenheit stand, dem unmittelbaren Nachspiel des Zweiten Weltkriegs, der dramatischen Ungeheuerlichkeit des Holocaust und der ernüchternden Einsicht, welche Fähigkeit der Mensch doch besitzt, seinen Einfallsreichtum in bis dahin unbekannte Höhen der Grausamkeit zu verwandeln.

Der heutige Feind dieses spezifischen Rechtes des Flüchtlings oder des Immigranten ist kein anderer als eben der Auslöser jener Variante der Grausamkeit, von der wir annahmen, wir hätten uns ihrer entledigt: des Ultranationalismus – der extremen Spaltung in «wir» und «jene». Und genau hier muss der Kampf beginnen. Denn das andere Protokoll der «Allgemeinen Erklärung der Menschenrechte», nach dem jeder ein Anrecht auf eine Nationalität hat, bedeutet keineswegs, dass die Nationalität innerhalb bestimmter Grenzen das exklusive Recht ihrer Staatsbürger ist. Lassen wir diese Behauptung gelten, dann ist die Geschichte der Welt nichts anderes als eine ewige Travestie gewesen; und dann verlangt der Einfall der europäischen Welt in jene Territorien, die als «entdeckt» bezeichnet wurden – wobei es sich um ein wahres Verbrechen handelte –, nach Wiedergutmachung. Die Natur dieser Einfälle, ihre ausbeuterischen Imperative sind zum Teil verantwortlich für das gegenwärtige Phänomen der Wanderungen aus diesen «entdeckten» und/oder angeeigneten Territorien heraus. Tagtäglich erleben wir die Spätfolgen dieser Einfälle, und aus diesem Grund müssen wir die gegenläufige Welle menschlicher

Bewegungen, jener Menschen, die an die Türen ihrer früheren Invasoren klopfen, anerkennen als lediglich ein weiteres Kapitel in jener stets noch nicht beendeten Saga des Aufeinandertreffens von Völkern. Hierbei handelt es sich um eine Kette von Ereignissen, die vor langer Zeit in Bewegung gesetzt wurden, indem Menschen in die Geschichte anderer Menschen eingriffen, und zwar in qualitativ, ja sogar quantitativ einmaligen Dimensionen. Und es ist unerheblich, ob wir nun beschliessen, bis zu jenem überwiegend brutalen Einfall in die beiden Amerikas und deren Besiedlung durch absolute Fremdlinge zurückzugehen, oder ob wir mit dem arabischen oder europäischen Sklavenhandel auf dem afrikanischen Kontinent ansetzen oder aber mit der formalen Aneignung eines derart riesigen Kontinents mithilfe von zynischen – über einen Tisch in Berlin getroffenen – Abmachungen: Die Geschichte eines Einfalls produziert eben stets auch das ihr entgegengesetzte Phänomen. Und wir sollten uns nicht beschweren, wenn, wie das Sprichwort sagt, the «chickens come home to roost».

Wenn wir uns dieser geschichtlichen Abläufe bewusst werden, wenn wir die Notwendigkeit akzeptieren, dass die Kräfte, welche Vertreibung auslösen – wie Gier, Ultranationalismus oder blinde Orthodoxien, ob diese nun durch Rassismus, Ideologie oder Religion genährt werden –, gänzlich beseitigt oder zumindest abgewiesen werden müssen, erst dann beginnen wir zu begreifen, warum jenes Protokoll, das den Bedürftigen das Recht auf Asyl gewährt, seinen Weg in jene Erklärung der Menschenrechte gefunden hat. Jede neue Vertreibungsgeschichte aber beweist uns erneut, wie extrem löchrig der Wille zur Verwirklichung der Menschenrechte ist. Ebenso wie die Paradigmen von Adam und Eva und den Wanderungen Orunmilas ist der Artikel 14 der «Allgemeinen Erklärung der Menschenrechte» bis heute – leider – grösstenteils allein ein weiterer eleganter Mythos geblieben.

Übersetzung: Gerd Meuer

DAS LEIDEN ANDERER BETRACHTEN
Susan Sontag

Vor unseren kleinen Bildschirmen hockend – Fernseher, Computer, Palmtop –, können wir zu Bildern und Kurzberichten von Katastrophen in der ganzen Welt surfen. Man könnte meinen, es gäbe solche Nachrichten jetzt in grösserer Menge als früher. Aber wahrscheinlich täuscht dieser Eindruck. Es ist nur so, dass die Nachrichten «von überall» kommen. Und nach wie vor sind die Leiden mancher Menschen für ein bestimmtes Publikum (da sich ja nun nicht übersehen lässt, dass auch das Leiden sein Publikum hat) von sehr viel grösserem Interesse als die Leiden anderer Menschen. Dass Nachrichten über Kriege heute weltweit verbreitet werden, bedeutet nicht, dass sich die Fähigkeit, über das Leiden weit entfernt lebender Menschen nachzudenken, nennenswert erweitert hätte. In einem modernen Leben, in dem es eine Unmenge von Dingen gibt, denen wir unsere Aufmerksamkeit schenken sollen, scheint es normal, dass man sich von Bildern abwendet, die man einfach nur als belastend empfindet. Die Leute würden noch viel mehr zwischen den Kanälen hin- und herschalten, wenn die Nachrichtenmedien den Einzelheiten des Leidens, das durch Krieg und andere Ungeheuerlichkeiten verursacht wird, mehr Zeit widmen würden. Aber es trifft wahrscheinlich nicht zu, dass die Menschen weniger fühlen und schwächer reagieren.

Dass wir uns nicht von Grund auf verändern, dass wir uns abwenden können, dass wir umblättern und umschalten können, tut dem ethischen Wert eines Bilderansturms keinen Abbruch. Es ist kein Fehler, kein Zeichen von Schwäche, wenn wir keine Verbrennungen davontragen, wenn wir nicht genug leiden, während wir diese Bilder sehen. Wir erwarten von einem Foto ja auch nicht, dass es unsere Unwissenheit hinsichtlich der Geschichte und der Ursachen der Leiden behebt, die es aufgreift und ins Bild rückt. Solche Bilder können nicht mehr sein als eine Aufforderung zur Aufmerksamkeit, zum Nachdenken, zum Lernen – dazu, die Rationalisierungen für massenhaftes Leiden, die von den etablierten Mächten angeboten werden, kritisch zu prüfen. Wer hat das, was auf dem Bild zu sehen ist, verursacht? Wer ist verantwortlich? Ist es entschuldbar? War es unvermeidlich? Haben wir eine bestimmte Situation bisher fraglos akzeptiert, die infrage gestellt werden sollte? Dies alles – und obendrein die Einsicht, dass weder moralische Empörung noch Mitgefühl das Handeln bestimmen können.

Die Enttäuschung darüber, dass man gegen das, was die Bilder zeigen, nichts zu unternehmen vermag, kann sich in den Vorwurf verwandeln, es sei anstössig, solche Bilder zu betrachten, oder die Art, wie sie verbreitet werden, sei anstössig – zum Beispiel in unmittelbarer Nachbarschaft von Anzeigen für Kosmetika, Schmerzmittel oder Geländewagen. Könnten wir gegen das, was die Bilder zeigen, tatsächlich etwas unternehmen, wären uns solche Fragen wahrscheinlich viel weniger wichtig.

Man hat gegen Bilder gelegentlich den Vorwurf erhoben, sie machten es möglich, Leiden aus der Distanz zu betrachten – als gäbe es auch eine andere Art des Betrachtens. Doch auch wenn man etwas aus der Nähe betrachtet – ohne Vermittlung durch ein Bild –, tut man nichts anderes als betrachten. Manche Vorwürfe, die gegen die Gräuelbilder erhoben werden, beziehen sich auf die Grundbestimmungen des Sehens selbst. Sehen kostet keine Anstrengung; zum Sehen bedarf es der räumlichen Distanz; Sehen lässt sich «abschalten» (wir haben Augenlider, aber unsere Ohren sind nicht verschliessbar). Gerade die Eigenschaften, um derentwillen den griechischen Philosophen der Gesichtssinn als der vorzüglichste, der edelste aller menschlichen Sinne galt, werden ihm heute als Mangel angerechnet.

Es entsteht der Eindruck, als sei etwas moralisch falsch daran, wie die Fotografie ein «abstract», eine Kurzfassung der Realität, liefert; als habe man nicht das Recht, das Leiden anderer aus der Distanz wahrzunehmen, ohne selbst auch die rohe Gewalt zu spüren; als würden wir menschlich (und moralisch) einen zu hohen Preis für die einst so bewunderten Eigenschaften des Sehens zahlen – das Abstandnehmen von der Aggressivität der Welt, das uns die Freiheit gibt, zu beobachten und unsere Aufmerksamkeit gezielt einzusetzen. Aber eigentlich ist mit alldem nur die Funktionsweise des menschlichen Geistes selbst beschrieben. Es ist nicht unbillig, Abstand zu nehmen und nachzudenken. Mehrere Philosophen haben es auf diese oder jene Weise zum Ausdruck gebracht: «Niemand kann gleichzeitig nachdenken und zuschlagen.»

Übersetzung: Reinhard Kaiser

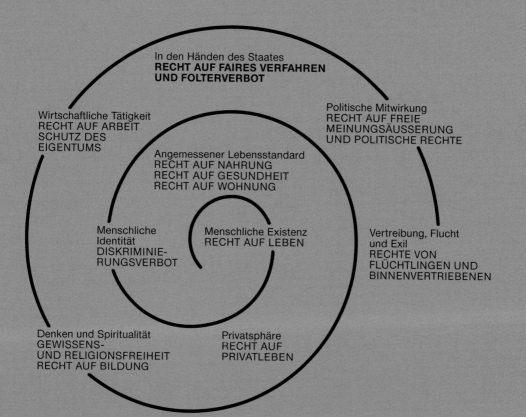

In den Händen des Staates
RECHT AUF FAIRES VERFAHREN UND FOLTERVERBOT

Wirtschaftliche Tätigkeit
RECHT AUF ARBEIT
SCHUTZ DES EIGENTUMS

Politische Mitwirkung
RECHT AUF FREIE MEINUNGSÄUSSERUNG UND POLITISCHE RECHTE

Angemessener Lebensstandard
RECHT AUF NAHRUNG
RECHT AUF GESUNDHEIT
RECHT AUF WOHNUNG

Menschliche Identität
DISKRIMINIERUNGSVERBOT

Menschliche Existenz
RECHT AUF LEBEN

Vertreibung, Flucht und Exil
RECHTE VON FLÜCHTLINGEN UND BINNENVERTRIEBENEN

Denken und Spiritualität
GEWISSENS- UND RELIGIONSFREIHEIT
RECHT AUF BILDUNG

Privatsphäre
RECHT AUF PRIVATLEBEN

CHILE, Santiago, 1998 Calle Jose Domingo Canas. Die berüchtigte Folter- und Verhörkammer des Pinochet-Regimes in der «Villa Grimaldi».
Patrick Zachmann/Magnum Photos

«Wie behauptet ein Mensch seine Macht über einen anderen Menschen, Winston?» – Winston dachte nach. «Indem er ihn leiden lässt», sagte er.

George Orwell, «1984» (geschrieben 1949)

RUSSLAND, Tschetschenien, Grosny, Februar 2002
Ein Mann zeigt das Bild eines Angehörigen, eines arbeitslosen tschetschenischen Zivilisten, der seit mehreren Wochen verschwunden ist.
Thomas Dworzak/Magnum Photos

BESETZTE PALÄSTINENSISCHE GEBIETE, West Bank, Ramallah, 2002   Die Muqata ist ein Gebäude aus der Kolonialzeit. Zu Beginn des 20. Jahrhunderts wurde es von den Engländern als Gefängnis genutzt. Paolo Pellegrin/Magnum Photos

RECHT AUF FAIRES VERFAHREN UND FOLTERVERBOT

KAMBODSCHA, Phnom Penh, 1998 Im Gefängnis Tuol Sieng, dem Folterzentrum der Roten Khmer: Auf solchen Betten wurden die Opfer während der Folterungen festgebunden.
Gilles Peress/Magnum Photos

BUNDESREPUBLIK JUGOSLAWIEN, Kosovo, Pristina, 1999   Drahtgarrotten im Hauptquartier der serbischen Polizei. Gilles Peress/Magnum Photos

BUNDESREPUBLIK JUGOSLAWIEN, Kosovo, Pristina, 1999   Schlagstöcke, Messer und Schlagringe in einer Verhörzelle im Hauptquartier der serbischen Polizei. Gilles Peress/Magnum Photos

CHINA, Tibet, 1995 Nachdem ihm eine Elektrode wie diese in den Mund geschoben worden war, verlor der tibetanische Mönch Palden Gyatso Zähne, und seine Zunge verbrannte völlig.
Martine Franck/Magnum Photos

ZYPERN, Nikosia, 19. Juli 2003   Am Checkpoint Ledra Palace vor der UN-kontrollierten Pufferzone zwischen dem griechischen und dem türkisch besetzten Teil Zyperns nehmen Angehörige von Personen, die seit der türkischen Invasion von 1974 vermisst sind, an einem Hungerstreik teil. Die Frauen fordern Gewissheit über das Schicksal ihrer Angehörigen, von denen einige während der Invasion verschwanden. Andere wurden inhaftiert und seitdem nicht mehr gesehen. Philip Mark/AP

EINE WELT DER FOLTER?

Afrika

Folter und Misshandlung sind nach wie vor weit verbreitet. Fälle von verschwundenen Personen werden aus zahlreichen Ländern gemeldet, unter anderem aus Angola, Kamerun, der Demokratischen Republik Kongo, Eritrea, Kenia, Liberia, Mauritius, Simbabwe und Togo.

Nord-, Süd- und Zentralamerika

Aus mindestens 20 Ländern wird von Folter und Misshandlung durch Sicherheitskräfte und Gefängnispersonal berichtet, unter anderem von Argentinien, den Bahamas, aus Belize, Bolivien, Guyana, Jamaika, Kolumbien, Tobago und Trinidad und Venezuela. In Ländern wie Brasilien, Ecuador und Mexiko sind Folterungen von Häftlingen und Gefangenen nach wie vor weit verbreitet. Einige Häftlinge in Mexiko starben an den Folgen der Folter. Aus Paraguay wird berichtet, dass ein zwölfjähriger Junge von zwei Polizisten mit einer elektrischen Ahle gefoltert worden sei.

Asien und Pazifikregion

Aus 19 Ländern wurde über Fälle von Folterungen und Misshandlung durch Sicherheitskräfte, Polizei und andere staatliche Behörden berichtet: Afghanistan, Australien, Bangladesch, China, Fidschi-Inseln, Indonesien, Japan, Kambodscha, Laos, Malaysia, Myanmar, Nepal, Nordkorea, Pakistan, Papua-Neuguinea, Philippinen, Südkorea, Sri Lanka, Thailand.

Europa und Zentralasien

Amnesty International hat in verschiedenen Staaten Misshandlungen und in einigen Fällen auch Folter dokumentiert, so in Albanien, Armenien, Aserbeidschan, Bulgarien, der Bundesrepublik Jugoslawien, Georgien, Kasachstan, Moldawien, der Russischen Föderation, Tadschikistan, der Türkei, Turkmenistan, der Ukraine, Usbekistan und Weissrussland. Beschwerden wegen Misshandlung, einschliesslich der Folter, liegen auch aus Belgien, Deutschland, Frankreich, Griechenland, Italien, Mazedonien, Österreich, Portugal, Rumänien, der Schweiz, Spanien und Ungarn vor. In ganz Europa scheinen vor allem Angehörige der Roma und anderer ethnischer Minoritäten, Ausländerinnen und Ausländer sowie Staatsangehörige mit ausländischen Wurzeln Zielscheiben derartiger Praktiken zu sein.

Mittlerer Osten und Nordafrika

Aus 18 Ländern liegen Berichte über Folter und Misshandlung durch Sicherheitskräfte, Polizei und andere staatliche Behörden vor: aus Ägypten, Algerien, Bahrain, Irak, Iran, Israel/besetzte Gebiete, Jemen, Jordanien, Katar, Kuwait, Libanon, Libyen, Marokko/Westsahara, palästinensisches Autonomiegebiet, Saudi- Arabien, Syrien, Tunesien und Vereinigte Arabische Emirate.

Amnesty International, Annual Report about Torture, 2003

EINE WELT DER GEFANGENEN?

Weltweite Gefängnispopulation

- Weltweit sitzen mehr als neun Millionen Menschen in Strafanstalten, meist in Untersuchungshaft oder als überführte und verurteilte Strafgefangene. Die Hälfte dieser Gefängnisinsassen befindet sich in den Vereinigten Staaten (2,09 Mio.), Russland (0,76 Mio.) und China (1,55 Mio., zuzüglich Untersuchungshäftlinge und Personen in «Administrativhaft»).
- Die Vereinigten Staaten haben weltweit die höchste Gefangenenrate: Etwa 714 Inhaftierte kommen auf 100 000 Einwohner, gefolgt von Weissrussland, den Bermudas und Russland (je 532), Palau (523), U.S. Virgin Islands (490), Turkmenistan (489), Kuba (487), Surinam (437), Cayman Inseln (429), Belize (420), Ukraine (417), Malediven (416), St. Kitts und Nevis (415), Südafrika (413) und Bahamas (410).
- In fast drei Fünfteln aller Staaten (58%) kommen auf 100 000 Einwohnerinnen und Einwohner weniger als 150 Inhaftierte.
- In vielen Regionen der Welt steigt die Zahl der Inhaftierten kontinuierlich an. Aus aktualisierten Angaben zu den Ländern in der jüngsten Ausgabe der «World Prison Population List» geht hervor, dass die Gefangenenrate in 73% der aufgeführten Länder angestiegen ist (in 64% der afrikanischen, 79% der amerikanischen, 88% der asiatischen, 69% der europäischen und in 69% der ozeanischen Staaten).

Roy Walmsley, World Prison Population List, UK Home Office Research, Findings No. 16, Development and Statistics, 2003

RUANDA, Kigali, Mai 1997 Hutu-Gefangene im Gefängnis Gikondo entspannen sich im Freiluftbereich des Gefängnisses. Da das Gefängnis überfüllt ist, müssen viele Gefangene im Freien übernachten. Sayyid Azim/AP

VENEZUELA, Caracas, Dezember 1995 In einer überbelegten Zelle des Gefängnisses Retén de Catia. In dem ursprünglich für 800 Gefangene konzipierten Gefängnis sitzen zurzeit mehr als doppelt so viele ein. Rodolfo Benitez/AP

KOLUMBIEN, Bogotá, Februar 2000 Im Gefängnis La Modelo unterhalten sich zwei Gefangene. Um das Gefängnis sicherer zu machen, sollen die Gefangenen dazu gebracht werden, ihre Waffen auszuhändigen. Julian Lineros/AP

RUSSLAND, Tschetschenien, 6. April 2000 Tschetschenische Gefangene gehen im Innenhof des Straflagers Tschernokosowo im Kreis. AP

Recht auf faires Verfahren und Folterverbot

Menschen, die der Staatsgewalt ausgeliefert sind, weil sie vor Gericht stehen oder verhaftet, interniert und inhaftiert wurden, sind besonders verletzlich, und ihre Menschenrechte sind speziell gefährdet.

Wer einer strafbaren Handlung beschuldigt wird, hat Anspruch auf ein **faires Gerichtsverfahren.** Angeklagte sind berechtigt,
– unverzüglich über die Art und den Grund der Anschuldigungen informiert zu werden;
– für unschuldig zu gelten, bis die Schuld gerichtlich festgestellt worden ist;
– eine faire und öffentliche Verhandlung vor einem zuständigen, unabhängigen und unparteiischen Gericht zu haben, das über die Anklagepunkte entscheidet;
– sich selber zu verteidigen oder einen frei gewählten Anwalt bzw. eine Anwältin mit der Verteidigung zu beauftragen und genügend Zeit und – bei Bedürftigkeit – die notwendigen Mittel zu erhalten, um die Verteidigung vorzubereiten;
– nicht gezwungen zu werden, gegen sich selber auszusagen oder sich schuldig zu bekennen;
– die Verurteilung und das Strafmass durch ein höheres Gericht überprüfen zu lassen.

Untersuchungshäftlinge und Strafgefangene **müssen menschlich behandelt werden.** Sie haben einen Anspruch auf angemessene Nahrung und medizinische Versorgung, zudem müssen ihre religiösen Überzeugungen und Bedürfnisse respektiert werden. Die gleichen Grundsätze gelten für Menschen, die aus anderen Gründen in staatlichen Anstalten leben, seien es nun psychiatrische Kliniken, Waisenhäuser, Behindertenwohn- oder Altersheime.

Das Verbot der Folter und der grausamen, unmenschlichen oder erniedrigenden Behandlung oder Strafe ist eines der wichtigsten Menschenrechte. Folter ist das absichtliche Zufügen von schweren körperlichen oder psychischen Schmerzen oder ein Leiden, um einen Menschen zu einem Geständnis oder zur Preisgabe von Informationen zu zwingen, ihn einzuschüchtern oder zu nötigen. Folter zerstört den Kern der menschlichen Würde und ist daher schwer traumatisierend. **Grausame, unmenschliche oder erniedrigende Behandlung** ist das absichtliche Zufügen von weniger schweren Schmerzen oder ein Leiden, das sich aus einer bestimmten Situation ergibt. Dazu gehört beispielsweise das Leiden, das aus unmenschlichen Haftbedingungen resultiert, oder der seelische Schmerz von Angehörigen von Entführungsopfern, wenn sich der Staat weigert, einen Fall von Verschwindenlassen zu untersuchen. Das Verbot der **grausamen, unmenschlichen oder erniedrigenden Bestrafung** untersagt es, eine Strafe unter Bedingungen zu vollziehen, die unnötiges Leiden verursachen oder bei denen verwerfliche und abscheuerregende Methoden angewendet werden. Heute enthalten die meisten internationalen und regionalen Menschenrechtsabkommen ein absolutes Verbot der Folter und der grausamen, unmenschlichen und erniedrigenden Behandlung oder Strafe. Alle diese Konventionen erklären, dass **Folter selbst in Notsituationen und in bewaffneten Konflikten unzulässig bleibt:** Unter keinen Umständen dürfen Menschen gefoltert werden. Die Staaten sind überdies verpflichtet, Personen gegen Folterungen durch andere private Personen oder Gruppen zu schützen. Dabei haben die Staaten mit präventiven, repressiven und kompensatorischen Massnahmen zu arbeiten:

Prävention
Wegen der tiefen seelischen Wunden, die Folter bei den Opfern hinterlässt, kann eine Folterung niemals ungeschehen gemacht werden. Daher steht die Prävention an erster Stelle. Das Übereinkommen gegen Folter von 1984 verpflichtet die Vertragsstaaten, wirksame gesetzgeberische, administrative, gerichtliche oder sonstige Massnahmen zu ergreifen, um Folterungen in allen seiner Hoheitsgewalt unterstehenden Gebieten zu verhindern.

Bestrafung
Das Völkerrecht hat verschiedene Massnahmen zur Umsetzung des Folterverbots entwickelt. Eine davon ist die Pflicht, Fälle von Folter gewissenhaft zu untersuchen und die Täterinnen und Täter zu bestrafen.

Entschädigung
Das seelische Trauma des Opfers dauert lange über die körperlichen Schmerzen hinaus an. Das internationale Menschenrechtssystem erkennt an, dass Schadenersatz und Genugtuung für Folteropfer den Heilungsprozess begünstigen können, weil sie ein Zeichen der Anerkennung des begangenen Unrechts darstellen. Die Folterkonvention verpflichtet die Staaten, in ihrer Rechtsordnung sicherzustellen, dass das Opfer Genugtuung und ein einklagbares Recht auf eine angemessene Entschädigung einschliesslich der Mittel für eine möglichst vollständige Rehabilitation erhält.

PHILIPPINEN, Manila, 19. Februar 2004   Der oberste Gerichtshof beginnt mit der Anhörung in der Frage der Staatsbürgerschaft des favorisierten Präsidentschaftskandidaten und populären Actionfilmhelden Fernando Poe Jr. Cheryl Ravelo/Reuters

TÜRKEI, Ankara, Dezember 1990   Richter Muhittin Mihcak während eines Verfahrens gegen drei kurdische Rechtsanwälte. Olivia Heussler

PERU, Lima, 30. September 2002 Der ehemalige Geheimdienstchef Vladimiro Montesinos und Augustin Mantilla, der unter Alán García Innenminister war, im Gerichtssaal. Montesinos soll seinen politischen Gegner Mantilla im Jahr 2000 mit 30 000 Dollar «gekauft» haben. Martin Mejia/AP

RUANDA, 2. Mai 1995 Fünf des Mordes und des schweren Raubs angeklagte Soldaten der Patriotischen Armee Ruandas (RPA) erscheinen vor dem ersten Militärtribunal. Zehn Tage zuvor waren Tausende Hutu in einem Flüchtlingslager von Regierungstruppen getötet worden. Reuters

RUSSLAND, Sibirien 2001 Ehemalige Gulags, die heute als Gefangenenlager dienen.
Carl De Keyzer/Magnum Photos

Diese Selbstverständlichkeit des Gefängnisses, von der wir kaum loskommen, beruht zunächst auf der Einfachheit der «Freiheitsberaubung». Wie sollte das Gefängnis nicht die Strafe par excellence in einer Gesellschaft sein, in der die Freiheit ein Gut ist, das allen gleichermassen gehört und an dem jeder mit einem «universalen und beständigen» Gefühl

hängt? Ihr Verlust trifft darum alle gleich; in höherem Masse als die Geldbusse ist darum das Gefängnis «egalitär». Das Gefängnis ist juristisch eine klare Sache. Zudem erlaubt es die exakte Quantifizierung der Strafe nach der Variablen der Zeit.

Michel Foucault, Überwachen und Strafen. Die Geburt des Gefängnisses, 9. Aufl., Frankfurt am Main 1991

DAS RECHT AUF EIN FAIRES VERFAHREN

Recht auf öffentliche Verhandlung

PERU   Am 3. April 1993 fand im Yanamayo-Gefängnis die Verhandlung gegen Victor Alfredo Polay Campos vor einem sogenannten «Gericht gesichtsloser Richter» statt. Dieses Gericht wurde gestützt auf die Spezialgesetzgebung zur Terrorismusbekämpfung geschaffen und besteht aus Richtern, die ihre Gesichter verhüllen dürfen, um ihre Anonymität zu wahren. Gerichte mit «gesichtslosen Richtern», die in abgelegenen Gefängnissen tagen, sind darauf angelegt, die Öffentlichkeit vom Verfahren auszuschliessen. In solchen Verfahren wissen die Angeklagten nicht, wer die urteilenden Richter sind, und es werden ihnen verschiedene inakzeptable Hindernisse bei der Vorbereitung der Verteidigung und bei der Kommunikation mit den Strafverteidigern in den Weg gelegt. In einem Gerichtsverfahren vor «gesichtslosen Richtern» ist weder die Unabhängigkeit noch die Unbefangenheit der Richter gewährleistet.

UN-Menschenrechtsausschuss, Polay Campos v. Peru, Mitteilung, Nr. 577/1994

Recht auf wirksame Verteidigung

China, 2002   Die Strafverteidigerinnen und Strafverteidiger stossen bei der Umsetzung der Verteidigungsrechte auf grosse Schwierigkeiten. Einerseits werden sie daran gehindert, die ihnen im chinesischen Strafprozessrecht eingeräumten Rechte auszuüben, andererseits bereiten ihnen auch die Gesetzeslücken im geltenden Recht Probleme. So kommt es beispielsweise immer wieder vor, dass die Behörden Anträge auf Kontakte zwischen den Verteidigern und den Klienten ablehnen. Wird den Anträgen stattgegeben, werden Anzahl und Dauer der Kontakte oft begrenzt, oder die Treffen müssen unter Bedingungen durchgeführt werden, die eine vertiefte Besprechung stark beeinträchtigen. Vertrauliche Unterhaltungen zwischen Anwalt und Mandant sind in der Regel nicht möglich, weil die Gespräche oft überwacht, aufgenommen oder in öffentlichen Räumen abgehalten werden. Die Verteidigerinnen und Verteidiger können nur mangelhaften Kontakt zu inhaftierten Mandanten pflegen; es wird ihnen zudem erschwert, das Beweismaterial der Strafverfolgungsbehörden zu überprüfen. Die Verteidiger haben zu wenig Rechte, um selbst Beweise sammeln zu können, und sie können Zeugen, die im Untersuchungsverfahren eine Aussage gemacht haben, aber dann nicht vor Gericht erscheinen, nicht ins Kreuzverhör nehmen. Zunehmende Feindseligkeiten der Behörden gegenüber den Verteidigern haben dazu beigetragen, dass die Verteidigung von Angeklagten immer mehr zum Risiko wird. Anwälte, die solche Mandate übernehmen, werden oft schikaniert, eingeschüchtert, manchmal inhaftiert oder sogar verurteilt, nur weil sie die Interessen ihrer Mandanten engagiert vertreten haben.

International Commission of Jurists, China Report 2002

Recht auf ein Verfahren vor einem zuständigen, unabhängigen und unparteiischen Gericht

IRAN   Wie berichtet wurde, hat der stellvertretende Leiter der obersten Justizbehörde, Hojjatoleslam val Moslemin Hadi Marvi, am 8. Oktober 2000 eine Ansprache vor Studenten der Technischen Universität Sharif gehalten, in welcher er ausführte: «Keiner ausser dem religiösen Führer [Vali Faqih] ist berechtigt, ein Urteil zu fällen; der Urteilsspruch steht dem Führer zu. Ansonsten hat das Urteil vor der religiösen Rechtsprechung [Scharia] und dem Gesetz keinen Bestand. Ein Richter darf nicht sagen: ‹Ich bin der Meinung, dass …›, sondern ein Richter muss gehorchen. Der unschuldige Richter ist Teil des religiösen Führers und kann nicht unabhängig von diesem ein Urteil fällen.»

Die oberste Justizbehörde Irans besitzt keine Unabhängigkeit, wie die Verfassung sie an sich garantiert. Häufig verschmelzen Untersuchungsbehörden, Strafverfolgungsbehörden und Gericht miteinander, was die Unabhängigkeit des urteilenden Gerichts infrage stellt. Richter unterer Instanzen stehen vielfach unter dem Druck, Beschuldigungen untersuchen und gerichtlich verfolgen zu müssen, die von einem vorgesetzten Beamten erhoben werden, der in vielen Fällen direkt für ihre Ernennung und Anstellung verantwortlich ist.

Amnesty International, Iran: A legal system fails to protect freedom of expression and association, 21. Dezember 2001

UN-Pakt über bürgerliche und politische Rechte, 1966

Artikel 14
1. Alle Menschen sind vor Gericht gleich. Jedermann hat Anspruch darauf, dass über eine gegen ihn erhobene strafrechtliche Anklage oder seine zivilrechtlichen Ansprüche und Verpflichtungen durch ein zuständiges, unabhängiges, unparteiisches und auf Gesetz beruhendes Gericht in billiger Weise und öffentlich verhandelt wird. Aus Gründen der Sittlichkeit, der öffentlichen Ordnung (ordre public) oder der nationalen Sicherheit in einer demokratischen Gesellschaft oder wenn es im Interesse des Privatlebens der Parteien erforderlich ist oder – soweit dies nach Auffassung des Gerichts unbedingt erforderlich ist – unter besonderen Umständen, in denen die Öffentlichkeit des Verfahrens die Interessen der Gerechtigkeit beeinträchtigen würde, können Presse und Öffentlichkeit während der ganzen oder eines Teils der Verhandlung ausgeschlossen werden; jedes Urteil in einer Straf- oder Zivilsache ist jedoch öffentlich zu verkünden, sofern nicht die Interessen Jugendlicher dem entgegenstehen oder das Verfahren Ehestreitigkeiten oder die Vormundschaft über Kinder betrifft.
2. Jeder wegen einer strafbaren Handlung Angeklagte hat Anspruch darauf, bis zu dem im gesetzlichen Verfahren erbrachten Nachweis seiner Schuld als unschuldig zu gelten.
3. Jeder wegen einer strafbaren Handlung Angeklagte hat in gleicher Weise im Verfahren Anspruch auf folgende Mindestgarantien: a) Er ist unverzüglich und im Einzelnen in einer ihm verständlichen Sprache über Art und Grund der gegen ihn erhobenen Anklage zu unterrichten; b) er muss hinreichend Zeit und Gelegenheit zur Vorbereitung seiner Verteidigung und zum Verkehr mit einem Verteidiger seiner Wahl haben; c) es muss ohne unangemessene Verzögerung ein Urteil gegen ihn ergehen; d) er hat das Recht, bei der Verhandlung anwesend zu sein und sich selbst zu verteidigen oder durch einen Verteidiger seiner Wahl verteidigen zu lassen; falls er keinen Verteidiger hat, ist er über das Recht, einen Verteidiger in Anspruch zu nehmen, zu unterrichten; fehlen ihm die Mittel zur Bezahlung eines Verteidigers, so ist ihm ein Verteidiger unentgeltlich zu bestellen, wenn dies im Interesse der Rechtspflege erforderlich ist; e) er darf Fragen an die Belastungszeugen stellen oder stellen lassen und das Erscheinen und die Vernehmung der Entlastungszeugen unter den für die Belastungszeugen geltenden Bedingungen erwirken; f) er kann die unentgeltliche Beiziehung eines Dolmetschers verlangen, wenn er die Verhandlungssprache des Gerichts nicht versteht oder spricht; g) er darf nicht gezwungen werden, gegen sich selbst als Zeuge auszusagen oder sich schuldig zu bekennen.
4. Gegen Jugendliche ist das Verfahren in einer Weise zu führen, die ihrem Alter entspricht und ihre Wiedereingliederung in die Gesellschaft fördert.
5. Jeder, der wegen einer strafbaren Handlung verurteilt worden ist, hat das Recht, das Urteil entsprechend dem Gesetz durch ein höheres Gericht nachprüfen zu lassen.
6. Ist jemand wegen einer strafbaren Handlung rechtskräftig verurteilt und ist das Urteil später aufgehoben oder der Verurteilte begnadigt worden, weil eine neue oder eine neu bekannt gewordene Tatsache schlüssig beweist, dass ein Fehlurteil vorlag, so ist derjenige, der aufgrund eines solchen Urteils eine Strafe verbüsst hat, entsprechend dem Gesetz zu entschädigen, sofern nicht nachgewiesen wird, dass das nicht rechtzeitige Bekanntwerden der betreffenden Tatsache ganz oder teilweise ihm zuzuschreiben ist.
7. Niemand darf wegen einer strafbaren Handlung, wegen der er bereits nach dem Gesetz und dem Strafverfahrensrecht des jeweiligen Landes rechtskräftig verurteilt oder freigesprochen worden ist, erneut verfolgt oder bestraft werden.

Der König muss Richter ernennen, welche die Schriften gründlich studiert haben, das Dharma gut kennen, der Wahrheit verpflichtet sind und den Beklagten und den Ankläger unvoreingenommen beurteilen. Richter, die von vorgeschriebenen Gesetzen der Smritis abgewichen sind oder sich von Vetternwirtschaft, Habsucht oder, was ebenso schlimm ist, von Angst haben leiten lassen, sollten doppelt so streng bestraft werden wie der Straftäter.
Yajñavalkya Smriti, 3./4. Jahrhundert, Sanskrit

Recht auf Berufung

KUBA Die Internationale Juristenkommission (ICJ) missbilligt die summarische Hinrichtung von Lorenzo Enrique Copello Castillos, Bárbaro Leodáns Sevilla García und Jorge Luis Martinez Isaac am 11. April, die angeblich an der Entführung einer kubanischen Fähre am 2. April 2003 beteiligt gewesen sein sollen. Das gesamte Verfahren gegen die drei Männer – einschliesslich des Prozesses, der Berufung vor dem Obersten Gericht und vor dem Staatsrat – erstreckte sich über wenige Tage. Anschliessend wurden die Männer von einem Exekutionskommando hingerichtet. Verfahrensgarantien konnten in diesem Schnellverfahren nicht beachtet werden. «Man weiss zwar nur wenig über diese im Geheimen stattfindenden Prozesse; aber die unglaublich kurze Verhandlungszeit in einem Verfahren, das für die Angeschuldigten die Todesstrafe zur Folge hat, kommt der Verweigerung eines gerechten Verfahrens im Sinne international anerkannter Standards gleich», kommentierte der ICJ-Rechtsberater Ian Seiderman. Berichten zufolge sind die drei Männer gestützt auf das Antiterrorgesetz von 1991 verurteilt worden. Ihre Hinrichtung durch die kubanischen Behörden ist der jüngste in einer Reihe von Vorfällen, bei denen Staaten unter dem Vorwand der Terrorismusbekämpfung fundamentale Menschenrechte verletzt haben.
International Commission of Jurists, Pressemitteilung, 17. April 2003

UN-Pakt über bürgerliche und politische Rechte, 1966

Artikel 15
1. Niemand darf wegen einer Handlung oder Unterlassung verurteilt werden, die zur Zeit ihrer Begehung nach inländischem oder nach internationalem Recht nicht strafbar war. Ebenso darf keine schwerere Strafe als die im Zeitpunkt der Begehung der strafbaren Handlung angedrohte Strafe verhängt werden. Wird nach Begehung einer strafbaren Handlung durch Gesetz eine mildere Strafe eingeführt, so ist das mildere Gesetz anzuwenden.

UN-Übereinkommen zur Beseitigung jeder Form von Diskriminierung der Frau, 1979

Artikel 15
1. Die Vertragsstaaten stellen die Frau dem Mann vor dem Gesetz gleich.
2. Die Vertragsstaaten gewähren der Frau in zivilrechtlichen Fragen dieselbe Rechtsfähigkeit ... und gewähren ihr Gleichbehandlung in allen Stadien gerichtlicher Verfahren.

USA, New York City, 21. Dezember 1999 Vor dem Supreme Court Building in New York rufen Demonstranten «No justice, no peace». Sie fordern, dass die Bundesjustizbehörden den Fall des von Polizisten erschossenen Amadou Diallo übernehmen. Suzanne Plunkett/Keystone

545

GEFANGENE HABEN DAS RECHT AUF MENSCHLICHE BEHANDLUNG

Menschenrechtsverletzungen im Gefängnis

Obwohl in manchen Strafanstalten Gewalt eine gewisse Rolle spielen mag, sind Krankheiten – in vielen Fällen die vorhersehbare Konsequenz überfüllter Gefängnisse, der Fehlernährung, unhygienischer Haftbedingungen und fehlender medizinischer Versorgung – nach wie vor die häufigste Todesursache im Gefängnis. In manchen Gefängnissen schaffen Lebensmittelknappheit und extreme Überbelegung ideale Bedingungen für die Verbreitung übertragbarer Krankheiten. Nach wie vor leiden Gefängnisinsassen auf der ganzen Welt an Tuberkulose (TB). Besonders besorgniserregend ist die Verbreitung von TB in Russland, wo ausgesprochen viele Personen inhaftiert sind – im September 2000 waren es mehr als eine Million – und sich zunehmend Tuberkuloseerreger verbreiten, die auf die medikamentöse Behandlung nicht ansprechen. Etwa ein Zehntel der Gefängnisinsassen ist tuberkuloseinfiziert, 20 Prozent der Erkrankten mit resistenten Tuberkuloseerregern. Dies stellt ein erhebliches Risiko für die Volksgesundheit dar. Körperlicher Missbrauch von Gefangenen durch Gefängniswachen ist ein weiteres chronisches Problem. Manche Länder lassen Körperstrafen weiterhin zu, ebenso den routinemässigen Gebrauch von Fusseisen, Fesseln, Fussfesseln und Ketten. Die schweren Fesselstangen z. B., die in pakistanischen Gefängnissen verwendet werden, lassen einfache Bewegungen wie das Gehen zu schmerzhaften Qualen werden. In vielen Gefängnissystemen ist das Schlagen von Gefangenen so häufig, dass es als Teil des Gefängnisalltags angesehen wird.

Human Rights Watch, Human Rights Abuses Against Prisoners

Mangelnde Bewegungsfreiheit

GRIECHENLAND   Im vorliegenden Fall bleibt es eine Tatsache, dass die zuständigen Behörden keinen Versuch unternommen haben, die objektiv untragbaren Haftbedingungen des Beschwerdeführers zu verbessern. Nach Ansicht des [Europäischen] Gerichtshofes [für Menschenrechte] zeugt diese Untätigkeit von mangelndem Respekt für den Beschwerdeführer. Der Gerichtshof berücksichtigt insbesondere, dass der Beschwerdeführer während mindestens zweier Monate den grössten Teil seiner Tage auf seinem Bett in einer Zelle verbringen musste, in der es keine Ventilation und kein Fenster gab und in der es zeitweilig unerträglich heiss wurde. Er musste zudem die Toilette in Gegenwart eines anderen Häftlings benutzen und anwesend sein, wenn sein Mithäftling auf die Toilette ging. ... Der Gerichtshof ist der Auffassung, dass die gerügten Haftbedingungen die Menschenwürde des Beschwerdeführers verletzten, seelische Qualen und Minderwertigkeitsgefühle auslösten, die ihn erniedrigten und seinen Zustand verschlechterten und die geeignet waren, seine körperlichen und moralischen Widerstandskräfte zu brechen. Zusammenfassend muss festgehalten werden, dass die Haftbedingungen in der Sonderabteilung des Delta-Traktes des Koridallos-Gefängnisses eine erniedrigende Behandlung im Sinn von Artikel 3 der Europäischen Menschenrechtskonvention darstellten.

Europäischer Gerichtshof für Menschenrechte, Peers v. Greece, 19. April 2001

0,9–1,9 Quadratmeter pro Häftling

RUSSLAND – Der Europäische Gerichtshof für Menschenrechte nimmt zur Kenntnis, ... [dass] in der Zelle des Beschwerdeführers jeder Häftling über 0,9–1,9 m² verfügte. In diesem Zusammenhang ruft der Gerichtshof in Erinnerung, dass das Europäische Komitee zur Verhütung von Folter und unmenschlicher oder erniedrigender Behandlung oder Strafe die anzustrebende Grösse einer Zelle auf etwa 7 m² pro Häftling festgesetzt hat. Der Gerichtshof ist daher der Ansicht, dass die Zelle dauerhaft und in erheblichem Masse überbelegt war. ... Der Gerichtshof stellt auch fest, dass die Häftlinge aufgrund der akuten Überbelegung der Zelle des Beschwerdeführers abwechselnd in Acht-Stunden-Schichten schlafen mussten. Die Schlafbedingungen wurden dadurch noch verschlechtert, dass das Licht in der Zelle ununterbrochen brannte und die vielen Mithäftlinge ständig Unruhe und Lärm verursachten. Der dadurch verursachte Schlafmangel muss für den Beschwerdeführer eine schwere körperliche und psychische Belastung dargestellt haben. ... Auch nimmt das Gericht mit grosser Besorgnis zur Kenntnis, dass der Beschwerdeführer zeitweilig eine Zelle mit Mithäftlingen teilte, die an Syphilis und Tuberkulose erkrankt waren. Der Gerichtshof ist daher der Auffassung, dass die Haftbedingungen des Beschwerdeführers, insbesondere die erhebliche Überbelegung, die unhygienische Umgebung und die sich daraus ergebenden schädlichen Auswirkungen auf die Gesundheit und das Wohlergehen des Beschwerdeführers, kombiniert mit der Dauer dieser Haftbedingungen, eine erniedrigende Behandlung darstellten.

Europäischer Gerichtshof für Menschenrechte, Kalashnikov v. Russia, 15. Juli 2002

UN-Pakt über bürgerliche und politische Rechte, 1966

Artikel 10
1. Jeder, dem seine Freiheit entzogen ist, muss menschlich und mit Achtung vor der dem Menschen innewohnenden Würde behandelt werden.
...
3. Der Strafvollzug schliesst eine Behandlung der Gefangenen ein, die vornehmlich auf ihre Besserung und gesellschaftliche Wiedereingliederung hinzielt. Jugendliche Straffällige sind von Erwachsenen zu trennen und ihrem Alter und ihrer Rechtsstellung entsprechend zu behandeln.

Schutz der Gefangenen: Vergewaltigung von Männern im Gefängnis und Gewalt gegen Mithäftlinge

Als ich verurteilt wurde, habe ich jenen Teil des Urteils nicht gehört, in dem gesagt wurde: «Sie sind hiermit zu sechs Jahren Schwerarbeit im Texas Department of Criminal Justice verurteilt. Solange Sie dort sind, werden Sie täglich geschlagen, auf brutalste Weise vergewaltigt und psychisch gefoltert, bis Sie schliesslich Selbstmordgedanken haben werden.»

Häftling L.O., Texas, 29. September 1996, erzählt auf www.hrw.org

Nach sechs Monaten ständiger Drohungen und Übergriffe durch die Mitgefangenen war er psychisch am Ende und versuchte, Selbstmord zu begehen, indem er sich die Handgelenke mit einer Rasierklinge aufschnitt. In einem Brief an Human Rights Watch führte er die Chronik seiner erfolglosen Bemühungen auf, die Gefängnisbehörden dazu zu bewegen, ihn vor dem Missbrauch zu schützen. Er fasste seine Erfahrungen in folgendem Satz zusammen: «Das Gegenteil von Mitgefühl ist nicht Hass, sondern Gleichgültigkeit.»

Human Rights Watch, No Escape – Male rape in U.S. prisons, 2001

Der Grad der Zivilisiertheit einer Gesellschaft wird erkennbar, wenn man ihre Gefängnisse betritt.

Fjodor Dostojewski (1821–1881), Aufzeichnungen aus einem Totenhaus

RUANDA, Kigali, Februar 1997   Kinder im Alter zwischen 12 und 14 Jahren im Gefängnis Gikondo. In diesem Gefängnis sitzen 700 Kinder ein, denen die Beteiligung am Genozid von 1994 zur Last gelegt wird. Sayyid Azim/AP

RUSSLAND, Moskau, Juni 2002   Gefangene in einer Zelle im Butyrka-Gefängnis, das im 18. Jahrhundert gebaut wurde, sprechen mit Behördenvertretern und einer britischen Besucherdelegation. Mikhail Metzel/Keystone

Gefangene im rechtlichen Niemandsland

Die mächtigste Demokratie hält Hunderte verdächtiger Fusssoldaten der Taliban im rechtlichen Niemandsland im US-Marinestützpunkt Guantánamo Bay gefangen, wo sie wegen Kapitalverbrechen auf Gerichtsverfahren vor einem Militärgericht warten. ... Am 13. November 2001 erliess der Präsident ein Dekret, in welchem verfügt wurde, dass die Verfahren gegen die Beschuldigten wegen Verletzungen des Kriegsvölkerrechts vor Militärkommissionen verhandelt werden sollen. Dieses Dekret ist mehrfach ergänzt worden. Seit Januar 2002 sind rund 660 Gefangene zunächst nach Camp X-Ray und dann nach Camp Delta in Guantánamo Bay verlegt worden. Unter diesen Gefangenen befanden sich auch Kinder zwischen 13 und 16 Jahren und betagte Menschen. Bei all diesen Menschen handelt es sich um Fusssoldaten der Taliban. Offenbar befindet sich kein «grosser Fisch» unter den Gefangenen. Aktuellen Berichten zufolge wurden die muslimischen Gefangenen unter Verletzung ihrer religiösen Pflichten dazu gezwungen, ihre Bärte abzurasieren. Das Präsidialdekret hat all diesen Inhaftierten den völkerrechtlichen Status von Kriegsgefangenen aberkannt. Vor dem bewaffneten Konflikt wurde Afghanistan von den Taliban regiert. Die meisten Gefangenen waren Soldaten der Taliban-Streitkräfte. Gehen wir einmal davon aus, dass sich unter den Gefangenen in Guantánamo Bay auch Al-Kaida-Terroristen befinden. Doch selbst wenn es solche Verbrecher geben sollte, so steht auch ihnen ein Anspruch auf Schutz nach humanitärem Völkerrecht zu. ... Wie es im Moment aussieht, werden die Gefangenen von Guantánamo Bay vor Militärkommissionen gestellt. Die Gefangenen haben somit keinen Zugang zu einem Haftrichter, der prüfen kann, ob ihre Inhaftierung rechtmässig ist. Das Militär wird die Einvernahmen, die Anklage und die Verteidigung übernehmen und als Richter und, im Fall der Todesstrafe, als Exekutionskommando auftreten. Die Verhandlungen werden geheim sein. Keiner der Grundsätze für ein faires Verfahren muss beachtet werden. Eine Beurteilung durch Gerichte der Vereinigten Staaten ist ausgeschlossen. Alles wird vom Militär kontrolliert. ... Bei den Militärkommissionen handelt es sich nicht um unabhängige Gerichte oder Tribunale. Man fühlt sich an ein Känguru-Gericht erinnert. Diese Bezeichnung spielt auf die Sprünge des Kängurus an. Sie vermittelt das Bild eines voreingenommenen und willkürlichen Schnellverfahrens durch ein Sondergericht, das die Justiz der Lächerlichkeit preisgibt.

Johan Steyn, Lordrichter im britischen Oberhaus, Guantánamo Bay, the Legal Black Hole, Rede vom 25. November 2003 (an der 27. F.A.-Mann-Tagung), Wortlaut der vollständigen Rede (englisch) auf http://www.cacc.org

Am 29. Juni 2004 entschied der Supreme Court (Oberster Gerichtshof) der Vereinigten Staaten, dass die Gefangenen auf Guantánamo die Rechtmässigkeit ihrer Inhaftierung durch amerikanische Gerichte überprüfen lassen können. Als Reaktion darauf hat Präsident Bush am 17. Oktober 2006 das Gesetz über Militärkommissionen unterzeichnet, welches den amerikanischen Bundesgerichten die Zuständigkeit zur Haftprüfung entzieht, sofern es sich um nichtamerikanische Staatsbürger handelt, die als «feindliche Kämpfer» irgendwo auf der Welt in US-Gewahrsam gehalten werden. Das Gesetz ermöglicht zudem die Schaffung neuer Militärkommissionen, um «feindliche Kämpfer» vor Gericht zu stellen.

Wenn Gefangene sexuell gedemütigt werden und Soldaten dazu in die Kamera lächeln

Die Grausamkeit der Folterbilder aus dem Gefängnis von Abu Ghraib erschliesst sich erst auf den zweiten Blick.

Da ist ein Foto, das nackte Gefangene zeigt, die sich zu einem Knäuel anordnen mussten, aufgenommen von einer digitalen Kamera mit einem Objektiv kurzer Brennweite. Das Verstörendste an dem Bild sind die Gesichter der Soldaten: Sie lächeln. Es ist kein sadistisches Grinsen, und es ist auch kein erzwungenes Lächeln der Höflichkeit. Es ist entspannte, gut gelaunte Zufriedenheit, die sich hinter den zu Objekten gedemütigten Körpern aufpflanzt. Das Lächeln der beiden gilt dem Bildbetrachter, der zum Komplizen gemacht wird. Da ist ganz unzweifelsfrei vor und für die Kamera gefoltert worden. Mehr noch: Die Kamera hat mitgefoltert. Das ergibt sich aus den Aussagen von einem der sieben misshandelten Männer. In all der Quälerei ist ihm der Fotoapparat aufgefallen, das Posieren für eine Kamera.

Thomas Isler, Neue Zürcher Zeitung am Sonntag, 9. Mai 2004

Genfer Abkommen über die Behandlung der Kriegsgefangenen, 1949

Artikel 13
Die Kriegsgefangenen sind jederzeit mit Menschlichkeit zu behandeln. ... Insbesondere dürfen an den Kriegsgefangenen keine Körperverstümmelungen oder medizinische oder wissenschaftliche Versuche irgendwelcher Art vorgenommen werden, die nicht durch die ärztliche Behandlung des betreffenden Kriegsgefangenen gerechtfertigt sind und nicht in seinem Interesse liegen. Die Kriegsgefangenen müssen ferner jederzeit geschützt werden, namentlich auch vor Gewalttätigkeit oder Einschüchterung, Beleidigungen und der öffentlichen Neugier. ...

Artikel 14
Die Kriegsgefangenen haben unter allen Umständen Anspruch auf Achtung ihrer Person und ihrer Ehre. Frauen sind mit aller ihrem Geschlecht geschuldeten Rücksicht zu behandeln und müssen auf jeden Fall die gleich günstige Behandlung erfahren wie die Männer. ...

Artikel 99
Kein Kriegsgefangener darf wegen einer Handlung verfolgt oder verurteilt werden, die zur Zeit ihrer Begehung durch die in Kraft stehenden Gesetze des Gewahrsamsstaates oder das Völkerrecht nicht ausdrücklich verboten war. Es dürfen weder moralische noch physische Druckmittel angewandt werden, um einen Kriegsgefangenen dazu zu bringen, sich der Handlungen, deren er angeklagt ist, schuldig zu bekennen. Kein Kriegsgefangener darf verurteilt werden, ohne die Möglichkeit zu seiner Verteidigung und den Beistand eines geeigneten Verteidigers gehabt zu haben.

Artikel 105
Dem Kriegsgefangenen steht das Recht zu, einen seiner kriegsgefangenen Kameraden zur Unterstützung beizuziehen, sich durch einen geeigneten Verteidiger seiner Wahl verteidigen zu lassen, Zeugen vorladen zu lassen und, wenn er es für nötig erachtet, die Dienste eines befähigten Dolmetschers zu beanspruchen. ...

Artikel 106
Jeder Kriegsgefangene hat das Recht, unter den gleichen Bedingungen, die auch für die Angehörigen der bewaffneten Kräfte des Gewahrsamsstaates gelten, gegen das gegen ihn ergangene Urteil Berufung einzureichen oder Kassation oder Revision zu verlangen. Über die ihm diesbezüglich zustehenden Rechte sowie über die zu deren Ausübung festgesetzten Fristen ist er voll und ganz aufzuklären.

KUBA, Guantanamo Bay, Juli 2003 Zwei Soldaten bei «Camp Delta» im amerikanischen Marinestützpunkt Guantánamo Bay, wo etwa 660 Häftlinge aus 42 Ländern festgehalten werden. Lynne Sladky/AP

IRAK, Bagdad, Mai 2004 Nach der Veröffentlichung von Bildern, auf denen zu sehen ist, wie Gefangene im Gefängnis Abu Ghraib von ihren amerikanischen Bewachern misshandelt werden, forderten Hunderte Iraker, ihre dort inhaftierten Angehörigen sehen zu können. Khalid Mohammed/AP

DEM STAAT AUSGELIEFERT

Staatliche Waisenhäuser

RUSSLAND, 1998   Waisenhäuser für Kinder im Schulalter haben ihre eigenen brutalen Strafmethoden entwickelt. Sie unterscheiden sich von den Strafen in den Babyhäusern oder «internaty», sind aber in den russischen Bastionen des Bandenterrors – dem Militär und den GULAG-Gefängnissen – bestens bekannt. Human Rights Watch wurde berichtet, dass erwachsene Mitarbeiter in russischen Waisenhäusern Kinder misshandelt hätten, indem sie sie geohrfeigt oder geschlagen, ihren Kopf in die Toilette gesteckt, die Hand in einen Schraubstock gequetscht oder ihnen während Verhören die Hoden gequetscht hätten. Die Kinder hätten sich vor den anderen ausziehen müssen, seien tagelang bei Minustemperaturen in ungeheizte Räume gesperrt, zu Sexualhandlungen gezwungen und als Bestrafung für Fehlverhalten und Fluchtversuche in psychiatrische Anstalten geschickt worden. Im Laufe unserer Untersuchungen erfuhren wir von mindestens einem halben Dutzend vom Ministerium für Arbeit und Sozialentwicklung geführten Waisenhäusern für Kinder, die als «imbetsily» [Schwachsinnige] und «idioty» [Idioten] eingestuft worden waren. Besucher dieser Anstalten berichteten von erschreckenden Bedingungen. Unser eigener Besuch einer derartigen Anstalt im Februar 1998 bestätigte, dass behinderte russische Waisenkinder in Liegeräumen isoliert werden, wo sie nur ein Minimum an Pflege erfahren und man die Schwächsten dem Tod überlässt. Zur Kontrolle und Disziplinierung werden sie in kahlen, dunklen Räumen eingesperrt und in Zwangsjacken aus Jute gesteckt, die am Hals zugebunden werden. Häufig sind sie an einem Arm oder Bein angebunden und werden mit grossen Mengen von Beruhigungsmitteln ruhiggestellt.

Human Rights Watch, Abandoned to the State: Cruelty and Neglect in Russian Orphanages, 1998

«Aufbewahrungsanstalten» für geistig behinderte Erwachsene

BULGARIEN, 2002   In [der Anstalt] Razdol standen im Schlafsaal im zweiten Stock 33 Betten auf 10 x 10 Metern. Zum Zeitpunkt des Besuchs befanden sich nur auf zwei Betten Laken. Der Pfleger erklärte, dass man über ausreichend Bettzeug verfüge, es aber nicht verwende: «Die Frauen sind krank, sie würden die Laken nur schnell schmutzig machen.» Einige der Matratzen, die die Vertreter von Amnesty International inspizierten, waren sehr schmutzig und zerrissen. In Samuil war die Lage besonders besorgniserregend. Zum Besuchszeitpunkt im Januar 2002 gab es in der Anstalt schon seit Mai 2001 kein fliessendes Wasser mehr – seit acht Monaten also, einschliesslich der Sommermonate. Das Wasser wurde aus einer 14 km entfernten Quelle in einem Tankwagen geholt, der von einem Traktor gezogen wurde. Offenbar wurden die Menschen aber nach wie vor einmal wöchentlich gebadet. Der Baderaum im Keller des Hauptgebäudes war sehr schmutzig und heruntergekommen. Das Wasser wurde mit schwer brennbarem Treibstoff geheizt. Den über 100 Frauen in den Schlafräumen im Hauptgebäude stand nur eine schmutzige Toilette zur Verfügung. Es gab auch ein Plumpsklo, das aus sechs in den Boden gegrabenen Löchern bestand und den Frauen keinerlei Privatsphäre gewährte. Dieses Plumpsklo lag 150 Meter vom Eingang des Hauptgebäudes entfernt, zum Besuchszeitpunkt war der Pfad dorthin vereist. Man konnte diese Toiletten nicht betreten, ohne knöcheltief in Exkrementen zu versinken.

Amnesty International, Bulgarien: Far From the Eyes of Society. Systematic Discrimination Against People With Mental Disabilities, 10. Oktober 2002

Käfigbetten

TSCHECHISCHE REPUBLIK, 2003   Zwischen Februar und Mai 2003 hat die Organisation MDAC die Tschechische Republik, Ungarn, die Slowakei und Slowenien besucht, um die jeweilige Menschenrechtssituation zu untersuchen. Dabei wurde festgestellt, dass in allen besuchten Ländern Käfigbetten benutzt werden, um die Menschen in psychiatrischen Kliniken und sozialen Betreuungseinrichtungen unter Kontrolle zu halten. Die Delegation von MDAC hat eine Reihe tschechischer Institutionen besucht und traf in mehreren Fällen auf Menschen, darunter auch kleine Kinder, die jeden Tag fast 24 Stunden in Käfigbetten eingesperrt waren. Nur zum Benützen der Toilette durften sie diese verlassen. Michal, ein tschechisches Opfer dieser Käfigbetten, beschrieb seine Erfahrungen vor zwei Jahren: «Sie hielten mich über eine Woche lang in einem Käfigbett und versagten mir jede Hilfe. Wenn ich extrem durstig oder hungrig war, musste ich daher versuchen, meinen eigenen Urin zu trinken. ... Ich werde meine Gefühle von damals wohl nie vergessen, und die Angst, die das Käfigbett ausgelöst hat, wird mich immer begleiten. Es war eine Mischung von Betrogensein, Angst, Erniedrigung, Macht- und Hoffnungslosigkeit ...»

Mental Disability Advocacy Center, Cage Bed Report (Press Release), 2003

UN-Übereinkommen über die Rechte des Kindes, 1989

Artikel 37

Die Vertragsstaaten stellen sicher, a) dass kein Kind der Folter oder einer anderen grausamen, unmenschlichen oder erniedrigenden Behandlung oder Strafe unterworfen wird. Für Straftaten, die von Personen vor Vollendung des 18. Lebensjahrs begangen worden sind, darf weder die Todesstrafe noch lebenslange Freiheitsstrafe ohne die Möglichkeit vorzeitiger Entlassung verhängt werden; b) dass keinem Kind die Freiheit rechtswidrig oder willkürlich entzogen wird. Festnahme, Freiheitsentziehung oder Freiheitsstrafe darf bei einem Kind im Einklang mit dem Gesetz nur als letztes Mittel und für die kürzeste angemessene Zeit angewendet werden; c) dass jedes Kind, dem die Freiheit entzogen ist, menschlich und mit Achtung vor der dem Menschen innewohnenden Würde und unter Berücksichtigung der Bedürfnisse von Personen seines Alters behandelt wird. Insbesondere ist jedes Kind, dem die Freiheit entzogen ist, von Erwachsenen zu trennen, sofern nicht ein anderes Vorgehen als dem Wohl des Kindes dienlich erachtet wird; jedes Kind hat das Recht, mit seiner Familie durch Briefwechsel und Besuche in Verbindung zu bleiben, sofern nicht aussergewöhnliche Umstände vorliegen; d) dass jedes Kind, dem die Freiheit entzogen ist, das Recht auf umgehenden Zugang zu einem rechtskundigen oder anderen geeigneten Beistand und das Recht hat, die Rechtmässigkeit der Freiheitsentziehung bei einem Gericht oder einer anderen zuständigen, unabhängigen und unparteiischen Behörde anzufechten, sowie das Recht auf alsbaldige Entscheidung in einem solchen Verfahren.

Gewalt macht den Menschen zur Sache.
Simone Weil

RUSSLAND, 1998 Um dieses Waisenmädchen zu bestrafen, weil es zu oft zu viel essen will, ist es an einer Bank festgebunden und der mit Essen gefüllte Napf ausserhalb seiner Reichweite hingestellt worden. Kate Brooks/Polaris

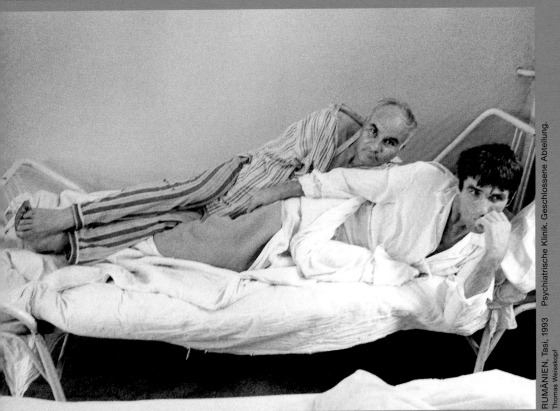

RUMÄNIEN, Tasi, 1993 Psychiatrische Klinik. Geschlossene Abteilung. Thomas Weisskopf

BOSNIEN-HERZEGOWINA, Sarajevo, 1996   Ein bosnischer Zivilist zeigt Fotografien von Narben auf seinem Bein, die ihm, wie er sagt, von serbischen Soldaten mit Peitschenhieben zugefügt wurden.
Gilles Peress/Magnum Photos

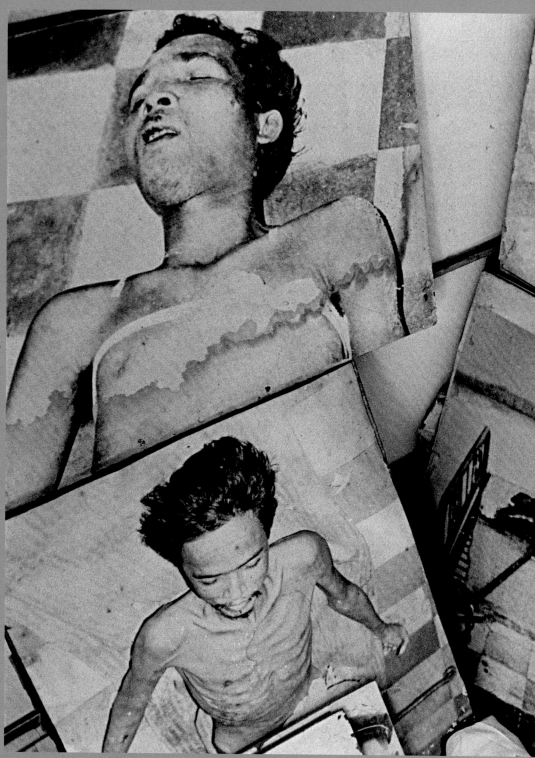

KAMBODSCHA, Phnom Penh, 2002   Das Genozidmuseum Tuol Sleng befindet sich in einer Schule, die unter der Herrschaft der Roten Khmer in das Folterzentrum «S21» umfunktioniert worden war. John Vink/Magnum Photos

Verständlicherweise ist es nicht einfach, Folter in der Öffentlichkeit zu thematisieren, aber gerade unser Schweigen ermöglicht es Regierungen und Privatpersonen, weiterhin ungestraft zu foltern.

Internationaler Rat für die Rehabilitierung von Folteropfern (IRCT), Generalsekretär

NIEMAND DARF GEFOLTERT WERDEN

Folter: die Schattenseite der Zivilisation

OBERSTER GERICHTSHOF INDIENS, 1996 Folter ist im Wesentlichen ein Instrument des «Stärkeren», um dem «Schwächeren» seinen Willen aufzuzwingen, indem er ihn leiden lässt. Heute ist das Wort «Folter» ein Synonym für die Schattenseite der Zivilisation.
Keine Menschenrechtsverletzung ist Gegenstand so vieler Übereinkommen und Erklärungen wie «Folter» – alle zielen darauf ab, die Folter in all ihren Formen absolut zu verbieten. Trotz aller Versprechungen, die Folter zu beseitigen, ist sie in Wahrheit heute weiter verbreitet denn je zuvor. «Folter in Gewahrsam» ist eine offensichtliche Verletzung der Menschenwürde, eine Erniedrigung, die die Würde eines Individuums weitestgehend zerstört, und jedes Mal, wenn die Würde des Menschen verletzt wird, macht die Zivilisation in ihrer Entwicklung einen Schritt rückwärts; die Flagge der Menschlichkeit muss jedes Mal auf halbmast gesetzt werden. Bei allen Straftaten in Gewahrsam ist nicht nur die Verursachung körperlicher Schmerzen beunruhigend, sondern die seelischen Qualen, die ein Mensch innerhalb der vier Wände einer Polizeistation oder eines Gefängnisses erleidet. Ob es sich um körperliche Übergriffe oder Vergewaltigung in Polizeigewahrsam handelt, das Ausmass des Traumas, welches das Opfer erleidet, liegt ausserhalb der Reichweite des Gesetzes.
India Supreme Court, Shri D.K. Basu vs. State of West Bengal, 1996

DAS FOLTERSCHIFF «ESMERALDA», CHILE 1973 72 Stunden lang wurden wir durch Abspritzen mit einem Wasserstrahl, Prügel und Appelle, die alle 15 Minuten wiederholt wurden, am Schlafen gehindert. In der ersten Nacht waren wir sieben Männer und eine Frau … alle nackt. Irgendwann einmal wurden dann 40 Männer und 72 Frauen gezählt. Die Unterkünfte hatte man mit Zelttüchern unterteilt, aber die Frauen lagen nackt in ihren Hängematten. … Jeder wurde nackt ausgezogen und mit Meerwasser abgespritzt. Ein Marinesoldat, den wir den «Foltervogel» nannten, schlug ständig gegen die Metalltüren, um uns am Schlafen zu hindern. Es war sowieso unmöglich zu schlafen, denn wir hörten dauernd die Schreie aus den Folterkammern. Dort wurden Elektroschocks und «Telefonfolter» [Folter, bei der auf beide Ohren gleichzeitig geschlagen wird, was grosse Schmerzen verursacht und das Trommelfell beschädigt] und andere brutale Foltermethoden angewandt. Am 13. September wurde ich gegen neun Uhr abends zu den Offiziersräumen an Deck gebracht, wo neun Mitglieder des Sicherheits- und Polizeidienstes warteten… Auf dem Weg dorthin sagten mir meine Bewacher, dass ich sofort erschossen würde, da ich Kommunist sei, mein Land und die Armee verraten hätte. Sie stellten mich gegen eine Wand; eine Weile schwiegen sie. Einer befahl mir, die Augen zu schliessen, und schrie dann «Feuer!». Nichts passierte … Im Morgengrauen des 20. September 1973 lag ich auf dem Rücken, die Hände im Nacken verschränkt, als man mir gegen drei Uhr sagte, ich solle mich anziehen, rasieren und meine wenigen Sachen zusammenpacken. … Dies war das letzte Mal, dass ich die «Esmeralda» sah.
Zeugenaussage von Luis Vega Contreras, einem chilenischen Anwalt, der am 11. September 1973 verhaftet wurde, berichtet von Amnesty International, 22. Juni 2003

UN-Pakt über bürgerliche und politische Rechte, 1966

Artikel 7
Niemand darf der Folter oder grausamer, unmenschlicher oder erniedrigender Behandlung oder Strafe unterworfen werden. Insbesondere darf niemand ohne seine freiwillige Zustimmung medizinischen oder wissenschaftlichen Versuchen unterworfen werden.

UN-Übereinkommen gegen Folter und andere grausame, unmenschliche oder erniedrigende Behandlung oder Strafe, 1984

Artikel 1
1. Im Sinne dieses Übereinkommens bezeichnet der Ausdruck «Folter» jede Handlung, durch die einer Person vorsätzlich grosse körperliche oder seelische Schmerzen oder Leiden zugefügt werden, zum Beispiel um von ihr oder einem Dritten eine Aussage oder ein Geständnis zu erlangen, um sie für eine tatsächlich oder mutmasslich von ihr oder einem Dritten begangene Tat zu bestrafen, um sie oder einen Dritten einzuschüchtern oder zu nötigen oder aus einem anderen, auf irgendeiner Art von Diskriminierung beruhenden Grund, wenn diese Schmerzen oder Leiden von einem Angehörigen des öffentlichen Dienstes oder einer anderen in amtlicher Eigenschaft handelnden Person, auf deren Veranlassung oder mit deren ausdrücklichem oder stillschweigendem Einverständnis verursacht werden. Der Ausdruck umfasst nicht Schmerzen oder Leiden, die sich lediglich aus gesetzlich zulässigen Sanktionen ergeben, dazu gehören oder damit verbunden sind. …

Artikel 2
2. Aussergewöhnliche Umstände gleich welcher Art, sei es Krieg oder Kriegsgefahr, innenpolitische Instabilität oder ein sonstiger öffentlicher Notstand, dürfen nicht als Rechtfertigung für Folter geltend gemacht werden. …

Niemand soll zu körperlicher Züchtigung verurteilt werden

… körperliche Züchtigung ist den modernen Strafsystemen der meisten Staaten fremd. Die wichtigsten Ausnahmen finden sich in einigen früheren britischen Kolonien und in verschiedenen Staaten, in welchen die Scharia (das islamische Recht) praktiziert wird. Ein Beispiel für die erste Kategorie ist Swasiland, wo Minderjährige für bestimmte Vergehen mit Stockschlägen bestraft werden dürfen. Saudi-Arabien ist ein Beispiel für die zweite Kategorie; nach der dortigen Auslegung der Scharia ist körperliche Züchtigung in bestimmten Fällen vorgeschrieben. Die Amputation von Gliedmassen ist zum Beispiel eine geläufige Bestrafung für Diebstahl von Gegenständen von einem bestimmten Wert (Satiqua) und kann als Strafe für Strassenraub (Hiraba) verhängt werden. Für Ehebruch (Zena), die falsche Anschuldigung des Ehebruchs (Bhadf) und anderes sexuelles Fehlverhalten und Alkoholgenuss (Shorh al-Khamr) ist die Auspeitschung vorgeschrieben. Falls der Täter dem Opfer körperliche Schäden zugefügt hat, kann das Opfer nach dem Gesetz der Vergeltung (Quesa …) verlangen, dass dem Täter die gleiche Verletzung zugefügt wird.
Nigel S. Rodley, The Treatment of Prisoners under International Law, 2. Aufl., Oxford 1999

Das Folterverbot erlaubt keine Ausnahmen

Neben der rechtlichen Diskussion gibt es auch eine moralische Dimension, auf die eingegangen werden muss und die uns in Erinnerung ruft, weshalb Folter und andere Formen der Misshandlung aufgrund des humanitären Völkerrechts und des internationalen Menschenrechtsschutzes in jedem Fall untersagt sind. Die jüngsten Vorfälle [des internationalen Terrorismus] haben das Szenario der «tickenden Zeitbombe» wiederaufleben lassen, und verschiedentlich ist nun wieder argumentiert worden, Folter lasse sich unter Umständen «moralisch» rechtfertigen. Kann Folter – oder jede andere Form der Misshandlung – jemals «moralisch gerechtfertigt» sein, beispielsweise um Menschenleben zu retten? In Antwort auf dieses Dilemma sind drei Gründe zu nennen, weshalb Folter und andere Formen der Misshandlung unter keinen Umständen gerechtfertigt werden können. Der erste Grund liegt im pragmatischen Argument, dass sich Informationen, die durch verbotene Behandlungen erlangt worden sind, als unzuverlässig erwiesen haben. Der zweite Grund basiert auf dem grundlegenden Prinzip des Respekts vor der menschlichen Würde. Dabei handelt es sich um einen universell anerkannten Grundsatz und einen Eckpfeiler der zivilisierten Gesellschaft. Der Schutz der Würde ist jedermann zu gewähren. Fortschrittliche Gesellschaften sollten nicht nur danach beurteilt werden, wie sie mit Unschuldigen umgehen, sondern auch – oder gerade – danach, wie sie Menschen behandeln, die sich möglicherweise schuldig gemacht haben. Der dritte Grund liegt in der Gefahr der Eigendynamik: Hat man einmal eine Ausnahme aufgrund einer Notlage zugelassen, öffnet das Argument der Notsituation Tür und Tor. Jede Rechtfertigung für Folterungen oder andere Misshandlungen wäre immer willkürlich und subjektiv. Wer wäre zuständig, die «moralische» Frage zu entscheiden, in welchen Situationen Folter oder Misshandlung gerechtfertigt sind und auf wen sie angewandt werden können? Aus all diesen Gründen sind Folter und andere Misshandlungen oder Strafen verboten worden.

Debra Long, Torture: Closing Pandora's Box. Can Torture and other Forms of Ill-Treatment Ever be Justified? Human Rights Features 6 (2003)

Römer Statut des Internationalen Strafgerichtshofs, 1998

Folter ist ein Verbrechen gegen die Menschlichkeit, wenn sie im Rahmen eines ausgedehnten oder systematischen Angriffs gegen die Zivilbevölkerung begangen wird.

Folter bedeutet, «dass einer im Gewahrsam oder unter der Kontrolle des Beschuldigten befindlichen Person vorsätzlich grosse körperliche oder seelische Schmerzen oder Leiden zugefügt werden; Folter umfasst jedoch nicht Schmerzen oder Leiden, die sich lediglich aus gesetzlich zulässigen Sanktionen ergeben, dazu gehören oder damit verbunden sind». (Artikel 7)

Der Ausschuss nimmt zur Kenntnis, dass der Beschwerdeführer zu zwölf Rutenschlägen verurteilt worden ist, und erinnert an seine Entscheidung im Fall Osbourne gg. Jamaika: Der Ausschuss ist der festen Überzeugung, dass körperliche Züchtigung eine grausame, unmenschliche oder erniedrigende Behandlung oder Strafe darstellt und gegen Artikel 7 des UN-Übereinkommens über bürgerliche und politische Rechte verstösst, ungeachtet der Art der zu bestrafenden Tat und der Brutalität, mit der sie verübt wurde. Im vorliegenden Fall hat der Vertragsstaat durch die Verurteilung zu Rutenschlägen die Rechte des Beschwerdeführers gemäss Artikel 7 verletzt.
UN-Menschenrechtsausschuss, Boodlal Sookal v. Trinidad and Tobago, Mitteilung, Nr. 928/2000

CHILE, Valparaíso, 12. Oktober 2003 Chilenische Demonstranten halten eine stilisierte chilenische Flagge hoch. Sie ist blutrot bemalt und zeigt ein Bild des Segelschulschiffs Esmeralda, das in der Zeit der Diktatur Augusto Pinochets als Folterschiff gedient haben soll. Eliseo Fernandez/Reuters

Folter ist die billigste Untersuchungsmethode

SRI LANKA   Wie ist Folter zur billigsten Untersuchungsmethode geworden? Durch das Anstellen billiger Arbeitskräfte. Der durchschnittliche Polizist in Sri Lanka zählt zu den ungebildetsten Menschen des Landes. Anwälte, Ärzte oder sogar Lehrer müssen eine mehrjährige Ausbildung absolvieren. Um in diesen oder anderen Berufen eine bedeutende Position zu erlangen, ist mehrjährige Arbeitserfahrung erforderlich. Keine solche Grundausbildung ist notwendig, um Polizist zu werden. (Hiermit wird nicht in Abrede gestellt, dass es in Spitzenpositionen einige Personen gibt, die ein Diplom besitzen, und einige wenige, die sogar eine längere Ausbildung absolviert haben.) Im Normalfall sind für die Untersuchung von Straftaten Polizisten verantwortlich, denen jegliche Grundkenntnisse für eine Untersuchung fehlen. Ihr Empfindungsvermögen ist derart unterentwickelt, dass es ihnen nicht weiter schwerfällt, brutale Gewalt anzuwenden. Auch wenn dies nicht offen zugegeben wird, lautet der Grundsatz, nach welchem die Leute ausgewählt werden: «Je gröber sie sind, desto besser».

Basil Fernando, Trying to understand the police crisis in Sri Lanka, www.artikel2.org, 4. August 2002

Schutz der Menschenwürde während eines Verhörs

ISRAEL, 1999   [Eine] angemessene Strafuntersuchung schliesst notwendigerweise Folter, grausame, unmenschliche Behandlung und jede Form erniedrigender Bearbeitung aus. «Brutale und unmenschliche Methoden» sind im Rahmen einer Untersuchung verboten. … Die Würde des Menschen schliesst auch die Würde eines Verdächtigen im Verhör mit ein. … Daraus folgt, dass das Schütteln einer Person eine verbotene Verhörmethode ist. Die Behandlung fügt dem Verdächtigen körperlichen Schaden zu und verletzt seine Würde. Diese gewalttätige Methode ist kein rechtmässiger Bestandteil eines Untersuchungsverfahrens und geht über das Erforderliche hinaus. … Die «Shabach»-Methode setzt sich aus einer Reihe von Komponenten zusammen: Der Verdächtige wird geohrfeigt, auf einen niedrigen Stuhl gesetzt, ein undurchsichtiger Sack wird ihm über den Kopf gezogen, und in seiner Umgebung wird laute Musik gespielt. … Die Hände werden ihm hinter dem Rücken zusammengebunden. Dabei steckt eine Hand in der Spalte zwischen dem Sitz und der Rückenlehne, während die andere hinter seinem Rücken an der Rückenlehne festgebunden wird. Dies ist eine verdrehte, unnatürliche Position, die zur Sicherheit des Untersuchungsbeamten nicht erforderlich ist. … All diese Methoden überschreiten den Rahmen einer «fairen» Befragung und sind nicht zumutbar. … Der GSS [israelischer Geheimdienst] ist nicht dazu berechtigt, einen Mann zu «schütteln», ihn in der «Shabach»-Position zu halten, ihn in eine «Froschposition» zu zwingen und ihm häufiger den Schlaf zu entziehen, als dies für die Befragungen notwendig ist.

Supreme Court of Israel (Oberster Gerichtshof Israels), Order Nisi, 6. September 1999

Schutz der Würde mutmasslicher Kollaborateure

PALÄSTINENSISCHE AUTONOMIEGEBIETE, 2001   Noch immer wird über Folter und Misshandlung durch verschiedene palästinensische Sicherheitskräfte berichtet. Schläge, Aufhängen und Brennen mit Zigaretten gehören zu den gebräuchlichen Methoden. Viele Berichte über Folter betreffen Fälle von Gefangenen, die der Kollaboration mit israelischen Behörden verdächtigt werden. Der 25-jährige Mohammed Lahlo wurde am 3. September in Jenin festgenommen und bis etwa 20. Oktober in Einzelhaft gehalten. Er gab zu Protokoll, dass er während der gesamten Haftzeit gefoltert worden war. … Der 38-jährige Sulayman 'Awad Muhammad Abu 'Amra aus Deir al-Balah, Vater von acht Kindern, wurde am 8. August in Gaza vom Istikhbarat (militärischer Nachrichtendienst) verhaftet und anschliessend in Isolationshaft festgehalten. Am 15. August wurde seiner Familie mitgeteilt, dass er am Vortag gestorben sei. Bei der Autopsie stellte sich heraus, dass der Tod als Folge von «mehreren Verletzungen am Körper und empfindlichen Körperteilen, wie Unterleib und Hodensack, verursacht durch wiederholte Schläge mit festen Gegenständen», eingetreten war. «Alle Wunden waren jüngeren Datums und wurden eine Woche vor Eintreten des Todes zugefügt.» Präsident Arafat ordnete eine offizielle Untersuchung des Todesfalles Sulayman Abu 'Amra an.

Amnesty International, Report on Palestinian Authority, 2001

Straflosigkeit bekämpfen

Die Glaubwürdigkeit des Verbots von Folter und anderen Misshandlungsformen leidet mit jedem Fall, in dem Amtspersonen, die für solche Delikte verantwortlich sind, für ihre Handlungen nicht zur Rechenschaft gezogen werden. Wenn Informationen zutage treten, die auf Misshandlung hindeuten, und darauf keine sofortige und wirksame Reaktion erfolgt, werden diejenigen, denen der Sinn danach steht, Personen zu misshandeln, denen die Freiheit entzogen ist, leicht zu dem Glauben kommen – und dies aus gutem Grunde – dass sie straflos tun können. Alle Anstrengungen, Menschenrechtsprinzipien durch strikte Einstellungspolitik und berufliche Aus- und Fortbildung zu fördern, werden untergraben. Indem sie es unterlassen, wirksame Massnahmen zu ergreifen, tragen die betroffenen Personen – Mitarbeiter, Vorgesetzte, Untersuchungsbehörden – letztlich zum Verfall der Werte bei, welche die Fundamente einer demokratischen Gesellschaft bilden.

Wenn hingegen Amtspersonen, die Folter und Misshandlung anordnen, genehmigen, dulden oder selbst vornehmen, für ihre Handlungen oder Unterlassungen vor Gericht gebracht werden, liegt darin die unzweideutige Botschaft, dass solches Verhalten nicht toleriert wird. Abgesehen von ihrer erheblichen Abschreckungswirkung wird diese Botschaft der allgemeinen Öffentlichkeit die Bestätigung vermitteln, dass niemand über dem Gesetz steht, auch nicht diejenigen, die für seine Wahrung verantwortlich sind.

CPT, 14. Jahresbericht, 2004
[http://cpt.coe.int/lang/deu-standards.doc]

ISRAEL, Jerusalem, Mai 1998 Auf einer Pressekonferenz der israelischen Menschenrechtsgruppe B'tselem demonstrieren Schauspieler eine als «Schütteln» bekannte Foltermethode des israelischen Inlandsgeheimdienstes Shin Beth. David Silverman/Reuters

BESETZTE PALÄSTINENSISCHE GEBIETE, Tulkarem, August 2002 Bakir Khouli berichtete, Palästinenser hätten ihn so lange gefoltert, bis er ihnen die erfundene Geschichte erzählte, seine Mutter habe etwas mit dem Tod eines militanten Palästinensers zu tun gehabt. Enric Martí/AP

Sexuelle Gewalt als Foltermethode

In der Geschichte der Menschheit ist sexuelle Gewalt häufig als Foltermethode gegen Frauen eingesetzt worden. Die schweren körperlichen und seelischen Schäden einer Vergewaltigung werden durch die sozialen und kulturellen Konsequenzen für die Frauen noch intensiviert. Hinzu kommt die Gefahr, sich mit Geschlechtskrankheiten zu infizieren, ungewollt schwanger zu werden oder dass die Fortpflanzungsorgane Schaden nehmen. ... Das Kammergericht [des Internationalen Strafgerichtshofs für das ehemalige Jugoslawien im Fall Celebici] kam zum Schluss, dass Vergewaltigungen zweifelsohne Folter im Sinne des Völkerrechts darstellen können. Seiner Auffassung nach «verursacht eine Vergewaltigung grosse Schmerzen und Leiden, körperliche wie seelische». Darüber hinaus «kann man sich kaum Umstände vorstellen, in denen eine Frau durch einen Beamten oder auf dessen Veranlassung, mit seiner Zustimmung oder Einwilligung vergewaltigt wird und dies nicht in irgendeiner Weise der Strafe, Nötigung, Diskriminierung oder Einschüchterung dient».

<small>Judith G. Gardam/Michelle J. Jarvis, Women, Armed Conflict and International Law, Den Haag 2001</small>

Eines der Opfer der systematischen und brutalen Vergewaltigungen während des bewaffneten Konflikts in Kongo erzählt seine Geschichte
Ich befand mich auf der Strasse von Kalonge nach Mudaka. Ich hatte Geld bei mir, das mein Verlobter mir gegeben hatte, um ein Hochzeitskleid zu kaufen. Ein Soldat griff mich auf der Strasse an. ... Er brachte mich zu einem Ort im Wald, wo noch drei andere Soldaten waren. Sie schlugen mich grün und blau. Das war am 8. August [2001], und ich wurde bis zum 25. August dort festgehalten und Tag für Tag von jedem von ihnen vergewaltigt. Es gab dort kein richtiges Haus, sondern nur einen Unterstand unter irgendeiner Kunststoffplane. Ich ass die Dinge, die sie von Zeit zu Zeit stahlen – Pâte [eine Art Maniokteig] aus gestohlenem Mehl und manchmal Fleisch. Wie ich herausfand, war vor mir eine andere Frau dort gewesen, und ich schlief dort, wo sie geschlafen hatte, und später würde mir wieder eine andere Frau folgen. Ich trug die ganze Zeit dieselben Kleider. Wenn ich versuchte zu sprechen, schlugen sie mich. Sie waren alle vom gleichen Schlag – entsetzliche Männer. Als sie genug von mir hatten, schickten sie mich schliesslich weg.

<small>Human Rights Watch, The War within the War, Sexual Violence Against Women and Girls in Eastern Congo, New York etc. 2002</small>

Einschüchterung und Verschwindenlassen als Foltermethoden

Die Arbeitsgruppe der Menschenrechtskommission, die sich mit erzwungenem oder unfreiwilligem Verschwinden von Personen befasst, erkennt in ihrem dritten Bericht zuhanden der Kommission an, dass das Verschwindenlassen als solches eine Art der Folter und andere verbotene Formen der Misshandlung darstellt. Sie führte aus: «Allein die Tatsache, dass man als verschwundene Person festgehalten und über längere Zeit von der Familie getrennt wird, kommt mit Sicherheit einer Verletzung des Rechts auf menschliche Haftbedingungen gleich und stellt sich der Arbeitsgruppe als Folter dar.»

<small>Sir Nigel Rodley, UN-Sonderberichterstatter über Fragen der Folter und anderer grausamer, unmenschlicher oder entwürdigender Behandlung oder Strafe, Bericht, 3. Juli 2001, UN Doc A/56/156</small>

Wir wissen, dass Folter als politisches Druck-, Macht- und Kontrollmittel eingesetzt wird. Wir wissen, dass Folter in einer politischen Atmosphäre ermöglicht wird, die Diskriminierung aufgrund von Rasse, Geschlecht, Religion und politischer Überzeugung unterstützt. Wir wissen, dass Folter als Kriegswaffe eingesetzt wird. Wir wissen, dass nach einem Konflikt die angemessene Behandlung der Opfer von Folter und schwerer Traumatisierung Priorität haben muss, wie z.B. nach den Konflikten in Ruanda, Osttimor, Kosovo, Afghanistan, Liberia, Sierra Leone und Irak, um nur einige zu nennen. Wir sind zutiefst besorgt über die Tatsache, dass Regierungen, die gegen repressive Regime Krieg geführt haben, gleichzeitig denjenigen Asyl verwehren, die um ihr Leben geflüchtet und vielfach von diesen Regimen gefoltert worden sind.

<small>Internationaler Rat für die Rehabilitation von Folteropfern (IRCT), 2003</small>

Römer Statut des Internationalen Strafgerichtshof, 1998

Artikel 7
1. Im Sinne dieses Statuts bedeutet «Verbrechen gegen die Menschlichkeit» jede der folgenden Handlungen, die im Rahmen eines ausgedehnten oder systematischen Angriffs gegen die Zivilbevölkerung und in Kenntnis des Angriffs begangen wird: ...
g) Vergewaltigung, sexuelle Sklaverei, Nötigung zur Prostitution, erzwungene Schwangerschaft, Zwangssterilisation oder jede andere Form sexueller Gewalt von vergleichbarer Schwere. ...

UNO-Konvention gegen das Verschwindenlassen von Personen

Die Konvention wurde am 20.12.2006 von der UNO-Generalversammlung verabschiedet. Sie wird in Kraft treten, sobald sie von 20 Staaten ratifiziert worden ist. Die Konvention verpflichtet die Vertragsstaaten, das Verschwindenlassen von Menschen durch die Gesetzgebung zu verbieten und unter Strafe zu stellen. Weiter sieht die Konvention verschiedene präventiv wirkende Massnahmen vor: Die geheime Haft wird verboten; Freiheitsentzug darf nur in offiziell anerkannten und überwachten Einrichtungen stattfinden, in welchen alle Gefangenen registriert sind. Jedem Häftling steht das absolut geltende Recht zu, die Verfassungs- oder Gesetzmässigkeit seiner Festnahme vor Gericht anzufechten. Der Zugang zu Informationen über Gefangene muss gewährt werden. Weiter sichert die Konvention das Recht auf Wahrheit und auf Wiedergutmachung für Opfer und deren Angehörige. Die Konvention regelt auch die unrechtmässige Entführung von Kindern, deren Eltern Opfer der Praxis des Verschwindenlassens wurden, sowie die Fälschung der Identität dieser Kinder und deren Adoption. Für die Überprüfung der Umsetzung der vereinbarten Rechte und Pflichten ist ein Überwachungsausschuss vorgesehen. Der Ausschuss verfügt über weitreichende Kompetenzen und kennt neben der Entgegennahme von Individualbeschwerden und Staatenbeschwerden auch ein dringliches Verfahren. Zudem besitzt er die Berechtigung, Felduntersuchungen durchzuführen.
Siehe weiterführend auf www.humanrights.ch

Sierra Leone, August 2001   Ein Opfer sexueller Gewalt. Nick Danziger/ICRC

GUATEMALA, Guatemala City, 1985   Auf einem öffentlichen Platz stehen Menschen vor einer Liste vermisster Personen. Olivia Heussler

STAATEN MÜSSEN FOLTER VERHINDERN UND BESTRAFEN

Prävention

UKRAINE Die Erkenntnisse der CPT-Delegation [Europäischer Ausschuss zur Verhütung von Folter] während des Besuchs im Jahr 2000 unterstreichen erneut, wie wichtig wirksame Schutzmassnahmen gegen Misshandlungen sind. Diese müssen sowohl gesetzlich verankert als auch in der Praxis angewandt werden. Es sollte dabei in Erinnerung gerufen werden, dass der CPT besonderen Wert auf folgende drei Rechte legt, die jeder Person zustehen müssen, der die Miliz die Freiheit entzogen hat:
- das Recht der Betroffenen, enge Verwandte oder Dritte ihrer Wahl über ihre Lage in Kenntnis zu setzen;
- das Recht auf Zugang zu einer Anwältin oder einem Anwalt;
- das Recht auf Zugang zu ärztlicher Betreuung.

Der Ausschuss ist der Auffassung, dass diese Rechte drei grundlegende Sicherheitsvorkehrungen gegen die Misshandlung von Gefangenen verkörpern und von Beginn der Haft an gelten müssen (d.h., sobald jemand in der Obhut der Miliz bleiben muss, ganz gleich, ob er einer Straftat verdächtigt wird oder in Ausschaffungs- oder Untersuchungshaft festgehalten wird). Es ist zudem unerlässlich, dass die Betroffenen umgehend von all ihren Rechten in Kenntnis gesetzt werden, einschliesslich der oben aufgeführten, und zwar in einer ihnen verständlichen Sprache.

<small>Europäischer Ausschuss zur Verhütung von Folter, Bericht an die Regierung der Ukraine anlässlich eines Besuchs in der Ukraine, 9. Oktober 2002</small>

Untersuchung und Bestrafung

TÜRKEI, 1995 *Sie schleppten mich an den Haaren nach drinnen ... Dann wurden mir die Augen verbunden ... sie zogen mich bis auf die Haut aus und begannen damit, mich aufzuhängen. Sie drückten meine Schultern gegen einen Balken und zogen mich hoch ... Sie richteten einen kalten Wasserstrahl auf mich ... Sie liessen mich nicht schlafen ... Tagelang wurde ich unzählige Male aufgehängt. Sie versuchten einmal, mich zu vergewaltigen, jedoch ohne Erfolg...*

<small>Gülderen Baran, Geschichte erzählt auf www.amnesty.org (1996)</small>

Im August 1995 wurde die 20-jährige Gülderen Baran in der Anti-Terror-Abteilung des Polizeihauptquartiers in Istanbul festgehalten. Berichten zufolge wurde sie geschlagen, nackt mit einem kalten Hochdruckwasserstrahl abgespritzt, es wurden ihr die Augen verbunden, sie wurde daran gehindert zu schlafen, wurde sexuell belästigt und wiederholt an den Armen aufgehängt, was zu einem Verlust der Beweglichkeit beider Arme geführt hat. Ein Verfahren im Zusammenhang mit den Foltervorwürfen von Gülderen Baran gegen fünf Polizisten wurde eingestellt. Obwohl ein Polizeihauptkommissar und ein Polizist im Laufe ihrer Verhandlung Geständnisse über die Anwendung von Gewalt und Schlägen abgelegt hatten, wurde die Anklage gegen sie am 12. März 2002 fallen gelassen. Auf Antrag der Verteidiger der Polizeibeamten wurden viele Gerichtsverhandlungen vertagt. Als Begründung führten sie unter anderem an, dass die Angeklagten selbst vor Gericht nicht erschienen waren und dass sie es versäumt hatten, Fotografien zu ihrer Identifikation vorzulegen. Ein Polizist, der der Folter bezichtigt wurde, war während der Dauer des Verfahrens nicht vom Dienst suspendiert worden und wurde anschliessend zum Hauptkommissar befördert.

<small>Amnesty International, Open Letter Turkey, März 2003</small>

Wiedergutmachung und Entschädigung

Um unsere Ehre wiederherzustellen, ist es für viele von uns wichtig, dass die Staaten zugeben, dass wir gefoltert worden sind. Wir möchten sehen, dass unsere Folterknechte zur Rechenschaft gezogen werden. Wir möchten beweisen, dass es ihnen nicht gelungen ist, uns als menschliche Wesen zu zerstören. Und wir brauchen die finanzielle Wiedergutmachung, damit wir wieder richtig leben und unseren Beitrag für die Gesellschaft leisten können.

<small>Überlebender der Folter, 19. November 1993, in: Sarah Cullinan, Redress, Torture Survivors' Perceptions of Reparation, 2001, www.redress.org</small>

Fakultativprotokoll zur Anti-Folter-Konvention

Am 18. Dezember 2002 hat die UN-Generalversammlung das Fakultativprotokoll zum UN-Übereinkommen gegen Folter mit 127 Jastimmen, bei 4 Gegenstimmen und 42 Enthaltungen, angenommen. Das Fakultativprotokoll ist ein wichtiges Instrument, weil es praktische Massnahmen zur Verhinderung der Folter auf der ganzen Welt ermöglicht. Regelmässige Besuche in Haftanstalten gehören zu den wirkungsvollsten Massnahmen gegen Folter und für die Verbesserung von Haftbedingungen. Bis heute gab es kein internationales Abkommen, das solche Besuche in allen Teilen der Welt ermöglichte. Das Fakultativprotokoll sieht vor, dass zu diesem Zweck ein neues internationales Expertenteam, ein Unterausschuss des UN-Ausschusses gegen Folter, eingesetzt wird. Staaten, die das Fakultativprotokoll ratifizieren, müssen auch innerstaatliche Inspektionsgremien einrichten oder unterhalten. Diese Gremien werden zusammenarbeiten, um regelmässige Besuche in Haftanstalten durchzuführen und den Behörden Empfehlungen für die Verbesserung der Behandlung von Gefangenen und der Haftbedingungen zu machen.

Dass der Prävention eine grössere Bedeutung beigemessen wird, stellt eine innovative Entwicklung innerhalb des UN-Menschenrechtssystems dar, da die bereits existierenden UN-Organe erst einschreiten können, nachdem ein Verstoss vorgefallen ist. Das Fakultativprotokoll ist auch insofern bahnbrechend, als zum ersten Mal in einem internationalen Übereinkommen Kriterien und Schutzbestimmungen für wirksame präventive Inspektionen durch nationale Expertengremien aufgestellt worden sind. Dies soll die Umsetzung internationaler Standards auf der lokalen Ebene gewährleisten – eine präventive Zielsetzung, die in anderen UN-Instrumentarien leider fehlt. www.apt.ch

Das Fakultativprotokoll ist am 22. Juni 2006 in Kraft getreten. Bis Juni 2007 haben 34 Staaten das Protokoll ratifiziert, 57 haben es unterzeichnet.

MEXIKO, 28. Juni 2003 Zwei argentinische Frauen umarmen sich, nachdem die mexikanische Bundespolizei mit der Auslieferung von Ricardo Cavallo aus Spanien begonnen hat. Cavallo wird beschuldigt, als Folterer am «Schmutzigen Krieg» in Argentinien beteiligt gewesen zu sein. Jaime Puebla/AP

CHILE, Santiago, 26. Juni 2003 Bischof Helmuth Frenz trägt ein Hemd mit der Aufschrift «Nie wieder Folter»; er hat im Präsidentenpalast einen Brief übergeben, in dem er seine Unterstützung für einen Internationalen Tag gegen Folter zum Ausdruck bringt. Santiago Llanquin/AP

MEXIKO, Chiapas, 22. Februar 2002 Eine Gruppe internationaler Menschenrechtsbeobachter verlässt das Gefängnis in San Cristóbal de Las Casas. Eduardo Verduco/AP

Not all prisoners get this much attention

GROSSBRITANNIEN, London, 7. Oktober 2003   Ein Mitglied von Amnesty International sitzt in einem Käfig, um auf die Not der vergessenen Gefangenen in aller Welt aufmerksam zu machen. Diese Aktion findet parallel zu der des amerikanischen Illusionisten David Blaine statt, der in einem Plexiglaskasten über der Themse schwebt. Lee Besford/Reuters

DIE ROLLE DER INTERNATIONALEN GEMEINSCHAFT

UN-Ausschuss gegen Folter

Gemäss Artikel 17 des UN-Übereinkommens gegen Folter wählen die Vertragsstaaten zehn Sachverständige «von hohem sittlichem Ansehen und anerkannter Sachkenntnis auf dem Gebiet der Menschenrechte» als Mitglieder des Ausschusses gegen Folter (Committee against Torture; CAT). Der Ausschuss trifft sich jährlich zu zwei ordentlichen Sitzungen im April/Mai und im November in Genf.

Das Mandat des Ausschusses umfasst vier Hauptaktivitäten:
- Der Ausschuss prüft und kommentiert die periodischen Berichte der Vertragsstaaten (Art. 19);
- er führt vertrauliche Untersuchungen durch, falls zuverlässige Informationen darauf schliessen lassen, dass im Hoheitsgebiet eines Vertragsstaats systematisch Folterungen stattfinden (Art. 20);
- er prüft die Mitteilungen einzelner Personen, die geltend machen, Opfer einer Verletzung des Übereinkommens zu sein (Art. 22);
- und er prüft Beschwerden von Staaten, die sich gegen einen anderen Staat richten (Art. 21).

Individual- und Staatenbeschwerden können nur dann entgegengenommen werden, wenn der Vertragsstaat, der einer Verletzung des Übereinkommens bezichtigt wird, die Zuständigkeit des Ausschusses zur Entgegennahme und Prüfung solcher Beanstandungen anerkannt hat.

Die Vertragsstaaten müssen dem Ausschuss innerhalb eines Jahres nach Inkrafttreten des Übereinkommens einen ersten Bericht über Massnahmen unterbreiten, die sie zur Erfüllung ihrer Verpflichtungen aus dem Übereinkommen getroffen haben. Danach sind alle vier Jahre Ergänzungsberichte über die neu ergriffenen Massnahmen sowie weitere, vom Ausschuss angeforderte Berichte vorzulegen. Vertreter der Vertragsstaaten werden eingeladen, die Berichte zu präsentieren, allfällige Fragen zu beantworten und die ergänzenden Informationen zu liefern, die der Ausschuss verlangt. Nachdem der Ausschuss den Bericht geprüft hat, verfasst er «Schlussfolgerungen und Empfehlungen» unter den folgenden Rubriken: positive Aspekte; Faktoren und Schwierigkeiten, die eine Umsetzung des Übereinkommens behindern; Bedenken; Empfehlungen. Die «Schlussfolgerungen und Empfehlungen» werden veröffentlicht.

Der Ausschuss kann eine vertrauliche Untersuchung nach Artikel 20 in Gang setzen, wenn er zuverlässige Informationen erhält, wonach im Hoheitsgebiet eines Vertragsstaats systematisch gefoltert wird, sofern der betreffende Vertragsstaat nicht nach Artikel 28 erklärt hat, dass er die Zuständigkeit des Ausschusses zur Entgegennahme und Prüfung solcher Mitteilungen nicht anerkennt. ... Nach Artikel 22 können Einzelpersonen Beschwerden über Verstösse gegen eine oder mehrere Bestimmungen des Übereinkommens durch einen Vertragsstaat einreichen, wenn dieser Vertragsstaat die Zuständigkeit des Ausschusses zur Entgegennahme und Prüfung solcher Mitteilungen anerkannt hat.

UNHCHR, Human Rights Fact Sheet, Nr. 4 (Methods of Combating Torture), Genf 2002

Europäischer Ausschuss zur Verhütung von Folter

Das Europäische Übereinkommen zur Verhütung von Folter und unmenschlicher oder entwürdigender Behandlung oder Strafe (1986) sieht einen aussergerichtlichen Mechanismus zum Schutz gefangener Personen vor. Dieser basiert auf einem System von Besuchen durch den Europäischen Ausschuss zur Verhütung von Folter und unmenschlicher oder erniedrigender Behandlung oder Strafe (CPT). Das Sekretariat des CPT gehört zur Generaldirektion für Menschenrechte des Europarats. Mitglieder des CPT sind unabhängige und unparteiische Expertinnen und Experten aus unterschiedlichen Bereichen, wie z.B. Rechtsanwältinnen, Ärzte und Spezialisten für Fragen des Gefängnis- oder Polizeiwesens. Sie werden für eine vierjährige Amtszeit vom Ministerkomitee – dem beschlussfassenden Organ des Europarates – gewählt und können zweimal wiedergewählt werden. Pro Vertragsstaat wird ein Mitglied gewählt. Das CPT besucht Orte, an denen Menschen in Gewahrsam gehalten werden (z.B. Gefängnisse und Jugendstrafanstalten, Polizeistationen, Zentren für abgewiesene Immigrantinnen und Immigranten und psychiatrische Kliniken), um zu überprüfen, wie die Menschen behandelt werden, welchen die Freiheit entzogen worden ist. Falls erforderlich, unterbreiten sie den Staaten Vorschläge zur Verbesserung. Im Rahmen des Übereinkommens haben die CPT-Delegationen unbegrenzten Zugang zu diesen Stätten und das Recht, sich dort uneingeschränkt zu bewegen. Sie befragen Menschen, die ihrer Freiheit beraubt worden sind, und unterhalten sich ungehindert mit allen, die über Informationen verfügen. Die Empfehlungen, die das CPT aufgrund dieser Besuche formuliert, werden in einen Bericht aufgenommen, der dem betreffenden Staat zugestellt wird. Dieser Bericht bildet die Grundlage für einen permanenten Dialog mit diesem Staat.

Selbstporträt, www.cpt.coe.int

Freiwilliger Fonds der Vereinten Nationen für Folteropfer

Gemäss der Resolution 36/151 der UN-Generalversammlung erhält der Fonds (United Nations Voluntary Fund for Victims of Torture) von den Regierungen, von Nichtregierungsorganisationen und Einzelpersonen freiwillige Beiträge, die er über bestehende Hilfskanäle als humanitäre, rechtliche und finanzielle Unterstützung an Folteropfer und deren Verwandte verteilt. In Übereinstimmung mit der seit 1983 vom Treuhänderausschuss festgelegten Praxis und in Befolgung seiner Empfehlungen gewährt der UN-Generalsekretär finanzielle Unterstützung für Projekte von Nichtregierungsorganisationen, die sich weltweit für psychologische, medizinische, soziale, rechtliche, wirtschaftliche oder andere humanitäre Belange von Folteropfern und deren Angehörigen einsetzen. Sofern genügend Mittel zur Verfügung stehen, kann der Treuhänderausschuss auch die Finanzierung nicht prioritärer Projekte empfehlen, in deren Rahmen Gesundheitspersonal oder andere Personen, die Folteropfern Hilfe leisten, fortgebildet werden oder auf Seminaren praktische Erfahrungen austauschen können.

UN-Generalsekretär, Bericht, 26. Juli 2002, A/57/268,
Human Rights Internet (HRI)

DER BEITRAG DER ZIVILGESELLSCHAFT

Amnesty International (AI)

Amnesty International (AI) ist eine weltweit tätige Bewegung von Menschen, die sich für international anerkannte Menschenrechte einsetzen. Das Ziel von AI ist es, eine Welt zu schaffen, in der allen Menschen die in der Allgemeinen Erklärung der Menschenrechte und in anderen internationalen Menschenrechtsinstrumenten festgeschriebenen Rechte gewährt werden. Um dieses Ziel zu erreichen, hat es sich Amnesty International bei der Förderung aller Menschenrechte zur Aufgabe gemacht, durch Untersuchungen und mit Aktionen schwerwiegende Verletzungen des Rechts auf körperliche und geistige Unversehrtheit, der Meinungsfreiheit, des Rechts auf freie Meinungsäusserung und des Diskriminierungsverbots zu verhindern beziehungsweise zu beenden.

AI ist unabhängig von jeder Regierung und politischen Ideologie, von wirtschaftlichen oder religiösen Interessen. AI bezieht nicht Position für oder gegen eine Regierung oder ein politisches System und auch nicht für oder gegen die Ansichten der Opfer, deren Rechte geschützt werden sollen. AI interessiert sich ausschliesslich für den unparteiischen Schutz der Menschenrechte.

AI verfügt über ein weltweites, breit gefächertes Netzwerk an Mitgliedern und Helfern. Bei der letzten Zählung hatte AI mehr als 2,2 Millionen Mitglieder, Helfer und Spender in über 150 Ländern in allen Teilen der Welt. Obwohl die Hintergründe dieser Menschen und ihre politischen und religiösen Überzeugungen oft sehr unterschiedlich sind, vereint sie die feste Absicht, sich für eine Welt einzusetzen, in der jede Person in den Genuss der Menschenrechte kommt.

AI ist eine demokratische, selbstverwaltete Bewegung. Grössere Entscheidungen werden von einem internationalen Rat getroffen, der aus Vertretern aller nationaler Sektionen besteht. Für die Finanzierung der Organisation sind in erster Linie AIs nationale Sektionen und die örtlichen Freiwilligengruppen verantwortlich. Für Kampagnen und Untersuchungen von Menschenrechtsverletzungen werden staatliche Gelder von AI weder verlangt noch angenommen.

Selbstporträt, www.amnesty.org

Vereinigung zur Verhütung der Folter

Die Vereinigung zur Verhütung von Folter (Association for the Prevention of Torture, APT) mit Sitz in Genf (Schweiz) wurde 1977 von Jean-Paul Gautier gegründet. APT ist eine unabhängige Nichtregierungsorganisation, die sich weltweit für die Verhütung von Folter und Misshandlung einsetzt. Die Organisation wird von Spendengeldern der Regierungen, von Nichtregierungsorganisationen sowie Einzelpersonen getragen. APT bleibt von ihren Sponsoren unabhängig, insbesondere was Politik und Handlungsstrategie der Organisation betrifft. Wie können Folter und andere grausame, unmenschliche oder erniedrigende Behandlungen verhütet werden? APT antwortet auf diese Frage mit der aktiven Unterstützung der Umsetzung internationaler Normen und Standards, die Folter verbieten, mit der Stärkung von Kontrollmechanismen – z.B. Expertenbesuche in Haftanstalten – und mit der Organisation von Informationsveranstaltungen und Weiterbildungsprogrammen für Behörden, die mit Gefangenen in Kontakt kommen, z.B. für die Polizei, das Gerichtswesen, Parlamentarier und das Personal in Haftanstalten.

Selbstporträt, www.apt.ch

Internationale Juristenkommission

Die ICJ (International Commission of Jurists) setzt sich für Vorrang, Kohärenz und Umsetzung des Völkerrechts und der internationalen Prinzipien zum Schutz der Menschenrechte ein. Die Internationale Juristenkommission zeichnet sich durch ihren unparteiischen, objektiven und verbindlichen rechtlichen Ansatz beim Schutz und bei der Förderung der Menschenrechte durch rechtsstaatliche Grundsätze aus. Die ICJ erstellt auf internationaler und nationaler Ebene Rechtsgutachten, um sicherzustellen, dass die Entwicklungen im Bereich des Völkerrechts den Prinzipien des Menschenrechtsschutzes entsprechen und internationale Standards auf nationaler Ebene umgesetzt werden. Die Kommission wurde 1952 in Berlin gegründet und setzt sich aus 60 bedeutenden Juristinnen und Juristen zusammen, die die verschiedenen Rechtssysteme der Welt repräsentieren. Das internationale Sekretariat der Organisation befindet sich in Genf und ist für die Umsetzung der Ziele der Kommission verantwortlich. Bei seiner Arbeit kann das internationale Sekretariat auf ein Netzwerk von autonomen nationalen Sektionen und angeschlossenen Organisationen in allen Ländern dieser Welt zurückgreifen.

Selbstporträt, www.icj.org

EL SALVADOR, Cuscatlancingo, 1982 Ein Guerillakämpfer wird durch die Strassen geschleift.
Susan Meiselas/Magnum Photos

Alle Menschen, was immer ihr kultureller oder historischer Hintergrund ist, leiden, wenn sie eingeschüchtert, gefangen genommen oder gefoltert werden. … Darum müssen wir auf einem globalen Konsens bestehen, nicht nur über die Notwendigkeit, weltweit die Menschenrechte zu achten, sondern auch über die Definition dieser Rechte.

Dalai Lama, New York, April 1994

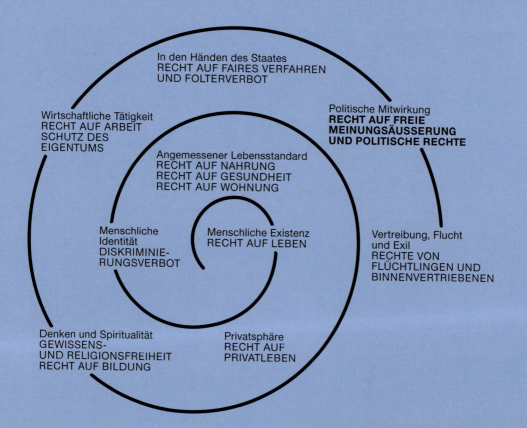

In den Händen des Staates
RECHT AUF FAIRES VERFAHREN
UND FOLTERVERBOT

Wirtschaftliche Tätigkeit
RECHT AUF ARBEIT
SCHUTZ DES
EIGENTUMS

Politische Mitwirkung
**RECHT AUF FREIE
MEINUNGSÄUSSERUNG
UND POLITISCHE RECHTE**

Angemessener Lebensstandard
RECHT AUF NAHRUNG
RECHT AUF GESUNDHEIT
RECHT AUF WOHNUNG

Menschliche Identität
DISKRIMINIE-
RUNGSVERBOT

Menschliche Existenz
RECHT AUF LEBEN

Vertreibung, Flucht
und Exil
RECHTE VON
FLÜCHTLINGEN UND
BINNENVERTRIEBENEN

Denken und Spiritualität
GEWISSENS-
UND RELIGIONSFREIHEIT
RECHT AUF BILDUNG

Privatsphäre
RECHT AUF
PRIVATLEBEN

GEORGIEN, Tiflis, 14. November 2003
Die bislang grösste Demonstration – 20 000 bis
30 000 Menschen – gegen Präsident Schewardnadse.
Thomas Dworzak/Magnum Photos

Soll das Wort «frei» nur in Äusserungen erlaubt sein wie: «Der Hund ist frei von Flöhen»?

ITALIEN, Rom, 15. Februar 2003   Friedensdemonstration gegen die militärische Intervention im Irak unter der Führung der USA. Francesco Zizola/Magnum Photos

UNGARN, Budapest, 1990
Stalin auf dem Weg zum Schrotthaufen.
Ferdinando Scianna/Magnum Photos

RECHT AUF FREIE MEINUNGSÄUSSERUNG UND POLITISCHE RECHTE

Die Neusprache war die in Ozeanien eingeführte Amtssprache …
Wenn die Neusprache erst ein für alle Mal angenommen und die Altsprache vergessen worden war, sollte sich ein unorthodoxer Gedanke buchstäblich nicht mehr denken lassen, wenigstens insoweit Denken eine Funktion der Sprache ist. Der Wortschatz der Neusprache war so konstruiert, dass jeder Mitteilung, die ein Parteimitglied berechtigterweise machen wollte, eine genaue und oft sehr differenzierte Form verliehen werden konnte, während alle anderen Inhalte ausgeschlossen wurden, ebenso wie die Möglichkeit, etwa auf indirekte Weise das Gewünschte auszudrücken. Das wurde teils durch die Erfindung neuer, hauptsächlich aber durch die Ausmerzung unerwünschter Worte erreicht und indem man die übrig gebliebenen Worte so weitgehend wie möglich jeder unorthodoxen Nebenbedeutung entkleidete. Ein Beispiel hierfür: Das Wort «frei» gab es zwar in der Neusprache noch, aber es konnte nur in Sätzen wie «Dieser Hund ist frei von Flöhen» oder «Dieses Feld ist frei von Unkraut» angewandt werden. In seinem alten Sinn von «politisch frei» oder «geistig frei» konnte es nicht mehr gebraucht werden, da es diese politische oder geistige Freiheit nicht einmal mehr als Begriff gab und infolgedessen auch keine Bezeichnung dafür vorhanden war.

George Orwell, «1984» (1949)

NORDKOREA. Pjöngjang, 6. Januar 2004 Massenkundgebung mit mehr als 100 000 Teilnehmern. Auf dem Banner ist zu lesen: «Lasst uns unter der Führung von Kim Jong Il eine grosse, blühende, mächtige Nation aufbauen.» Korea News Agency/AP

TURKMENISTAN, Aschgabad, März 2003 Eine Statue des turkmenischen Präsidenten Saparmurat Nijasow. Burt Herman/AP

BUNDESREPUBLIK JUGOSLAWIEN, Belgrad, 14. Oktober 1998 Slavko Curuvija, Chefredakteur zweier Belgrader Tageszeitungen, «Dnevni Telegraf» und «Danas», eingestellt, weil sie sich, wie ihnen der Belgrader Tageszeitung «Dnevni Telegraf», und der Kolumnist der Zeitung, Sasa Tijanic, sprechen vorgeworfen wurde, in der Zeit der Bedrohung durch Luftangriffe der NATO nicht an die von der mit serbischen Polizeibeamten. Auf Beschluss der serbischen Regierung wurde das Erscheinen Regierung angeordnete Selbstzensur gehalten hatten. AP

KUWAIT, Kuwait City, 2002   Ein Händler schaltet sein Kofferradio ein. Radio Sawa hofft, mithilfe der Popmusiker arabischen Zuhörern amerikanische Ansichten und Ideen verkaufen zu können. Gustavo Ferrari/AP

SYRIEN, Damaskus, Februar 2003   Live-Übertragung des Berichts des UN-Chefwaffeninspektors Mohammad el-Baradei über die Zusammenarbeit Bagdads mit den UN-Inspektoren im katarischen Fernsehsender Al-Jazeera. Bassem Tellawi/AP

IRAK, Al-Qurna, 14. April 2003 Die Zeitungen, die diese Iraker lesen, sind von US-Marine-Corps-Offizieren der Abteilung für «Psychological Operations» als Flugblätter verteilt worden. Die täglich in arabischer Sprache erscheinende Zeitung wird von den Koalitionsstreitkräften produziert. Die Schlagzeile lautet: «Saddam ist gestürzt, die Herrschaft der Freiheit hat begonnen».
Chris Ison/Pool/AP

Keine Meinungsäusserungsfreiheit in Krisenzeiten?

Obwohl das Recht auf freie Meinungsäusserung und die Versammlungsfreiheit häufiger während bewaffneter Konflikte und ziviler Unruhen verletzt werden, treten Verletzungen immer wieder auch in jungen Demokratien und in Ländern mit längst etablierten demokratischen Institutionen auf. Die meisten Verstösse gegen diese Rechte betreffen nicht nur Medienschaffende, sondern auch Mitglieder politischer Gruppierungen, Gewerkschaftsmitglieder und Menschenrechtsaktivistinnen und -aktivisten usw. In den meisten Fällen rechtfertigen die Behörden ihre Eingriffe mit Argumenten der nationalen Sicherheit und des Notstandes. Der Wunsch nach Ordnung ist berechtigt, doch immer dann, wenn er sich über menschenrechtliche Ansprüche hinwegsetzt, besteht die Gefahr, dass der Staat die Menschen mit übermässiger Kontrolle terrorisiert und der menschliche Anstand zunehmend an Bedeutung verliert.

Abid Hussain, UN-Sonderberichterstatter über die Förderung und den Schutz der Meinungsfreiheit und des Rechts der freien Meinungsäusserung, Vorstellung des Berichts E/CN.4/2002/75, 16. April 2002

Journalistische Arbeit wird immer gefährlicher

Im Jahr 2003 wurden
– 42 Journalisten getötet,
– mindestens 766 verhaftet,
– mindestens 1460 körperlich angegriffen oder bedroht,
– mindestens 501 Medien zensuriert.

Am 1. Januar 2004 waren:
– weltweit 124 Journalisten inhaftiert,
– weltweit 61 Internet-Dissidenten inhaftiert.

Im Jahr 2005 wurden
– 63 Journalisten und 5 Medienmitarbeitende getötet,
– mindestens 807 Medienschaffende verhaftet,
– 1308 wurden körperlich angegriffen oder bedroht
– und mindestens 1006 Medien zensuriert.

Im Jahr 2006 wurden
– 81 Journalisten und 32 Medienmitarbeitende getötet,
– mindestens 871 Medienschaffende verhaftet,
– 1472 körperlich angegriffen oder bedroht,
– 56 entführt
– und 912 Medien zensuriert.

Reporter ohne Grenzen

Pressefreiheit in der Welt 2007

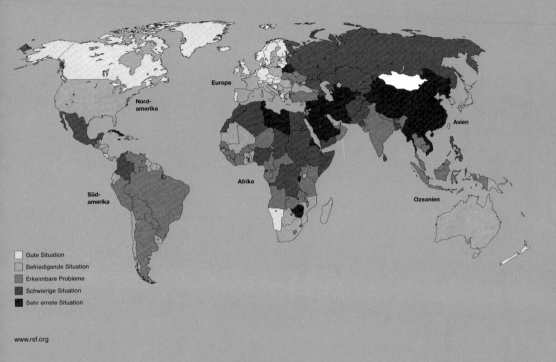

Gute Situation
Befriedigende Situation
Erkennbare Probleme
Schwierige Situation
Sehr ernste Situation

www.rsf.org

Frauen in der Politik

Weltweit waren im Jahr 2003 nur 15 Prozent der Parlamentsmitglieder Frauen.

In folgenden Ländern waren weniger als 10 Prozent der Abgeordneten Frauen:
Ägypten 2,4 Prozent, Algerien 6,2 Prozent, Bangladesh 2 Prozent, Brasilien 8,2 Prozent (Abgeordnetenhaus), 12,4 Prozent (Senat), Griechenland 8,7 Prozent, Honduras 5,5 Prozent, Indien 8,8 Prozent (Unterhaus), 9,1 Prozent (Oberhaus), Italien 9,8 Prozent (Abgeordnetenhaus), 7,8 Prozent (Senat), Kenia 6,7 Prozent, Libanon 2,3 Prozent, Litauen 10,6 Prozent, Mali 10,2 Prozent, Nepal 5,9 Prozent, Niger 1,2 Prozent, Rumänien 10,7 Prozent (Abgeordnetenhaus), 5,7 Prozent (Senat), Serbien 7,9 Prozent, Sierra Leone 0 Prozent, Sri Lanka 4,4 Prozent, Sudan 9,7 Prozent, Thailand 9,2 Prozent, Ungarn 9,1 Prozent.

In folgenden Ländern waren 2003 mehr als 30 Prozent der Parlamentsmitglieder Frauen:
Belgien 35,3 Prozent (Abgeordnetenhaus), 32,4 Prozent (Senat), Costa Rica 35 Prozent, Dänemark 38 Prozent, Mosambik 30 Prozent, Niederlande 36,7 Prozent (Abgeordnetenhaus), 26,7 Prozent (Senat), Norwegen 36,4 Prozent, Ruanda 48,8 Prozent (Abgeordnetenhaus), 30 Prozent (Senat), Schweden 45 Prozent.

Frauen in der Politik, www.onlinewomeninpolitics.org/CAPWIP, 2003

AFGHANISTAN, Kabul, November 2001 Parveen Hashafi, die sich bei Radio Afghanistan um eine Stelle als Nachrichtensprecherin beworben hat, liest dort die Nachrichten. Unter dem Regime der Taliban fühlte sie sich, wie sie sagte, wie eine Frau ohne Leben. Marco Di Lauro/AP

Recht auf freie Meinungsäusserung und politische Rechte

Aristoteles war der Auffassung, der Mensch sei ein «zoon politicon», ein politisches Lebewesen. Tatsächlich werden unsere Identität, unsere Ambitionen und unsere Träume stark durch die Gemeinschaft geprägt, in der wir leben. Gleichzeitig sind wir aber auch in der Lage, unser soziales Umfeld durch politische Handlungen mitzuprägen.

Das Recht, sich eine eigene Meinung zu bilden und eigene Ansichten zu haben, ist eine unerlässliche Voraussetzung für jede Teilnahme am politischen Leben. Dieses Recht ist absolut; es erlaubt keine Ausnahmen und darf unter keinen Umständen gesetzlich beschränkt werden. Das Recht, Informationen von anderen Menschen zu erhalten und ihre Ansichten zu erfahren, ist notwendig, um sich eine eigene Meinung bilden zu können. **Die Informationsfreiheit** umfasst das Recht, nach Wissen bzw. Informationen zu suchen, Auskünfte zu erhalten und Ideen und Gedanken aller Art mit anderen Menschen auch über Grenzen hinweg auszutauschen, sei es mündlich, schriftlich oder gedruckt, durch Kunst oder mithilfe eines anderen Mediums. Die Informationsfreiheit kann beschränkt werden, um legitime Interessen der öffentlichen Sicherheit oder die Privatsphäre und die Ehre Dritter zu schützen.

Das Recht, die eigene Meinung zu äussern oder Ideen zu verbreiten, ermöglicht und garantiert in einer pluralistischen Gesellschaft sozialen Austausch und politische Auseinandersetzungen. Es erlaubt den Menschen, Ideen, Ansichten und Wissen zu vermitteln, zu erhalten und zu teilen, und trägt so nicht nur zur persönlichen Befriedigung, sondern auch zu gesellschaftlicher und politischer Weiterentwicklung bei. Das Recht auf freie Meinungsäusserung umfasst auch die **Pressefreiheit, die Freiheit der elektronischen Medien und die Kunstfreiheit.** Die negative Seite dieser Rechte verbietet es dem Staat, die freie Meinungsäusserung ungerechtfertigterweise durch Verbote, Zensur oder Sanktionen zu beschränken. Die positive Seite verpflichtet den Staat, die Gedankenfreiheit, die Meinungsäusserungsfreiheit und die Informationsfreiheit vor Verletzungen durch private Personen zu schützen und ein Umfeld zu schaffen, in welchem sich Gedanken und Diskussionen entwickeln können und ein freier Austausch von Ideen und Ansichten möglich ist. Die Meinungsäusserungsfreiheit darf durch gesetzliche Massnahmen beschränkt werden, sofern dies für den Schutz der Rechte oder der Ehre Dritter, für den Schutz der nationalen Sicherheit, der öffentlichen Ordnung oder der öffentlichen Gesundheit und Moral notwendig ist.

Eine sehr wirkungsvolle Form der Meinungsäusserung besteht darin, mit anderen Menschen im öffentlichen Raum zusammenzukommen, um Treffen, Märsche, Manifestationen oder Demonstrationen abzuhalten. Die **Versammlungsfreiheit** schützt friedliche Zusammenkünfte von Menschen vor staatlichen oder privaten Eingriffen. Die Staaten müssen sicherstellen, dass auch unpopuläre oder kritische Meinungen von Minderheiten in Form von politischen Manifestationen oder Demonstrationen ausgedrückt werden können; sind solche Versammlungen durch andere Gruppierungen gefährdet, hat der Staat den notwendigen Polizeischutz zu leisten.

Eine weitere Form politischer Aktivität stellt die Gründung von Vereinigungen und die Mitgliedschaft in solchen Organisationen dar. Die **Vereinigungsfreiheit** erlaubt es den Individuen, sich mit anderen Menschen zusammen zu organisieren, beispielsweise in politischen Parteien, Nichtregierungsorganisationen, Gewerkschaften, lokalen Interessengemeinschaften, Berufsverbänden oder Gesinnungsgemeinschaften. Niemand darf gezwungen werden, einer Vereinigung beizutreten. Vereinigungen dürfen nur verboten werden, wenn ein Verbot gesetzlich vorgesehen ist und in einer demokratischen Gesellschaft im Interesse der nationalen oder öffentlichen Sicherheit, der öffentlichen Ordnung oder zum Schutz der öffentlichen Gesundheit, der Moral und der Rechte und Freiheiten anderer Menschen notwendig ist.

Schliesslich hat jede Bürgerin und jeder Bürger das **Recht, an freien und fairen Wahlen teilzunehmen und den gleichen Zugang zu den öffentlichen Ämtern und zum öffentlichen Dienst in ihrem oder seinem Land zu erhalten.** Diese politischen Partizipationsrechte sind den Bürgerinnen und Bürgern des betreffenden Landes vorbehalten. Sie dürfen nur in aussergewöhnlichen Situationen, gestützt auf sachliche und vernünftige Gründe, beschränkt werden. Ist die Urteilsunfähigkeit einer Person amtlich nachgewiesen, darf ihr das Stimmrecht oder die Wählbarkeit in ein Amt abgesprochen werden. Der Zugang zu gewissen Ämtern in der öffentlichen Verwaltung oder in der Justiz darf auf Anwärterinnen und Anwärter mit der entsprechenden beruflichen Qualifikation beschränkt werden.

RUMÄNIEN, Bukarest, 1991 Die ersten freien Wahlen nach der Revolution von 1989. Auf dem Foto ist Emil Constantinescu, der Kandidat der «Demokratischen Konvention für Rumänien» (CDR).
Thomas Weisskopf

GEORGIEN, Tiflis, 11. November 2003 Demonstranten mit Fahnen der Opposition vor dem Parlamentsgebäude. Shakh Aivazov/AP

BRASILIEN, São Paulo, 27. Oktober 2002 Tausende Anhänger des Siegers der brasilianischen Präsidentschaftswahlen, Luis Inácio Lula da Silva, schwenken Fahnen, während sie auf seine Ansprache warten. Dario Lopez-Mills/AP

DIE INFORMATIONSFREIHEIT UND DAS RECHT AUF FREIE MEINUNGSÄUSSERUNG

Die Verbreitung von politischen und anderen Informationen im Internet ist kein Verbrechen

CHINA, 2001   Mit der zunehmenden Verbreitung des Internets in China verschärft die Regierung beständig die Kontrolle der virtuellen Meinungsäusserung. 2001 verurteilte Präsident Jiang Zemin die Verbreitung «schädlicher Information» im Internet und bezeichnete die bestehende Gesetzgebung als «unzureichend». Seit die chinesischen Behörden 1995 kommerzielle Websites zugelassen haben, sind mindestens 60 Verordnungen verabschiedet worden, um die Inhalte von Websites zu kontrollieren. Die sehr offen formulierten Bestimmungen stellen einen klaren Verstoss gegen die Meinungsäusserungsfreiheit dar. Im Januar 2001 wurde die Verbreitung «geheimer» oder «reaktionärer» Informationen im Internet zum Kapitalverbrechen erklärt. Im Allgemeinen werden für schuldig befundene Internetbenutzer jedoch zu zwei bis vier Jahren Haftstrafe verurteilt.

HRW, Freedom of Expression and the Internet in China, Report 2001

Kritik an der Regierung ist kein Verbrechen

KUBA, 2002   Amnesty International ist besorgt über die wiederholte Inhaftierung und Schikanierung von Kritikern der kubanischen Regierung, die friedlich ihr Recht auf freie Meinungsäusserung und ihre Vereinigungs- und Versammlungsfreiheit ausüben. In den letzten Jahren sind Dutzende Mitglieder inoffizieller Gruppierungen, Menschenrechtsaktivistinnen und -aktivisten und Medienschaffende für kurze Zeit festgehalten worden. Es wurde ihnen mit Gerichtsverhandlungen gedroht, falls sie mit Aktivitäten nicht beenden oder ins Exil gehen würden. «Desacato» (Respektlosigkeit), «propaganda enemiga» (feindliche Propaganda), «desorden público» (öffentliche Ruhestörung), «incitación a delinquir» (Anstiftung zu Straftaten) und «resistencia» (Widerstand) sind häufig vorgebrachte strafrechtliche Anklagepunkte, um als staatskritisch eingestuftes Verhalten zu bestrafen. Die Prozesse in politisch gefärbten Straffällen entsprechen häufig nicht den internationalen Standards für ein faires Verfahren.

AI, Report Cuba: New Prisoners of Conscience and Possible Prisoners of Conscience, 2002

Sogenannte «desacato»-Gesetze werden gegen Journalisten und politische Opponenten angewendet, wenn sich Staatsbeamte oder Regierungsmitglieder durch eine Äusserung «beleidigt» fühlen

Den Aussagen der Interamerikanischen Menschenrechtskommission zufolge haben «desacato»-Gesetze eine abschreckende Wirkung, da sich Kritiker vor Gerichtsverfahren oder Geldstrafen fürchten. ... Desacato-Gesetze können nicht mit der Erklärung gerechtfertigt werden, dass sie dem Schutz der «öffentlichen Ordnung» dienen ..., denn dies widerspricht dem Prinzip, dass eine funktionierende Demokratie der beste Garant für öffentliche Ordnung ist.

OAS, Special Rapporteur for Freedom of Expression, Press Release, 16. Juli 2002

Die Veröffentlichung wissenschaftlicher Studien ist kein Verbrechen

Die guatemaltekische Anthropologin Myrna Mack wurde am 11. September 1990 niedergestochen. Der Mord geschah zwei Tage nach der Veröffentlichung ihres Berichts «Assistance and Control: Policies Toward Internally Displaced Populations in Guatemala» durch den Verlag Georgetown University Press, in dem sie die verheerenden Auswirkungen des Bürgerkriegs auf die Ureinwohner Guatemalas untersucht hatte. Im ersten Polizeibericht über den Mord fanden sich Hinweise darauf, dass er politisch motiviert sein könnte und dass Offiziere des militärischen Geheimdiensts darin verwickelt waren. Der Polizist, der die Ermittlungen geführt und den Bericht verfasst hatte, wurde vor den Augen seiner Familie ermordet, kurz bevor er vor der Interamerikanischen Menschenrechtskommission eine Aussage über den Mord hätte machen sollen. Nach hartnäckigen Bemühungen, die sich über mehr als ein Jahrzehnt hinzogen, hat die Gerechtigkeit in diesem Fall obsiegt. Am 20. Januar 2004 hat der Oberste Gerichtshof Guatemalas eine frühere Entscheidung des Revisionsgerichts aufgehoben und die Verurteilung von Oberst Juan Valencia Osorio als Auftraggeber für den Mord an Myrna Mack bestätigt. Der Oberste Gerichtshof bestätigte die 30-jährige Freiheitsstrafe für Oberst Valencia und ordnete seine sofortige Inhaftierung an.

Committee on Human Rights of the U.S. National Academy of Sciences, 2004

UN-Pakt über bürgerliche und politische Rechte, 1966

Artikel 19
1. Jedermann hat das Recht auf unbehinderte Meinungsfreiheit.
2. Jedermann hat das Recht auf freie Meinungsäusserung; dieses Recht schliesst die Freiheit ein, ohne Rücksicht auf Staatsgrenzen Informationen und Gedankengut jeder Art in Wort, Schrift oder Druck, durch Kunstwerke oder andere Mittel eigener Wahl sich zu beschaffen, zu empfangen und weiterzugeben.
3. Die Ausübung der in Absatz 2 vorgesehenen Rechte ist mit besonderen Pflichten und einer besonderen Verantwortung verbunden. Sie kann daher bestimmten, gesetzlich vorgesehenen Einschränkungen unterworfen werden, die erforderlich sind: a) für die Achtung der Rechte oder des Rufs anderer; b) für den Schutz der nationalen Sicherheit, der öffentlichen Ordnung (ordre public), der Volksgesundheit oder der öffentlichen Sittlichkeit.

Mein Herr, ich teile zwar Ihre Ansichten nicht, ich würde aber für Ihr Recht, diese zu äussern, mein Leben aufs Spiel setzen.

Voltaire (1694–1778)

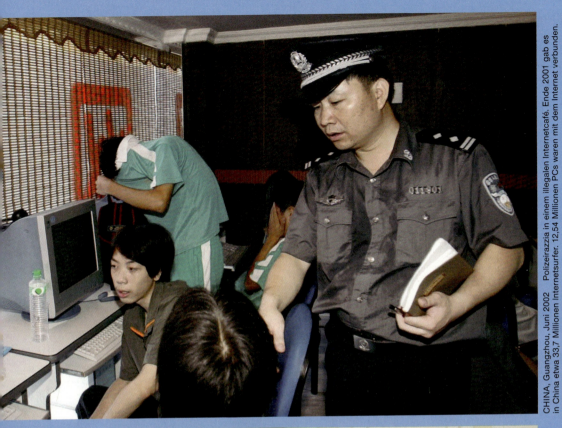

CHINA, Guangzhou, Juni 2002 Polizeirazzia in einem illegalen Internetcafé. Ende 2001 gab es in China etwa 33,7 Millionen Internetsurfer. 12,54 Millionen PCs waren mit dem Internet verbunden.
China Photo/Reuters

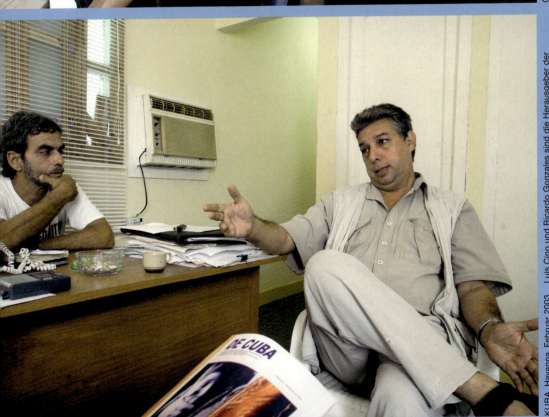

KUBA, Havanna, Februar 2003 Luis Cino und Ricardo Gonzales sind die Herausgeber der unabhängigen Zeitschrift «De Cuba». Sie hat 50 fotokopierte Seiten und ist die erste nicht staatlich kontrollierte Zeitschrift, die auf ein grosses öffentliches Interesse stösst. Jose Goitia/AP

ALBANIEN, Tirana, Mai 1999 Zeitungsstand auf einem Platz in Tirana.
John Vink/Magnum

PRESSEFREIHEIT

ISRAEL, 2003   Die Organisation «Reporter ohne Grenzen» (RSF, Reporters sans Frontières) hat sich alarmiert über die neuen Vorschriften für die Akkreditierung von Journalistinnen und Journalisten geäussert, die in Israel eingeführt werden sollen. Den neuen Regeln zufolge werden Medienschaffende durch den Staatssicherheitsdienst Shin Bet überprüft, bevor sie eine Zulassung erhalten. Israelische Medienschaffende sind darüber entrüstet, dass Shin Bet damit die Kompetenz erhalten wird, die Presseausweise auszustellen. Shin Bet gehört zu jenen israelischen Behörden, die von den Medien besonders aufmerksam und kritisch beobachtet werden. Ein unliebsamer Artikel über Shin Bet könnte nach den neuen Vorschriften dazu führen, dass Medienschaffenden die jährliche Erneuerung des Presseausweises verweigert würde, was eine generelle Einschüchterung der Journalistinnen und Journalisten zur Folge hätte.

IFEX, International Freedom of Expression eXchange, Report Israel, 5. November 2003, www.ifex.org

Bedrohte Journalisten

NIGERIA, 2002   Am 26. November 2002 riefen islamistische Führer des nigerianischen Bundesstaates Zamfara eine Fatwa aus, in der die Gläubigen aufgefordert wurden, Isioma Daniel zu ermorden. Zehn Tage zuvor hatte die Journalistin einen Artikel über die Miss-World-Wahlen veröffentlicht. Sie hatte darin geschrieben, dass der Prophet Mohammed wahrscheinlich eine der Teilnehmerinnen zur Frau genommen hätte. Der Artikel wurde zu einer Zeit veröffentlicht, als die Entscheidung, den Schönheitswettbewerb in Nigeria durchzuführen, sehr umstritten war, und löste entsprechend heftigen Aufruhr aus. Obwohl die Zeitung den Artikel zurückzog, auf der Titelseite eine Entschuldigung veröffentlichte und Daniel anschliessend gekündigt wurde, beharrte der Vizegouverneur von Zamfara, Mamuda Aliyu Shinkafi, auf der Unwiderruflichkeit der Fatwa und rief alle Gläubigen auf, das Urteil zu vollstrecken.

IFJ, Fatwa on Nigerian Journalist Violates Freedom of Expression, Pressemitteilung, 27. November 2002, www.ifj-pa.org

Bedrohung der Medienvielfalt

ITALIEN, 2003   Italien ist die einzige der grossen westlichen Demokratien, in der die Regierung die Kontrolle über fast alle öffentlichen und privaten Radio- und Fernsehsender besitzt. Premierminister Silvio Berlusconi kontrolliert die Sendeinhalte der Programme, die von 90 Prozent der italienischen Fernsehzuschauerinnen und -zuschauer konsumiert werden. Seine regierende Mitte-rechts-Koalition beherrscht den staatlichen Fernsehsender RAI, der von einem regierungsfreundlichen Verwaltungsrat geleitet wird. Zudem kontrolliert Berlusconi die private Mediaset-Gruppe, die drei weitere grosse Fernsehkanäle betreibt, und er ist Teilhaber von Mondadori, einer der wichtigsten Verlagsgruppen des Landes. Im Mai 2001 versprach er, den Interessenkonflikt zwischen der Kontrolle über das Mediaset-Unternehmen und seiner Funktion als Regierungschef zu lösen. Das entsprechende Gesetz, welches am 28. Februar 2002 vom Parlament verabschiedet wurde, setzte jedoch lediglich ein Überwachungsorgan ein, das sicherstellen soll, dass Regierungsbeamte nicht mittels amtlicher Beschlüsse ihre privaten Geschäftsinteressen begünstigen. Die Organisation für Sicherheit und Zusammenarbeit in Europa (OSZE) erklärte, dass eine derart direkte Verbindung zwischen den Medien und der Regierung eine Bedrohung für Italiens Demokratie darstelle.

RWB, Annual Report Italy, 2003

Pressefreiheit für Frauen

Der iranischen Tageszeitung «Zan» («Frauen») wurde befohlen, ihre Publikation einzustellen. Die Zeitung hatte Auszüge einer Neujahrsbotschaft der früheren iranischen Königin Farah Diba veröffentlicht und eine Karikatur über die gesetzliche Regelung der Diya (Pflicht zur Zahlung von Blutgeld) abgedruckt. Das Gericht, welches die Einstellung der Tageszeitung anordnete, stiess sich an der Art, wie in dem Cartoon der Diya-Artikel des iranischen Strafgesetzbuches kritisiert wurde. Die Gesetzesbestimmung legt fest, dass die Summe, die ein Frauenmörder der Familie seines Opfers zahlen muss, nur die Hälfte dessen beträgt, was für den Mord an einem Mann zu zahlen ist. Die Zeitschrift «Zan», die von Faezeh Hashemi – Parlamentsabgeordnete und Tochter des früheren Präsidenten Hashemi Rafsanjani – herausgegeben wird, wurde 1998 lanciert, um den Einfluss der Frau in Politik, Gesellschaft und Kultur zu fördern.

SIGI, Pressemitteilung, 12. April 1999

Staatliche Medienkontrolle

RUSSISCHE FÖDERATION   Der UN-Menschenrechtsausschuss zeigt sich besorgt über die Anzahl unabhängiger Medienunternehmen, die in den letzten Jahren den Betrieb einstellen mussten. Gleichzeitig nimmt die direkte und indirekte staatliche Kontrolle über grössere Medienunternehmen (Fernsehkanäle, Radiostationen und Zeitungen) zu. Ein Beispiel dafür ist die vom Staat betriebene Firma Gazprom, die 2001 die unabhängige nationale Fernsehgesellschaft NTV übernommen hat. ... Sorge bereitet dem Ausschuss auch die Tatsache, dass Journalisten, Wissenschaftler und Umweltaktivisten vor Gericht gestellt und des Verrats für schuldig befunden werden, nur weil sie Informationen von legitimem öffentlichem Interesse verbreitet haben. In Fällen, in denen die Schuld nicht bewiesen werden konnte, haben die Gerichte die Sache an den Staatsanwalt zurückgewiesen, statt die Angeschuldigten freizusprechen. Sorge bereiten schliesslich auch die vielen Fälle, in denen Journalisten in Russland schikaniert, angegriffen oder ermordet worden sind.

UN-Menschenrechtsausschuss, Concluding observations on the Russian Federation, 6. November 2003, CCPR/CO/79/RUS

In einer Gesellschaft, in der die Gedanken frei sind und sich frei verbreiten können, arbeitet die Zeit für das Wissen. Fast alle Gesetze, die im Verlauf der Geschichte erlassen wurden, um die Verbreitung von Gedanken zu verhindern, zielten darauf ab, Wissen zu begrenzen und Glauben zu schützen. Wenn man in diesem Lichte einerseits die Katastrophen betrachtet, die die Menschen ereilt haben, andererseits die Folterungen, unter denen die grossen Denker zu leiden hatten, dann wird einem klar, dass man die freie Verbreitung von Gedanken bis zum Letzten verteidigen muss.

Vehbi Hacikadiroglu, Freiheit durch Wissen, in: Meinungsfreiheit als Menschenrecht, Hrsg. Ernst-Joachim Lampe, Baden-Baden 1998

ITALIEN, Rom, 14. September 2002 Die Demonstranten in Rom werfen dem konservativen Ministerpräsidenten und Medienmogul Silvio Berlusconi vor, seine politische Macht für seinen persönlichen Vorteil zu missbrauchen. Andrew James Medichini/AP

BESETZTE PALÄSTINENSISCHE GEBIETE, West Bank, Hebron, April 2002 Ein israelischer Soldat kontrolliert den Presseausweis eines Kameramannes. Nayef Hashlamoun/Reuters

KUNSTFREIHEIT

Das Theater als politisches Forum
Das Theater ist in den meisten Ländern Afrikas schon seit Jahrhunderten ein wichtiges soziales Phänomen. In der Religion, bei Ritualen und gesellschaftlichen Bräuchen spielt das Theater eine zentrale Rolle, nicht nur als Kunstform und als Ausdrucksmittel, sondern auch als ein Medium, um Informationen und Traditionen weiterzugeben. In den letzten Jahren hat die Bedeutung des Theaters in der Entwicklungsarbeit und für die politische Meinungsäusserung zugenommen. Frauen und Frauengruppen haben damit begonnen, dieses mächtige, ausdrucksstarke Medium zu nutzen, um ihre Anliegen – Gleichberechtigung in der Familie und in der Gesellschaft – darzustellen.
Insbesondere in Afrika, wo andere Kommunikationsmittel teilweise recht unterentwickelt sind, spielt das Theater eine wichtige Rolle, wenn es darum geht, die Geschichte zu bewahren, Informationen und Wissen zu vermitteln und gesellschaftliches Engagement zu ermöglichen, ohne die Meinungsäusserungen nicht möglich sind. Während Theater immer der Meinungsäusserung dient, leisten partizipative Theaterformen einen besonders wichtigen Beitrag zum Recht auf Kommunikation, da sie denjenigen eine Stimme verleihen, die ansonsten kaum Gehör finden. Theater kann Gemeinschaften helfen, gemeinsame Standpunkte zu aktuellen Themen auf der Bühne darzustellen. Frauen und andere benachteiligte Gruppen erhalten auf diese Weise die Gelegenheit, ihre Anliegen innerhalb der eigenen Gemeinschaft zur Sprache zu bringen. Viele afrikanische Regierungen haben, seit ihre Länder die Unabhängigkeit erlangt haben, ein zwiespältiges Verhältnis zum Theater. Auf der einen Seite war das Theater ein wichtiges Mittel, um die Unabhängigkeit und den Nationalstolz zu fördern, und es wurde von den neuen Regierungen als nützliches Propagandamittel instrumentalisiert. Andererseits könnte es nun aber auch als Plattform genutzt werden, Opposition gegen ebendiese neue Regierung zu machen – genauso wie es im Kampf gegen die Kolonialmacht geschehen ist. Viele Länder haben daher Gesetze verabschiedet, die die Theaterentwicklung und -produktion strengster Kontrolle unterstellen.
«Article 19», The Global Campaign for Free Expression, Women's Voices and African Theatre, Februar 2003

Stiere dürfen sich nicht weigern zu kämpfen: ideologischer Missbrauch von Kinderbüchern
So viel man ihn auch reizte, er dachte nicht daran, zu kämpfen und fürchterlich zu wüten. Er sass einfach da und schnupperte. Die Bandilleros waren wütend, und die Pikadores waren noch wütender, und der Matador weinte vor Wut, weil er sich nicht aufspielen konnte mit Tuch und Degen. So mussten sie Ferdinand wieder nach Hause bringen.
Munro Leaf, Ferdinand der Stier, Zürich 1996 (erstmals veröffentlicht 1936)

Manchmal werden in den Augen gewisser politischer Regime sogar Kinderbücher zur Gefahr: Das berühmte Kinderbuch «Die Geschichte von Ferdinand dem Stier» von Munro Leaf erzählt die Geschichte eines pazifistischen Bullen, der lieber an Blumen riecht, als in einer spanischen Arena zu kämpfen. Das Buch führte bei seinem Erscheinen 1936 zu heftigen Diskussionen. Im spanischen Bürgerkrieg wurde es als satirischer Angriff auf die gewaltsamen militärischen Auseinandersetzungen aufgefasst und dafür kritisiert. In Deutschland befahl Hitler gar die Verbrennung des Buches.
Zusammenfassung von Dianne Burch, www.hvpuppets.org

UN-Pakt über wirtschaftliche, soziale und kulturelle Rechte, 1966

Artikel 15
1. Die Vertragsstaaten erkennen das Recht eines jeden an,
a) am kulturellen Leben teilzunehmen;
b) an den Errungenschaften des wissenschaftlichen Fortschritts und seiner Anwendung teilzuhaben;
c) den Schutz der geistigen und materiellen Interessen zu geniessen, die ihm als Urheber von Werken der Wissenschaft, Literatur oder Kunst erwachsen.

SCHWEDEN, Malmö, 1992   Das Plakat «Warnflagge» von Rogelio López Cuenca.

USA, New York City, 2003 Demonstrantinnen und Demonstranten setzen sich für Palästina und gegen den Irakkrieg ein. Thomas Höpker/Magnum Photos

VERSAMMLUNGSFREIHEIT UND VEREINIGUNGSFREIHEIT

Das Recht, Vereinigungen zu gründen und solchen beizutreten

IRAN, 2000 Das iranische Strafgesetzbuch enthält eine Reihe vage formulierter Artikel über Vereinigungen und die «nationale Sicherheit». Diese Bestimmungen verbieten diverse Aktivitäten, namentlich im Bereich der Medienarbeit und der öffentlichen Meinungsbildung, die auf den ersten Blick nicht strafwürdig erscheinen. In den Artikeln 498 und 499 des Strafgesetzbuches werden die Gründung von oder der Beitritt zu in- und ausländischen Gruppierungen oder Vereinigungen untersagt, die das Ziel verfolgen, die «Sicherheit des Landes zu stören». Zuwiderhandlungen werden mit Gefängnisstrafen von zwei bis zehn Jahren bestraft. Die Begriffe «stören» oder «Sicherheit des Landes» werden nicht näher definiert. Mit zwei bis fünf Jahren Haft werden gemäss Artikel 610 alle gewaltfreien Aktivitäten bestraft, welche die innere oder äussere Sicherheit des Landes stören oder andere bei solchen Aktivitäten unterstützen. Wieder definiert das Strafgesetzbuch weder den Begriff «Sicherheit» noch den Ausdruck «stören».

In der Praxis werden diese Artikel herangezogen, um Journalisten, Intellektuelle und Kommentatoren festzunehmen, vor Gericht zu stellen und zu verurteilen, nur weil sie ihre Überzeugungen schriftlich dargelegt oder öffentlich kundgetan haben. So sind z.B. 29 Teilnehmerinnen und Teilnehmer einer Konferenz zum Thema «Iran nach den Wahlen», die im April 2000 am Heinrich-Böll-Institut in Berlin stattgefunden hat, im November und Dezember 2000 vor das Islamische Revolutionsgericht gestellt worden. Die Anklage lautete u.a. auf nicht näher definierte «Handlungen gegen die Staatssicherheit», «Zusammenarbeit mit konterrevolutionären Gruppen», «Bildung oder Mitgliedschaft in einer Gruppe oder einem Verein mit dem Ziel, die Staatssicherheit zu stören», «Propaganda gegen den Staat» und «Verunglimpfung des Islam».

AI, Iran: A legal System that Fails to Protect Freedom of Expression and Association, Report, 21. Dezember 2001

Das Recht auf friedliche Versammlung

UGANDA, 2002 Amnesty International ist besorgt über die offensichtlich exzessive Gewaltanwendung der Polizei, als diese am Samstag, den 21. Dezember 2002, eine geplante Versammlung der Oppositionspartei Uganda People's Congress (UPC) auflöste. Uniformierte Polizisten eröffneten das Feuer und setzten scharfe Munition ein, um die Menge zu zerstreuen, die sich vor dem Uganda-House – dem Sitz des UPC – versammelt hatte. Dabei kam ein Mensch ums Leben, unzählige wurden verletzt. Die Polizei hatte die Menschenmenge zuvor vom «Platz der Verfassung» vertrieben, wo die Versammlung hätte stattfinden sollen. Der Einsatz scharfer Munition signalisiert eine eindeutige Geringschätzung für das Leben der Demonstrierenden. Einige Stunden zuvor war Dr. James Rwanyarare, Präsident des UPC, zusammen mit mehreren anderen Personen im Uganda-House wegen «gesetzwidriger Versammlung» festgenommen worden.

AI, Uganda: Police Use Excessive Force to Stifle Freedom of Assembly and Expression, Report, 15. Januar 2002

UN-Pakt über bürgerliche und politische Rechte, 1966

Artikel 21
Das Recht, sich friedlich zu versammeln, wird anerkannt. Die Ausübung dieses Rechts darf keinen anderen als den gesetzlich vorgesehenen Einschränkungen unterworfen werden, die in einer demokratischen Gesellschaft im Interesse der nationalen oder der öffentlichen Sicherheit, der öffentlichen Ordnung (ordre public), zum Schutz der Volksgesundheit, der öffentlichen Sittlichkeit oder zum Schutz der Rechte und Freiheiten anderer notwendig sind.

Artikel 22
1. Jedermann hat das Recht, sich frei mit anderen zusammenzuschliessen ...

Nichts ist schwerer und nichts erfordert mehr Charakter, als sich in offenem Gegensatz zu seiner Zeit zu befinden und laut zu sagen: nein.

Kurt Tucholsky (1890–1935)

RUMÄNIEN, Bukarest, 1991 Ein freies demokratisches Forum vor der Universität.
Thomas Weisskopf

CHINA, Peking, 3. Juni 1989 Eine Studentin der Beijing Normal University verliest eine prodemokratische Erklärung. Hunderte prodemokratische Demonstranten kamen am 4. Juni 1989 durch den Polizei- und Militäreinsatz ums Leben. Mark Avery/AP

SÜDAFRIKA, Katlehong, 26. April 1994 Die Bewohner dieses Township bei Johannesburg stehen Schlange, um zum ersten Mal ihr Wahlrecht wahrzunehmen. Juda Ngwenya/Reuters

RUMÄNIEN, Sibiu, 20. Mai 1990 Die Romafamilie Mihai geht zum ersten Mal zur Wahl. Olivia Heussler

OSTTIMOR, Dili, 7. Juni 1999   Ein Osttimorese kontrolliert seine Wahlregistrierung, bevor er bei den indonesischen Parlamentswahlen seine Stimme abgibt. Ed Wray/AP

USA, Los Angeles, August 2003 Auf einer Wahlveranstaltung für Gouverneur Gray Davis, der sich vorgezogenen Neuwahlen stellen musste. Ilkka Uimonen/Magnum Photos

RECHT AUF FREIE UND FAIRE WAHLEN

[Es] sollten periodisch faire und freie Wahlen im Rahmen von Gesetzen, die eine wirkungsvolle Ausübung der Wahlrechte garantieren, durchgeführt werden. Die Wahlberechtigten sollten frei sein, jeden Kandidaten zu wählen und für oder gegen jeden einem Referendum oder einer Volksbefragung unterstellten Vorschlag zu stimmen, und sie sollten frei sein, für oder gegen die Regierung Stellung zu beziehen, ohne dabei unzulässigen Beeinflussungen oder irgendeiner Art von Zwang ausgesetzt zu sein, welche die freie Kundgabe des Wählerwillens verfälschen oder behindern könnten. Wähler sollten ihre Meinung unabhängig bilden können, ohne Gewalt oder Gewaltandrohung, Zwang, Versprechen von Vergünstigungen oder anderen manipulativen Massnahmen ausgesetzt zu sein. ... Die Staaten sollten Massnahmen treffen, um das Wahlgeheimnis zu gewährleisten, auch im Fall schriftlicher oder vertretungsweiser Stimmabgabe, sofern diese Möglichkeiten bestehen. Das setzt voraus, dass die Wähler vor jeder Form von Zwang oder Nötigung zur Offenlegung ihrer beabsichtigten oder getroffenen Wahl sowie vor jeder ungesetzlichen oder willkürlichen Einmischung in den Wahlvorgang geschützt werden. ... [Es] sollte jedes von einem Vertragsstaat angewandte Verfahren ... die freie Äusserung des Wählerwillens tatsächlich garantieren. Der Grundsatz «Ein Mensch, eine Stimme» sollte gelten, und im Rahmen des Wahlsystems jedes Staates sollte die Stimme jedes Wählers gleich viel zählen wie diejenige jedes anderen Wählers.
UN-Menschenrechtsausschuss, Allgemeine Bemerkung, Nr. 25, 12. Juli 1996, UN Doc. HRI/GEN/1/Rev. 6

Kein Wahlrecht für (Ex-)Gefangene?

USA, 1998   Die Ausweitung des Wahlrechts auf alle Teile der Bevölkerung gehört zu den grössten politischen Erfolgen der Vereinigten Staaten. Einst war es das Privileg der reichen weissen Männer, heute ist das Wahlrecht ein elementares Recht auch für Arme und Arbeiter, ethnische Minderheiten, Frauen und junge Erwachsene. Heute besitzen alle geistig zurechnungsfähigen Erwachsenen das Wahlrecht, mit einer Ausnahme: verurteilte Straftäter. Gesetze, die Verurteilten die politischen Rechte aberkennen, sind in jeder Demokratie fragwürdig; rein quantitativ ist das Beispiel der Vereinigten Staaten jedoch einzigartig: Schätzungsweise 3,9 Millionen US-Bürgerinnen und US-Bürgern wurden die politischen Rechte entzogen. Über eine Million dieser Menschen haben ihre Strafe bereits in vollem Umfang verbüsst. Das amerikanische Recht muss geradezu als Relikt aus dem Mittelalter bezeichnet werden. Damals wurden Straftäter für immer aus der Gemeinschaft ausgeschlossen und für «bürgerlich tot» erklärt. Am Ende des 20. Jahrhunderts fehlt solchen Gesetzen jeglicher erkennbare legitime Zweck. Der Entzug des Wahlrechts ist weder ein inhärenter oder notwendiger Aspekt der Bestrafung, noch unterstützt er die Reintegration der Straftäter in die Gesellschaft.
HRW, Sentencing Project, Losing the Vote: The Impact of Felony Disenfranchisement Laws in the United States, 1998

Das wirksamste Mittel, um die Freiheit der Wähler zu schützen, ist die Garantie der geheimen Stimmabgabe. Auf diese Weise sind die Wähler nicht an Versprechen oder Verpflichtungen gebunden, die ihnen vielleicht auf ungehörige Art und Weise abgenötigt worden sind, und sie sind vor den Drohungen von Leuten geschützt, denen ihre Stimmabgabe möglicherweise missfällt und von welchen sie vielleicht abhängig sind.
Jean-Claude Masclet, Droit électoral, Paris 1989

Keine Kandidatur politischer Gegner

SAMBIA, 1988   Der Ausschuss nimmt zur Kenntnis, dass Herr Bwalya daran gehindert wurde, am Wahlkampf für die landesweiten Wahlen teilzunehmen und sich auf die Kandidatur für seine Partei vorzubereiten. Dies stellt eine unsachliche Einschränkung seines Rechts auf Mitgestaltung der öffentlichen Angelegenheiten dar, für welche der Vertragsstaat weder eine Erklärung noch eine Rechtfertigung vorbringen konnte. Insbesondere war der Vertragsstaat nicht in der Lage, die generellen Voraussetzungen für die Teilnahme an einer Wahl zu erläutern. Folglich kann man davon ausgehen, dass Herr Bwalya einzig und allein aufgrund seiner Zugehörigkeit zu einer anderen als der offiziell anerkannten Partei festgehalten und in seinem Recht behindert worden ist, für einen Sitz im Parlament des Wahlkreises Chifubu zu kandidieren. In diesem Zusammenhang hält der Ausschuss fest, dass Einschränkungen von politischen Aktivitäten ausserhalb der einzigen offiziell anerkannten politischen Partei einen unsachlichen Eingriff in das Recht darstellen, an der Gestaltung der öffentlichen Angelegenheiten mitzuwirken.
UN-Menschenrechtsausschuss, Mitteilung, Nr. 314/88, Bwalya v. Zambia

---

UN-Pakt über bürgerliche und politische Rechte, 1966

Artikel 25
Jeder Staatsbürger hat das Recht und die Möglichkeit, ohne Unterschied nach den in Artikel 2 genannten Merkmalen und ohne unangemessene Einschränkungen: a) an der Gestaltung der öffentlichen Angelegenheiten unmittelbar oder durch frei gewählte Vertreter teilzunehmen; b) bei echten, wiederkehrenden, allgemeinen, gleichen und geheimen Wahlen, bei denen die freie Äusserung des Wählerwillens gewährleistet ist, zu wählen und gewählt zu werden; c) unter allgemeinen Gesichtspunkten der Gleichheit zu öffentlichen Ämtern seines Landes Zugang zu haben.

Die UN-Menschenrechtskommission appelliert an die Staaten, durch den Einsatz für die Meinungsvielfalt und den Schutz der Menschenrechte und Grundfreiheiten die Demokratie zu stärken. Möglichst viele Personen sollen in die Entscheidungsfindung einbezogen und kompetente und öffentliche Institutionen sollen gestärkt werden. Zu diesen Institutionen gehören eine unabhängige Judikative, eine Legislative und eine öffentliche Verwaltung, die gut funktionieren und rechenschaftspflichtig sind, sowie ein Wahlsystem, das die regelmässige Durchführung von freien und fairen Wahlen gewährleistet.
UN-Menschenrechtskommission, Promoting and Consolidating Democracy, Resolution 2000/47

Der Menschenrechtsausschuss zur Frage des Stimmrechts von Strafgefangenen und anderen Inhaftierten

Falls die Verurteilung wegen der Begehung eines Deliktes einen Grund für die Aussetzung des Wahlrechtes darstellt, so sollte die Dauer dieser Aussetzung zum Delikt und zur Strafe verhältnismässig sein. Personen, denen ihre Freiheit entzogen wurde, die aber nicht verurteilt worden sind, sollten nicht vom Wahlrecht ausgeschlossen werden.
UN-Menschenrechtsausschuss, Allgemeine Bemerkung, Nr. 25, UN Doc. HRI/GEN/Rev.6

UN-Übereinkommen zur Beseitigung jeder Form von Rassendiskriminierung, 1965

Artikel 5
Im Einklang mit den in Artikel 2 niedergelegten grundsätzlichen Verpflichtungen werden die Vertragsstaaten die Rassendiskriminierung in jeder Form verbieten und beseitigen und das Recht jedes Einzelnen, ohne Unterschied der Rasse, der Hautfarbe, des nationalen Ursprungs oder des Volkstums, auf Gleichheit vor dem Gesetz gewährleisten; dies gilt insbesondere für ... die politischen Rechte, insbesondere das aktive und passive Wahlrecht auf der Grundlage allgemeiner und gleicher Wahlen, das Recht auf Beteiligung an der Regierung und an der Führung der öffentlichen Angelegenheiten auf jeder Ebene sowie das Recht auf gleichberechtigten Zugang zum öffentlichen Dienst.

KAMBODSCHA, Phnom Penh, 27. Januar 2003 Zusammen mit ungefähr 500 Anhängern demonstriert Sam Rainsy, der Führer der Oppositionspartei, gegen Schwierigkeiten und Unregelmässigkeiten bei der Registrierung kambodschanischer Bürger und Mönche für die Wahlen im Juli 2003. John Vink/Magnum Photos

DIE POLITISCHEN RECHTE DER FRAU

Seit Jahrhunderten haben Männer das öffentliche Leben dominiert und ihre Macht dazu benutzt, die Frauen auf die Privatsphäre einzuschränken und sie sich unterzuordnen. Trotz ihrer zentralen Rolle in der Familie und ihres Beitrages zur Gesellschaft und zur Entwicklung werden Frauen vom politischen Leben und von den Entscheidfindungsprozessen ausgeschlossen, von jenen Verfahren also, in welchen über ihr tägliches Leben und die Zukunft der Gesellschaft bestimmt wird. ...

Oft haben Frauen schlechteren Zugang zu Informationen über politische Kandidaten, parteipolitische Foren und zum Wahlverfahren an sich. Regierungen und politische Parteien haben es versäumt, dafür zu sorgen, dass diese Informationen die Frauen erreichen. Weitere Faktoren, die Frauen an der vollen und gleichwertigen Ausübung ihres Wahlrechts hindern, sind Analphabetismus, mangelnde Kenntnisse und fehlendes Verständnis für politische Systeme oder die Auswirkungen, die politische Initiativen und politische Programme auf ihr Leben haben. Frauen ist oft nicht bewusst, welche Rechte und Pflichten und welche Möglichkeiten zur Veränderung ihnen durch das Stimmrecht übertragen worden sind. Als Folge davon lassen sich viele nicht in die Wählerlisten eintragen. Die doppelte Arbeitsbelastung der Frauen und knappe finanzielle Mittel schränken die Zeit oder die Kapazität der Frauen ein, einem Wahlkampf zu folgen und das Wahlrecht frei auszuüben. In vielen Ländern halten zudem Traditionen und soziale und kulturelle Vorurteile die Frauen davon ab, ihr Wahlrecht auszuüben. Viele Männer beeinflussen oder kontrollieren die Stimmabgabe ihrer Frauen, sei es durch Überzeugungsarbeit, sei es, indem sie anstelle der Frau stimmen oder wählen. ...

Diese Ausführungen erklären zumindest teilweise das Paradox, dass Frauen, die immerhin die Hälfte aller Wahlberechtigten stellen, ihre politische Macht nicht ausüben. ...

UN-Frauenrechtsausschuss, Allgemeine Empfehlung, Nr. 23, UN Doc. HRI/GEN/1/Rev. 6

Geschlechterquoten zur Verbesserung der politischen Beteiligung von Frauen

Seit der Einführung von Quotenregelungen werden Frauen vermehrt für wichtige politische Ämter ernannt oder gewählt. Quoten gelten als eine der wirksamsten Massnahmen, um Frauen stärker in die Politik einzubeziehen. Heute existieren in 77 Staaten Frauenquoten auf Verfassungsebene, bei Wahlen oder in politischen Parteien. In Ländern, in denen die Belange der Frauen immer nur am Rande diskutiert wurden, hat die stärkere Vertretung von Frauen in wichtigen politischen Ämtern dazu geführt, dass ihre Anliegen mit höherer Priorität behandelt werden. Die Vertretung von Frauen in führenden Positionen verleiht den Rechten der Frau im Allgemeinen mehr Nachdruck. Quotenregelungen in der Politik machen es möglich, dass sich die Haltung gegenüber der Rolle und den Fähigkeiten der Frauen ändert, mit der Folge, dass Frauen längerfristig mehr Bildungs- und Arbeitsmöglichkeiten offenstehen.

Carolina Rodriguez Bello, Women and Political Participation, Women's Human Rights Net, November 2003

UN-Übereinkommen zur Beseitigung jeder Form von Diskriminierung der Frau, 1979

Artikel 7
Die Vertragsstaaten treffen alle geeigneten Massnahmen zur Beseitigung der Diskriminierung der Frau im politischen und öffentlichen Leben ihres Landes und gewährleisten insbesondere allen Frauen in gleicher Weise wie den Männern:
a) das Stimmrecht bei allen Wahlen und Volksabstimmungen sowie das passive Wahlrecht für alle öffentlich gewählten Gremien;
b) das Recht auf Mitwirkung an der Ausarbeitung der Regierungspolitik und deren Durchführung sowie auf Bekleidung öffentlicher Ämter und auf Wahrnehmung aller öffentlichen Aufgaben auf allen Ebenen staatlicher Tätigkeit;
c) das Recht auf Mitarbeit in nichtstaatlichen Organisationen und Vereinigungen, die sich mit dem öffentlichen und politischen Leben ihres Landes befassen.

Die «Declaration of Sentiments», verabschiedet auf der Zusammenkunft von Seneca Falls, 1848

Die Geschichte der Menschheit ist die Geschichte eines fortgesetzten Unrechts und Machtmissbrauchs gegenüber der Frau, die zum Ziel hat, sie unter seine Tyrannei zu bringen. Die Welt möge die Fakten zur Kenntnis nehmen, die dies beweisen. Er hat ihr nie gestattet, ihr unveräusserliches Wahlrecht auszuüben. Er hat sie genötigt, sich Gesetzen zu unterwerfen, an deren Zustandekommen sie nicht beteiligt war. ... Indem er sie ihres wichtigsten Bürgerrechtes, des Wahlrechts, und damit ihrer Repräsentanz in den Hallen der Gesetzgebung beraubt hat, hat er die Mittel geschaffen, die Frau in jeder Hinsicht zu unterdrücken. In den Augen des Gesetzes ist sie, falls sie verheiratet ist, bürgerlich tot.

Die Zusammenkunft von Seneca Falls, New York (USA), wurde 1848 von Lucretia Mott und Elizabeth Cady Stanton organisiert. Der Anlass lockte 240 Sympathisantinnen und Sympathisanten an, die sich für das Wahlrecht der Frauen und eine Reform des diskriminierenden Ehe- und Eigentumsrechts einsetzten. Die Erklärung wurde vom «New York Herald» veröffentlicht. 1920 wurde in den Vereinigten Staaten das Frauenstimmrecht eingeführt.

Es ist nur gerecht und fair, dass diejenigen, die die Gesetze befolgen müssen, beim Erlass dieser Gesetze mitbestimmen können und dass diejenigen, die Steuern zahlen müssen, darüber mitbestimmen können, wie hoch die Steuern sein sollen und wie sie verwendet werden.

Alice Stone Blackwell (1857–1950), Why Women Should Vote

RUMÄNIEN, Sibiu, 20. Mai 1990   Frau Mihai, eine Roma, geht zum ersten Mal in 40 Jahren zur Wahl. Olivia Heussler

GROSSBRITANNIEN, London, 5. Dezember 2003   Clare Short, bis vor wenigen Stunden Ministerin für internationale Entwicklung, gibt im Unterhaus eine Erklärung zu ihrem Rücktritt ab. Keystone

INDIEN, Rajasthan, 2003 Mahipal Maderna, Kandidat der Kongresspartei für die Bundesstaatswahlen, über einen Tag im Wahlkampf: «Das ist meine erste Wahl. Mein Vater war Politiker, jetzt habe ich die Chance, seine Vision weiterzuführen. Der erste Stopp ist Dodiyal, ein kleines Dorf mit ungefähr 400 Einwohnern. In Rajasthan sind wir sehr stolz auf unsere Traditionen. Ich werde von den Dorfältesten begrüsst und bitte sie um ihren Segen. Durch diese Geste gewähren sie mir ihren Respekt. Das ist ein wichtiger Ausdruck des Vertrauens und der Loyalität.» BBC

«Weil wir noch immer eine sehr traditionsbewusste Gesellschaft sind, wende ich mich nicht direkt an die Frauen. Stattdessen geht meine Frau zu ihnen und bittet sie, mich zu unterstützen.» BBC

«In jedem Dorf sitzen die Männer um mich herum, während die Frauen abseits oder auf den Balkonen stehen. Die Frauen in Rajasthan sind, wie Sie sehen, in farbenprächtige Saris gekleidet.

DIE ROLLE DER INTERNATIONALEN GEMEINSCHAFT

Wahlbeobachtung durch das OSZE-Büro für Demokratische Institutionen und Menschenrechte (BDIMR/ODIHR)

Das BDIMR (engl.: ODIHR), eine Institution der OSZE, entsendet Wahlbeobachtungsmissionen in die OSZE-Mitgliedstaaten, um die Umsetzung der OSZE-Verpflichtungen im Bereich der politischen Rechte zu überwachen. Sein umfassendes und sorgfältiges Vorgehen ermöglicht einen einzigartigen und gründlichen Einblick in alle Bereiche eines Wahlverfahrens. Das BDIMR entsendet jährlich Tausende von Expertinnen und Experten in Länder der OSZE-Region, um Wahlen vor, während und nach dem Wahltag zu begleiten.

Das Kopenhagener Dokument von 1990 verpflichtet die OSZE-Teilnehmerstaaten dazu, andere Staaten zur Beobachtung der nationalen Wahlen einzuladen; das BDIMR stellt die Infrastruktur und die Koordination solcher Beobachtungen sicher. Langzeitbeobachter, die von den OSZE-Staaten bei ihrer Arbeit unterstützt werden, können zur Wahlbeobachtung während sechs bis acht Wochen im ganzen Land stationiert werden. Ihre Aufgabe ist es, die rechtlichen und behördlichen Rahmenbedingungen, die Durchführung der Wahlen, die Medienberichterstattung und die den Wahlkampf begleitenden gesellschaftlichen Rahmenbedingungen zu beurteilen. Kurzzeitbeobachter reisen einige Tage vor dem Wahltag an, um das Ende des Wahlkampfs, die Stimmabgabe und die Auszählung zu überwachen. Am Tag nach der Wahl wird – häufig in Zusammenarbeit mit anderen beobachtenden internationalen Organisationen – ein vorläufiger Bericht vorgelegt. Der abschliessende Bericht zu den Wahlen wird innerhalb von 30 Tagen nach der Wahl veröffentlicht.

Selbstporträt, www.osce.org/odihr

Internationale Standards für Wahlen der Organisation für Sicherheit und Zusammenarbeit in Europa (OSZE), 1990

Die Teilnehmerstaaten erklären …

Um sicherzustellen, dass der Wille des Volkes die Grundlage der Regierungsmacht bildet, werden die Teilnehmerstaaten

- freie Wahlen in angemessenen, gesetzlich bestimmten Zeitabständen abhalten;
- alle Sitze in wenigstens einer der Kammern der Legislative durch freie und öffentliche Wahlen besetzen lassen;
- freies und gleiches Stimmrecht für alle volljährigen Bürgerinnen und Bürger gewähren;
- sicherstellen, dass die Wahlen mit Urnen oder mit einem gleichwertigen geheimen Wahlverfahren durchgeführt, dass die Stimmen wahrheitsgetreu ausgezählt werden und dass darüber informiert und das amtliche Endergebnis veröffentlicht wird;
- das Recht der Bürgerinnen und Bürger ohne jede Diskriminierung respektieren, für ein politisches oder öffentliches Amt zu kandidieren, sei es als Einzelperson oder als Vertreterin oder Vertreter einer politischen Partei oder Organisation;
- die Rechte der Einzelnen und von Gruppen schützen, frei und ungehindert ihre eigenen politischen Parteien oder andere politische Organisationen zu gründen. Sie werden all diesen Organisationen die gleichen Rechte einräumen, sodass diese fair miteinander konkurrieren können;
- sicherstellen, dass das Gesetz und die öffentliche Ordnung freie und faire politische Wahlkämpfe zulassen und dass die Parteien und die Kandidierenden nicht durch behördliche Anordnungen, Repression oder Einschüchterung daran gehindert werden, frei ihre Ansichten und Qualifikationen darzulegen, und dass die Wähler sie ungehindert zur Kenntnis nehmen, diskutieren und ihre Stimme abgeben können, ohne Vergeltungsmassnahmen befürchten zu müssen;
- dafür Sorge tragen, dass kein rechtliches oder administratives Hindernis den freien Zugang der kandidierenden Einzelpersonen oder politischen Gruppierungen zu den Medien behindert oder sie beim Zugang zu den Medien diskriminiert;
- sicherstellen, dass Kandidierende, die die gesetzlich festgelegte Anzahl Stimmen erhalten, rechtmässig in ihr Amt eingesetzt werden und bis zum Ablauf ihrer Amtszeit oder bis diese auf andere Weise nach rechtsstaatlichen Grundsätzen und gestützt auf Verfassung und Gesetz beendet wird, im Amt bleiben können.

DER BEITRAG DER ZIVILGESELLSCHAFT

Reporter ohne Grenzen/Reporters sans Frontières

Reporter ohne Grenzen (RoG) ist eine offiziell anerkannte Organisation im Dienst der Öffentlichkeit. Mehr als ein Drittel der Weltbevölkerung lebt in Ländern, in denen es keine Pressefreiheit gibt. «Reporter ohne Grenzen» interveniert unablässig, um das Recht auf Information dieser Menschen wiederherzustellen. RoG ist der Auffassung, dass die Inhaftierung oder Ermordung von Medienschaffenden der Beseitigung von Kronzeugen gleichkommt und eine Bedrohung für das allgemeine Recht auf Information darstellt. Seit mehr als 20 Jahren bekämpft RoG derartige Praktiken.

«Reporter ohne Grenzen» wird von seinen weltweit mehr als 100 Korrespondentinnen und Korrespondenten über aktuelle Entwicklungen auf dem Laufenden gehalten. Die Organisation verurteilt aufs Schärfste jeden Angriff auf die Pressefreiheit, wo auch immer er sich ereignet, und informiert die Medien und die Öffentlichkeit durch Pressemitteilungen und Aufklärungskampagnen. RoG verteidigt Journalisten und andere Medienschaffende und -experten, die wegen ihrer Arbeit inhaftiert oder verfolgt werden. RoG protestiert gegen Missbrauch und Folter, die in vielen Ländern immer noch an der Tagesordnung sind. Die Organisation unterstützt Journalistinnen und Journalisten und ihre Familien, die in ihren Heimatländern bedroht werden, u.a. auch durch finanzielle Unterstützung. RoG bekämpft die Zensur und widersetzt sich Bestrebungen, die Pressefreiheit einzuschränken. Die Organisation engagiert sich auch für die weltweite Sicherheit der Medienschaffenden, insbesondere in Kriegsgebieten. Sie unterstützt den Wiederaufbau von Medienstrukturen und leistet in Härtefällen finanzielle und materielle Hilfe. Schliesslich leistet «Reporter ohne Grenzen» auch rechtliche Unterstützung für Opfer und vertritt diese vor den zuständigen nationalen und internationalen Gerichten. Damit soll sichergestellt werden, dass Täter, die Journalistinnen und Journalisten ermordet und gefoltert haben, vor Gericht gestellt und in einem ordentlichen Prozess verurteilt werden.

Selbstporträt, www.rsf.org

«Artikel 19» – Die globale Kampagne für freie Meinungsäusserung

Unsere Organisation ist nach Artikel 19 der Allgemeinen Erklärung der Menschenrechte benannt. Wir bekämpfen weltweit die Zensur, indem wir die freie Meinungsäusserung und den Zugang zu amtlichen Informationen fördern.

Mit unseren Partnerorganisationen in mehr als 30 Ländern unterstützen wir die Leute vor Ort, um offizielle und inoffizielle Zensur zu erkennen und dagegen zu protestieren. Wo auch immer die Meinungsäusserungsfreiheit in Gefahr ist, leisten wir Forschungs- und Lobbyarbeit, publizieren Berichte und führen gerichtliche Prozesse. Wir entwickeln Leitlinien zur Förderung der Medienfreiheit, unterstützen Einzelpersonen in der freien Meinungsäusserung und setzen uns für einen ungehinderten Informationsfluss ein.

Selbstporträt, www.article19.org

Der Afrikanische Preis für journalistische Courage: Preisträgerin Sandra Nyaira, Simbabwe (2002)

Sandra Nyaira ist politische Redaktorin der einzigen unabhängigen Zeitung Simbabwes, «The Daily News». Sie ist fast täglich Schikanen ausgesetzt. Simbabwe gehört zu den Ländern, aus denen die meisten Verstösse gegen die Medienfreiheit gemeldet werden. Alle Journalistinnen und Journalisten müssen von der Regierung akkreditiert werden und können wegen Kritik an Präsident Robert Mugabe und seiner Regierung gerichtlich verfolgt werden. Nyairas Zeitung wird seit mehr als zwei Jahren immer wieder heftig angegriffen. Nyaira gehört zu einer Gruppe von mutigen Journalisten, die gegen die Zensur in Simbabwe kämpfen.

Im April 2001 wurde sie zusammen mit einem anderen Journalisten und dem Chefredakteur ihrer Zeitung verhaftet und der «kriminellen Diffamierung» angeklagt, weil sie in ihren Artikeln Mugabe und den Parlamentssprecher Emmerson Mnangagwa der Korruption bezichtigt hatte. Sie hatte Zahlungen einer Baufirma aufgedeckt, welche von der Regierung den Auftrag zum Bau eines neuen Flughafens in Harare erhalten hatte.

African Women's Media Center, IWMF-Courage in Journalism Award, Portrait of Nyaira, 2002

Ich interessiere mich nicht für Politik. Genauso gut könnte man sagen: «Ich interessiere mich nicht für das Leben.»

Jules Renard, Journal, 23.8.1905, éd. Robert Laffont coll. Bouquins

DEUTSCHLAND, Berlin, 12. September 2001 Die Mitglieder des Deutschen Bundestags legen eine Schweigeminute für die Opfer der terroristischen Angriffe in den Vereinigten Staaten ein.
Markus Schreiber/AP

ÖSTERREICH, Wien, 8. Februar 2000 Die Parlamentsabgeordneten versammeln sich zu ihrer ersten Sitzung, nachdem in der Woche zuvor eine neue Regierung vereidigt wurde.
Rudi Blaha/AP

GROSSBRITANNIEN, London, 27. Januar 2004   Das Unterhaus während der zweiten Lesung der «Higher Education Bill», einer Gesetzesvorlage zur Einführung umstrittener Studiengebühren.
Keystone

IRAK, Irbil, 31. Oktober 2002   Kurdische Parlamentsabgeordnete während der vierten Sitzung des Regionalparlaments in Irbil. Hasan Sarbakhshian/AP

SCHWEIZ, Glarus, 5. Mai 2002 Die «Landsgemeinde» stimmt einer Reduzierung der Zahl der Mitglieder des Regierungsrates von sieben auf fünf zu. Arno Balzarini/Keystone

Politische Freiheit beginnt damit, dass in der Mehrheit des Volkes der Einzelne sich für die Politik seines Gemeinwesens mit haftbar fühlt – dass er nicht nur begehrt und schilt, dass er vielmehr von sich verlangt, Realität zu sehen und nicht zu handeln aus dem in der Politik falsch angebrachten Glauben an ein irdisches Paradies, das nur aus bösem

AFGHANISTAN, Kabul, 31. Mai 2002 Die in der ersten Phase der Loya Jirga gewählten Kandidaten aus den vier Bezirken der Provinz Parwan heben ihre Hände, bevor sie aus ihren Reihen einen Vorsitzenden für die zweite Phase der Loya Jirga wählen. Prakash Singh/Keystone

Willen und Dummheit der anderen nicht verwirklicht wurde, dass er vielmehr weiss: Politik sucht in der konkreten Welt den je gangbaren Weg, geführt von dem Ideal des Menschseins als Freiheit.

Karl Jaspers, Deutschland: Die Schuldfrage, 1946

In den Händen des Staates
**RECHT AUF FAIRES VERFAHREN
UND FOLTERVERBOT**

Wirtschaftliche Tätigkeit
**RECHT AUF ARBEIT
SCHUTZ DES
EIGENTUMS**

Politische Mitwirkung
**RECHT AUF FREIE
MEINUNGSÄUSSERUNG
UND POLITISCHE RECHTE**

Angemessener Lebensstandard
**RECHT AUF NAHRUNG
RECHT AUF GESUNDHEIT
RECHT AUF WOHNUNG**

Menschliche Identität
**DISKRIMINIE-
RUNGSVERBOT**

Menschliche Existenz
RECHT AUF LEBEN

Vertreibung, Flucht und Exil
**RECHTE VON
FLÜCHTLINGEN UND
BINNENVERTRIEBENEN**

Denken und Spiritualität
**GEWISSENS-
UND RELIGIONSFREIHEIT
RECHT AUF BILDUNG**

Privatsphäre
**RECHT AUF
PRIVATLEBEN**

TANSANIA, 1994 Ruandisches Flüchtlingslager in der Ngara-Region an der Grenze zu Ruanda.
Gilles Peress/Magnum Photos

Nirgends ein sicherer Ort?

BOSNIEN-HERZEGOWINA, Sarajevo, Skanderia, 1993
Abreise der Juden.
Gilles Peress/Magnum Photos

ITALIEN, Brindisi, 1991   Albanische Immigranten warten im Hafen auf ihre Rückkehr nach Albanien.
Ferdinando Scianna/Magnum Photos

RECHTE VON FLÜCHTLINGEN UND BINNENVERTRIEBENEN

KENIA, Flüchtlingslager Dadaab, August 2002   Die somalischen Bantu sind eine seit Langem verfolgte Volksgruppe aus einem der ärmsten Länder der Welt. Vor 200 Jahren wurden ihre Vorfahren aus ihren Heimatgebieten in Mosambik, Tansania und Malawi entführt und in Somalia als Sklaven verkauft. Auch nach dem allmählichen Ende der Sklaverei im 19. und frühen 20. Jahrhundert sind sie Parias geblieben, obwohl sie wie die meisten Somalis Muslime sind.
Alex Majoli/Magnum Photos

BUNDESREPUBLIK JUGOSLAWIEN, Montenegro, Jablanica, April 1999 Auf seinem Weg in die Flüchtlingslager von Rozaje trägt ein Flüchtling aus Istok im Kosovo seine Kinder. Seit Beginn der NATO-Luftangriffe sind mehr als 25 000 Kosovaren nach Montenegro geflohen. Pier Paolo Cito/AP

IRAK, Chamchamal, März 2003 Flüchtlinge, die aus Kirkuk nach Chamchamal (in der kurdisch kontrollierten Zone) geflohen sind, fliehen jetzt aus Angst vor irakischen Vergeltungsschlägen oder amerikanischen Luftangriffen auch aus dieser Stadt. Francesco Zizola/Magnum Photos

Ziehende Landschaft

*Man muss weggehen können
und doch sein wie ein Baum:
als bliebe die Wurzel im Boden,
als zöge die Landschaft und wir ständen fest.
Man muss den Atem anhalten,
bis der Wind nachlässt
und die fremde Luft um uns zu kreisen beginnt,*

bis das Spiel von Licht und Schatten,
von Grün und Blau,
die alten Muster zeigt
und wir zu Hause sind,
wo es auch sei,
auch niedersitzen können und uns anlehnen,
als sei es an das Grab
unserer Mutter.
Hilde Domin

10,7 MILLIONEN FLÜCHTLINGE UND ASYLSUCHENDE

Gemäss den provisorischen Zahlen des UN-Hochkommissariats für Flüchtlinge (UNHCR) fielen Ende 2003 insgesamt 17,1 Millionen Personen unter das Mandat des UNHCR. Dies ist der tiefste Stand seit mindestens zehn Jahren. In dieser Zahl enthalten sind 9,7 Millionen Flüchtlinge, 1,1 Millionen zurückgekehrte Flüchtlinge, 995 000 Asylsuchende und 912 000 andere Personen, inklusive Staatenlose. Das UNHCR hat sich 2003 zudem um 4,2 Millionen intern Vertriebene gekümmert.

Aufgeteilt nach Regionen zeigt sich folgendes Bild: Ende 2003 hielten sich in Europa 5,4 Millionen Flüchtlinge auf, gefolgt von 4 Millionen in Zentralasien, Südwestasien, Nordafrika und dem Mittleren Osten, 4 Millionen in Afrika, 2,3 Millionen in den amerikanischen Ländern und der Karibik und 1,4 Millionen in Asien und der Pazifikregion. Die meisten Asylsuchenden lebten 2003 in den Zufluchtsländern Pakistan (1,1 Millionen), Iran (985 000), Deutschland (960 000), Tansania (650 000) und in den Vereinigten Staaten (452 500). Gegenüber dem Vorjahr verringerte sich die Zahl der Flüchtlinge um 10 Prozent, von 10,6 auf 9,7 Millionen. Aus sechs Ländern flüchteten 2003 je mindestens 15 000 Menschen: Dazu zählen Sudan (112 000), Liberia (87 000), Republik Zentralafrika (33 000), Demokratische Republik Kongo (30 000), Elfenbeinküste (22 000) und Somalia (15 000).

2003 wurden rund 807 000 Asylgesuche oder Gesuche um Einräumung des Flüchtlingsstatus in 141 Ländern eingereicht. Die meisten Asylsuchenden kamen aus der Russischen Föderation (38 900), China (37 100), Serbien und Montenegro (36 700), der Demokratischen Republik Kongo (35 800), der Türkei (33 800), dem Irak (32 100), Kolumbien (29 400), Afghanistan (22 400) und Nigeria (21 300).

1,1 Millionen Flüchtlinge konnten 2003 in ihre Heimat zurückkehren.

Von den total 1,1 Millionen Heimkehrenden konnten 646 000 nach Afghanistan, 133 000 nach Angola, 82 000 nach Burundi, 55 000 in den Irak, 33 000 nach Sierra Leone, 23 000 nach Ruanda, 21 000 nach Liberia, 16 500 nach Elfenbeinküste und 14 000 nach Bosnien-Herzegowina zurückkehren. Viele Menschen sind bereits freiwillig zurückgekehrt, obwohl das UNHCR noch keine Rückkehrempfehlung ausgesprochen hat, z.B. nach Irak und Liberia.

UNHCR, Global Report 2003, Pressemitteilung, 17. Juni 2004

24,5 MILLIONEN BINNENFLÜCHTLINGE

Unter Binnenflüchtlingen (intern Vertriebenen) versteht man Menschen, die gezwungen werden, ihr Heim, ihr Dorf oder ihre Stadt zu verlassen, aber innerhalb des eigenen Landes Zuflucht finden und nicht über internationale Grenzen hinweg fliehen.

Im Jahr 2006 stieg die Zahl der Menschen, die neu wegen kriegerischer Auseinandersetzungen oder Menschenrechtsverletzungen innerhalb ihres Landes auf der Flucht waren, wiederum stark an. Mehr als vier Millionen Menschen wurden im Verlauf des Jahres gezwungen, ihre Heimat zu verlassen, mehr als doppelt so viele wie 2005. Dieser Anstieg ist eine direkte Folge eskalierender Konflikte, insbesondere im Mittleren Osten und in Asien. Insgesamt gab es Ende 2006 weltweit 24,5 Millionen Binnenflüchtlinge.

Nordamerika		Südamerika		Europa		Afrika		Asien	
Guatemala	242 000	Kolumbien	1 853 000–3 833 000	Aserbaidschan	579 000–687 000	Sudan	5 355 000	Irak	1 700 000
Mexiko	10 000–12 000	Peru	keine Daten	Georgien	222 000–241 000	Uganda	1 200 000–1 700 000	Türkei	954 000–1 200 000
				Serbien & Mont.	228 000	DRC	1 100 000	Libanon	216 000–800 000
				Zypern	210 000	Elfenbeinküste	750 000	Indien	600 000
				Bosnien & Herz.	180 000	Simbabwe	570 000	Bangladesch	500 000
				Armenien	6 400	Kenia	431 000	Burma	500 000
				Kroatien	4 200–7 000	Somalia	400 000	Sri Lanka	500 000
				Mazedonien	726	Äthiopien	100 000–280 000	Israel	150 000–420 000
						Zentralafrikanische Rep.	150 000	Syrien	305 000
						Burundi	100 000	Indonesien	150 000–250 000
						Senegal	64 000	Nepal	100 000–200 000
						Angola	61 700	Rus. Föderation	82 000–190 000
						Eritrea	40 000–45 000	Afghanistan	132 000
						Liberia	13 000–28 000	Philippinen	120 000
						Guinea	19 000	Palästinensische Gebiete	24 500–57 000
						Kongo	7 800	Usbekistan	3 400
						Algerien	keine Daten	Pakistan	keine Daten
						Nigeria	keine Daten	Turkmenistan	keine Daten
						Ruanda	keine Daten		

www.internal-displacement.org

ZAIRE, Goma, 1994   Der Flüchtlingsstrom aus Ruanda gerät hinter der Grenze zu Zaire ins Stocken. Chris Steele, Perkins/Magnum Photos

BUNDESREPUBLIK JUGOSLAWIEN, Kosovo, Djakovica, Juli 1999 Aus Furcht vor Vergeltungsaktionen rückkehrender Albaner haben Hunderte von Fahrenden ihre nahe gelegenen Häuser verlassen und leben in Zeltlagern in der Umgebung. Ruth Fremson/AP

KOLUMBIEN, Viota, April 2003 Vertriebene warten auf Lebensmittelrationen vom Roten Kreuz. Angriffe paramilitärischer Gruppen haben etwa 2500 Menschen aus Dörfern der Umgebung zur Flucht nach Viota gezwungen. Javier Galeano/AP

TÜRKEI, Flüchtlingslager Isikveren, April 1991 In der Nähe einer Brotausgabestelle suchen kurdische Flüchtlinge aus dem Irak auf der Strasse nach Brotkrumen. Jim Hollander/Reuters

RUANDA, Mai 1995 Das Rwanda Emergency Office der Vereinten Nationen (UNREO) hielt sich, wie ein Vertreter sagte, bereit, um aus diesem Lager etwa zehn Verletzte zu bergen, die in der Woche zuvor Opfer des Massakers wurden. Reuters

Die Rechte von Flüchtlingen und von Binnenvertriebenen

Menschenrechte sind Ansprüche, die Personen primär gegenüber ihrer Regierung geltend machen können. Flüchtlinge fallen aus diesem Schutzrahmen, weil sie aus ihrem eigenen Land flüchten oder zur Flucht gezwungen werden und in einem anderen Staat Schutz suchen, wo sie Fremde sind. Haben sie ihr Land verlassen, können sie die Menschenrechte gegenüber ihrem Heimatstaat nicht mehr einfordern. Von niemandem eingeladen, sind sie mit fremden Regierungen konfrontiert, die nicht ohne Weiteres bereit sind, ihre Rechte zu schützen. Flüchtlinge befinden sich im Grunde in einem rechtlichen Vakuum; sie sind daher auf internationalen Schutz angewiesen, der den wegfallenden Schutz durch die eigene Regierung ersetzen muss.

Grundlage dieses internationalen Schutzes ist das **Abkommen über die Rechtsstellung der Flüchtlinge von 1951.** Gemäss der Definition in diesem Abkommen ist ein Flüchtling eine Person, die sich ausserhalb ihres Herkunftslandes befindet und die eine begründete Furcht vor Verfolgung wegen ihrer Rasse, Religion, Nationalität, Zugehörigkeit zu einer sozialen Gruppe oder politischen Überzeugungen hat und den Schutz ihres Herkunftslandes nicht in Anspruch nehmen kann oder will. Treffen diese Kriterien auf eine Person zu, darf sie nicht gegen ihren Willen zurück in den Verfolgerstaat geschickt werden. Dieses sogenannte **Non-refoulement-Prinzip** ist ein Eckpfeiler des Flüchtlingsschutzes. Es garantiert, dass Flüchtlinge auf Dauer dem Zugriff ihrer Verfolger entzogen bleiben. Darüber hinaus enthält die Konvention Vorschriften zum Schutz der Flüchtlinge vor Diskriminierungen in den Bereichen Arbeit, Wohnen, Sozialhilfe oder Bildung. Flüchtlinge kommen zudem in den Genuss der meisten anderen Menschenrechte, die den Bürgerinnen und Bürgern des Aufenthaltsstaates zustehen.

Aber gibt es ein Recht auf Asyl? Asyl zu erhalten ist kein Menschenrecht. Die Allgemeine Menschenrechtserklärung von 1948 hält fest, dass Flüchtlinge um Asyl «nachsuchen» und Asyl «geniessen» können, sofern sie den entsprechenden Status erhalten haben. Sie statuiert jedoch nirgends ein eigentliches Recht auf Asyl. Auch heute noch bestehen die Staaten auf ihrem souveränen Recht, selber entscheiden zu dürfen, welchen Flüchtlingen der Asylstatus zuerkannt wird und welchen nicht. Asyl ist eine der dauerhaften Lösungen für Menschen auf der Flucht. Weitere Lösungen sind die Umsiedlung in ein anderes Land, das zu ihrer Aufnahme bereit ist, und die freiwillige Rückkehr in Sicherheit und Würde in ihr Herkunftsland, sobald die Gefahr einer Verfolgung vorüber ist.

Im Gegensatz zu Flüchtlingen passieren **Menschen, die in ihrem eigenen Land auf der Flucht sind,** sogenannte IDPs (= Internally Displaced Persons, Binnenvertriebene), keine internationalen Grenzen. Obwohl sie ihr Zuhause wegen Bürgerkriegen, Vertreibungen oder aus anderen Gründen verlassen mussten, halten sich solche Binnenvertriebene – anders als Flüchtlinge – immer noch im Land auf, dessen Staatsangehörigkeit sie normalerweise besitzen. Grundsätzlich stehen ihnen damit immer noch alle Menschenrechte gegenüber ihrem eigenen Staat zu. Darüber hinaus geniessen sie bei einem bewaffneten Konflikt in ihrem Land den Schutz durch das humanitäre Völkerrecht. Das ist der Grund, weshalb sie rechtlich nicht gleich behandelt werden sollten wie Flüchtlinge, die im Zufluchtsstaat mit wenigen Ausnahmen bloss den tieferen Rechtsstandard geniessen, der Immigrantinnen und Immigranten zukommt. Intern Vertriebene sind jedoch dann rechtlich besonders schutzbedürftig, wenn ihre Regierungen ihnen nicht beistehen können oder wollen. Allerdings existiert im Völkerrecht keine Konvention über die Rechte Vertriebener, und die bestehenden Menschenrechtsverträge erwähnen sie nirgends ausdrücklich. Aus diesem Grund hat der damalige UN-Beauftragte für Binnenvertriebene, Dr. Francis Deng, den Vereinten Nationen 1998 ein Dokument unterbreitet, in welchem Leitlinien für den Umgang mit Binnenvertriebenen festgehalten sind. Es stützt sich auf die geltenden Menschenrechtsgarantien und das humanitäre Völkerrecht und konkretisiert in 30 Punkten, welche Bedeutung die allgemeinen Garantien für die spezielle Situation der intern Vertriebenen haben. Gemäss den Leitlinien haben Vertriebene das Recht auf Schutz vor willkürlicher Vertreibung, einen Anspruch auf Genuss ihrer Menschenrechte und das Recht auf Hilfe während der Vertreibung sowie die Freiheit zu entscheiden, ob sie an ihren Herkunftsort zurückkehren wollen oder weiterhin in einem anderen Landesteil bleiben möchten, wenn die Gründe für ihre Vertreibung beseitigt sind.

RUANDA, Gisenyi, 1996 In einem Flüchtlingslager durchsucht eine Frau das Haar ihrer Freundin nach Insekten. Reuters

IRAK, Flüchtlingslager Barda Qaraman, 2002 Kurdische Flüchtlingskinder sehen fern. Seit der Errichtung dieses Lagers im Jahr 1999 lebten hier ungefähr 700 Flüchtlinge aus der irakischen Stadt Kirkuk. Hasan Sarbakhshian/AP

TÜRKEI, Kirklareli, 1999 Inmitten der Hütten eines Flüchtlingslagers wartet eine Braut auf ihre Hochzeit. Sie gehört zu den fast 7600 Kosovo-Albanern, die hier Zuflucht gefunden haben, nachdem sie aus dem Kosovo fliehen mussten. Fatih Saribas/Reuters

TADSCHIKISTAN, 2001 In einem Flüchtlingslager nahe der afghanischen Grenze drängen sich afghanische Kinder in einer provisorischen Schule. Russland lässt afghanischen Flüchtlingen in Tadschikistan humanitäre Hilfe zukommen. Maxim Marmur/AP

FRANKREICH, Labarthe-sur-Lèze, 2004   Vladimir und seine Frau, russische und ossetische Asylsucher, in ihrem Zimmer, das ihnen von der gemeinnützigen Gesellschaft Emmaus zur Verfügung gestellt wird. Richard Kalvar/Magnum Photos

WER GILT ALS FLÜCHTLING?

Der Begriff «Flüchtling» ist ein Terminus technicus, dessen Bedeutung nach den Grundsätzen des Völkerrechts eruiert werden kann. In der Alltagssprache bezeichnet er ganz allgemein jemanden, der auf der Flucht ist, um Bedingungen oder persönlichen Umständen zu entfliehen, die er für unerträglich hält. Das Ziel spielt dabei keine Rolle; man flieht, um Freiheit und Sicherheit zu finden. Es gibt viele Gründe für eine Flucht: Flucht vor Naturkatastrophen, Erdbeben, Hochwasser, Dürre, Hungersnot. Das Wort «Flüchtling» impliziert normalerweise, dass die betroffene Person einen Anspruch auf Hilfe und falls erforderlich auch auf Schutz vor den Ursachen und Konsequenzen einer Flucht besitzt. ... Für die Zwecke des Völkerrechts haben die Staaten ... die Definition eingeschränkt. Vier grundlegende Merkmale identifizieren den Flüchtling: (1) Er hält sich ausserhalb seines Heimatlandes auf; (2) er ist nicht in der Lage oder nicht willens, sich unter den Schutz dieses Landes zu stellen oder dorthin zurückzukehren; (3) diese Tatsache ist auf die begründete Furcht vor Verfolgung zurückzuführen; und (4) die befürchtete Verfolgung knüpft an die Zugehörigkeit zu einer Rasse, einer Religion, an die Staatsangehörigkeit oder Zugehörigkeit zu einer speziellen sozialen Gruppe oder an die politische Überzeugung der betreffenden Person an.

Guy Goodwin-Gill, The Refugee in International Law, 2nd ed., Oxford 1996

DIE RECHTE VON FLÜCHTLINGEN

Das Recht auf sichere Zuflucht
EUROPÄISCHE UNION, 2003   Flüchtlinge haben ein Recht auf sichere Zuflucht. Amnesty International protestiert gegen die geplanten Einschränkungen der Europäischen Union im Asylbereich:
«Je konkreter eine gemeinsame EU-Asylpolitik wird, desto deutlicher zeichnet sich ein düsteres Bild für die Flüchtlinge in Europa ab», sagte Dick Oosting, der Leiter des EU-Verbindungsbüros von Amnesty International. «Der Tenor aller eingereichten Vorschläge, die zurzeit diskutiert werden, ist die Verschlechterung der Rechtsstellung von Flüchtlingen auf jedem Abschnitt ihres Weges – bei der Einreise in den EU-Raum, beim Stellen von Asylgesuchen in den einzelnen Ländern oder bei der Einreichung einer wirksamen Beschwerde. Amnesty International ist insbesondere darüber besorgt, dass die EU-Asyl- und -Einwanderungsverfahren langsam miteinander verschmelzen. AI bedauert die Unklarheiten im Vorschlag für eine gemeinsame Grenzkontrolle, die verschärfte Kontrollen ermöglichen sollen.»

AI, Press Release, 4. November 2003

NORDIRAK – TÜRKEI, 1991–1994   *Was passiert, wenn eine zwölfköpfige Familie entwurzelt wird? Wie kommt sie ohne Nahrung und Unterkunft zurecht?* Shurki Sindi erinnert sich, dass er während der drei Jahre in den Flüchtlingslagern immer hungrig war, immer fror und nie zur Schule ging. Für ein Kind sind drei Jahre ohne Schulbesuch eine lange Zeit, aber die Sindis hatten keine andere Wahl. Die zwölfköpfige Familie lebte in zwei Zelten, die nebeneinander aufgestellt worden waren. Zunächst sorgten die Vereinten Nationen für Lebensmittel und Kleidung; es trafen Hilfslieferungen aus verschiedenen Ländern ein. Aber je länger sich die Krise hinzog, desto geringer fielen die internationalen Hilfsleistungen aus. Berichten zufolge kam es zu Gewalttätigkeiten und Lebensmitteldiebstählen durch türkische Soldaten, die die Lager kontrollierten. Niemand durfte das Lager verlassen, und jeglicher Protest gegen die Umstände in den Lagern wurde sofort im Keim erstickt.

U.S. Committee for Refugees, Report Turkey

UN-Abkommen über die Rechtsstellung der Flüchtlinge, 1951

Artikel 1
... «Flüchtling» im Sinne dieses Abkommens ist jede Person, die (2)... sich aus begründeter Furcht vor Verfolgung wegen ihrer Rasse, Religion, Staatszugehörigkeit, Zugehörigkeit zu einer bestimmten sozialen Gruppe oder wegen ihrer politischen Überzeugung ausserhalb ihres Heimatlandes befindet und dessen Schutz nicht beanspruchen kann oder wegen dieser Befürchtungen nicht beanspruchen will oder die sich als staatenlose infolge solcher Ereignisse ausserhalb ihres Wohnsitzstaates befindet und dorthin nicht zurückkehren kann oder wegen der erwähnten Befürchtungen nicht zurückkehren will.

Konvention der Organisation für Afrikanische Einheit zur Regelung der Probleme von Flüchtlingen in Afrika (OAU-Konvention), 1969

Artikel 1
2. Der Begriff Flüchtling gilt auch für jede Person, die aufgrund von äusserer Aggression, Okkupation, ausländischer Vorherrschaft oder Ereignissen, die ernsthaft die öffentliche Ordnung stören, sei es in ihrem gesamten Herkunftsland oder einem Teil davon oder in dem Land, dessen Staatsangehörigkeit sie besitzt, gezwungen ist, den Ort, an dem sie für gewöhnlich ihren Wohnsitz hatte, zu verlassen, um an einem anderen Ort ausserhalb ihres Herkunftslandes oder des Landes, dessen Staatsangehörigkeit sie besitzt, Zuflucht zu nehmen.

Wie unterscheidet man «Wirtschaftsflüchtinge» von «eigentlichen» Flüchtlingen?

Normalerweise verlässt ein «Wirtschaftsflüchtling» sein Land aus freien Stücken, um anderswo ein besseres Leben zu suchen. Sollte er beschliessen, in sein Heimatland zurückzukehren, würde ihm von seiner Regierung nach wie vor Schutz gewährt. Flüchtlinge hingegen fliehen, weil sie verfolgt werden, und sie können unter den gegebenen Umständen nicht sicher in ihre Heimat zurückkehren.
UNHCR, Refugee Magazine 2001

Definitionsgemäss sind Flüchtlinge diejenigen, welchen der Schutz vorenthalten oder genommen wurde, den man normalerweise von ihrem Staat erwarten würde, und es liegt in der Natur der Verfolgung, dass sie ausschliesst und dass sie die Integrität und Würde des Individuums verletzt.
Guy S. Goodwin-Gill, Toleranz im Zeitalter der Unsicherheit, Passagen Verlag, Wien 2003

FRANKREICH, Frethun, Mai 2002 Auf einem Güterbahnhof verhaftet ein französischer Polizeibeamter Asylsuchende. Sie haben vergeblich versucht, auf einen Güterzug aufzuspringen, um nach Grossbritannien zu gelangen. Shannon Morris/AP/Kent News

INDONESIEN, Jakarta, November 2003 Asylsuchende in Gewahrsam der Einwanderungsbehörde. Das UN-Flüchtlingskommissariat hat Indonesien ersucht, die 14 Asylsuchenden, denen, wie sie sagen, in ihrem Heimatland Verfolgung droht, nicht abzuschieben. Achmad Ibrahim/AP

SPANIEN, Tarifa, 2001 Afrikanische Immigranten erreichen den Strand, nachdem sie von Marokko aus per Boot das Meer überquert haben. Stuart Franklin/Magnum Photos

Flüchtlings- und Migrationsbewegungen sind natürlich besondere Manifestationen der Konsequenzen von Konflikten, von Menschenrechtsverletzungen und von Unterentwicklung. Aber sie und unsere Reaktionen auf sie sind auch Symptome einer globalen Malaise – ein Gefühl, von entfernten, unpersönlichen und letztendlich unkontrollierbaren Kräften getrieben zu werden. Als die aufnehmenden Gemeinschaften enden wir in einem Teufelskreis, in dem lokale Kapazitäten – unsere bekannte Fähigkeit zum Überleben und zur Anpassung – überbelastet und unangemessen scheinen, wenn sie einem scheinbar endlosen Strom von Enteigneten gegenüberstehen. In diesem Zeitalter der Ungewissheit sehen wir, wie

Regierungen in Europa und anderswo mit einem Programm der Immigrations- und Flüchtlingskontrolle erfolgreich Wahlmandate behaupten, die Aufmerksamkeit von lokalem Missmanagement weg auf angebliche Verbrechen und Vergehen der ausländischen Bevölkerung lenken oder einseitige unnachgiebige Massnahmen angesichts manifester humanitärer Bedürfnisse verteidigen. Unsere Fähigkeit zu unreflektierter Inhumanität scheint unvermindert zu sein.

Guy S. Goodwin-Gill, Toleranz im Zeitalter der Unsicherheit, Passagen Verlag, Wien 2003

Schutz vor Abschiebung

SCHWEDEN Die Nachwehen des 11. September sind weltweit noch immer spürbar. Sie wirken sich auf die Freiheit des Einzelnen aus und stellen eine Bedrohung anerkannter Rechtsgrundsätze dar. Einer dieser Grundsätze ist das Prinzip des «non-refoulement»: Ein Staat darf niemanden in ein Land zurücksenden, in dem er oder sie Gefahr läuft, verfolgt oder gefoltert zu werden. Bei drohender Folter besteht ein absolutes Abschiebungsverbot, selbst wenn die betroffene Person ein Verbrechen begangen hat oder einer Straftat beschuldigt wird.

Seit dem 11. September werden die Staaten verstärkt unter Druck gesetzt, mutmassliche Terroristen auszuweisen. Der Druck kommt von vielen Seiten, einschliesslich der Vereinten Nationen. Am 28. September 2001 verabschiedete der Sicherheitsrat der Vereinten Nationen die Resolution 1373, in welcher die Staaten verpflichtet wurden, allen Personen die Einreise zu verweigern, die terroristische Anschläge finanzieren, planen, unterstützen, ausführen oder Terroristen Zuflucht gewähren. Zwar hebt diese Resolution die anderen Verpflichtungen der Staaten nicht auf, gemäss Berichten aus aller Welt legen jedoch heute einige Staaten mehr Ehrgeiz bei der Ausweisung mutmasslicher Terroristen an den Tag als beim Schutz der Personen vor Folter oder Missbrauch im Herkunftsstaat. ...

Einer der ersten dokumentierten Fälle kommt überraschenderweise aus Schweden. Kurz nach dem 11. September schickte die schwedische Regierung zwei Ägypter, Ahmed Agiza und Mohammed El-Zari, nach Ägypten zurück. Die beiden Männer waren 1991 vor mutmasslicher Verfolgung geflohen. Einige Jahre später wurden sie in Abwesenheit von einem ägyptischen Militärgericht «terroristischer Akte» für schuldig befunden und zu 25 bzw. sieben Jahren Haft verurteilt.[1] Unabhängig voneinander schlugen sich nach Schweden durch, wo sie ein Asylgesuch stellten. Menschenrechtsorganisationen in Ägypten bestätigen in durchaus glaubwürdigen Berichten, dass die beiden gefoltert und möglicherweise zum Tode verurteilt würden, wenn man sie an Ägypten ausliefern würde. Früher hätte allein diese drohende Gefahr ausgereicht, um Schutz durch das schwedische Rechtssystem mit allen nationalen und internationalen Beschwerdemöglichkeiten zu erhalten. Aber die Zeiten haben sich geändert: Aus Gründen der nationalen Sicherheit wurde ihnen das Recht auf Schutz verweigert, und Schweden entschloss sich zu einer raschen Ausweisung der beiden Männer. Als Gegenleistung erklärten sich die ägyptischen Behörden im Wesentlichen damit einverstanden, die Männer nicht zu foltern.

Peter Rosenblum/Anna Wigenmark/Radhi Thayu, Non-Refoulement at Risk, Foundation for Human Rights, April 2003, www.humanrights.se

[1] Diese Information wurde später überprüft. Es stellte sich heraus, dass Mohammad El-Zari nie für terroristische Verbrechen verurteilt, sondern lediglich solcher Straftaten verdächtigt wurde.

In Ägypten kamen El Zari und Agiza ohne Anklage in Haft. Mohammed El Zari wurde im Oktober 2003, ohne jemals wegen eines Verbrechens angeklagt worden zu sein, aus der Haft entlassen. Ahmed Agiza wurde 2004 zu einer Strafe von 25 Jahren wegen der Mitgliedschaft in einer terroristischen Organisation verurteilt und ist jetzt in Haft.

Das Recht auf eine Rückkehr in Sicherheit und Würde

GENF, SCHWEIZ, 2004 Irakische und türkische Beamte sowie Mitarbeiter des UNHCR haben sich am Donnerstag auf die Bedingungen für eine freiwillige Rückkehr von 13 000 türkischen Kurden geeinigt, die seit den frühen Neunzigerjahren im irakischen Exil leben. Etwa 9200 dieser Flüchtlinge halten sich im Lager Makhmour in der Nähe von Erbil auf, die anderen in den Gebieten Dohuk und Erbil im nördlichen Irak. Die irakischen Behörden haben sich im Rahmen dieser Vereinbarung dazu verpflichtet, sicherzustellen, dass die Rückkehr freiwillig geschieht und die Flüchtlinge keinem Druck ausgesetzt werden. Das Abkommen räumt dem UNHCR freien und ungehinderten Zugang zu den Flüchtlingen sowohl im Irak als auch in der Türkei ein. Die türkischen Behörden müssen gewährleisten, dass sich Flüchtlinge, die freiwillig in die Türkei zurückkehren, ungehindert an ihrem früheren Wohnort oder jedem anderen Ort ihrer Wahl in der Türkei niederlassen können.

UNHCR-Sprecher Kris Janowski, 23. Januar 2004

Allgemeine Erklärung der Menschenrechte, 1948

Artikel 14
Jeder hat das Recht, in anderen Ländern vor Verfolgung Asyl zu suchen und zu geniessen.

UN-Abkommen über die Rechtsstellung der Flüchtlinge, 1951

Artikel 33 Verbot der Ausweisung und Zurückstellung
1. Kein vertragsschliessender Staat darf einen Flüchtling in irgendeiner Form in das Gebiet eines Landes ausweisen oder zurückstellen, wo sein Leben oder seine Freiheit wegen seiner Rasse, Religion, Staatszugehörigkeit, seiner Zugehörigkeit zu einer bestimmten sozialen Gruppe oder seiner politischen Anschauungen gefährdet wäre.
2. Auf diese Vorschrift kann sich ein Flüchtling nicht berufen, wenn erhebliche Gründe dafür vorliegen, dass er als eine Gefahr für die Sicherheit des Aufenthaltsstaates angesehen werden muss oder wenn er eine Bedrohung für die Gemeinschaft dieses Landes bedeutet, weil er wegen eines besonders schweren Verbrechens oder Vergehens rechtskräftig verurteilt worden ist.

Erklärung der Vertragsstaaten der Genfer Flüchtlingskonvention von 1951 und ihr Protokoll von 1967, 13. Dezember 2001

Wir, die Vertreter der Vertragsstaaten ... [erkennen die] fortbestehende Relevanz und Anpassungsfähigkeit dieses internationalen Systems von Rechten und Prinzipien einschliesslich seines Kernstücks, des Non-Refoulement-Grundsatzes [an], dessen Anwendbarkeit im internationalen Gewohnheitsrecht verankert ist ...

ZYPERN, Larnaca, Oktober 1995 Palästinensische Familien im Hafen von Larnaca. An Bord des Fährschiffs im Hintergrund befinden sich 650 Palästinenser, die von Libyen abgeschoben wurden und denen die Einreise nach Syrien verweigert wird. Takis Ioannides/AP

GUATEMALA, April 1999 Flüchtlinge des blutigen Bürgerkrieges kehren nach Coatepeque im Südwesten Guatemalas zurück. Scott Dalton/AP

DIE MEISTEN FLÜCHTLINGE SIND FRAUEN UND KINDER

Weltweit gibt es etwa 50 Millionen Menschen, die ihre Heimat verlassen mussten – Flüchtlinge, die in anderen Ländern Zuflucht gesucht haben, und Binnenvertriebene, die innerhalb ihres eigenen Landes auf der Flucht sind. 75 bis 80 Prozent dieser Menschen sind Frauen und Kinder.

Das UN-Hochkommissariat für Flüchtlinge kümmert sich um 21,8 Millionen dieser Flüchtlinge; die Hälfte davon sind Frauen und Mädchen.

Die meisten Menschen fliehen vor einem Krieg in ihrer Heimat. Die Zahl der zivilen Todesfälle ist in den letzten Jahrzehnten sprunghaft von fünf auf über 90 Prozent der Kriegsopfer insgesamt angestiegen. 80 Prozent der Opfer von Handfeuerwaffen sind Frauen und Kinder. Diese Zahl übertrifft bei Weitem die der gefallenen Soldaten.

Mehr als 300 000 Jugendliche, darunter viele weibliche Flüchtlinge, dienen zurzeit weltweit als Kindersoldaten. Oft werden diese Mädchen zu verschiedenen Formen sexueller Sklaverei gezwungen.

UNHCR, Women – Seeking a Better Deal, Refugee Magazine 126 (2002)

Verfolgung von Frauen, die gegen Traditionen verstossen haben

Genau wie Männer werden Frauen aus politischen, ethnischen oder religiösen Gründen verfolgt. Aber auch Menschen, die diskriminiert oder verfolgt werden, weil sie sich nicht den strengen sozialen Normen unterwerfen wollen, können durchaus als Flüchtlinge anerkannt werden. Eine solche Verfolgung kann von den Behörden, aber – mit der Billigung des Staates – auch von nichtstaatlichen Akteuren ausgehen. Sexuelle Gewalt, etwa in der Form von Vergewaltigung, stellt Verfolgung dar. ...

Eine Frau, die Angriffe befürchten muss, weil sie sich weigert, einen Tschador oder andere einschränkende Kleidung zu tragen, oder weil sie sich selbst ihren Ehemann aussuchen und ein unabhängiges Leben führen möchte, soll daher den Flüchtlingsstatus beantragen können.

UNHCR

Der Fall Abankawah

VEREINIGTE STAATEN   Im Fall Abankawah befand ein amerikanisches Bundesgericht, dass die Beschneidung von Frauen – auch bekannt als Genitalverstümmelung (FGM) – ein Grund sein kann, um einer Frau Asyl zu gewähren. 1997 floh Frau Abankawah aus ihrem Heimatland Ghana in die USA. ... Sie stellte einen Antrag auf Asyl und gab an, dass sie im Falle einer Rückkehr nach Ghana wegen vorehelichen Geschlechtsverkehrs mit Genitalverstümmelung bestraft werden würde. Ihr Antrag wurde sowohl vom Einwanderungsrichter als auch von der Berufungsinstanz abgewiesen. *Das dagegen angerufene Bundesgericht hielt jedoch Frau Abankawah für glaubwürdig und konnte ihre Furcht vor zukünftiger Verfolgung als begründet nachvollziehen. Es wies darauf hin, dass «ein echter Flüchtling sein Land nicht mit eidesstattlichen Erklärungen, Expertenaussagen und ausführlicher Dokumentation verlässt, auch wenn natürlich für die Beurteilung von Asylanträgen objektive Beweise weiterhin unabdingbar sind».*

Siskind's Immigration Bulletin, News, 1999

UNHCR-Richtlinien zu Flüchtlingskindern, 1993

(a) Bei allen Massnahmen, die Flüchtlingskinder betreffen, müssen die Menschenrechte des Kindes und insbesondere sein Wohl vorrangig berücksichtigt werden.
(b) Der Erhalt bzw. die Wiederherstellung der Familieneinheit ist von grundlegender Bedeutung.
(c) Massnahmen zugunsten von Flüchtlingskindern sollen vor allem die vorrangigen Fürsorgepersonen in die Lage versetzen, ihrer Hauptverantwortung gerecht zu werden, nämlich die Bedürfnisse ihrer Kinder zu erfüllen.
(d) Sofern die besonderen Bedürfnisse von Flüchtlingskindern nur mithilfe von Massnahmen wirksam erfüllt werden können, die in erster Linie die Kinder betreffen, sollten diese unter voller Beteiligung der Familien und der Gemeinschaft durchgeführt werden.
(e) Bei der Gewährung von Schutz und Unterstützung müssen Flüchtlingsmädchen und -jungen gleichberechtigt behandelt werden.
(f) Unbegleitete Flüchtlingskinder bedürfen in besonderer Weise des Schutzes und der Betreuung.

(UNHCR-Grundsätze zu Flüchtlingskindern, Vorlage für das UNHCR-Exekutivkomitee, Oktober 1993 [Dokument EC/SCP/82])

Wenn es Kinder gibt,
die Erde und Würmer essen,
dann lasst uns alle Käfige öffnen,
dass sie fortfliegen wie die Vögel.

Viktor Jara

TSCHAD, Juli 2004 Eine Sudanesin mit ihrem Baby im Flüchtlingslager Iridimi. Radu Sigheti/Reuters

BUNDESREPUBLIK JUGOSLAVIEN, Kosowo, Flüchtlingslager auf dem Berg Berisha, Oktober 1998 Albanische Frauen aus dem Dorf Trpeza sitzen mit ihren Kindern in einem Zelt, nachdem sie vor serbischen Angriffen aus ihrer Heimatstadt geflohen waren. Enric Marti/AP

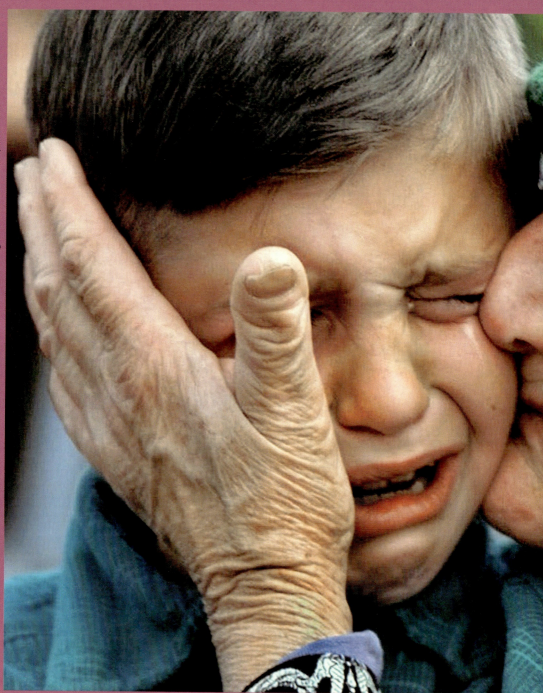

MAZEDONIEN, Brazda, April 1999 Eine Frau tröstet ihren weinenden Enkel nach der Ankunft im Flüchtlingslager. Sie gehören zu den fast 300 Flüchtlingen aus dem Kosovo, die in Blace die Grenze überquert haben und dann nach Brazda gebracht wurden. Eric Draper/AP

Wir haben unser Zuhause und damit die Vertrautheit des Alltags verloren. Wir haben unseren Beruf verloren und damit das Vertrauen eingebüsst, in dieser Welt irgendwie von Nutzen zu sein. Wir haben unsere Sprache verloren und mit ihr die Natürlichkeit unserer Reaktionen, die Einfachheit unserer Gebärden und den ungezwungenen Ausdruck unserer Gefühle. Wir haben unsere Verwandten in den polnischen Gettos zurückgelassen, unsere besten Freunde sind in den Konzentrationslagern umgebracht worden, und das bedeutet den Zusammenbruch unserer privaten Welt.

Hannah Arendt (1943)

AFGHANISTAN, Herat, Februar 2001 Afghanische Flüchtlinge in der Wüste. Der Dürre wegen mussten sie ihr Dorf verlassen. 30 000 Binnenvertriebene leben wenige Kilometer von Herat entfernt unter miserablen Bedingungen in der Wüste. Alexandra Boulat/VII

DIE RECHTE VON BINNENVERTRIEBENEN

Vertrieben und gefährdet im eigenen Land
AFGHANISTAN, Oktober 2001 Verhältnismässig wenigen Afghanen – etwa 200 000 Personen – gelang die Flucht, nachdem Pakistan und Iran ihre Grenzen hermetisch abgeriegelt und die Taliban eine Massenflucht verhindert hatten. Nur jenen, die physisch dazu in der Lage waren und zudem über genügend Geld verfügten, um Lastwagen zu mieten oder Esel zu leihen, um damit die schwierigen Gebirgspässe zu überqueren und die Grenzposten zu bestechen, gelang die Flucht nach Pakistan. Dort angekommen, galten sie als Flüchtlinge im Sinne des internationalen Rechts und kamen so in den Genuss der Hilfe des UN-Hochkommissariats für Flüchtlinge. ...
Was aber geschah mit den Afghanen, die ebenfalls gezwungen wurden, ihr Heim zu verlassen, denen aber die Flucht ins Ausland misslang? Die Zahl dieser Menschen lag bei etwa zwei Millionen, war demnach um ein Vielfaches grösser. Sie gehörten zu den vielen intern Vertriebenen dieser Welt, die ihren Wohnort oft aus denselben Gründen verlassen wie Flüchtlinge. Anders als diese bleiben sie aber innerhalb der Landesgrenzen gefangen; keine internationale Organisation fühlt sich für sie zuständig.
Im Unterschied zu den Flüchtlingen, die nach Pakistan gelangten und denen die Vereinten Nationen Lebensmittel, Medikamente und Unterkünfte zur Verfügung stellten, erhielten die im Land gebliebenen Vertriebenen keine oder nur wenig Hilfe. In den Sammellagern und Siedlungen war eine kontinuierliche Versorgung mit Mehl, Öl und sauberem Wasser sowie medizinischer Behandlung nicht gewährleistet. Als die Lebensmittelvorräte zu Ende gingen, verhungerten die Menschen oder sie starben an Krankheiten, die hätten verhindert werden können. Als es keine Zelte mehr gab, gruben sie Löcher in die Erde, in denen sie Schutz suchten. Die Vertriebenen wurden so zur leichten Beute von bewaffneten Splittergruppen, die junge Männer zwangsrekrutierten, junge Frauen verprügelten und vergewaltigten.

<small>Roberta Cohen, Brookings-SAIS-Project on Internal Displacement, Bulletin of the Atomic Scientist, November 2002</small>

Ich heisse Milena. Ich bin 16 Jahre alt und eine intern Vertriebene. Vor dem Dezember 1994, als ich aus Grozny fliehen musste, hatte ich noch nie etwas von internen Vertriebenen gehört.

<small>UNHCR, Refugee Magazine 107 (1997)</small>

Man darf nicht aufgeben und nicht die Hoffnung verlieren
Für Julia Kharshvili, eine intern Vertriebene, die 1993 vor den Konflikten in Abchasien nach Tiflis, Georgien, floh und die heute die Organisation vertriebener Frauen in Georgien leitet, wurde klar, dass Frauen zum Schutz ihrer Kinder oft grosse Risiken eingehen. Deshalb bleiben solche Mütter schutzlos, solange die Kinder in Gefahr sind und nicht zur Schule gehen können: «Eine der höchsten Prioritäten von vertriebenen Frauen ist die Verbesserung der Lebensumstände, der Sicherheit und der Bildung ihrer Kinder. Deshalb konzentrieren wir uns auch auf die Probleme der Kinder», schreibt die 47-jährige Physikerin. «Die Friedenslager sind deshalb ein wichtiger und mittlerweile bekannter Bestandteil unseres Programms. In solchen Lagern treffen Kinder und Teenager aus Konfliktgebieten – zunächst nur aus Georgien, später auch aus Armenien und Aserbeidjan – zusammen und können zusammen leben und lernen.»
Seit der Gründung des Programms im Jahre 1996 waren mehrere Hundert Kinder in solchen Lagern und haben an Bildungs- und Erholungsaktivitäten teilgenommen. Kharshvilis Organisation bietet auch berufliche Ausbildungsprogramme an und klärt die vertriebenen Frauen in Georgien, wo über 270 000 Vertriebene leben, über ihre Rechte und die Menschenrechte auf.

<small>Millicent Mutuli, UNHCR, 17. Juni 2002</small>

UN-Leitlinien für den Umgang mit Binnenvertriebenen, 1998

Im Rahmen dieser Leitlinien versteht man unter Binnenvertriebenen Personen oder Gruppen, die wegen bewaffneter Auseinandersetzungen, Gewalttätigkeiten, Menschenrechtsverletzungen, Naturkatastrophen oder von Menschen geschaffenen Katastrophen gezwungen oder dazu verpflichtet worden sind, ihr Heim oder ihren Wohnort zu verlassen, und die dabei keine international anerkannte Staatsgrenze überquert haben.

Zu Beginn unserer Arbeit war das Problem der intern Vertriebenen verbotenes Gebiet; die Souveränität eines Landes galt als absolut. Nun wird immerhin allgemein anerkannt, dass das Konzept der Souveränität nicht dazu berechtigt, sich gegen jede internationale Untersuchung zu verbarrikadieren, sondern die Verantwortung der Regierung begründet, die Rechte der Bürgerinnen und Bürger zu respektieren. Wir machen also Fortschritte. Zwar ist das Glas noch zu drei Vierteln leer, aber es ist zumindest zu einem Viertel voll.

<small>Francis Deng, UN-Sonderbeauftragter für Binnenvertreibung, Refugees Magazine 117 (1999)</small>

ASERBAIDSCHAN, Barda, 1997   Mehrere Hundert Flüchtlingsfamilien leben in einem provisorischen Dorf aus Güterwagen. Vor vier Jahren sind sie vor den Kämpfen im 40 Kilometer entfernten Agdam geflohen. Oleg Nikishin/AP

KOLUMBIEN, Bogotá, 2002   Angie Chitiva, 8, steht vor dem Haus ihrer Eltern in den Aussenbezirken von Bogotá. Guerillaaktivitäten zwangen ihre Familie, ihr Dorf zu verlassen. Tomas Munita/AP

SCHUTZ FÜR DIE BINNENVERTRIEBENEN

Schutz vor willkürlicher Vertreibung

UGANDA 2003 Ein hoher Beamter der UNO beschreibt den schon seit mehr als 17 Jahren dauernden Konflikt im nördlichen Uganda als die «weltweit grösste humanitäre Krise, die je ignoriert wurde». Die Anzahl intern vertriebener Menschen hat sich zwischen Juli 2002 und Dezember 2003 von 650 000 auf 1,4 Millionen mehr als verdoppelt. Nachdem der Konflikt im Juni 2003 eskalierte, flüchteten Hunderttausende vor den Angriffen der rebellierenden Lord's Resistance Army und vor den Kämpfen zwischen den Kriegsparteien in die überfüllten Lager. Die Konfliktparteien zeigen nur wenig Interesse an einer friedlichen Beendigung dieses Konflikts. Die Regierung strebt offenbar eine militärische Lösung an und wird darin von den Vereinigten Staaten massgeblich unterstützt. Als Gegenleistung hilft Uganda den Vereinigten Staaten im Kampf gegen den internationalen Terrorismus.

Global IDP-Project, Uganda: mass displacement to unprotected camps, 18. Dezember 2003

Schutz während der Vertreibung

Wenn internationale Organisationen Zugang zu intern Vertriebenen erhielten, könnten die Vertriebenen auf ihrer Flucht mit Nahrungsmitteln und Notunterkünften versorgt werden. In Burundi, Kolumbien und im südlichen Sudan konnten wir beispielsweise beobachten, dass internationale Organisationen die Vertriebenen mit genügend Lebensmitteln und Wasser versorgten, medizinische Behandlungen gewährten und Unterkünfte zur Verfügung stellten, um das Überleben in der Anfangsphase der Flucht zu sichern. Doch sobald aus einer Krisensituation ein dauerhafter Zustand wird, können die internationalen Organisationen weniger effizient auf die Bedürfnisse der Vertriebenen eingehen. So erhielten beispielsweise Bauern in Kolumbien, die vor den bewaffneten Auseinandersetzungen in Drogenanbaugebieten geflohen waren, während der ersten 90 Tage ihrer Flucht ausreichend Nahrung und Obdach; als sie aber in kleinere Städte oder urbane Zentren wie z.B. Bogotá zogen, erhielten sie wenig oder gar keine Unterstützung mehr .... Die internationalen Organisationen werden in vielfacher Weise daran gehindert, Vertriebene zu schützen: Ihre Einsatzmöglichkeiten in Kriegsgebieten sind stark eingeschränkt, Hilfskräfte werden angegriffen und Morddrohungen ausgesetzt. Die Regierungen berufen sich auf ihre Souveränität, um Hilfsorganisationen den Zugang zu den intern Vertriebenen zu verwehren. Diese Schwierigkeiten behindern die Arbeit der internationalen Organisationen erheblich. Internationale Organisationen haben es aber häufig selber versäumt, Massnahmen zum Schutz der Vertriebenen zu ergreifen, z.B. deutlicher Schutzmassnahmen zu fordern, Fortbildungsprogramme über Schutzgewährung für Helfer durchzuführen oder Koordinationsmassnahmen auf Landesebene zu ergreifen.

United States General Accounting Office: Internally Displaced Persons Lack Effective Protection, Washington August 2001, GAO-01-803

Schutz bei der Rückkehr

SENEGAL Die Organisation Refugees International (RI) berichtet, dass in dem mehr als 20 Jahre währenden Bürgerkrieg im Senegal zwischen den Regierungstruppen und dem Movement of Democratic Forces of Casamance (MFDC) positive Schritte hin zum Frieden gemacht wurden, was mehr als 3000 Flüchtlinge und Vertriebene zur Rückkehr in ihre Heimat ermutigt hat. Bei ihrer Rückkehr fanden die Vertriebenen in ihren Dörfern eine völlig zerstörte Infrastruktur vor, und ihr Land war völlig überwuchert. Laut RI bildet eine erhebliche Zahl von Landminen in den Dörfern und der Umgebung ein Hindernis für die Rückkehr. Viele der Rückkehrer sind «finanziell, körperlich und psychisch geschwächt». RI empfiehlt Geberorganisationen und -ländern, Programme für zurückkehrende Flüchtlinge und Binnenvertriebene zu finanzieren. Die Organisation fordert das UNHCR auf, die zurückkehrenden Menschen aktiver zu unterstützen. Zudem wird die senegalesische Regierung aufgerufen, mit der Hilfe für die Rückkehrer zu beginnen, auch wenn der Frieden noch keine festen Formen angenommen hat.

Global IDP Project, Returnees in Senegal in Need of Support, 21. Januar 2004

UN-Leitlinien für den Umgang mit Binnenvertriebenen, 1998

Leitlinie 6
1. Alle Menschen haben das Recht, vor willkürlicher Vertreibung aus ihrer Heimat oder von ihrem ständigen Wohnort geschützt zu werden.
2. Willkürliche Vertreibung ist verboten: a) wenn sie auf Apartheidspolitik, «ethnischer Säuberung» oder ähnlichen Praktiken beruht, die auf eine Änderung der ethnischen oder religiösen Zusammensetzung der betroffenen Bevölkerung abzielen oder dazu führen; b) in bewaffneten Konflikten, es sei denn, dass die Sicherheit der betroffenen Zivilbevölkerung oder zwingende militärische Gründe es erforderlich machen; c) bei gross angelegten Entwicklungsprojekten, die nicht durch zwingende und vorrangige öffentliche Interessen gerechtfertigt sind; d) bei Katastrophen, es sei denn, die Sicherheit und Gesundheit der Betroffenen machen eine Evakuierung zwingend erforderlich; und e) wenn sie als Kollektivstrafe eingesetzt wird.
3. Die Vertreibung darf nicht länger dauern als unter den gegebenen Umständen erforderlich.

Leitlinie 25
1. Die Hauptverantwortung für humanitäre Hilfsleistungen für intern vertriebene Personen obliegt den nationalen Behörden.
2. Internationale humanitäre Organisationen und andere geeignete Akteure haben das Recht, ihre Dienste zugunsten der intern Vertriebenen zur Verfügung zu stellen. ...
3. Alle zuständigen Behörden haben humanitären Hilfslieferungen freien Transit zu gewähren und zu erleichtern und den mit der Lieferung solcher Hilfsleistungen befassten Personen ungehinderten Zugang zu den intern Vertriebenen zu gewähren.

Leitlinie 28
1. Die zuständigen Behörden haben die vorrangige Pflicht und Verantwortung, die Bedingungen zu schaffen und die Mittel bereitzustellen, damit Binnenvertriebene freiwillig in Sicherheit und Würde in ihre Heimat oder an ihren ständigen Wohnort zurückkehren oder sich freiwillig in einem anderen Landesteil neu niederlassen können. Die zuständigen Behörden sollen Massnahmen ergreifen, um die Reintegration zurückgekehrter oder neu angesiedelter Binnenvertriebener zu erleichtern.
2. Besondere Anstrengungen sollen unternommen werden, damit Binnenvertriebene eigenständig ihre Rückkehr oder Neuansiedlung planen und umsetzen können und die Reintegration gewährleistet ist.

GEORGIEN, Tiflis, Januar 2002 Das Hotel Iveria, ein ehemaliges Touristenhotel, beherbergt Binnenvertriebene. Bürgerkrieg und eine Welle krimineller Gewalt haben Georgiens Bestrebungen zunichtegemacht, erneut zu einem Touristenmekka zu werden. Heute sind in den Hotels der Hauptstadt Tiflis Binnenvertriebene untergebracht. Shakh Aivazov/AP

BOSNIEN-HERZEGOWINA, Sarajevo, 1996 UNHCR-Plastikfolien werden als Fensterscheiben benutzt. UNHCR/A. Hollmann

AFGHANISTAN, November 2002 Von Herat aus müssen die IKRK-Lastwagen 450 Kilometer zurücklegen und manchmal mehr als 3000 Meter hohe Pässe überqueren. Die Hilfsgüter wurden rechtzeitig vor Anbruch des Winters angeliefert. Patrick Bourgeois/ICRC

DIE ROLLE DER INTERNATIONALEN GEMEINSCHAFT

UN-Hochkommissariat für Flüchtlinge (UNHCR)

Als humanitäre, unpolitische Organisation verfolgt das UNHCR zwei wesentliche und eng miteinander verbundene Ziele: die Flüchtlinge zu schützen und ihnen beim Aufbau eines neuen Lebens in einer normalen Umgebung zu helfen. Die Gewährung von internationalem Schutz ist der Eckpfeiler der Organisation. In der Praxis bedeutet dies die Überwachung und Sicherung der grundlegenden Menschenrechte von Flüchtlingen. Zudem muss sichergestellt werden, dass das Prinzip des «non-refoulement» beachtet wird, d.h., dass niemand gegen seinen Willen in ein Land zurückkehren muss, wo er oder sie berechtigterweise befürchten muss, verfolgt zu werden.

Das UNHCR fördert internationale Flüchtlingsabkommen und überwacht, ob Regierungen das internationale Flüchtlingsrecht einhalten. Die Mitarbeiter des UNHCR arbeiten an den unterschiedlichsten Orten, in Hauptstädten ebenso wie in abgelegenen Lagern und in Grenzgebieten. Sie bemühen sich, den oben beschriebenen Schutz zu bieten und das Risiko von Gewalthandlungen gegen Flüchtlinge – einschliesslich sexueller Übergriffe, denen viele Flüchtlinge sogar im Zufluchtsland ausgesetzt sind – zu minimieren. Die Organisation strebt langfristige oder «nachhaltige» Lösungen an, indem sie Flüchtlingen hilft, in ihr Heimatland zurückzukehren, sobald die Bedingungen dies zulassen, und unterstützt sie bei der Eingliederung in den Zufluchtsstaat oder bei der Umsiedlung in ein Drittland.
...
Der Begriff des Flüchtlings ist eng definiert. Flüchtlinge sind Personen, die aus ihrem Heimatland geflohen sind und in einem anderen Land Zuflucht gesucht haben. Es gibt aber Millionen von Menschen, die ähnlich verzweifelt sind, rechtlich aber nicht als Flüchtlinge anerkannt werden und daher keinen Anspruch auf normale Hilfeleistungen oder Schutz haben. Das UNHCR unterstützt einige dieser Gruppen in zunehmendem Masse.

Schätzungsweise gibt es weltweit etwa 20–25 Millionen sogenannte Binnenvertriebene (IDPs), d.h. Menschen, die vor einem Bürgerkrieg aus ihrer Heimat geflohen, aber im Land geblieben sind, anstatt im Ausland Zuflucht zu suchen. ... Zu Beginn des neuen Jahrtausends wurde auf internationaler Ebene diskutiert, wie die humanitäre Gemeinschaft dieser Gruppe bessere und umfassendere Hilfe leisten kann. Das UNHCR unterstützt Menschen, denen als Gruppe oder aus rein humanitären Gründen Schutz gewährt worden ist, die aber formell nicht als Flüchtlinge anerkannt worden sind. Es hilft bei der Reintegration von Flüchtlingen, die in ihr Heimatland zurückgekehrt sind, und überwacht den Integrationsprozess.

UNHCR, 2001, www.gm-unccd.org

Der Beauftragte des UN-Generalsekretärs für die Menschenrechte von intern Vertriebenen

Angesichts der damaligen starken Zunahme der Zahl von Menschen, welche in ihrem eigenen Land vertrieben wurden, aber nicht ins Ausland flüchteten, und des Fehlens von Schutz und Unterstützung für die Opfer von Vertreibung ersuchte die Menschenrechtskommission der Vereinten Nationen den Generalsekretär im Jahre 1992, einen Sonderbeauftragten für intern Vertriebene zu ernennen. Ernannt wurde Francis M. Deng. Seine Aufgabe bestand zunächst vor allem darin, zu untersuchen, in welchem Ausmass das Völkerrecht sich mit den Bedürfnissen intern Vertriebener nach Schutz und materieller Hilfe befasst. Diese Arbeit führte zur Entwicklung der «Leitlinien für den Umgang mit Binnenvertriebenen» (Guiding Principles on Internal Displacement), welche der Sonderbeauftragte 1998 der Menschenrechtskommission vorlegte. Das ausdrückliche Ziel der Leitlinien ist es, aufzuzeigen, welches die Rechte der Vertriebenen sind, und den Sonderbeauftragten, die Staaten, alle anderen Behörden, Gruppen und Personen, zwischenstaatliche und Nichtregierungsorganisationen beim Umgang mit intern Vertriebenen anzuleiten. 2004 ernannte die Menschenrechtskommission Walter Kälin als Nachfolger von Francis Deng zum Beauftragten des Un-Generalsekretärs für die Menschenrechte von intern Vertriebenen. Er ist beauftragt, mit Regierungen, Organisationen und anderen Akteuren (inklusive nichtstaatlichen bewaffneten Gruppierungen) in Dialog zu treten, um zu erreichen, dass die Rechte der Vertriebenen besser geachtet und geschützt werden. Zu diesem Zweck besucht der Beauftragte betroffene Länder und unterbreitet dem Menschenrechtsrat Berichte über diese Missionen mit detaillierten Empfehlungen. Im Weiteren hat der Beauftragte sich dafür einzusetzen, dass die humanitären Organisationen der UNO sich in ihrer Arbeit systematisch mit den Rechten der Vertriebenen befassen. Schliesslich arbeitet der Beauftragte auf das Ziel hin, dass betroffene Länder die «Leitlinien für den Umgang mit Binnenvertriebenen» in ihre Gesetzgebung überführen.

www.ohchr.org/english/issues/idp/index.htm

DER BEITRAG DER ZIVILGESELLSCHAFT

Der Europäische Flüchtlingsrat (ECRE)
ECRE ist ein gesamteuropäisches Netzwerk von Nichtregierungsorganisationen, die im Bereich der Flüchtlingshilfe tätig sind. ECRE befasst sich mit den Bedürfnissen aller Menschen, die in Europa Zuflucht und Schutz suchen.

Zielsetzung
Ziel der Bemühungen ist es, Flüchtlingen auf der Grundlage der menschlichen Würde, der Menschenrechte, der Ethik und der Solidarität den notwendigen Schutz zu gewähren und die Eingliederung in Europa zu ermöglichen.

Arbeitsmethoden
Der ECRE realisiert dieses Ziel, indem er für eine humane und grosszügige Asylpolitik in Europa eintritt. Ausserdem unterstützt er die internationale Gemeinschaft dabei, adäquat auf Flüchtlingsströme zu reagieren. Er fördert und koordiniert die Zusammenarbeit zwischen Nichtregierungsorganisationen, die sich für die Flüchtlingshilfe einsetzen. Er entwickelt den institutionellen Rahmen für die Flüchtlingshilfe der Nichtregierungsorganisationen in Europa.
ECRE lebt von den Ideen und dem Engagement aktiver Mitarbeit der Nichtregierungsorganisationen, die sich mit Flüchtlingshilfe befassen, und kann auf ein effizient arbeitendes Sekretariat zurückgreifen. ECRE bemüht sich auch darum, weitere Kreise der Zivilgesellschaft, der politischen Gemeinschaft und der Flüchtlingsgemeinschaften in seine Arbeiten einzubinden. Er respektiert die kulturellen Werte der verschiedenen Regionen Europas.
Selbstporträt, www.ecre.org

Das globale Projekt für intern Vertriebene des norwegischen Flüchtlingsrats (NRC, Norwegian Refugee Council)
1998 begann der NRC mit der Erstellung einer umfassenden Datenbank über intern Vertriebene, die ab Dezember 1999 zur Benutzung offenstand. In dieser Datenbank sind Fakten, Zahlen und Analysen zur weltweiten Situation der intern Vertriebenen in einem einzigen Informationssystem gesammelt. Im gleichen Jahr entwickelte der NRC in Zusammenarbeit mit dem UN-Hochkommissariat für Menschenrechte zudem ein Fortbildungsprogramm zu den Leitlinien für den Umgang mit Binnenvertriebenen. Dieses Fortbildungsprogramm dient der Umsetzung der Leitlinien auf nationaler Ebene und soll vom NRC in Zusammenarbeit mit dem globalen Projekt für intern Vertriebene implementiert werden. Seither ist die Programmkomponente «Schutz & Ausbildung» weiterentwickelt worden und arbeitet nun auch mit den Fortbildungsinitiativen der UN und anderen Organisationen zusammen. Der dritte Schwerpunkt, «Engagement & Veröffentlichungen», verwertet die in der Datenbank verfügbaren Informationen, um länderübergreifende Analysen und thematische Studien zu erstellen.

Ziele des globalen Projektes für intern Vertriebene:
- Förderung der Anwendung der UN-Leitlinien für den Umgang mit Binnenvertriebenen;
- Vermittlung von Informationen über intern Vertriebene und länderspezifische Situationen;
- Unterstützung und Verbesserung der Reaktionen der internationalen Gemeinschaft auf interne Vertreibung.

Selbstporträt, www.idpproject.org

Die Bedeutung lokaler Nichtregierungsorganisationen für die Flüchtlingshilfe
In die überwältigende Mehrheit der Aufgaben, die das UN-Hochkommissariat für Flüchtlinge (UNHCR) zu erfüllen hat, sind Hunderte Nichtregierungsorganisationen einbezogen. Sie sind für die erfolgreiche Durchführung der wichtigsten Aufgabe des Büros – des Flüchtlingsschutzes – unentbehrlich geworden.
Nichtregierungsorganisationen helfen bei der Reintegration von Flüchtlingen in die Gesellschaft, stellen den Kontakt zu Flüchtlingsvereinigungen und zu einzelnen Flüchtlingen her und setzen die Arbeit fort, nachdem internationale Hilfsorganisationen eine Region längst verlassen haben. Die meisten Flüchtlingsprogramme werden heute von Nichtregierungsorganisationen umgesetzt. Das UNHCR schliesst jährlich Partnerschaftsvereinbarungen mit mehr als 500 Nichtregierungsorganisationen in aller Welt ab und arbeitet mit mehr als 400 weiteren an vielen verschiedenen Projekten zusammen, die Wiederansiedlungsmassnahmen, Forschungsarbeiten und die Sensibilisierung der Öffentlichkeit für die Flüchtlingsproblematik betreffen. Im Jahr 2001 wurden durch die Partnerschaftsvereinbarungen 180 Millionen US-Dollar umgesetzt, was ungefähr 20 Prozent des Jahresgesamtbudgets des Flüchtlingshochkommissariats entspricht. Bei den Kooperationsverträgen mit den Hilfsorganisationen geht es um Massnahmen in den Bereichen Gesundheit, Ernährung, Wasserversorgung, Entwicklung von Gemeinschaften, Bildung, Bau- und Gebäudeunterhalt. Darüber hinaus hat das UNHCR Vereinbarungen mit nationalen Flüchtlingsgruppen und Nichtregierungsorganisationen geschlossen, die sich in ihrer Arbeit auf bestimmte Themen wie Menschenrechte oder Umwelt sowie auf bestimmte Flüchtlingsgruppen wie Frauen und Kinder konzentrieren. Etwa 40 internationale Nichtregierungsorganisationen führen zurzeit länderübergreifende UNHCR-Projekte durch, und mehr als 300 nationale Organisationen arbeiten jeweils nur in ihrem eigenen Land.
Eine besonders enge Zusammenarbeit zwischen dem UNHCR und Nichtregierungsorganisationen hat sich im Bereich der Soforthilfemassnahmen entwickelt. Mehrere Partnerorganisationen haben Bereitschaftsdienste aufgebaut, die schon im frühen Stadium eines Notfalls qualifizierte Helfer entsenden können.
www.unhcr.ch

PAKISTAN, Karatschi, April 1999   Afghanische Flüchtlinge vor ihrer Rückkehr nach Afghanistan. Etwa 12 000 Menschen, die vor den Kämpfen des Bürgerkrieges geflohen sind, wollen nach Hause zurückkehren. Zia Mazhar/AP

KONGO, Juni 1997 Ruandische Hutu-Flüchtlinge sitzen in einem UNHCR-Frachtflugzeug auf dem Flughafen Mbandaka, um nach Kigali, Ruanda, zurückgebracht zu werden. Tausende Flüchtlinge wurden vom UNHCR im Wald aufgespürt und warten auf ihre Rückkehr nach Ruanda. Am Ende einer acht Monate langen Flucht durch den Dschungel, haben sich Tausende von Flüchtlingen einverstanden erklärt, vom UNHCR in ihre Heimat zurückgeführt zu werden. Jean-Marc Bouju/AP

MEXIKO, Juni 1998 Indios verlassen das Flüchtlingslager Xoyep, um in ihre Dörfer im vom Unruhen heimgesuchten mexikanischen Bundesstaat Chiapas zurückzukehren. Marco Ugarte/AP

RUANDA, Kibungo, Dezember 1996 Ein ruandischer Flüchtling wird bei seiner Ankunft in seinem Dorf willkommen geheissen. Nach einem mehr als zweieinhalbjährigen Exil im Nordwesten Tansanias kehren Hunderttausende Flüchtlinge nach Ruanda zurück. Ricardo Mazalan/AP

SACHWORTVERZEICHNIS

Kursiv = Abbildungen

Aborigines → Australien
Abtreibung 58, *59*
AIDS → HIV/AIDS
Analphabetismus 406, 408–409, *418*
Arbeit (siehe auch Recht auf Arbeit) 438–481
   Arbeitslosigkeit 446
   arbeitsbedingte Krankheiten 446
   Arbeitsbedingungen 244
   Kinderarbeit 447
Asyl 628, 634, 638
Asylsuchende 622, *632, 635*

Behinderung *129*
   geistige Behinderung 66, 128, 550
   Kinder 428, *429–431*
Bestattungen *63, 72,* 379
Bewaffneter Konflikt 29, 578, *650, 651*
   Schutz des Eigentums 501
   Frauen 75, 560
   Kinder 76
   Kriegsopfer (siehe auch Binnenvertriebene und Flüchtlinge) 46, *70,* 72, 76, *77,* 79, *86, 94,* 243, *501, 552,* 560
   Kriegsverbrechen 26–27, 74, *90–91,* 160–167, *540, 541, 563*
   Recht auf Leben 51, 74, 75
   religiöser Konflikt 368–375, *371–375*
Binnenvertriebene (IDPs) *187,* 220, 260, 623, *626,* 629, 630, 644, 644–649, 649
   Frauen 640, *641,* 646
   Kinder *436,* 640, 646, *647*
   Rechte von 629, 645–649

Dalit → Indien
Demonstration → Protest und Streik
Diskriminierung 98–153
   Förderungsmassnahmen 118
   Frauen → Diskriminierung wegen des Geschlechts
   Gleichbehandlung 112, 140
   indirekte 113, 144
   mehrfache 118, 130
   wegen einer Behinderung oder Krankheit 128
   wegen der ethnischen Herkunft 104, 121, 122
   wegen der sexuellen Neigung 130, 312
   wegen der Geburt oder des Status 126
   wegen der Rasse *102,* 104, 120–121, *120*
   wegen der Religion 388
   wegen des Geschlechts 29, 105, 118, 132–151, 202, 238, 280, 326, 328, 408, 424, 464, 504, 604
   unsachliche Unterscheidung 118
   verpönte Anknüpfungspunkte 113

Ehe → Heirat
Eigentum (siehe auch Eigentumsrechte) 482–511
Eigentumsrechte (siehe auch Eigentum) 144, 482–511
   Frauen 144, 394, 494
   im Krieg *495,* 500
   indigene Völker 502
   Konfiskation 500
   Landrechte und Landreform 495, 502, 504
   Schutz des Eigentums 494
   Stammesgebiete → indigene Völker
Erziehung (siehe auch Schule) 402–437
Erziehungsrecht der Eltern (siehe auch Erziehung) 24, 402–437

Fahrende 282
Familie 306, *316–317, 318–319, 395,* 496–499, 630
Flüchtlinge 121, *141,* 178, *206,* 246, 618, 622, *624–627,* 628, 630–643, *631–633,* 641–643, 652–653, *654–661*
   Begriff 628, 634, 640
   Frauen 640, *641–643*
   Kinder *472,* 630, *631,* 641–643
   Rechte von → Rechte von Flüchtlingen
   Rückkehr 622, 638, *639,* 656–661

Flüchtlingslager *178,* 286, *486,* 616, *626–627,* 630–631, *641*
Folter 31, *526–527, 528–531,* 556–563, *569,* 568
   Opfer *531, 552,* 556, 558, *559,* 560, *562, 568*
   Frauen 560
   Verbot 538, 556–563
Fotografie 528–529
Frauen
   Beschneidung 105, 151, 240, *241,* 640
   Binnenvertriebene 640, *641,* 646
   Diskriminierung 29, 105, 118, 132–151, 202, 238, 280, 326, 328, 408, 424, 464, 504, 604
   Ehrenmorde 62, *63,* 148, 344–345
   Eigentumsrechte 144, 494, 504
   Erziehungsrecht der Eltern 424
   Flüchtlinge 640, *641–643*
   Folter 560
   Frauenrechte 132–151
   Gewalt gegen (siehe auch häusliche Gewalt) 146, 148, 560, *561*
   häusliche Gewalt 105, 146, *147,* 320, *321,* 330
   im Parlament 579
   Menschenhandel → Menschenhandel
   Mord an Frauen 62
   Müttersterblichkeit 244
   politische Rechte 604
   Pressefreiheit 590
   Prostitution → Menschenhandel
   Recht auf Arbeit 464
   Recht auf Ehe 326, 328
   Recht auf Gesundheit 170–173, 238, 242
   Recht auf Nahrung 202
   Recht auf Privatleben 312, 320
   Recht auf Wohnung 262, 280, 282
   Religion 148, 394, *395*
   unmenschliche Behandlung 550

Gedanken und Gewissensfreiheit 376, 382
Gefängnis, Gefangene *40, 42,* 69, 201, 239, *527,* 535, *536–537, 542,* 546–549, *547, 549, 564,* 565
   faires Verfahren → Recht auf faires Verfahren
   Folter → Folter
   Gewissensgefangene 382
   Haftbedingungen 546
   politische Rechte 602
   Recht auf Gesundheit 238
   Recht auf menschliche Behandlung in Haft 538, 546–549
   Recht auf Nahrung 200
Genozid 46, 51, 75, *80,* 82–83, *84, 100,* 554
Gericht 44, 47, 66, 155–156
Gesundheit (siehe auch Recht auf Gesundheit) 128, 130, 218–253, 446, 474, 546
   angemessene Gesundheitsversorgung 229
   medizinische Versorgung *147,* 224–227, *234–235,* 244, *248,* 383, *478,* 551
   Globaler Pakt 26

Heirat 131, 322–325, 327, 328, *329,* 631
Hinrichtung 44, 47, 66, 155–156
   willkürliche, aussergerichtliche und summarische Hinrichtung 48, 50, 60, *61,* 586
HIV/AIDS 128, 130, *224,* 244, *245,* 428
Holocaust → Genozid
Homosexualität → sexuelle Neigung
humanitäres Völkerrecht 28–29
Hunger (siehe auch Recht auf Nahrung) 174–187, 200
Hutu → Ruanda

Indigene Völker 30, *124,* 359, *423,* 502, *503,* 508
Internet → Medien

Jirga 613
Journalisten → Medien

Kinder 29, 550
   Behinderung 428, *429–431*
   Binnenvertriebene 640, 646, *647*
   Diskriminierung 118, 409
   Erziehung (siehe auch Schule) 402–437
   Erziehungsrecht der Eltern (siehe auch Erziehung) 24, 402–437
   Flüchtlinge *472,* 631, 641–643
   Hungersnot *176,* 178–181, 184–185
   im Krieg 76, 77

Kinderarbeit 420, 447, 455, 472–476, *472,* 475
Kinderheirat 328, 331, *329*
Kindersoldaten 76, *77,* 640
Menschenhandel → Menschenhandel
Recht auf Gesundheit 240
Recht auf Leben *17,* 30, 59, 60, 62, 66, 76
Recht auf Privatleben 318–319
Recht auf Wohnung 262, 282
Strassenkinder *61,* 118, 262, 282, *283, 284, 285,* 354
Todesstrafe 66
Körperstrafe → Folter
Krieg → bewaffneter Konflikt
Kurdische Flüchtlinge *178, 436,* 620, *627, 630,* 638

Landminen 78–79, *78, 79*
Landrechte 495, 502
Landsgemeinde *612*
Leben (siehe auch Recht auf Leben) 52–59, *226*

Medien 574–577, 578, *580,* 586, *587–589, 590, 591,* 609
   medizinische Versorgung *147,* 224–227, *234–235,* 244, *248,* 383, *478,* 551
Meinungsäusserungsfreiheit 521, 522, 578, 580–597
   Informationsfreiheit 582, 586
   Kunstfreiheit 582, *592*
   Meinungsfreiheit 582
   Pressefreiheit 582, 590
   Vereinigungsfreiheit 583, 596
   Versammlungsfreiheit 578, 583, 596
Menschenhandel 105, *444,* 447, 468, 470, *471*
Menschenrechte
   Allgemeine Menschenrechtserklärung 17
   Begriff 17
   bürgerliche und politische Rechte 20–21, 38–97, 98–153, 290–335, 358–401, 526–569, 570–613
   Durchsetzung 30–33
   Geschichte 14–16
   Kollektivrechte 22–23
   Menschenrechtsverträge 17–19
   Universalität 34–38
   Verpflichtungen von Privaten 27–29
   Verpflichtungen von Staaten 24–25
   wirtschaftliche, soziale und kulturelle Rechte 22–23, 174–289, 402–511
Menschenrechtsaktivist/-innen → Verzeichnis der Portraits
Migrant/-innen (siehe auch Binnenvertriebene und Flüchtlinge) 121, *123, 266,* 426, *447,* 464, *465*
Minderheitenrechte (siehe auch indigene Völker) 151

Nahrung (siehe auch Recht auf Nahrung) 188–217, *190, 191, 192,* 193
Nahrungsmittelverteilung 153, 174, *178, 179, 197, 205,* 626, 649
Nichtstaatliche Organisationen (siehe auch Verzeichnis der Organisationen und internationalen Organe) 33–34, *135,* 144, *145, 197,* 336–340, *505*
Nomaden 492

Obdachlose *255,* 270, 280–285, *281, 283, 285,* 493

Parlament 610–611
Politiker/-innen *132,* 136, *139,* 573, 584, *603, 605,* 606–607
Politische Freiheit 523–525, *579*
Politische Rechte 583, 598–608
   Frauen 604
   Gefangene 602
Polizei 60, *61,* 463, *530,* 545, 558, 586, *587,* 596
Presse → Medien
Privatleben (siehe auch Recht auf Privatleben) 290–335
Prostitution → Menschenhandel
Protest (siehe auch Streik) *59, 63, 102,* 116, *119, 129,* 309, 383, *391,* 404, *545, 557,* 565, *572,* 583, *585, 591, 594, 596, 597, 603*

Rassismus → Diskriminierung wegen der Rasse
Religion 358–401
    Buddhismus 362, 388, *392*, 400
    Christentum 364, *372–373*, 380, 385, 388, *393*, 395
    Frauen 148, 394, *395*
    Hinduismus 121, 126, *374*, 380, 385, *392*, 394
    Islam 151, *360*, *372–373*, 374, 380, 388, 390, 394
    Judentum 326, 390, *393*
    Religiöse Konflikte 366, *371–375*
    religiöse Zeremonien 94, *360–365*, *378–381*, 400
    Schule 142, 390, *391–393*, 417, 425
Religions- und Glaubensfreiheit 376–377, 384–401
Recht auf Arbeit (siehe auch Arbeit) 438–481
    Koalitionsfreiheit 454, 463
    Sklavereiverbot 455
    Recht auf angemessene Arbeitsbedingungen 454, 462
    Recht des Kindes auf Schutz vor wirtschaftlicher Ausbeutung 455, 474
    angemessene Erziehung 413, 422
    Mädchen 424
    Minderheiten 426
Recht auf faires Verfahren 538–541, *544–545*
Recht auf Gesundheit (siehe auch Gesundheit) 402–437
    Frauen 170–173, 238, 242
    Gefangene 238
    im Krieg 242
Recht auf Leben (siehe auch Leben) 24, 38–97
    Genozidverbot 51
    im Krieg 51
    Verbot der Todesstrafe 50
    Verbot willkürlicher Tötung 50
Recht auf menschliche Behandlung in Haft 538, 546–551
Recht auf Nahrung (siehe auch Nahrung und Hunger) 168–169, 174–217
    angemessene Nahrung 188, 196
    Aushungern der Zivilbevölkerung 200
    Gefangene 200
    Nahrungsmittelsicherheit 189, 196, 204
    Recht auf Wasser 188
    Recht, keinen Hunger leiden zu müssen 188, 196
Recht auf Privatleben (siehe auch Privatleben) 134, 290–335
    Recht auf Ehe 301, 326, 328
    Schutz des Familienlebens 300, 318–319
    Schutz der Identität 300, 308
    Schutz der Intimsphäre 300, 312
    Schutz gegen häusliche Gewalt → Frauen
    Schutz der Wohnung 300, 314
Recht auf Wohnung (siehe auch Wohnung) 254–289
    angemessene Wohnung 268, 269
    Frauen 262, 280–282
    im Krieg 276
    Minderheiten 276
    Zwangsräumung 268, 276
Rechte von Binnenvertriebenen (siehe auch Binnenvertriebene) 629, 645–649
Rechte von Flüchtlingen 628, 630–643
Regierung *132, 136*
Roma 48, 121, 122, *123*, 253, 276, 426, *427*, 534, *598*, *605*, 626
Rote Khmer → Kambodscha

Sami → Finnland
Schule *106*, *123*, *141*, *142*, *205*, 390, *402*, 410, *414–419*, *421*, 422, *423*, 424, *425*, *427*, 429, *430*, *631*
11. September → Terrorismus
Selbstmord 58
sexuelle Neigung 130, *131*, 312
Sklaverei *466*, 468
    Verbot 455
Slum *258*, *261*, *264*, 277
Sprachenrechte 122
Streik *239*, 454, 463,*452*, *463*, 533

Terrorismus 27, 121, 296, 548, 636
Todesstrafe 40–43, 47, *64*, 66–69, *69*, 144, *145*, 157–159
    Abschaffung *47*, 68
    Minderjährige 66
    Verbot 50
Tod in staatlichem Gewahrsam → Recht auf Leben
Tutsi → Ruanda

Überwachung *291*, *292*, 293, 296, *297–299*
Umweltschäden 244
unmenschliche Behandlung → Folter

Verschwindenlassen *526*, *533*, 560, *561*
Vertriebene → Binnenvertriebene

Waffen, Verbote von 78–79
Wahlen 114, *137*, 584, 585, *598–600*, 602–608, *603*, *605–607*
Wahlrecht → Politische Rechte
Wohnung (siehe auch Recht auf Wohnung) 254–289

Zwangsarbeit 377
Zwangsheirat → Recht auf Heirat
Zwangsvertreibung 286

LÄNDERVERZEICHNIS

Afghanistan *67, 76, 139, 153,* 170–173, 238, *239,* 246, *246, 257,* 410, 424, *472,* 534, 548, 560, *580, 613,* 622, *631,* 642, 646, *651,* 654
Ägypten 62, 144, 535, *579,* 636
Albanien *206,* 496, 534, *588, 631, 641,*
Algerien 535, *579*
Angola *79,* 534, 622
Äquatorialguinea 200, 238
Argentinien 244, *338,* 509, 534, *563*
Armenien 534, 646
Aserbaidschan 534, 646, *647*
Äthiopien 168–169, *175, 179*
Australien 118, 130, 240, *240,* 349, *383,* 397, 502, 534

Bahamas 534, 535
Bahrain 535
Bangladesch *54,* 244, *245, 256, 277, 339,* 394, 534, 579,
Belgien 534, *579*
Belize 534, 535
Belarus → Weissrussland
Besetzte Palästinensische Gebiete 104, *110, 297, 486,* 500, *501, 527,* 535, 558, *559, 591, 637*
Bolivien 509, 534, *444*
Bosnien-Herzegowina 29, 46, 78, *78, 86,* 105, 200, *201,* 276, *278, 359,* 470, 508, *552,* 615, 622, *650*
Botswana 130
Brasilien *61,* 104, *219, 258, 261, 285,* 287, *466,* 509, 534, *579, 585*
Bulgarien 534, 550
Burkina Faso 328
Burma → Myanmar
Burundi 121, 622, 648

Cayman Inseln 535
Chile *44,* 52, *244, 526,* 556, *557, 563*
China 47, *63, 64,* 66, 128, *235,* 363, 382, *383,* 388, *389, 392, 396,* 400, *442,* 464, *471, 484, 531,* 534, 535, 544, 586 *587, 597,* 622
Costa Rica 424, *450,* 579
Côte d'Ivoire → Elfenbeinküste

Dänemark 579
Deutsche Demokratische Republik (DDR) *298,* 508
Deutschland 62, 82, *194,* 292, 293, *298,* 308, *310,* 319, *364,* 534, 592, *610,* 622
Dominikanische Republik 121, 535

Ecuador 244, *423,* 534
El Salvador *39, 568*
Elfenbeinküste *192,* 204, *220,* 622
England → Grossbritannien
Eritrea 240, *576*

Fidschi 534
Finnland 122
Frankreich *39,* 55, 62, *99, 101,* 119, *175, 192, 217, 219,* 316, *340,* 390, *391, 404, 439, 482,* 534, *632, 635*

Gambia 432
Georgien *6, 216,* 534, *570, 585,* 646, *649*
Ghana 476, 640
Griechenland *533,* 534, 546, 579
Grossbritannien 58, 62, *99,* 100 122, *190, 210, 211, 274, 291, 296, 306, 317,* 318, *332, 371, 393, 403, 460, 465, 478, 565, 605, 611,*
Guantánamo 548, *549*
Guatemala 29, *94, 135,* 394, *462, 561,* 586, *639*
Guyana 62, 534

Haiti *488*
Honduras 60, *135, 336,* 416, 504, 579

Indien *53,* 60, 104, 105, 118, 121, 126, *127, 129, 149,* 183, *205, 234, 249, 264,* 328, *329,* 331, *360, 374,* 380, *385, 392, 406, 414, 430, 444, 448,* 468, *505,* 534, 556, 579, *606*
Indonesien 60, *61,* 350, *421, 425,* 534, *635*
Iran 47, 62, 66, *106, 142,* 144, *325,* 388, 535, 544, 596, 622
Irak *42,* 74, 242, *336, 436,* 535, 548, *549,* 560, *576, 577,* 611, *620, 630,* 634, 638
Irland *483*

Israel (siehe auch Besetzte Palästinensische Gebiete) 104, *110,* 326, *393,* 497, 535, 558, *559,* 590
Italien *123,* 254, *302,* 315, *359,* 434, *471, 491,* 534, *571,* 590, *591,* 615

Jamaika 60, 534
Japan 104, *193,* 255, *294, 295, 325,* 534
Jemen 66, *402,* 535
Jordanien 62, 394, 535
Jugoslawien
  Bundesrepublik *70,* 72, 126, 351, *501,* 534, *574, 619, 626,* 646
  Ex-Jugoslawien 46, *90,* 118, 146, 160–167, 560

Kambodscha *4, 84, 191,* 232, 244, *283, 291, 417, 528,* 534, *554, 603*
Kamerun 534
Kanada 240, 308, *400*
Kasachstan 534, 535
Katar 535
Kenia *108,* 144, 151, *224,* 286, 424, *425,* 504, 534, 579, *616*
Kolumbien 60, 314, 508, 534, *537,* 622, *626, 645,* 646
Kongo, Demokratische Republik 66, 251, 314, 534, 560, 622, 623, *656*
Kosovo 128, *530,* 560, *619, 626, 631, 641,* 646, *647*
Korea, Demokratische Volksrepublik (Nordkorea) *178,* 534, *572*
Korea, Republik (Südkorea) 313, *322,* 463, 534
Kroatien 46, 72, *358*
Kuba *367,* 545, *549,* 586, *587*
Kuwait *179,* 242, 535, *576,* 579

Laos 534
Lettland *137*
Libanon 62, 535, 579
Liberia *338,* 534, 560, 622
Libyen 535
Litauen 579

Malawi 204, 341
Malaysia 388, 534
Mali *230, 234, 235,* 240, *241,* 353, *418, 496,* 579
Marokko 62, 144, *145, 147, 255, 321, 456, 465,* 535
Mauretanien 468
Mauritius *12,* 534
Mazedonien *175, 277,* 534, *640*
Mexiko 60, 62, 204, *260, 263,* 312, *327, 378, 423, 505,* 534, *563, 564, 658*
Moldawien 534
Mosambik 579
Myanmar 29, 60, *139,* 468, 534

Namibia 130, 394
Nepal *56,* 126, 477, 534, 579
Niederlande 144, 579, *90*
Nicaragua *2,* 60, *256, 480*
Niger *510,* 579
Nigeria 66, *145, 222, 257, 261, 372, 373,* 426, 440, 590, 622
Nordkorea → Korea
Norwegen 126, 579

Osttimor 29, *48,* 357, 560, *599*
Österreich 534, *610*

Palästina → Besetzte Palästinensische Gebiete
Pakistan 60, 62, *63,* 66, 148, *246,* 320, *339,* 344–345, *469, 472, 474, 475, 492,* 534, 546, 622, 644, *654*
Papua-Neuguinea 534
Paraguay *239,* 509, 534
Peru 203, *541,* 544
Philippinen 202, *260, 283,* 308, *309,* 534, *540*
Polen 48, *397*
Portugal 534

Ruanda *45,* 80, 83, 88, *91, 100,* 105, 121, *483, 536, 541, 547,* 560, 579, 622, *624, 627, 630,* 656, *660*
Rumänien 276, *427,* 534, *551,* 579, *584, 597, 598, 605*

Russische Föderation *96,* 200, *208, 243, 272, 281,* 347, *379, 383, 387, 527,* 534, 535, *537, 540, 542,* 546, *547,* 550, *551,* 622, *632*

Sambia 130, 428, 602
Saudi-Arabien 66, 535
Schweden 122, *132,* 579, *593,* 638
Schweiz *136, 141,* 319, 320, 390, *491,* 534, 567, *612*
Senegal *185, 203,* 638
Serbien 46, 351, 470, *530, 552,* 579, 622
Sierra Leone 560, *561,* 579, 622
Simbabwe 66, *98,* 130, 183, 355–356, 502, 534, 609
Slowakei 122
Somalia *180, 185,* 218, *616,* 622
Somaliland 328
Spanien 252, *290, 387, 465,* 534, 592, *636*
Sri Lanka *141,* 280, 343, 534, 558, 579
Südafrika 68, 104, *114,* 130, *137,* 244, *245,* 280, *317, 378, 403,* 505, *598*
Sudan 52, *184,* 187, *197, 198,* 200, 227, 579, 622, 623, *641,* 648
Südkorea → Korea
Suriname 535
Syrien 62, 346, *386,* 535, *576*

Tadschikistan 534, *631*
Taiwan 244, *316*
Tansania 46, *91,* 433, *614,* 622, *660*
Tasmanien 312
Thailand 534, 579
Tibet *363, 383, 392,* 400, *531, 539*
Timor Leste → Osttimor
Togo 534
Trinidad und Tobago *191, 324, 379,* 534
Tschad *337, 641*
Tschechische Republik *101, 123,* 550
Tschetschenien 96, 200, *243,* 347, *537*
Tunesien 348, *396, 439,* 535
Türkei 60, 62, *178, 270,* 394, *498,* 500, *533,* 534, *540, 562,* 622, *627, 631,* 634, 638
Turkmenistan 534, *573*

Uganda *176,* 596, 623, 648
Ukraine 534, *562*
Ungarn 121, 308, 534, *571,* 579
USA *10,* 27–28, *40,* 47, 58, *59,* 66, *69, 102,* 104, *116,* 120, 121, *124, 131, 149, 152,* 157– 159, *205,* 210, *212, 236,* 240, *266, 282, 285, 288,* 296, *297, 304,* 308, *315,* 320, *321,* 326, *327, 334, 385, 421,* 426, *429, 447, 458, 462, 463, 493, 503, 506,* 535, *545,* 546, 548, *549, 576, 577, 594, 600,* 602, 622, 640
Usbekistan *190, 192,* 388, *497,* 534

Venezuela 201, 534, *536*
Vereinigte Arabische Emirate 535
Vietnam 47, *367,* 438

Weissrussland 287, 500, 534, 535

Zaire *45,* 80, *248, 624*
Zypern *324, 533, 639*

VERZEICHNIS DER ORGANISATIONEN UND INTERNATIONALEN ORGANE

Anti-Slavery International 477
Amnesty International (AI) *340*, 342, 567
Artikel 19 – Die globale Kampagne für freie Meinungsäusserung 609

BD IAE 287
BOM PLAC 287

Casa Allianza 354

Edmund Rice Centre for Justice and Community Education (ERC) 349
Bildung für alle (UNESCO-EFA) 432
Education International 433
Europäische Kommission gegen Rassismus und Intoleranz 150
Europäischer Ausschuss zur Verhütung von Folter (CPT) 566
European Commission against Racism and Intolerance (ECR) 150
Europäischer Flüchtlingsrat (ECRE) 653
Europäischer Gerichtshof für Menschenrechte 31, 508

FIAN 215
Four Worlds Centre for Development Learning 354–355
Freiwilliger Fonds der Vereinten Nationen für Folteropfer (United Nations Voluntary Fund for Victims of Torture) 566

Gesellschaft für Menschenrechte (Human Rights Society) 346
Globale Bildungskampagne (Global Campaign for Education, GCE) 433
Globales Projekt für intern Vertriebene des norwegischen Flüchtlingsrats (NRC, Norwegian Refugee Council) 653

Habitat International Coalition (HIC)/Netzwerk für das Recht auf Wohnen und Grundbesitz 287
Hochkommissariat für Menschenrechte der Vereinten Nationen (UNHCHR) 92, 356, 357
Human Rights Watch 89

Initiative der Vereinten Nationen für eine mädchenfreundliche Schule 432
Initiativen für Veränderung (Initiatives for Change) 347
Interamerikanische Menschenrechtskommission (IACHR) 330
International Campaign to Ban Landmines 78
Internationale Arbeitsorganisation (International Labour Organization, ILO) 476
International Campaign to Ban Landmines 78
Internationale Juristenkommission (International Commission of Jurists, ICJ) 567
Internationaler Bund Freier Gewerkschaften (ICFTU) 477
Internationaler Strafgerichtshof (International Criminal Court, ICC) 33, 56, *88*
Internationales Komitee vom Roten Kreuz (IKRK) 89, 251, *336*
Internationales Rotes Kreuz – Abteilung für wirtschaftliche Sicherheit 215
Internationales Kriegsverbrechertribunal für Ruanda (ICTR) 32–33, 88, 90
Internationales Tribunal für Ex-Jugoslawien – International Criminal Tribunal for Former Yugoslavia (ICTY) 32, 33, *90*, 160–167
Internationales Programm zur Beseitigung der Kinderarbeit (IPEC, International Programme on the Elimination of Child Labour, IPEC) 477
Internationales Rotes Kreuz – Abteilung für wirtschaftliche Sicherheit 215
Internationale Standards für Wahlen der Organisation für Sicherheit und Zusammenarbeit (OSZE) 608

KILIFI-KENIA 151
Kommission für Eigentumsansprüche von Vertriebenen und Flüchtlingen in Bosnien-Herzegowina (Commission for Real Property Claims of Displaced Persons and Refugees, CRPC) 508

Landlosenbewegung in Brasilien (Movimiento dos Trabalhadores Rurais Sem Terra, MST) 509

Malawi Centre for Advice, Research and Education on Rights (Malawi Carer) 341
Max Havelaar 215, 353
Médecins du Monde 336
Médecins Sans Frontières (Ärzte ohne Grenzen, MSF) 250, 251, *337*, 352
Menschenrechtskammer für Bosnien und Herzegowina 508
Minority Group International 151

Netzwerk für das Recht auf Wohnen und Grundbesitz (Habitat International Coalition, HIC) 287

Office for the Coordination of Humanitarian Affairs (OCHA) – IDP Unit 652

Peace Brigades International (PBI) 89
Ständiges Forum bei den Vereinten Nationen für indigene Anliegen (Permanent Forum of Indigenous Peoples at the United Nations) 508

Reporter ohne Grenzen (RoG)/Reporters sans Frontières *340*, 609

Sonderbeauftragter des UN-Generalsekretärs für Binnenvertriebene 652
Sonderberichterstatter bzw. Sonderberichterstatterin der UN-Menschenrechtskommission zu aussergerichtlichen, summarischen und aussergerichtlichen Hinrichtungen 88, 344–345
Sonderberichterstatter der UN-Menschenrechtskommission zur Religions- und Glaubensfreiheit und religionsbedingter Intoleranz 398
Ständiges Forum bei den Vereinten Nationen für indigene Anliegen (Permanent Forum of Indgenous Peoples at the United Nations) 508
Statewatch 331

UN-Ausschuss gegen Folter (Committee against Torture, CAT) 566
UN-Ausschuss zur Beseitigung von Rassendiskriminierung (Committee on the Elimination of Racial Discrimination, CERD) 150
UN-HABITAT 286
UN-Hochkommissariat für Menschenrechte (UNHCHR) 92, 356–357
UN-Hochkommissariat für Flüchtlinge (UNHCR) 650
UNICEF (Kinderhilfswerk der Vereinten Nationen) 432
UN Committee on the Elimination of Racial Discrimination (CERD) 150
UN Sonderberichterstatter über das Recht der Nahrung 214
Die UN-Sonderberichterstatterin über Gewalt gegen Frauen (UN Special Rapporteur on Violence against Women) 150
UN-Vertragsorgane (Treaty Bodies) 30–31

Vereinigung zur Verhütung von Folter (Association for the Prevention of Torture, APT) 567
Verein Living Education 331

Wahlbeobachtung durch das OSZE-Büro für Demokratische Institutionen und Menschenrechte (BDIMR/ODIHR) 608
Women Living Under Muslim Laws 151
Welternährungsprogramm der Vereinten Nationen (World Food Programme, WFP) 214
Weltgesundheitsorganisation (WHO) 250

Zentrum für Menschenrechte (Centre for Human Rights) 351

VERZEICHNIS DER PORTRAITS

Arbour, Louise 356
Chirwa, Vera 341
Coltart, David 355–356
De Mello, Sergio Vieira 357
Dimitrijevic, Vojin 351
Ghillani, Paola 353
Glendenning, Phil 349
Harris, Bruce 354
Jahangir, Asma 344–345
Jilani, Hina 344–345
Kahn, Irene 342
Lane, Phil 354–355
Maleh, Haitham 346
Miller, Harry 343
Mironow, Andrei 347
Nasraoui, Radhia 348
Syamsudin, Otto 350
Tronc, Emmanuel 352

ABKÜRZUNGSVERZEICHNIS

AI	Amnesty International
AP	Associated Press
CAT	Committee against Torture (UN-Ausschuss gegen Folter)
CEDAW	International Convention on the Elimination of all Forms of Discrimination against Women (UN-Übereinkommen gegen jede Form der Diskriminierung der Frau), 1979
CPT	European Committee for the Prevention of Torture and Inhuman or Degrading Treatment or Punishment (Europäischer Ausschuss zur Verhütung der Folter)
CRC	Committee on the Rights of the Child (UN-Kinderrechtsausschuss)
EGMR	Europäischer Gerichtshof für Menschenrechte
ECOSOC	UN Economic and Social Council (UN-Wirtschafts- und Sozialrat)
ECRE	European Council on Refugees and Exile (Europäischer Flüchtlingsrat)
EMRK	Europäische Konvention zum Schutze der Menschenrechte und Grundfreiheiten (Europäische Menschenrechtskonvention), 1950
EPIC	Electronic Privacy Information Center (Informationszentrum über elektronische Datenverarbeitung und das Recht auf Privatleben)
FAO	UN Food and Agriculture Organization (UN-Ernährungs- und Landwirtschaftsorganisation)
FAWE	Forum for African Women Educationalists
GA	UN General Assembly (UN-Generalversammlung)
GfbV	Gesellschaft für bedrohte Völker
HRC	Human Rights Committee (UN-Menschenrechtsausschuss)
HRQ	Human Rights Quarterly (Zeitschrift)
HRW	Human Rights Watch
IACHR	Inter-American Commission on Human Rights (Interamerikanische Menschenrechtskommission)
IAGMR	Interamerikanischer Gerichtshof für Menschenrechte
ICBL	International Campaign to Ban Landmines (Internationale Kampagne für ein Verbot von Landminen)
ICC	International Criminal Court (Internationaler Strafgerichtshof)
ICFTU	International Confederation of Free Trade Unions (Internationaler Bund der freien Gewerkschaften)
ICTR	International Criminal Tribunal for Rwanda (Internationales Tribunal für Rwanda)
ICTY	International Criminal Tribunal for the Former Yugoslavia (Internationales Tribunal für Ex-Jugoslawien)
IDP	Internally Displaced Persons (intern Vertriebene/Binnenvertriebene)
IFEX	International Freedom of Expression Exchange (Internationaler Austausch über das Recht auf freie Meinungsäusserung)
IFJ	International Federation of Journalists (Internationaler Journalistenverband)
IGH	Internationaler Gerichtshof
IHRIP	International Human Rights Internship Programme
IKRK	Internationales Komitee vom Roten Kreuz
ILO	International Labour Organization (Internationale Arbeitsorganisation)
IPEC	International Programme on the Elimination of Child Labour
IRCT	International Rehabilitation Council for Torture Victims (Internationaler Rat für die Rehabilitation von Folteropfern)
IRIN	UN Integrated Regional Information Network (Integriertes regionales Informationsnetzwerk der Vereinten Nationen)
KEY	Keystone
KRK	UN-Übereinkommen über die Rechte des Kindes, 1989 (Kinderrechtskonvention)
MADRE	Demanding Human Rights for Women and Families Around the World (Organisation für Menschenrechte von Frauen und Familien auf der ganzen Welt)
MDAC	Mental Disability Advocacy Center (Zentrum für die Rechte psychisch Behinderter)
MDRI	Mental Disability Rights International (Internationale Vereinigung für die Rechte von Behinderten)
Mg	Magnum
MSF	Médecins Sans Frontières (Ärzte ohne Grenzen)
OAS	Organization of American States (Organisation der Amerikanischen Staaten)
OAU	Organization of African Unity (Organisation der afrikanischen Einheit)
OSZE	Organisation für Sicherheit und Zusammenarbeit in Europa (Organization for Security and Cooperation in Europe)
Pakt I	UN-Pakt über wirtschaftliche, soziale und kulturelle Rechte, 1966
Pakt II	UN-Pakt über bürgerliche und politische Rechte, 1966
PHR	Physicians for Human Rights (Ärzte für Menschenrechte)
Rs	Reuters
RWB	Reporters Without Borders (Reporter ohne Grenzen)
SIGI	Sisterhood is Global Institute
UN	United Nations (Vereinte Nationen)
UNAIDS	Joint UN Programme on HIV/AIDS (HIV/AIDS-Programm der Vereinten Nationen)
UNDP	UN Development Programme (UN-Entwicklungsprogramm)
UNEP	UN Environment Programme (UN-Umweltprogramm)
UNESCO	UN Educational, Scientific and Cultural Organization (UN-Organisation für Bildung, Wissenschaft und Kultur)
UNFPA	UN Population Fund (UN-Bevölkerungsfonds)
UNHCHR	UN High Commissioner for Human Rights (UN-Hochkommissariat für Menschenrechte)
UNHCR	UN High Commissioner for Refugees (UN-Hochkommissariat für Flüchtlinge)
UNHSP	UN Human Settlements Programme, UN-HABITAT (UN-Wohnungs- und Siedlungsprogramm)
UNICEF	UN Children's Fund (UN-Kinderhilfswerk)
UNIFEM	UN Development Fund for Women (UN-Entwicklungsfonds für Frauen)
WDI	World Development Indicators (Weltentwicklungsindikatoren)
WFP	UN World Food Programme (UN-Welternährungsprogramm)
WHO	World Health Organization (Weltgesundheitsorganisation)

Copyrights

S. 58 Philip Alston, *The Unborn Child and Abortion Under the Draft on the Right of the Child.* Human Rights Quarterly 12:1 (1990), 173, 178, © The Johns Hopkins University Press. Mit Genehmigung der Johns Hopkins University Press
S. 66 Anna Achmatowa, aus: *Gedichte,* © Suhrkamp Verlag, Frankfurt 1988
S. 67 Victor Hugo, *Die letzten Tage eines Verurteilten,* übersetzt von W. Scheu, © 1984 Diogenes Verlag AG, Zürich
S. 74 W.H. Auden, *Anhalten alle Uhren,* übersetzt von Hanno Helbling © Pendo GmbH, Zürich 2002
S. 82 Raphael Lemkin, aus: The American Scholar, Band 15, No. 2, 1946, © 1946 by the Phi Beta Kappa Society
S. 83 Hannah Arendt, *Denktagebuch* Band 1, © Piper Verlag GmbH, München 2002
S. 96 Gil Bailie, *Violence Unveiled,* 1997 mit Genehmigung von Crossroad Publishing Company, New York
S. 120 Martin Luther King, *Ich habe einen Traum,* übersetzt von Heinrich W. Grosse, © 2003 Patmos Verlag GmbH & Co KG, Düsseldorf
S. 127 Ralph Ellison, *Der unsichtbare Mann,* übersetzt von Georg Goyert, © 2003 by Ammann Verlag & Co., Zürich
S. 134, 146 O'Hare, Ursula. *Realizing Human Rights for Women.* Human Rights Quarterly 21:2 (1999), 366–367, 369–370, © The Johns Hopkins University Press. Mit Genehmigung der Johns Hopkins University Press
S. 144 *The international Covenant on Civils and Political Rights:* Cases, materials and Commentary (2000), hrsg. von Sarah Joseph. Mit Genehmigung der Oxford University Press.
S. 152 Hannah Arendt, *Elemente und Ursprünge totaler Herrschaft,* Suhrkamp Verlag, Frankfurt am Main 1958
S. 154, 512 Alexander Kluge, *Die Lücke, die der Teufel lässt,* Suhrkamp Verlag 2003 mit freundlicher Genehmigung von Alexander Kluge
S. 156 Margrit Sprecher © 2004
S. 159 Slavenka Drakulić, *Keiner war dabei, Kriegsverbrechen auf dem Balkan vor Gericht,* übersetzt von Barbara Antkowiak, © Paul Zsolnay Verlag, Wien 2004
S. 167, 513 Ryszard Kapuściński, *König der Könige,* übersetzt von Martin Pollack, mit Genehmigung des Eichborn Verlags, Frankfurt am Main 1995
S. 169 Sima Samar © 2004
S. 183 Amartya Sen, mit Genehmigung von Le Monde, Paris
S. 186 Knut Hamsun, *Hunger,* übersetzt von J. Sandmeier und S. Angermann, © Paul List Verlag in der Ullstein Buchverlage GmbH, Berlin
S. 214 *The Geopolitics of Hunger,* 2000–2001, © 2001 Action Against Hunger, mit Genehmigung von Lynne Rienner Publishers, Inc.
S. 296, 527, 572 George Orwell, *1984,* übersetzt von Kurt Wagenseil, © 2000 Econ Ullstein List Verlag Gmbh, München
S. 313 Aldous Huxley, *Schöne neue Welt,* übersetzt von Herberth E. Herlitschka, mit Genehmigung des S. Fischer Verlags, Frankfurt am Main 1981
S. 368 Amartya Sen, 1998, mit Genehmigung des Autors
S. 369 Samuel P. Huntington, *Kampf der Kulturen,* mit Genehmigung der Mohrbooks AG, Zürich
S. 370 Robert M. Pirsig, *Zen und die Kunst ein Motorrad zu warten,* © Robert M. Pirsig 1974, © S. Fischer Verlag GmbH, Frankfurt am Main 1976
S. 384, 420 *International Human Rights in Context* (2000), hrsg. von Henry Steiner, mit Genehmigung der Oxford University Press.
S. 399 Theo Von Boven, *Advances and Obstacles in Building Understanding and Respect Between People of Diverse Religions and Beliefs.* Human Rights Quarterly 13:4 (1991), 447, © The Johns Hopkins University Press. Mit Genehmigung der Johns Hopkins University Press
S. 400 Elias Canetti, *Die Provinz des Menschen,* Aufzeichnungen 1942–1972, © 1973 Carl Hanser Verlag, München – Wien
S. 422, 475 Tahar Ben Jalloun, *Die Schule der Armen,* übersetzt von Christiane Kayser, © 2002 by Rowohlt Berlin Verlag GmbH, Berlin
S. 490 Aristoteles, *Politik,* übersetzt von Olof Gigon, © Patmos Verlag GmbH & Co KG / Artemis & Winkler Verlag, Platon, *Staat,* übersetzt von Wilhelm Sigismund, Lambert Schneider, GmbH Heidelberg
S. 500 John Locke, *Über die Regierung,* übersetzt von Dorothee Tidow, Stuttgart 1974
S. 502 Roland Paul Hill, *Blackefllas and Whitefellas:* Aboriginal Land Rights, the Mabo Decision and the Meaning of Land. Human Rights Quarterly 17:2 (1995), 303–304, © The Johns Hopkins University Press. Mit Genehmigung der Johns Hopkins University Press
S. 514 Carlos Fuentes, *Woran ich glaube,* übersetzt von Sabine Giersberg, 2004, Deutsche Verlags-Anstalt GmbH, München
S. 517 Wole Soyinka © 2004, übersetzt von Gerd Meuer
S. 524 Susan Sontag, *Das Leiden anderer betrachten,* übersetzt von Reinhard Kaiser, © 2003 Carl Hanser Verlag, München – Wien.
S. 542 Michel Foucault, *Überwachen und Strafen,* © Suhrkamp Verlag Frankfurt 1991
S. 556 N.S. Rodley, *The Treatment of Prisoners under International Law* (1999). Mit Genehmigung der Oxford University Press
S. 592 Munro Leaf, *Ferdinand,* übersetzt von Fritz Güttinger, © 1993 Diogenes Verlag AG Zürich
S. 612 Karl Jaspers, *Die Schuldfrage,* © Piper Verlag GmbH, München 1979
S. 620 Hilde Domin, «Ziehende Landschaft», aus: *Gesammelte Gedichte,* © S. Fischer Verlag GmbH, Frankfurt am Main, 1987
S. 634 Guy Goodwin-Gil, *The Refugee in International law* (1996). Mit Genehmigung der Oxford University Press

Die deutschen Übersetzungen der Allgemeinen Bemerkungen des UNO-Menschenrechtsausschusses und des UNO-Ausschusses für wirtschaftliche, soziale und kulturelle Rechte wurden mit freundlicher Genehmigung des Verlages Helbing & Lichtenhahn der Publikation Kälin/Malinverni/Novak, *Die Schweiz und die UNO-Menschenrechtspakte,* Basel und Frankfurt a.M. 1997, entnommen.

Herausgeber

Walter Kälin
Geboren 1951 in Zürich. Dr. iur. (Universität Bern), LL.M (Harvard Law School), seit 1985 Professor für Staats- und Völkerrecht an der Universität Bern/Schweiz. Er hat zahlreiche Bücher und Artikel zu Themen aus den Bereichen Flüchtlingsrecht, Menschenrechte, Rechte der Binnenvertriebenen und schweizerisches Verfassungsrecht veröffentlicht. Kälin ist Mitglied des Menschenrechtsausschusses der UNO (seit 2003) und Repräsentant des UNO-Generalsekretärs für die Menschenrechte von Binnenvertriebenen (seit September 2004). Er war Spezialberichterstatter der UNO-Menschenrechtskommission für das irakisch besetzte Kuwait (1991/92). Vorsitzender der Expertenkommission für die «Justizreform» als Teil der schweizerischen Verfassungsreform und Mitglied der Steuerungsgruppe für die Reform der schweizerischen Bundesverfassung (1995/1996). Er hat als Experte die DEZA (die schweizerische Entwicklungsagentur), das UN Flüchtlingshochkommissariat, das UN Hochkommissariat für Menschenrechte und die UNDP zu Fragen der Dezentralisierung (z.B. in Nepal und Pakistan), der Menschenrechte (z.B. in Indonesien), und des Flüchtlingsrechts (z.B. Globale Konsultationen 2001 des UNHCR) beraten.

Judith Wyttenbach
Geboren 1968 in Basel. Fürsprecherin. Arbeitet am Institut für öffentliches Recht der Universität Bern. Sie hat verschiedene Beiträge im Bereich des allgemeinen Menschenrechtsschutzes und der Rechte von Kindern und Frauen publiziert sowie als Expertin zu Frauen- und Kinderrechten referiert und Gutachten verfasst.

Lars Müller
Geboren am 25. Dezember 1955 in Oslo/N. Gestalter und Verleger. Betreibt seit 1982 ein Atelier für visuelle Kommunikation in Baden/Schweiz («Integral Lars Müller»). Er ist Partner von «Integral Concept», einer internationalen Verbindung für transdisziplinäre Kompetenz, mit Sitz in Paris. Seit 1983 verlegerische Tätigkeit mit internationaler Ausrichtung, vorwiegend in den Bereichen Kunst, Design, Architektur, Fotografie. Seit 1985 regelmässige Lehrtätigkeit.

WEM GEHÖRT DAS WASSER ?

«Das Buch überzeugt nicht nur mit Fakten und Argumenten. Vor allem überwältigt es auf knapp 540 Seiten mit vielen äusserst eindrucksvollen Fotos, die unseren Umgang mit Wasser, dem Urstoff des Lebens, in allen Facetten beleuchten.» *Greenpeace Magazin*

«Regenhimmel, giftiger Schlamm, ein Aquädukt, verdorrter Boden, Kanalisationseingeweide, ein Bad: Wasser ist die Welt. Dieses Buch zeigt elementar, wovon wir leben.» *Die Zeit*

PHÄNOMEN WASSER.
Ohne Wasser kein Leben! Wasser prägt das Gesicht unseres Planeten und hält ihn im fragilen Gleichgewicht zwischen Überhitzung und Unterkühlung.

MENSCH UND WASSER.
Industrialisierung und Bevölkerungswachstum haben die Menschheit in eine globale Wasserkrise gestürzt. Süsswasser und Meere sind in einem Ausmass belastet, dem die Natur nicht mehr gewachsen ist. Eine Milliarde Menschen haben keinen sicheren Zugang zu sauberem Trinkwasser, zwei Milliarden leben in hygienisch bedrohlichen Verhältnissen. Hunger, Armut, Seuchen, Kindersterblichkeit sind eng mit der Wasserkrise verknüpft.

WASSER UND MACHT.
Soziale, ökologische, politische und ökonomische Interessenkonflikte behindern die Bewältigung der globalen Wasserkrise. Wasser ist ein Instrument der Macht. Eine Kernfrage lautet: Ist Wasser eine handelbare Ware oder ist seine freie Verfügbarkeit ein Menschenrecht?
Oder: Wem gehört das Wasser?

Herausgegeben von Klaus Lanz, Lars Müller, Christian Rentsch, René Schwarzenbach.

16,5 x 24cm, 536 Seiten, 200 Abbildungen, Hardcover
ISBN: 978-3-03778-015-2
CHF 69.90 / EUR 44.90

LARS MÜLLER PUBLISHERS
Stadtturmstrasse 19, CH-5400 Baden
Telefon 0041 (0)56 4301740
www.lars-mueller-publishers.com

Dieses Buch ist den Verteidigerinnen und Verteidigern der Menschenrechte in aller Welt und ihren Organisationen gewidmet.

DAS BILD DER MENSCHENRECHTE

Herausgegeben von Walter Kälin, Lars Müller und Judith Wyttenbach

Initiative: Lars Müller
Konzept: Walter Kälin, Lars Müller und Judith Wyttenbach
Textauswahl und Redaktion:
Walter Kälin und Judith Wyttenbach
Bildauswahl und Gestaltung:
Lars Müller und Claudia Klein

Lektorat der deutschsprachigen Ausgabe:
Judith Wyttenbach, Andrea Joss und Annina Schneider
Typografische Bearbeitung: Gabriela König und Esther Schütz
Produktion: Marion Plassmann

Herstellung:
EBS Bortolazzi STEI, Verona/Italien

Printed in Italy

ISBN 978-3-03778-114-2

ISBN 978-3-03778-017-6 (english edition)

Lars Müller Publishers
5400 Baden, Schweiz
www.lars-mueller-publishers.com

Dank

Das komplexe Entstehen dieses Buches, die umfangreichen Recherchen, die Auswahl und redaktionelle Bearbeitung von Text und Bild, die Abklärungen von Rechten, die Übersetzungen, Lektorat und Korrekturen, die Gestaltung und Produktion wurden von einer grossen Zahl von Mitarbeiterinnen und Mitarbeitern besorgt. Sie teilten mit uns die Faszination für das Thema und die Überzeugung von der Wichtigkeit des Projektes. Ihnen allen danken wir herzlich für ihr Engagement und ihre Ausdauer.
Assistenz, Bildrecherche: Sonja Haller; Index, Korrektorat: Eva Kälin; Textbeschaffung, Koordination Rechte und Übersetzungen: Mark Welzel; Assistenz, Textrecherche: Annina Schneider; Rechte: Anja Bühlmann; Karten und Tabellen: Claudio Gmür; Übersetzung e-d: Wolfgang Himmelberg, Karin Wehner; Redaktion deutsch: Alice Grünfelder, Julia Hesse, Andrea Joss, Annina Schneider; Korrektorat: Brigitte Frey und Anke Schild.
Für Rat und Tat und gute Dienste danken wir: Sylvia Altorfer, Marie-Christine Biebuyck, Wolfgang Amadeus Brülhart, Veronika Daubner, Diana Dufour, Agentur Liepman, Regula Heusser-Markun, Andreas Reinhart, Daniel Schwartz, Peter Schindler.

Das Projekt fand von Anfang an die Zustimmung und Unterstützung von Organisationen und Stiftungen sowie von zahlreichen Persönlichkeiten, die sein Gelingen grosszügig gefördert und seine Unabhängigkeit gesichert haben. Ihnen gebührt unser besonderer Dank.

Dankbar sind wir den Archiven, Redaktionen, Agenturen, Autorinnen und Autoren, die uns ihre Texte und Bilder zur Verfügung gestellt und dieses eindrückliche Dokument zur aktuellen Situation der Menschenrechte ermöglicht haben. Der Neuen Zürcher Zeitung danken wir für die Zusammenarbeit und die Erlaubnis zum Abdruck der Porträts (S. 360 ff.).

Last but not least danken wir den vielen institutionellen und unabhängigen Organisationen, die uns bei der Verbreitung dieser Publikation unterstützen, sowie dem Eidgenössischen Departement für auswärtige Angelegenheiten (Kompetenzzentrum für Kulturaussenpolitik und Politische Abteilung IV), dessen Engagement für viele andere ein Ansporn sein möge.

Die Herausgeber

Die Initiative zu diesem Projekt genoss die frühe und grosszügige Unterstützung der Volkart Stiftung, Winterthur
AVINA Stiftung, Zürich
Universität Bern
und einer ungenannt sein wollenden Persönlichkeit.

Weitere Stiftungen und Personen sind ihrem Beispiel gefolgt: Hamasil Stiftung, Zürich; Stiftung für Bevölkerung, Migration und Umwelt, Zürich; The LEF Foundation, Theo Hotz, Adrian und Christa Meyer, Pierre Rothpletz. Andere wurden ideelle Teilhaber des Projektes, um die Realisierung in der vorliegenden Form und seine Verbreitung zu einem erschwinglichen Preis zu ermöglichen: Marlies und Fritz Ammann, Andrea Deplazes; Liliane Csuka, Galerie Römerapotheke, Zürich; Rita und Otto Gläser, Karin und Gustav Müller, Feli und Hannes Schindler, Wolfgang Weingart, Heinz Wetter.

Die deutsche Übersetzung wurde vom Migros-Kulturprozent unterstützt.

Ihnen allen fühle ich mich im Inhalt dieses Buches verbunden und zu grossem Dank verpflichtet.

Lars Müller

2. Auflage
©2004/2008 Lars Müller Publishers

©der Abbildungen
bei den aufgeführten Quellen
©der Texte
bei den aufgeführten Quellen
bzw. bei den Autoren bzw. bei den auf Seite 668 aufgeführten Quellen.

No part of this book may be used or reproduced in any manner whatsoever without written permission except in the case of brief quotations embodied in critical articles and reviews.

Should despite our intensive research any person entitled to rights have been overlooked, legitimate claims shall be compensated within the usual provision.